大人（十二）

沈葦窗與《大人》雜誌

蔡登山

已故香港邵氏電影公司在台分公司總經理馬芳蹤說：「文化事業出版界，我最欽佩兩個人，一是台北《傳記文學》的社長劉紹唐兄，以單槍匹馬一個人的精力，把中國近代史的資料蒐集成庫，且絕不遜於此地的『歷史博物館』與大陸的『文史檔案館』。另一位就是香港《大成》的沈葦窗，《大成》是專門刊載藝文界的掌故與訊息，目前海峽兩岸包括海外，似乎還找不出第二本類似的刊物。」其實《大成》還有個前身就是《大人》雜誌，它創刊於一九七〇年五月十五日，至一九七三年十月十五日停刊，前後出了四十二期。一九七三年十二月一日《大成》緊接著創刊，至一九九五年九月沈葦窗病逝終刊，出了二百六十二期。兩個刊物合起來共三百零四期，前後有二十五年之久。它也是「一人公司」，香港作家古蒼梧說：「《大成》的業務，從編輯、校對到聯絡作者、郵寄訂戶，幾乎都由沈老一人包辦。每次我到龍記樓上《大成》編輯室送稿，總見到他孤單地在一堆堆雜誌與書刊中埋首工作，見我來了，便露出燦爛的笑容，跟我閒聊幾句，臉上毫無倦容。……」。當然可想見更早的《大人》的情況，亦是如此。

關於沈葦窗的生平資料不多，他是一九一八年十二月三十日出生，浙江省桐鄉烏鎮人。正如他自己說的：「我寫作至今，從未提過自己的家世。」只在〈記從兄沈泊塵〉一文中，他透露一些蛛絲馬跡：「祖父右亭公生子女九人，泊塵是三房長子，能穀、叔敖是他的胞弟。我父季璜公行九，娶我母徐太夫人，婚後居上海之台灣路，姪輩到上海求學，多住我家。我家兄弟都以『學』字排行，泊塵名學明，家兄吉誠名學謙，我名學孚。我生在台灣路，大約我出世未久，這位『明哥哥』便去世了！」沈泊塵卒於一九一九年，得年僅三十一歲。沈泊塵兄弟三人曾合辦《上海潑克》畫報，為中國漫畫報刊的始創者。作家陳定山就說：「上海報紙之有漫畫，始於沈泊塵。若黃文農、葉淺予、張光宇正宇兄弟，皆為後輩矣。」

沈葦窗畢業於上海中國醫學院，據香港的翁靈文說沈葦窗自滬來港後，雖投身出版事業，但也常應稔友們之請，望聞切問開個藥方，多能藥到病除。沈葦窗曾任香港麗的呼聲廣播有限公司金色電臺編導、電視國劇顧問。他的夫人莊元庸也一直在「麗的呼聲」工作，莊女士其實早在上海名氣就很大了，每天擁有十萬以上的聽眾，她口才好，聲音悅耳，有「電台之鶯」的雅號。後來在台灣的華視也工作過，我還看過她演出《星星知我心》的連續劇。

沈葦窗是崑曲大師徐凌雲的外甥，徐凌雲曾對寧波、永嘉、金華、北方諸崑劇，甚至京劇、灘簧、紹興大班等悉心研究，博採眾長。十八歲登臺，堅持長期練功不輟，生、旦、淨、末、丑各行兼演，「文武崑亂不擋」。後來又與俞粟廬、穆藕初等興辦蘇州崑劇傳習所，培養「傳」字輩一代崑劇藝人有功。沈葦窗說他自己：「少年時即好讀書，有集藏癖，年事漸長，更愛上了戲曲。其時崑曲日漸式微，但因我的舅父徐凌雲先生是崑曲大家，總算略窺門徑；還是和平劇接近的機會多，凡是夠得上年齡的名角，都締結了相當的友誼，搜羅有關平劇書籍更不遺餘力。」他後來將這些重要史料收藏，如《富連成三十年史》、《京戲近百年瑣記》、《清代燕都梨園史料》、《菊部叢譚》、《大戲考》等十二部珍貴或絕版史料，以「平劇史料叢刊」由劉紹唐的傳記文學社出版，嘉惠後學。

沈葦窗在上海時期，就在小報上寫文章。一九四〇年金雄白在上海創辦一份小型四開報紙，名為《海報》，當時寫稿的人可說是極一時之選，長期在《海報》撰稿的有陳定山、唐大郎、平襟亞、王小逸、包天笑、蔡夷白、吳綺緣、徐卓呆、鄭過宜、范煙橋、謝啼紅、朱鳳蔚、盧一方、沈葦窗、陳蝶衣、馮鳳三、柳絮、惲逸群等，女作家中，更有周鍊霞、陳小翠諸人。沈葦窗當年曾是金雄白辦報時的作者，沒想到幾十年後金雄白變成了是沈葦窗的作者。《大人》初創時期，就有一個非常壯觀堅強的撰稿人隊伍，這些人大多是大陸鼎革後，流寓在香港和臺灣的南下文人、名流和藝術家，大都是沈葦窗的舊識，也可見他在舊文化圈中人脈的廣博。

《大人》雜誌給這些人提供了一個發表文章的重要平臺，刊載了大量有價值的文章和重要的第一手史料。其中像被稱為「中醫才子」的陳存仁的兩本回憶錄《銀元時代生活史》、《抗戰時代生活史》，都先後在《大人》及《大成》上連載，而後才集結出書的。《銀元時代生活史》後來在一九七三年三月，由香港吳興記書報社出版，張大千題耑，沈葦窗撰序云：「一九七〇年五月，《大人》雜誌創刊，我承乏輯務，初時集稿不易，因而想到陳存仁兄，他經歷既豐，閱人亦多，能寫一手動人的文章，於是請他在百忙之中為《大人》撰稿，第一期他寫了一篇記章太炎老師，果然文筆生動，情趣盎然，大受讀者歡迎。存仁兄的文章，別具風格，而且都是一手資料，許多事情經他一寫，躍然紙上，如歷其境，如見其人，無形之中成為我們《大人》雜誌的一員大將。《銀元時代生活史》刊載以後，更是遐邇遍傳，每一段都富有人情味和親切感，存仁兄向有考證癖，凡是追本究源，文筆輕鬆，尤其餘事。綜觀全篇，包含著處世哲學、創業方法、心理衛生、生財之道，對讀者有很大的啟發性和鼓勵性，實在是老少咸宜的良好讀物。今當單行本問世，讀之更有一氣呵成之妙，存仁兄囑書數言，因誌所感，豈敢云序。」

再者在《大人》甚至後來的《大成》上，占有相當份量的，莫過於「掌故大家」高伯雨（高貞白、林熙）的文章了。一般說起「掌故」，無非是「名流之燕談，稗官之記錄」。但掌故大家瞿兌之對掌故學卻這麼認為：「通掌故之學者是能透徹歷史上各時期之政治內容，與夫政治社會各種制度之原委因果，以及其實際運用情狀。」而一個對掌故深有研究者，「則必須對於各時期之活動人物熟知其世襲淵源師友親族的各族關係與其活動之事實經過，而又有最重要之先決條件，就是對於許多重複參錯之瑣屑資料具有綜核之能力，存真去偽，由偽得真……」。能符合這個條件的掌故大家，可說是寥寥無幾，而高伯雨卻可當之無愧。高氏文章或長篇大論，或雋永隨筆，筆底波瀾，令人嘆服！難怪香港老報人羅孚（柳蘇）稱讚說：「對晚清及民國史事掌故甚熟，在南天不作第二人想。」而編輯家林道群也讚曰：「高伯雨一生為文自成一家，他的『隨筆』偏偏不如英國的essay，承繼的是中國的傳統，溶文史於一，人情練達，信筆寫人記事，俱是文學，文筆之中史識俯拾皆是。」這是高伯雨的高妙處，也是他獨步前人之處。

資深報人金雄白筆名「朱子家」，曾在《春秋》雜誌上連載《汪政權的開場與收場》而聞名。沈葦窗邀他在《大人》再寫了〈「海報」的開場與收場〉、〈委員長代表蔣伯誠〉、〈梁鴻志死前兩恨事〉、〈「入地獄」的陳彬龢〉、〈倚病榻，悼亡友〉、〈梁鴻志獄中遺書與遺詩〉等文，因大都是作者所親歷親聞，極具史料價值。一九七四年他的《記者生涯五十年》開始在《大成》雜誌第十期連載，迄於一九七七年六月的第四十三期為止，前後達兩年又十個月之久，共六十八章，幾近三十萬字。金雄白說：「七十餘年的歲月，一彈指耳，回念生平，真是如幻如夢如塵，在世變頻仍中，連建家毀家，且已記不清有多少次了，俱往矣！留此殘篇，用以自哀而自悼，笑罵自是由人，固不必待至身後。」

還有早期的老報人，著名雜誌《萬象》的第一任主編陳蝶衣，他後來到香港，還是著名的電影編劇、流行歌曲之王。六十多年來，陳蝶衣光是歌詞的創作就有三千多首。人們尊稱他為「三千首」。周璇、鄧麗君、蔡琴、張惠妹……，中國流行音樂史上一代又一代的歌后們，都演唱過他寫的歌。他在《大人》除寫了〈一身去國八千里〉、〈舉家四遷記〉、〈我的編劇史〉、〈花窠素描〉等自身的回憶文章外，還有《銀海滄桑錄》的專欄，寫了有關張善琨、李祖永、林黛、王元龍、陳厚、胡蝶、阮玲玉、李麗華、周璇等人，所記多是外間少人知的資料。後來以《香港影壇秘錄》為名出版了。

曾經在上海淪陷時期，創刊《古今》雜誌，網羅諸多文人名士撰稿，使《古今》成為當時最暢銷也最具有份量的文史刊物的朱樸，一九四七年到了香港，早已成為一名書畫鑑賞家了，並以「省齋」為筆名撰文。沈葦窗說：「我草創《大人》雜誌，省齋每期為我寫稿，更提供許多書畫資料。那時，省齋在王寬誠的寫字樓供職，薪水甚少，但有一間寫字間卻很大，他每天下午到那裡去轉一轉，看看西報，主要的工作是為王寬誠鑑定書畫。」

當時已渡海來台的陳定山，是名小說家兼實業家天虛我生（陳蝶仙）的長子，他早年也寫小說，二十餘歲已在上海文壇成名了，他工書，擅畫，善詩文，有「江南才子」之譽。來台後長時期在報紙副刊及雜誌上寫稿，筆耕不輟，同時也為《大人》寫稿，陳定山因長居滬上，嫻熟上海灘中外掌故逸聞，一代人事興廢，古今梨園傳奇，信手拈來，皆成文章，乃開筆記小說之新局，老少咸宜，雅俗共賞。這些文章後來成為《春申舊聞》的部分篇章。

詩人易順鼎（實甫）之子，寫有《閒話揚州》引起揚州閒話的易君左，在一九四九年冬抵香江時，曾在鑽石山住過，當時那裡住有不少是國內逃避戰禍而抵港的知識份子，因此他寫有〈鑽石山頭小士多〉、〈記香港幾次文酒之會〉等文。更值得重視的是他寫的「文壇憶舊」，包括：〈我與郁達夫〉、〈曾琦與左舜生〉、〈詞人盧冀野〉、〈田漢和郭沫若〉。這些文章所寫的人物皆作者有過深交的文友，寫來自不同於一般的泛泛之論。可惜的是一九七二年易君左病逝台北，一九七二年四月十五日出版的《大人》刊出的〈田漢和郭沫若〉已註明是「遺作」了。

國民黨政要雷嘯岑，歷任南昌行營機要秘書、安徽省政府委員兼教育廳廳長、鄂豫皖三省總司令部秘書、湖北省第七區行政督察專員、重慶市教育局局長、《和平日報》社總主筆、《中央日報》社主筆。一九四九年七月去香港，任《香港時報》社總主筆。一九六〇年在港創辦《自由報》並受聘為香港德明書院新聞學系主任。他在《大人》以筆名「馬五」，寫有「政海人物面面觀」一系列文章。

他如，老報人胡憨珠長篇連載的〈申報與史量才〉，及當年曾在上海中文《大美晚報》供職的張志韓，所寫的〈血淚當年話報壇〉長文，都有珍貴的一手資料。

而沈葦窗自己也寫有〈葦窗談藝錄〉，談得較多的是京劇，這是他的本行。甚至《大人》每期有關京劇崑曲的文章，都佔有一定的比重，這也是這個雜誌的特色，同時也成為喜好京劇崑曲的讀者的重要收藏。沈葦窗的哥哥沈吉誠，在香港電影戲劇界、文化新聞界都相當吃得開，他在《大人》以「老吉」筆名，從第二期起寫有〈馬場三十年〉至第三十八期連載完畢，講的是香港的賽馬。在上世紀五〇年代，老吉的《馬經大全》，曾經風行一時。

《大人》每期約一百二十頁，用紙為重磅新聞，樸素大方。內頁和封底為名家畫作、法書或手跡，畫家有齊白石、吳湖帆、黃賓虹、張大千、溥心畬、傅抱石、關良、陳定山、黃君璧、吳作人、李可染、周鍊霞、梅蘭芳、宋美齡等。從第三期開始，每期都有四開彩色精印的銅版名家畫作或法書的插頁，精美絕倫。這些插頁除已列的上述部分畫家外，還有：邊壽民的蘆雁，新羅山人、虛谷的花鳥，沈石田、陸廉夫、吳伯滔、金拱北的山水，鄧石如、劉石庵、王文治的法書等。但由於這些插頁開本極大，採折疊方式，裝訂在雜誌的正中間，常為舊書店老闆取下，另外販售。此次復刻本，多期就沒有這些插頁，但在目錄中編有該插頁的頁碼，有時會有八頁之多，其實它是一張大畫折疊的頁碼，如今畫雖不見，但不影響內文，因該畫和內文是完全不相關的。在此聲明，希望讀者明瞭，不要以為雜誌有所「缺頁」是好。

這次能輯全整套雜誌而復刻，首先要感謝熱心協助，並提供收藏的師長好友：資深報人鑑賞家黃天才先生、收藏家董良彥（君博）先生、史料家秦賢次先生及香港的文史家方寬烈先生、學者作家盧瑋鑾（小思）女士。《大人》在臺灣流通極少，甚至國家圖書館都沒有收藏，筆者首先見到的是秦賢次兄已捐贈給中央研究院文哲研究所的部分雜誌，驚嘆之餘，才興起要收藏這份雜誌的念頭。但談何容易，歷經數載，找遍舊書攤才得不到四分之一之數。後經黃天才先生提供他的收藏，並熱心找到收藏家董良彥先生的珍貴收藏，董先生的十幾本雜誌品相極佳。在整理蒐集到手的四十二期雜誌，發現其中兩期有脫頁，於是藉著到香港開學術研討會之便，我和賢次兄又找到方寬烈先生及小思老師，經他們協助影印，補全了全套雜誌的內容。

我曾在二〇一〇年十月十七日香港的《蘋果日報》副刊寫有〈遲來的懷念〉一文，開頭說：「今年九月底，我到香港參加張愛玲誕辰九十週年國際學術研討會。十五年前的九月八日張愛玲被發現死在洛杉磯公寓，無人知曉，據推測她的死亡時間應該是九月二日或三日。而幾天之後的九月六日沈葦窗因食道癌在香港病逝。之所以將兩人並提，是他們都是『寂寞的告別』人世。正如作家穆欣欣所說的：『張愛玲走得孤寂而熱鬧。說孤寂，到底是她自己選擇的一種方式，待世人知曉，已是六七天之後；說熱鬧，是世人不甘，憐她愛她。她像中秋的月亮，走了之後，人間還得追望。比起張愛玲，另一個人走得更寂寞。起碼，他連最後的繁華都沒有。他是《大成》雜誌的主編沈葦窗先生。』是的，早在一九九三年，我籌拍張愛玲的紀錄片，次年還收到張愛玲的傳真信函。她故去之後《作家身影》紀錄片播出，之後我又寫了兩本關於她的書，並推薦李安導演拍她的〈色，戒〉。而對沈葦窗我至今無一字提及，這篇小文就算是遲來的懷念吧！」現在把這段文字轉錄於此，依舊是對他的懷念！

目錄

序

第四十期（一九七三年八月十五日）：

章士釗與杜月笙　李北濤　2
大人小語　上官大夫　7
政海人物面面觀　章士釗、吳鐵城、陳明仁　馬五先生　8
出國演戲不可兒戲　勞澤言　16
談曾胡左李（續完）　高伯雨　24
名丑劉趕三　周志輔　36
血淚當年話報壇（十）　張志韓　42
虛古花卉寫生冊　陳定山　48
虛谷墨趣（畫苑春秋）　薛慧山　53
翰墨因緣　張佛千　55
哀培鑫（趙培鑫在美國）　侯北人　58
悼念嚴師獨鶴　劉嘉猷　63
啼笑因緣序　嚴獨鶴　66
史量才死後的申報（望平街憶舊）（續）　胡憨珠　68

影城八年（上）　陳蝶衣　74
乞巧節與盂蘭節　呂大呂　79
兩次見面　倪匡　85
李小龍暴斃內幕之內幕（銀色圈漫談）　馬行空　86
「抗戰時代」生活史（專載）　陳存仁　95
封面：陳定山畫山水
封面內頁：盧谷小傳印鑑
精印插頁：盧谷花卉寫生冊（定齋藏）

第四十一期（一九七三年九月十五日）：

何香凝老人軼事　李燄生　2
我學會燒飯的時候　何香凝　10
活在我心中　呂媞　13
大人小語　上官大夫　19
髮與鬚　蔣彝　20
政海人物面面觀　譚延闓、許崇智、盧作孚、楊虎　馬五先生　24
安妮公主和她的駙馬　林慰君　31
高梧軒圖卷題詠　高伯雨　35
香港舊事錄　上海移民　40
血淚當年話報壇（續完）　張志韓　44
花卉畫及沒骨法　張大千　48
大人一笑　諸葛文　57
影城八年（中）　陳蝶衣　58
史量才死後的申報（望平街憶舊）（續）　胡憨珠　64
晚清梨園雜憶　無聞老人　71

全體會（滑稽相聲） 朱翔飛 76
李萬春與李少春 燕京散人 79
李小龍身後糾紛多（銀色圈漫談） 馬行空 86
「抗戰時代」生活史（專載） 陳存仁 95
「大人」合訂本第六集總目錄 103
封面：張大千畫鬥草圖
封面內頁：李少春拜師盛會
精印巨幅插頁：張大千工篆畫翠珮紅粧圖（定齋藏）

第四十二期（一九七三年十月十五日）：

北上與侍疾（遺作） 孫科 2
重遊巴黎 李璜 4
錢新之外圓內方 李北濤 10
大人小語 上官大夫 19
章士釗禍延三教授 尊聞 20
政海人物面面觀 許世英、徐樹錚、曾毓雋、林長民、梁鴻志 馬五先生 22
關於慈禧太后 無聞老人 31
在美國看中華國劇團（美國通訊） 龐冠青 38
投老江湖學捉蛇 南宮搏 41
吳湖帆先生與我 王己千 46
四庫全書總編輯——紀曉嵐 林熙 57
記七友畫會 劉太希 66
賽金花故事編年 瑜壽 68
史量才死後的申報（望平街憶舊）（續） 胡憨珠 76
李萬春與李少春（續完） 燕京散人 82

影城八年（下）　陳蝶衣　91
李小龍案大結局（銀色圈漫談）　馬行空　95
「抗戰時代」生活史（專載）　陳存仁　101
封面：黃君璧畫秋獲圖
封面內頁：吳湖帆撰書明清畫家印鑑序
精印巨幅插頁：吳湖帆水墨畫江深草閣圖（定齋藏）

大人

論天下大事

談古今人物

第四十期

王季銓孔 德合編「明清畫家印鑑」有關虛谷紀載：

321. 虛 谷 Hsü Ku

姓名	虛 谷 (僧) (俗姓朱).	N:	Hsü Ku (Mönch) (Bürgerl. F.N. = Chu).
籍貫	新安 (今安徽, 歙縣), 流寓廣陵 (今江蘇, 江都縣), 後寓滬 (今上海市).	O:	Kreis: Hsi, Anhui;—gewohnt in: Kreis: Chiang-tu, Kiangsu;—später: Bezirk Shanghai.
時代	[清] 道光乙酉生, 光緒丙申卒, 年七十二	Z:	a) 1825–1896†.
畫科	山水, 花卉, 果品, 翎毛, 水族.	T:	Landschaften, Blumen, Früchte, Vögel, Wasserlebewesen.
雜記	工詩. 書畫自成一家, 頗有奇氣.	V:	Dichter; gründete eine Schule für Kalligraphie und Malerei mit besonderem Charakter.

1

2

3

4

5

請參閱本期陳定山薛慧山分撰虛谷特稿

1. [虛谷] 虛谷丙子 (1876) 爲邕之寫山水册. 王伯元.
2. [虛谷] 芝坪巾箱集錦册. 集寶齋.
3. [虛谷書畫] 虛谷歲朝圖軸. 集寶齋.
4. [虛谷長樂] 虛谷霜林古塔圖屏. 徐邦達.
5. [三十七峯草堂] 虛谷甲午 (1894) 松鼠屏. 徐邦達.

1. [Hsü Ku] Hsü Ku malt 1876 für Yung-chih ein Album mit Landschaften.
   Bes: Wang Po-yüan.
2. [Hsü Ku] Kleines Sammelalbum.
   Bes: Chi Pao Chai.
3. [Hsü Ku Shu Hua] Hsü Ku: "Neujahrsbild;" Hängebild. Bes: Chi Pao Chai.
4. [Hsü Ku Ch'ang Lo] Hsü Ku: "Alte Pagode in bereiftem Wald;" Wandschirm.
   Bes: Hsü Pang-ta.
5. [San Shih Ch'i Fêng Ts'ao T'ang] Hsü Ku: "Eichhörnchen," dat. 1894; Wandschirm.
   Bes: Hsü Pang-ta.

章士釗與杜月笙……李北濤　二
大人小語……上官大夫　七
政海人物面面觀 章士釗、吳鐵城、陳明仁……馬五先生　八
出國演戲不可兒戲……勞澤言　一六
世界藝人梅蘭芳評傳（遺作）……趙叔雍　一八
談曾胡左李（續完）……高伯雨　二四
名丑劉趕三……周志輔　三六
香港舊事錄……上海移民　三八
血淚當年話報壇（十）……張志韓　四二
虛谷花卉寫生冊……陳定山　四八
虛谷墨趣（畫苑春秋）……薛慧山　五三
翰墨因緣……張佛千　五五
哀培鑫（趙培鑫在美國）……侯北人　五八
悼念嚴師獨鶴……劉嘉猷　六三
啼笑因緣序……嚴獨鶴　六六
史量才死後的申報（望平街憶舊）（續）……胡憨珠　六八
影城八年（上）……陳蝶衣　七四
乞巧節與盂蘭節……呂大呂　七九
兩次見面……倪匡　八五
李小龍暴斃內幕之內幕（銀色圈漫談）……馬行空　八八
「抗戰時代」生活史（專載）……陳存仁　九五

封　面：陳定山畫山水　封面內頁：虛谷小傳印鑑
精印插頁：虛谷花卉寫生冊（定齋藏）

大人　每逢月之十五日出版
The Chancellor Publishing Company Ltd.
出版及發行者：大人出版社有限公司
督印人：王朝平
編輯者：大人雜誌編輯委員會
總編輯：沈葦窗
社址：九龍西洋菜街三號A
即彌敦道大人公司後面
電話：K八五五七三〇
印刷者：立信印刷公司
九龍新蒲崗伍芳街緯綸工廠大廈11樓
總經銷：吳興記書報社
香港租庇利街十一號二樓
電話：H四五〇五六一　H四五〇七六六
星馬代理：遠東文化事業有限公司
新加坡厦門街十九號
檳城沓田仔街一七一號
泰國代理：曼谷青年文化服務社
曼谷黃橋東北路
五六六之七〇號
越南代理：聯興書報社
越南堤岸新行街二十二號
其他地區代理：
澳門：可大文具店　漢城：汎亞書籍公司
亞庇：利民公司　寮國：永珍圖書公司
千里達：中華公司　斗湖：光明書店
菲律賓：華安書局　菲律賓：玲瓏書局
倫敦：東寶公司　紐約：友聯圖書公司
芝加哥：杏林春　紐約：大方圖書公司
波士頓：中西公司　洛杉磯：永安堂
三藩市：新生圖書公司　檀香山：大元公司
三藩市：益智圖書公司　三藩市：文化商店
加拿大：香港商店　加拿大：新國華公司

章士釗與杜月笙

李北濤

老虎總長時代的章士釗

章行嚴先生來港不久，詎於上月逝世。頻年以來，章履港不止一次，每次輒與多友，清談不倦，詩酒流連，揮毫贈句。獨此番之來，情形不同，專機護送，醫生侍疾，聞一下機，即感不適，方以爲留居有日，可以待其安定康復，徐圖良晤，不意忽聞噩耗，令人驚愕，許多老友，臨終竟未獲一面，不無遺憾。綜其一生，早年自負才高，目無餘子，鼓吹排滿，熱情奔放，但又不肯加入同盟會。上海蘇報之案發，革命同志川人鄒容、餘杭章炳麟被捕，章行嚴呼號營救，義聲遠播。中年在叚合肥任執政期間，許靜仁（世英）爲國務總理，章行嚴身兼司法、教育兩長。每在其所辦之「甲寅」雜誌，發表主張，與人筆戰，詞鋒犀利，咄咄逼人。寅年屬虎，雜誌封面，印有虎形，因有老虎總長之稱。然其教育政策，大受學生之反對，圍逼責難，殊不得意。厥後罷官南下，意興索然，因做過司法總長，以此資格，乃在上海掛牌爲律師。許靜仁爲之介紹與杜月笙，延爲上賓，有此賢東道主，始得優游半生。然從此與政壇絕緣，早年鋒鋩，銷磨殆盡，空懷抱負，侘傺無聊。直至北上，膺文史館長，心境稍安，乃得完成其經年研究之古文鉅製「柳文指要」，一代學人，從茲作古，亦可謂學術界一大損失。

上海聞人杜月笙先生，單名鏞，浦東人，任俠好義，崛起鄉里。發跡之後，有人勸其力爭上游，多與士大夫結交，以期爭名於市。杜從之，乃對政海名流，文人雅士，常事傾心延納。銀行家陳光甫先生與其初見面之後，語人云：「我初以爲杜月笙是紅眉毛、綠眼睛，不意乃是一文質彬彬之人！」於此可見杜之風度。杜氏門中，賓客衆多，先後有兩位湖南名士，一爲楊晳子（度），一爲章行嚴（士釗）。楊爲「籌安會」帝制運動之魁首，洪憲失敗，楊乃逃滬，入杜門爲上客，供應優厚，黑白俱備，楊氏心感，正苦無以爲報。適杜氏宗祠在浦東落成，美輪美奐，大事鋪張，遍請各地知名之士，軍政要人，惠臨觀禮。所有章制儀節，扁額屏聯，以及請帖謝函，一切皆由楊總其成。盛況三日，蔚爲大觀。如此空前偉大場面，若不是見多識廣之楊度，何能有此大手筆。茲錄其登報謝啓於左，富麗典雅，可見一斑。

杜鏞鳴謝

近於浦東建設家祠，辱承　各界君子，獎飾逾恒，或頒藻翰，爲先德之褒揚，或錫多珍，增肯堂之輪奐，或於初成之日，玉趾親臨，爲之襄理，賓朋聯袂，車騎如雲，草綠郊坰，見元戎之小隊，花開閭巷，多長者之高軒，地當江海之濱，幸有烟花十萬，人愧春申之俠，居然珠履三千，既受寵而若驚，慚無德以堪此，加以市遠傳餐不易，郤居掃榻無多，簡慢非常，歉懷尤甚，詩曰：中心存之，何日忘之，敬誦斯言，唯祈　亮察。

杜鏞謹啓

章行嚴亦有贈杜祠落成橫額曰：

「不蓋不先」

「知衆人之不可蓋也故下之，知衆人之不可先也故後之，此工部語也。月笙先生慷慨好義，爲衆口宗，而卑謙自牧，世儒莫及，足以闡揚先德，垂裕後昆。爰於杜氏宗祠落成，敬書所語貽之。

長沙章士釗」

章行嚴又撰有杜祠觀禮記一文錄後：

杜祠觀禮記

章士釗

昔袁紹見鄭康成，嘆曰：「吾謂鄭君，東州名儒，今乃是天下長者。夫以布衣雄世，豈徒然哉！」吾嘗三復此言，以布衣雄世，有儒有俠，二者兼至，始爲極難！吾友杜君月笙，以尚義

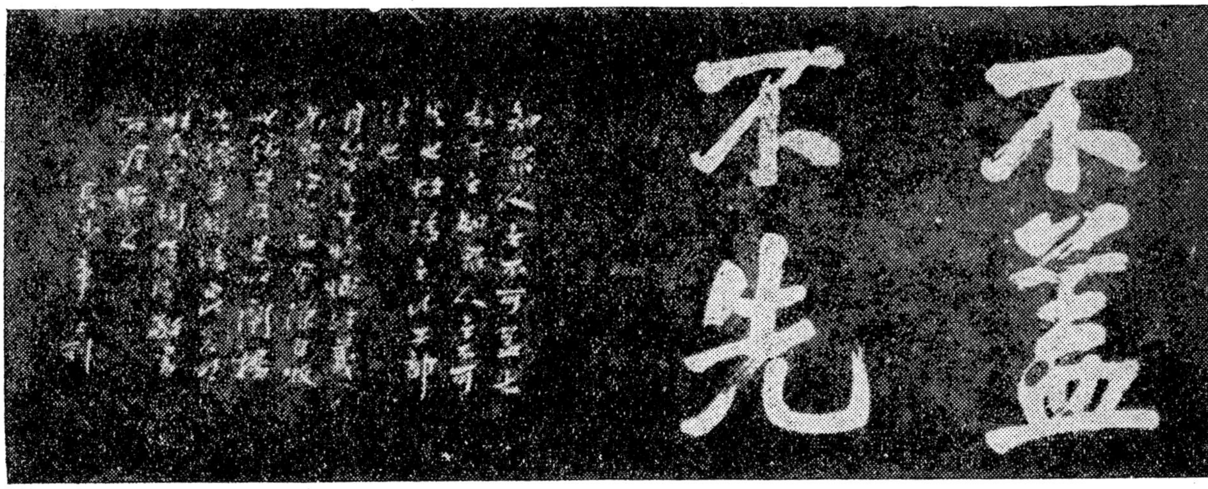

章士釗贈杜氏宗祠落成匾額

爲天下倡，天下翕然歸之。徒衆萬千，言出若鼎。人稱月笙，幾無不取漢之朱家郭解，同隸一範，嘻！此微特不知月笙，抑亦與于不智之甚而不自覺也。始吾未見月笙，想念頗與常人無二，及恒與接言，多所事事，感其篤厚淳朴之氣，自然洋溢，久要之誼，無間洪纖，即嘆爲粹然儒者，良不是過，尼山吾必謂學一語，且不我欺，而禮者近今所不道，敬宗收族之典，尤三十歲以下少年所絕不明；月笙獨毅然爲此事，同唐世柳孫諸賢之議冠，宜遭舉世非笑而不然，蓋天下重月笙者也，禮爲月笙特重，天下亦遂翻然相與重之。是日宗祠落成，人爭參拜，車馬之盛，儀文之茂，夐乎爲上海開港以來所未聞！夫吾鄉滌生曾氏之言，風俗之厚薄，自乎一二人之心之所嚮，而今世滔滔靡已之弊習，猶得依賢者之心若力匡扶而督正之爲可喜也。月笙此舉，關繫之大如是，而愚窃誦本初彙語，雖嘉其由儒見俠之有深識獨得，惜月笙不生漢末，使當時豪傑之士，並得由俠見儒，有以窺人道之全而體士林之大也，同時又以獲交月笙，發見上例，彌自厚幸，於是乎記。

民國壬申中秋長沙章士釗補記

奉主入祠實民國二十年六月十日也。

章行嚴進入杜門時，杜家出入之律師固甚多，如秦聯奎（待時）、徐士浩、江一平、鄂森等，皆係當時大紅大紫之名律師。惟章行嚴係上賓地位，各人對之，皆甚尊敬，彼此不談法律。章大律師之訴訟案件，有杜公館之關係，生涯自亦不惡。頗聞章親撰之訴狀，往往是一篇古文，字句冷僻，難於認識，而於法理，時多牽强。但法官多係其門生故舊，只好不求甚解，得過且過。故章士釗大律師之官司，容易得直，名氣遂以響亮。

章行嚴在杜家，上下都尊稱他爲行老。其實，彼時章之年紀，不算太老，特肝火甚旺，如有不到，輒遭怒斥，瑣事甚多，茲舉其一。如在中滙銀行（杜爲董事長），章存欵早罄，而空頭支票仍舊照開。初時銀行尚爲照兑，迨後源源而來，應付維艱，只好退票。章爲此大發脾氣，怒到不可收拾，以爲欠他的錢，尙係給他面子，杜氏聞之亦即代爲了結。直至其第三太太即現在之殷德貞女士，由杜先生撮合娶來後，兩家內眷來往，與杜家乃相處甚好。殷德貞其時，年紀不過十七八，在紅氍毹上，嬌艷欲滴，色藝俱佳，章老眼無花，一見鍾情，讚賞不絕，杜先生乃問「你喜歡她？」章含笑以應，杜即說：「閒話一句」，遂由其量珠聘來，白髮紅顏，相映成趣。殷德貞口齒便給，善伺人意，甚得章行嚴之寵，且與杜家之人相處和睦，寖且與杜家三樓太太及錢新之太太結爲異姓姊妹，過從更密，有如一家人焉。

章行嚴之元配夫人，名吳弱男，名門閨秀，爲中國風氣初開時之巾幗文人，前清吳長慶之孫女。吳氏曾率師駐紮朝鮮邊境，以防止日本之侵韓，有世家子袁世凱，來營投効，見其年少未學，乃令其拜文案張季直（謇）先生爲師受教。後來袁氏漸次顯擢，與張通信，初尙稱呼師生，後則弟兄稱謂，再後則僅具名，洪憲稱帝時，封張氏與李經羲、趙爾巽、徐世昌四人爲「嵩山四友」。吳長慶之子吳彥復（保初）有女二，長曰弱男，次曰亞男，得風氣之先，留學日本英國，中英文具有根柢，爲同盟會會員，在留學界負有時譽。章行嚴亦係英日留學生，文名早著，聲華藉甚，乃有人作伐，與吳弱男結褵。名士才女，可謂天緣巧合。詎其後並不美滿，大概章名士氣太重，老氣橫秋，其英文程度遠不及妻，吳氏飽受西洋教育，亦有個性，故夫婦之間難有唱隨之樂。章氏又娶第二位太太，常住北方。迨第三太太殷德貞來歸，在滬與吳弱男同屋而居，勃谿愈甚。抗戰發生，杜先生率眷赴渝，章行嚴乃亦携同殷氏，脫離煩惱苦海，飛渝而去。

重慶嘉陵江南岸之汪山，有小洋房一座，乃交通銀行之別墅。董事長錢新之即用以招待杜先生眷屬，杜另以一房，請章行嚴夫婦同住。空曠高爽，窗外一片梅林，臘盡春初，暗香浮動，坡下草坪，叢木閑花，尙饒野趣，章行嚴吟詠其間，亦頗安之。杜氏廣交游，往來無白丁，名公鉅卿，文人雅士，車馬如雲，絡繹不絕。章行嚴或爲舊雨，或係新知，相與抵掌快談，詩文聯句，有時二三知己，嘯傲烟霞，其「南游吟草」中所懷之袞袞諸公，蓋多是此時邂逅往還之士。有一次，故友諸文綺兄，自上海間道行抵重慶，因章行嚴與其兄諸青來相熟，特往謁候。行嚴見面便說：「令兄投入南京僞組織，應該弄到錢了吧？」，諸文琦說：「家兄是一個書獃子，被拖下水，那會弄錢？」，章遽曰：「淪陷區的人，無商不奸，無官不貪，那會不弄錢？」文綺掉頭便走。出語人曰：「章士釗如此頭腦，他的政治前途恐不會再有了！」

章行嚴在杜家，偶亦作方城之遊，惟不參加大場面之局，常陪女太太們消遣。一次見其與杜府之姚氏太太、劉航琛太太、及現在居港之名票竇曉東兄，四人一桌，打小麻將。章之打牌技術，亦頗高明，但殷德貞在旁，指指點點，細語嚕囌，此時殷漸恃寵而驕，章亦仍怡然自得。憶竇曉東兄在渝結婚，頗稱一時盛舉，章行嚴杜先生證婚，許靜老爲乾宅主婚，王儒堂（中國大學校長）與程天放二位爲坤宅主婚。五老聚會，盛極一時，其中許靜老年事最長，身體矮小，步履輕健，章杜程三位，一貫的神態安詳，惟王儒堂（正廷）酒量最好，談笑風生。新郎竇曉東兄，翩翩年少，平時擅唱青衣，其拿手之「紅樓二尤」，即係章太太殷德貞所教。此時滿面春風，温文爾雅，不減張緒當年。其旁之一位男儐相，年少英俊，雙目顧盼有神，即今在香港之名票李守遜兄。是日冠蓋如雲，觥籌交錯，筆者躬逢其盛，勝景如在目前。一轉瞬間，五老之中，惟剩章行嚴在港，數數見面，不意今亦隨四老而去。再看竇李二兄，豪情未減，而兩鬢已斑，迴想前情，徒增懷念。

民國三十一年秋，杜月笙先生在政府授意之下，有西北之行。以「開發大西北」之口號，欲將國人目光，吸引到西北，使人憧憬着抗戰仍有其前途遠景。杜氏扶病登程，送行者甚多。同行者有章行嚴、楊管北、駱清華、唐纘之、陳覺民及新華銀行總經理王志莘等，後恐長途勞頓，約章行嚴逕飛西安相會。一行浩浩蕩蕩，經過各鄉市城鎭，備受官商盛大招待。而有一特別場面不可不記者，沿途各地，三山五岳之幫會頭腦，袍哥健兒，紛紛羣來歡迎，擺列香案，紅圍椅帔，按照幫規，郊迎接待。此種盛舉，平時甚難見到，一處一處，直到西安。此則由於西北幫會弟兄，歷年在上海，曾受杜先生之恩惠，今日特來表示敬意。章行嚴夫婦飛抵西安，見到此景，大爲驚嘆，以爲希有。杜先生抵西安，已是困頓不堪，喘疾頻發，氣促聲嘶，無力言語，只好臥床休息。西北軍政長官

杜月笙在重慶汪山憩息留影

懷錢新之

倏從契濶得團圞再至居然過半年久旅勢如強弩末出遊心怯舊壚邊（不知君近戒酒否）區區十載桑中海袞袞諸公墓下田（指杜月笙輩）何事花開歸緩緩斷無消息到諸錢

章士釗南游吟草：「懷錢新之」

，紛紛設宴招待，杜先生能到則到，否則即由章行嚴、楊管北代爲周旋應付。各方備有堂會招待，川戲、豫劇、秦腔、雜耍，全是名角。有豫劇名坤伶常香玉，色藝雙全，歌喉繚亮，做表細膩，尤其演到悲切之際，兩股淚泉，飛珠濺玉，嗚咽哽咽，直令聽衆盪氣迴腸。杜、章等皆是性情中人，不禁連聲叫好，杜先生氣喘，竟爲之好了一半。常香玉卸裝下來叩謝，自此每晚來寓所伺候。常伶貌艷如花，身輕若燕，裝烟送酒，依依襟袖之間，章行嚴不覺大爲傾倒，惜玉憐香，形諸吟詠，幾掀起殷德貞之醋海生波，亦爲此行之一段韻事。

回渝不久，民國三十三年，日軍在太平洋節節敗退，我國勝利在望。國內政治改革之呼聲甚高。懷才之士競思在政治上有所發揮，各黨各派，亦紛紛活動。章行嚴目睹杜先生在廣大民間擁有如許徒衆，心想若能集合利用，倒是一種勢力，何不組織政黨，擁月笙爲黨魁，必比其他小黨，具有聲勢。於是乃以此意，與杜相商，杜不能決。章屢次陳說，杜乃召集恒社大衆在重慶朝天門「良厦」開會商量。章行老發言，畧謂「勝利在即，國民黨將開放政權，正是我們參與國事之機會，如舉杜先生爲領袖，組織政黨，必可爲國家社會造福。」杜氏一再謙辭，畧謂素來不知政治，更不懂政黨，如何能辦。恒社同人發言，多主愼重，辦黨不是一件小事，又有人云，政黨必需有資本團體做後台，方有經常的財源，如馬馬虎虎上台，將來下不了台，老夫子一世英名，豈不付於流水。章行嚴繼說「只要政黨辦成，一切自有辦法。」最後，杜氏說：「行老熱心組黨，我個人情願舉行老爲黨魁，我必定入黨爲第一個黨員。」至是乃無結果而散。

章行嚴在重慶，屢經老友許靜仁、吳禮卿等代向政府推轂，迄未有效。勝利後，張岳軍爲行政院長，曾提出章士釗爲教育部長，又未通過，遂在滬重操律師舊業。時來運轉，上海大捕「漢奸」，許多達官豪富，不問有罪無罪，多已鋃鐺入獄，紛紛延請律師辯護。章士釗大律師既是天之驕子的「重慶人」，又有大亨杜月笙之後台，捨此不請，更請何人，於是章大律師之戶限爲穿，大批金條美鈔滾滾而來，中有一人，申訴得直，所送金條計有百餘根之多，他如周佛海等大戶，未開庭即送數十根條子者，不知凡幾，章行嚴這一陣子，應該說得上季子多金矣。

至一九四九年春，國共和談，南京派出幾位代表，有冷禦秋（遹）、章行嚴在內。旋聞禦秋不願成行，我打電話詢問其故？則曰：「決談不成，何必空跑。」而章行嚴則欣然束裝就道。蓋其心中或者已有成竹，此處不留人，自有留人處。果然，此行不虛，「柳文指要」，於以完成，此實爲其畢生最大之收穫。章行嚴生前，其表姊夏太太曾語人云：「章行嚴祗是官迷，如不熱中做官，專在學術上用功，以他的聰明及有科學知識，其成就當在章太炎之上。」斯言也，可作爲章士釗一生之定論。

章在港逝世，賚送骨灰北上之遺孀殷德貞，業已返港。

章士釗在港逝世後的治喪委員會名單

主任：梁威林

副主任：李菊生 費彝民 利銘澤 莊世平 王寬誠 何賢 陳耀材 柯正平 潘靜安

委員（按姓氏筆劃爲序）：

丁熊照 包天笑 李生 何添 林楚楚 胡昌度 馬萬祺 梁錫光 陳伯流 麥文瀾 張學孔 黃居素 葉若林 熊少豪 藍真

王紀元 白潔之 李俠文 沈日昌 周士華 胡惠春 秦惠真 梁燊 陳君葆 麥佐衡 程慕灝 黃祖芬 葉啟章 蔡紹昌 譚紉就

王振宇 石慧 李菘 汪宗衍 周宏明 查劉璧如 高卓雄 梁醒波 陳佐鏞 莊重文 喬文禮 黃振英 葉靈鳳 鄭棟材 蘇務滋

王通明 田象奎 李楨 余秉熹 周明 袁家麟 高維禧 梁燦輝 陳紱 崔延緒 喬彬 黃偉民 廖一原 鄧典初 羅孚

王國桐 年潤孫 李琢之 祁烽 周錫年 韋基舜 郭宜興 陳乙明 陳娟娟 張光斗 賀仰先 黃新彥 廖生東 崔英東

王德昭 朱毅 李冲 吳子鐵 金適明 徐英 郭增愷 陳一峰 陳復禮 張思健 溫康蘭 黃夢花 趙不弱 薛文林

方志勇 朱鶴皐 李萍倩 吳文政 胡士澄 徐紹之 莫慶 陳凡 陳錦棠 張宗福 湯秉達 黃燕清 趙光禮 簡日林

方善桂 伍步雲 李福和 吳性栽 胡百全 徐湛星 梁志輝 陳友志 陳霞子 張亞平 曾履川 黃憲儒 趙志誠 鍾榮光

方遠謀 李子誦 李震之 吳康民 胡法光 唐翔千 梁寒淡 陳丕士 馮學彥 張錦添 黃文山 楊光 趙從衍 盧敦

黃文山啓事

章行嚴先生在北京大學任教時期，與本人有師生關係，但數十年未經晤面。此次在港遽逝，至深惋惜。本人頃見報載「章士釗治喪委員會啓事」，忝列賤名。本人對該啓事，僅見報載，事前並未過目，亦未署名。微塵世界，區區小事，無足輕重，但友朋紛紛問詢，謹登啓事，用代答覆。

中華民國六十二年七月七日

章士釗治喪委員之一黃文山啟事

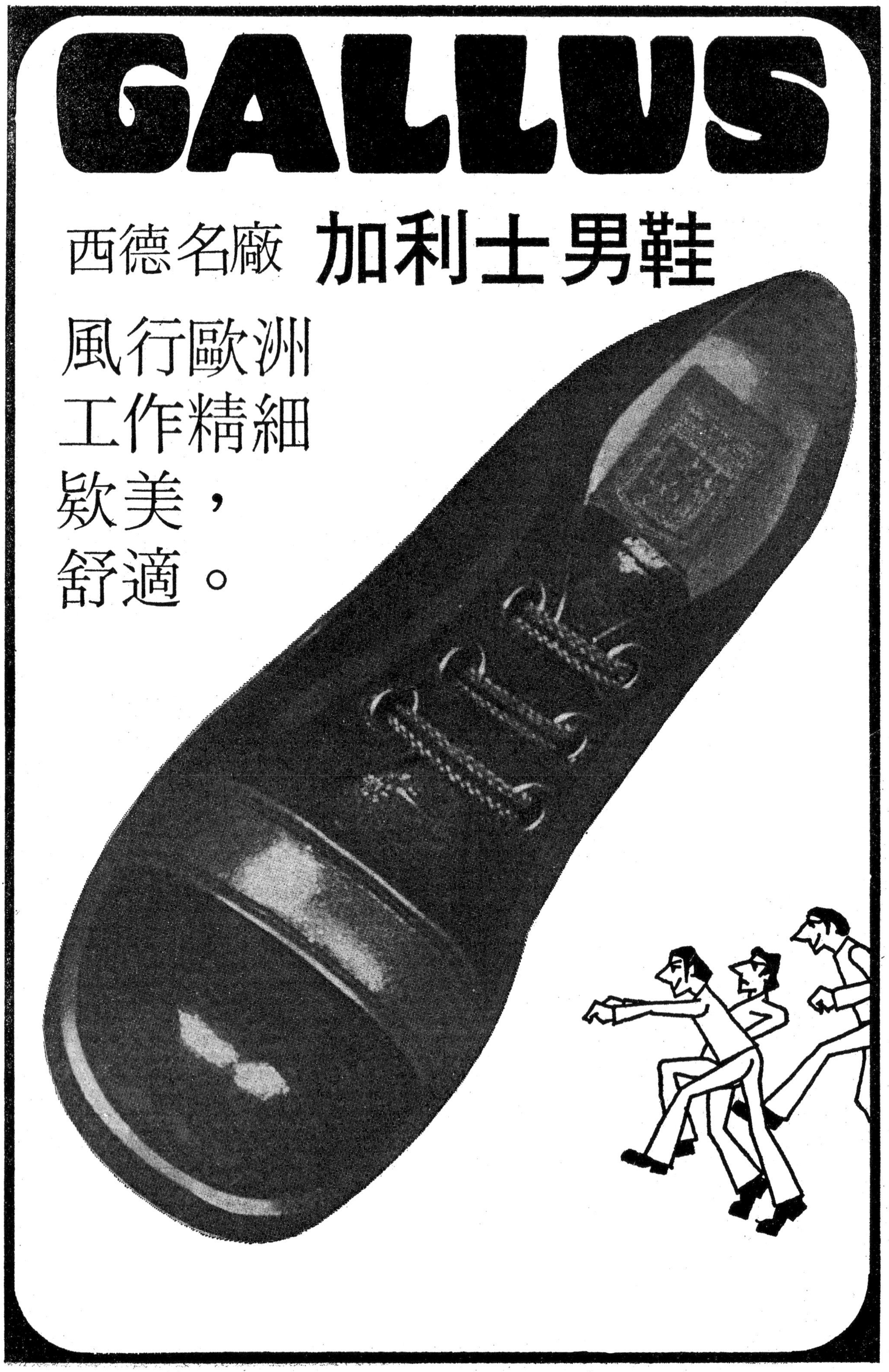
GALLUS
西德名廠
加利士男鞋
風行歐洲
工作精細
欵美，
舒適。

大八小路

·上官大夫·

廿八年前

本期出版之日爲八月十五，二十八年前的今天，二次大戰結束，香港日軍放下武器，香港市民重見歡笑。

今日香港，商品以日本貨爲最多，遊客亦以日本人爲最多，而且其中一定不乏「皇軍」舊地重遊，難免一番感慨！

光復紀念

港府定八月二十九日爲香港光復紀念日，放假一天，以誌不忘。

四百萬市民不可不知，此每年一日之假期，乃三年零八個月之黑暗與苦難所換來。

錯在何處？

蓋洛普民意測驗結果，發現世界知名人士對越戰意見，三分之二認爲美國加入，乃係一種錯誤。

美國之錯，不錯在當初加入，而錯在結果沒有戰勝敵人。

高棉之局

施哈諾認爲高棉戰爭勝利在握，不欲與基辛格見面，不願與龍諾談判，亦無意接受印尼調解。

高棉之戰，究其內容，較越戰還要複雜，龍諾縱敗，至今爲止，仍難決定是敗在「叛軍」抑是「棉共」手下。總而言之，勝利果實，不會輕易到達施哈諾手上。

以少爲妙

中共人代大會，不久即將舉行，傳聞最盛的一個消息說，今後不設「國家主席」。

天無二日，民無二王，最直截了當的辦法，最好是一個都不要，以免麻煩。

明日之香港

菲律賓政府討論吸引外資，認爲今日香港之地位，馬尼刺不久將可取而代之。

此一說法是否有點自作多情，有待分曉，今日之新加坡，將爲明日之香港，則已爲大部份人所承認。

簽名運動

專上學聯發起運動，徵求五十萬市民簽名，引渡葛柏總警司來港接受詢訊。

有人建議，學聯應遣派代表數人，趨謁輔政司、司法當局與警務當局，徵詢其意見，是否願意簽名，贊成引渡。

以一抵十

萬事必須公平，簽名運動亦然，所以關於引渡葛柏來港一事，贊成者既請其簽名，反對者亦應予以簽名表達其意見之權利。

同時也有人慷慨建議，簽名反對將其引渡遣回受訊者，一票可抵十票。

運動在香港

城市清潔運動之後，繼之以反暴力運動；反暴力運動之後，繼之以屋宇清潔運動；屋宇清潔運動以後，繼之以道路安全運動。

田徑中有「十項運動」，上述多項運動外，加以不久又將喊出口號的「香港人用香港貨運動」，香港的運動，現在已有「五項」，不久自會湊成「十項」。

永遠難追

美國有三千家公司，實行每週工作四天新制度。

等香港有人實行四天工作制時，美國也許有許多公司已經每週工作兩天或三天。

四萬元美金

報載不出十年之內，可以四萬美元之旅費，遨游太空，以開眼界。有人讀報笑曰：「假使我有這四萬美元可化，我願意一半輸在蒙地卡羅，一半輸在拉斯維加。」

男女不同

商業電台舉辦全港歌唱比賽，各組冠軍，男性多於女性。

心理學家與評判員異口同聲曰：參加比賽之女性患得患失，唯恐不勝，結果非敗不可；男性隨隨便便，不在乎此，乃於無意中獲勝。

頭痛難治

外電報導頭痛一症，專家認爲難以根治。

——頭痛是一種生理病，同時也是一種心理病。

群衆心理

李小龍死因，法庭定九月初開庭研究，屆時將有多人被傳出庭作證。

丁珮、鄒文懷、救護車司機、伊利沙白醫院値日人員，屆時均將一一出庭作證，好事者正拭目以待，因爲報紙詳詳細細的報導記載，既可以作豔情小說看，亦可以作偵探小說看。

語重心長

逝者已矣，李小龍之死，祗要裏面沒有陰謀，即使查出其原因，亦屬於事無補。

李小龍遺孀要求「予死者以安息」，鄒文懷說「我做事全憑良心」，語重心長，一句話代表千言萬語，値得細細領畧思維。

政海人物面面觀

——章士釗、吳鐵城、陳明仁——

馬五先生

章士釗（行嚴）

章士釗湖南長沙人，幼嫻詩書，卓具文采，然弱冠時科舉已報罷，因而不及從科場中博取功名，而矢志於維新運動。清末曾入南京陸軍小學肄業，文名藉甚，旋受知於當時的江蘇泰興縣令湘人龍璋（研仙），資助他東渡日本留學，入東京正則英文專修學校習西文，得與黃興、宋教仁、章太炎等往還，傾向革命事業。時有名媛吳弱男與亞男姊妹二人，亦留學東京，因係吳長慶的孫女——吳於光緒年間曾統兵駐防朝鮮，與袁世凱同事——生活濶綽，鋒頭甚健，姊妹倆皆通英語，常出入革命領袖孫中山先生之門。章以青年英俊之姿，且負文名，對吳弱男頗爲傾倒，竭力追求，吳亦以章翩翩髦士，樂與結交，終成眷屬。未幾，章偕弱男轉赴英倫，肄業倫敦大學法律科，倫大收錄學生不如牛津、劍橋二學府之矜嚴，章旣諳識英文，賦性亦聰穎，學業頗有成就。民初中國文化界創出「邏輯」這一詞彙，即係章首先將英文Logic音譯而來的。

辛亥武昌起義時，章任上海民立報主筆；該報主持人于右任奉命出任臨時政府內政部次長，常在南京，社務即由章綜理之，聲譽鵲起。民國二年初第一屆國會成立，當選衆議員，從此脫去新聞記者生涯，馳騁政壇之中，尤與章太炎特示親近，每於報刊上發表文字，輒稱「吾家太炎」。然太炎自恃革命功高，因民元未能參加南京臨時政府，而僅獲孫大總統聘爲「國師」的榮譽職銜，滋不滿，繼有光復會首領陶成章在上海被刺殞命事件；太炎係光復會幹部。乃極不慊於民黨，嗣後即專捧黎元洪了。章受着「吾家太炎」的影響，故未參預癸丑討袁之役，亦不爲民黨所重視。民國三年甲寅，章在日本創刊「甲寅雜志」，以其簡練的文言評論時事，內容殊可觀，但銷路不如理想，旋告停刊。迨民五年夏，袁世凱逝世，國會恢復後，原在美洲加入黃興創立的「歐事研究會」——旋改名「政學會」的舊國會議員，在議會中揭出「政學會」旗幟，成立小政團，章亦係其中的一份子，寖且成爲主幹人物。岑春煊夥同政學系與梁啓超的研究系人士，在廣東肇慶府組織「軍務院」傳檄討袁時，章與李根源即係岑撫軍長又稱主席總裁的左右兩巨擘，利用陸榮廷的桂軍勢力，仇視民黨，排斥護法大元帥孫中山先生去粵，且停止擁護孫大元帥的兩院國會議員三百餘人的經費，而駐粵滇軍統帥李烈鈞亦被迫率部出走。於是護法軍政府外交部長兼軍務院總裁之一的伍廷芳亦憤而離粵赴滬，幷將他所保管的關稅餘欵數十萬元，隨身携去。岑春煊即派章爲軍務院代表，赴滬控告伍廷芳捲逃公欵於上海租界內的會審公堂，此事喪失國格與人格，不特招致民黨人士切齒痛恨，亦爲全國各界所憎惡，章更以此成爲衆矢之的，致引起護法議員王法勤等十餘人投書致章，申罪筆伐，其詞凌厲昂揚，公諸報端，對章個人的聲名打擊甚大，原書云：

行嚴先生執事：廼者執事自稱軍府代表，控告伍總裁於上海英公堂，求外力以快私爭，久爲國人所齒冷……查公堂審判章程，惟被告可用代理，而原告必須親自出庭。執事所代表者爲岑（春煊）林（保懌、海軍總司令）莫（榮新、廣東督軍兼陸軍部長）三人，將來以兩總裁暨陸軍部長匍伏對簿於非法管轄法庭之前，而代表僞政府（按指北洋軍閥政府）之襄讞官，亦高坐堂皇以臨之，試問西南面目，國家體制，當須降至何等？西林以主席總裁，備員僞總統府顧問，執事亦曾受爛羊頭之二等文虎章，以今事比之，或自視爲不足介意。然受恩私室，呈身暮夜，猶可曰人無知者，今乃於靑天白日之下，公然爲此倒行逆施之舉，所損失者豈僅君等個人之人格哉？法勤等欲爲國家及西南爭人格，當效鷹鸇之逐鳥雀，操白梃以問君等之罪，非若前此國家內部之爭，僅以除名查辦了事也，唯執事實利圖之！

章的國會議員資格，因他夥同岑春煊、梁啓超等反對護法軍政府孫大元帥，已由國會非常會議予以除名查辦處分，故原函再道及之。經此次不名譽的訟案後，章與國民黨不僅絕緣，且趨入敵對立場，個人的信譽損失更大。洎是章在政治上即與北洋諸官僚政客，沆瀣一氣，但期爭名於朝，揖讓周旋於南北軍閥之間，不復保持名士身份了。迨西南桂系軍閥崩潰，陳烱明勢力亦被逐出廣州，而北洋新興的曹錕吳佩孚直系，又與章素少往還。旋徐世昌被迫下野，段祺瑞以直皖戰爭失敗，退蟄天津，章與其故主岑春煊落拓滬上，蹩躠靡騁，而政學系與研究系諸政客，皆各奔前程，不復有興風作浪的機會了。

越民國十四年冬（一九二五年）直奉戰爭發生，馮玉祥倒戈推倒曹錕政權後，黃郛以教育總長組織攝政內閣，章與黃膺白素有私交，夤緣担任司法總長，幷將甲寅雜志移至北京復刊。旋黃內閣改散，段祺瑞崛起執政，以許世英爲內閣總理，章繼易培基之後，轉任教育總長，此爲章一生中，在政治上際會風雲、志得意滿的黃金時代。湘人楊昌濟（毛澤東的丈人）久供職教育部，楊與章俱係長沙人，原屬舊識，偶然談到湖南新進人才，楊竭力稱許蔡和森與毛澤東爲後起之秀。是時蔡在巴黎游學，毛在北大圖書館任職，章即約毛晤面，頗示器重，且常資助毛的生活費用，後來毛離開北京，南行回湘入粵，章又給以資斧，奠下了友好之誼。世人謂章曾作過毛澤東的國文老師，又說章做過立法委員和北大與北京農專的校長等等，皆非事實。

章在北廷担任司法與教育總長時期，民黨元老吳稚暉亦在北京設立私塾教學，吳與章不特是朋友，且同在英倫留過學，交非泛泛，然吳以民黨關係，對章頗不諒解，常在北京「京報」撰文指摘章的公私生活缺失，章亦於甲寅雜志予以答辯，彼此筆戰不已。這時筆者適執教於北京「民國大學」，曾見吳稚老在報上以小品文譏誚章是熱中功名的官迷人物，一旦去位，家人即大哭小喊，不可終日云云，章著文反脣相稽，說「稚暉未嘗蒞臨吾家，從何得聞吾家人大哭小喊之聲耶？逆臆虛詆，稚暉休矣」等語，殊堪發噱。是時胡適之在北京大學極力提倡白話文，而北大教授林損、黃侃、林紓等主張文言文，爭辯熱烈，章與林、黃等桴鼓相應，亦在甲寅雜志上著文反對語體文，認爲不能以引車賣漿之流的言談，與士大夫的文章等量齊觀，雅俗莫辨，且舉出「二桃殺三士」這句文言爲例，說誰也一目了然於這句話的涵義，何必定要寫成「兩個桃子殺死了三個讀書人」，纔算通達呢？未幾，胡氏在「獨立評論」周刊上，發表一篇文章，題目是「老章投降了！」內容指述章氏寫有一篇白話詩送給他，証明章亦被他征服了，文內揭出章的原作。筆者當時讀及此文，尚記得章作白話詩的開頭一段云：「你姓胡，我姓章；你倡你的語體，我寫我的文言；這在文化思想上，未嘗不是相得而益彰！」因此，胡適之很得意，說章行嚴亦作語體詩，不啻是對他遞了降書。然章辯稱係游戲之作，旨在譏刺語體詩太俚俗，不足以言詩，詩那有作得這末容易的呢？但胡適之還是洋洋自得地聲明：「我的受降城門是敞開的，歡迎老章隨時走進來，且毋須面縛輿櫬」云云，章爲之啼笑皆非。

章士釗中年時期

周樹人在教育部作僉事（科長）亦是提倡語體文的健將。他以「魯迅」筆名，在「京報」副刊寫雜文攻擊章甚力，別人稱呼章爲「老虎總長」，以甲寅雜志封面上畫着一隻老虎也，魯迅却呼之爲「大蟲總長」，章甚銜之。他從楊昌濟口中知道魯迅就是教育部的周僉事，乃於接任教育總長後，即將周免職，人皆謂章沒有雍容雅量。既而章又下令撤換北京女師大校長，學生羣起反對，要求收回成命，不讓校長移交，吳稚老與魯迅每天在「京報」發表文章給學生張目助勢，學生們乃罷課據守校內，拒絕新任校長到校接事。章竟派總務司長湘人劉某，雇用婦嫗數十名，乘坐大卡車幾輛，馳入女師大校內，强拉鬧事女生置之卡車上，分別送至其家，勒令家長負責管束。輿論大譁，認爲太不成體統，吳稚老聞之更怒，即在「京報」刊佈訃告云：

> 不友吳敬恒等罪孽深重，不自殞滅，禍延大蟲總長章公，壽終歪寢。距生於前甲寅雜志創刊某年某月，歿於後甲寅雜志復刊某年某月，哀此赴聞，伏祈哂鑒！

一時轟動九城，傳爲文壇佳話。魯迅另撰祭文張諸報端，更極盡嘻笑怒罵之能事，章亦無可如何也。未幾，章辭去教育總長，調任政府秘書長，民十五年三月十八日北京市民舉行大會，反對段政府勾結日本帝國主義製造內戰，大隊羣衆游行至執政府請願，段傳令只許派代表八名晉見，迨大門剛啓，羣衆蠢湧趨入，衛兵開槍射擊，死者三十餘名，傷者亦衆，次日執政府下令通緝禍首徐謙、李大釗等十餘人，盡係民黨份子，而魯迅亦爲禍首之一，顯係章從中攛掇而然的。廣州國民政府指章爲造成慘案的罪魁，亦頒明令通緝之，這項通緝令始終未曾撤消，足見民黨對章憎惡之甚矣！

段政府於民十五年初夏垮台，吳佩孚張作霖的討赤聯軍進駐北京，章初隨段系人物匿居天津，旋南行至上海，藉其曾任司法總長而取得當然的律師資格，在滬上執行律師業務，但他對於本國的民刑律例并不熟悉，每替當事人撰擬狀詞，內容只是一篇文章，而畧於法律的論據。例如他在陳獨秀被捕遞解南京後，自告奮勇，爲陳氏義務辯護，所寫的狀詞要點，僅謂「獨秀死，中國之讀書種子乃絕」，與法理毫不相干，陳乃聲明「章行嚴怎末能夠替我作辯護律師呢？」實則章原係國府的通緝犯，而民黨人士素來對章沒有好感，即令他是個精通法學的權威律師，由於政治恩怨關係，亦不會予以重視的。章常常疏於自處之道，多類是也。

章偃蹇滬濱，律師業務并不發達，生計漸告窘困，而國民革命軍已越嶺嶠北伐，進入長江流域，北方由張作霖自號大元帥，維持殘局，章的政治生涯，既不能南走粵，亦無法北走胡，陷入走投無路的境況。是時湘人楊度在上海担任聞人杜月笙的秘書，章楊原係莫逆之交，楊怵於洪憲帝制要犯的關係，唯恐革命軍一旦進佔上海，必不免於禍事，他對北洋方面門路較多，預作避禍遠走之計，乃爲章作曹邱生，向杜氏舉章以自代。杜固習聞章的文名，又曾作過高官，其身價視楊度爲高貴，章願意折節作杜門記室，當然樂於延攬。從民國十六年至對日抗戰發生這一階段中，章全家大小生活之資，皆由杜氏供應無缺，即其如夫人雪明珠（又名殷德貞），亦係杜氏介紹的。民國十七年湘省當局擬修纂省志，曾與旅京的湘籍人士商洽總纂人選，筆者此時原不識章，然常聞先輩人稱讚章舊學湛深，即推舉他囘湘主修省志。詎銓敘部次長仇鰲（亦山）大力反對，指章無行，未足担當省志修纂事宜的清貴之任，事乃不諧，而省志亦迄未重修也。

當盧溝橋事變發生之前，章與皖人吳忠信（禮卿），銀行界鉅子陳光甫皆在英倫游歷。迨抗戰軍興，三人相約歸赴國難，旅費由陳氏支應。初囘至上海，吳禮卿以國府對章所頒通緝令猶存，囑章暫住滬，先由他到南京請示最高當局，將原令撤銷，章再入京爲國効力，比較妥當。越十日，吳從南京囘滬，勸章不必入京，因最高當局不接納吳的要求，未宜造次云。既而段祺瑞應蔣委員長邀請，南下協商國事，蔣公對段執弟子禮甚恭謹。段離南京時，蔣問老師有何吩咐否？段以二事相託：一請對其舊日幹部曾毓雋、吳光新予以照顧；二請撤銷章士釗通緝令。蔣公對第一點即予照辦，却未履行第二點諾言。既而國民參政會成立，章亦被任爲參政員，且隨同政府到重慶供職，吳禮卿認爲這是撤消章通緝令的適當時機了，重向蔣公申前請，并謂章已來渝，似可撤除這項官樣文章，免留痕迹。然章固自由居住輦轂之下，而舊案依然殘存如故。原因就是對章當年扶同桂系與研究系，多方排斥孫中山先生及其黨人的惡感太深，乃給章以長期的精神打擊而已。

章素性熱中，不甘寂寞，他居留重慶時，若干黨國要人如于右任、戴季陶、張繼、居正、覃振等，都是曾共患難或締深交的老朋友，然對他皆敬而遠之，鮮所交往。他好作詩，只與民黨元老兼詩人楊滄白頻頻唱和。他亦曾選得石章精品，挽名家篆刻朱白文圖章，另附頌聖式詩歌，獻之蔣委員長，亦無反應。迨抗戰結束，政府復員還都，章常在上海大公報撰文議論國是，用世之心猶切。是時筆者適丁外艱，乃以世誼乞章爲先君作墓誌銘，始得識荆於滬上，章以故人子弟相待，倍示親熱，墓誌銘寫得很好，且不肯受酬。

越民國卅七年冬，蔣總統宣告引退，李宗仁代行總統職權，主張與中共媾和，派遣和談代表張治中等八人北上，章亦係代表之一。旋和談破裂，張治中、邵力子等不復遄返南京覆命，章與劉斐、黃紹竑仍南下活動，劉黃奔走於廣州香港之間，爲共黨効統戰策反之勞。章初住上海，繼與杜月笙、陳光甫等南來香港，暗中獻議於湖南省主席程潛，說毛澤東希望國民黨能由程領導，開創新局面，即願與民黨共治中國，而國共兩黨領袖皆爲湘人，亦可爲湖南人揚眉吐氣云云。程潛投共的重要因素，即是惑於章這番游說之詞，一心以爲鴻鵠將至呢！章於民國四十一年（一九五二年）在香港報紙上刋佈詩章，亦有「居然吾郡成豐沛，敢說人才用下中」之句，而程潛後來被召赴北平時，毛澤東且破例親自到車站迎接，致引起共黨幹部深滋不滿，毛即說明他之所以優禮程潛，是爲着程在湖南「起義」，使共軍減少許多傷亡的功勞，并非對程個人有所偏愛，然暗中煽惑程潛叛國投共的，即以章之力爲多。所以，毛澤東始終優待章的用意，重在章游說程潛歸降，使共軍不戰而襲據湖南之役，至於當年在北大圖書館作小職員時，曾得章垂青資助，猶其餘事耳。

一九五六年冬初，章二次來到海隅，聲言進行國共和談。此時筆者于役香港時報，以政治立場不同，未便過訪這位父執於其寓所，聊修晚輩之禮。一夕，我在友人紡織業鉅子嚴欣淇兄家，適遇章亦來嚴宅消遣，我陪着他閉扉呑雲吐霧，乘機詢問舊友馬寅初近況，章謂已下放到嵊縣老家去勞改了。我大驚，詰以何故？答言馬先生在北大倡述馬爾薩斯的「人口論」學說，共黨指其違背馬克斯教條，乃予以懲罰。最後章慨然道：「人口論是正確的，他們太不講道理啦！」我勸他不妨在香港久居，他說「誰來養活我呢？」愚謂：「行老有隻金飯碗在手，不須倚靠別人生活，若把甲寅雜志在海外復刋，月入港幣三五千元，我可以担保有多無少。」章聞吾言很動容，但謂「君能來寫文章嗎？」我說，不但可以撰稿，且願効主編之勞，他更示興奮，囑我擬訂計劃，改日再詳商一切。三天之後的午間，我持着甲寅雜志復刋計劃赴嚴宅，擬請主人以電話約章前來面談，比至，章偕其秘書已在座，因有生客在塲，僅作閒談。忽有吳季玉其人者，坌息馳至，亦不就坐，即大聲語章云：「行老，台灣滙來港幣二十萬元給你作旅費，幾時可赴台灣一行呢？」章未答話，而他的秘書已怒容起去。旋吳亦走出，章乃大駡吳胡言妄語，不是東西，是日即未曾談到甲寅雜志復刊問題，嗣後我跟章亦鮮晤面了。章於離港前，用宣紙親書他贈我的長詩一首，題爲「湘儁篇」，幷附序言云：「吾幼時曾在舊書中，得見湘儁小錄一部，共四本，全體古藝及詩賦，不雜一篇八股。所載多王闓運、蔡毓春、向師隸、嚴咸諸作，乃張海門先生督湘學時試牘也，當時吾絕好之，今爲雷君作此詩，不忘舊好，因以湘儁名篇。」原詩如次：

吾湘多儁才，振拔由宗師，嗟予出身晚，兩役皆後時。駿發道光末，光緒猶逶迤，平湖作先鋒，（海門先生名金鏞，平湖人。）侯官後勁資。（侯官張燮鈞先生亨嘉，光緒中督湘學）兩張學殖厚，弘奬亦副之。嘉禾本僻壤，大鵬振翼飛。（君先叔祖小秋先生名飛鵬，嘉禾人，文極樸茂，為張燮鈞學使所激賞，癸巳科程墨亦絕高。）上與王蔡接，李曾手同携。（李希聖與曾榮甲，曾後改名熙。）時吾髮未燥，簡書供目怡。晚共槐村語，承公文行奇。（槐村鍾才宏號，鍾為小秋先生弟子，吾知公由槐村也。）樸學始船山，孕育在火維，南洲有高士，持媿長沙兒，奉手誠不及，忝與銘幽辭。（按：係指為先君作墓銘事。）平生妄造作，除此有道碑。諸孫嘯岑子，文賦追陸機，蹭蹬二十年，述德了無虧，小品雜魏晉，俊逸有餘姿，汝南登壇喚，馬五天下知。（按：係指余筆名。）海濱驟相逢，立語開心脾，時代近南明，待訪思明夷，論政不必合，志學心無違，詩成付流光，那畏浮世譏！

章於一九五七年夏，在海外進行和談不成，鎩羽遄返大陸後，即致力於柳文研究工作，中經紅衛兵之亂，舊時文化人皆遭荼毒，而章竟無恙，據說毛澤東讓他進住醫院內，廑而免。去歲他所著「柳文指要」都百餘萬言，付梓行世，託人轉贈一部給筆者，我窮兼旬之力，瀏覽一遍，曾與曾履川教授談及原書內容，旨在尊柳抑韓，幷醜詆桐城派，履川對章這項見解，殊不謂然，曾以長函致章，申述所見。我則認爲蒐討古人寫作的優劣問題，又每每加上一些歌頌共產社會生活的詞句，不倫不類，似有着糞佛頭之病。履川笑謂：「不是這樣，行老這部著作，根本就不能出版！」言之有理。

章這次第三度來海外行役，共黨人士於其由大陸出發暨到港之際，送迎的儀式特別隆重，因而海外輿論界多揣測他此行是負有政治使命——進行國共和談。實則他的聽覺已經完全消失，客人對他須用筆談，而其左右昕夕皆有秘書、護士們侍候着，所謂和談從何談起呢？筆者私念此一前輩長老的生命，爲日當已無多，很想跟他作最後之一面，終以怯於筆談，徒呼負負而已。他逝世後，我擬了一副輓聯，但未書寫送去，只錄附筆記本上，以誌不忘焉。聯云：

夫子安乎，獨抱殘軀歸海島；
斯人渺矣，空餘謗譽滿江山！

吳鐵城

吳鐵城

吳鐵城籍隸廣東香山縣——後改名中山——而於一八八七年誕生於江西九江，他的父親在九江經商，落籍當地，吳亦就生於斯，長於斯。啓蒙識字成童後，即入九江美以美會設立的同文書院肄業，攻讀西方文化的近代書刋，因而諳習英文，與一般舊社會的知識份子有別。

但吳於同文書院畢業後，幷未出外升學，曾經計劃赴日本讀書，而乃父須俟其完婚之後，方許遠行。他賦性好動，即與九江青年蔡公時、蔣羣等，組織「潯陽閱書報社」。時在光緒末年，滬漢各地的報紙言論，多對現狀不滿，傾心革新運動，吳日濡月染，思想不復守舊，旋與九江海關監督革命黨人林森（子超）——即後來的國民政府主席——相識，頻頻往還，思想更趨激進，矢志革命了。宣統元年吳廿二歲，奉父命結婚，不復作升學之想，而與蔡公時、蔣羣等從事革命工作。既而辛亥武漢起義，九江聞訊最先，吳與蔡公時等在林森領導之下，力謀響應，擁戴標統馬毓寶爲九江都督，吳被推任都督府參議官，年方二十四歲。另由蔣羣赴南昌策動駐防新軍標統吳介璋反正，全省皆告光復了。

迨革命各省派遣代表集議上海，協商組織臨時政府時，吳與林森、趙士北三人，被推爲九江都督府代表，爲全體代表中之最青年人物，後來南昌都督又加派代表湯漪、俞應麓二人，但各省代表名額雖多寡不一，然每省只有一票的投票權。吳以籍屬香山，當時頗受國父孫公青睞，而其一生從事革命事業不輟，亦即肇基於此。既而孫大總統讓位於袁世凱，南京臨時政府撤消，吳以革命有功的青年志士，如要求粵省或贛省都督，斥公費赴外洋留學深造，決無問題，但他無意於是，投身政治界多所活動，隨時馳驟於京津滬漢之間，嶄露頭角。民國六年孫公在粵担任護法軍政府大元帥，吳受命為參軍，專負軍府與議會暨省府之間的聯繫任務，亦是適才適事的工作，足以展其所長，成績殊不惡。因此，民國九年滇軍楊希閔，桂軍劉震寰與粵軍合力驅逐粵督莫榮新之役，民黨幹部朱執信以討賊軍總指揮赴虎門調解民軍糾紛殉難後，孫公即命吳承其乏，隨後又担任警衛軍司令和改編後的師長職務，中間曾一度膺選為中山縣長，越民國十三年担任粵省警務處長兼廣州市公安局長。中外人士皆以吳係軍人出身，一致稱之為「吳將軍」，殊不知他原是個習讀西文的文士書生呢！

吳在廣州作警衛師長與公安局長時，尚兼任廣州市黨部委員兼組織部長，對當時跨入國民黨的共黨份子，決不妥協，鬥爭甚力，已大遭蘇俄顧問鮑羅廷之忌，旋有廖仲愷被刺事件發生，共黨指定香山縣人朱卓文係敎唆犯，公安局長職責所在，同受攻擊，而卓文與吳又係小同鄉，平日交誼甚篤，尤為共黨所指責，未幾吳奉命解除師長與公安局長各職，且被囚繫於虎門砲台，為的就是廖案。朱卓文於對日抗戰時期，在中山縣担任建設局長，曾在其創辦的「中山日報」上發表談話，敘述當年刺殺廖氏的兇手

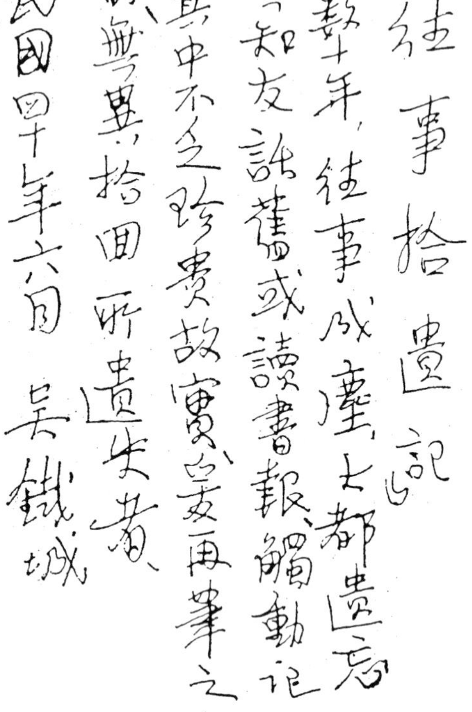
忽忽數十年，往事成塵，大都遺忘。
偶與知友談舊或讀書報，觸動記
於冊，無異拾回所遺失者。

吳鐵城未完成的回憶錄卷首

陳瑞一干人，事前赴東山鮑羅廷住宅附近，查勘地形，因廖常來鮑公館，擬乘機予以刺殺。詎這些人在茶樓品茗之際，公言不諱，被公安局密探聞及，急報告吳局長，吳即以電話懇囑朱卓文轉達陳瑞等不要胡來，使他為難，陳瑞等乃改變計劃，刺廖於黨部門前，朱卓文聞訊，以港幣二百元交付陳瑞，囑其趕快赴香港避禍云（詳見拙著『卅年動亂中國』）。觀此，更足以証明吳被解除軍警首長職權，幷招致縲絏之災的重要原因，必係鮑羅廷藉廖案迫使政府當局幹的。這時孫公已逝世，當道諸公對鮑顧問與中共人士，力求妥協遷就，而吳乃做了第二個公冶長，無可申訴。吳在虎門幽禁時，與前川軍總司令熊克武同一囚室，朝夕攀談，尚不寂寞，越民國十五年冬，即由「國母」宋慶齡保釋出獄，恢復自由了。據吳自撰的前半部回憶錄，認為他之所以被囚，是李濟琛從中搗鬼，筆者却認為鮑羅廷與中共份子搆煽之力居多。

國府奠都南京，實行清黨後，武漢政府亦歸併於南京，譚延闓、孫科率先由武漢至金陵，仍任政府要職，吳當年在廣州時與孫哲生很接近，世人稱之為「太子派」。此時孫與暨南大學校長鄭洪年在上海的「大東旅館」闢有長期房間，每逢週末，南京諸政治要人，皆來滬上憩息，而以大東旅館的長期房間為集中之所，有如俱樂部，吳亦常常涉足於其間。孫哲生對吳素有好感，旋於民國十七年推舉吳隨同林森、鄭洪年北上遷移國父孫公靈柩南來，卜葬於南京紫金山。是時民黨已實行反共，吳一貫與共黨不兩立，不愧為本黨忠實同志，且具有肆應環境的長才，甚受當道器重，而於民國十九年中原大戰之役，偕同張岳軍代表國府赴東北游說張學良擁護中央，卓著功績，奠定了他的後半生在黨政事業上的輝煌基礎。

吳擅長交際，能言善辯，對人絕無官僚習氣，一片和易近人的風度，應酬豪邁的手法，允屬上選的行政人才。十九年中原大戰時，馮玉祥、閻錫山亦派代表薛篤弼、賈景德到瀋陽游說。可是，薛、賈的才幹固不及吳、張遠甚，同時他倆在瀋陽的交際應酬費用，每月規定不超過五千元，然吳、張二人的費用却在百萬元以上。因此，吳、張可以隨時走進張少帥的公廨或寓邸洽談一切，而薛、賈須事先登記，等候張少帥抽暇延見，雙方勝負之數，昭然可覩，果也張學良一紙通電擁護中央，而馮閻軍即告崩潰了。吳建此殊勛，回到南京不久，即奉上海市長之命，非偶然也。他接任市長後，即遇日本軍閥進攻上海的「一、二八」戰役，市政建設一時無從談起，而應付各方以及協助國軍作戰的種種事項，殊不易易。迨蘆溝橋事變發作，中日大戰八年中，吳担任中央黨部海外部長暨秘書長垂六七年，對於港澳方面的黨務工作，尤悉心規劃，甚著成效，如日軍進攻香港時，駕艇協同少數英軍與日軍海戰受傷的陳策，就是吳派駐香港的黨務負責人。民國三十四年冬，毛澤東應邀至重慶與國府從事政治協商之際，為着「

校場口」慶祝政協的民衆大會發生鬥毆，各在野黨派的代表赴中央黨部與吳理論，而國民黨黨員朱學範竟作總發言人，對政府狂加攻訐，吳大爲驚詫，當夜即找杜月笙氏談判——因朱係杜的門生——認爲咄咄怪事，杜亦從此對朱深致不滿，終告日漸疏遠了。

對日抗戰結束還都後，政府頒佈憲法，實施憲政，首先辦理國大代表與立監委員選舉，吳與陳立夫先生皆膺選立法委員，陳、吳二人隱然具有立法院正副院長的聲望。詎孫哲生就任行政院長伊始，强邀陳、吳二人入閣作政務委員，立委資格依法註銷。假使陳、吳不入閣，立法院長即輪不到童冠賢之流，而李宗仁後來爲着改組立法院的政潮亦不致發生了。人的關係在政治上實有意想不到的作用，陳、吳之改任政務官，就當年的政治情況設想，是失策的。

越民國卅八年夏間，筆者南來廣州，曾聆吳在中樞紀念週會上演說，以粵語「幾大就幾大」，「唔作衰仔」這兩句話，勉勵大家一致奮鬥，其詞激昂慷慨，聽者深爲感動。政府遷移台灣後，吳於一九五〇年曾來香港，寄寓半山麥當奴道某大厦五樓，時自動電梯初設，尚不普遍，我去訪吳，走進電梯內，許久無人來按掣開動，認爲電梯已停，乃步登五樓，具道經過，吳大笑，說我是鄉下佬，馬上偕我出來，同乘電梯下去再上來，指示我按掣的方法，甚爲詳細，可見其遇事不馬虎的個性。我與吳僅止於相識的關係，談不上交誼的，但他對我很表親熱，且贊許我在「香港時報」所寫的社評和專欄文字，又將他當時游歷新加坡、印尼的經過情形見告，他謂印尼蘇加諾總統之親共態度，是爲的我最高當局於抗日戰爭勝利後對全球的廣播詞中，沒有提及印尼的話，耿耿於懷，他曾剴切說明理由，並對蘇加諾甚表折服。

吳雖係善於肆應之才，但在交際場中，亦間有令人不慊於懷的小動作，即他一面與人握手言歡，同時又轉臉跟第三人招呼談話，使人感覺握手弁非誠意，習慣成自然，他自己弁不覺得，我却屢見不鮮。綜觀吳的學識與智能，以之作太平宰相，必卜勝任愉快，在國家多事之秋，却以担當外交任務爲適宜。世間沒有全能的人，貴在用其所長，而避其所短耳。吳在現代政治上的風雲人物中，算是具有民主精神與作風的佼佼者，愚故樂爲記述焉。

陳明仁（子良）

筆者所寫「政海人物面面觀」的對象，都是已謝世的文武人士，陳明仁似仍健在，我要破例談談他過去的一些事情，乃基於「卿本佳人，奈何從賊」的觀點，聊示惋惜之意云爾。

陳明仁字子良，湖南醴陵縣人，畢業黃埔軍校第一期，以驍勇善戰著稱，勞績不尠，然際遇坎坷，累蹶累起，終致變節投共，又與思想無涉，豈非太可惜嗎？他在一九二五年（民國十四年）春間以軍校學生，參加國民革命軍東征之役，担任連長職務，於進攻陳烱明根據地惠州城時，手持機關鎗，身先士卒，攀登城垣，擊敗守軍而佔領之，勇名冠全軍，深得上官獎許。越民國十五年革命軍實行北伐後，陳馳驟戰場，所至有功，軍階亦逐漸晉升，然以賦性剛直，缺乏社會經驗，遇事直道而行，上官雖稱讚其勇武，而微嫌其躁急，未能以大將之才相許，因而在連年戰伐之中，若干黃埔第一期同學如黃杰、胡宗南、張靈甫、關麟徵、邱清泉等，皆已洊任師長，即比陳學歷較低的軍校生，亦有超擢至師長者，然陳仍止於團旅長之列，直至對日抗戰軍興，國軍編制擴大，陳纔受任第七十一軍的師長職位，此時若干同學少年，多已貴爲軍長或集團軍總司令了。

一九四三年（民國卅二年）陳率師駐防昆明，從事整訓，俾便加入滇緬路方面的遠征軍戰鬥序列，詎由於剛直不諳肆應之道，竟告蹎蹶，幾罹嚴譴。蓋是歲夏間美國特使威爾基來重慶訪問後，吾國最高統帥蔣委員長爲着中英美盟邦共同抗日的利害關係，特往印度叩訪甘地，請他對英國的不合作運動，暫予和緩，而保証中華民國在戰後必盡力協助印度獨立。蔣公先到昆明憩息，滇省主席龍雲與軍長盧漢等，恭請蔣公赴郊外勝境西山駐節。是日午間曾下雨，龍等乘車前導先行，適馳道旁有陳所部士兵三五名閒步游玩，汽車疾馳中輪胎激起路面泥水飛濺，污及道旁的士兵身上，不禁大怒，乃相率拾起地下石子，投擊經過的汽車，迨蔣公車至，擲石如故，即停止前進，蔣公下車查詢該士兵係屬於何方部隊？士兵等平日雖未會見過委員長，但委員長相片看多了，舉目一望，知已闖禍，驚駭之餘，竟有跪地告饒者，蔣公詢悉係中央軍，更震怒，行抵西山客館，急傳見陳，責其治軍不嚴，紀律廢弛，尤對於士兵下跪舉動，認係軍人莫大恥辱，不足爲訓，陳當然無以自解。旋詰以士兵服裝尚未換季之故，陳答謂軍需署迄未發下，蔣公言道：「駐在重慶的第八十七、八兩師皆已換發夏季服裝，何以該師仍未領到？」陳謂：「重慶駐軍因爲美國特使威爾基來訪，軍需署愼防有礙觀瞻，致膺受校長（指蔣公）譴責，乃先行發給。我的部隊遠戍昆明，他們即不在意了。」蔣公說：「你身爲官長，應該設法催促辦理，爲能置之度外？」陳竟謂：「報告校長，學生是窮人，沒有能力墊欵替士兵做服裝。」蔣公怒斥之云：「你這種態度，那裏夠當將官的資格」，即命「關起來！」陳亦將領章摘下，脫去軍帽，表示聽候處分。旋由龍雲盧漢帶同陳出去，揚言拘禁訊處，次日蔣公即離開雲南，前往印度。

陳平日在黃埔同學中，跟黃杰交情最好，此時黃以集團軍總司令兼七十一軍軍長，駐防滇緬路前線，宋希濂亦任第十一集團軍總司令之職，戍守滇緬路，聞陳遭受嚴罰，黃頗爲關心，曾向蔣校長竭力緩頰，迨蔣公由印度遄返昆明，黃杰協同龍雲等為陳說項。蔣公內心上固知陳忠勇可嘉，稍予挫折，亦就無所謂了。經龍雲等乞情後，仍命陳囘任師長，且新兼七十一軍副軍長職位。一日，宋希濂到昆明公幹，陳戎裝赴機場迎接，見宋即立正行軍禮，宋連忙趨執陳手云：「老大哥怎末這樣見外呢？太不敢當了！」蓋宋在黃埔的期別較低於陳也。陳答言：「軍人講階級服從，老兄位在我上，當然要行軍禮。」宋仍遜謝不遑，在場目擊其情的人士都認為陳子良的個性改變了，相與讚美不置。未幾，滇緬路龍陵大戰發生，宋希濂已解除集團軍總司令職務，專任軍長，黃杰升任集團軍總司令，綜持全盤戰役，七十一軍軍長即由陳承其乏。陳率部力戰，所領士兵萬餘人，傷亡在七千名以上，克奏龍陵大捷之功。事後陳對人說，若非黃杰統帥，他是不會這樣拚命賣力作戰的。繼在後方補充整訓一年，寖成勁旅，而日本宣告投降了。

對日抗戰既告結束，七十一軍奉命北上，轉赴東北接收，歸兵團司令廖耀湘統轄，戍守遼北省會四平街，於民國卅六年秋，受到共軍優勢的人海進攻，陳本着昔日鏖戰於滇緬路龍陵之役的勇氣，與共軍大戰兼旬，終告勝利。吾友馮君以中央青年團幹事，當時首先奉命馳赴四平街慰勞陳部隊，據言與陳晤面時，覩陳猶滿臉于思于思，頭髮亦長及寸許，其辛勞艱苦之狀，殆可想見。談及作戰經過，陳謂：「戰事初起時，遼北省府主席暨委員等，要求退往瀋陽，我不許，聲言地方官亦有守土之責，應共患難，諸人甚抱怨，然無可如何。為構築防禦工事，曾徵用當地民衆所收穫的大豆，代替砂包，聲明先行登記，戰後照價償付現金。」中央聞得四平街大捷之訊，明令頒授陳以青天白日勛章，并起擢其為東北保安副司令長官，藉示酬庸紀功之曠典，此為陳最揚眉吐氣之時，官階幾與西北司令長官胡宗南相伯仲。詎未及旬日，忽由東北行營主任陳誠下令撤職查辦陳明仁，而遼北民衆控告陳殃民强徵大豆的消息，亦陸續刊載報章，輿論認為因戰事緊急而徵用民間大豆，良非得已，只要按價償付現金，亦就對得起老百姓了，何致尚要加陳氏以嚴重處分呢？實則眞正原因別有所在，當時秘不宣佈而已。

陳擢升東北保安副司令後，所遺七十一軍軍長職務，東北行營即派設在瀋陽的軍官訓練團主任某繼任，此時陳明仁的剛直而浮躁的個性又發作了。他認為中樞既以四平街大捷的勛勞，超升本人的職位，那末，七十一軍所屬各師長的功勞亦不小嘛！遞遺軍長職務，應該在本軍各師長中擇一升任，庶彰公道。他將這項意見申請考慮，奉申斥不許，於是，他亦忿忿不平，充分表現着張飛式的性格，抗不移交，說要報告總統請示。若論軍紀、打官腔，現役軍人公然違抗命令，雖槍斃亦不為過，撤職查辦還是從輕發落哩！在撤辦命令頒佈之前一日，中央空軍司令張惠長適在瀋陽公幹，已詷悉其情，强邀陳同機囘京覲見蔣總統，途中纔把內容告訴陳明仁。蔣公為顧全公誼與私情，囑陳暫囘鄉里休息一段時間，另候任用，陳亦悶聲不響，遄返醴陵老家去了。

未幾，白崇禧出任華中軍政長官，很想網羅資深的黃埔學生相助為理，除邀請湘人袁守謙担任秘書長外，乃垂青眼於陳明仁。白以陳正在鬱鬱失意之中，若能引為輔弼，予以相當位置，對中央諸多便利，對自身亦有裨益。第一步任命陳氏為武漢警備司令，許他招兵買馬，新成立一師，兼任師長，逐漸擴充為一個兵團，俾展其勇敢善戰的長才，陳亦樂於從事。當民國卅八年春間，武漢撤守之前，陳所領的兵團已進駐湘東與長沙省垣之間，長沙綏靖主任程潛亦係醴陵人，對陳竭力拉攏，藉以自保，蓋程潛素與桂系不睦，深恐白崇禧或有對他不利之處。既而武漢撤守，白健生率桂軍入湘，程即以出巡為名，潛往邵陽躲避，長沙秩序全靠陳明仁維持。旋白健生親至廣州，力保陳明仁為湖南主席，中樞擬任命程潛為考試院長，而程婉拒。

常在長沙包圍程潛左右的醴陵人，有劉斐、李明灝、程星齡（共黨份子，係程潛的侄兒）等，這些人當然對陳明仁亦以小同鄉關係，多方游說蠱惑，而白崇禧進至衡陽後，對於陳所領三萬部隊的餉糈，不加照顧，陳甚感徬徨。是時黃杰、鄧文儀二人從廣州飛赴長沙面晤陳，希望他站穩立塲，蔣總裁且由台灣致電陳明仁，經鄧文儀譯出密碼後轉交，指示他三點：一為盡力在長沙外圍與共軍決戰，重振當年四平街戰役的聲譽，是為上策；二則全師退往湘西，與宋希濂部隊會合，鞏固川湘邊境，是為中策；三為提携可用之兵，退出長沙，而將程潛逮交政府究問，此下策也。陳當時決定先把部隊調集長沙至邵陽地帶再說，并囑黃鄧囘粵，說他自有把握處理一切，此三十八年七月廿七日事也。事實上，陳的參謀長陳賡（不是帶兵進攻雲南的共幹陳賡），已於七月廿二日以陳明仁代表名義，與共方簽訂了「和平解放湖南」的協定，然明仁并未署名，可不負責的，他所謂「有把握」的意思即在此。最後陳終於投共的原因，是受着黃埔軍校第一期同學湘人黃雍的煽惑。黃雍對陳說：「你過去在四平街苦戰大捷，結果落得撤職查辦的下塲，幸而那時校長在位，可以救護你。於今校長引退了，你若在長沙抗拒共軍，得勝了未必有甚末好處，失敗了即須退往台灣。現在主持台灣方面軍政事宜的人，就是當年下令撤辦你的對頭，試想，你會有好結果嗎？」陳明仁本來是個讀書無多的剛直武人，黃雍這番話對他發生了莫大的刺激作用，再加以程潛的利誘威脅，他就靦顏投共了。後來黃杰能夠在邵陽衡陽號召陳的部隊萬餘人來歸，間接亦得力於陳未變節以前之集中兵力這一着，否則大部分隊伍都擺在湘東方面，黃杰即無從號召舊部，去逆効順了。

Fiesta by Crown
Made in England

英國皇冠牌旅行喼

大人公司有售

出國演戲不可兒戲

・勞澤言・

本年七月四日，香港京劇團全團四十五人由香港直飛三藩市，在豪華的「麥申尼大會堂」演出，據本刊駐美記者報道：「……戲碼偏重武打，頭一天招待場，全院滿座，後來上座就差了，我們覺得它是不中不西的雜技團，洋人又不懂，希望台灣派來的劇團不要犯同樣的錯誤。……」

現在再來展望一下台灣的劇團籌備得又如何了？此一劇團定名爲「中華民國國劇團」，已於六月下旬在台北希爾頓酒店與美國蕭氏音樂公司簽訂合約，簽約之時，有四位國劇演員穿上戲裝，在簽字人員後面作爲陪襯；（其中扮梁紅玉的郭小莊，是代表我方國劇公司董事長俞大綱先生的乾女兒，扮孫悟空的是張富椿，扮張飛的是潘陸遠，扮小生的是吳陸森。）不用生旦淨丑，而用小生、猴兒，大概也是湊合洋人的胃口吧？

七月十五日，台北中央日報曾經刊載一位旅美華僑余毅遠的來信，作者身居美國，他在報端獲悉中華民國國劇團訪美預擬的劇目消息後提出他寶貴的意見，語重心長，他的意見約略分成兩個片段：其一，人選方面，應唯人才主義，要是有因私心或應付請託而埋沒眞才，就太不應該。其二，戲目側重武戲，他不以爲然，等而下之，會讓人看後留有一種馬戲雜技的印象。因爲有些「戲提調」，他們不想强迫美國人接受我們的傳統文化，理由是美國人不容易看得懂，於是便造成了將國劇製造成「古老肉」、「揚州炒飯」給美國人吃，便算是中國菜同樣的錯誤！

中華民國國劇團與蕭氏音樂公司簽約

六月十八日至廿二日，台北國軍文藝活動中心連續有五場國劇演出。這五場戲的演出，不同於往常的有：一、不公開售票，除招待貴賓外，每日有五百張座券於開演前一小時免費贈送。二、不闡明主辦單位，不宜佈此項演出主旨。三、戲單上祗印戲目名稱與扮演者姓名，不註明演員原隸屬劇團。四、有關國劇的「專家」、「劇評家」，均未被列入邀請之列。五、每場共有四齣戲，每齣戲的演出時間，最長者不得超過四十分鐘，以三十分鐘爲原則。因而好些戲採用濃縮手法。例如：「長坂坡帶漢津口」、「戰宛城」、「梁紅玉」、「花木蘭」等，這些戲本來都要演兩小時以上，有的至少也得演一個半鐘頭。一經濃縮，有的因而去蕪存菁，値得讚佩，有的處理不當，弄巧反拙。

於此，首先記述這五場戲目，和戲中主要角色的扮演者姓名：十八日，一、「戰宛城」─孫元坡、哈元章、張富椿、馬榮祥、張世春、趙榮來。二、「遊園」─嚴蘭靜、郭小莊。三、「鍾馗嫁妹」─孫元彬、朱錦榮。四、「金山寺」─郭小莊、楊蓮英、高蕙蘭、張富椿。十九日：一、「梁紅玉」─哈元章、郭小莊、孫元坡。二、「天女散花」─廖苑芬、王麗雲。三、「蘆花蕩」─孫元坡、陳玉俠。四、「美猴王」─張富椿。廿日：一、「雙加官」─吳陸森、胡陸蕙。二、「三叉口」─朱陸豪、程陸賜。三、「拾玉鐲」─溫陸華、王陸瑤、周陸麟。四、「打焦贊」─林陸霞、潘陸遠。五、「青石山」─林陸霞、潘陸遠、吳陸森、儲陸峰。廿一日：一、「斬顏良」─吳陸森、儲陸峰、劉陸勳。二、「小放牛」─李光玉、李光凱。三、「貴妃醉酒」─周陸麟、吳陸君。四、「泗洲城」─朱陸豪、李陸齡、張光信。廿二日：「長坂坡」─朱陸豪、劉陸勳、吳陸森、林陸霞。二、原定的爲「洛神」，由嚴蘭靜、高蕙蘭演出：但臨時改演「蝴蝶夢」中的「二百五」——王鳴兆。三、「二進宮」——崔富芝、廖苑芬。四、「花木蘭」——胡陸蕙、劉陸勳、邱陸榮。

其中的「戰宛城」，除掉「馬踏青苗」一節以外，簡直是草草終場，不知所云。後來才知道這五塲戲都是演給這位蕭氏音樂公司的洋代表看的，於是類如「游園」、「鍾馗嫁妹」這些唱詞典雅、動作優美的崑劇，全部列入淘汰之列。甄選國劇戲目而欲操之洋人代表之手，實在可悲！

七月二十七、二十八兩日，台北國軍文藝活動中心舉行第一次試演，那次試演，看的人更少了，後台一百餘人，前台觀衆，僅得三四十人，據說有些被請的人不想來，來看了少不得要提意見；要看的人他們又不想請，怕傳出去亂批評，其實，醜媳婦難免見公婆，躱躱藏藏，畢竟不是辦法，這兩天的戲目是相同的：

一、「漢津口」——葉復潤演關羽，李藝民演趙雲。

二、「樊梨花」——李金棠演薛丁山，嚴蘭靜演樊梨花。

三、「梁紅玉」——姜竹華演梁紅玉，哈元章演韓世忠。

四、「小放牛」——郭小莊演村女，杜匡稷演牧童。

五、「美猴王」——張富椿演孫悟空。

這五齣戲中，「長坂坡」的趙雲，演員瘦弱，望之不似，聽說是李桐春之子，久疏登台，原定的朱陸豪，不知何故又退出了！

「樊梨花」故事中，「蘆花河」最瘟，內外行都不喜歡此戲，樊梨花斬子，一會兒「要斬要斬偏要斬」，一會兒又赦了，不要說洋人看不懂，連中國人都不大了解，何以垂青此戲，極費解。聽說主演此戲的老生李金榮，爲「戲迷」博士劉大中所竭力保荐，李去美此次已是第三次了。

「梁紅玉」原本由郭小莊演，因郭不擅擂鼓，所以改用姜竹華，姜原是「今日世界」台柱，頗具大將豐度。

「小放牛」碼列倒第四，郭小莊扮相美艷，戲又討俏，莫怪劉復雯便不願扮「美猴王」中的配角龍母，而自請退出。好一個聰明的劉復雯，她一看這台戲碼，就知道什麽戲都輪不着她，乾脆打退堂鼓吧！

「水濂洞」改名「美猴王」，由張富椿演孫悟空，試兵器一場，耍完刀鎗後，不耍鋼而舞乂，孫悟空變成金錢豹了！

聽說又內定第二組戲碼爲「斬顏良」、「天女散花」、「泗洲城」、「二百五」、「金山寺」。一說：八月八日將作二度試演。

此次出國表演，演員將近一百人，以大鵬劇團爲主，共佔六十多人，且角除嚴蘭靜、郭小莊之外，尚有廖苑芬、張安平等，加上大鵬出身的姜竹華、復興的趙復芬、陸光的胡陸蕙等，約有十名之多。

此次國劇出演，主辦者爲教育部，最賣力的是前文化局長王洪鈞，一天到晚應付推荐演員的電話、信札，就夠他忙碌的，到南美接洽戲院也是他的事，可謂疲於奔命！

演員出國，正式名單至今尚未能公佈，有的演員改名，如趙復芬改爲趙蘭芬，馬榮祥改爲馬崇信，中途退出的除了前述的朱陸豪、劉復雯之外，還有女老生崔復芝，也經過大力推荐，演過「二進宮」以後，却又宣告退出了！

台灣演小生，甚多女性演員，主其事者認爲要男扮男，女扮女，但女小生高蕙蘭、王陸瑤仍獲入選，他們認爲到了美國，還要演專讓華僑們看的戲，那時候女小生也要上去了。高蕙蘭跑龍套頭旗，廖苑芬因身材較矮關係，屈居龍套四旗，嚴蘭靜在「蘆花河」卸裝後，再趕「梁紅玉」中的女船伕。跑龍套全部女性，在國劇中提倡女兵，難道不怕洋人笑話？

此次未曾入選之演員，尚有青衣徐露、老生胡少安、周正榮，花旦張正芬，淨角高德松，丑角周金福、吳劍虹，小生劉玉麟、曹復永等，其人其藝，均有可取，可見台灣藏龍伏虎，人材正復不少。

謝幕一場，五齣戲的主要演員都要出齊，卸裝上裝，實在辛苦。聞中華民國教育部爲此撥出經費台幣一千七百萬元，（合港幣二百餘萬元）演員赴美，每人每日零用美金五元，已自七月三十一日起在中和鄉集訓一月，九月間成行，成績如何？現在不敢逆料？惟此舉旨在宣揚中華文化，神怪誇張之戲不宜太多，演戲事小，國體事大，這是海外戲迷們所馨香祝禱的。

國劇不可美國化
美國也有懂戲人

世界藝人梅蘭芳評傳

——紀念梅蘭芳逝世十二周年——

趙叔雍　遺作

劇藝大師梅蘭芳先生，不幸地已經成爲歷史上的人物，但藝術是永恆性的，試看屈原的離騷、李白的古風、顧愷之的士女圖、王維的輞川圖，那一種不是過了成千百年，還是人們心目中所念念不能忘記的名作。就講戲劇方面，雖然古代沒有留聲畫影的方法，把演出的形態遺留下來，可是我們讀到優孟和淳于髡等冷峭的談吐，也覺得栩栩欲活，神采如生。到了現在，總算科學的成績，賦予我們以留聲畫影的方法，使千萬里外，百十年後，照樣能夠領畧到藝術的成就，這眞是足以「傲視古人」了。

人們的欣賞藝術，不但是爲了愛好起見，實在還含着一種希望它永久存在，乃至更加發揚光大的心理。所以比欣賞更進一步的工作，便是研究。把研究的材料，公佈出來，把研究的心得，發揮出來，這樣才可以鼓舞後起的人的發生興趣，又可以省掉走不少寃枉路，容易獲得進步。

關于研究梅先生藝術的材料，當然以梅蘭芳述許姬傳記的「舞台生活四十年」爲最詳實，我知道梅先生要是多活幾年，此書必然連續出版，每本裏必然還分叙他幾齣得意之作的學習經過，可以作爲後人的教本，可惜這事是永遠不能實現的了。我知道各地研究梅氏藝術的人，到現在還很多，也一定有人在寫梅劇的書籍，不過所寫的可能重于腔調方面，講到做工，已經很難提叙，要說到修養方面，那就更無從着筆，因爲這是走出了劇藝範圍以外的事，却又是藝術成就的重要因素之一，不是單講演出和摹做演出的人能夠了解的。

同是一輩的人物，同是一位老師的高徒，成績大有好壞，這是什麽原故呢？當然，除掉受業以外，還有天分、學力和修養三方面。我們現在要談梅先生的成就，他那受業和學力部份，怎麽樣的苦學，怎麽樣的研究，在「舞台生活」裏已經記載不少。至于天分，除掉他是三代戲劇世家，無論先天和後天都便利于從事戲劇工作以外，也很難再有叙述。賸下來的，祇是談到修養了。

要研究一個人的修養，決不是一位新聞記者的一小時訪問，能夠發現，也不是一位觀衆在戲院裏面聽戲，或是一位學生在書房裏面從學的時候能夠了解的。必定要看到那人的全面生活，從聚精滙神的應付工作，到從容閒散的消遣時光裏，處處注意到小動作和毫無關係以及不負責任的隨便談話中，積下無數的片段材料。再從這些材料中間，整理出一些頭緒來，前後比較，綜合參酌，方始可以大畧明白得些，不過有些沒有經本人發揚出來的內在精神，仍然不會知道，說起來，或者比研究一字一腔的專門學問還難得多，這是因爲第一不容易收輯很多材料，第二綜合參酌的方法，還在于研究的人的本身程度。所以往往兒子對于父親的豐功偉業，在傳記記上，可以寫得瑣屑不遺，但是在修養上，仍不過是些糢糊影响的話，那就是談不到站在朋友的地位上了。因此，我敢斷定，和梅先生配戲、辦事的人，祗管每天生活在一起，也未必能把梅先生的修養，一一提示出來。

我願意充分自白，我是一個不算懂戲的人，雖然梨園行—戲劇界—裏的朋友很多，多少年來，仍舊不能哼好一句半句。但是，我有一個習慣，凡是和朋友來往，很喜歡有意無意注視他們的小動作，聽他們那些「陰天打孩子，閒着也是閒着」的無聊談話（北方土語即閑下無事之意）。年代多了，材料多了，不期然的在潛意識裏醞釀成熟，認識了那朋友的修養。可是遇到有人問起我來，我還祗能列舉所知道的各種材料，可始終沒法下一個概括的判斷，我總說「我提供你這麽多的材料，你自己去做結論罷。」這是我自己修養不夠的原故，不必冒充內行的。我以前寫過不少梅先生的記載，很多是他的身邊瑣事，愛看的人，說寫得很有趣味，不愛的人，便說不談梅先生的劇藝，祗談他的生活，無聊之至。他們又那裏懂得我的用意，原在列舉各種材料，供給人家研究梅先生的修養的用處呢。我敢再說一句，凡是治現代史的人，對于研究對象的重心人物，實在應該這樣做去，才有成績。不要盡憑大人物有些「違心之論」的演說和開會演說時「裝腔作勢」的鏡頭，來下批評，在他們，那些根本是一部份的業務，正和梅氏的舞台演出一樣而已。

事隔多年，不堪回首，我在聲明結束了寫述梅先生的記載以後，重又提筆寫他的片段生活，希望烘托出他的修養來。根據這些材料，實在太少，是否能夠供愛好梅先生藝術的人的研究，大有問題。這是要和讀者們道歉的。

第一，先要說他的厚道。人性的厚道，表面上似乎和藝術沒有大關係，可是厚—深厚—是對于人特別重情感，對于物特別愛護珍惜的心理。每一個人，對于自己成就的對象，當然珍愛，但是，倘使能夠對于一切人物，普遍的加以珍愛，這種心理，愈加培養便愈加發展，那就更可以加深他對于本身業務上的珍愛心，古人說「樂業」就是這個意思。試想，在本業以外都能樂，就更不要問他對于本業的樂了。

在北京梅先生家裏，養了無數名種鴿子，他每天起得很早，自己在小園子裏放鴿子，餵鴿子，自樂其樂。據梨園界老輩說，放鴿高飛，眼望天空，穿雲過霧，實在對于練習表演上的眼神，大有幫助，但梅先生是因爲愛鴿子的原故，並沒有做練眼神的眼部運動，這種「無所爲而爲」的愛好，使一個因爲演出業務深夜睡覺的人，天天早起，已經是件不容易的事情。後來遷居上海，因爲地方小，沒有再養鴿子，可是一有朋友談到鴿子，他必定停止談話兩秒鐘，低頭閉眼，迴念他那些遠在天邊的老友們，使座客非常感動。他因爲愛鴿子，就不忍宰吃鴿子，上海廣東酒家，很有幾家著名的燒鴿子的，朋友吃，他決不下箸，有些淺薄的人，起先雖然笑他勸他，到後來，終久發覺他的至誠，也大加贊許了。

北方的藝術家，對于園藝，都有一些嗜好，這是因爲北方住家都有些空院子的關係。人家養蘭花，養菊花，他却愛養牽牛花。牽牛花本不是名貴的花草，牆根樹脚，處處可見，他却特別慎重地囑咐園丁，到各處採集不同的種類，移植到家裏來。牽牛花是上架子的植物，蔓延纏生，他就在小院子裏，搭起籐籮架，一株株的攀上去。幾年下來，竟然收到五六十種不同的牽牛花，在每天清早時候，露涼風起，一朵朵爭奇鬥艷，美不勝收，他一人巡行賞玩，親手澆水、捉虫，忙得有趣。後來巡廻出演，每到一處園林，看見一朵兩朵牽牛花，他便下意識地把話題轉到牽牛上面，細講種類的分別和培養的方法，可惜同在一起的朋友，未必定是同好，聽他一番議論，反覺奇怪——我也是其中的一個——這種「惜花春起早」的精神，在一班人說來，不過當得起風雅兩字，事實上，却都是厚的表示。

梅先生對物的愛惜，多方流露，記不勝記。且再談談他的對人罷。

他有一種奇異的理想。他認爲人和人之間沒有一個不相好的，尤其人家對他更好。因此，他對人家，自然也就發生一種好感，從這好感上，進一步結成友誼以後，那就一天一天的發展下去。所以他的朋友，一年比一年多。他更不分階級，不分貧富，不問得意或是失意，永遠保存着深厚的友情。記得我家有個老蒼頭，總在門房照料賓客，梅先生來得多了，當然認識，因此在蒼頭倒茶的時候，必定寒暄幾句，甚至于在北京談到我家的時候，他忽然插口問道：『你那老蒼頭還很健麽？』同時還叫得出他的名字『阿才』來，使到合座的人，大家發笑。

關于對朋友和同業的接濟，是不用說的了。

他對于文學上，雖然沒有下過功夫，可是極會欣賞，因之對于文人學士，特別敬視。常住北京的樊樊山和易實甫，常住上海的朱古微和況夔笙幾位老先生，是他常去的所在。這幾位老者，根本不很懂戲，不過借聽戲來消磨時刻，發洩牢騷，更做了很多詩詞，用戲來寄托身世之感，像況先生的「黛玉葬花」浣溪沙，就有「少日馬嘶芳草地，東風鶯囀上林枝，而今眞個隔天涯。」另一首最長的詞調鶯啼序也咏「葬花」有「葬花恨無香土」等句，完全是搭截法，可說和劇藝無干，但他却非常得意地告訴朋友說：「況先生今日又塡詞了。」就在「舞台生活四十年」上，也特別提起他們的名字來，足見始終沒有忘記。

再說，幫人家的忙，是自己認爲應做的事才去做，根本不但不應該宣傳，最好更不要人知道，梅先生可算眞做到了這一點。像羅癭公和他向有交情，後來他的徒弟程硯秋拜羅爲老師，請編「紅拂傳」、「花筵賺」、「青霜劍」等劇本，更加接近。不幸羅病死的時候，蕭條到衣衾棺槨都買不起，程就向他通融，替羅辦了全部後事。程的奔走照料，的確值得稱讚，錢可是梅先生出得最多，但是人們祇知道程的慷慨、風義，從來沒有提到過梅先生，梅先生因爲本身和羅的友誼，始終不願說破，有時和程同在一起，朋友稱讚程，他也點頭表示敬佩，此事恐怕祇有幾個人知道，可以証明他的厚道。現在事過境遷，我却要揭穿這一點，作爲梅先生修養到家的史料。

再說氣節也是修養中最重要的部份，不憑這點自尊精神，是什麽事也做不好的。梅先生在抗戰期內，留鬚不唱戲，捱過五年苦日子，知道的人很多，可以不說。現在且說他在上海的一段故事。那時上海聞人杜月笙的一位夫人姚玉蘭本是唱老生的坤角，曾由杜請梅合演一戲，梅先生答應了，說定了唱「穆柯寨楊宗保招親」，梅演穆桂英，姚演楊六郎，地位相等。「穆柯寨」接下來便是「轅門斬子」，戲中楊六郎坐大堂大唱，穆桂英跪着半天，沒唱沒做，在京劇規定是由梅香配角飾演的。那天「穆柯寨」演到末場，後台忽然有人說：「我們接下去唱轅門斬子，一切都準備好了。」梅先生一聽之下，明知要他做配角，並且要在台上跪半天，無戲可做，因此立時說道：「我們早沒有說定，今天身體不好，正要休息，不能接唱了。」說完，臉色一沉，回頭就脫去戲裝，洗臉外出，這種自尊心的發越，明知得罪聞人而毫不顧忌，可算當仁不讓。

生活修養中間，做事有恆也是最關重要的。梅先生幾十年來的生活，除掉出門旅行以外，可算過的差不多的日子。他每天弔嗓子是業務工作，毫不間斷，是當然的事。此外，他打的一手好太極拳，幾十年來，由一位姓高的教師教導，每天總要練習一套，推手半小時。有時候朋友聚談得高興，教師一來，他就告辭出房練習，朋友們也祇管在旁邊參觀。人家或有勸他休息一次的時候，他必定笑着說：「拳不離手，曲不離口，休息一天，就會休息一月一年，功夫斷了。」他幾十年的身裁和體重，始終一樣，完全是太極功夫。可惜抗戰期間，經濟發生恐慌，無法續留教師，因此停止練習。我想，倘使一路不停的話，後來不致于忽然發胖，心房擴大以致于危及生命了。偶然朋友和他談起打拳，他最高興。也會引用台詞說：「咱們比喚比喚，試試你的膂力如何（後句是「打漁殺家」台詞）。」結果，朋友們那裏經得他一推便倒。

他在北京的時節，忽然高興去練打槍，每天不息的打得眞有些功夫。那一年秋季，正好到廣州上演，廣東主席陳銘樞約了幾個軍政界朋友請他珠江游船，他是特客。廣東軍人們大約閒得手癢，早就帶了無數用壞的燈胆到船上去。船到江心，副官們就把燈胆丟到江中，浮散水面，各用隨身手鎗打着玩，有中的砰然一響，水花四濺，不中的，忽啃一聲鎗彈入水，祇輕輕在水面上劃了一道痕。他在旁看着，很感興趣。正好有人迴身問他道：「你識得這個麽，這是眞功夫，不比戲台上的花拳繡腿呀。」他笑了一笑，一言不發，就拿過那人的手鎗來玩弄，那人請他試一下子。他看準了目標，一鎗過去，碎了一個，再打再碎，看得那人佩服不已，說道：「眞不知道大老倌還有這本領呢。」全船的人，早已看見，呼嘯起來，要敬他喝酒，這却難住他了，他向來滴酒不嘗，祇好告罪。

自從遷居上海以後，沒有機會再學打鎗了，可是「偃武修文」，他却加功學畫。他本來已經學過畫的，陳師曾、王夢白是他的老師，齊白石時來指導，可是因爲時間不夠，不能專心學習。又學的畫些蘭菊以外，都畫佛像。馮老太太八十生日的壽禮，就是親手鈎臨的普賢圖，精描細畫，前後花了兩個月的時間，幾次看看畫不起來，都想停筆。最後還憑自己堅强的意志，戰勝了貪懶的習性，終于畫成功了。自此停了多時，沒有繼續。直到抗戰期間，既不上演，閒着無事，正好北京老友湯定之來談話。湯是有名的書畫家，畫的松樹更是挺秀清逸，梅蘭竹菊，也都著名。他見着了談到畫畫，就想跟湯先生用功。湯在上海賣畫度日，本覺無聊，忽然有這樣一位大弟子，投門請業，當然一說便允。從第二天起，文房四寶都陳列出來了。梅先生是個有恆的人，既經開手，一天都不放鬆，大約湯在每天下午三時到梅家，從打小圈子學畫梅花起，「步步的畫枝畫幹，再是布局設色。兩三年來，湯沒有一天遲到，他也沒有一天缺課，終於畫得很好。到了第四年，他的生活更是清苦，竟然賣起畫來，和葉玉虎同開展覽會，賣去好幾十幅，來維持一年多的用度，這眞是意想不到的一件事，可謂「有志者事竟成。」

每一個人都少不了有些嗜好，梅先生何嘗不是如此。好的嗜好的確於修養上有好處。梅先生是樂業的人，第一件嗜好就是戲劇。他祇管演了幾十年戲，佔了最高的地位，背得幾百部劇本，可是閒下來的時候，總看見他還拿着那些戲本子，哼得有趣。我曾經問他還要看什麽戲本呢？他回答得好，說道：「台詞動作，當然我都記得，但是戲中人的身份和小動作小過場就多一回研究，多一些進步。我在上演的時候，隨心所欲的演出，雖說不錯，但終還覺得不能體貼入微，何況上演的時候，顧着念唱打做，那裏還有研究的時間。現在閒着，却正好研究一番。」這眞是出神入化的話，我願意記錄下來，作爲後輩藝人的金科玉律。

因此，凡有來客，不問是內行或是外行，祇要和他一談到戲，也不需談他唱的戲，他都必聚精會神，和你解說討論，甚至於辯難。尤其是朋友們和他編寫新戲的時候，他更必一旁坐着，看人寫作，還隨手磨墨端茶，特別招待。一次，我注意到齊如山把新寫好的戲本「生死恨」，和琴師徐蘭園王少卿研究安調定腔，他眞像小學生似的靜聽細想，隨時發表意見。先後三點鐘，翻來覆去，還祇擬定了很少部份。他還說：「再

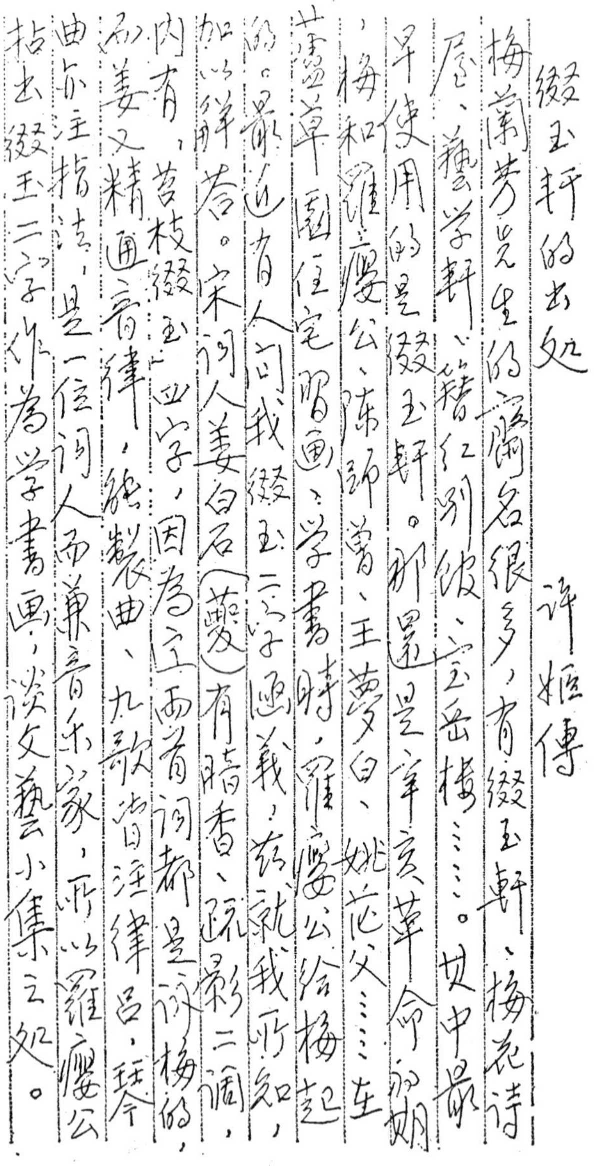

綴玉軒的出處　　許姬傳

梅蘭芳先生的齋名很多，有綴玉軒、梅花詩屋、藝学軒、錯紅別館、香雪梅……。其中最早使用的是綴玉軒。那還是辛亥革命初期，梅和羅癭公、陳師曾、王夢白、姚茫父……在蘆草園住宅習画，学書時，羅癭公給梅起的。最近有人問我綴玉二字涵義，茲就我所知，加以解答。宋詞人姜白石（夔）有暗香、疏影二調，內有「苔枝綴玉」四字，因為这兩首詞都是詠梅的，而姜又精通音律，能製曲，九歌皆注律呂，琴曲亦注指法，是一位詞人而兼音樂家，所以羅癭公拈出綴玉二字作為学書画，談文藝小集之処。

梅蘭芳秘書許姬傳所作「綴玉軒的出處」

想想，明天決定罷，這事是急不得的。」我知道那天晚上，他全部精神必是集中在這戲上了。

另一次，我和葉玉虎、李釋戡在他家編寫「抗金兵」。葉記得很多唐詩，隨便安上引子，很是不錯，如說岳雲上唸「驊騮開道路，鷹隼出風塵」「韓世忠上唸「灰心緣忍事，霜鬢厭論兵」等等。我在編白口，隨寫隨唸，試試順口不順口，入耳不入耳。我根本是外行，有些台詞便不合用。梅先生聽到我自唸一遍之後，常笑着說：「這那兒成呀。」或說：「台底下那懂得這個呀。」於是大家狂笑一番。當時執筆的即是寫「舞台生活四十年」的許姬傳，他聽到梅先生說不妥，即便擱筆休息，抽一枝烟。像這樣忙了五六天，方始寫下初稿。可是梅先生對於梁紅玉的台詞，還在研究，因此又須加功學習打鼓。總算這戲編成，出演以後，成績美滿，不但抗戰初期，天天上座，就在抗戰勝利以後，觀衆的心情，已經不像當先那樣激動，却也受到歡迎，南南北北，演出不知若干次。事實上，我對這戲，却不敢認爲成功的作品，因爲把崑曲水戰的幾場，穿上「木蘭從軍」的外套，再加些大審杜純的愛國對白，實在不免於雜湊，不夠完整，不夠細膩。當時齊如山不在上海，沒有參加工作，我想他在看戲的時候，必定背後笑我們外行的。

梅先生不但對自己演戲的業務，感覺興趣，照樣「推己及人」，對於朋友同業甚至外行的上演，祇要有機會或是受人邀請，也沒有不去的。上海不比北京，外行人祇要面皮老，有幾個閒錢使喚，不問好壞，都可以登台客串，梅先生却同樣笑嘻嘻地坐在戲園裏捧場，事後還說：「也不容易呀。」要是梨園後輩出演，他祇要聽說還好，必定去看。記得張君秋一天演「武家坡」，他和兩個朋友，直奔戲院，坐在樓上，等到張上演的時候，聽說梅先生在座，這一嚇非同小可，竟然唱錯台詞，觀衆閧然。唱完以後，梅先生親自到後台好言撫慰，講起從前他本人也有怯場錯誤的地方，祇要出演得多，就不會如此，張方轉悲爲喜。這是梨園史上的一段軼聞，現在張已成名，回想起來，也應該覺得可笑罷。

梅先生同時愛護後輩，無微不至。和他同台出演的童伶武生李萬春、藍月春，常受父師的督責，拚命賣力。他常勸父師不要過於嚴厲，妨礙了孩子們的發育。後輩們常去求教他，不需任何條件，有問必告，詳細委婉，還隨時放下口中的香烟，在客座前教授身段。再有人介紹，他都願意收爲弟子，祇要是前途有希望的人材。像李世芳（不幸廿多歲在青島墜機身死）等，鎮天跟他學藝，也就住在他家裏，可是絕對沒有學費餐費的。當現在和俞振飛結婚的言慧珠（名鬚生言菊朋的女兒）初次出演上海，因我的介紹，去到梅家請教。梅先生跟她父親，曾經同台出演，本有交情，加上慧珠確是聰明好學，竟然話得投機，收爲女弟子。等我知道了，說：「這麼拜師大禮，沒有請我到場，忘記了我這原介紹人呀。」又如孫養農夫人胡謨女士，本是他老友的女兒，喜歡學戲，專去請教，他也一樣傳授她全身絕活，難得學得精通，不但登台演出，還會教人。現在香港白雪仙的粵劇名班，由於她的指導，就異常進步，可說也成爲梅先生的再傳弟子。梅先生眞是愛戲，在上演的日子，祇要前幾齣是名角出演——像楊小樓、錢金福、余叔岩、王瑤卿等——他必定很早到園，站在幕後，一手稍微拉開些大幕，定神欣賞，倘有人也在同看，他必定隨時說明「這個身段眞好。」或者說「這可不易學呢。」他的做工是絕活，觀衆又那裏知道一個藝人的苦心學習的經過，是這樣的。

除掉戲劇以外，梅先生的嗜好——也可說是一種興趣——却寄托在小機械方面。他常常拆玩一只手錶，說在那裏修理，拆開一架無線電機，說在那裏較音。三更半夜，不肯放手。照相機也是心愛的東西，但是拍照的成績不好。在那三十——四十年代中，各國出品的無線電機，日新月異，他眞見一種，愛一種，可也沒法都去買來。偶然聽見朋友家裏，買了新欵的，必定親自去看。等到初期用電池不接電線的一種出現，他眞忍不住了。他定要把本身的一架齊尼斯六燈大機，强賣給我，作價三百元，說道：「我要換買新的，你用這個，又便宜又好。」我祇得照辦。

談到他的收藏，也是戲劇第一。他在北京，收羅了無數臉譜，從明朝起到道光朝爲止，仔細比較，任何人都可以看出藝術的進化過程來。再是革命以後，宮裏南府太監們，常把保存着的舊戲本，皇上點戲摺子，三文不值兩文，偸賣出來。他就收到了不少珍本，有的是黃綾紙上，工楷精妙，有的是太監們隨筆記錄，潦草不堪，可件件是中國戲劇史料。這些東西，先後收存不少，他一向要捐入齊如山創辦的國劇學會陳列舘去，現在不知道落在誰家？他也歡喜湘妃竹，隨見隨買，提高了市場的價格，朋友們知道他喜歡，送的也不少。他那一百多柄湘妃扇骨中間，我記得安徽人蒯若木送他的一把最好，長到一尺半，明代製品，原有的明人書畫，完整如新，扇骨斑點，螺紋可數，包漿紅潤，黃色的部份，濃郁得和琥珀一樣，這是他最愛的一件。田黃圖章，名人書畫，他也有不少件，但從沒有專心收集，祇是人家送給他或是因爲幫朋友的忙收下來的。至于他認識的人，專誠題欵送的，那都是平生得意的作品，可說集合了近四十年來書畫家的大成。

—

他每天忙于劇藝，出外清游的時間機會都很少，但是他特別喜歡游山玩水。北京西郊的香山、西山，離城不遠，風景如畫，尤其深秋紅葉很多。好些人們的別墅，都是以前行宮廟宇的院落，深藏山腹，忽隱忽見，點綴着一片晴爽疏朗的風光，格外使游人增加興趣。梅先生自己沒有別墅，但逢着有人的約會，必定參加，進了山門，改坐小驢，直奔山徑。一次正逢大雨，不能回城，就在別墅中歇宿，山泉澎湃，雨像穿珠，他竟盡情領畧了一夜，沒有合眼。第二天大放晴光，雨後花木，都發出一種濃郁的氣息來，更使城市中人，感覺爽朗。他和幾個朋友，一路攀援石磴，直到最高峯上，俯視北京全城，都在脚下，高興得大叫起來。有位朋友說：「你看，這塊大石面正好對着下面，何妨刻石題名，留箇紀念呢。」梅先生說：「對，我就寫個大大的梅字罷。」回來以後，眞的寫了三尺見方的一個大梅字，字雖寫得不好，却也雄勁勻稱，就此招工刻上，塗了朱色。要是去游香山的人，至今還都看得見，這也是一件雅事。

最後，談到他對于劇藝的心得。

他是科班出身的演員，受過很嚴格的傳統訓練方法，對于中國戲劇，有最基本的認識。他深深懂得齊如山說的「無聲不歌，無動不舞」的原理，知道中國戲是合歌舞于一體的藝術（他佩服齊如山，也因爲齊能夠說破這個原則的原故）。因此，他對于中國戲劇，祇主張深入研究，却不主張隨便改動，更不主張把固有的方法，參加西化。如說開門一個小動作，國劇用手儘夠表示出來，并且憑着各種不同的手勢，配合劇中人的身份，在絲毫進退尺寸中間，向觀衆提示劇中人的地位，乃至當時的心理狀態，這便不是用燈光，用道具所能表達出來的。他祇嫌演員們不肯用心去琢磨心理，不肯注意于表演動作，可絕對承認這種表現方法是至高無上出神入化的藝術。在「舞台生活四十年」那部書裏，談到「宇宙鋒」一戲，他認爲這是最難演出，因爲一個不瘋的演員，上演瘋人，已經不容易，何况這還是個假瘋人。憑這一點可知梅先生對于演劇是以體認內心爲最主要部份。本來從前京戲中稱青衣戲爲抱肚子戲——一出場來，兩手抱着肚子死唱——現在梅先生却演得深入，這便是無上的成功，收到不改良而改良的效果。

中國戲劇，本來每一齣都有極精彩的部份，有的在對白，有的在唱工，有的在身段做工上。後來，有些教師避重就輕，避難就易，有些學生偷懶，更有些成名的演員，認爲已經有了充分的號召力，就不需要如此費力。受着這幾種不良的影響，便把好戲演得散淡無味。梅先生却對于這點毫不放鬆，不要說絕不貪懶，還隨時力求精進。聽見那一位老輩對那一戲有特別身段，就專誠請教，用心學習。像崑戲「刺虎」拿劍轉身的身段，他演得特別美妙，與衆不同。人們恭維他演得好。他說：「這原是老身段呀。我是跟丁蘭生老師學的。我可沒有什麽新發明。」至于京戲方面，他時時去找王瑤卿——名演員，對于做工和新腔，特別有研究——王是一位通天教主，無所不能，可惜晚年本身倒嗓，英雄無用武之地。難得有梅先生和他研究，王就眞把全身本領，加上自己參悟的成績，全部提供出來。後來和崑戲名家俞振飛同臺，俞雖唱小生，對旦角戲也頗懂得，日夜切磋，更多心得。本來崑戲的內容，比京戲精深博大得多，凡是演京戲的，也都必定要學些崑戲做基礎，梅先生崑戲會好幾十齣是跟喬蕙蘭學的。

青衣戲裏，唱的重要，是人們都知道的。梅先生對于唱，發音轉腔是天賦的不必談，且說唱腔。國劇的唱腔，固然有一定的法度，但是在法度中間，儘有從容伸縮的餘地，這便叫做新腔。梅先生最喜歡和他的琴師茹蘭卿、徐蘭園以及後起的王少卿，鎮天談戲，談的又都偏重在腔上。經過大家的合作，定下一腔，嘴裏先哼哼，胡琴試拉拉，不要說稍有不對，立時改過，即是對了，要是和劇中人的身份以及劇情，有些不對工，也便重新試過。他在定腔的時節，徐、王兩人，面面相對，靜聽細說，有時客人走進房間，直到桌前，還不知道，眞可算是專心之至。要是編了新戲，那必使用新腔，研究起來，就愈加努力，定腔以後，不但請教內行前輩，還要當着很熟的懂戲朋友面前，試拉試唱，徵求大家的意見。要知道新腔並不是花腔，花腔祇可偶然一用，等于曲中的襯字，新腔則是循規導矩的創作，更加難能可貴。此外，關于唸字的陰陽、上口、不上口，舊戲所有的，他固然都已熟極而流。在新戲裏，編者有時採用幾個生字，那就又須研究。記得「天女散花」最後一塲，王又點塡的一支「風吹荷葉煞」崑曲，引用不少佛經上的字，就費了很多時間，研究吞吐發音的正確。

我們試把梅先生的全貌，檢討一下子，就知道他的藝術工作是怎樣成就的。修養還佔着重要部份。我寫這一篇生活情貌，實在說，並不是專爲表揚他個人起見，還是希望後來的藝人們，能夠從研究梅先生的修養而提高自己的修養，來促進本身的業務。中國戲劇，在外行人看來，好像嫌它簡單，說它有些地方不合理。但是祇要稍一用心去觀察研究，就能夠知道它的妙處。不要說包羅萬象的京戲，就是各地的地方戲，也都有不可磨滅的地方，我們爲了欣賞，爲了研究，都值得加以領畧。國劇的發揚光大，本是梅先生一身的願望，他總算盡力做出莫大成績來，可是以後的進步，不能不落在後起的演員和從事研究的人的頭上，這責任是我們不肯絲毫放棄的。

在我知道梅先生逝世的消息的第二天，我曾經寫了一首古詩——用蘇東坡贈息軒道士韻——悼念他，現在就附錄在這裏，借做本篇的結束。

投老隱炎陬，爲歡憶少日。烏衣識風度，壯齒未二十。
朝朝會文酒，夜夜巾車出。我甫欲南征，細語別樓隙。
凡兹不勝紀，一擲拚今昔。忍哀對遺影，猶似虱歌席。
成連嗟入海，風雨徒四壁。

一九六一年九月

世界著名
波麗美髮品
種類多，用法簡便。

波麗美髮品，種類齊備，當你需要在
美容院或家中洗頭、護髮、恤髮、染髮或
電髮時，應經常採用品質優美的波麗美髮品，
可令你的頭髮光潔健康。用法簡便。
欲知一切有關頭髮問題，
請向杜白莉美容顧問查詢。

POLY
Hair Cosmetics

談曾胡左李（下）

·高伯雨·

左宗棠自負才高，與諸葛亮相伯仲，其他同時人物，皆有「何足道哉」之意，故此他與郭嵩燾交惡，亦無足異，他甚至也和曾國藩交惡，形同水火，把他的舊上司視如無物，其人之涵養，蓋亦下曾一等了。

曾左交惡，相傳始于太平天國覆亡之時，當時曾國藩得清廷上諭，飭查洪秀全之子「小天王」洪福瑱的實在下落（同治三年七月初七日，國藩馳奏處治李秀成及「小天王」查無實在下落），故曾國藩只得繼續查察，後來覆奏，謂「小天王」死于亂軍中。清廷三番四次要追查「小天王」的下落，其目的在斬草除根，以免後患，左宗棠在江西上奏言「小天王」在天京攻破後突圍出走，并未死亡。國藩疑左宗棠有意和他過不去，上疏抗辯，宗棠亦不客氣，再上疏爭論其事，辭氣激昂。一直到十一月，北京接到江西巡撫沈寶楨的奏報，「小天王」為湘軍將領江西按察使席寶田所擒，已在南京正法。這一奏報，簡直使曾國藩尷尬萬分。但這是公事而非私仇，本可以調解的，而二人都似乎有不想和解之意。（清朝官書中「小天王」之名為洪福瑱，而王湘綺「湘軍志」則說實名洪福，因為刻印姓名下橫列「眞王」二字，軍中人誤「眞王」二字為一字，遂成為「瑱」字。）

胡林翼在軍中一向以能調解將帥見稱，當其未死前，似乎也看出曾左兩人的交誼將會有一日乖異的。他嘗與書國藩云：「季高謀人忠，用情摯而專一，其性情偏激處，如朝有爭臣，室有烈婦，平時當小拂意，臨危難乃知可靠。」又有致宗棠書云：「滌公之德，吾楚一人，名太高，望太切，則異日之怨謗，亦且不測，公其善為保全，毋使蒙千秋之誣也。」如果林翼不早死，是不是他能夠在曾左之間，運用其手腕，使他們言歸于好呢？宗棠亦有自知之明，他知道自己的個性太褊，（其祭胡林翼文云：「我剛而褊，公通而介，」又說：「自公云亡，無與為善，孰拯我窮，孰救我褊？」）只有林翼能救此弊，則以左前曾對林翼有盛氣凌人之處，而林翼不與計較也。林翼給郭崑燾的信說：「鄙人今春不欲與季丈抬槓，恐傷其氣。實則應諫之事，應抬之槓，均置之異日也。然橫覽七十二州，更無才出其右者。倘事經閱歷，必能日進無疆。」又其答宗棠書云：「奉書皆憤懣之辭，不能以口舌與公爭。」其雅量高致，為曾左所不及。

歐陽兆熊筆記，記曾國藩幽默左宗棠一事，頗有趣。

恪靖（按左封恪靖伯）來咨，極詆文正用人之謬，詞旨亢厲，令人難堪。文正咨復云：「昔富將軍咨唐義渠中丞云：『貴部院實屬調度乖方之至！』貴部堂博學多師，不僅取則古人，亦且效法時賢，其于富將軍可謂深造有得，後先輝映，實深佩服，相應咨覆」云云。恪靖好以氣凌人，文正則以詼諧出之，從此恪靖無一字見及矣。

這件趣事是發生在同治三年太平天國垮台以前。「富將軍」指富明阿，是漢軍正白旗人，時任江寧將軍。唐義渠則為安徽巡撫唐訓方，湖南常寧人。訓方負時望，而富明阿劾去之，為輿論所斥。以左宗棠之自大自負，而國藩謂其師法富明阿，謔而近虐，無怪宗棠之不悅也。（按：總督稱部堂，巡撫稱部院，國藩稱宗棠為「貴部堂」，以左乃閩浙總督也。又，地方總督既稱部堂，而特專職督如河道總督、漕運等，則稱小部堂。）

左宗棠後來和李鴻章會師，與捻軍作戰，到捻軍被鎮壓之後，兩人皆告成功，宗棠飲水思源，居然大贊曾國藩。因為他的部將劉松山，原是湘軍勇將，此次攻捻，松山屢立大功，捻平後，賞黃馬褂，賜三等輕車都尉世職。曾國荃成大功後，國藩即命其裁遣所部，只留下少數精銳部隊，交劉松山將之，號為「老湘營」。國藩與捻軍作戰無功，因此解欽差大臣之任，聲望為之減色，宗棠于此時上疏清廷，有云：

臣嘗私論曾國藩素稱知人，晚得劉松山，尤徵卓識。劉松山由皖豫轉戰各省，曾國藩常足其軍食，解餉至一百數十萬兩之多，俾其一心辦賊，無憂缺乏，用能保垂危之秦，救不支之晉，速衛畿甸，以步當馬，為天下先。即此次巨股蕩平，平心而言，何嘗非劉松山之力。臣以此服曾國藩知人之明，謀國之忠，實非臣所能及。合亟仰懇天恩，將曾國藩之能任劉松山，其心主于以人事君，其効歸于大裨時局，詳明宣示，以為疆臣有用人之責者勸。

當曾國藩聲光大減時，得此一疏，特為表彰，實為難得。不過國藩對于宗棠此舉的動機，有些懷疑，因為兩人正在交惡中，而對方忽然向他稱揚備至。故國藩致郭嵩燾書云：「左帥表劉壽卿之功，謬及鄙人，論者謂其伸秦師而抑淮勇，究不知其意云何也。」（劉松山與捻軍作戰時稱為「秦軍」者，蓋以先本赴陝西勦匪，後來由陝出而會師討捻。「淮師」則為李鴻章所設之淮軍。）其實國藩非不知其意所在，因為鎮壓捻軍，以鴻章的淮軍功居首，宗棠之湘軍未免減色。宗棠是個好大喜功的人，當然心中憤憤不平，故此上疏贊揚曾國藩，即所以贊劉松山。松山是自己的大將，贊揚自己的大將，就是貶抑淮軍，出一口氣也。鴻章與淮軍將士，皆自曾國藩麾下而出，向受國藩卵翼，今借國藩立言，則淮軍就不敢開口了。後來劉松山跟左宗棠西征，在金積堡戰死，左宗極爲悲悼，即以其姪錦棠代領其部，直至新疆事定，仍爲左氏麾下一主力部隊，雖屢次增募新兵，而仍稱「老湘營」，蓋仍不忘故主耳。

上文提到左宗棠疏中言國藩知人之明，謀國之忠，爲己所不及。同治十一年壬申，國藩死于江督任上，宗棠與其子孝威信中，談到曾氏死後事，有云：

（國藩）贈太傅，謚文正，飾終之典極爲優渥，所謂禮亦宜之也。惟兩江替人殊非易易，時局未穩，而當時賢能殊不多覯，頗爲憂之。……

又云：

曾侯之喪，吾甚悲之，不但時局可慮，且交游情誼，亦難恝然也。已致賻四百金，輓聯云：

知人之明，謀國之忠，自愧不如元輔；
同心若金，攻石若錯，相期無負平生。

蓋亦道實語。君臣朋友之間，居心宜直，用情宜厚，從前彼此爭論，每拜疏後即錄稿咨送，可謂鉏去陵谷，絕無城府，至茲感傷不暇之時，乃復負氣耶？「知人之明，謀國之忠」兩語，亦久見章奏，非始毀今譽，兒當知我心也。喪過江干時，爾宜往弔，以敬父執，牲醴肴饌，自不可少，更能作誄哀之，申吾不盡之意，尤是道理。吾與侯所爭者國事兵略，非爭權競勢比。同時纖儒妄生揣擬之詞，何值一哂耶！

信寫得很有感情，字字皆由心底迸出，可謂一生一死，乃見交情了。但後來左宗棠仍然喜歡罵國藩，大抵宗棠自負太高，于同時流輩皆有不足觀之感，尤其是曾國藩死後，一批士大夫推崇他太過，而門生故吏竟稱他爲「聖相」，故宗棠看不過眼，特意對國藩表示不滿，使自己不同于流俗之見。

上引左宗棠家書中輓曾氏之聯，自署「晚生」，書中是沒有點明的，只是在寫好後送去喪家時方顯示于世，這又有曾左故事可講了。同治元年（公元一八六二年）正月，曾國藩以兩江總督授協辦大學士，雖是副揆，也就是拜相了，其時左宗棠尚是浙江巡撫也。到了同治十二年十月，左宗棠以陝甘總督授協辦大學士，距國藩之死已年餘，上距國藩之大拜亦十二年，宗棠致書曾國荃云：

來示循例稱「晚」，正有故事可援，文正得協揆時，弟與書言，依例應「晚」，惟念我生只後公一年，似未爲晚，請仍存弟呼爲是。文正復函云：「曾記戲文一齣，恕汝無罪！」兄欲循例，盍亦循此。一笑。

宗棠輓聯中自稱「晚生」，亦循督撫對大學士稱謂的慣例，幷沒有什麽特別謙敬的表示，此亦可見左于曾死後，仍復自視極高之意。

薛福成爲國藩門人，在曾幕八年，追隨師門亦不可謂不久矣。他有一篇「記左文襄公晚年意氣」寫得很有趣，摘錄于後，以見一斑。

左文襄公自同治甲子與曾文正公絕交以後，彼此不通音問。迨丁卯年（甲子爲同治元年，丁卯四年）文襄以陝甘總督入關勦賊，道出湖北，與威毅伯沅甫相遇，爲言所以絕交之故，其過在文正者七八，而亦自認其二三。文襄常與客言，我既與曾公不協，今彼總督兩江，恐其隱阨我餉源，敗我功也。然文正爲西征籌餉，始終不遺餘力，士馬實賴以飽騰；又選部下兵最練、將最健者遣劉松山一軍西征，文襄之肅清陝甘及新疆，皆倚此軍之力。是則文襄之功，文正實助成之，而文襄不肯認也。文襄每接見部下諸將，必罵文正，然諸將多舊隸文正者，退而慍曰：「大帥自不快于曾公，斯已矣，何必對我輩煩聒？且其理不直，其說不圓，聆其前後所述，不過如是，吾耳中已生繭矣。」迨壬申二月，文正薨于位，文襄寄輓聯云云（見前）；又致書唁劼剛襲侯，措辭頗爲懇摯，余謂文襄自此意氣可平矣。庚辰、辛巳間（即光緒六七兩年。光緒七年宗棠授軍機大臣，以大學士實行相權矣。）文襄奉旨召入樞廷，文武官僚于中途進謁者，皆云左相言語甚多，大旨不外自述西陲設施之績，及詆譏曾文正公而已……頃之，文襄總督兩江，官紳有赴金陵者，皆云：文襄見賓客無他語，不過鋪陳西陲功績，及歷詆曾文正公而已。……又，李相（指鴻章）覆陳海防事宜一疏，即余代草，列在「庸盦文編」者也。疏上時，適文襄在關外奉召將至，恭邸及高陽李協揆（恭邸指恭親王，李協揆乃李鴻藻，李石曾之父。）以事關重大，靜侯文襄至乃議之。文襄每展閱一葉，每因海防之事而遞及西陲之事，自譽措施之妙不容口，幾忘其爲議此摺者，甚至拍案大笑，聲震旁室，明日復閱一葉，則復如此。樞廷諸公，始尚勉强酬答，繼皆支頤欲臥，然因此散値稍晏，諸公幷厭苦之。凡議半月而全疏尚未閱畢，恭邸惡其喧聒也，命章京收藏此摺，文襄亦不復查問，遂置不議。（按：宗棠于光緒七年一月到京，廿九日入軍機處辦事，同時又授總理各國事務衙門大臣。以宰相兼主外交也。「樞廷」、「樞垣」，皆稱軍機處。其時軍機大臣領袖爲恭親王奕訢，大學士寶鋆，協辦大學士、兵部尚書李鴻藻，戶部尚書景廉，戶部左侍郎王文韶。）

宗棠罵曾國藩，幾乎成爲慣例，凡有官吏、賓客往見，他往往不談正事，靈機一觸，就先誇談他在西北的功績及建設，然後罵曾國藩，到光緒二年後，則兼罵李鴻章、沈葆楨（因李沈二人主張用全力建設海軍，以固國防，左則言練海軍無用，應固西北，以防俄羅斯侵畧。）則以李沈皆十分講「洋務」也。

外國人寫左宗棠此次入京的趣事，說他于正月初二日自蘭州到北京，京城的太監向他索門費，左說：「我是皇上叫我來的，爲什麽要給你們小費？我一個錢都不給。」于是太監關緊城門，左被阻于城外三日始得入。又說，兩宮召見左時，左感到國事，哭起來，慈安太后也很感動，以咸豐帝遺下的眼鏡一副賜給他，以示寵異。太監經手將眼鏡送到左宗棠處，向他索小費，左不肯，曾紀澤勸他給一萬元，左更不肯，後來還是恭親王代他出了八千兩，始了此事。

以上二事是靠不住的。其一見于一九三七年上海出版的「左宗棠傳」（作者W. L. Bales），和濮蘭德的「慈禧外紀」（陳冷汰、陳詒先合譯）。這個時候，曾紀澤正在英國，而左宗棠一向守正不阿，對宦官不假以辭色，對兩宮太后亦沒有貢獻，與曾國藩同。李鴻章的作風就和他們不同了，督畿輔二十餘年，每年應酬宮門費百數十萬，此種行爲是曾左所不屑的，到底曾左還有些讀書人的骨氣，而李則兼有買辦氣了。

李鴻章在直隸久于其任，一來是慈禧要做的事，他多不敢駁回，而對李蓮英及政府大臣，亦有饋遺，故人緣極佳。左則反是，因而執政大臣多不喜之，只做了九個月宰相，就外放兩江總督，這是恭親王討厭他倚老賣老的態度。到光緒十年甲申，宗棠以病開缺，給假四月，回籍調理，此爲正月之事，到五月假滿入京，其時因有中法戰爭，政府因左爲重臣，暢曉戎機，復入樞廷辦事，此爲宗棠第二次以東閣大學士爲宰相，爲曾國藩所無者。翁同龢五月廿六日日記云：「左侯仍在軍機大臣上行走，毋庸入直，遇要事傳問，并管理神機營（調舊部兩營來京）。」可知政府只不過利用他的聲望，并不責以每日入朝辦公，可謂優禮之至。但在此時，左宗棠却遇到一件頗不愉快的事，幸得清廷事事維護勳臣面子，不致丟臉。這事值得一述。禮部尚書延煦（字樹南，滿洲人，進士出身。）劾左宗棠。「光緒朝東華錄」十年七月初三日記云：

延煦奏：六月二十六日萬壽聖節行禮，左宗棠秩居文職首列，并不隨班叩賀，據實糾參一摺。左宗棠着交部議處！

左宗棠在光緒皇帝誕辰，沒有隨班行禮，禮部尚書以職責所在，據實糾參，左宗棠只罰俸一年，延煦反而得革職留任並罰俸的處分。這是因爲醇親王奕訢爲宗棠撑腰之故。「東華錄」十年七月七日記此事云：

奕譞奏：臣初以爲糾彈失儀，事所常有。昨閱發下各封奏，始見延煦原摺，其飾詞傾軋，殊屬荒謬。竊思延煦有糾儀之職，左宗棠有失儀之愆。該尚書若照常就事論事，誰曰不宜？乃藉端訾毀，竟沒其數十年戰陣勳勞，並詆其非進士出身，甚至斥爲蔑禮不臣，肆口妄陳，任情顛倒。……

所謂「飾詞傾軋」，也是有原因的，光緒初年，有清流派與洋務派之爭，守舊大臣以李鴻章講西法，大爲不滿，而左宗棠則認爲洋債可借，洋法未盡可行，故大捧左以抑李。沃丘仲子的「慈禧傳信錄」，記述宗棠最後一任軍機大臣事，有云：

宗棠雖出身舉人，而科目中人多非同輩，朝官以其驕蹇，頗惡之。在軍機日，唯自誇功績，遇疆吏奏報輒請批准，勿付部議。又曾攙己意入廷寄中，示陝撫譚鍾麟。同官王文韶以其不諳體制譏之，實承奕訢旨也。又稱金順爲己部將，而于廣衆中詆官文不識一丁，竟以功名終，旗員大都類然，于是滿蒙籍諸官銜之尤刺骨。禮部尚書延煦……特疏糾之，畧謂宗棠以乙科入閣，已賞優于功，乃既膺爰立，竟日驕肆，乞懲儆。疏入，后示樞臣曰：「此關禮儀事，何非部臣公疏，而祇煦單銜耶？」訢謂宗棠實失禮，但爲保存勳臣計，煦疏乞留中，后韙之。奕譞聞而大憤，是日特專摺劾煦，謂宗棠之贊綸扉

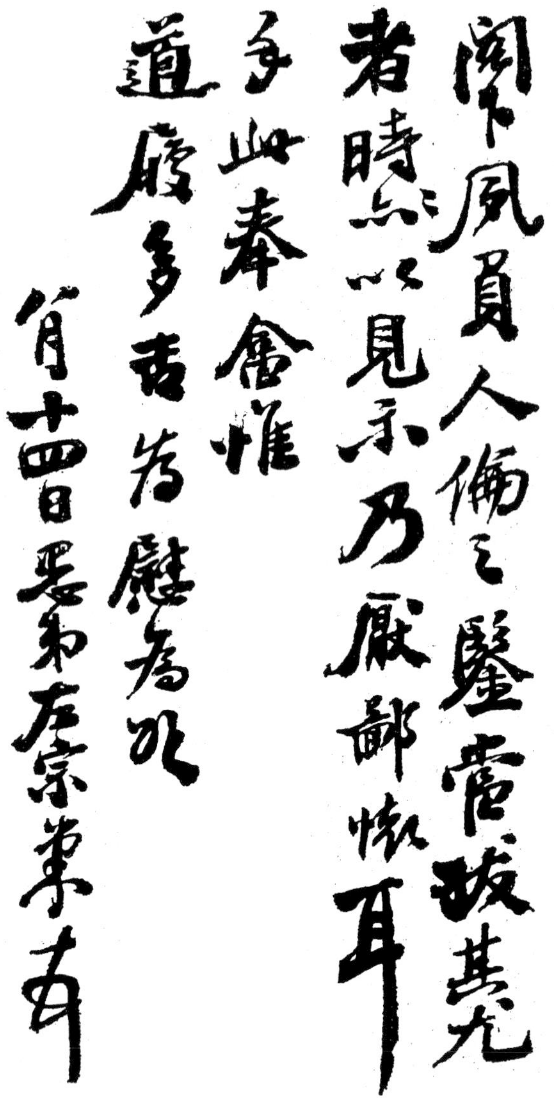

左宗棠手札致王子壽

，特恩沛自先朝，煦何人斯，敢議其濫？且宗棠年衰，入覲日兩宮且許優容，行禮時偶有失儀，禮臣照事糾之可已，不應煦一人以危詞聳上聽，言頗激切。后曾以歷朝諸后垂簾，無戡亂萬里外者，居恒自負武功之盛，然實宗棠力也，故鴻章等屢言其誇張，后不爲動。煦糾疏入，后已不懌，得譏奏，遂以諭斥煦，復敕部議處分。由是朝臣無敢論宗棠者。至持清議諸臣，以外交事素不慊鴻章所爲，益揚左以抑李，故于宗棠有褒詞無微言也。

沃丘仲子名費行簡，吳興人，生長于四川，其父彬如爲成都將軍魁玉幕客，費君從王湘綺游，一九五五年死于滬上，年八十五。

處罰左宗棠後七日，清廷即授左宗棠爲欽差大臣，赴福建督師，以備法人侵台灣，未一年，即卒于任上，翁同龢光緒十一年七月廿八日日記云：

聞左相竟于昨日星隕于福州。公于余情意拳拳，瀕行尚過我長揖，傷已！不僅爲天下惜也。

宗棠死時，林琴南（紓）方在福州，民國初年，琴南所作的「畏廬雜記」，述宗棠在閩事甚有趣。文云：

甲申馬江之役，文襄督師由上游取道入閩，將以兵復台灣，父老萬衆，環跪攀留，公太息揮淚自責。嗣聞敵船復近梅花港，公立率所部出防，迨知諜誤始歸。沿路安撫百姓，人人呼丞相萬歲，以「中堂」與宗棠同音，故易古稱爲丞相，比之諸葛忠武也。時公已老，尚時時騎馬出游街市，見人屑糯米爲丸，糝以糖屑，用瓦器以火溫之。公見而大羨，一歸即遣人購取。公子孝同防其不利于老人，力勸不聽，公怒，卒取食之。

這是林氏所記左宗棠的事，他說宗棠在七十二三歲時還能時時騎馬出游，但當同治十一年之時，宗棠才六十歲，他在甘肅給兒子孝威的信有說：「河回獻良馬，神駿異常，如見唐人畫馬，名曰『平戎駿』、『靖戎駿』。吾老不能騎，暇時當畫題詔子孫耳。」六十歲時已有見駿馬不能騎之歎，到十二年後的七十二歲，豈能日日騎馬出游？可見林氏所記似有問題。

「石遺府君年譜」（陳石遺之子聲暨所編，未完。其實乃石遺自己所作，託名其子耳。）乙酉（光緒十一年）條下記云：

八月，（宗棠死于七月，記有誤）左恪靖侯宗棠薨于福州。初，上年七月，朝命左侯督辦福建軍務，年齒已高，頗耄昏，拜命日，奏陳于西太后曰：「臣此去必奏凱，臣昔日所放生之牛，已託夢告臣矣。」太后大笑。蓋左侯爲總督時，有牛將被宰，突奔督署大堂，跪乞命。左侯放諸鼓山者也。至閩日，團練大臣林壽圖往迎，林故以布政使被劾于左侯者也。左侯見之，問旁人曰：「此人之字，記似與穎考叔有合。」旁人曰：「渠字穎叔。」曰：「然則被參于我者，尚來迎我，故是好人。」又曰：「福建海味，海蜇皮甚佳。」

此記尤有趣，他死前十八年在福州放生一牛，確有此事，但以牛託夢謂必打敗洋人入奏，太過兒戲，宗棠雖耄昏，亦不至此也。虛雲和尚于民國廿二年（公元一九三三年）主持福州湧泉寺，修築放生園落成，陳寶琛記其事云：

虛雲方丈建放生園成，余曰：「此異牛祠故址也。」憶左文襄公宗棠督閩時，有奔牛入署，跪堂下不起，召寺僧奇量，令善畜之。越十八年，督師至閩，遣沈道應奎往視之，已斃矣。追述其皈依後異跡，寺僧就其瘞處，立異牛祠焉。今又將五十年，此鼓山放生一故實也，余所親見者，故及之。癸酉夏閏五月，聽水居士陳寶琛記，時年八十有六。

左宗棠與牛的一段因緣如此，一個手握重兵殺人如麻的大將，對放生畜類亦有興趣，豈眞佛法無邊耶？石遺述宗棠所劾的林壽圖，字歐齋，左爲陝甘總督時，林官甘肅布政使，以籌餉不力，劾去之。傳說林一向對左的自大自誇不滿，左常料事有中，則大笑曰：「此諸葛之所以爲亮也！」不久後，料事有誤，林乃易其詞曰：「此葛亮之所以爲諸也！」（諸意叶豬，以宗棠肥胖也。）故左憾之，而假事以去其職。

左宗棠死後得謚文襄，以其有戰功，故得「襄」字也，此爲上謚，與文忠同爲可貴，但他生平喜誇大，自以爲深通軍事學，極力主張對外作戰，在西北時，欲與俄開戰，其後督師福建，又欲與法開戰，他這兩個主張，都是李鴻章所反對的，故李被罵爲漢奸，而清議則頌贊左宗棠，設使宗棠遲死十年，他必定與李同主持甲午之戰，那時，一個主和，一個主戰，就要看他能不能用陸軍打敗日本了。

「清史稿」左宗棠傳末後數語，評其爲人，甚爲公允，頗得我心，摘錄于此：

宗棠爲人多智畧，內行甚篤，剛峻自天性。……始未出，與國藩林翼交，氣凌二人出其上。中興諸將帥，大率國藩所薦起，雖貴，皆尊事國藩，宗棠獨與抗行，不少屈，趣舍時合時不合。國藩以學問自斂抑，議外交常持和節，宗棠廩廩向敵矣，士論以此益附之。然好自矜伐，故出其門者，成德達材不及國藩之盛云。……論曰：宗棠事功著矣，其志行忠介，亦有過人，廉不言貧，勤不言勞，待將士以誠信相感。善于治民，招徠撫綏，衆至如歸。論者謂宗棠有霸才，而治民則以王道行之，信哉！宗棠初出治軍，胡林翼爲書告湖南曰：左公不顧家，請歲籌三百六十金以贍其私。曾國藩見其所居幕隘小，爲別製二幕貽之，其廉儉若此。初與國藩論事不洽，及聞其薨，乃曰：謀國之忠，知人之明，自愧不如。志益遠矣！

論中之「其志行忠介」一語，史臣似乎是補足左宗棠未完的願望。他生前嘗自謚曰「忠」，而死得「文襄」。「忠」與「襄」皆爲上謚，如非翰林或大拜，不得謚「文」，左以大拜得文襄，李以翰林得文忠，（文正尤爲上謚之最，蓋非恩出自上，閣臣不敢擬此二字。）左以戰功及闢地之功，故襄字甚允愜。李生前爲清議罵爲賣國，擬之爲秦檜、張邦昌，身後特謚文忠，清廷故欲使人明其心跡也。

傳說李鴻章在直隸時，曾與幕僚閒談，問本朝李文襄公共有幾個？有人對他說，只有康熙朝的宰相李之芳一人。鴻章笑曰：「也許將來有兩個呢！」是鴻章亦以文襄自待，而不意竟得文忠也。（李左之謚均由特謚，非臣下擬上六字而由朱筆圈定者。）

李鴻章、左宗棠都是從幕僚致身通顯，但「左師爺」的大名上動九重時，李翰林還是一個無名小卒。左做巡撫、總督皆在李之先，但左大拜則後于李五年之久（李同治七年，左十二年），皆以軍功得之，故有「軍功中堂」之稱。鴻章大拜的上諭說：

（上畧）捻逆自倡亂東南，十有餘年，竄擾數省，生民受其荼毒，神人共憤，罪惡貫盈。上年派李鴻章爲欽差大臣，勦除任柱、賴文光等股匪……現經李鴻章會同各軍，督率各將領蕩平捻逆，膚功克奏……前已賞還李鴻章雙眼花翎、騎都尉世職、黃馬褂，并開復處分及左宗棠等降革處分，均予開復，自應分別再沛恩施，以昭懋賞。李鴻章着賞加太子太保銜，并以湖廣總督協辦大學士；左宗棠着賞加太子太保銜，并交部照一等軍功議敘……以示錫爵酬庸，用彰慶賞至意。（同治七年七月十日諭旨）

左宗棠雖亦得太子太保，惟未得大拜，眞有「前賢畏後生」之感。到十二年十月廿五日，左大拜的上諭說：

陝甘擾亂，十有餘載……自簡任左宗棠總督陝甘，數年以來，不辭艱苦，次第勦除。此次親臨前敵……關內一律肅清，朕心實深嘉悅，自應特沛殊恩，用昭懋賞。左宗棠着以陝甘總督協辦大學士……

咸同之際，軍功中堂特多，以宰相爲酬庸之具，且于「煌煌天語」中明白說出，亦不過是以榮典視之，好像唐朝的節度使加「同平章事」那樣，所不同的是，唐時的節度使相無定員，隨時可封，而清代的大學士、協辦大學士，皆有定額，非有缺出，不能補上，且解任封疆時就要回京入閣辦事，非如節度使之有地盤，子孫可以世襲也。

左、李皆得侯爵之封，而左于生前得之，爲李所不及。李于曾國荃攻下金陵之日，即封一等伯，兼賞雙眼花翎；左于「小天王」就擒後，始封一等伯，到太平軍全部肅清，乃賞雙眼花翎。宗棠平定新疆，獲二等侯之封，而李則于二十年後，以辛丑議和之功，于死後得封一等侯，未死時只以一等伯自娛耳。不過李後死于國藩三十年，後死于宗棠十六年，故所得榮典特多，如三眼花翎，方龍補服，都是因爲皇家慶典而得的恩典，爲曾左所無者，尤其是三眼花翎與京師立專祠，特見矜貴。

李鴻章一生不主張對外作戰，認爲時機未到，不宜妄動，而左宗棠、彭玉麟皆力持與外人一決雌雄之議，故清議皆揚左抑李。甲午一役，李迫于主戰派而一試，竟喪師辱國，令名爲之大損，清流派竟罵之爲賣國漢奸，因此當時的一般批評者都說李鴻章的福命不如左宗棠之厚。

李鴻章二十三歲時，在北京等候會試，他的父親命他跟曾國藩讀書，因聰慧英俊，極爲國藩愛重。到三十一歲，鴻章以翰林院編修隨侍郎呂賢基回安徽辦理團練，曾與太平軍打過幾次仗，以功得賞知府銜。呂賢基死難後，他轉入安徽巡撫福濟之幕，未能得意。後來他知道曾國藩督師江西，以有師生淵源，便往投効。據薛福成所記云：

（鴻章）謂文正篤念故舊，必將用之。居逆旅幾一月，未見動靜……陳鼐與傅相（指鴻章）本係丁未同年，傅相使往探文正之意，不得要領。鼐因言于文正曰：「少荃以昔年雅故，願侍老師，藉資歷練。」文正曰：「少荃翰林也，志大才高，此間局面窄狹，恐艨艟巨艦，非潺潺淺瀨所能容，何不回京供職？」鼐曰：「少荃多經磨折，大非往年意氣可比，老師盍姑試之？」文正許諾。傅相入居幕中。

鴻章之入曾幕，乃陳作梅（鼐）爲之說情的。如果當時不是陳之說辭，鴻章負氣眞的回北京去做他的翰林官，最多是循資漸進，倘官運亨通，熬了二十年也許官至督撫，則後來的勳業就不屬于他了。

但鴻章在曾幕，亦非始終其事，其間曾一度負氣離去，薛氏續記其事云：

文正每日黎明必召幕僚會食，而江南風氣與湖南不同，日食稍晏，傅相欲遂不往。一日，以頭痛辭，頃之，差弁絡繹而來，頃之，巡捕又來，曰：「必待幕僚到齊乃食。」傅相披衣踉蹌而往。文正終食無言。食畢，舍箸正色謂傅相曰：「少荃，既入我幕，我有言相告，此處所尚惟一誠字而已。」遂無他言而散。傅相爲之悚然。蓋文正素諗傅相才氣不羈，故欲折之使就範也。……

這一年是咸豐九年（公元一八五九年），鴻章三十七歲，經此折磨後，國藩深賞其才，時時派他帶領軍隊出戰，從此鴻章大露頭角。兩年後，國藩進駐祁門，鴻章說祁門是兵家所謂「絕地」，如敵人來攻，進退都不能裕如，請早日移出。國藩不肯聽從，鴻章又再爭，曾說：「諸君如果胆怯，可各自散去。」又因國藩要劾李元度，鴻章不肯草奏草，曾說：「你不肯，我自己來。

」李曰：「既然這樣，門生將告辭，不能在此供老師驅使了。」曾曰：「請便。」薛福成記其事云：

傳相乃辭往江西，閒居一年。適官軍克復安慶，文正移建軍府焉，傳相馳書往賀。文正覆書云：「若在江西無事，可即前來！」傳相乃束裝往安慶，文正復延入幕，禮貌有加于前，軍國要務，皆與籌商。明年，吳中紳士雇輪船來迎援師，文正奏遣傳相募淮軍赴滬，而密疏薦其才大心細，勁氣內斂，可勝江蘇巡撫之任。抵滬未及一月，奉命署理江蘇巡撫，練兵選將，克復蘇、常、嘉興等郡，遂實授巡撫，加太子少保，賞黃馬褂、雙眼花翎，封一等肅毅伯，勳名幾與文正相並，距出幕府時僅逾兩年耳。未幾，績望日隆，卒蕆文正未竟之緒，文正之志業，傳相實繼之。

李鴻章依附曾國藩，繼承了他的湘軍衣缽，組織淮軍，于是他手上就有了實際兵權，到後來，袁世凱又承受了李鴻章的衣缽，在小站練兵創新建陸軍，為後來北洋軍閥的鼻祖，但追溯其淵源，仍是李鴻章為其開山大師。李從江西再往依曾國藩是咸豐十一年六月的事，其時鴻章年方三十九，上一年的十二月，郭嵩燾寄信往江西給他，勸他追隨國藩，不可失去機會，信中有「此時崛起草茅，以立功名，必有因依，今日天下，舍曾公誰可？」

一八九九年李鴻章（中坐者）道經香港，港督卜公（右坐者）在港督府設筵款待，左立戴眼鏡者為通譯官唐紹儀。

鴻章意始決，未幾，國藩亦有信給他，請他歸來。至于國藩奏保他為江蘇巡撫，則鴻章年方四十，亦可謂早達了。

在曾幕的歐陽兆熊的筆記說，鴻章巡撫江蘇，是他向曾氏建議的。文云：

辛酉祁門軍中，賊氛日逼，勢危甚，時李肅毅已回江西寓所，幕中僅一程尚齋，奄奄無生氣，對余曰：「死在一堆如何？」衆委員亦將行李置舟中，為逃避計。文正一日忽傳令曰：「賊勢如此，有欲暫歸者，支給三月薪水，事平仍來營，吾不介意。」衆聞之，感且愧，人心遂固。後在東流，欲保一蘇撫而難其人，余謂李廣才氣無雙，堪勝此任。文正歎曰：「此君難與共患難耳！」蓋猶不免芥蒂于其中也。卒之幕中人才，無出肅毅右者，卒用其朝氣，竟克蘇城。……故肅毅在上海寄余書云：吾在此以獨脚戲登台，深懼貽羞知己，亦且怨及良媒，亦深悉區區推轂之意也已。

照歐陽所說，則李之得署蘇撫，為其舉薦，且有鴻章謝函，如果沒有歐陽這番話，曾國藩也許奏保李榕了。一說，曾國藩本屬意他的四川門生李榕的，某日方與幕中諸君商談此事，未及說出李榕之名，而鴻章自告奮勇，謂門生願為老師分憂，李榕也說鴻章是適當人選。大概鴻章未知有歐陽兆熊對國藩推薦他的事，而蘇撫之得，乃出于自薦，日後始知，所以給歐陽的信有那幾句話也。自祁門一事後，曾對李已有不可共患難的壞印象，但李榕則自始至終跟着老師在祁門，這樣，老師對他自有好感，給以江蘇巡撫之重任，亦人之常情。不過他冷靜一下來想，李榕是一個書生，任事敢言，交友誠摯，平居之時，對事情處理得很有條理，亦甚縝密，但一到他接手去辦一事，就覺得莫知所從，故往往爲人蒙蔽。若鴻章則才具較榕爲優，且曾經戰陣，立過戰功，在打仗期間，以懂得兵事的李鴻章爲蘇撫，責以收復蘇常一帶，自是理想人選。（李榕四川劍州人，字申夫，進士出身，官至湖南布政使，因事罷職，工古文，著有「十三峯書屋全集」。國藩死後，他所送的輓聯有「猶及師門患難時」之句，鴻章見之不悅，但李榕或出于無心，而聞者則有意矣。薛福成筆記錄輓曾聯頗多，而遺李榕之作，殆鴻章已顯貴，不欲張其事也。）

吳汝綸與鴻章同爲曾門弟子，而吳又極服膺鴻章，李死後，吳所作之江蘇建李鴻章專祠事畧，說鴻章師事國藩，亦嘗居其幕，國藩性情堅重，謀定不變，其疏劾李元度，鴻章曾以去就力爭。曾幕前後多知名之士，其能爭議是非者，鴻章一人而已。湘綺樓日記同治十年九月三日記云：

余爲薛陳二君言湘營舊事，薛云，李少荃云：自李鴻章出而幕府廢。人之無恥，有如是耶？少荃首壞幕府之風，以媚福濟者媚曾公，而幕府壞，軍務壞，天下壞，曾公亦壞。乃爲此言，故余不得不記之，君子表微，恐誤後世也。

這和吳汝綸所說者大不相同，李鴻章在福濟、曾國藩幕府中是個專媚府主的人，此說是否可信？尚需更多材料始可以證實。不過鴻章在北洋廿四年，北洋官場風氣之壞，鴻章不能辭其責。國藩在北洋時間雖短，但官場尚有貞樸之風，鴻章接手，用人察吏，漸重華飭，疆吏入京陛見，鴻如與他有特別交情的，借以重金，使他入京打點一切貢獻及門包之用。丁寶楨升任四川總督，入京陛見路經保定，李鴻章對他說近年北京官場的應酬大增，丁寶楨沒有作此準備，因此代他籌劃了一萬兩銀子，存放北京，以備他應用。丁到京後，果然風氣大變，一萬兩不夠分配，後來又「一客不煩二主」再向李借多一萬兩，才夠敷衍。到四川後，屢欲籌還，而力不從心，丁死後，仍欠李這一筆人情金錢債，李對當時官場風氣之奢靡，似不無助長之嫌耳。

李鴻章的淮軍成立後，在上海得到英法兩國的合作，又有英國人戈登率領的洋鎗隊，名叫「常勝軍」，打敗了太平軍好幾仗，使李鴻章增加了不少聲威，從此上海的洋人便向他們的祖家大贊李鴻章肯學西法，是中國一個新人物。鴻章亦有信給曾國藩，說：「洋兵攻嘉定，數千鎗炮齊發，所當輒靡，其落地開花炸彈如神技，因密令將弁隨隊學習。」

洋人既贊賞李鴻章，但過了一兩年後，洋人又大罵李鴻章了！其起因則爲鴻章在蘇州，殺了投降的太平天國八員將領，戈登突然震怒，要親刃李鴻章爲降王報仇。梁啓超論李鴻章殺降事，有云：

李文忠于是有慚德矣！夫殺降已爲君子所不取，况降而先有約，且有保人耶？故此舉有三罪焉，殺降背公理，一也；負約食言，二也；欺戈登，負友人，三也。戈登之切齒痛恨，至欲剚刃其腹，以洩大忿，不亦宜乎？雖彼鑒于苗沛霖、李世忠故事，其中或有所大不得已者在，而文忠生平好用小智小術，亦可見其概矣！

梁啓超的萬木草堂同學韓文舉，在其「近世中國秘史」論李秀成而及李鴻章，有云：「可以見秀成之器度，其不殺降將，禮葬敵帥，事事暗合于國際法，嗚乎有古名將古大臣之風，其視李文忠之誘殺蘇州八酋，其人格之相去，殆不可以道里計。」

李鴻章殺降，是聽從部將程學啓之計的。程本是太平天國英王陳玉成的大將，以驍勇著稱，曾貞幹圍攻安慶時，派黃潤昌向他勸降，程遂參加湘軍。後來李鴻章獨當一面，國藩爲了完成門生的功業，故派程學啓跟隨他，果然程學啓在江蘇立了很多戰功。當李、程圍攻蘇州時，城中有八個太平天國的王，據說擁有大軍二十萬，程知八王之中的一個納王郜雲官生貳心，于是派人同他約定來降，由程學啓立誓，戈登爲證人。納王遂殺死譚紹光，開門迎李鴻章入城，遂占有蘇州。後來程學啓恐怕城中有二十萬之降兵，又有八個降王，不易控制，主張把降王殺了，李鴻章不答應，程以去就爭，結果李應允了，設計把八王殺盡。其實太平軍降兵只不過二萬人，李鴻章奏報其事時，故意誇大，以見非殺不可耳。周馥「負暄閒語」記李鴻章對此事負疚云：

後三十餘年，余侍李文忠濟南旅館夜坐，偶談及（殺降）前事，文忠尚以爲歉。余曰：「方忠（程學啓字方忠）勇決誠不可及，然投降者許以不死而復殺之，似傷天理，失大信。降酋何致復叛？當時似欠處置之方耳。」文忠頗是余言。

周馥是李鴻章的幹部，這番話是光緒廿四年（公元一八九八年）說的，其時鴻章奉命往山東籌議黃河工程，帶了周馥同往。周字玉山，安徽建德人，秀才出身，以得李鴻章提携，歷官至兩江、兩廣總督，與鴻章宦轍相尋，酬其志願。他追隨李鴻章廿餘年，爲其左右手，在北洋有能員之稱。其與鴻章遇合的經過，頗堪一述。

咸豐十一年，曾國藩以欽差大臣、兩江總督駐安慶，他爲了廣求各界意見，特在營門外放置一個意見箱，請軍士、人民發表他的意見，落魄文人，往往投以萬言書，有時竟蒙所賞，獲得差事。周馥有一朋友也想上萬言書，不知是因爲文筆不好或另有原因，請周代作。曾國藩讀後，頗為贊賞，在書上批「今之祖生」。鴻章時亦在曾幕，將獨當一面，極留意自己要用的人材，對周馥代作之文，尤為歎異，一查之後，知道是周馥所作，就私下請他做佐手，把自己的薪水分給他用。下一年鴻章赴江蘇，周馥即以幕僚資格隨行，從此一帆風順。周馥晚年有「感懷平生師友三十五律，第二首題「李文忠公」，詩云：

吐握餘風久不傳，窮途何意得公憐。（咸豐十一年冬，公見余文字謬稱許，因延入幕）偏裨驥尾三千士，（余從公征吳三年，公剿捻時，余留寧辦善後，旋調直隸，保擢津海關道，例兼北洋行營翼長，復與諸軍聯絡。）風雨龍門四十年。報國恨無前箸效，（余屢陳海防策，公以部不發欵，樞不主持，未能施舉。甲午之役，樞臣竟請旨宣戰，責成北洋防剿。）臨終猶憶淚珠懸。（時公奉旨與慶親王為議和全權大臣，公獨任其難。光緒二十七年秋，議和事尚未全畢，兩宮未回鑾，各國兵未退，公臨終時，兩目炯炯不瞑，余撫之曰：「未了事，我輩可了，請公放心去！」目乃瞑，猶流涕口動欲語，可傷也！）山陽痛後侯芭老，翹首中興望後賢。

周馥的「負暄閒語」又有一段說：

李文忠曰：「天下熙熙攘攘，皆為利耳。我無利于人，誰肯助我？董子『正其誼，不謀其利』語，立論太高。」余曰：「道義中自有功利。正誼明道之人，謀功利更遠。」友人有迂余言者，謂：「身家可以苟安，國家事當期速效。」余曰：「去道誼而求功利，終必喪其功利而後已。」

鴻章一生就是為「功利」二字所誤，因此，他只能說是一個典型的官僚，未能聞道，比不上曾國藩了。同治末年，他和曾國藩奏准派幼童往美國留學，也不過學西洋的機械製造技術，希望中國將來也會造軍火輪船火車，至于西洋的政教，則遠不如中華，不必學習。曾死後，鴻章衍其師之緒，致後來成為「李鴻章型」的洋務西學。

曾國藩先嘗主張派優秀學童往美留學，這是他接納丁日昌所倡議的，李鴻章竭力贊成，遂于同治十年（公元一八七一年）七月初三日，國藩以南洋大臣、鴻章以北洋大臣會銜入奏，請清廷批准。他們的辦法是先設一個留學局派專人到沿海各省選拔一些聰明的小童，派往美國學習，每年以三十名為率，四年計一百二十名，分年乘船放洋。在外國十五年後，按年分起挨次回國，費用則綜計首尾二十年，共需銀一百二十萬兩，每年撥欵六萬兩，由江海關于洋稅項下按年指撥。管理及教授人員，則正副委員各一，每員月薪四百五十兩，繙譯一員，月薪二百五十兩，教習二員，每員月薪六十兩。留學而自帶教習者，「隨時課以中國文義，俾識立身大節」也。至于派學生的理由，原奏有云：

西人學求實濟，無論為士為工為兵，無不入塾讀書，共明其理，習見其器，躬親其事，各致其心思巧力，遞相師授，期于月異而歲不同。中國欲取其長，一旦遽圖盡購其器，不惟力有不逮，且此中奧竅，苟非徧覽久習，則本原無由洞徹，而曲折無以自明。古人謂學齊語者須引而置之莊嶽之間，又曰百聞不如一見，比物此志也。況誠得其法，歸而觸類引伸，視今日所孜孜以求者，不更擴充于無窮耶？

第一批留美幼童三十人，于同治十一年（公元一八七二年）七月出國，由陳蘭彬、容閎帶領，其中有梁敦彥（十五歲）、黃開甲（十三歲）、詹天佑（十二歲，籍貫報徽州府人，但在廣東出生）後來皆有名于時。第二批于翌年五月出洋，第二批于同治十二年十月初九日放洋，這一批中有香港名流周壽臣，名單中是長齡，壽臣其字，年十四歲）。其他著名者為唐紹儀、梁如浩（均十二歲）。第三批則于光緒元年九月放洋。

留美幼童大都肯用功讀書，但來自廣東的幼童，不免稍沾染洋氣，致為留學生監督吳子登不喜，于光緒七年裁撤留學事務所，召留學生歸國。容閎「西學東漸記」對此事極為不滿，有云：

學生既被召回國，以中國官場之待遇，代在美時學校生活，腦中漸驟感變遷，不堪回首可知。……今此百十名學生，强半列身顯要，名重一時，而今日政府亦稍稍醒悟，悔昔日解散留學事務所之非計，此則余所用以自慰者。自中日、日俄兩次戰爭，中國學生陸續至美留學者，已達數百人，是一八七〇年曾文正所植桃李，雖經蹂躪，不啻閱二十五年而枯株復生也。

容氏對于留學生歸國後，政府就賞給他們官職（例如周壽臣授從九品選用，到宣統年間，官至道台，與唐紹儀之飛黃騰達不可以道里計），官變成官僚，「强半列身顯要」，學非其用者不知凡幾，只有詹天佑能展其所學，有極大貢獻，至今為人所稱。容氏文中，因有「曾文正所植桃李」之句。

李鴻章講了三十年洋務，到甲午中日戰爭，海軍及船隖盡毀，則其過不應盡歸于鴻章，其過則慈禧太后與主持國政——尤其是撥欵的戶部」的皇帝與各大臣亦要負其責。而鴻章于事前無充分作戰準備，倉卒應戰，也是失敗的大原因。西太后分肥建設海軍的專欵三千餘萬兩以修頤和園，光緒帝則惑于主戰派的議論，以為中國海軍强大，實堪出擊，以試其鋒。及其敗也，則諉過于李鴻章一人，這是極不公允的。

日本在甲午以前，經已積極作侵畧中國的準備，而李鴻章也知道日本的野心，當光緒六年十一月，鴻章應政府交議梅啓照（梅氏本為浙江巡撫，內召爲內閣學士，升兵部右侍郎，翌年升河道總督）條陳摺有說：

日本小民貧，虛憍喜事，長崎距中國口岸不過三四日程，揆諸遠交近攻之義，日本狡然思逞，更甚于西洋諸國。今之日所以謀創水師不遺餘力者，大半爲制馭日本起見。

二年後，又值中日兩國在朝鮮發生了外交上的磨擦，鴻章的未來女壻張佩綸，以翰林院侍讀資格，上疏朝廷，請積極建軍，以應付日本，必要時還可以直搗扶桑。清廷下鴻章議。鴻章議覆有云：

論理則我直彼曲，論勢則我大彼小，中國若果精修武備，力圖自强，彼西洋各國，方有所憚而不敢發，而況在日本？所慮者，若彼豫知我有東征之計，君臣上下，戮力齊心，聯絡西人，講求軍政，廣借洋債，多購船炮，與我爭一旦之命，究非上策。夫未有謀人之具而先露謀人之形者，兵家所忌，此臣前奏所以有修其實而隱其聲之說也。……日本步趨西洋，雖僅得形似，而所有船炮，畧足與我相敵，若必跨海數千里與決勝負，制其死命，臣未敢謂確有把握。第東征之事不必有，東征之志不可無。中國添練水師，實不容一日稍緩。諭旨殷殷以通盤籌劃責臣，臣竊謂此事規模較鉅，必合樞臣、部臣、疆臣同心合謀，經營數年，方有成效。……

李鴻章是主張軍力未充實時，不敢言戰，但謀日之志則不可無，目前只能採取「猛虎在山」，待時而動之勢，希望日本未戳穿這紙老虎，對中國仍有戒心，使中國在此十年之內，努力經營海軍，以固疆圉。曾國藩也是抱此宗旨的，鴻章可謂承其衣鉢。同治八年，國藩在京奏對時，嘗說：

海防是第一件大事，兵是必要練的。那怕一百年不開仗，也須練兵防備。兵雖練得好，却不可先開衅，講和也要認眞，二事不可偏廢，都要細心的辦。……

李鴻章死後在京師建立李文忠公專祠

所謂「講和」即是外交，曾氏對于外交與軍備都看作同樣重要，而歸根到底，仍以不輕言戰爲主。同治十三年台灣番社案中日交涉結束後，李鴻章籌議海防摺就說：「使天下有志之士，無不明于洋務，庶練兵製器造船各事，可期逐漸精强。目前固須力保和局，即將來器精防固，亦不宜自我開釁。彼族或以萬分無禮相加，不得已而一應之耳。」

李鴻章雖然不敢主張「東征」，但日本人却敢于「西征」。自明治維新後，日本國勢漸强，日夕整軍經武以謀中國，到甲午前夕，它認爲自己的兵力已堪一用了，于是向中國挑釁，戰機已有一觸即發之勢。這時候，李鴻章還是主張不可輕戰，寧可委曲求全，能拖一日是一日，以待中國的軍力準備得更爲妥當。但日本志在必戰，而執政大臣與主持清議的人，也要李鴻章一戰。李逼于形勢，匆匆忙忙的調兵遣將，已是處于下風了。沃丘仲子對甲午之敗，責鴻章甚嚴，平心而論，鴻章固然不能卸責，因爲他經營的海軍已有二十年的歷史，與日本建軍時期相差不遠，但日本以全國上下之力經營，而中國只是北洋一區域，又何况上有樞臣遇事掣肘耶？（翁同龢主戶部時，奏十年內不許增加一戰船，不得增軍費）沃丘仲子「慈禧傳信錄」論鴻章有云：

甲申法越之役，我派兵籌防五二年，始行宣戰。今五月朝亂作，七月即與日搆兵；固由帝鮮閱歷，而鴻章專領北洋，平日惟自矜負，臨事一無布置，更信伍某說，謂俄人決不坐視日之攘朝，故其覆丁汝昌電，謂日俄行失和，吾特令汝觀戰，非令汝作戰也。汝昌守主帥戒，備益弛，日師遂出不意攻我，不浹月而海軍灰燼。鴻章初不引罪自責，第歸罪主戰者之非，然則北洋練兵何用？豈徒以壯觀瞻耶？

主戰派的領袖是翁同龢，他也信李鴻章所練的海軍很有成績，應及鋒而試了。其實鴻章所練的海軍尚未成功，徒有外表，但在腐朽的王朝政權下，疆吏向朝廷奏陳自己的成就，往往誇大，以求有功。光緒十七年，李鴻章奉命與山東巡撫張曜校閱北洋海軍，覆奏詳述經營海軍的成績，奏中有這些話：

綜核海軍戰備，尚能日異月新，目前限于餉力，未能擴充，但就渤海門戶而論，已有深固不搖之勢。臣等忝膺寄，共佐海軍；臣鴻章職任北洋，尤責無旁貸，自經此次校閱之後，惟當益加申儆，以期日進精强……

中國海軍，於光緒十四年（公元一八八八年）建成，定例每三年校閱一次，這是第一次校閱。到光緒二十年四月，又由鴻章與海軍衙門大臣定安（前黑龍江將軍，授欽差大臣辦理東三省練兵事宜）作第二次校閱，覆奏時，又盛稱技藝純熟，行陣整齊，台塢工程一律堅固。（李鴻章的門人吳汝綸等爲編奏議，此摺未收，大概因爲不久後即被日軍消滅，故諱其事，但「光緒朝東華錄」載之。）兩次覆奏都說得如火如荼，威儀甚盛，奏入皆蒙褒獎，因此主戰派覺得中國有這樣强大的海軍，難道是古玩只供擺設嗎？應該拿出來用一用才是。怎知李鴻章的海軍雖不是紙老虎，但鴻章于海軍用人未當，籌備未周，倉卒應戰，臨戰因循，故節節失敗，不能盡諉過于人的。

李鴻章既敗于日本，聲名大降，清廷對他加以種種處分，連三眼花翎也撤銷了。當中日戰爭爆發前數月，以是年西太后六旬大壽，加恩臣工，鴻章得三眼花翎之賜，一時榮耀無比。正月初二日諭旨：「大學士直隸總督李鴻章，着賞戴三眼花翎，伊子李經邁着以員外郎用……。」花翎是清朝的章服，有單眼、雙眼、三眼之分，以三眼爲貴異，有清二百六十年中，漢大臣得者只李鴻章一人，曾國藩雖有討平洪秀全之功，亦未嘗得此懋賞。

光緒廿一年（公元一八九五年）正月，清廷以李鴻章喪師辱國，召他入京，以空頭大學士入閣辦事，文華殿大學士雖是首輔，但相權在軍機大臣手上，清廷不把他革職查辦，算是爲勳臣稍留面子了。

張蔭桓、邵友濂赴日議和被拒，不得已起用李鴻章，派爲頭等全權大臣，并賞還他的三眼花翎、黃馬褂，開復革職留任的處分，于是李鴻章又光復舊物。但馬關條約簽署，李鴻章更是臉面無光，樞臣且予以極難堪的嘲弄，派他的長子李經方爲割台灣的專使。李鴻章上疏力辭，再三不准，李經方只得含辱前往，完成任務。

甲午戰爭時，中國的政壇有所謂聯英美派、聯俄派、聯日派，西太后見對日戰爭節節失利，就想聯俄制日，派翁同龢往天津面授機宜與李鴻章，說俄國公使喀希尼在三四日內可到津，如與會晤，應將聯俄制日之事告知他。李對翁說，喀希尼有病未來，他的參贊巴維福來，謂俄政府深惡日本佔據朝鮮，如果中國派一專使赴俄商談光緒十二年所訂之約，則中俄邦交，更爲親密，那時，俄國就可以出頭爲中國講話了。下一年清廷假賀俄皇加冕大典，派鴻章赴俄，秘密簽就中俄密約。李鴻章既歸，對黃公度說，從此可保中國二十年無事。倒被他一言道着，一直「保險」了三十多年。

光緒廿二年正月廿七日，李鴻章乘「海晏」輪到達上海，二月十五日搭法國郵船「愛納斯脫西蒙」號放洋，隨行的有他的長子經方，次子經述及于式枚、羅豐祿、醫生、厨子、理髮師等數十人。船于二月十八日到香港，但沒有登岸，原因是當時香港發生鼠疫，事前香港總督接北京英使電，請議定欵接之禮，鴻章到滬，港督致電歡迎，請他上岸一游。但李鴻章恐怕船到別的埠頭，影响停泊，不可因一人之故而影响他人，但港督也收到英法屬各地長官來電，謂可通融辦理，鴻章仍婉辭。

鴻章游歷歐洲後，取道美洲回國，于八月廿七日到天津，九月十一日到達北京覆命，十八日上諭，着在總理各國事務衙門行走，于是李鴻章就在北京做外交官，門可羅雀。他做了三十年督撫，怎經得起做和尚般的清冷生活，無聊之極，就想到自己出身翰林，從未當過鄉會試考官，他的老師做過好多次，門生滿天下，即胡林翼亦做過副主考，左宗棠出身舉人，沒有資格做考官，亦可不必理，獨有我以授職翰林，而未得試差，亦人生一憾事。聽說他曾暗示執政諸公，有機會給他列入名單，待皇帝圈出。

恭親王對這位勳臣這點面子是要給的，當然答應了，便關照禮部把他的大名列入請簡名單中，也許還列在第一位呢。光緒帝見名單上李名居首，也許是恨他，也許是認爲他久任疆臣，文墨之事，荒疏已極，沒有圈出，使鴻章留一遺憾！

恭親王死于光緒廿四年，數月後戊戌政變發生，榮祿入軍機，掌大權，其時廢立之說大盛，鴻章恐怕被拉進這個是非圈中，託榮祿同他謀外放爲總督，恰巧兩廣總督譚鍾麟屢爲人參劾，西太后召他入京親自觀看他是否目昏，果然所傳不虛，將命之開缺，鴻章知道了，即託榮祿爲謀此職，做慣直隸總督的忽然降低身份做兩廣總督，鴻章也不管了。那年是光緒二十五年（一八九九年），鴻章在赴兩廣總督之任前，曾道經香港，獲得港督卜公的欵待，在港督府宴叙。他到廣東任上不過半年，即逢義和團之變，西太后急于要他同外國人議和，改調爲直隸總督，與慶親王爲全權議和大臣，下一年和約將簽署時，鴻章以七十九高齡在北京死去，西太后很感激他盡力保全她的權位之功，對鴻章身後榮典，極爲優渥。他立功各省份建立專祠固不在話下，并且准他在北京立專祠，誠屬漢臣破天荒之舉。這是曾國藩、胡林翼、左宗棠三位勳臣所沒有的，鴻章身後比他們「風光」了三十年。此事經過，值得詳說。

光緒廿七年十月，西太后回京不久，北京一批紳士、官員，上書慶親王，請轉奏皇帝，可否準李鴻章在北京立專祠。慶親王即據情代爲籲懇，奏疏中有云：

（上畧）該紳等呈稱，向來漢大臣無立功京城故事，此次該大學士功在京師，實從前所未有，用敢仰懇逾格恩施，可否准在京城建立已故大學士李鴻章專祠，列入祀典，春秋由官致祭，以順輿情而隆報享之處，伏候……訓示祇遵。

疏上，清廷即于是年十一月十三日降諭，准如所請，諭云：「茲據奏請各節，京師建立專祠，漢大臣向無此曠典，惟該大學士功績邁常，自宜逾格加恩，以示優異。……」于是北京就出現了「李文忠公祠」了。祠址在崇文門內西總布胡同，祠不甚大，而頗整潔，計享堂三楹，東西廡兩旁室均備。祠成，賜名「表忠」。定制，凡賜祭葬，建專祠，類皆有御製文字一篇，內容空泛，千篇一律，絕無可觀，亦不為後人重視，但李祠的御製碑文，則以題目名「表忠」，太好了，而漢大臣又向無此曠典，李鴻章竟得之，雖未絕後，却是空前，故代言人執筆時易于出色。于是此文遂成為清代御製文字中名作，亦有關掌故文字，以之結束李鴻章故事，亦甚相宜，因盡錄之，以備參考。文云：

朕惟酬庸之典，以廟食為至榮；列祀之文，惟京師為最重。史稱諸葛亮功德蓋世，謳思在民，當時猶以沔陽之祠易成都之祠，議者蓋謂宗廟所在，非人臣所宜。是以沛國蕭曹，雲台耿鄧，雖有帶礪表河山之誓，不聞丞嘗在鎬洛之都。雖燕京建邦啓土，上溯元明，我國家治定功成，遠隆周漢，特于都邑，許作祠堂。然後先不過數家，于古今俱為異數；或以閒平之尊屬，或為豐鎬之世臣。爾原任大學士、全權大臣便宜行事、直隸總督、一等肅毅伯、晉一等侯、贈太傅李鴻章，功冠收京，任崇封陝。實為社稷，天教李晟之生；不以兵車，民受齊桓之賜。念三輔黔黎之再登衽席，殫一年丹赤之竭盡經營，允宜食報于沒身，為大有功于茲土。在昔大學士張廷玉歿于告歸之後，仰蒙我高宗純皇帝賜其配享之隆，謂漢臣受此殊恩，于開國尚無成例。遠稽策府流傳之事，近在安廬接比之區，然一則踐履亨衢，一則扶持危局，蓋論遭際則并稱極盛，而論勳名則所處尤難。朕仰秉慈謨，俯從羣議，特舉非常之禮，用酬不世之功。勅京兆以庀材，置祠官而典守。錫之題額，命曰表忠。事異婆留，特取嘉名于宋觀；功高相度，宜書偉績于韓碑。於戲！兩都之父老能言，重瞻司隸威儀之舊；百世之子孫敬念，勿墜洛陽忠孝之聲。以昭示于方來，益無忘于既往。凡茲在位，視此刻文！

張廷玉以大臣，得配享太廟（太廟是皇帝的祠堂，只許滿洲人的神主配在兩廡。能能資格配享者，視為無上光榮），與李鴻章北京的建專祠，在封建時代，均為人所羨，代言人引另外一個安徽人張廷玉來陪襯，使文章格外有致。碑文中的「事異婆留」，婆留是錢鏐的小名，錢氏在唐末割據兩浙，他死後，宋帝名其祠堂為表忠觀，故曰鴻章之祠亦名表忠，而事跡又與錢鏐有別，故曰「事異」也。

曾胡左李皆生于海禁大開的時代，中國的一切漸漸受到外來影响，所以他們為形勢所迫，不得不講洋務，而外交又是其中的一個環節。胡林翼死得最早，他在咸豐十一年見長江上有英國汽船駛過，疾如風雨，他耽心將來的外患，前此，他對閻敬銘說過，洋務怎樣辦，非吾輩所知也。幸而他早死，未嘗重持外交。曾國藩辦理天津教案，聲名掃地。左宗棠在京時，也做過九個月總理各國事務衙門大臣，也是備位而已。李鴻章雖于光緒廿二年入總理衙門辦事，為正式的外交官，但他從同治中期即以北洋大臣、南洋大臣的資格辦外交了，而且辦到他身死為止，故此說他是老外交家也不為過。

李鴻章未讀過洋書，不懂外交學問，而且十九世紀的外交，和中國以前的大不相同，辦起來無舊跡可遵循。曾國藩教他與洋人打交道要拿出一個「誠」字，這是老法子，不適用于今日，故鴻章雖大贊老師說得對，而并不奉行。有些人論李鴻章辦的是賣國外交。媚洋外交，無非是說他所訂的條約多喪權辱國，但從李的時代起，以至一九四九年，辦外交的人，會不會比他好呢？民國以來的外交家，也是沒有武力為後盾的，還不是與李鴻章當年的處境相同嗎？近人論李鴻章之外交者，故友林庚白有精闢之論，我們不妨一讀。他在一九三三年上海「晨報」撰文說：

余嘗謂中國與歐美日本互市以來，僅有一個半之外交家，總理孫公其一也，餘半個則為李鴻章。蓋外交家有必具之要素三：曰眼光，曰手腕，曰魄力；眼光欲其銳，手腕欲其敏，魄力欲其弘。當斷則斷，不宜毀譽之見存，而成敗利鈍，亦不必緦緦過慮，然此非識力絕遠大者不辦。孫公于舉世反德之日而親德，終以獲革命之根據地；厥後又于舉世反俄之日而親俄，中國之革命史上遂開一新紀元。其功過俟諸千秋萬世，自有定論，今之厚誣總理者，不足辯也。孫公當時實深知德與俄皆感孤立之苦，與中國同其利害，故毅然決然出之，較諸李鴻章「以夷制夷」，固未可同日而語。故自甲午迄今，東三省賴俄日之均勢以存，垂三十餘載。日俄戰後，而均勢一破，帝俄革命，而均勢再破。俄既自保之不暇，彼日本者，遂得肆其全力以經營滿洲，寖成最近之局。然則如鴻章者，詎得以半個外交家而少之耶？視今日之挾琵琶，作鮮卑語媚視權要亦自炫為外交家者，固已高出萬萬矣。

「清史稿」李鴻章本傳的評語，說得很公允，值得我們參考的。它說：「鴻章既平大難，獨主國事數十年，內政外交，常以一身當其衝，國家倚為重輕。名滿全球，中外震仰，近世所未有也。生平以天下為己任，忍辱負重，庶不愧社稷之臣。惟才氣自喜，好以利祿驅衆，志節之士，多不樂為用，緩急莫恃，卒致敗誤，疑謗之起，抑豈無因哉？」

（全文完）

AVANA

AVANA

MADE IN ITALY

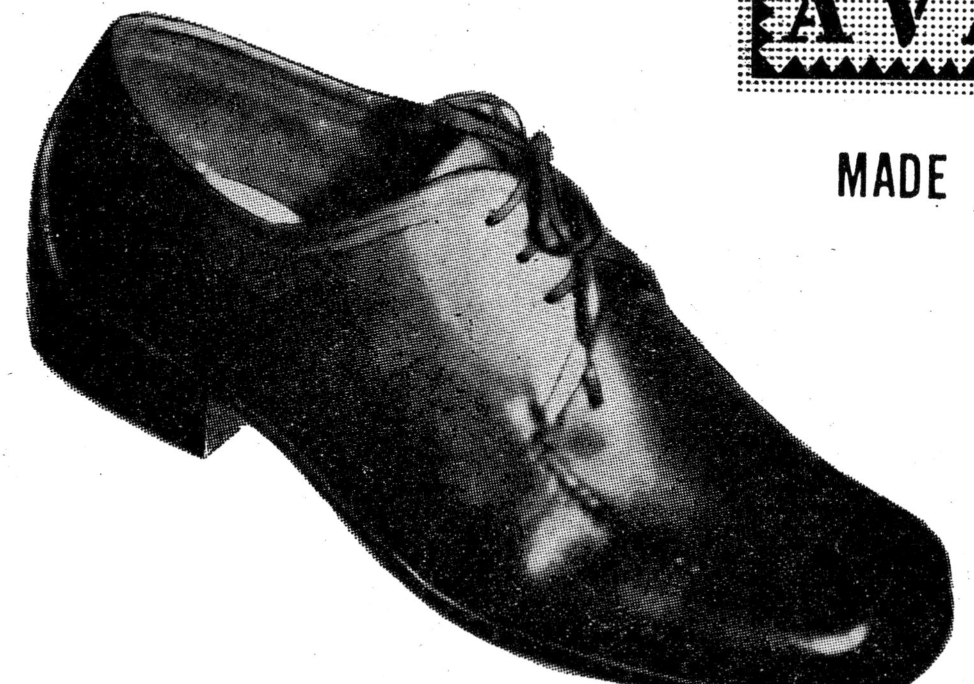

意大利特級男裝鞋

大人公司　平價市塲　人人百貨　大方公司　來路鞋公司有售

名丑劉趕三

·周志輔·

曩年北平嘗有中和月刊，曾刊「科舉概詠」一篇，作者「孑厂」，提及其癸卯同年，料爲清季人曾預末科鄉試者也。對於鄉會試各有雜詠十首，縷述早年闈中情況，不厭其詳，最末有團拜一首，附有自注，錄之如下：

團拜

請期先日向師門，提調由來屬會元，新貴簪裾連杏苑，舊家絃管選梨園。似聞宰相耽秦曲，絕倒俳優演魯論，（南皮張文達嗜梆子秦腔，每門生公讌亦點之。又伶部老丑劉趕三善詼諧，遇新貴團拜，恒演「連陞三級」，曲解本科試題，四座軒渠。）唱到花溪休縱謔，一重樓上是魚軒。（往時團拜，以樓座爲官眷坐所。）

詩中所述劉趕三，爲當年著名丑角，生於嘉慶二十二年丁丑，天津人，票友出身，先學老生，後改丑行，入京後，歷搭老嵩祝、和春、四喜、春臺、雙奎、勝春、承慶、九和成、勝春奎、永勝奎、嵩祝成等班，至光緒二十年甲午卒，年七十八歲。生平演戲、詼諧百出，享名甚久，而尤長於醜婆子戲。其演「探親」一戲，飾鄉下媽媽，騎自用眞驢上臺，即內庭傳差，亦携驢入內，偶爲閽者所阻，及知爲太后特旨乃放入，且常得厚賞焉。又時演「貪歡報」，飾鴇母，某次在王府承差，座中有惇王、恭王，惇王行五，恭王行六，趕三於戲中呼羣妓上場時，故意高聲叫：「老五，老六，出來見客呀。」兩邸不以爲忤，且付之一笑，蓋一則以兩邸胸襟豁達，更賞其急智，二則以趕三正蒙太后寵眷，亦不欲怪責之也。本來惇王與恭王俱喜聽京戲，其府中時常傳外間伶人進內演奏，據徐一士著彝齋漫筆中畧云：

吏部侍郎夏同善，同治六年丁卯二月，曾諫阻惇邸觀劇。時孝欽后欲召民籍伶人入宮演劇，孝貞后不可，乃籍兩宮率帝幸惇親王府神殿前行禮，由惇王奕誴遍召京師諸伶演劇，以供娛賞，以夏諫而宣諭，幸邸爲循例故事，並不演劇。惟費行簡慈禧傳信錄云：是日初不輟演，徽伶程長庚且得后賞賚，名噪春明。

按孝欽后即慈禧太后，當時住儲秀宮，在西邊，故人稱之爲西太后。孝貞即慈安太后，當時住鍾粹宮，故人稱之爲東太后。西太后最喜聽戲，在咸豐年間，宮中嘗有宣召外班入宮承應之舉，到同治年間，以礙於東太后之不同意，而停止此例，至光緒即位後，初則恢復外班入宮，繼則挑選內庭供奉，於是宮中遂幾無日不笙歌矣。

趕三住處在前門外韓家潭西頭路北，堂號爲保身堂，所收門人甚多，皆係旦行，如花旦張梅五，即小生張寶昆張彩林之父；花旦王順福，即武生王毓樓之父，亦即梅蘭芳之妻父；刀馬旦張芷芳，及花旦胡五兒、蔡六兒等。趕三演戲特長，在於臨時抓哏，如詩中所稱「曲解本科試題」，即其一端。向來演「連陞三級」者，戲中店家，必向住店之舉子，亂講古書一段，自詡爲通人，如老詞中以「素富貴行乎富貴，素貧賤行乎貧賤。」爲指蘇秦，在其不得志時爲蘇貧賤，後來高官厚祿則爲蘇富貴，極形容店家狂妄無知之醜態。而趕三則於老詞之外，往往就當年經題，添出許多開講資料，以博大家一笑。其見於前人筆記中者，有倦遊逸叟吳燾著「梨園舊話」所述一則，錄之如下：

京師梨園丑角戲，有所謂抓哏者，無論何人何事，均可隨時扯入，以助詼諧，殆即宋元明平話之遺意。京丑劉趕三以此博觀者嘔噱。甲戌會試題爲「君子坦蕩蕩」，三場畢後，某園演「連陞三級」，劉飾店主人，詰問王名芳曰，諒爾不知闈中命題之意，乃指十三旦也。坦字右乃旦字，蕩蕩各一旦字，又坦字加土旁爲十一旦，加蕩蕩兩旦字，則十三旦矣。彼時唱秦腔之十三旦，艷名正噪，故劉以此題抓哏。劉既以此技擅長，迨中東之後，竟以李文忠公抓哏，至激皖人之怒，驚懼而死，亦太肆無忌憚矣。

別有陳彥衡著「舊劇叢談」亦載此故事云：

劉趕三雄辯多才，不傷大雅，清季鄉會試期，演「連陞三級」，必講闈中文題，以博笑樂。某歲春闈，文題爲君子坦蕩蕩，劉解之曰，坦字十一旦，蕩蕩二字內各有一旦，合之爲十三旦，主司蓋不忘十三旦也。十三旦即侯俊山，於時聲名藉甚，爲大老所傾倒，故劉諷之，其滑稽多類此。

至於吳氏文中所言趕三以文忠抓哏一事，則見於盧江劉體智著「異辭錄」中，原文云：

平壤之敗，詔奪文忠三眼翎，褫黃馬褂。次日，伶人趕三演「丑表功」，去保兒，插科云：我有汗馬功勞，奈何奪我三眼翎，褫我黃馬褂。其時勤恪公子經楚佑三明保入都，市井無賴怨趕三者，假佑三名，俟其出，執而鞭之，趕三幾死。余嘗戲問佑三弟叔雲云：令兄奈何辱死名伶？叔雲曰：謂吾兄殺人者，未免譽之過甚。吾兄聞淮軍敗，傳相受斥，正不知匿於何所矣？余亦爲之失笑。（按勤恪爲李瀚章，即文忠之兄。）由此觀之，趕三蓋死於怨家，而非皖人對之施毒手也。」

按吳氏文中所稱甲戌會試，係同治十三年。其時正考官爲禮部尚書萬青藜，副考官爲刑部尚書崇實，工部尚書李鴻藻，吏部侍郎魁齡，四位總裁是兩滿兩漢。同考官爲夏獻馨咸豐丙辰進士，鍾駿聲郭從矩沈源深陸光祖俱是晚兩科的咸豐庚申進士，崑岡張鴻遠劉瑞琪俱係再晚一科的同治壬戌進士，陳振瀛吳廷芬俱是再晚一科的同治癸亥進士，黃毓恩胡聘之李汝霖王先謙鈕玉庚俱是再晚一科的同治乙丑進士，梁仲衡葉大焯陳啓泰則是再晚一科的同治戊辰進士。是科四書文題爲（一）君子坦蕩蕩（二）自誠明謂之性（三）孟子曰君仁莫不仁君義莫不義。詩題是：賦得無逸圖，得勤字。本科會元：秦應逵，湖北孝感人；狀元：陸潤庠，江蘇元和人；榜眼：譚宗浚，廣東南海人；探花：黃貽楫，福建晉江人；傳臚：華金壽，直隸天津人。此科中進士者，後來知名之士有張百熙、趙爾巽、錫良，檀璣等，而狀元陸潤庠則是有清一代，以一甲第一人位至大學士所謂狀元宰相者之第十三人，亦是最末一人。

趕三當年祗是隨班入宮，而幷未挑入昇平署當差，到是他的徒弟羅壽山，於光緒十六年，與譚鑫培陳德霖孫秀華同日選爲昇平署民籍教習。羅壽山小名百歲，都中人俱以此呼之，也如同其師劉趕三一樣，先習老生，後改丑角，在宮中嘗演「探親家」及「連陞店」，均其師之拿手戲也。後來壽州相國孫文正公家鼐之族孫孫履安君，名多禔，嘗在京從百歲習丑角，深得其三昧，「連陞店」、「也是齋」、「老黃請醫」諸折，每次票演，滑稽突梯，觀者捧腹，晚年猶在滬上偶一登場，闔座哄堂，嘆爲絕技。其「連陞三級」中店家之詞句，則與蕭長華所習用者相同，諒係得自百歲而亦爲趕三所添出者也。

蕭長華，名和莊，小名二順，北京永定門外人。自幼入花旦張梅五家的保春堂爲弟子，習丑角，所從的教師爲四喜班名丑宋趕升，以他與張梅五爲師徒而論，當然是趕三之徒孫矣。其時保春堂中，尚有張梅五之子張寶昆、張彩林二人，及小生徐寶芳，即琴師徐蘭元及青衣徐碧雲之父。蕭長華出師後，即隨其師宋趕升在各班効力，俞菊笙的福壽班、譚鑫培的同慶班，亦均搭過，當時以好丑甚多，故初無藉藉名。民國以後，即入喜連成後改富連成科班教戲，不常在外間搭班，至梅蘭芳以多年配戲之丑角李敬山身故，始邀其正式搭入承華社。蕭長華所演的連陞店主人，有講孔子在陳絕糧一段云，孔子命子路去天津，向鹽商衛大人借糧，可是衛大人手頭無糧，祗有食鹽，於是給孔子五千包鹽，此即所謂「道德五千言」。後來孔子賴以度命，不至成爲餓莩，於是人稱「衛大人喂聖人之鹽。」這一段詞句，則是根據同治七年春闈試題編造出來者也。

查同治七年戊辰科會試，正考官是吏部尚書朱鳳標，副考官是兵部尚書董恂、工部尚書文祥、副都御史史繼格，四位總裁，也是兩滿兩漢。同考官爲蔣繼洙道光三十年庚戌進士，趙曾向是晚一科的咸豐壬子進士，黃鈺是再晚一科的咸豐癸丑進士，烏拉喜崇阿蔣彬蔚徐景軾孔憲穀俱是再晚一科的咸豐丙辰進士，張丙炎李汝弼俱係再晚一科的咸豐己未進士，陸懋宗是再晚一科的咸豐庚申進士，崑岡劉瑞琪黃槐森董兆奎俱係再晚一科的同治壬戌進士，劉曾鄭夢錦張道淵張觀準俱係再晚一科的同治癸亥進士。此次四書文題爲：（一）畏大人畏聖人之言（二）君子未有不如此而早有譽於天下者（三）以予觀於夫子賢於堯舜遠矣。詩題是：賦得千林嫩葉始藏鶯，得藏字。是科會元：蔡以瑺，浙江蕭山人；狀元：洪鈞，江蘇吳縣人；榜眼：黃自元，湖南安化人；探花：王文在，山西稷山人；傳臚：許有麟，浙江仁和人。此一科進士中知名之士，有吳大澂、寶廷、陳寶琛、張人駿、許景澄，嵩申陶模，可謂濟濟多士，而狀元洪鈞則是娶賽金花出使德國的欽差大臣。

論蕭長華之年齡及資歷，絕不可能趕上同治七年會試而自己會編出如許新詞，而況百歲傳與孫履安君者正與之相同，可見其必爲趕三之傑作無疑。蕭長華在輩份上爲趕三徒孫，而又私淑百歲，其用趕三的新詞，更是在情理之中。加之孑厂的那首詩中，已經注明趕三恒有此種舉動，足爲佐證。尤其是君子坦蕩蕩一題在後，而畏大人畏聖人之言一題在前，其爲趕三隨時抓哏，豈不彰彰明甚乎？

至於詩中所指花溪縱詭一層，自是指「浣花溪」一戲而言，此亦係醜婆子戲，而爲趕三所擅長者。戲中人魚朝恩姪女嫁西川節度使崔寧，秉性奇妒，見崔寧納妾任蓉卿，乃摘去其簪珥，虐待之使爲婢女，而詈曰「人容天不容」。繼而往遊浣花溪，忽聞宣撫使楊子林作反，崔寧與魚氏驚慌失措，任蓉卿乃建議使魚氏脫下衣飾，由蓉卿親自持往犒軍，出陣禦敵。崔寧爲老生，任蓉卿爲花旦，魚氏則爲彩旦，在脫衣飾時，伶人每狀其醜態，至上半身赤裸，僅留紅色抹胸，且自嘆爲似楊貴妃受厄於馬嵬驛，聆者無不竊笑，而代蓉卿稱快，故詩中末句含有愼防樓上師母發怒之警告也。

趕三在韓家潭之舊宅，爲前後兩進之四合院，其中間廳事頗軒敞，當係其平日讌客之所，想見當年士大夫觥籌交錯，詩酒風流。洎入民國後，不知已否易主？但改爲妓院，取名「環翠閣」，名妓陸素娟即出其中，常以梅派青衣登台鬻技，所用配角，全是梅氏原班人馬，蕭長華亦在其內，聲勢煊赫，盛極一時。劉氏保身堂故居，先則羣童嬉嬉，後則羣雌粥粥，數十年間，一陰一陽，疊爲消長，此豈亦隨地運爲轉移者耶？

香港舊事錄

·上海移民·

香港重光廿八年

一九四二年十二月八日，日本發動太平洋戰爭，同年十二月二十五日，香港淪陷。

一九四五年八月十四日，日本投降，同日下午五時，香港居民聽到了日軍投降的廣播。

八月十八日至二十日，香港佔領地總督田中久一發表佈告，宣佈將竭力維持治安，以待盟軍接管，同時並宣佈停止執行强制歸鄉法，縮短宵禁時間，以及正金、台灣兩銀行不限制提欵等措施。

一九四五年八月三十日，負責接收本港之夏慤海軍少將，指令本港日軍派代表至外担竿島三里外之指定地點，洽商投降及接收本港事宜，日代表當予遵辦。是日，英國艦隊在夏慤少將率領之下駛入香港，全港爆竹齊鳴，那一天也就成爲了香港光復紀念日。

香港淪陷時被日本所俘的港府輔政司詹遜自集中營釋出，設立港府臨時辦事處，進行接收本港一切行政事宜工作。

本港之光復紀念日雖定爲每年八月三十日，但本港日軍實際正式舉行投降儀式，則係於一九四五年九月十六日簽字。

日本舉行投降儀式係在一九四五年九月十六日下午四時在督憲府舉行，日本係向英、中、美、加四國投降，夏慤少將以英國代表及香港政府總督身份作爲受降之主席，我國代表爲潘國華將軍，美國代表爲威廉遜上校，加拿大代表爲凱氏上校。代表日本投降者二人，一爲日本南支派遣軍參謀長兼香港日本陸軍司令岡田梅吉少將，一爲日本華南艦隊指揮官籐田類太郎中將。日本兩代表分別在英、中、美、加四代表前，以毛筆簽字降書之上，隨後即將佩劍解下，繳獻與夏慤少將，隨之日本兩代表黯然退下，儀式僅歷時十五分鐘。夏慤少將隨即發表宣言，從事香港之復興繁榮工作，繼以升旗，典禮即告完成。

石板街名聞全球

許多年以前，香港即以皇后大道德輔道兩條馬路作爲市區交通幹線，皇后大道簡稱「大馬路」，德輔道因有電車行駛，亦稱「電車路」。皇后道之興建，係在德輔道之前，因其爲海旁第一條馬路，「大馬路」之名由此而來，德輔道係填海後開建。

五十年前的皇后大道中雖然不大有汽車行走，但行人已如過江之鯽，代步工具以手車爲主。皇后大道由西街起一直通至灣仔海軍醫院，全長四英里，今日的皇后大道向東伸得更長，經過律敦治療養院，通到拆掉的「石筆」，也就是黃泥涌道了。

早年大道西療養院與大道東，都不是歐籍居民或遊客常到之處，大道中則早已成了主要的購物中心。由砵甸乍街至雪廠街，店舖陳設着許多貨品，都能吸引西人顧客。此外，日本、印度與各地的產品，中國的商品如酸枝、玉石、陶瓷器及刺繡，使大道中成爲半世紀前的一個遠東著名購物街道。今日的皇后大道當然較前更旺，新式的大厦代替了兩三層樓的屋宇。砵甸乍街的上端「石板街」成爲香港標幟之一，該街之石級圖片遍見世界各地，且爲遊客所必到之處。

旺角原名芒角村

港九市區繁盛，以銅鑼灣旺角一帶爲最，而人口稠密，車輛往來，旺角尤在銅鑼灣之上。說者謂旺角之所以如此興旺，即係得力於一「旺」字，而彌敦道大人公司、大元公司、大方公司、人人公司一段，尤稱「旺角之旺角」。

九龍未開發前，旺角爲一荒凉小村，名曰「芒角村。」

它在九龍的地理位置，原非重要，該區座落於何文田山脉將盡之處，而且那些「山」其實只是泥沙小丘，並無岩石，其間有一條小溪，便是今天窩打老道兩邊的山上流下來的山水滙集而成。天雨之際，山洪滔滔，爲勢極凶；但到冬季或旱季，就沒有山洪，溪水水位雖低落，僅止於不至乾涸而已。在如此的環境之下，植物自然茂盛，所以當年此地長滿了密密麻麻的芒草。樹木和各種野生植物，招得人們來聚居成村，使窮山荒地慢慢地改變過來。

芒草既盛，山脉尾閭又成尖角形，所以那條村便叫做「芒角村」。芒角村之歷史極古，據地理學家稱：新安縣志曾有記載，只因其地非關重要，缺乏特殊價值，故對於此一普通小小村落，記述不多，只是輕輕一筆把它帶過，說這條村叫芒角村而已。至於村民原籍，則以客家人爲多。

英國佔九龍後，旺角是九龍第二個開發區，人口逐漸增加，終使「芒角」變成了「旺角」。

旺角的地區也慢慢地擴大起來，先用何文田的山泥及其它方面的泥石，填沿海的海邊，前後共達三次之多，以是面積大增，新填地街由此得名，從其間縱橫的街名，便可知道當年其地域會是填海所得的，如「海壇街」等，均可作爲代表。

旺角大事開發之後，「芒角村」當然不再存在，其村民即是開發旺角的功臣，因爲他們不能再過種蔬採薪的生活，多被征僱爲出賣勞力的苦工，以博半飽生活。他們居住於簡陋的木屋及石屋之中，六十年代才陸續被市政局强拆，在旺角彌敦道以東之何文田荒僻山區，四十年代至五十年代仍有人以種蔬菜爲生，但至現在，已無前塵舊影可尋了。

八十四年電燈史

香港電燈公司成立於一八八九年，而有電力供應則是始於一八九〇年十二月。最初供電範圍只限於中區，其後伸至香港仔，陸續延至各區，而現時北角發電廠則於一九二一年方行設立，供應港島東部地區。第二次大戰港島用電不過五萬四千瓩，一九六〇年始增至十八萬二千五百瓩。

南丫島係於六二年有電供應，鴨脷洲發電廠則於六八年方告完成。現仍大加擴充。電力輸送網亦大肆發展，架空輸送線帶由六萬六千伏特增至十三萬二千伏特。堅尼地道輸送分站是龐大建築站之一，而其他分站亦正動工中。

九龍供電較遲，一九〇三年中華電力公司啓用第一個發電廠，該廠位於漆咸道，只是供應二百瓩以下的電量。由於九龍發展迅速，一九二〇年又在鶴園大環建一新發電廠，容量達三千五百瓩。

以後大肆擴充，第一發電廠於三九年完成；第二發電廠亦於五八年完成。用電方面，四一年達十五兆瓦之多，五七年增至九十兆瓦，六七年增至四百五十五兆瓦，這幾年來又增加了一倍。

電話問世九十年

香港電話於一八八二年開始問世，較電報遲了十二年，至今適爲九十年，其發展速度至爲驚人，尤以戰後爲甚。

迄今爲止，港九兩地共有電話八十萬具，平均每一百人有電話二十具，預期至一九七四年，電話比例將增加至每百人廿二具，甚至廿四具。在亞洲地區中，除日本外，香港人口總數與電話的分配率，高踞首位。

目前的香港電話公司，係於一九二五年方行成立，至今歷史不過四十八年。原來在一九二五年前，香港的電話服務曾先後經由好幾家公司經營辦理。初有電話時的一八八二年，電話公司的名稱叫作「遠東電話及電器有限公司」，在英國倫敦註冊。當時全港電話，包括政府機關所裝在內，僅三十架左右。電話號碼只有兩個數字。因用戶過少，營業入不敷出，不久即告結束改組。

早期香港電話收費，均以英鎊計算，當時香港方面總機廠設在中環都爹利街，收費以與總機距離遠近作爲計算標準，凡在總機週圍一哩內者，每年付費十英鎊，一哩以外每距一哩增加二鎊十先令。

在「香港電話公司」成立以前，最後經營香港電話事業的，是「中日電力及電話公司」。該公司於一九〇五年時獲得港府批准承辦電話服務廿五年，營業情況稍見好轉。一九一〇年時，香港電話總數增至一千五百六十九具，一九一五年爲三千三百六十具，一九二〇年爲六千一百三十具，一九二五年爲九千〇二十三具。

這間「中日電力和電話公司」，一九一七年便開始與港府商洽續約問題。當時港府的意思，是希望本港商人自己成立一間公司來經營電話事業，因此談判進行數年，無法獲得結果。該公司明知無法挽回，便自動提前五年放棄合約，於一九二五年將電話業務轉讓給新成立的「香港電話公司」接辦，至今亦達四十八年。

「香港電話公司」係根據一九二五年第九號法令「電話條例」組織而成，此項法令有一份附表，規定電話公司收費辦法與其他商業不同，如欲加價，要經過立法局批准修改條例中附表的收費數字。

香港電話公司獲有港府賦予之營業專利權，規定每年須繳付相當於純利百分之二十五的專利稅；但自一九六四年起，專利權之計算，已改爲每具電話每年繳付八元。目前之專利權，原定一九七五年期滿，但已獲准再繼續二十年。

一九三〇年前，電話機係手搖發報式，由接線生接線，每一接線生負責管理二百至二百五十戶電話。每逢電話鈴响代爲接駁。由於每人負責的線路有限，對於電話來往較多的商號用戶的電話號碼，無不記得滾瓜爛熟，不用查閱。到了一九三〇年，香港電話又進入了新階段，從那時起，全部電話機改爲自動，電話線也由天線改爲地線。在天線豎滿天空的時代，每遇一次大風或大雨，必有電話線大量被吹毁，尤其是颱風時有襲港，電話交通所受影响至更巨大。改爲地線後，情形乃大爲改善。電話改爲自動接線七年後，香港對外長途電話開始，第一次是港滬長途電話公司與大東電報局合作辦理，由港督與上海市長首次通話，這在香港電話史上，又是新的一頁。

一九四一年太平洋戰事爆發以前，香港電話共有一萬七千具，當時每裝電話一具，須繳按金五十元。日軍佔領香港期間，電話被破壞者甚多，至戰爭結束時，電話數目降至七千具左右。戰後初期每具電話黑市轉讓費用，高至六七千元，後經竭力重建及擴充，方有今日之規模。

目前的電話收費率，乃自一九六六年起實施「按次計值」而以年費計算，商業電話每年每具三百五十元，住宅電話每年二百三十五元，每年分四次按季繳付。戰後初期裝置電話須繳按金二百元，後改爲一百元，現已廢除按金制度。又以前港九市區與新界通話需轉駁及另收費用，此一辦法行之數十年，亦於一九六八年九月起全部取消。

渡海小輪滄桑史

渡海小輪有天星小輪公司和油蔴地小輪公司兩家，前者只有小輪行走尖沙咀、紅磡兩線，後者範圍較廣，除派輪行走佐頓道、旺角、深水埗、紅磡、九龍城、觀塘、灣仔、上環、北角各線外，並經常行走長洲、梅窩、大澳、南丫島、坪洲、青山，及新界各區。

天星小輪公司創辦前，港九兩地的交通，僅靠木艇，後因人口增加，市況日趨繁榮，天星小輪公司乃於一八九八年成立，派輪行走中環與尖沙咀之間，至今已有七十三年之歷史。油蔴地小輪公司創辦，較天星小輪遲二十五年，該公司成立於一九二三年十一月五日，至一九二四年一月一日清晨五時正式開始營業。最初僅開油蔴地、旺角、深水埗三線，共得小型木船十一艘，其中大部分是由普通拖船改裝，新造的只有兩艘，載客數量，最多不過一百一十五人。

一九四一年前，該公司已擁有小輪三十一艘，躉船兩艘，是年冬太平洋戰爭爆發，在戰爭期中，一艘小輪被炮火擊沉，大型客輪多艘，則於日軍攻陷九龍時奉命放沉。

一九四五年日本投降後，停泊海面而可以立刻派出行走的該公司小輪僅得廿一艘，後經加緊修理，勉力維持渡海交通，一九四六年一月，才有第一艘汽車船恢復行走，現在它是世界上規模最大的商營渡輪公司。

六十年前吃西菜

今日香港，以粵菜馳名天下，但若干年前，許多人心理上重洋輕華，却以吃西餐爲時髦之舉。「中西大菜、華洋美酒」，是歷來大旅店酒菜部習用的兩句廣告。私人酬酢，固以請客吃「大菜」爲隆重之舉，大規模的宴會，更非吃西菜不可，這種情形正與目前宴會相反。

香港最早的大酒店應推鹿角酒店，座落大道東。六十年前，該酒店的一客「小餐」，收費九角，菜單如下：（一）蟹肉津絲湯，（二）焗鮮魚，（三）牛扒，（四）茨仔燴鷄，（五）番茄蛋，（六）燒猪排，（七）火腿，（八）凍肉，（九）咖喱蝦，（十）焓茨仔，（十一）椰菜，（十二）布甸，（十三）夾餅，（十四）咖啡，（十五）糖菓，（十六）牛奶，（七）芝士，（十八）鮮菓。

大餐收費一元，菜色較此更多兩道。

其實這張餐單有若干項可以合併或不必要的，例如有了茨仔會鷄，就不必要焓茨仔，甚至椰菜也可以併入會鷄內。又如有了咖啡，便不必有糖菓，牛奶亦不必另列。所以如此的目的，無非把菜色的數目增加，或者把菜單拉長，一若今日之聖誕大菜意圖加强其陣容與宣傳而已。

那時的「小餐」即今日之「常餐」，「大餐」即「全餐」，等於上海所謂「公司大菜」之有「甲種」「乙種」之分。

八一三後至太平洋戰爭期間，娛樂戲院上之溫莎餐廳及安樂園等，當時亦爲中上級餐室，全餐亦售一元，但菜式不如前者之多。

戰前，鹿角酒店開房打牌是時髦事，它是香港第一家安裝電梯的酒店，一九三八年時已頗殘舊。最初係華人開設，一八八七年頂讓給西人柯克經營，數年後再轉讓與華人，惟不論東主何人，營業對象均以歐美客商爲主，早年且全部用歐籍廚師，所以鹿角西菜，在半世紀前已負盛譽。

講到西餐菜色與口味，毫無疑問以歐籍廚師烹飪者爲正宗，華籍大師傅燒西菜，是後來向西廚逐漸學來的，他們重視美味，但多違反正統。

華人學習能煑西菜後，本港「獨立性」的西餐廳陸續出現，我說它們「獨立」的意思是不附設於酒店而獨立開設。這種西餐廳的營業對象自然以華人爲主，最早的西餐館有嘗新飯店、威靈頓餐廳等幾家，既係華人廚師，則無論菜色口味，自然也就較爲中國化了。

本港人口知多少

一八四一年香港未關埠前，香港本島居民約二千人左右。一八四二年六月七日，英政府宣佈香港爲自由港後，其時人口爲一萬五千人。據一八四七年官方發表的統計數字，是年全港人口有二萬三千八百七十二人（其中中國人佔二萬二千餘人，非中國人佔一千餘人。）

爲了清楚香港有多少人口起見，自一八六一年起，政府每隔十年便作一次人口調查，由一八六一年至一九三一年，該項調查從未間斷過。據一八六一年戶口調查的結果，當時全港有十一萬九千三百二十一人，一八七一年有十二萬四千一百九十八人，一九一四年約有人口五十萬人，一九三一年戶口統計有八十四萬零四百五十七人（其中男性佔四十九萬一千八百六十一人，女性佔三十五萬七千八百九十六人）。到了一九三七年估計人口已多達一百萬（是年中日戰起，不少人來香港避難），一九四五年香港重光，估計有人口六十萬。一九四七年不少難民由大陸湧入香港，香港人口估計有一百八十萬。此後，一九四九年的統計數字是一百八十五萬七千人（其中中國人佔一百八十四萬零二人，英國人佔九千五百人，其它國籍佔七千三百多人），一九五七年的估計是二百五十萬三千人，一九六一年戶口統計的結果，共有人口三百一十三萬三千一百三十一人（中國人佔百分之九十八，英國及其他國籍人士佔百分之二），一九七一年三月九日戶口統計的結果是三百九十四萬八千一百七十九人。這是官方調查的統計所得，但一般認爲遺漏錯誤必多，香港實際居民人數，照目前估計，可能超過四百四十萬。近年來本港的出生率約爲千分之十九，死亡率爲千分之五。

華民司到民政司

華民政務司署是香港最古老的政府機構之一，它的前身原爲「香港華人親善機構」。一八九〇年，改名「華民政務司署」。太平洋戰爭結束後，該署才眞正成爲一個純粹處理華人發生困難問題的機關。一九六九年改名爲「民政司署」，並在港九各區分設民政司署，該署主要工作便是替政府溝通民意，協助居民解決困難。早年無論西人或華人任華民司者，均被稱爲「大人」。

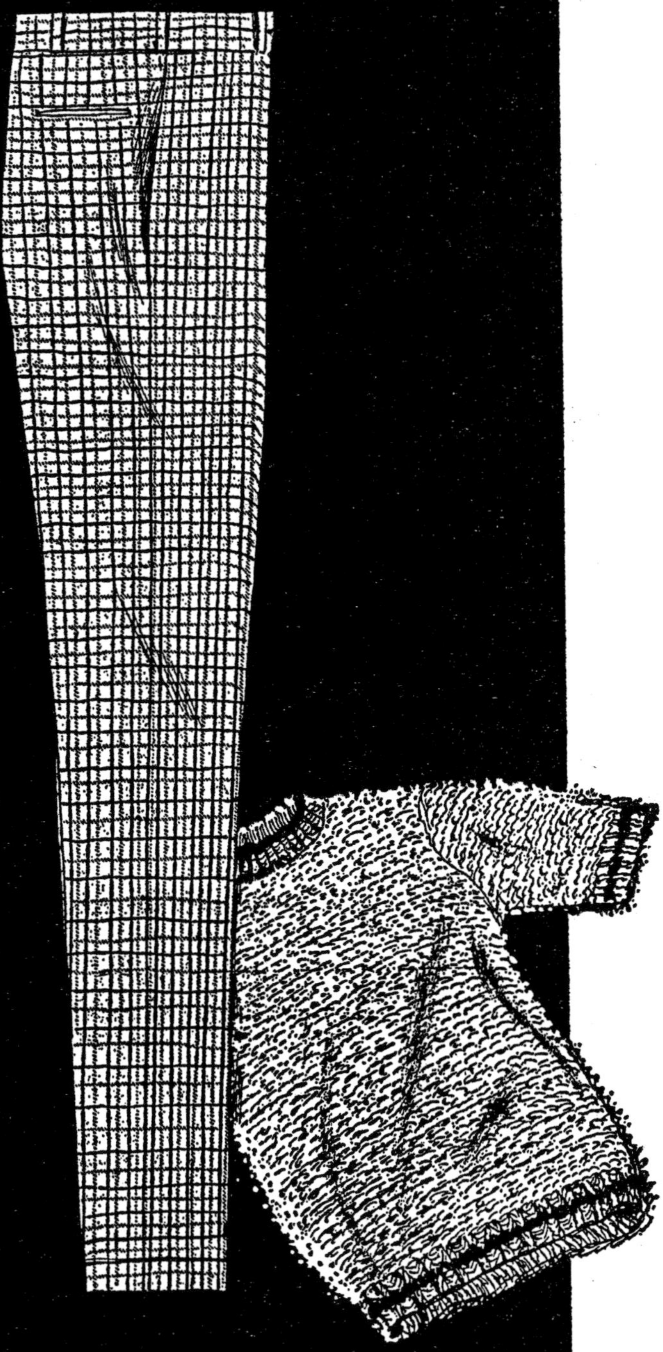

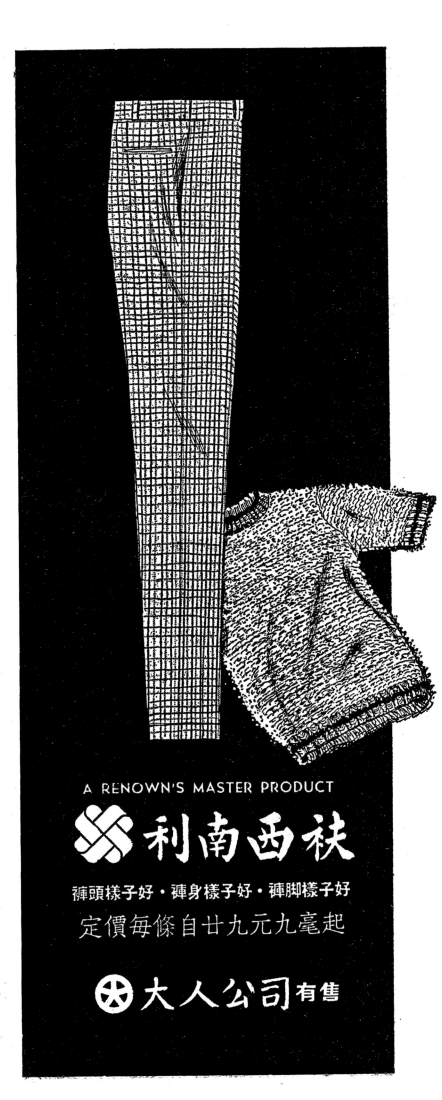

血淚當年話報壇

——追憶抗日戰爭中上海新聞界一幕鬥爭史——

·張志韓·

金蟬脫殼沈秋雁　替死英雄不知名

當日軍攻陷大上海之後，他們的軍報導部立即着眼於上海新聞界，不但利用金錢的誘惑與社會晚報的蔡鈞徒搭上關係，計劃中還想收買一家中國人辦的新聞通訊社，他們最初想和新聲通訊社的社長嚴諤聲攀交情、拉關係，嚴諤聲知道此事非同小可，根本避不見面，於是日本人又看中了沈秋雁辦的華東通訊社。談起華東社筆者也沾上了一些原始關係，因爲沈秋雁和我正式踏進新聞界，便是扨辦這個華東通訊社着手。其時秋雁力圖奮發，想要和我同打天下，便在公共租界汕頭路陸士諤醫生的樓上掛起了華東通訊社的招牌。秋雁沒錢，却要過社長之癮，發稿的第一天，靠了秋雁一個民立中學的舊同學朱超然自願參加，還把他家中的一架油印機慷慨捐助，至於油墨紙張，算是由我負責，就這樣的樹起招牌，每天採訪新聞分送各報，朱超然負責寫鋼版，三個臭皮匠，居然慢慢的打開局面。直到滬戰爆發，華東社的社址已從亭子間擴充到連接外間的統廂房，像模像樣，而朱超然也已變做了大晚報記者，我則早已在中文大美晚報工作了。日本人主意打到華東通訊社，沈秋雁自然非常害怕，他一面虛與委蛇，一面準備溜走，事先曾把經過情形向我解釋，說日本報導部一再派人和他聯絡，要把華東社置於他們管制之下，一切開支，全由他們負責，內部人員，概不更動，甚而每日採訪發稿，一仍其舊，他想如此轉變，豈非做了漢奸，所以暗中把此事告訴了市政府新聞檢查所主任陳克成，陳便是在美國發明痲黃素的陳克恢胞弟，他聽到秋雁報告囑咐他不必害怕，由他安排了另一位朋友，作爲華東通訊社此後的負責人，此君熟悉日文，祇要秋雁和日方接洽妥當，便由此君負責主持一切，秋雁既和陳君商妥了這樣的金蟬脫殼之計，他便放胆進行，其間爲了和日本人交談方便，特地挽出了一位好友陸小洛，替他担任翻譯，小洛兄不知就裏，一聽要挽他和日本人打交道，馬上一口拒絕，祇因秋雁處身危局，硬逼小洛非去不可，還說他早已把小洛姓名告訴日方，如果不去，說不定惹禍上身，就這樣陸小洛兄替秋雁做了一次舌人。第二天秋雁夫婦便溜去香港，陸小洛兄幸而未會有所牽累，而這個華東通訊社，便由陳克成安排的那位秘密人物，負責主持，於是這樣的一個通訊社，竟變成了日本人的間牒機構，由牯嶺路的人安里遷移到北京路某一家銀行的大樓上，像模像樣，非常活躍。不幸得很，在日本人尚未投降之前，竟被他們發覺內幕，據說事情鬧得很大，這位負責主持的秘密人物，被日本人逮捕以後，嚐盡苦楚，最後給綁去滬西中山路槍決，此中還株連到很多人，甚而說有一個女明星給日本人殘殺，也與此案有關。我們勝利返滬，亡友沈秋雁談起此事，不勝感慨，他說那位英勇殉難的先生姓賈，但最近我曾晤及陸小洛兄，他對此事，記憶猶新，小洛兄說此君姓曹，曾見一面，又說秋雁要他充任舌人，當時非常尷尬，其時因與秋雁比鄰而居，先由秋雁之妻，夜半造訪，訴說秋雁遭逢險局，日本人三名正在南京路冠生園內，設宴約晤，非去不可，小洛再三推却，强而後可。當夜初晤於冠生園對面之女子銀行門首，小洛不願應宴，情形非常蹩扭，最後折衷辦法，由秋雁請他們去大西洋進餐，最後還去看了一場梅蘭芳的好戲，於是盡歡而散，到明天，秋雁遠走高飛，華東通訊社從此變色，想不到最後演出一幕大悲劇，一個無名英雄，就犧牲在日本人槍彈之下。

螳螂捕蟬雀在後　十里洋場變屠場

另有三位新聞界人物死在大上海淪陷之後，一位是大公通訊社的社長邵虛白，此君我祇見過幾次，他是從事工人運動的，大公通訊社正是上海幾個大工會組織的新聞機構，汪精衛在上海進行組府還都時，他不但要爭取上海的國民黨幹部，還要爭取到工商界和學校團體，重慶的中央政府，當然對此萬分注意，於是雙方展開斷殺，除了新聞記者首當其衝以外，現在記憶所及，當時上海的各行各業，在槍彈橫飛中，死的人確也不少，幹黨務的，最初有許也夫和杜剛的被刺，辦學校的有上海女中的吳志騫，吳是投僞的，和許也夫杜剛不同，至於邵虛白，他的死，當然與工人運動有關，因爲他主持了大公通訊社，所以也可算在新聞界的一本賬內。上海的工人團體，相當複雜，邵虛白的被殺，根本原因，恕我並不清楚，但他的侄子邵協華，則爲吳紹澍主持的青年團幹部之一，勝利之後，協華兄把大公通訊社恢復，每年邵虛白死難之日，他都要紀念追悼，可以說明邵虛白之死，決非重慶方面下手。除了邵虛白之外，另有兩名也算列在新聞界賬內被殺的人，一個劉吶鷗，一個穆時英，這兩名替汪精衛的特務機構負責籌備國民新聞報的健將，我與他們，均無一面之交，但知道他們會寫新文藝的文章，甚而也知道他們最初曾幹情報工作，最後忽然投身李士羣麾下，替汪記和平運動買命工作了。七十六號原是李士羣主持的特工大本營，威風凜凜，人人聞之變色，但他們儘管殺人綁票，却也想做宣傳工夫，由於周佛海系在南京辦了一份京報，又在上海辦了一張平報，他們也眼紅了，所以撥出經費，在滬西區着手籌備國民新聞，作爲他們的機關報，這時正當他們向新聞界大開殺戒之時，仁人志士，一個個被他們恣意殘殺，上海人個個怒忿塡膺，他們則拍掌狂笑，認爲以殺立威，可以收到嚇阻之效，萬想不到螳螂捕蟬，黃雀在後，在朱作同被殺了不久，劉吶鷗也給地下工作人員執行死刑，相隔不久，穆時英也送了性命，追隨劉吶鷗向閻王殿下報到去了。這種鎗來鎗往、厮殺熱烈的大場面，祇有抗戰時的上海才可看到，祇有淪陷後的上海新聞界才親身體驗，於此時也，凡是與汪政權不兩立的新聞界同人，都自覺生命危在旦夕，甚至朝不保暮，變成了全世界最危險的職業，雖然大家小心翼翼，杜門不出，但處身在魔鬼橫行的世界，縱然租界似乎是道保險網，但人人知道租界祇是一隻紙老虎，甚而負責治安的兩租界捕房人員，此時也忠奸不分，時常互相厮殺，在他未死之前，誰也不知道他的身份所屬。姑舉一例：法捕房政治部的督察長曹炳生，當時和我最熟，我們凡有消息互相交換，等於無話不談的老友，誰知他忽然被刺於家中大門之外，死了以後，才知他與汪政府早有勾結，南京方面，稱他烈士，此人一言一行，絕對看不出他有何不妥，未死之前，還派他的太太遄往香港，表明心跡，他太太還在輪上結識了一位姓林的老船主，曹炳生死後，她悲痛欲絕，爲了紀念丈夫，辦了一所炳生小學，原來都是這位老船主替她大力支撐。繼曹炳生而出任督察長的程海濤，不久也犧牲了，此君則忠於中央，證明被汪記特務加以殘殺；祇有薛耕莘君，兩次出任督察長職務，居然平安無事，以迄法租界捕房結束飄然引退，據聞此君也在香港，筆者和他相違已久，恐怕今日之下相逢道左，談及往事，亦將不堪回首了。

勝利祇見新人笑　有誰一悼舊忠魂

此文追述往事，唯一引爲遺憾的身居客中，別無參考資料，那些死難的朋友，他們爲國家、爲民族慘遭殘害，當時震驚寰宇，神人共憤，而今連他們死難年月，也都忘得一乾二淨，手頭，如有舊日報章，則各人忠勇事跡，寫來更較詳盡，此爲我輩幸而苟全生命之輩，最覺慚惶愧怍者也。當我勝利返滬之初，曾有一片心願，希望局勢稍稍安定，聯絡一些上海新聞界的朋友，舉行一個莊嚴隆重的追悼會，表示我們沒有忘却這一批在大上海淪陷時慘死於敵僞手中的新聞界志士，遺憾得很，不但沒有達成這一願望，還爲了我最初把華美晚報售報所得的三天收入，悉數捐助給我們中文大美晚報的殉職同人家屬，討得一塲沒趣。事情是這樣的，當時因爲張似旭先生的夫人僑居美國，消息隔絕，無法表示我們這一番敬意，所以除了朱惺公、程振章、李駿英、趙國棟四位的家族外，我們另又增加了吳中一兄的家屬，吳中一兄死於太平洋大戰以後，他離滬遄赴屯溪，想和馮有眞在該處刱辦的中央日報，取得聯繫，以期再在新聞崗位上努力，祇因他離滬之初，業已有病在身，自淪陷區繞道大後方，途中相當艱苦，將到屯溪之前，又值日軍的飛機正在大肆轟炸，把他嚇得病勢加劇，畢命旅途。更有一位舊同事趙文元，流亡內地客死昆明，老母雙目已盲，弱妹年輕未嫁，情形之慘，不堪想象，昔年同甘共苦，豈能無所表示，所以也把他們列在朱程李趙四位同人內，共作六份分派，聊表寸心。誰知程振章的老母在我雙手奉交之後，她忽然向我提出質問，她說：這些錢給她之後，將來怎樣？我知道她誤會了，告訴她這是我們一些舊同事的區區微意，因爲我們大家辦成這張報紙，端賴朋友幫忙，始底於成，既與舊日的美國老板無關，更絲毫得不到政府的支持，甚而前途如何，也無法想象，所以祇能把三天收入畧表寸心，幸請弗嫌菲薄，予以收納。誰知我一番解釋，老太太勃然大怒，她說：我們的振章爲國犧牲，難道僅給我這些錢，就此算了，你們不要欺侮我老太婆無知無識，我將要求政府，向你們算賬，老太太一面拿了我們給她的捐獻含怒匆匆而去，却把我驚詫得惘然若失，原是一片好意，鬧出這樣不愉快的尷尬鏡頭，幸而其他幾家明瞭我們禮輕而情意重，此後經常聯繫，而趙國棟的後人，我們把報紙的包銷工作，交給他們，根本沒有收取他們一分一文的保證金，這些又與昔年他們包銷中文大美晚報的情形截然不同。至於這位程老太太，說也可憐，她在程振章兄殉難以後，當時喪葬事宜，全由報社負責，賻金若干，我已忘却，但知爲數不少，此外政府的萬元卹金，全部交她收存，像當日的生活程度，老太太如能樽節而用，當可維持老年生活，祇因她酷愛越劇，因爲心情無所寄託，每天飲飲酒，看看紹興戲，還收了幾個越劇女伶做乾女兒，還不時替乾女兒添置行頭，在她消遣苦悶，排除悲愁，就這樣的花光了這些錢。勝利了，我們的政府千頭萬緒要做的事委實太多了，誰還記得這些死難的同人，程老太太因爲和我們發生了那次誤會，此後便無消息，而我則爲了程老太太這一幕插曲，覺得想在戰後替上海這些新聞界殉難志士，要作出一些紀念的行動，想法未免太大眞。更因爲其時上海方面，有人組織一個蒙難同志會，登報召集所有在抗戰時曾給敵僞拘捕的愛國志士，共同聚首，想把過去所受種種苦難，蒐集收羅，以便向敵人算賬，王曉籟首先嚮應，由他以市商會的名義，每位蒙難同志都送給他們一顆黃澄澄的紀念章，雖然這個組織，後來並未發揮什麽作用，但總算替昔日受難的男女同胞，吐了一口怨氣，他們都是從鬼門關逃回的人，幸而還剩下一條性命能夠在勝利後揚眉吐氣的活躍了一陣，祇有那些死在敵僞槍下的先烈，含恨泉下沒法成立什麽殉難同志會，那些家屬以女流之輩居多，有誰會可憐她們而有所表示，而我們這些幸而偷生之徒，人微言輕，有心無力，而且看到了這個蒙難同志會，最初辦得有聲有色，着實使那些過去吃過苦頭的男女同胞，興奮了一個短時期，可是其他方面，對他們顯得非常冷淡，你們過去吃的苦，這是你們的事，現在勝利了，大家都在拼命替自己打算，甚而有的還以爲這些人借蒙難爲名而出風頭，所以這些活着的受苦人士，縱然有了這個組織，其結果還是煙消雲散，至於那些死了的人，有誰會替他們出頭講話，希望有什麽崇德報功悼念遺烈的舉動，大家都在勝利冲昏了頭腦的情勢下，祇有我這個傻瓜，算是獻出了三天的發行收入，作爲內心的一些表示而已。

上海報業爭霸史　衝破難關馮有眞

想想勝利來臨以後的上海，眞是一塲大夢，多少夢中人，天上飛來，地下鑽出，風雲際會，何等顯赫，誰又知好夢易醒，曾幾何時，風雲變色，這些龍爭虎鬥的勇士，又要面對着改朝換代的環境中打出路，我們這些上海的新聞同業，從最初的意氣風發，中途的游移彷徨，最後的涇渭互分，短短的三四個年頭中，變化之大，花樣之多，於今想來，猶覺遺憾！大家都知道上海是全國的經濟文化中心，也是某些人想象中之肥肉，做官的想向上海跑，辦報的想向上海鑽，於此時也，一些路近脚快的人，早已捷足先得，而且已利用了他們的勢力關係，把敵僞辦的報紙搶先接收，他們不但接收了全部生財物資，還把原來的工作人員，除了編經兩部以外，概予加委錄用，以資熟手，於是不費分文，做上了報館大老板。馮有眞也算是最先搶進上海的一個負有中央使命的新聞界人物，他因爲已在安徽屯溪，辦了一張中央日報，原意安插戰時撤退去後方的上海新聞同業，本屬臨時權宜之計，上海既已光復，他於是毅然決定，自己在上海建立了中央日報，堂堂正正，恢復發行，那些隨同他在屯溪苦撐的同人，當然樂於重返家鄉，恢復舊業，誰知正當他們歡天喜地，重執剪刀槳糊之時，一聲霹靂，也要他們宣告關門，不准出版，這道命令，由重慶發給上海的中央宣傳部特派員詹文滸，詹文滸便是上海淪陷後的中美日報總編輯周訪渭，當時上海新聞界中人與之並不相識，他在勝利之後，膺此新命，算是從重慶派到上海最早的一批中央大員。其時他在都城飯店掛上了一塊招牌，發號施令，威風八面，我到上海，既然和他有過同事關係，也算在上海淪陷之際，均屬黑名單上被通緝的人物，自然不免拜訪話舊。此君熱情洋溢，說我不該在重慶匆匆而走，理應等待中央安排，確定出處，我則不以爲然，告以自己的一番打算，那就是吳紹澍如何約我前來，要我復刊昔日的大美晚報，我要把晚報改爲夜報，以免僭越美國老板的那塊舊招牌，文滸當時也覺得我的計劃，非常妥當，誰知不久之後，重慶方面，要我停刊，而執行停刊命令的，便是這個詹文滸，因此使我不勝反感；雖然其後中央方面，法外施仁，准我復刊華美晚報，我們兩人之間，也早已了無芥蒂，我是一個甘於失敗主義的小人物，雖然吃大虧，也祇得甘於命運。可是馮有眞的中央日報，此時也與我所辦的大美夜報陷於同一命運，由於勝利以前的上海，並無中央日報，（筆者按：最早的中央日報雖在上海搬刊，但其後遷去南京，所以上海其後並無中央日報，）所以也要他立即停刊，這個打擊對馮有眞來說，未免光采全無，顏面盡失，因爲馮氏之在上海早爲熱門人物，無論詹文滸此時以特派員身份，好像在上海高高在上，傲視羣倫，但因爲馮有眞和各方面的關係，比了詹文滸更覺路路皆通，憑了他掌握了中央通訊社的上海分社，以及這份中央日報，加上他和中央宣傳部的歷史關係，更比詹文滸爲早，所以他風頭之健，成爲上海新聞界的首腦人物。而今詹文滸憑了中央一紙命令，要把上海許多被認爲不合中央法令的報紙一律停刊，別人還可，馮有眞就不然了，他爲了自己的地位面子，也爲了這中央日報四個字，要他停刊等於重重的摑了他一巴掌，他怒不可遏，和詹文滸大起衝突，碰檯拍桌，等於要全武行大開打，我在塲竭力排解，要他們冷靜思攷，商量一個善後辦法，可是詹文滸却拾到鷄毛當令箭，他口口聲聲，非要中央日報停刊不可，而且氣勢洶洶，還說如不遵從，他要備函通知軍警當局，實行查封，這種口吻，眞是跋扈非凡，望而生威，我於是和馮有眞從長商討，我告訴他命令來自重慶，爲今之計，解鈴還須繫鈴人，徒然和詹文滸衝突，他是無權變更命令的，祇有足下自己不辭辛苦，飛去重慶向當局力陳中央日報不可停刊的原因，祇要中央諒解，詹文滸也無能爲力。馮有眞覺得除此而外，確無其他辦法，所以他便去了一次重慶，像哭秦庭般向中央當局竭力陳說，也經過中央許多有力人士的支援，這張中央日報才未能使詹文滸達成封閉的使命，而我們的中央政府，便是這樣的充滿了人情味，祇要你有力量，有後台，一切可以迎刃而解，朝令可以夕改，吃虧的祇是一些起碼人小百姓，而所謂上海在勝利以後，祇許舊日忠貞報紙才准復刊的命令，也馬上曇花一現，無形無踪，不但新出版的如雨後春筍，而其他各地的著名報紙，也都向上海進軍了，各黨各派，大型的，小型的報紙，在報攤上琳瑯滿目，美不勝收，證明上海的確是一個文化的大都市也。

中樞人事費安排　兩大報紙多變遷

此時新聞界中，相逢都是彈冠客，熙熙攘攘，一時稱盛，祇是那些在淪陷時期，一樣給敵寇漢奸列名榜上，或是躲在報館中足不出戶的朋友，大家依然故我，靜待新命。從後方來的許多新貴，有誰會翻檢當年紀錄，給你論功行賞，給你一隻飯碗，已是天高地厚之恩，好在這些吃過戶口米的人，都是宿命論者，躲過了當年鋒鏑之危，已覺苦盡甘來，心安理得，所以像新聞報申報正式復刊後，舊日人馬，如非從逆有據，概予開恩錄用，眞是天日重光，額手稱慶。大家都知道中央方面，對於新申兩報之復刊，早有一番安排，內幕細節，外人不很清楚，祇知道昔日的大老板，早已無權無勢，新董事會包括了中央要人，地方財經大亨，而主持的袞袞諸公更屬一時之選，新聞報的社長是程滄波，申報的社長是潘公展，以下的人選，有些使上海新聞界的人較爲陌生，有的則早已耳熟能詳的老友，如新聞報的總編輯趙敏恆，他是一個名記者，但上海朋友和他並不很熟，總經理詹文濟，在上海淪陷時期，和他認識的人不多，但勝利以後，他以中宣部新聞特派員身份到上海，一時聲勢甚盛，最初還以爲他可能出任新聞報社長，委屈他做總經理，未免大材小用。他們的副總編輯朱文浦，原爲程滄波的得力助手，因爲他在我未去昆明之前，他原是前一任的昆明中央日報社長，和我私交甚厚。其後新聞報又添了一個經理呂光，則因詹文濟和同業之間，相處得並不很好，所以呂光成爲和同業間折衝樽組的好手，此君的確手腕靈活，替新聞報爭回了許多友誼。談起當年詹文濟如何與同業間相處得並不融洽，有人還傳說我與詹文濟之間有何不睦，甚而引起詹文濟有離開新聞報的謠諑，對於此事，未免給人穿鑿誤會，詹文濟還親到舍下長談，朱文浦也特別和我見過兩次面，其實我與詹文濟頗能互相尊重，絕無任何歧見，縱使在報業公會上對某些問題，意見上不免對立，但這是爲公，無關私交，而文浦兄之與我見面，還曾詢問我願否參加新聞報工作，希望我與滄波先生談談，我便不由失笑，告訴他做公家事，我已視爲畏途，何況我此時正在努力爲華美晚報奮鬥，自覺規模雖小，尙有前途，既無任何牽掣，一切由我作主，所以寧可食貧自甘，不願置身於任何複雜環境，更不願因此而使文濟兄引起任何誤會，這是談到新聞報內部人事而偶然想到的一段小插曲。

至於申報這一張牌子最老實力最强的上海大報，雖然潘公展出任社長，但他是上海大忙人，除了負責該報大事和社論文章以外，一切的一切都由總經理兼總編輯的陳訓畬兄一脚踢。訓畬兄在抗戰時工作於上海市政府，負責和新聞界聯繫，其後上海市政府在公共租界成立了一個新聞檢查所，由陳克成兄爲主任，訓畬副之，大家都稱他做阿畬哥。上海淪陷以後，他南來香港，吳鐵城刱辦了一份國民日報，即爲今日香港時報的前身，社長原爲陶百川，但陶百川不久去了重慶，於是由陳訓畬兄代理了一個時期。直至香港淪陷，他帶了員工退到桂林，原想在桂林復刊，誰知中宣部始終不准，他無可奈何，自己親到重慶設法，結果仍是失望。我其時在重慶中央日報供職，他舉薦了三名好手技工，因爲滯留桂林，無法到渝，於是由我以中央日報名義，商請文化驛運處的劉伯敏先生，利用他們驛運車輛，帶到重慶。其中一位屠金曾，我便請他負責中央日報的工務主任，吳金章爲排字房工頭，這位吳金章從此在中央日報做得非常出色，歷任社長對他相當器重，甚至在廿多年前還到台灣，他還是工房負責人。馬星野一度有下台之說，他的幾位得力幹部耿修業、錢震等刱辦大華晚報，吳金章也是發起人之一，而且身爲董事，可是十多年前，他已因某種關係而被捕下獄了。至於屠金曾則迄今留居香港，訓畬兄出任香港時報社長時，又把他汲引在經理部中，獻替策劃，以迄訓畬兄下台爲止，而今訓畬兄已作古人，但想到他在上海申報任內，把編經兩部一脚踢，網羅人材，當時申報舊人，原有一副老班底，相當團結，其中趙君豪兄則早在勝利以前，去了重慶，原想在重慶出版申報，且曾和潘公弼和我幾人，數度商談，雖未成爲事實，足見其一番雄心，志不在小，其後在中央黨部秘書處出任專門委員，那是秘書長吳鐵城當時主持的國民黨最高機構，所以勝利之後，訓畬兄便要趙君豪担任副總編輯，藉以安撫編輯部舊日同人，而王啓煦和卜少夫也同樣担任副編輯，三個能手分主輯務，此外舊日重臣王堯欽，在經理部出任訓畬副手，所以他高高在上，等於垂拱而治，這是勝利後申新兩大報的人事變遷。

新巢都非舊時燕　報閥紛紛集滬濱

至於其他報紙相繼復刊者，孔家的三張大報，大陸報原本由吳嘉棠兄負責，而且被汪政權列名通緝，身爲黑單同志之一，租界淪陷以後，他隱藏得法，未遭縲絏之危。勝利之後，却由莊芝亮主持其事，甚而大晚報也由孔家別派王樂三其人，出任經理，則以莊王兩君，均爲孔令侃的同學，有此淵源，所以人事上有此變化。另一孔家天下之時事新報，初則由湖北的老名士胡鄂公全權主持，編輯部最初爲朱虛白兄負責，其後朱虛白出任上海市政府的新聞處長，該報聲光，逐漸趨於黯淡，馴致早報變成晚報，經理部與編輯部，分由梁子英與黃適霈主其事，這三家報紙的負責人，和申新兩報一樣的變了新面孔。除此以外，時報的機器早已在敵僞時代，成了中華日報和平報的產業，黃伯惠根本沒有復刊打算，他們編輯部中，原有兩名大將在後方，邵翼之與顧芷庵，都給中央通訊社羅致而去，此時翼之兄在昆明爲中央社主任，他不打算回來，顧芷庵則進了申報，舊巢已毀，另覓新枝，當然情非得已，而吳嘉棠兄此處不留人，自有留人處，他早已加入英文大美晚報，原來英文大美晚報的袁倫仁兄，從菲律賓天外飛來，一身美軍裝束，已成了合衆社的上海分社負責人，這些戰時萍飄流浪的落難報人，當然不止這些，像新聞報的名記者顧執中和杭石君，不久之後，也先後歸來，顧執中在重慶時，身任海外部專門委員，杭石君由上饒到重慶，被聘爲中央信託局顧問，他們重蒞海上，當然新聞報中，仍會照舊安置他們，此時新人新政，他們也沒有舊時的活躍了，好在石君兄還可掛牌做律師，而執中則依舊恢復他的民治新聞專科學校，他是一向具有政治慾望之人，紅朝統治了上海，最初也很活躍，但過了不久，傳來消息，他與陸詒兩人，已被打入右派陣營，屈指算來，我所列舉的上述諸人，而今猶在香港的祇有袁倫仁與吳嘉棠，在台灣的邵翼之猶在中央通訊社，趙君豪則已作古人，而舊日列名汪政權中被通緝的黑單同志，尙有駱美中君，他曾任中美日報總經理，其後在重慶農民銀行，勝利後且爲中央信託局長，共黨到滬，他辦了移交，准許他前來香港，現任職南豐紗廠，早已與新聞界脫離關係了。

當然勝利之後，上海復刊的的那些舊報，不止此數，因爲大部屬於民間創辦，而人事的變化，也沒有上述那些報紙的面目全非，像大公報，李子寬和我同一天從重慶飛返上海，他埋頭進行復刊工作，一副老班底，上有胡政之領導指揮，更有王芸生、曾谷冰、金誠夫運籌帷幄，存心在上海力爭新聞界的霸權，網羅人材，一時稱盛，像費彝民、汪英賓都列入他們旗下。吳紹澍的正言報，原想拉攏費彝民出任社長，都被費要太極婉轉推却，也因此而來港主持此間的大公報。成舍我在上海的立報，復刊較遲，變了陸京士出面主持，商報則歸了駱清華，他們兩人都是杜月笙門下的重要人物，這兩張報紙變了工會和商會的機關報。此時以左派面目活躍於上海的聯合晚報早已登場，身任上海警察局長又兼淞滬警備司令的宣鐵吾，忽然也雅興勃發，接辦了一張由大英夜報改名的大衆晚報，由他的部下方志超担任社長。陳銘德鄧季惺夫婦的新民報，在南京復刊以後，又向上海進軍，先行出版新民晚報。原來在重慶的掃蕩報和中央日報合併之後，早已成爲歷史陳跡，但其後中央日報又和他分家了，勝利之後，他們的舊日班底，便以和平日報爲名，也到上海，他們不掃蕩了，和平正是勝利後的時髦名稱，所以他們的負責人萬梅子，其後眞的爲和平而大賣其力。另有一枝勁軍，從杭州殺奔上海，那是胡健中的東南日報，此君是有名的辦報能手傾其全力，要在上海辦得出人頭地，眞的名不虛傳，相當出色，祇可惜新申兩報依靠他們的老招牌，無人可以打倒，而大公報也與之勢均力敵，三分天下，所以羣雄爭霸的局面，雖然熱鬧萬分，讀者的範圍未能使各家報紙，全部達成理想。於此時也，于斌的天主教主辦的益世報，上饒來的前線日報，舊時的文滙報，形形式式的早報晚報簡直多得難以想象，加上小型報紙，更是風起雲湧，使所有報攤，擺得琳瑯滿目，美不勝收，究竟他們能有多少賣到讀者手裏，這個統計就無從計算了。

面紅耳赤爭配紙　報業公會大交兵

於是乎各報便展開了一場「紙的鬥爭」，這是上海新聞界的鬧劇，所有大小各報，全部捲入這個漩渦，其後且影响及於全國，甚至上海的外國報紙，像英文大美晚報，因爲所求不遂，竟在報上破口大罵，說上海的中國報紙是海盜，這是笑話，也是美國人的慣技，好在上海這些報紙總算休休有容，大家都不予理睬，但自己同業之間，則爭得面紅耳赤，馴致全國的新聞界，也與上海抗爭，上海的天章造紙廠利之所在，想巧立名目，全部統吃，最後結果，則給國民黨的理財機構想出絕招，把這一單生意，整個接收。可惜好夢不長，轉瞬河山變色，整個全國的新聞事業，宣告完蛋，這幕大鬥爭，也就消聲匿跡，誰能想像到從事新聞工作會有這樣下塲呢。如果談到白報紙，問題應從勝利開始談起，那時候日本人雖已節節失敗，但他們在上海囤積的物資，還爲數甚多，白報紙也是他們重要物資之一，數字多寡雖無法統計，但最先在上海出版的報紙，他們憑藉特殊關係，大家都擁有相當數量的報紙，甚而一個特派員，他有權貼封條封倉庫，一夜之間，可以在牌桌上輸出幾倉庫的白報紙，直待敵僞產業處理局成立，才由該局整個接收，對於新聞界，則以配售方式按照市價八折出售。這些敵僞物資將次告罄，政府方面爲了珍惜外滙，規定各報紙張，由中央信託局統購統銷，初時大家以爲這個方式對報紙未免趨於無形管制，誰知却對新聞界大大有利，因爲當時物價日夜飛漲，中央信託局在規定範圍之內，替各報向海外定購，價格早經確定，並不需要各報立即付欵，祇須各報館向銀行辦理承兌手續，算是担保貨到付欵，祇負担一些法定利息，但定貨到達至少要經過三四個月的時間，此時報紙價格早已飛漲數倍，所以報館的負担大爲減輕，有些報館便以此爲生財之道，他們捐了報社名義，做了黑市紙張的大賣主，這個黑幕政府也知道了，於是把限額一再減少，最後要做到按照報紙實際銷數配售，因此又引起報紙同業間的大紛爭。上海的新聞界，本有兩個最有力的同業組織，一個是新聞記者公會，這是各報編者和記者的團結聯繫組織，另一個是報業公會，則爲報館老板的法定團體，參加的都是報館的發行人和經理階級，在戰前，這是史量才的勢力範圍，史量才死了之後，大權還牢牢抓在申報手中，因爲申報不僅牌子老，實力足，他還有新聞報的控制權，其他幾家報紙，雖然名列其中，並無實際力量，也因爲過去這個同業組織，不需要採取任何行動，除了遇到國家大事，和上海一些商界有力團體，發出通電宣言，以壯聲勢之外，沒有其他作用，而且當時該會在同業間有所討論採取決定時，以各報納費的多寡爲權數，以權數的多寡爲標準，也因爲申報新聞報出錢最多，他們權數也等於獲得了控制，其他各報根本不能發揮作用。但勝利之後便不同了，這個公會成立之日，討論到表決權時，我第一個反對舊日的權數本位，規定所有報紙一律平等，一報一權，不分大小，當時陳訓畬兄代表申報，和我爭得最烈，但經不得其他各報對我的主張一致贊同，所以從此以後，這個公會組織便不再給申新兩報所操縱。其後又選舉執監委員，組織一個常務委員會，當時暗中有個約束，申新兩報是全國最大報紙，所以常務委員，決不可少了他們兩家，而中央日報則爲國民黨的宣傳刊物，這是天皇老子，也不可不名列其間，剩下兩名，可以大家互相推選，但當時出席代表，大家想想，倘若不把大公報列入，則趾高氣揚的申新兩報必將氣燄更甚，惟有把大公報列入常務委員之內，也許可以壓制他們，而剩下的一名，則承同業推愛，他們覺得我還能不怕權勢和幾家大報分庭抗禮，所以也算選在常務委員會之內，這雖是小問題，我謬荷推愛抬舉，誰知其後竟把公會機構，產生了大變化。因爲這個報業公會，原來祇有大型報紙參加，抗戰以前，即使大型報紙如無自己的印刷設備，還規定無資格加入公會之列，勝利以後稍稍放鬆，祇要屬於大型的新聞報紙，照單全收，不僅此也，其時的鐵報雖屬小型報，因爲自己擁有印刷機構，所以也特准加入報業公會，大家共享政府配紙，因此使小型報非常眼紅，於是有一位相識的小報同業，向我游說，要我以委員資格，提名他的報紙加入我們同業公會，而且矢誓決不與大家爭奪紙張配額，我當時礙於情面，一口承允提出公會討論時，大家因爲我把此人誓言，當衆報告，所以並無反對，獲得通過，誰知此風一起，其他小型報同業，紛紛起而效尤，有的由我提名，有的由別人推薦，頓時之間，所有上海大小各報，都已加入了報業公會，於是開會時候，熱鬧萬分，接着，這些小型報同業也提出了配紙要求，頓時攪很平靜無波的同業公會，發生了大大的變化。因爲當時政府方面對於全國報紙的外滙配額，有一個限度，也規定了每個區域的數量，就上海來說，當然配額較大，但一次的配額包括三個月，上海的幾家大型報紙由報業公會各就需要量酌情支配，於是爭多嫌少，不免互相衝突，好在第一次配額較多，大家稍稍讓步，尚無不愉快情事，但其後政府外滙短絀，配額減少，因此各報之間，便要按實際銷數，作一個公平分配，這數字由各報提出未免虛報溢額，因此吵得不可開交，祇有調查實際印報情形，才可水落石出，於是組織調查委員，分配到各報監視，但此路亦屬不通，因爲調查時儘可大量印，誰知道是否銷出，最後結果，則爲相互讓步，新聞報額數較多，減得亦多，申報大公報等而下之，當然也酌情核減；但在小型報業提出要求之後這問題就大了，雖則小型報每家要求不多，但他們人多勢衆，總計下來，數字也相當可觀，再要各大型報從已減的數字中，挖肉補瘡，誰也不肯放棄權利，於是同業中有人責我介紹他們入會，等於罪魁禍首，我自然無話可說，報以苦笑，但僵局總要解決，還是新聞報社長程滄波，他器度恢宏，願意大大讓步，其他各報見此情形，也忍痛從配額中撥出些許，於是湊成了幾十噸數字，每季分配給小型報同業，方能解決此項糾紛。

外國報紙在上海當時祇有英國人字林西報和美國人的大美晚報兩家，因爲我們政府的外滙祇規定給予華商報紙，他們並不包括在內，孔家的大陸報，以及與外交部有關的自由西報，雖是英文報，因係國人經營，也已加入同業公會，分享配紙權利，這兩家中國人的英文報，同業相妒，平日積不相容，大陸報的經理莊芝亮，是孔令侃的同學，背景不同，但自由西報的束佺保，他是南通張狀元的嫡親外孫，這位江北公子，脾氣也很倔强，他們在同業公會中，不但時常爭得面紅耳赤，甚而因爲在泰晤士大樓辦公，大門口的兩家大招牌，時常你搶我奪，弄得不知去向，鬧到黃浦分局，控告盜竊，一時成爲笑談，這兩個寶貝先生，束佺保前年已在台灣去世，因爲生前愛打高爾夫，愛吃白蘭地，所以殉葬之物，包括了高爾夫球棍和心愛的白蘭地。莊芝亮在香港經營證券字號，長袖善舞，早已與新聞界脫離關係，甚而數年之前，還和孔令侃在此間大打官司，吵得不亦樂乎！世局多變，人事也多變，題外文章不必多談，於今重提昔日字林西報和大美晚報兩家，也向報業公會提出配紙要求，他們爲了這些利益，也加入公會行列，公會同人也慨然分出些許配額，以滿足他們的需要，事實上當時這兩家報紙銷數不多，配額應已足夠，字林報對此歡然接受，絕無異議，可是美國人的大美晚報就大不相同了，他們嫌少，他們竟在報紙上大罵報業公會，公開指陳這個公會等於海盜集團，侵奪了報紙配額，這一下大大的刺傷了全體中文報，本來我們已決定責成自由西報和大陸報兩家英文報的負責人，前去調查大美晚報的實際銷數藉以答覆他的無理謾罵，可是這兩家報紙也是勇於內爭，不肯和外國人翻臉，所以對於大美晚報，公會中給予他一個不睬不睬，大概該報也罵得夠了，偃旗息鼓，乖乖的按期接受配額。但我們自己同業之間，却仍暗潮起伏，此起彼仆，像新聞報與申報，他們兩家算是全中國的領導報紙，而且負責大員都由中央派來，照理一殿稱臣，理應彼此愛護，祇因他們事業心重，互爭雄長，平日爲了配紙爭執，早已積不相容，其後大家一減再減，新聞報既抱怨紙源短絀，申報也高叫配額不足，兩者之間爲了紙張就不免涉及銷數，爲了銷數多寡，便不免互責對方報大數，甚至攻訐減價傾銷，浪費配紙，因此兩家自訂公約，限制批價，更限制傾銷贈送，不但在上海本埠，甚至外埠分銷，也派專人督察，於是問題來了，詹文濟的手段夠厲害，居然在京滬線上，查出申報外銷，如何違約贈送，如何印發的數字超過實際銷數，眞憑實據，報告公會，因爲他們兩家互訂的公約，規定違約一方，每一份報需要罰去多少多少的違約金，公會於是召開會議，三堂會審，秉公解決，新聞報當然由詹文濟以原告身份成竹在胸，輕鬆愉快，申報則由陳訓畬到場，他最初申申而辯，自稱並無不當，但詹文濟拿出證據，情眞罪確，這位訓畬兄頓時啞口無言，雙淚直流，我從未見過訓畬兄如此傷心，當時公會的主席李子寬，竟然爲大公報經理，對於申新兩報的爭執，他是幸災樂禍，隔岸觀火。

（十、下期續完）

虛谷花卉寫生冊

吳湖帆題

定山

自清代中葉，金石家提創了抽象畫派，以替代唐宋明三朝的傳統形象，而揚州八怪，矯然特出，打倒了明代沈文唐仇、清初的四王吳惲，而金冬心、鄭板橋遂成了富貴人家不可缺的抽象畫代表。嚴格來說；金冬心畫，全用八分，墨如刷漆，筆如屈鐵，以少勝多，盎然古意，自陳老蓮以後，確實讓他首屈一指，但有出於他弟子羅兩峰代筆的，便多嫵媚，去古甚遠。鄭板橋畫竹的名氣，在當時大江南北，幾於婦孺皆知，販夫走卒，莫不以得他一縑尺楮，作爲家寶，但流傳至今，眞僞參雜，以我看來，他的畫圖總有一股江湖氣，使人不耐。其他如汪近人的梅花、黃癭瓢的人物，非寒即傖，餘子碌碌，更不足以代表時代。所以金石派在乾嘉時代，亦如曇花一瞬，雖極繁華，卻無實際。

到了光宣年間，却出了一位眞正的金石家，融會篆隸，深入墨池，而登峰雪嶺的大畫家吳昌碩。繼昌碩之後，由他而旁枝繁殖的如南王北陳（王一亭、王个簃、陳師曾等），俱不足以絕踵接武，却在民國初年出了一位齊白石。

如今畫壇二石齊名，前有石谿石濤，後有倉石白石，但嚴格而論，石谿當時名滿大江南北，石濤尚名不出里閈，缶翁譽滿中日時，老萍尚在學畫，現在白石的名氣，駸駸淩駕倉石之上，醉心於齊白石者，甚至於以缶翁爲不及。這是不是公論，宋平煥嘗論夢窗：「淸眞之後有夢窗。乃天下之公論；非煥一人之私言。」我於吳齊二石的評論，亦復如此。

當今畫風，推崇四石，（石谿石濤倉石白石），把明之四家、清初六家的傳統作風，一掃而空，亦見四石之頂天立地，而不知谿濤而下，吳齊之前，却還有一位蒼頭突起、不可一世的創作抽象的大畫家——虛谷。

虛谷的名氣不但近來畫家對他陌生，就是我所寫的「中國歷代畫派概論」（見定山論畫七種）也沒有把他列入，這不是我把他遺忘，而是他純任天眞，率性，無門可入，無派可歸的原故。本期大人雜誌精印定齋所藏虛谷花卉寫生冊八開，湖帆題籤，大千署耑，並要我爲他們寫一點介紹，可謂目明如炬，鑒賞於牝牡驪黃之上了。

虛谷是位和尙，俗家姓朱，也有人說姓諸。有人說他做過洪楊的褊將，也有人說他在曾左的標下立過功勞，但皆語焉不詳。總之，他是道（光）同（治）間人，這是靠得住的。他的畫風，並不銜接前石（石谿石濤），也不開創後石（吳、齊），而是特立獨行、率性逕遂的一位抽象畫家。

他傳世的畫面，當以畫金魚爲第一，他的金魚並不講求形似，只是抽象的兩個圈圈，做了魚的眼睛，再來一個蛋形，刷上幾筆掃帚一般的金魚尾巴，有的煊紅駭白，有的墨汁淋漓，寫在尺幅之上，卻有江河直下、汪洋無際之感。推而至於他寫人物、寫山水，也莫不有上馬殺賊，下馬草露布的氣概。可惜他的畫名，當時不爲人重，以致失傳，留下的卷冊，僅是寸縑尺頁，也不爲人重。但以眞賞巨眼去衡量他，他的地位，應該位置於徐青藤、金冬心、趙悲盦、任伯年之間，今觀所刋八頁，雖爲嘗鼎一臠，亦足以目無餘子了。

虛谷花卉寫生冊（定齋藏）

其一

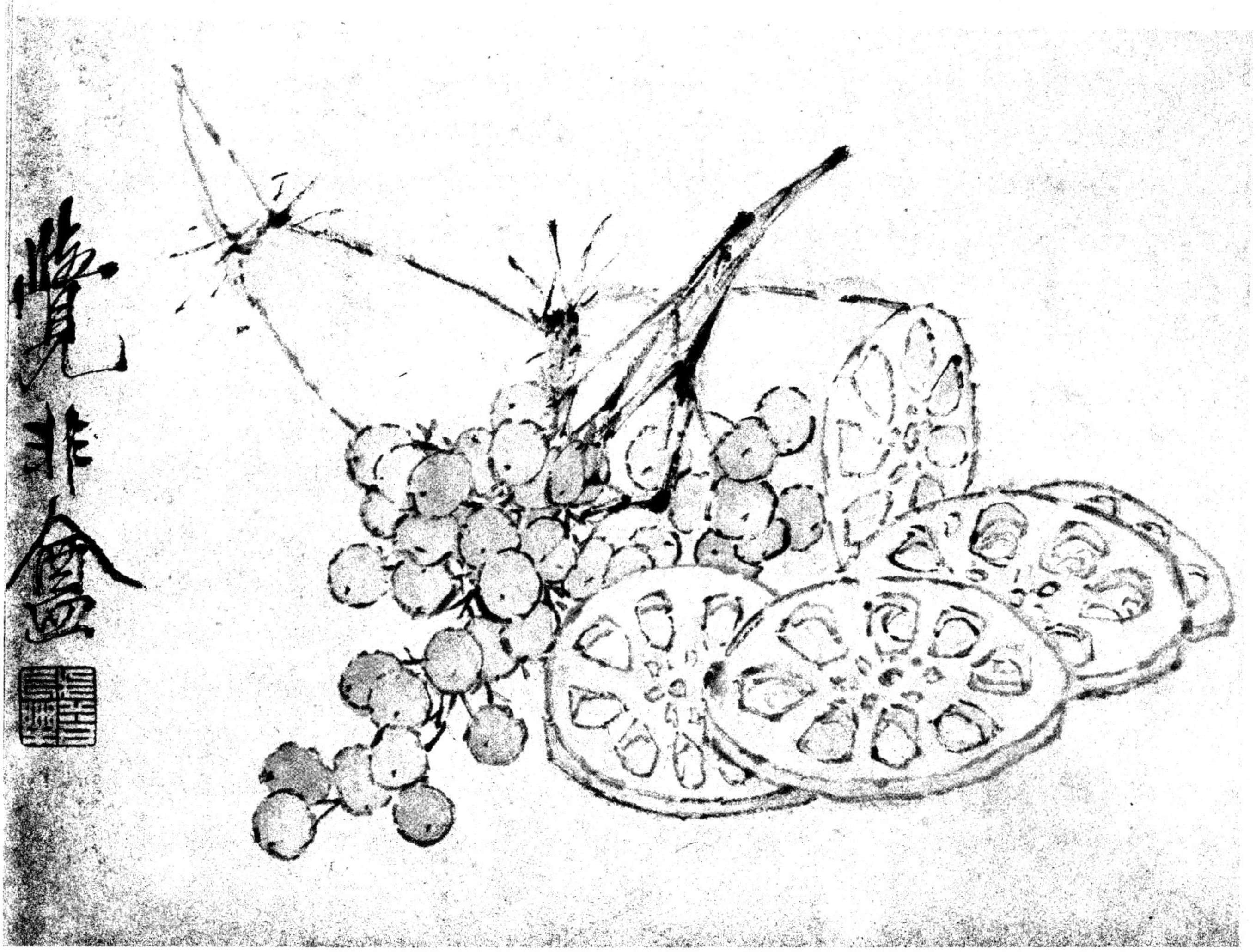

其二

其三

其四

其五

其六

其七

其八

虛谷墨趣

薛慧山

此日，我們試打開本期「大人」虛谷和尚所作花菓蟲魚的八幀小品畫頁，它可以最具體，最鮮明，最生動地表現出來藝術家創作的天才與靈感，放射了一片異彩。

天才難得

本來，所謂天才，其出現無定時，無定地，宛如天馬行空，無法捉摸的。天才有時亘千百年而不一見，在藝術史上留下一片空白。但即使在烽火離亂之世，有時也會絡繹出現，如八大、石濤等輩；到了清代中葉，還有揚州八怪之流衍續其間；一直降至太平天國以後，在形式主義籠罩了的畫苑之中，人才越來越寥落，却又突然出現了這一個特立獨行、靈思妙悟的虛谷和尚。在他的筆下，誠如「近代畫家概論」所云：「冷而雋，韻而奇。格律的高超，眞好像是不食烟火物的。往往雖寥寥數筆，……其妙處都能從墨色彩色中表現出來，眞是奇絕了」。這樣一片清新突出的墨趣，不正是天才藝術家靈光的一閃！

正如古今中外所有的說法一樣：藝術無非發自心靈。故十九世紀蘇格蘭批評家馬遜曾這樣說：「不論自覺或不自覺，所有的藝術家，都是一個思想家。並且無論是怎樣的藝術家，究竟他的偉大的地方，思想駕乎藝術以上」，一個傑出的天才的悟性，才能自成創造。尤其是中國畫的特質，一向是超現實的，抒情化的，帶些抽象性的，也可以說是一項「夢境的創造。」沒有超絕的思想性靈，又怎能畫得出好畫來！

基於這原因，所以連着用筆用墨和用色之法，也無不强調於高雅簡淡一面，而竭力要避免甜熟之弊。在中國畫家心目中，天地萬物，形形色色，無一不可以入畫，但若使不加選擇，一概囫圇吐棄，那麽勢必流於下品。所以作畫一定要懂得剪裁，懂得誇張，將不必要删減，而使最精采部份凸出，所謂「千里之山不能盡奇，百里之水豈能盡秀，」要能以犀利的目光，概括的手法，將事物對象最「奇」最「秀」的一段，予以集中表現。如此於千岩萬壑之中，僅取片石，於千樹萬卉之中，僅採數枝，雖一點一拂，而自有我在，則又何愁不能戛戛獨造，超乎造化呢！

惟其如此，中國畫的表現方法，一向是講求寫意化抽象化，蘇東坡說：「論畫以形似，且與兒童鄰」。倪雲林也說：「僕之所謂畫者，不過逸筆草草，不求形似，聊寫胸中逸氣耳，豈復較其似與非哉。」這樣的寫意化與抽象化，不是外物强制而成的，乃是自然的，自我的精神流動罷了。

一幀好畫也正像一首好詩之自有天籟。所謂「神機所到，不事遲迴顧慮者，以其出於天也」。又云：「學者於游藝之暇，適趣寫懷，不忘揮灑，大都在意不在象，在韻不在巧，巧則工，象則俗矣。」

看虛谷的畫，其一花一菓，一禽一魚，都從這些簡單的事物裏，畫出自然間內在的精神，「莊生夢蝴蝶，蝴蝶夢莊周」，天人物我合一，心手相湊相忘，這樣的作畫，才是參與造化之機，才是創造藝術的要諦。清代惲南田在畫論上很透澈地說破這點：「諦視斯境，一草一樹，一邱一壑，皆靈想所獨闢，總非人間所有，其意象在六合之表，榮枯在四時之外」。又說：「秋夜橫坐天際，目之所見，耳之所聞，都非我有，身如枯枝之迎風蕭柳，隨意點墨，豈所謂此中有眞意者非耶？」

以前，有人批評石谿和尚的畫，所以高超奧妙，「乃蒲團上得來」。這句話也可以移贈之於虛谷和尚。他的畫看來「隨意點墨」，而又「皆靈想所闢，總非人間所有」，完全是自己獨往獨來，在冷靜中悟出了一片禪意，形諸筆墨，自成奇趣。

佳作欣賞

「一粒沙裏看見世界，一朵野花裏看見天國」。虛谷這八幀畫，都是「小中見大」「個中見全」的妙品。在此，試予以評述：

其一 最著名的虛谷畫的金魚。我們在此可以欣賞仔細。他所畫的幾尾金魚，朱紅的鱗，尾與鰭只寥寥數草，但遊泳之勢，倏若射箭，呼呼然好像有聲音一般。金魚凸出的大眼睛，都是綠的，正像八大的魚一樣有表情。幾枝綠柳拂在水面，水面上有萍，此情此景，是我們平日見慣了的，也虧得他的妙筆畫得出來，一片奇趣盎然。

其二 虛谷的蔬果向來有名。這幀寫的蓮藕，切了幾片，構圖不落尋常窠臼。那一串成熟的紫葡萄，所畫的圓圈，幾十個無一個雷同，其筆觸看似稚拙，實得「澀」字之妙。即淡淡的紫色塗上去，也有輕重之分，恰到好處。以前，我在星洲見過虛谷蔬果多幀，其中蘋果、楊梅、枇杷等，其妙處在把蘋果皮畫得嬌艷欲滴，楊梅含汁的潤濕，枇杷的毫毛，都能從彩色中表現出來，眞奇絕了。

其三 是夏日案頭清供。一盆菖蒲，筆筆挺秀，把菖蒲的青葉，畫得夠勁利。兩枝清腴的蕙蘭，雖用墨勾，敷以草綠，亦具質感。妙在紅色的花蕊若隱若現，似無却有，有一種含蓄空靈之美。

其四 祇畫了三個蘿蔔，用繩子串在一起，下面一個大荸薺，兩個慈菇。這畫簡單之極，但其構成却能舒展自如，參落有致。那荸齊上的根鬚，極隨便而極自然，上端的嫩芽只那麽乾筆一擦，抹一點淡紅，風致天然。

其五　畫的是月季蜻蜓。月季的畫法，也與別人完全不同，葉子用沒骨法花却採墨鈎，蜻蜓危立在枝之上，呼之欲出。

其六　算是冬景。一棵已枯敗了的芭蕉，猶賸幾片殘葉，作赭白色。上面蜘蛛佈着網，還在等待小蟲的飛臨。那細筆輕勾的蜘蛛網，妙到秋毫，再加上淡色青打底，煊染得有味。

其七　菊花敷了紫色，再以白粉勾出，工筆畫法借來寫意，葉子又全用濕筆點出，絲筋則墨暈模糊，這都能獲致藝術效果。那隻蝴蝶淡墨畫翅，濃墨勾鬚，顯得神氣奕奕，寫出了飛動的樣子。

其八　畫松鼠是虛谷的拿手傑作。這幀松鼠，比他平日所作似更簡化。松鼠的眼囊特大，身上茸茸的毛，却似亂簇針似的，似亂非亂，具有立體的質感。尤其站在蘆葦草上，取勢很險，正可看到這個小動物的輕而且靈，畫家抓住了這一剎那，它一骨碌就溜了，機會稍縱即逝。那蘆葦草畫得很飛動，正在風中搖曳。石綠設色，淡而雅。背後的草地，且有遠近之分。尺幅中，擷取了江南沃野一角，令人嗅得出可愛的泥土氣息。

這八幀虛谷的畫，正可以借用「桐蔭論畫」批評八大所說的：「一枝一葉，逸氣拂拂生指腕間，眞所謂拙規矩於方圓，鄙精繪於彩繪。」這些評語的主要來源，恐怕要上溯到唐代大批評家張彥遠的理論，他曾有「得到形似，則無其氣韻；具其色彩，則失其筆法」的說法，可見拙於方圓正所以保存氣韻，淡於彩繪正所以表現筆法，雖「筆簡形具」，而且藝術感染力却來得更强，畢加索說：「我的線條是從一百條，減爲五十條，再減爲一條的繪寫」，這也不妨移作中國寫意畫最好的說明。

大千居士題虛谷畫册（民國二十二年）

畫中禪道

中國畫本來最重創新，最講究「意」「趣」二字。東坡所謂「不求形似」，雲林自稱「逸筆草草」，正是此意。欣賞虛谷的畫，亦該作如此觀。

令人發生興味的是：歷史上創造抽象寫意的花鳥的天才畫家，有幾個都是方外人士，從牧谿、八大、到虛谷，都是從「蒲團上得來」。

南宋時的牧谿和尚，法名法常，他的畫風也是屬於闊畧的，在當時勃然而興起，却忽然絕響了。直到明代，徐青藤崛起，水墨揮霍，放誕不羈，才又開寫意花鳥的新局。八大山人繼之以起。擅於用禿筆，凝重而圓潤，顯得朴茂酣暢，有特殊的含蓄情味，尤其畫的鳥和魚，一點一筆，耐人尋味。這種捨形取神的獨特藝術風格，相信一定會影響了後來的虛谷和尚。

虛谷在太平天國時，他是一員游擊參將，生長於戰亂之中，後即剃髮爲僧。他之作畫，不但是無師自通，抑且完全以意爲之，且被稱爲「金石派」，以金石味滲入了他的畫幅之中。關於虛谷的記述資料，傳世很少，但據個人的研究，估計任伯年與吳昌碩都曾有意無意地接受了他的畫法。他們出生的時代非常接近，但傳世的作品以伯年最多，昌碩次之，虛谷眞跡有如鳳毛麟角。

說來畫道即禪道，誰說東方精神與今日世界潮流無關。我敢肯定的是：全世界在受到東方禪道的薰陶，全世界也受到中國畫道的感染。「萬物靜觀皆自得」，這是禪學的境界，更是畫學的境界。中國畫之筆簡形具，注重寫意抽象，正如參禪淡到極點，可以領畧「味外之味」。

舉世滔滔，在這緊張而熱中的生活圈內，如果誰能悟到「多一分名利，則少一分智慧；多一分計較，則少一分高雅」的禪理，那麽對於高雅淡泊如虛谷和尚的花卉畫，殆不失爲一貼最佳的清涼劑！

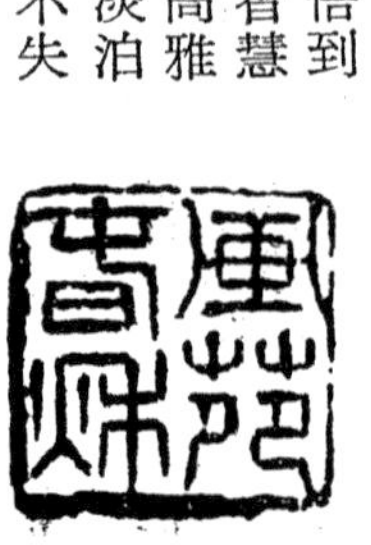

翰墨因緣

・張佛千・

對於寫字，我從未下過工夫。老來樣樣想學，當然也想學字。只是奔走衣食之餘，又苦於有太多要讀的書讀不完。朋友勸我「一天寫三十分鐘的字，」但是磨墨舖紙以迄洗筆收紙，還是要一小時，不如以此一小時讀書。所以我的字一直不能見人。只有三個字是例外——我的姓名。如寫「張佛千」三字，千字的一直盡量拖長，如卓然獨立而舞。如寫「佛千」兩字，千字的一橫盡量伸長，如大鳥收爪展翼而飛，故我自誇簽名：「三字如舞，兩字如飛。」有時在參觀書畫展覽時簽名，也有不相識的觀者居然說「大書家」，我心中大笑，我是「三字書家」。

我不善書，因而贈人之作，只好請名家合作，遂使我的拙作爲之增重。賜予合作者，不只是人人知名的書家，也有很少人知道他字寫得好的名人，如魏景蒙、汪公紀兩兄即是。所以我嘗自謂：能「善用其短」。

× × ×

這個「善用其短」也是逼出來的，先說一段故事，要回溯到于右任先生七十晉五壽辰，我做了一闋「壽星明」——即是「沁園春」。詞曰：

史册芬芳，各有千秋，開國羣賢。問風流文采，誰當獨步？勳名福澤，孰可兼全？宏濟艱難，久匡運會，一任魔高道愈堅。唯公有，喜東山矍鑠，魯殿巍然。

布衣白髮朱顏，更美髯飄然照世妍。數卅年開濟，國尊大老；四方問訊，人望神仙。慷慨詩雄，淋漓草聖，餘事真當萬古傳。申私祝，正蓬瀛春滿，海屋籌添。

詞雖做好，當時並未送呈于先生，他的生日是三月，到了九十月間，一天，胡秋原兄過訪，看到這一闋詞，問我爲何不送去？我說：「于先生每年生日，不知有多少祝壽的文字。而且我雖曾在抗戰中追隨胡宗南將軍時爲于先生辦過差，他可能早已忘記我的名字，所以詞雖做好也不想送去。」秋原兄說：「我拿給于先生去。」第二天，秋原兄來告：「于先生讀你的詞，一句一個好。讀到下半闋，用手在大腿上打拍子，擊節嘆賞，連稱不敢當。讀了又讀，並且說：『每年生日收到許多詩詞，都沒有他說得這麽好！』又說：『他會作詞，怎麽從來沒有聽人說起過？』又告訴我說：『你叫他來看我，我關照家裏人，不論他什麽時候來，如果我在院（監察院）裏，馬上就回來。』」

于先生如此獎掖，隔一天我便去青田街官邸晉謁，正好老人在家，非常高興招呼我坐在他的身邊，談起西安的事，問我離開西安以後的情形。又問：「你給我的詞，怎麽不送來呢？」我答：「不送給你老人家看，等於把崇敬的意思藏在心裏。只是一片純潔之心而已！」老人頻頻頷首。

自此以後，我間嘗晉謁，侍坐清談之際，老人總說：「你的詩詞、寫來給我看看。」每次我只抄呈幾首，並坦陳：「我的詩不好，不敢給人看。盧冀野（前）同我那樣要好，一次看了我的詩，笑我是『莽蒼蒼派』，他是指譚嗣同先生的莽蒼蒼齋集。這一位大勇的烈士不以詩鳴，我覺得冀野的話，含有貶意；也許他只是隨便的說笑，但我以後便再也不敢拿詩給人看了。」老人指着案上我抄呈的四首七絕：

歃盟慷慨誰同死，入獄慈悲我願弘，自擲頭顱作雷吼，千升熱血向人紅。

眼中何物令公喜，餘子誰能識我憂，燭影搖紅新被酒，却呼小伎按涼州。

浮世看人徒碌碌，山河開闔最奇雄，高吟激響誰相和，喜有華山調可同。

暮山一塔更一塔，秋水一橋又一橋，西湖向晚愈幽美，艇尾有人吹洞簫。

老人低吟既終，手拂美髯，大聲說：「這那裏是莽蒼蒼齋詩？第一首倒是像龔定盦，末一首你什麽人也不學。」我聽老人低聲的唸誦，高聲的稱譽，使我感動爲之心跳。老人又說：「你的詩詞都寫來我看，眞有不好的話，我可以給你改。」聽他這樣說，我眞高興極了，我的詩雖不好，但能有老人親批親改的稿本，那眞是一種殊榮。這樣珍貴的稿本，當然也要好好抄寫，可是我的字寫得太壞，一時又找不到人代寫，便這樣躭誤了，這應是我一生最大的遺憾。還有，老人要我將祝壽的詞寫好給他，所謂「寫好」，自是指寫後裝裱之意，我說我的字不能見人，我指着抄呈的詩稿爲證。老人又說：「你可以找人寫。」當時我搬到台北來不久，一位書家都不認識，辜負老人的看重，竟也未能交卷，心中又多一個遺憾。

× × ×

第一次得到名家合作的是賀張大千先生七十生日的小詞。先是樂恕人兄自東京來台，他與大千先生私交極篤，曾代我向大千先生求畫。又告我「大千先生今年七十，你能做詞送他，他自會作畫送你。」我說：「有了目的，敬意便不純了。」恕人說：「此老豪情萬丈，以你的詞之好，即使明告所求，他也是高興的。」在恕人的偏愛鼓勵下，我根據時賢對大千先生藝術造詣的讚美文，做了四闋「風蝶令」。此調雖短，但結構極美，上下兩半，字數相等。首二句皆五字，須爲對偶，如彩蝶之身。第三句皆七字，如彩蝶之翼。第四句皆九字，如彩蝶之長帶，飄飄風中，搖曳生姿，正如風中彩蝶。詞曰：

畫是中華寶，人傳寰宇名。江山奇麗毓精英，天與一支彩筆劃時犖。　寧只兼三絕，真能集大成。遠規漢魏邁明清，餘事百家品鑒最能精。

至法胸無竹，奇才筆有花。名家偉構史如麻，聖矣猶龍老子孰能加。　妙可揮毫証，新休拾慧誇。天教浪迹遍天涯，要使萬邦驚喜識中華。

玉册千秋見，金牌十項全。下開百代啓羣賢，建立藝壇新極史無前。　嵩祝三千歲，王輿五百年。虬髯疆域大無邊，自有千山萬水祚綿綿。

咳唾珠兼玉，行藏水與雲。千般瀟灑說風神，直是天仙遊戲下凡塵。　策杖峩冠古，稱觴美髯尊。名園猿鶴喜相親，都共鳥歌花舞慶嘉辰。

詞稿既定，想起于右老的話：「可以找人寫！」合作的人應該與大千先生有私誼。我先看王壯爲先生，正當他風濕臂痛，不能在小方格子上寫字。於是我去看臺靜農先生，先奉上詞稿，請求指正。我並說明詞中也有幾句，是根據他的文章。他連聲贊好，又說：「你趕快寫了寄去吧！」我說我不能寫。他說：「我的字不好，不然我來寫。」我連忙說：「固所願也，不敢請耳！」即將劃好格子的紙留下。第二天我去取字，臺先生謙遜的說：「我的字何敢寫贈大千。」他寫的是隸書，看的人都譽爲樸拙遒茂，眞當獨步，即用航空掛號寄去巴西。

幾個月後，高嶺梅兄告我：大千先生來信說，他好久都一直在構想，要畫一張好畫送我。不久，墨寶果然天外飛來。一幅是白宣紙寫的贈我兩首七絕：

四闋慚君風蝶令，謬推錯許古人無，眼中多少傷心事，收拾殘山入畫圖。

七十磋砣仍好事，二三朋舊苦相關，墨傾一斗君應笑，曚曈心情曚曈山。

一幅是在日本特製金色的紙，高峯雲起，樓觀巍峨，危崖橫出，上有小亭，亭外空白，遂有萬里不盡之觀。畫內之境見其高華；畫外之境見其遠大。我之四闋小詞，眞是抛磚引玉，果如恕人之言。實覺旣榮亦愧。

我因生肖屬猴，曾摭拾西遊記說部孫行者故事爲喻，戲製「風蝶令」小詞以自壽六十初度。凡友好中同庚者，皆用此喻作詞或聯賀之。後讀「大千畫集」，始知大千居士的老師曾農髯先生，說他是黑猿轉生，乃爲命名曰蝯，字季蝯，蝯即古寫猿字。又讀大千居士的「說畫」：「畫家自身便認爲是上帝，有創造萬物的本領。畫中要下雨就可以下雨，要出太陽就可以出太陽。造化在我手裏，這裏缺少一個山峯，便加一個山峯。也就是古人所說：『筆補造化天無功。』」讀後，我大喜曰：此眞「齊天大聖美猴王」矣！於是又製「風蝶令」一闋爲壽：

變去神針舊，拈來彩筆新。造山造水造風雲，更造百花長使四時春。　創造齊天績，修爲作佛身。等閒潑墨氣絪縕，一畫劈開混沌造乾坤。（用苦瓜和尚語）

在大千先生目疾將施刀圭之前，又作「三字令」小詞以祝之，詞曰：

公之目，慧所積，靈所蓄。無不照，無不矚。造天地，美羣生，耀國族。　康而吉，翳必明，光必復。再揮灑，且萬軸。天所相，百靈護，瓣香祝。

現在大千先生的目疾竟愈，眞是吉人天相，允符私祝。

×　　×　　×

另一體的「三字令」，是壽何敬之上將八秩大慶。先是在筵間晤汪公紀兄，他約我合作，我做他寫，公紀一筆十分挺秀的字，與我合作多次，我自樂於從命。何況敬公是我的老長官，應有善頌善禱之詞。詞曰：

爲名將，爲福將，爲上將，爲大將。國復興，廉頗壯。收神州，再將將。椿八千，壽無量。晉百觴，春浩蕩。

爲名將，不必是福將；爲名將福將，不必做到上將；做到上將，不必是大將。「將比「將難，兼之更難。敬公生日是二月方半，故結句用「春浩蕩」，既熱鬧，又吉祥。

×　　×　　×

還有兩位長者，既是八十華誕，又是鑽石婚紀念之喜，一位是馬木軒（壽華）先生，一位是梁和鈞（敬錞）先生。

先是王愷和先生約我合作以賀馬木老，並告我一個最寶貴的資料：馬木老與夫人結褵後，六十年中未曾一日分離。這是亂離之世絕無僅有的佳話，不可不賀。我做了一闋「人月圓」：

最難二萬二千日，相守總成雙。幾生修得，神仙眷屬，福祿鴛鴦。 秋曹望重，春臺德盛，萬頃汪汪。千秋餘事，丹青寫韻，翰墨生香。

王愷和先生以其積五十年功力的楷書，寫好送去，木老欣然色喜，對「最難二萬二千日，相守總成雙」兩句，尤爲高興。後來一次在木老府中有文酒之會，木老是書畫名家，四壁琳瑯，幾無隙地，而且都是珍品。當我們走進木老的書室，一張大書桌，一張大椅之後，正壁上高懸此詞。木老指着說：「先掛在小客廳，後掛在大客廳，現在改掛在畫室。」木老如此厚愛，對我是一大鼓勵。

賀梁和鈞先生的詞，也是「人月圓」：

匡時碩學兼清望，福壽又雙全。神仙眷屬，大椿春永，寶鑽光妍。 覇才老去，閉門著史，巨筆如椽。文雄班馬，風高梁孟，不朽同傳。

此詞由成惕軒先生所寫，成先生雖非書家，但其小楷多秀潤之美，墨香中有書香。他是詩詞大家，能允寫我之作，亦以示鑒定謬賞之意。後來，我去看梁和老，客廳的左邊壁上一幅名家山水，當中壁上即是我的小詞。和老笑着說：「我只掛你的大作。」這一位具有霸才的史家，厚愛如此，也是對我一大鼓勵。

× × ×

又有兩位賜予合作的學人，一位是書法之名早滿天下的莊慕陵（嚴）先生，一位是深自謙抑，惜墨如金的戴靜山（君仁）先生。

先是我奉到戴靜老惠貽他的「梅園詩存」手鈔印本，適知中秋令節正是他的七十華誕，乃製詞答謝，兼以爲賀。調子是「水龍吟」：

開篇珠玉生輝，換鵝繡虎兼雙美。空靈神韻，崢嶸風骨，前賢斯繼。莊子玄機，陶公高趣，詩心相契。誦四人合詠，一源微旨，寬情操，觀德器。志在百年至計，沐春風萬千桃李。深心憂世，上庠論道，蕭齋註易。樽酒清歡，枰棋雅興，延年美意。喜逢辰秋好，齊眉人壽，明月圓，黃花麗。

此詞得到戴靜老的好友莊慕老賜書。因而我壽莊慕老的小詞，便請戴靜老賜書。詞的調子是「秋波媚」：

問年看盡人間寶，休說海成田。先生一笑，王興王廢，彈指千年。 揮毫名早傳天下，萬紙起雲烟。心遊彝鼎，趣耽濠濮，人望神仙。

此詞雖是小令，但却經營久之。困難在如何將慕老一生服務貢獻的故宮博物院工作表達出來。思之思之久而不得；一天，由台北到台中的火車上，靈感忽至，上半闋難關既通，下半闋乃迎刃而解，不禁大喜。我是一個奔走衣食僕僕道途的窮忙之人，所有詩詞對聯之作，皆在交通車上構思而成，應該算是「行吟」。我養成在車聲輪影中「行吟」的習慣，靜坐在明窗淨几之前，反而一字難成了。

× × ×

莊慕老雖自故宮博物院退休，仍住在故宮博物院左側依山的宿舍。他發現故宮博物院右側的山後，豁然開朗，有竹，有樹，有曲水，水邊一石，刻有「流觴」二字，查係日人曾在此修禊之迹。慕老因今年適逢癸丑，是第二十七度蘭亭修禊之年，特發起雅集。又因距今六十年前的第二十六度癸丑，梁任公先生在北平北海公園的「流水音」大會羣賢修禊，慕老乃對此曲水一區，即以「流水音」名之。雅集之後，慕老請劉延濤先生繪「雙溪修禊圖」長卷，與會者的詩文皆錄於後。我做了一首「沁園春」，並附小序：

三月三日，爲古人修禊之辰，今歲在癸丑，又爲蘭亭修禊之歲自永和九年迄今一千六百二十年，適逢第二十七度癸丑。莊慕陵先生折柬相招，修禊於雙溪山陰之流水音。水邊一石，舊刻流觴二字。主人好古，特製木斗，曲水可浮；又製竹手，迴波可引。更與客約，各携紹興酒一瓶，以助逸興。是日也，少長咸集，天朗氣清。臨流倚聲，用誌斯盛。

三月三日，二十七度，癸丑嘉辰。喜雙溪修禊，看山環碧；一碑摩字，聽水多音。酒酌鵝黃，觴流鴨綠，遙接風流百代新。欣此地，有茂林修竹，還客騷人。 主人魏晉風神，製小柬，瑤箋雅足珍。更清芬竹手，迴波徐引；古香木斗，坐草閒傾。玉管無聲，金烏耀采，俯仰興懷念右軍。今若昔，能同欣所遇，有感斯文。

此詞我請王愷和先生爲我代寫。我有兩位好友，不僅經常與我合作，而且有時爲我代筆，一是愷老，一是謝鍾厂兄，他們都是書法名家，慷慨賜予我的方便，使我更不願練習寫字，我也再沒有四五十年讓我練習，也不可能寫得他們一樣的好。而且，因爲有了這種翰墨因緣，往往增加合作者的私誼。這是我不善書的好處，也是我善用其短的好處，我深懷感謝之誠，珍惜所有的翰墨因緣。

哀培鑫

——趙培鑫在美國——

・侯北人・

廿七年前梅蘭芳（左）與趙培鑫（右）合演「御碑亭」

遠在一九四六年的冬天，在南京的國民大會的晚會中，有梅蘭芳與趙培鑫合演的「御碑亭」一戲，記得那時他給我的印象是清秀、瀟洒，台風和唱腔都非常優美，有一種說不出的吸引人的力量。

自從離開舊都到抗戰後方，而又回到上海，這是我第一次看到的一場戲。當時我問及坐在我身旁的另一位代表，才知道培鑫出身吳門世家，因爲傾心舊劇，不顧一切的下苦功，求名師，揮金如土，終於成爲一代名票，時常同內行名角如梅蘭芳、程硯秋、馬連良、麒麟童等聯合演出。

戲散後，我們走出了國民大會堂，餘韻猶在，我不禁對我身旁的朋友說：「趙培鑫應改爲趙鑫培，頗有直追老譚的氣概！」這不是一句笑話，我當時對他的戲，的確萬分欣賞。

想不到事隔二十五年，我們同因流徙海外而結識，更想不到結識僅僅兩年的時光，我親身在他的病榻旁邊，聽他斷斷續續的遺言，親身爲他扶棺送殯；在這夜晚的燈下，執筆寫這篇文章來紀念他。人生的滄桑變化，悲歡際遇，眞是不可想像，眞是無法猜測，走筆至此，想起他最後幾日的悽涼、寂寞、痛苦、失望、悲恨之情，不禁爲之淚下！

他第一次來美，是在一九七〇年冬天，在一次的聚會中偶然遇到的。那時他給我的印象，雖然與二十五年前我在「御碑亭」中所看到的不同，且年已接近六十，但是他那清秀的面目，瀟洒的態度，以及言語中所含有的江南人的文雅，說句內行話，他無論是在台上，或台下，實在是夠得上一個「角兒」。

後來他又回到了香港。一直到一九七二年的春天，我才突然接到他從香港寄來的信，告訴我說他即將來美，可能作久居之計。朋友們聽到這個消息之後，都非常高興。

不久，他眞的遷居到美國來了。一天，在黃京生雷靜瑜夫婦的家裏又會到了他。濶別一年，他一切如舊，談到了這次他決心在美國定居之後，打算把所有的，和所知道的京戲上的東西，儘量傳給喜歡這門藝術的朋友。他並一再表示：「設帳授徒不敢，只是希望有人肯學，大家在一起研究，同時我已經到了應該退休的時候了。」

以後，朋友們每有雅集或小叙，總是有他參加。而且每次爲朋友所請，他從不推辭，高興清唱幾段，使我們有機會沉醉在他那圓潤、幽美的唱腔裏。從這時候起，夏道師、楊樹森、吳坤淦諸人開始跟他學戲了。

那時每星期三夏道師、鍾頎、黃京生、雷靜瑜諸人有一吊嗓聚會，我不會唱，但也參加。後來培鑫也時常來，因之使我有更多的機會同他接近。每於茶餘飯後，多喜歡談些梨園中的舊事，以及他在京劇上的經驗和掌故。這些談話，在歷史和藝術上，都非常可貴。記得有一次他高興的說：「將來找些時間，我說你記，能夠寫下來一些，印出來，也可以留爲紀念。」我想那許許多多的故事以及他學藝的經驗，一定都是可貴的，値得留存的，可惜此志未成，他竟西去，思之令人惋惜不已！

也就是在這時，我親眼看到他爲人「說戲」。他對一字一句的吞吐，以及氣口的運用，一板一眼，都詳細的指點告訴，並三番二次的唱出來、做出來給他們看。那種認眞的態度，使我非常敬佩。記得有一次在靜瑜的家裏，爲了教他們身段，親自穿起他那件紅蟒，曾累得他汗流浹背。

我覺得他在「說戲」時候的態度，是認眞的、直率的，而且坦白的。是要把自己的東西儘量都拿出來，教給別人。他時常這樣說：「這種玩意，象徵的動作多，唱腔的變化複雜，不下工夫練習，是不容易做好的。」這幾句話，可以說是他從事京劇生活的經驗之談，也是學戲者應有的基本態度。

一九七二年秋天，在舊金山他有一次演出，這是他到美國後的第一次登台，這也是他的舞台生活的最後一次。那時有誰會想到，這不滿六十歲的名票，是在舞台上作他最後一次的上演、最後一次的粉墨登場呢！想起那天他在戲中的優美聲腔和身段，如今與他身軀同歸於灰化了，不禁悲傷淚下！

那天他演的是「捉放曹」中「行路」和「宿店」。有名票周曾祚飾曹操，齊樂平、王學文分飾呂伯奢及店家。

在這場戲演出前，我曾爲文介紹培鑫的生平和從事藝術生活的輝煌成就。文中說：「以他的天賦才華，和刻苦的工夫，再加上他的金錢和數十年的時間，從事這門藝術如一日，才獲得今日的聲譽和地位，這一成就，得之非易，可以這樣說：他爲了演戲，耗盡了他的所有。……」

在他排演這齣戲時，有幾次，我都在場，他很認眞，心情有時不免緊張，他總是說：「要玩，就要玩得像樣，一點都不能馬虎。」我想他之所以能夠在戲劇上有這樣大的成就，或許就是因爲他永遠抱着這種認眞的態度。

但是，在這戲上演的前兩天，我發現他的心緒不太好，言語頗多牢騷，當時我曾勸過他，不要因小事而影響演出，要以藝術爲重。

捉放的「行路」和「宿店」是余派正宗，也可以說是他的看家戲，那天的演出，在我們看，是無瑕可擊，他的唱做，到了爐火純青的化境，是相當成功的。可是他自己覺得心情不佳，演得不夠理想。當時我在台下便看出他在台上的情緒了。這一點，很容易使人瞭解，以他過去那種轟動菊壇，稱霸票界的聲勢，揮金如土的氣概，今日流徙海外，爲演一場戲，風風雨雨，自然使他爲之傷心，影響他的情緒。

戲散後，他默默無言，朋友們向他致賀時，他祗是報以苦笑。

這場戲，在整個演出上，是成功的，但是，在他個人的經濟上和感情上來說，是失敗了。

從此以後，他幾乎謝絕一切來往，杜門不出，只是爲夏道師雷靜瑜諸人所請，有時還參加他們的吊嗓雅集之會。就在這時，我們發現他患胃疾，飲食不多，身體有些消瘦。問起來，他總是指着胃說。這是老毛病，本錢太小，不能多吃。言下頗不在乎。我們勸他去醫院檢查一下，他說這把老骨頭要它也沒用了，算了吧！想不到，後來眞的由胃病而肝病，終於毀壞了他那不可評價的「一把老骨頭」！

記得有一次，我邀他到家裏來吃便飯。座中有林化明琴師，他一時興起，清唱了「碰碑」及全本「搜孤救孤」。我特別錄音下來。唱後，他笑着對我說：「留作紀念吧！將來再能不能唱出來，很難說。」想不到一語成讖，這眞的成爲我親自聽他的最後一次清唱了。每於靜寂夜晚，默然聽着那天錄下來的那蒼涼、悲憤的每句唱詞，想起那天他清唱時的神情，猶在目前！

今年二月末，內子做了些麵食和幾樣菜，請些朋友小叙，培鑫也應邀欣然而來。他一進門，便笑着對我說：「侯爺，今天一定是你的生日！」我聽後連忙否認。後來內子將孩子們從波士頓定製的蛋糕拿出來敬客，他用戲裏的白口「我這一猜麽，就猜着了。侯爺請酒！」我永遠無法忘記他那飄逸、天眞、富於感情的話。這一天，是他生前最後一次在我家裏聚會，至今難忘那天深夜他走出我家門時的消瘦的背影。

自右至左：趙培鑫、侯北人、段昌智、夏道師等，最左二人爲金素琴及雷靜瑜

過去，我每至環華庵晤張大千先生，他總是問及培鑫的生活情況，頗多關注之情，且時言其師冬皇藝術造詣之深，推崇不已。愛屋及烏，故當培鑫上演「捉放曹」前數日，曾遣張夫人及公子葆蘿親自購票，不幸自金山回環華庵途中座車被撞，張夫人及葆蘿均受傷，以致未能看到他那次上演，大千先生猶耿耿於懷，引爲憾事。大千先生嘗言，我們愛藝術，因愛其藝術而愛其人，任何一藝之成，都非易事，故要珍視愛護。

其後，金素琴女士自台北來與培鑫同時寄居金山。一爲鬚生泰斗，一是青衣祭酒，故當梅心如先生來美在環華庵時，曾與大千先生談及如金趙合作演出，實爲劇壇空前之盛舉。

翌日梅心如先生去金山，即邀晤金素琴與培鑫餐叙，言及合作演出事，當時金趙兩人歡然同意，願在海外爲發揚國劇而盡力，聽說心如先生高興得立刻把這件事以電話告訴大千先生。

今年三月中，陳曉六教授及楊宏煜先生，以個人名義首先發起，預備籌組一演出委員會，推動金趙合作演出的事。他們計劃在前聯合國成立大會的舊址，爲上演的地點。所以要選定那裏也是因爲當時身爲五强之一的中國，在那裏會草署憲章，如今則被迫退出了。如果中國人能重登該台表演中國傳統的藝術，多少也有些意義。至於日期，因爲只有六月初第二個週末場子空出，所以暫定於六月九日。

三月二十八日，我因事到環華庵去，那天我的日記是這樣寫的：

『星期三，早九時依約至環華庵，閒談中大千先生問起金趙合作演戲事。告以陳曉六、楊宏煜發起，已在進行中。大千先生聞之興奮非常。當允寫合作演出特刊，並立即執筆。後並言畫一戲裝人物作爲特刊封面之用，言除十三年前曾畫川劇小鶴卿之白蛇及爲本刊編者畫過呂月樵的戲迷傳外，此將爲第三次。後大千先生又言：還是畫兩張吧，一送與金大姐，一送與趙先生，也好留爲紀念。等戲碼及角色決定後告訴我，我還要親自爲他們寫海報，就是誰飾什麼角色，我都要寫上去，使這海報留爲永久紀念。

他說話時的心情，既興奮又愉快。表示全力贊助之意。後來我問及哪一齣戲適合於金趙合作的演出？他稍加思索後說：培鑫是先學馬後宗余，又拜孟爲師，其藝兼馬余孟之長。金大姐爲梅派祭酒，如能演「打漁殺家」，實爲好戲。我告訴他，此次金趙合作，預備同晚上演二齣戲。大千先生聞之又稍加思索後說：「打漁殺家」可以說是培鑫的戲，如果再唱一齣「寶蓮燈」，那就是金大姐的戲了。一齣西皮，一齣二黃，這樣不是很好嗎？記得我從前看「寶蓮燈」時，曾爲之心酸流淚！後又言：那麽請你代我找到他們的「打漁殺家」和「寶蓮燈」的戲照寄來，作爲畫封面畫時的參考之用。

後大千先生又言姚莘農教授即將來晤，當請其負責英文宣傳事項，使美國人能瞭解中國戲劇之深奧所在。這樣才能收發揚文化之效。

午餐後，離環華庵時，再囑即將金趙兩人之戲照寄去。」

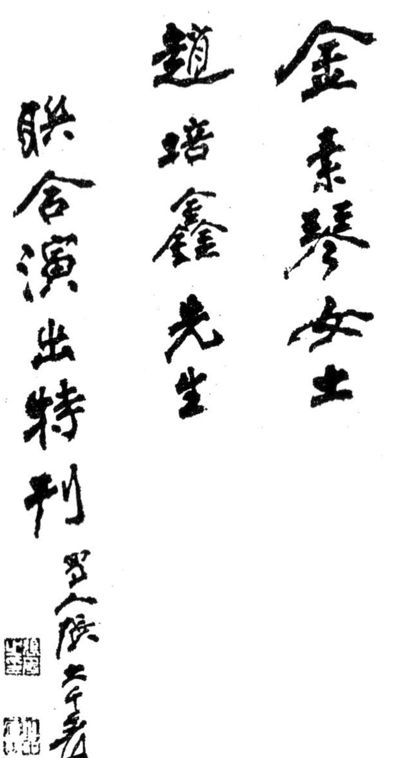

大千居士為金趙合作特刊題字

又：當大千先生題特刊封面字時，爲金趙之排名，曾加思索。笑謂：在美國是女人第一，還是讓金大姐領銜罷，乃欣然命筆。

那天夜裏，道師、靜瑜諸人的吊嗓集會是在夏家。我從環華庵歸來後，把大千先生手書的特刊封面字交給他們。恰巧金大姐及培鑫都在座，並告以寫海報畫封面之事。他們聞後，興奮異常，尤其培鑫，他對大千先生對他的關懷愛護，非常感動。當時我並向他解釋封面排名之事，他再三表示，不論那方面說，都應金大姐領銜。可見培鑫他在藝術上的態度是非常謙遜的，這也可能是他在藝術上成功的原因之一。

同時他並對金大姐說：「我們一定要把本錢拿出來，把這場戲唱好。」高興愉快之情，無法形容。飯後，他們立刻排練起來，在客廳中跑圓場，演打漁時兩個人的身段，以及一舉手，一投足，雖然沒有扮上戲，可是一舉一動，也足以使人歡喜讚嘆了。

可是，想不到這却成了最後一次我們幾個人看到培鑫的表演了。當他排練完了，那興奮的情懷，快樂的樣子，是自從演完「捉放曹」以後，第一次看到的。

四月十三日我接到培鑫的「打漁殺家」的劇照，連同金大姐的劇照，一併送給大千先生。

可是當金趙合作演出的消息傳出後，意外的遭到許多阻撓，竟使培鑫這台戲不能順利演出，其中是是非非，將來自有公論，這裏暫且帶過。

不久，培鑫即以病聞，足不出戶。五月二十二日赴東華醫院檢查胃疾後，立刻被送入金山市市立醫院，越二日，我同金大姐、夏道師夫婦，京生、靜瑜及內子等人到醫院去看他，告以有肝病，不能進飲食，即使飲水少許，也苦痛萬分，人很瘦，面色蒼白，不過精神尚好，仍念念不忘合作演出之事，他對我說：「那兩齣戲唱不成，死了也不甘心！」言頗悲憤。適道師也在側，我們安慰他說，等病好了健康恢復時，一定要唱。

過了幾天，我們又去看他，病情突然轉變得令人憂心。他仍不能進飲食，開始注射鹽水及葡萄糖，人突然瘦下去，面色灰黑，脚呈浮腫，無氣力，說話時聲音非常微弱，兩眼不像以前那樣有神了。他當時看到我們去看他，欲語無聲，淚

趙培鑫逝世在美國報紙上刊載之訃告

訃告 2107

趙公培鑫上海人氏痛於一九七三年六月六日下午弍時在美國舊金山醫院逝世積閏享壽六十歲已於六月七日下午弍時在長綠殯儀舘舉行出殯禮

忝屬

宗親戚友世鄉誼哀此訃

聞

妻 趙施梅影
胞兄 培堃
胞弟 培榮 培炎 培忠 培元 培安 培基
胞妹 祖娟 慧娟

同泣告

從眼中流出來，他把我叫到他的身旁，用微弱的聲音，斷續的說：「請你告訴張老先生，（他一向這樣稱大千先生）那兩齣戲，我恐怕不能唱了，對他說，我對不起他！」在側的人聞之不禁哭泣成聲，尤以靜瑜哀痛過甚，幾成淚人！

趙培鑫在美國的喪禮

六月三日，靜瑜電告，謂醫生言，趙先生病況轉劇，可能不久人世。當即約同金大姐、道師夫婦、京生夫婦等去醫院，培鑫已移至另一單人房，除去鹽水等注射，人已入昏迷狀態，張目時間很少，兩頰深陷，面色已黑，我們站在他床邊良久，他突然張目看看我們，唇微動，狀似欲言而無聲！離開時，我是最後從他病房走出的，他看我一眼，微微搖頭，又閉上了眼睛，這是我最後一次看他。二十七年前，我初次看他在舞台上紅極一時，想看他，無機緣，二十七年後的今天，我可以隨時看他，惜天不假時日，我們終於永訣！人生就是這樣，這樣也就是人生吧！

六月六日下午二時，這一代名票終於因胃病、肝疾與世長辭了。

其胞弟培炎、培忠、培基等家人於培鑫病中曾數次自羅省來看視，並為安排後事，辦理至為妥善。其在金山友好，多去慰問，且不止一次二次。其間，雷靜瑜幾乎每日必至，侍候左右，哀傷異常！金大姐親拭流涎，道師扶掖便溺，此情此景都足以感人，令人心酸！世間能有幾人得此厚愛，培鑫生前有知，死後於地下，也足以自慰了！

依培忠等家人的安排，請夏道師、王昌杰、黃京生、周曾祚、楊樹森、及我為之扶靈，於六月六日下午二時，在長綠殯儀館舉行出殯禮，親友頗多，記得有一次在醫院中，那值班的醫生對我們說：趙先生一定很有名，人也好，不然不會有這麼多的朋友來看他。其實培鑫生前死後，何祗就這幾個朋友，他有成千成萬的朋友，當他生前，多少人為他的戲而傾倒！他死後，當人們聽到他留下來的歌聲時，多少人要因之而哭泣，而懷念，而哀思！

依照遺囑，培鑫之軀體火化了。並將骨灰運回台灣，安葬於台北。

當大千先生自巴西歸來後，我曾將培鑫生前的遺言轉告他，他聞之傷感不已。他當時正患腰骨痠痛，但仍要約我去拜墓。我才不得不告訴他，培鑫之遺骸經火化後，已運回台北了。

故國山河的秀麗，伴此一代藝人長眠，讓那阿里山的雲海，日月潭的清波，濯清你的煩惱，去靜靜的安息罷。

（七月四日）

本刊上期刊載「一代名票趙培鑫」一文，其中有關譚硯華之母夫人，實係譚敬先生元配，並非側室。至於硯華小姐與趙培鑫君初次在港合作演出，乃由竇曉東陳涵清兩先生，陪同趙君前往譚府商請協助。並經竇陳兩君敦勸。譚始應允義務演出「櫃中緣」，趙演「失空斬」。關於趙君在港先後遷居數處，並非寄寓譚府。刊載有誤一併更正順致萬分歉意。

悼念嚴師獨鶴

劉嘉猷

讀本刊第三十八期陳蝶衣兄大作「嚴獨鶴與周瘦鵑」，不禁勾起筆者對獨鶴老師的一片回憶，因撰蕪文，以實本刊，旨在悼念，不遑計及續貂之誚了。

筆者在一九三一年從光華大學出來，經孫傳芳五省督辦駐滬辦事處處長宋雪琴老伯舉薦，入上海金城銀行供職，當時該行的經理為吳蘊齋先生。從那時候起，我就利用業餘時間投稿，為新聞報的副刊「快活林」和申報的「自由談」寫些雜感之類的小品文字。其後「快活林」改稱「新園林」，我被邀為該刊的特約撰述，坐此翰墨因緣，得識該刊主編嚴獨鶴先生，復以其道德文章，素為我所心折崇拜，乃請蘊齋先生介紹拜其為師，這是獨鶴先生與我發生師生關係的淵源。

快活之鶴
市民喉舌

報紙的副刊，諸者稱之為「報屁股」，似乎不為士大夫階級所重視，但當時的「快活林」則不然，主要是鶴師的一篇「談話」具有極强的號召力，因為「談話」的取材，往往揭開社會的醜惡面，針砭軍閥的猖狂，和權貴的乖行，而以冷嘲熱諷的筆觸出之，頗有皮裏陽秋之妙，使讀者像是着了迷一樣，一般市民上至闤闠名流，下至各行業的商店夥伴，翻開新聞報，均以先覩「快活林」為快。認為鶴師的「談話」，代表了讀者的心聲。他立論似乎是個自然主義者，充份宣揚自然規律。他又認為所謂社會，實含有人類與社會鬥爭的意義。於是他以客觀的態度，來觀察，檢討，批評，指摘社會的病態，發為談話，加以糾正。

因此，我總覺得鶴師雖為「快活林」的一個園丁，但筆力雄偉，橫掃千軍，他的「談話」為新聞文學寫下了輝煌的一頁。他是一個沒有名流氣燄的文壇巨子，他的創作精神，鞏固了他在新聞界的地位。「新園林」的一片蓬勃氣象，使新聞報永遠活在春天裏！

鶴師確是啓發我寫作興趣的明燈，他寫「談話」，下筆很是謹愼，字斟句酌，仔細推敲，所以每成一文，字字擲地有聲，乃能負全國輿論之重望。當時金城銀行行址在江西路，與漢口路新聞報館址可謂近在咫尺，所以我在下午五時下班，總到新聞報編輯部去，那正是鶴師撰述「談話」的時候，文人吸煙原屬常事，但他的香煙癮實在太深，幾乎一支接一支的煙不離口，以致口唇被薰得發黃，連鼻尖也顯得微紅，有時文思沉滯，每喜用特備的精製剪刀，修理指甲。「談話」撰成，即與副刊稿一併發排。我在他寫作時每借助理編輯游士璉兄的桌子寫些雜文，也正因為我和鶴師時常相處在一起，受到他的薰陶也特別深，行文有時不免尖銳，却無傷忠厚。當時陳蝶衣兄，亦在編輯部工作，時常覿面，而我之得識蝶衣兄，亦由鶴師為我鄭重介紹，說是：「陳先生才氣橫溢，於舊文學極有根基，詩做得好，詞塡得更妙，你應當向他學習！」蝶衣兄沉默儒雅，學者風度，他第一次給我的印象便是如此的深刻。

園地公開
奇葩競放

當時上海新聞報號稱日銷十三萬份，「快活林」尤為讀者所歡迎，其中所刊文字，通俗而寓有深意，鶴師的「談話」，馬星馳的插畫，李涵秋的小說，吸引力特强。「快活林」的稿酬豐，讀者多，很能鼓勵寫作者的興趣，但有不少投稿者却認為門羅主義太深，如無特殊關係，不易採用。我則以為「快活林」的園地是公開的，因為筆者在未認識鶴師前，已是「快活林」作者的一份子。如果一定要說「快活林」門禁森嚴，那僅是指長篇小說的地盤而言。

李涵秋的「廣陵潮」在「快活林」連載，頗為轟動。後來接着刊載平江不肖生的「留東新史」，當然李涵秋與向愷然的才情橫溢，固是他們成名的條件，但「快活林」這一塊地盤幫助他們克享盛名，也是不可磨滅的事實。

據我所知，張恨水的「啼笑因緣」說部得在「快活林」刊出，也稍有周折，緣張恨水將「啼笑因緣」原稿託成舍我交給鶴師，但因託登「快活林」的小說實在太多，於是那部「啼笑因緣」原稿擱置在新聞報編輯部的鉛絲網裏有一年多，沒有理會到它，直到後來鶴師應華北文化協會之邀到華北去，並參加了張學良的招待會，就在那次招待會上，恨水經張漢卿的介紹，始與鶴師晤面，同時張漢卿在鶴師前竭力吹噓恨水的才華，也提起了那部「啼笑因緣」。俟鶴師回到上海，檢出「啼笑因緣」細看一遍後，才決定在「快活林」發刊的。該部小說一經刊載，因為情節曲折，引人入勝，而書中人物沈鳳喜、何麗娜、關秀姑三個不同思想、不同環境、不同個性的女性，有着極生動細緻的描繪，風靡了整個大江南北的讀者，造成張恨水不單在華北享譽，且進而全國聞名了。

個性仁慈
工作認真

鶴師性愛整潔，講究衣着，外貌和善，內心仁慈，待人一片至誠，對同門師兄弟愛護備至，而在工作上更是一絲不苟，認眞非凡。新聞報增出夜報後，副刊「夜聲」版，名義上是鶴師主編，實際執行編輯則由蔣劍侯先生兼理，蔣先生每天用「丈二和尚」筆名寫一篇談話，連同編齊的「夜聲」全版稿，交鶴師審閱後再發排字房。尤其他看夜報的大樣，非常審愼仔細，這也可以表示他的工作態度，富於責任心之一斑。那時汪伯奇先生雖為新聞報總經理，但問事較少，大權却在

一九四零年元旦攝於鶴廬（穆一龍攝）

立者自右至左：芮鴻初、王人路、蔣劍侯、雪兒夫人、嚴蔭武、朱庭筠、本文作者、周鷄晨、蕭亢石、游士璉、前坐者錢病鶴、嚴獨鶴。

其弟仲韋先生之手，仲韋不似伯奇那樣的隨和，得一傲字，但對鶴師則異常尊敬，鶴師如有任何建議，總是樂於採納，足徵新聞報當局是如何器重鶴師了。

幸福家庭　妻賢子慧

鶴師有個幸福家庭，他住在法租界呂班路（後稱重慶南路）三德坊七號，那是幢三上三下的石庫門房屋，非常寬大。他手足情深，照顧二個胞弟同住在一起。他自己是老大，老二蔭武叔是東吳法科出身，法理精湛，極能扶持正義，尤能片言折獄，故在法律界頗著聲譽，當時與陳霆銳、江一平、鄂森同享盛名。他天賦異相，所謂五嶽朝天的朱元璋型，體格魁梧，而其聲如蚊，星卜者認為相中之忌。其表親新聞報專門採訪兩路新聞的外勤記者馬直山兄常跟我們這位蔭武叔開玩笑說：「龐然大物，胆小如鼠！」他是在一九五二年年底患腦溢血症逝世的。老三是畹滋叔，為上海市商會秘書，沉默寡言，滿腹經綸，却以患脚癬，擦破皮膚，塗一種不知名的藥油，以致血中毒逝世。畹滋叔之死，鶴師歸咎於該項藥油之不潔，認為死得無辜。曾在「談話」中寫「哭畹滋」之文達萬餘言，甚是傷心。畹滋叔仙逝後，上海市商會秘書，旋由筆名小記者的嚴諤聲先生繼任。

我認識鶴師時，正值其續絃，師母陸蘊玉女士，即蝶衣兄所記之紅倌人雪兒，雖出身於平康北里，但毫無風塵氣息，一派大家風範，尤其待人接物，和藹可親，禮數週到，內子有什麽家務事都愛去與師母商量，所以蘊玉師母很受到家人與親友們的尊敬。鶴師的長女汝瑛于歸朱燁醫師，次子祖祺肄業於交通大學攻土木工程，三女菊瑛正求學中西女中，和幼子祖福（為蘊玉師母所生）聰慧異常。鶴師在家庭裏最喜歡長女汝瑛和幼子祖福，對蘊玉師母尤其體貼入微。合家充滿一片融洽氣氛，允稱模範的快樂家庭，這是我一九四六年南來時鶴師的家庭情況。

生活趣味　文娛活動

鶴師最大的嗜好，除吸烟外喜吃花生米和龍蝨，愛作手談，平時在家裏的打牌搭子總是蔣劍侯、馬直山、周鷄晨和筆者。在外面打牌的搭子則是余空我、嚴寶禮、蔣宗義、杭石君、蔣劍侯、徐恥痕、唐世昌等，遇到三缺一，筆者也勉附驥尾。鶴師是竹林高手，牌張也很高，可是逢賭必輸。還有一點很奇怪，他平時待人接物，眞是藹然長者，然一上牌桌，便顯的牌品並不太好，給他吃牌，會怪你把他的好牌漏到下家去了，不給他吃牌又會怨你釘得太緊了，我與劍侯先生稍能揣摩鶴師的心理，牌張並不太緊，鷄晨最剛直，往往釘足輸贏，因此鶴師非要遇到三缺一，才會找到鷄晨，往事如烟，現在回想起來，眞像是夢一樣。

鶴師很少參加外面的文娛活動，有之，則僅參加星社而已。星社社員胥屬文壇健將，書畫金石名家，我之參加星社乃應鶴師與程小青兄之邀，事實上我好酒而不善文，濫竽充數罷了。當時的新文學寫作者認為星社是鴛鴦蝴蝶派文人的集會，一羣象牙之塔裏的無病呻吟者。其實並不然，星社社員對舊文學都有相當根基，而且為文頗有針砭腐敗社會的力量，並非完全專吟風花雪月，徒作文字堆砌。我曾跟光華老同學新文學家穆時英說過：「別小覷星社社員，他們在舊文學上的修養，你老兄未必能勝過！」他給我說得有些面紅。當然穆時英已成古人，此種對話，自屬死無對證之類，誌之，無非說明星社初非單純的文酒之會，所以魏紹昌編纂的「中國現代文學史資料叢書」，也並未忽視星社的存在價值。

文藝門人　評劇義女

鶴師有不少門人，但這些並不包括他在上海北京路創辦的「大經中學」的學生在內，而是指眞正向他拜門的學生。據我所知有：芮鴻初、游士璉、劉春華（即筆者本名）、潘育三、蕭亢石、蘇曾祥女醫師、丁翔熊翔華昆仲、周鷄晨、穆一龍，後來又由鷄晨介紹以畫牛鼻子著名的黃堯及現在台北的華報社長朱庭筠也立雪「嚴」門。直到我來港後，還是庭筠告訴我，才知道此間電影界黃也白兄的夫人蘭兒，却是鶴師的「關山門」女弟子。

鶴師有兩個義女，一個是傷科名醫殷震賢的女公子嘉玉，震賢是崑曲票友，與俞振飛，顏傳玠被譽爲崑曲小生的三傑，震賢以在台上笑得動聽，人稱「殷笑」。另外一個是老畫師丁慕琴之女，漫畫家丁聰之妹一英，嫁與顧衡權，顧君原工作於電影界，後改行爲建築業，目前夫婦都在香港，一英已綠葉成蔭子滿枝了。

此外尚有一個名義上的義子和兩位義女，那就是馬直山介紹由北方南下擅演刀馬旦的平劇武旦閻世善，和評劇女伶朱寶霞、紫霞姊妹了。他們也都得到義父的庇蔭，後來閻世善演紅了一齣「楊排風」，朱氏雙霞則以演關鴻賓（坤伶顧正秋的老師）編撰的「狐狸緣」與「好姨太太」（其中唱詞曾經鶴師推敲削改）在上海非常轟動。其實寶霞爲同文尤半狂所喜，而紫霞則爲關鴻賓所力捧，鶴師不過逢場作戲，成人之美而已。平心而論，華北的地方劇種評劇（蹦蹦戲），一般人認爲是傳統低級文化的遺留，但能在上海如此發揚光大，應歸功於新聞界三傑，唐大郎、陳蝶衣、尤半狂分別捧紅了白玉霜、喜彩蓮和朱寶霞。言歸正傳，鶴師有這許多門人及義女，可見他的個性是如何喜愛熱鬧了。

情緒低沉 致攖肝腫

我從一九四六年之夏來港後，和鶴師鮮通音問，但我在每年的重陽節，總寄一張生日卡賀他快樂誕辰，新年也寄一張賀年卡給他，他也寄回一張賀年卡。一九五〇年後，生日卡與賀年卡，我還是照寄，却並未收到他的賀年卡了。猶憶一九五二年陳蝶衣兄來港，帶來了鶴師的消息，說是他已調任爲新聞圖書館管理員，頗能受到幹部的尊重，體亦清健。當時我曾有意計劃出版一本綜合性的月刊，其內容與蝶衣兄在滬時所主編的「萬象」雜誌同樣性質，擬請鶴師任督印人，並請蝶衣兄主編，後來因爲鶴師絕對無法離滬，而在香港辦文化事業也並不簡單，祇能作爲罷論。直到一九五三年九月，我接到了鶴師的親筆函如下圖。

當然我是照來函將西藥購妥寄去。從此我時時掛念他的肝腫病況，遺憾的是此後從未接到鶴師來函，託購西藥之信，變成了他給我最後的一封信，我懷疑可能是我屢次搬遷，以致來函無法投遞，也可能他的環境無法與海外朋友通訊，這種種更加深了我對他的懷念之情。

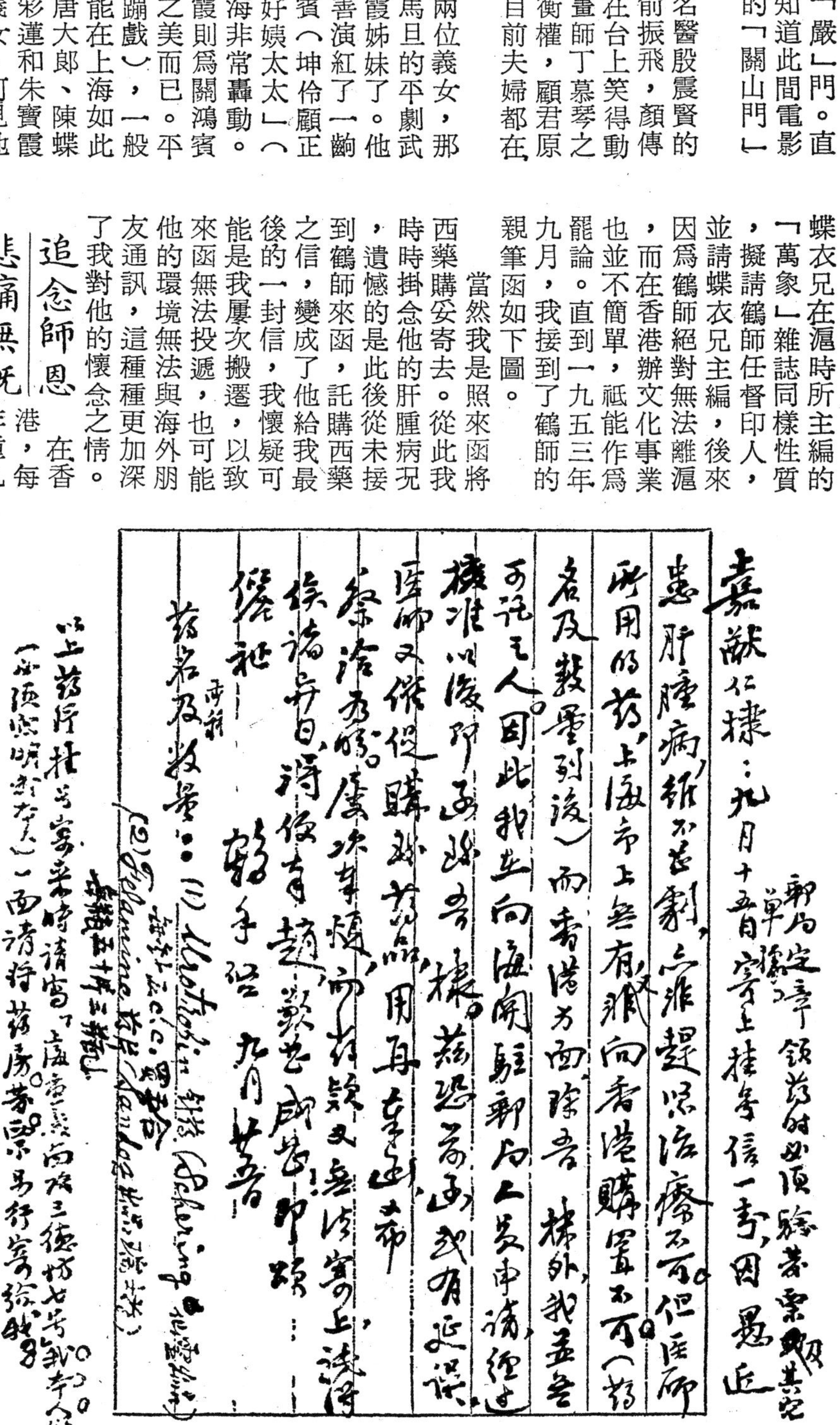

嚴獨鶴致本文作者手札

追念師恩 悲痛無既

在香港，每年重九，我總喜歡到太平山頂登高。當然這並無從俗應景的意思，却因秋高氣爽，站在山頂，瞻仰行雲，俯瞰流水，披襟當風，俗慮盡滌，確有一種洒脫而帶有詩意的情致。但主要還是因爲重九是鶴師的誕辰，我在山頂看天際行雲片片，遠樹蒼茫，夕陽的斜影，好像正有一隻仙鶴，獨立在松旁唏噓感嘆一樣！

如果重九在江南，我深深地記得，總是陪侍鶴師每年輪流到蘇州、無錫、杭州等地去暢遊，雖然不是避災，却有避壽之意，其在新聞報「快活林」編務，則倩小記者嚴謂聲，或丈二和尚蔣劍侯二位先生代理，年年重九，年年旅遊，賡續有十五年之久，每能盡興而返，所以留給我的印象也極深。

直到一九七一年秋末，我在尖沙咀樂宮樓畔邂逅陳蝶衣兄，才驚悉我所敬愛的鶴師已於一九七〇年之秋，在滬寓患肝癌遽歸道山。我爲這噩耗悼念了很久很久，一幕幕有關鶴師的往事，在腦際週而復始的盤旋不休。迄今猶追念師恩，悲痛無既！

「啼笑因緣」序

·嚴獨鶴·

我和張恨水先生初次會面，是在去年五月間；而腦海中印着「小說家張恨水」六個字的影子，却差不多已有六七年了。在六七年前（實在那一年已記不清楚），某書社出版了一冊短篇小說集，內中有恨水先生的一篇著作，雖是短短的幾百個字，而描寫甚爲深刻，措詞也十分雋妙。從此以後，我雖不知道恨水到底是什麼人？甚至也不知道他姓什麼？而對於他的小說，却已有相當的認識了。在近幾年來，恨水先生所作的長篇小說，散見於北方各日報；「上海畫報」中，也不斷的載着先生的佳作。我雖忙於職務，未能一一遍讀，但就已經閱讀者而論，總覺得恨水先生的作品，至少可以當得「不同凡俗」四個字。去年我到北平，由錢芥塵先生介紹，始和恨水先生由文字神交，結爲友誼；並承恨水先生答應我的請求，担任爲「快活林」撰著長篇小說。我自然表示十二分的欣幸。在「啼笑因緣」刊登在「快活林」之第一日起，便引起了無數讀者的歡迎了。至今書雖登完，這種歡迎的熱度，始終沒有減退。一時文壇中竟有「啼笑因緣迷」的口號。一部小說之能使閱者對於它發生迷戀，這在近人著作中，實在可以說是創造小說界的新紀錄。恨水先生對於讀者，固然要表示知己之感；就以我個人而論，也覺得異常高興。因爲我忝任「快活林」的編者。「快活林」中，有了一個好作家，說句笑話，譬如戲班中來了個超等名角，似乎我這個邀角的，也還邀得不錯哩！

以上所說的話，並非對於恨水先生「虛恭維」一番；更非對於「啼笑因緣」瞎吹一陣。恨水先生的自序中說：要講切實的話。（見本刊第十六期）而我所講的，也確是切實的話。不過關於此書，我在編輯「快活林」的時候，既逐日閱稿發稿，目前刊印單行本，又担任校訂之責，就這部書的本身上講，也還有許多話可說。話太多了，不能不分幾個層次。現在且分作三層來講：（一）描寫的藝術。（二）著作的方法。（三）全書結局和背景。

（一）描寫的藝術

小說首重描寫，這是大家所知道的。因爲一部小說，假令沒有良好的描寫，或者是著書的人，不會描寫，那麼據事直書，簡直是「記帳式」的敘述；或「起居注式」的紀錄罷了。試問還成何格局？有何趣味？所以要分別小說的好壞，須先看作者有無描寫的藝術。講到這部「啼笑因緣」，我可以說是恨水先生在此書上，已充分運用了他的藝術，也充分表現着他的藝術。現在且從全書中摘出幾點來，以研究其描寫的特長：

（甲）能表現個性

中國的舊小說，膾炙人口的，總要先數着「紅樓夢」、「水滸」、「儒林外史」，這幾部書。而「紅樓夢」「水滸」「儒林外史」的第一優點，就是描寫書中人的個性，各有不同，才覺得有作用，才覺得有情趣。假令「紅樓夢」上的小姐丫環，「水滸」上的一百零八位好漢，「儒林外史」上的許多人物，都和惠泉山上的泥人一般，鑄成一副模型，看的人便覺着討厭。不但不能成爲好小說，也簡直不成其爲小說了。「啼笑因緣」中的主角：除樊家樹自有其特點外，如沈鳳喜，如關秀姑，如何麗娜，其言語、動作、思想、完全各別，毫不相犯；乃至重要配角，如關壽峰，如劉將軍，如陶伯和夫婦，如樊端本，也各有特殊的個性，在文字中直顯出來，遂使閱者如親眼見着這許多人的行爲，如親耳聽得這許多人的說話，便感覺着有無窮的妙趣。

（乙）能深合情理

小說是描寫人生的，既然描寫人生，那麼筆下所敘述的，就該是人生所應有之事，不當出乎情理之外。（神怪小說及一切理想小說，又當別論。）常見近今有許多小說，著者因爲要想將情節寫得奇特一點，色彩描得濃厚一點，便弄得書中所舉的人物，不像世上所應有的人物；書中所敘的事情，也不像世上所應有的事情。「啼笑因緣」却完全沒有這個弊病。全書自首至尾，雖然奇文迭起，不作一直筆，不作一平筆，往往使人看了上一回，猜不到下一回；看了前文，料不定後文。但事實上的變化，與文字上的曲折，細想起來，却件件都深合情理，絲毫不荒唐，也絲毫不勉强。因此之故，能令讀者如入眞境，以至於着迷！

（丙）能於小動作中傳神

近來談電影者，都講究「小動作」。名導演家劉別謙，他就是最注意於小動作的。因爲一部影片中，單用說明書或對白來表現一切思想或情緒，那是呆的。對於「小動作」中傳神，那才是活的。小說和電影，論其性質，也是一樣。電影中最好少「對白」而多「動作」；小說中也最好少寫「說話」而多寫「動作」；尤其是「小動作」。若能於各人的「小動作」中，將各人的心事，透露出來，便格外耐人尋味。試就本書中舉幾個例子：如第三回鳳喜之纏手帕與數磚走路；第六回秀姑之修指甲；第二十二回樊家樹之兩次跌交；又同回何麗娜之掩窗帘與家樹之以手指掄菊花幹，俱爲神來之筆。全書似此等處甚多，未遑列舉。閱者能細心體會，自有隽味。恨水先生素有電影癖，我想他這種作法也許有幾分電影化。

（二）著作的方法

有了描寫的藝術，還須有著作的方法。所謂著作的方法，就是全書的結構和佈局。須於未動筆之前，先定出一種整個的辦法來：何者須剪裁，何者須呼應，何者須渲染；乃至於何者須順寫，何者須倒叙，何者寫反面，何者寫正面，都有了確定不移的計劃，然後可以揮寫自如。「啼笑因緣」全書二十二回，一氣呵成，沒有一處鬆懈，沒有一處散亂，更沒有一處自相矛盾，這就是在結構和布局方面，很費了一番心力的。也可以說是「著作的方法」，特別來得精妙。此外還有兩種特殊的優點，也不可不說。

（甲）暗示

全書常用暗示，使細心人讀之，不待終篇，而對於書中人物的將來，已可有相當的感覺，相當的領會。如鳳喜之貪慕虛榮，在第五回上學以後，要樊家樹購買眼鏡和自來水筆，已有了暗示。又如家樹和秀姑之不能結合，在十九回看戲，批評十三妹一段，已有了暗示。而第廿二回樊何結合，也仍不明說，只用桌上一對紅燭，作為暗示；這明是洞房花燭，却依然含意未露，留待讀者之體會。

（乙）虛寫

小說中的情節，若筆筆明寫，便覺太痲煩，太呆笨。藝術家論作畫，說必須畫中有畫，將一部分的佳景，隱藏在裏面，方有意味。講到作小說，却須書外有書，有許多妙文，都用虛寫，不必和盤托出，才有佳趣。「啼笑因緣」中，有三段大文章，都用虛寫：（一）第十二回鳳喜還珠却惠以後，沈三玄分明與劉將軍方面，協謀坑陷鳳喜，而書中却不着一語，只有警察調查戶口時，沈三玄搶着報明是唱大鼓的。這一點，畧露其意，而閱者自然明白。（二）第十九回山寺鋤奸，不從正面鋪排，只借報紙寫出，用筆甚簡而妙。（三）第二十二回關壽峰對樊家樹說：「可惜我對你兩分心力，只盡了一分。」只此一語，便知關氏父女不僅欲使樊何結合，並欲使鳳喜與家樹，亦重圓舊好。此中許多情節，全用虛寫，論意境是十分空靈，論文境也省却了不少的累贅。若在俗手為之，單就以上三段文字，至少又可以鋪張三五回。這就是「冲醬油湯」的辦法，湯越多，味却越淡了。

（三）全書結局和背景

讀小說者自然很注意於全書的結局和背景。關於「啼笑因緣」的結局，在恨水先生自己所作的『作完「啼笑因緣」後的說話』中，已講得很明白，很詳盡，我也不用再說什麼了。總之就我個人的意見，以及多數善讀小說者批評，都以為除了如此結局而外，不能再有別的寫法，比這個來得有餘味可尋。至於書中的背景，照恨水先生的自序：說是完全出於虛構。但我當面問他時，他却笑道：「像劉將軍這種人，在軍閥時代，不知能找出多少。像書中所叙的情節，在現代社會中，也不知能找出多少。何必定要尋根究底，說是有所專指呢？」言外之意，可以想見。總之天下事無眞非幻，無幻非眞，到底書中人，書中事，有無背景，為讀者計，也自無庸求之過深，暫且留着一個啞謎罷。

我的話說得太多了，就此作一結束。末了，我還有兩件事要報告讀者：（一）「啼笑因緣」小說。已由明星影片公司攝製影片，大約單行本刊印而後，不多時書中人物又可以在銀幕上湧現出來。（二）恨水先生已決定此後仍不斷的為「新聞報」「快活林」撰著長篇小說。此事在嗜讀小說，而尤其歡迎恨水先生作品者聞之，必更有異常的快慰。

中華民國十九年十二月十九日嚴獨鶴序于玉雪簃。

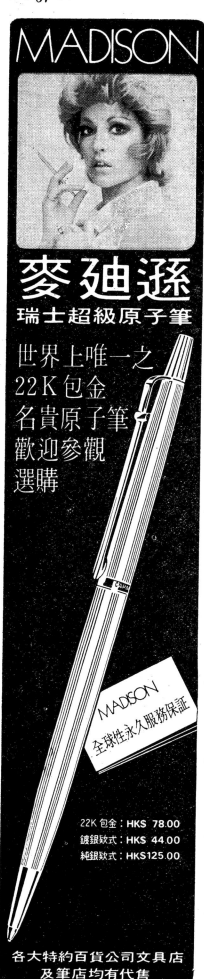

望平街憶舊

史量才死後的申報

胡憨珠

史詠賡繼承父志，要在香港創辦申報香港版，在滬同人如馬蔭良、趙叔雍等無不大吃一驚，認爲茲事體大，不可貿然從事，於是聯袂南下，同商大計。恰巧史詠賡在香港，也因分配人事關係，大感爲難，王顯廷、馮列山搶着要做總編輯，經馬蔭良與史詠賡會商之下，認爲編經兩部，都需要熟手，於是向上海徵調人員，決定了正式陣容。

陳陶遺當筵吟詩句

陳陶遺於關外鍛羽歸來以後，就懶於仕進，不再向宦海中求取斗粟，以謀生活。仍然回到上海的十里洋場做他的紳士寓公；並暗中從事奔走革命的秘密工作。當辛亥革命前夕，史量才在他「打鐵浜」的家裏製造炸彈，堆滿了一廂房間，這也就是史氏跟隨陳陶遺所走的革命路線。不過這條革命路線却不屬於吳興陳其美（英士）所領導，是以奉程德全（雪樓）爲正朔。所以辛亥年的上海革命，陳英士領導發難，首着先鞭，以致史量才的一廂房間的炸彈盡成廢物。但是革命源出一流，殊途同歸，在辛亥革命成功以後，論功行賞，史量才就因有秘密製造炸彈的功績，亦得獲膺懋賞，榮任松江鹽務管理所所長（按：當時名義爲所長，實際權力則係鹽運副使。）時任管理松江鹽運使職務的，即是後來經營普益紗廠經理的徐靜仁。這就是史量才和徐靜仁開始建立賓主關係，後來又發展多種事業的合作。非僅此也，即滬軍都督府清理處處長一職，也落在史量才身上。凡此都足以造成史量才與陳陶遺之間的深厚友誼的因素。

民國元年，臨時參議院成立，陳陶遺獲選爲江蘇省議員。從此以後他便蛻變成一名政客，浮沉於似官非官的宦海之中，周旋於北洋軍閥的武夫淘裏。同時史量才則一心一意，努力經營新聞事業；雖已分道揚鑣，各奔前程，如果發生了對二人有利害關係的問題，還是携手合作，相互臂助，藉收桴鼓相應之效。是以民國二十一年一月二十八日，當淞滬第一次抗日戰事發生，我國十九路軍與第五軍奮勇抵抗，並肩作戰。一時全滬人心大爲振奮，尤其是上海人的身當其境，更爲悲憤填膺。因此，史量才、虞洽卿、陳光甫、錢新之、胡筆江、杜月笙、王曉籟、穆藕初、郭秉文等等凡數十人，均屬上海金融、實業、教育、文化界著名的領袖人物，共同發起組織以支援抗戰爲唯一工作的「上海市民地方維持會」，舉凡前方慰勞，後方救濟，以及軍用物資的搜羅供應，皆屬於該會的工作範圍之中，亦顯出中國廣大的中華民族精神與民衆熱烈愛國的力量。

史量才被一致公推任會長，並推出杜月笙、王曉籟二人分任副會長；秘書主任一席則屬之陳陶遺。人才濟濟，既已集中，支援力量，自亦雄厚。是以前方的忠勇將士浴血作戰，戰到再接再厲，後方的愛國民衆簞食支援，援得多采多姿。終因我國戰備未充，備戰弗及，却以緊急行軍的憊疲之師，猝與兵利甲堅的敵軍抗戰。而作戰場所，又是在閘北方面的平原地帶，既無險隘地勢可憑藉，亦少障礙物體足掩蔽。純以忠勇將士們的血肉身軀，與敵人的猛烈炮火相周旋；前仆後繼，視死如歸。因此，一個多月來的抗戰戰果所結，猶能堅守原陣地，不許敵人越雷池一步，吁可敬已。我軍既以善戰能守的英雄氣概，顯示於國際人士之前，到了三月間，方始爲了避免多所犧牲，由最高軍事當局下令放棄淞滬，整師後撤，退過青暘港，扼守崑山至常熟一線，面水列陣，固圉以待。旋由上海外交領事團居間調停，簽訂淞滬停戰協定，規定淞滬境內，我方不得駐兵，戰事乃告結束。

任誰都明瞭這是暫時安定的局面，應知敵人的侵華欲念正熾，狼子野心未戢，大難方興未艾。所以此一「後援」的組織機構，僅在名義上由「上海市民地方維持會」改稱爲「上海市地方協會」，並且不因淞滬戰事結束而宣告解體。因此該會在表面上的工作，那是辦理平民教養慈善救濟，民食調劑，提倡國貨，以及統計全市各項資料等等等。但主要的實際工作，却是注視日本軍閥的行爲動態，國際情勢的變化狀況，以及各類調查等等。此外，還隨時隨地延攬各方面的知名之士，担任會員，參加合作。是以該會的實力益臻鞏固，精神越形奮發。惜乎未及二年，史量才突被暗殺身死，所遺會長一席，即由副會長杜月笙繼任，這也算是天予人歸之事。但陳陶遺對史量才之死，却有人琴俱亡的沉重悲痛，所以他所承當該會的主任秘書一職，於史逝世後，亦不再蟬聯，悄然離去。

陳陶遺和陳景韓的脾氣行爲，很像同一類型的人物，就是對人對事，一切以冷靜觀感處理之。比較上陳陶遺要比陳景韓熱心腸得多，是他向來對人必衡以情，對事必度以理。所以他的行事表現，有時則熱情如火，豪氣干雲；有時則亦冷同寒冰，嘿爾不聲。不像陳景韓對人對事自始至終，一概以冷冰冰的神情出之，這就是他們品性的稍微不同之處。此次陳景韓與陳陶遺先後從上海到香港來的首要目的是游覽，其次是呼吸些自由空氣。並不是爲了史詠賡要發刊申報港版，前來扶持他和指導他，因爲他們眼看當前形勢，史詠賡與陳彬龢合作，已經到達木已成舟的局面，自知多言無益，徒傷和氣，還是暫作金人，少開口的好。

後來據趙叔雍告稱：有一天詠賡設宴市樓，爲申報館一班來港舊人作接風洗塵之讌。陳陶遺於酒酣耳熱之際，不知如何有所感觸，突然低吟李商隱所作以「九日」爲題，寄給他舊主人令狐楚相國之子令狐綯的那首詩。當他低吟到「十年泉下無人問，九月樽前有所思」這兩句頸聯時，他把第一個字都改換了。以「十」字改爲「三」字，「九」字改爲「今」字，這一改改得與當筵的情景如畫龍點睛，生動吻合之極。因爲史量才之死時已三年，此位泉下人有誰問及，可是何人導致其死，爲何詠賡並無所思呢？當時陳陶遺低吟這兩句詩的時候，無異是以李商隱自居了。

馬蔭良到港作臂助

原任上海申報館經理馬蔭良，當時有鑒於上海環境惡劣，又因申報已告停版，原本無事可爲。於是，便想到不如趁此機會，到香港去旅遊一次，藉以尋取一些身心上的安寧。另一大前提，便是他放心不下史詠賡所主持的申報港版。雖然消息傳來，港版出版有期，但不知他內部的組織如何？經營的計劃怎樣？以及籌備工作的進行到何種程度？凡此種種，都爲馬蔭良未能所詳知的問題。在當時馬蔭良的觀念中，一心一意的想力勸史詠賡懸崖勒馬，停止進行；要求保衞申報館既成的事業，保存史氏家族現有的財產，方不負他表娘舅史量才一生對他栽培之德。

原來馬蔭良得以繼承張竹坪之後昇任申報館的經理，是因他與史量才有表娘舅與表外甥的親戚關係。就是送他到德國去攻讀醫科的一筆留學之貲也由史量才承担。及至學成歸來，在史量才有計劃的安排之下，汲引他進入申報館任職。初步所任的名義職位，是申報館的館醫，經過相當的時日以後，張竹坪作出滿意的辭職，光榮的離去。（筆者按：即指張竹坪於民國十九年辭申報經理職，以協記公司名義接盤時事新報，自任總經理而兼股東。）馬蔭良至此，乃得繼任經理的職位。當年史量才之所以運用如此的安排，所以理解他實有兩種意義作用。一種是爲對陳景韓、張竹坪二人履行其經編兩部「用人權」的諾言，另一種是爲他對馬蔭良測驗是否是個守成之人。爲因世諺有「不獨創業難，守成亦不易」的那兩句老話。大概當其時，史量才自覺一生辛勞所經營的申報，是一項社會事業，其性質與一般的工商事業不同，所以急切需要守成的人，而後可保此業於不隳。於是他在他的所有後人之中，挑選出馬蔭良來加以培養，使之成材。

馬蔭良昇任經理以後，確也能不負所望；一切措施，無不秉承史量才的意旨辦理。並且他工作甚勤，有所作爲總是率身領先，不因其爲經理身份，自視甚高而退居人後。對上下職工既有禮貌，又講信義，是以論申報經理馬蔭良其人，雖無特殊才能，但上下職工對他均敬之重之於不自己。任其左右助手的副經理者二人，即爲王堯欽與黃子健。王堯欽是史量才最親信的人，也是史量才的忠臣義僕，馬蔭良對他的敬視有加固無論已，可是他對黃子健亦然如此，毫不稍減。原來這個黃子健是福建人，當時年約三十來歲，學識固屬淺薄，做事亦乏經驗。是他因由中南銀行大老闆黃奕柱的介紹而進入申報館，名爲副經理實無任何權力之可言。如果換了別人，決不會像馬蔭良那樣的另眼相看，加以青睞。這可說是馬的成功之道。在史量才去世以後，馬蔭良對申報所負的責任較重，所掌的權限較大。從此，他便與王堯欽、孫潔人、趙叔雍三人共同主持報務，但一切仍向張蘊和請示而後行。同時，對張亦以他爲執禮最恭。

當馬蔭良蒞止香港之日，他所望門投止的那是銅鑼灣區的灣景樓，史詠賡的家裏。這是理所當然之事，因爲他與史詠賡非僅是小老闆與大經理的賓主之情關係，而且還有兩表弟兄的親戚之誼。而且他的突然到來却正是到得及時，來得恰好，頓使史詠賡見之，大有搬演一齣「借趙雲、取南郡」京戲相似的快感。原來當其時他所主持發刊的申報港版，在前台固然密鑼緊鼓的大事敲打其「打通鑼鼓」敲打得非常熱鬧。可是反顧後台全不是演技精湛的熟練演員，儘是那些「跑龍套」連「圓場」都跑不相像的角色，這是史詠賡於幾天試版過後所得到的一點反感。只不過他在此地此時已經升級成爲老闆身份，自有一種自尊心理，因此，自家反感自家知，怕向人前輕啓齒，當然不會向上海報館調借馬蔭良來做幫手。料不到趙雲忽然不借自來，那下一齣代演「取南郡」的勝利必屬於我，這如何不教史詠賡的驚喜欲狂呢。

當下他們兩表弟相聚一室，作着親切的談話，史詠賡自然無話不談的細訴衷情。他當時說出他自到港地以來，差不多天天與上海到香港來的一班社會聞人、各界大亨如林康侯、王曉籟、杜月笙、錢新之等接觸，不是在大酒店裏相叙座中，即是在各市樓中邂逅樽前，人數衆多，難勝枚舉。這班叔叔伯伯們於見面閒談時，幾於異口同聲地說：香港的報紙偏於地方性，沒有全國性。是以每日讀報所得的感覺，以及所接觸到的新聞資料極嫌偏枯，讀之乏味。如果有一張上海式的報紙能夠遷移到香港來出版，相信每日讀報定能滿足所望，亦能供應所需。那你爲什麽不動動腦筋想想辦法，把你家的申報搬到香港來出版，不是件輕而易舉之事麽？我不自諱的年輕識淺，情感衝動，經不起他們這班聞人大亨們的不斷慫恿相繼進勸，於是決定在香港恢復申報，創辦港版，但事亦湊巧，陳彬龢所主辦的港報恰恰於幾個月之前停刊。據說是因爲港報的董事長去到歐洲各國遊歷，一時不及趕回來處理經費問題，港報遂被迫休業。他因聽說我要辦報，願將館址房屋、印機生財，全部以無條件讓租。難得的是一所報館的器材設備，完整無缺的現成局面，可知這次他對我的助力，着實不小。」

又據說史詠賡還强調的繼續着說：「我向來拳拳服膺於『人貴自立』那句話，現在雖與各位聞人大亨們相周旋，還不是憑藉於先父的餘蔭，故而頗想趁此時機自己來闖打出一個新局面，搞成功一點新名堂，說不定因而給我很快速的掙取得一個相當地位，這實在是我決定出版申報港版的最大因素。」根據上述的這番傳言，可以理解當時史詠賡爭取自立的心切，但也可以測知其意，蓋他欲藉上海申報小主人的聲勢，在港地辦成申報港版，大可收得事半功倍的效力。如果願望獲得實現，則聲價隨之自高；這是人同其心，心同此理之事。所以馬蔭良與史詠賡促膝深談的時候，他因對於史詠賡的發刊申報港版起初極不贊成，曾幾次三番加以勸阻，並且還說出他之所以種種不贊成的原因理由。但終因史詠賡堅持自己所定的主張，就是非要把申報港版的這份報紙出版不可，否則有何顏面與這班聞人大亨們相見。其實說來，事亦難怪其然，因爲「上海申報館小老闆到香港來辦報」的這個消息，早已成爲流寓此間上海人們口頭的熱門新聞。這對史詠賡而言，確有騎虎難下之概。更何況他一心以爲申報爲國人最有歷史性的一份權威報紙，一旦移在港地出版，愛讀之人必多。其次，他又認定陳彬龢爲辦報是一位老手，更聽信他多日來所策動之話，絕不發生若何的疑慮。馬蔭良至此，覺得勸阻無效，却又不忍眼見史詠賡陷身於失敗的泥淖途徑，以致無法自拔。於是思之無已，最後決定，祇得改勸阻轉而爲協助，因而力向史詠賡建議申報港版一定要請陳陶遺當總編輯。原來馬蔭良已知王堯欽、趙叔雍等所進之言包括自己在內，皆不爲史詠賡所接納。只因陳陶遺是他的父執之輩，平時他對之亦甚尊敬，故特舉出陳陶遺爲總編輯，藉以對史詠賡作領導人，得以隨時督察勸告，勿走歧途，確保父業，此爲馬蔭良當時所具報德的一片苦心。

馮列山搬演奪帥印

史詠賡對於馬蔭良所提的建議，以陳陶遺担當總編輯一事，恰巧處於依違兩可之間。怎會有此種矛盾情況發現呢？說來這正是史詠賡爲人過份忠厚的緣故所造成。原來發刊申報港版的計劃既經決定，他對經（理）編（輯）兩部所定任用人員的政策，就是儘量任用之江大學的同學。所以編輯部中除了史詠賡的同學青年數人之外，便爲陳彬龢的內弟湯建勳。此外尚有二人，即爲過去陳彬龢所汲引在上海申報供職之一的撰寫社論的「館外人員」王顯廷，與另一是「旅行記者」陳賡雅。上述三人皆爲陳彬龢主辦「港報」時期，編輯部中重要人員，可以稱爲「港報舊人」。此次陳彬龢策動史詠賡發刊申報港版成功，都由陳彬龢介紹進入編輯部工作，並亦以陳彬龢的主張，該三人乃得以原職原薪供職。所謂原職，就是王顯廷的總編輯，湯建勳的要聞版主編，陳賡雅的採訪主任是也。

在陳彬龢這樣的安排局面之下，申報港版的總編輯一職，毋須明言，早已決定了是王顯廷掛帥。不料正當王顯廷行施他指揮職權，準備舉行試版工作的時候，突然間到來一名馮列山其人，却要與王顯廷爭帥印。若提說起馮列山其人其事，可說是妙人妙事，世所罕見。此人對職權追求爭取的本領，亦高人一等。此君自稱爲德國新聞學博士，過去原是史量才死後，在馬蔭良當權時期，由馬一手培養成功的新人才。原來申報史量才老闆在生之年，對於栽培新人一事素所重視，是以自民國十一年發刊申報五十週年紀念册後的年代起，羅致館外的文化人士，凡可以栽培者即栽培之，舉個例：汪英賓留學美國，就是史氏所栽培者之第一人。史氏死後，史子詠賡爲繼承先人遺志，乃命馬蔭良全權負責，主持栽培新人才之事，經馬蔭良之手，先後栽培多人，馮列山亦是其中之一。

馮列山是福建人，自稱留學德國。在德國時曾以國際通訊稿件，逕寄申報經理部馬蔭良，但馬蔭良甚少過目，祇是將原件轉交編輯部張蘊和核閱。經張蘊和拆信觀看以後，雖亦知爲通訊稿件，但爲了文字純是歐化式，而字體又寫得非常細小，行與行之間極爲緊密，並無多餘空隙。其文意與詞句的結構，大抵直接譯自外國文學，閱讀起來，甚覺生硬。是以張蘊和每次接到由馬蔭良所轉交來馮列山的通訊稿，輒感頭昏腦脹，不願卒讀，便順手遞交給主編各地方通訊版的鄺笑庵，由他代爲刪潤修改，發交排字房算數。張蘊和此一措施早已成爲定例，只是苦了鄺笑庵，永遠專做着幕後的無名英雄而已。

其實，鄺笑庵每次對於馮列山的通訊稿件，

在接到手上時，何嘗不感到頭痛欲裂。終因礙於職責所在，祇得抖擻精神，仔細審核，把不通順之處儘可能改到通順。所以每次見報的馮列山之國際通訊，經過鄺笑庵的手術療治以後，文法已一變而為流利可誦。只因馬蔭良未知龐蕪雜亂的原稿業已經過了潤飾，纔會有這樣的成績出現。反而滋生錯覺，以為馮列山的通訊文稿，撰寫得非常的出色，因此對馮列山便另眼相看，從而發生加以栽培的心念；由是他便按月滙欵給留學德國的馮列山，以示資助。

但據當時申報館營業部的職員聶光墉（按：聶光墉為湖南人，原是史詠賡之同學，後來詠賡主持發刊申報港版時，聶光墉即為香港的申報註冊人。）曾為申報培養馮列山事。對人透露：申報除按月絡續滙給馮列山以鉅欵之外，猶未能饜足他的慾壑，仍然貪得無厭，不時來函請欵，要這要那地誅求無已。例外請欵中的最大一筆，是為了要在歐洲購辦某國著名產品的皮大衣，以及其他的西裝革履等等所需的應用物品。到了要回國時，則又向申報要求滙給川資，彷彿申報館乃是他的衣食父母者然。可是馬蔭良每次都准如所請，一一滙去接應。準此根據聶光墉所說之話作推考，大約馬蔭良以往未曾與馮列山會過面，講過話。所以亦未知其人的學識如何？品格怎樣？只是迷信他是留學德國的好青年，同時又「想當然耳」的揣測其必定是新文化運動的一名鬥士。故此樂於協助，希望他學成回國後，可作有力的臂助，成為下一代新聞事業的接班人。

馮列山回抵上海以後，祇到過申報館的經理部，謁見了馬蔭良，報告留德經過及回國行程，却並未去過編輯部，更未見過總編輯張蘊和。忖測當時馮列山的所懷心理，可能是為了他的通訊稿被編者刪改得體無完膚，所以懷恨在心，不願與編輯部的人會晤。他又那裏知道，通訊稿若非經過潤飾，又怎會見重於馬蔭良呢？

民國二十七年三月一日，是史詠賡所主持香港版的申報，正式宣告出版發行之期。馮列山一直躭在上海，所以他早已得悉史詠賡在香港辦報的消息，同時於稍後時日，又聽得馬蔭良所定的主張，那是對於香港申報的經編兩部工作人員，是有向上海申報館舊員中徵集，以資熟手的傳言。就因為馮列山却極垂涎於香港申報總編輯的這個職位，而且具有志在必得的心念。原來此人對於名利思想，比之一般人濃重要超勝過千百倍，而鑽謀心機比一般人靈巧，則要高過千萬倍。所以遠在港版申報試版之前，他不出一聲，便悄悄地趁乘外輪，逕到香港來了。並且就硬挨在史詠賡和陳彬龢二人之前，百般活動，極盡其獻媚鑽謀、設計爭取之能事。偏偏馮列山對於申報館的內幕情形，歷史關係，實在懵然罔覺，懂得稀少之極，是他為想奪取這顆總編輯的帥印，竟會竭力巴結陳彬龢，一再央求他代向史詠賡說項，以期達到自己所希望的目的，這不是與虎謀皮的可笑事麽？

要知陳彬龢對於港版申報的總編輯一職，也重視非凡，認為這個名義與地位，實是一件可遇而不可求的實物。衡情度理，自然這件實物，最好掌握在自己手裏，但是當前的形勢環境，今非昔比，不可能再降格相就。於是他便師法當年黃炎培的故智，那就是本人隱居幕後暗中操縱一切，另一方面借屍還魂，交由他人出面。換句話說，他即為往昔黃炎培施之於我者，我則今日却施之於王顯廷；這是史詠賡來港一經接觸所定的方策。凡此種種安排，豈是從國外回來的馮列山所能瞭解？他巴結上了陳彬龢，取得聯絡，還沾沾自喜不已。怎知陳彬龢與王顯廷有這樣秘密的一種特殊關係呢？所以對申報港版的總編輯一職，與其說是陳彬龢為馮列山謀，毋寧說是為王顯廷謀較為正確。但也可推想而知陳彬龢如果向史詠賡有所進言，相信祇是提出王顯廷，決不會提出馮列山的。所以馮列山在此種情形之下，一切巴結行動，不過是徒勞心力而已。

趙叔雍排出一紙名單

馬蔭良的確是個盡心衛申報忠心事後主的人物。當他在上海得知史詠賡要在香港發刊港版的申報，同時又得知與之合作人那是陳彬龢。對於這個消息乍聞之際，實使他大驚失色，在最初時期，是他自念港滬兩地，海天萬里，遙遙遠隔。如今史詠賡在香港辦報那是他自己的事，我則奉命在上海經理館務，這對我的本身職責而言；所以他起初認為處身萬里外，不在一流中，殊非願意作參與其事的打算。但是經過深切的考慮之下，繼而忖想到史詠賡年紀尚輕，涉世未深。恐怕他受其身邊左右，有些存心不良份子的鼓動誘導與慫恿力勸。藉出版香港申報，他們從中取利的事小，鬧出亂子的事大。即使所鬧亂子的範圍能夠自了還小，怕只怕將來收拾不易，則所鬧亂子的範圍就巨大難說其後果了。因此，他又放心不下，從而自念既不能遙遠控制史詠賡，並且自己要守護停版後的申報館，責任重大，却又不敢輕易離開上海一步。

處此兩難顧全的情形之間，馬蔭良正是憂心忡忡，寢食不安。於是，他就分頭親躡陳景韓、王堯欽、趙叔雍、孫潔人等一班申報的元老前輩之門。就把史詠賡所主持的香港申報出版問題，提出研究商討，而且附及提供他的意見與願望。原來張蘊和向來主張申報在上海復版，反對到外埠去創設出版的，馬蔭良又是惟以張蘊和的馬首是瞻之人。所以他所提供的願望之一，是要請求他們到香港去勸阻史詠賡停止進行發刊港版的申報之事。願望之二，是要請求他們邀同陳陶遺同到香港去，萬一詠賡堅持要在港地辦報，便請他老人家担任總編輯之職。料想詠賡對於他這位老世伯之命，不能不唯命是聽，有此年高德劭的一位父執為之輔佐指導，相信這份港版申報自會有勝利成功之日云云。當下馬蔭良所提供的兩個願望，可說是這班申報館的元老們一致的願望，自然獲得大家的一致擁護。因此，陳陶遺便應陳景韓與趙叔雍二人的邀請，同伴結侶來香港一遊，順便對港版的申報內部組織與各部人選，作了一個透視性的考察。

不知如何是不是陳彬龢當年在申報革新運動時代的所作所爲，不爲申報館中人們所諒解。還不知是不是史量才之死，種因所傳，在於他與黃炎培所招致，申報館中人們對他餘恨未消。所以凡是來港考察與採訪之人，寫信到上海去告訴馬蔭良的話，却是異口同聲的一致說史詠賡與陳彬龢合作，前途未許樂觀。甚至有人在信中寫說大吉利是的總結之話，那是「創業無成，毀家有望」的寥寥八個字。以一個盡忠於史氏家族的馬蔭良接讀連串不斷的這種使人喪氣失望之信，內心所感的惶急與不安，可想而知。此時館中只有支出，少有收入的經濟環境，演變得非常惡劣。兼之館中職工聯合會的代表又是時常前來交涉，迫催復版之期，這雙重壓力所加，壓迫得他應付無法，走投無路。於是，他在憂急怨憤與煩惱不安的情緒交織之下便以副經理黃子健代行其職，索性自己乘機向香港一走，爭取短暫時日的心神安寧。

馬蔭良孑然一身來港，其所懷的原定計劃目的。還是要想把史詠賡發刊港版申報的心念，竭力勸阻予以打消。其所持理由，認爲在此間創辦新的申報，不如在上海恢復老的申報。個中難易優劣的判別，勝敗利鈍的劃分，兩作對此，何啻霄壤。誰知一經與史詠賡的見面深談之下，他這顆懸懸難安之心，隨談隨聽得漸漸爲之安定起來了。因爲外間所盛傳史詠賡與陳彬龢合作辦報之說的事實情形，此時却已明白清楚，心頭大爲寬慰。原來這所謂合作辦報一事，對館址房屋而言所發生的，只是二房東與三房客之間的租賃關係。對印機生財而言所發生的，只是印報者與承印者之間的業務關係。馬蔭良憑此一點觀念，相信陳彬龢決不會生出於人有損無益的壞主意來。即使現在多索些房屋租金，多賺得印報之費，這都是商業買賣間所應享應得的權利利益。算不得是陳彬龢的過失與罪惡，反而因他沒有與史詠賡簽訂苛刻條件的合約，還稱譽其慷慨大方不置。

當馬蔭良聽到史詠賡談說至港版申報的出版問題時，說出他勢成騎虎難下，實有不能不出版的種種利害苦衷。好在此時馬蔭良的內心早已放棄他第一個願望，轉向到他第二個的願望上邊，即爲對史詠賡發刊申報港版，爲勸阻而改變爲策進。因此，他便問到港版申報館經編兩部所延攬得的人選問題，史詠賡當然據實直說他所用定的人員。除了陳彬龢所推薦的王顯廷、陳賡雅，及其內弟湯建勳三人在編輯部工作以外，其餘的全是我幾位之江同學。馬蔭良聆聽史詠賡所報說的諸人名字，對於王顯廷、陳賡雅曾經在上海申報任做過館外人員關係，該二人名字，聽來尙覺耳熟。至於湯建勳其人其名非但感覺陌生，簡直從未所聞，其餘的諸人更不必說了。是以笑對史詠賡說：「你不是在辦報，那是在開玩笑，以這樣沒沒無聞的一班人選，能夠辦成功一份理想中出色的好報紙麽？須知道開報館同開戲館一樣，戲館要想開好，第一要頭牌角兒聘請得好，自有叫座力量。這如報紙要想辦好，當然要聘請得一位文名藉藉聲譽揚溢的總編輯，報紙出版，有人愛看。可是你却沒有聘得啊！」

不料馬蔭良這句「道是無心原有意」之語，恰巧觸及史詠賡最近所遇一個無法解決，而又感到左右爲難的煩惱問題上。那就是王顯廷與馮列山都想要做港版申報的總編輯之事，但對事實情形說來，這個職位早已屬於王顯廷的了。在陳彬龢介紹王顯廷給史詠賡時，對職位與待遇，曾說過「原職原薪」的這句話。毋需解釋他的原職是以前「港報」的總編輯，亦即是今後港版申報的總編輯。及要舉行試版的時候，王顯廷倒是像模像樣的執行其任務工作，對發稿拼版，指揮若定。可是馮列山對於編輯工作，似乎全本外行，只能跟着史詠賡，陳彬龢兩人身邊做着活動佈景。他和他兩人原非相識，乃他以留學德國新聞學博士的頭銜和申報栽培出來的人材，交上了陳彬龢。再透過陳彬龢的關係，從而交識得史詠賡，大概他們兩人都震驚於他新聞學博士的頭銜之故。因此大家對馮列山特予青眼，善爲優容，從此成爲座上嘉賓，身後隨從。他們實不知道機器鎗炮是德國貨的好，至於德國貨的新聞學博士，那就大家聽來都陌生的很了。

且說馮列山是個既要爭名利之徒，他之所以特別巴結陳彬龢的志在要爭取申報港版總編輯一職，非央求他代爲向史詠賡說項不可的關係。只因屢次向他催討回音，陳彬龢並不據實相告，已經由王顯廷担任之話，斷絕其念念不忘心念。總是「請等等」，「慢慢來」二語，作爲搪塞敷衍之詞，任其懸吊天空，不上不下，這是一向以來陳彬龢的做人行爲之大道。沒奈何馮列山眼看港版申報的正式出版之期越來越近，而他總編輯的這顆帥印還未搶到手中。逼得他祗有自己直接去求見史詠賡，效學毛遂自薦的一法。據說當時史詠賡對他頗有好感，立即大有俾以總編輯一職的意思。這事倒可以理解他的心理，認爲自己所手創的新聞事業却聘請德國出品的新聞學博士任當總編輯職務。此舉縱非絕後，亦當空前，但是一想到這個職位已經答應了王顯廷，又不便向原介紹人陳彬龢聲明前言作廢。所以最後結果，史詠賡也只得說：「請等等，慢慢來」這兩句話來應付當前的馮列山了。誰知馮列山的生性，劇類沼澤中的螞蝗，一經叮住，揮之不去，非要飽餐人血，方始罷休。因此他要討取肯定的回話，不管清晨深夜，會來叩門求見，見了又是挨着不走，直把史詠賡纏擾得叫苦連天。

就因爲馬蔭良說出「沒請得一位才學高，名氣好的總編輯」一句無心之話，恰巧觸及史詠賡近來所遭遇的不愉快事件，終於由趙叔雍開出了申報港版重要職工的一紙正式名單。（七）

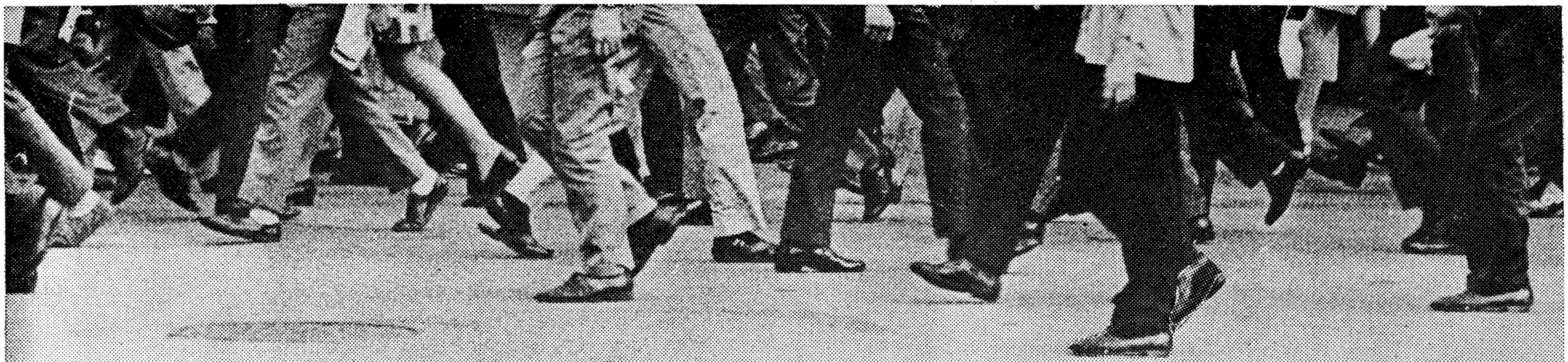

影城八年（上）

陳蝶衣

三大優點·開始領略

我於一九五二年作了「避地衣冠盡向南」的一份子，來到香港以後，一直嚮往於自由職業，閒來從事寫作，不受任何拘束，無異是一個「散淡的人」。直到膺聘進入「影城」，這纔收拾身心，踏上了固定的工作崗位。

進入「影城」之初，爲了決心効忠於「第八藝術」，曾將所有經歷，寫入「工作日記冊」。揭開日記的第一頁，原文是：

『（十月二十日、星期三）周天籟兄伴予坐廠車入「影城」，先後晤宣傳部主任何冠昌、副總經理鄒文懷二君，囑予參加編劇工作，諾之。辦公處在一〇六號室，一人獨佔一房，左鄰爲南國實驗劇團教務處所在；樓上則爲導演辦公室及宿舍。

閱「雙珠鳳」劇本，公司囑改編。劇中漏洞極多，恐須澈底重寫始可；蓋整個故事純循舊傳統，甚少動人之處也。

「影城」爲東南亞最具規模之製片機構，由邵氏兄弟有限公司管轄。予往年嘗爲該公司寫「第二吻」（卜萬蒼導演）、「桃色風雲」（何夢華導演）、「燕子盜」、「原野奇俠傳」（岳楓導演）數劇；並撰「寶蓮燈」、「西廂記」歌詞，蓋亦曾貢拙於先者；然此次邀予參加實際編劇工作，則頗出意外，蓋予未嘗前知也。』

先我進入「影城」的杜寧，在我開始工作第一天相遇於辦公大厦前，曾歡然與我握手，對我說：「影城」有三大優點，一：空氣清新，二：飯菜便宜，三：出糧準時。

敘述了三大優點之後，又以二語作結，他說：「足下來了，大可在此納福。」

事後體驗，三大優點確是不錯。

第一：「影城」襟山帶海，四週空曠。攝影棚六座，就位於山坡之上；其間還另有街道、河、橋的佈景，那是過去李翰祥大拍古裝片時期留下的規模。此際巨匠已去，遺蹟猶存；除了橋下只剩得一泓死水，濁比黃河之外，舉目四望，所接觸到的便是海空澄鮮、曠宇天開之景象。

第二：每週發給職工飯票一疊，爲數是六張，每張代價一元二角；憑此進膳，所貼無多。如果以之飲汽水，喝咖啡，還有得找數。「影城」中有第一食堂、第二食堂兩處，既極方便，取費亦較外間爲廉。

至於第三：則出納處就在辦公大厦樓下，每月發薪兩次，按期無誤，自更不在話下。

我在受職之後第三日，曾寫了一首七律，以誌當時的工作情緒，詩曰：

愛好羣居厭閉關，山中雲路日躋攀；
暫抛在手銀花盞，試近儲材玉筍班。
閣曆轉因安免署，齋名合以損爲顏；
平生獨學非無友，不患空腔得句慳。

詩中提及的銀花盞，是指酒杯而言；白居易詩有曰：「錦額簾高捲，銀花盞漫巡。」玉筍班，則借以喻南國實驗劇團；「唐書」李宗閔傳有曰：「宗閔典貢舉，所取多知名士，世謂之玉筍班。」南國實驗劇團的團長是老友顧文宗，名符其實，亦「宗師」也。

「耆舊續聞」有一節敘述曰：『館閣每夜輪校官一人直宿。有故不宿，則於名下書「腸肚不安」。故館閣宿曆，相傳爲「害肚曆」。』這故事非常有趣。「影城」職工上班下班，並無硬性規定，打卡手續遂得豁免，詩中頸聯因有「安免署」之語。

至於以損名齋，則「咸淳臨安志」有如下記載曰：『紹興二十八年十一月，諭宰執曰：「朕宮中嘗闢一室，名爲損齋，屛去聲色玩好，置經史古書其中，朝夕燕坐。」』我並非旨在以宋高宗自喻，不過治事之室亦有參考書羅列左右，遂借此設譬罷了。

「獨學而無友，則孤陋寡聞。」語出「禮記」。「影城」中人材濟濟，鼎盛一時；所謂「周旋鳴玉之儀，頡頏攀雲之路。」在我正可假此機會，從事學習；縱使「省腹惟空腔」，亦不難隨時求得知識之補充。然而，是否眞能「在此納福」呢？那就大成問題了！

融會貫通·忍受考驗

工作開始，第一個沾手的劇本「雙珠鳳」，是別人所寫，我不過奉命改編，設法彌補劇中的

一九六五年十月二十日，一項意外任務降臨到我的身上，我接受了爲期兩年的聘約，進入「邵氏影城」受職，負責編劇工作。約滿後仍被挽留，繼續服務；直到一九七三年六月三十日，方始呈遞了辭職書而離開崗位，經歷之歲月恰好相等於「八年抗戰」。

當我最後一天踏出「影城」之時，向四週瞻望了一下，但見樹木葱蘢，佳氣如舊；而朝夕相處在一起的同事們，則八年之間先後告退，幾已離散殆盡。乃使我憬然而悟，發覺到我在這個「電影王

邵氏影城一角

若干漏洞，使之較合情理而已！總算還沒有多大麻煩。後來此劇經我建議，片名改為「女巡按」，氣派算是大了一點。我在進入「影城」後之次日，於日記冊中書曰：『下午晤編審主任宋淇，對改編「雙珠鳳」事有所商討，原則上予不欲擅改他人劇本，懼攖人之怒也。宋主任囑勿過慮。』為了此故，這一個戲我並沒有署名。

我的第一個正式作品，是取材於潮劇的「陳三五娘」。陳三，名伯卿，是劇中的男主角；五娘姓黃，名碧琚，是劇中的女主角。

開始寫這一個戲的分場大綱，由於有潮劇傳統故事作參考，我以為輕而易舉，不致力竭。豈知我的掉以輕心之觀念，竟然是大錯而特錯。

最初，我在經過構思之後，曾擬定了如下的劇目：（一）看燈，猜謎。（二）戲美，避逐。（三）拒媒，假婿。（四）樓望，贈荔。（五）求婚，勢壓。（六）允婚，拒婚。（七）磨鏡，破鏡。（八）賣身，求婢。（九）送水，樓會。（十）驗證，賴婚。（十一）逼嫁，投井。（十二）抄家，會親。（十三）合鏡，團圓。

我的想法，十分天眞，以為根據傳統故事，加以適當的調整、安排，就可以完美無疵，獲得通過。想不到分場大綱雖經批准，等到劇本編就呈上之後，卻遭遇了極大的困難。

原來公司當局所以要攝製「陳三五娘」這個戲，是由於凌波、樂蒂主演的「梁山伯與祝英台」一片賣了錢，粵語所謂「大收旺台之效」，因此外埠片商提出了要求，希望「邵氏」將「陳三五娘」故事搬上銀幕。據編審主任宋淇見告：好多地區的版權且已賣出。

但，公司當局對於此劇，卻有一個要求，就是須將「梁祝」「三笑」的故事，與「陳三五娘」劇情治於一爐。也就是等於：男主角要身兼梁山伯、唐伯虎，陳伯卿三職。

人盡皆知：「陳三五娘」是一個悲劇，五娘原是以自戕收場；經我略加修改，以合鏡、團圓作結束，與「梁祝」之有化蝶一場情況相同，用意在於稍減悲緒。陳三兼作梁山伯，猶無不可；而「三笑」則純是喜劇，陳三並非風流才子，硬給他加上唐伯虎的氣質，已有些不倫不類。女主角五娘是大家閨秀，更與秋香身份逈異，要在他兩人身上製造笑料，簡直是迹近兒戲了。

以上，是遭遇的第一個意外困難。

還有第二個困難，則是宣傳部主任何冠昌見告：「陳三五娘」如以元宵看燈作開始，燈彩紮作需時，耗費必多，因囑避免，於是此劇之編寫，又得另起爐灶。

舊時代的名門閨秀，不得輕易外出。故事若非從元宵看燈開始，陳三又如何能巧遇五娘？此事經過向公司同事顏式叩詢之後，總算找出了一些頭緒。

顏式是潮州人，熟諳故鄉風俗，據他見告：三月二十三日天后（即媽祖）誕辰，潮州例有廟會。元宵看燈既不能用，就只好改為廟會，讓五娘得以出遊，而與陳三邂逅相逢了。

後來，經過了想盡辦法的融會貫通，纔算把修正劇本趕寫完成，勉强繳了卷，而歷時已逾兩月。其間，還有劇本初稿被「留中」，久索方獲

國」裏，由於留戀過久，差不多已成了「元老」身份；從此退歸林下，也應該是恰當的時候了。

「影城」八年，在我的生命史中，可說是不算平凡的一頁。八年來的所見所聞，以及親身的工作體驗，既不乏可歡可笑的感受，也有的是可駭可愕之遭際；如果一一筆之於書，倒是值得涵咀，大堪玩味的從業回憶。這裏，且先記述一些在任時的花花絮絮，作為我的回憶錄之部份供狀。

見還；以及導演表示工作情緒低落，不想執導這個戲的種種周折，也都使我莫明其所以然，惟有爲之啼笑皆非而已！

差强人意的是：「陳三五娘」的故事最後決定，仍以元宵看燈作爲開始，而畫面則借用「魚美人」的若干場景，用剪輯手法啣接起來，不須另行拍攝；難題解決，一筆費用也就省下了。

狐祟難制・再遭磨難

經過了「陳三五娘」的考驗之後，我已深深地體會到：在「影城」中寫劇並非易事。

過去，我寫一個劇本通常不出旬日，到兩週以上纔繳卷已算是開慢車；未進入「影城」以前寫「第二吻」、「桃色風雲」，寫「燕子盜」、「原野奇俠傳」，也都能順利過關，絕無問題。

外圍交易，反而可以速戰速決。一經進入「影城」，成了內圍，障礙轉多。「陳三五娘」時逾兩月，方始編寫竣事，速度如此之緩，在我還是第一遭。我的「工作日記冊」，事後曾作如下之實錄曰：

「聞杜寧入公司一年，只通過了一個劇本；則我之費兩月餘之時間完成一劇，猶是上上大吉也！」

繼「陳三五娘」之後，我曾採取主動，寫了一個「女兒國」故事，取材於「鏡花緣」。

「女兒國」中男司女職，女任男事，情形反常，不與世同；我認爲相當諧趣，可以拍成喜劇；這是銀幕上過去所未曾有過的題材。

結果，故事雖經擬就，終因公司另有拍攝「西遊記」小說中的女兒國一段情節之計劃，於是宣告放棄，變作了「吾謀適不用耳！」

接着，仍是秉承公司之命，寫了個「畫戟英雄傳」，幸而並無多大困難，但其後終亦擱置了事，劇中的畫戟英雄薛仁貴，得了個「出師未捷身先死」的收塲。

再以後遭遇到磨難的，便是「狐媒」一劇的寫作了。

公司預備拍攝「聊齋」故事中的「連城」一節，此事發動於李麗華、李菁會同主演的「連瑣」一片開鏡之前；原已有了劇本，但公司當局認爲不理想，要另行設計，別謀結構，此一任務便交到了我的手裏。

「連城」故事簡單，內容不夠豐富；編審主任宋淇給了我一項提示，倒使我獲得了極大的便利。

陳三（凌波飾）五娘（方盈飾）

這已是一九六六年的事了！我在「工作日記冊」中有如下記述曰：

『（二月二十三日、星期三）宋主任囑準備改寫「連城」劇本，因試擬初稿。此一故事病其鬼氣太重，宋主任建議將「聊齋」另一篇「阿寶」之情節，與「連城」合併成一故事，或較有趣味，此議甚善。「阿寶」故事有書生痴魂附於鸚鵡之身，飛入阿寶閨中，啣繡鞋而去之描寫，頗適宜於「特技」之用也；因決從之。』

爲了另一個嚴俊導演的「聊齋」故事「連瑣」，正在拍攝之中，片名不便再用類似的「連城」二字。經我構思之後，另擬了一個片名叫「狐媒」，以供抉擇。

「狐媒」的故事於二月二十八日寫竣，繳了卷。三月三日開始試寫劇本，一日之間完成了第一至第五塲，速度極快。因側聞此片將於短時期內開拍，（內定的男女主角是喬莊、方盈）慮公司臨時催索也。

意想不到的是「狐媒」之多災多難，較之「陳三五娘」爲尤甚。

「陳三五娘」的遭遇諸多困難，關鍵還只是在於劇情的穿插，需要設法「揉合」，情形不算複雜。而「狐媒」的枝節橫生，則除了結構之外，還有人事上的離奇因素，這就不是我所能逆料的了。

籠中鸚鵡・亦成口實

「狐媒」一劇，顧名思義，狐必然是穿針引線的主要角色，由牠肩負着撮合一段因緣的任務，其性質與「西廂記」中的紅娘，並無二致；在許多塲合，都少不了這一狐的化身。

但劇本呈繳後，獲得的第一個批示，却是要減少狐的出塲次數。

上命差遣，概不由己。我在「奉命唯謹」之下，着手改寫「狐媒」之第二稿。

結果，劇中狐之化身自片頭數場出現後，直到第二十二場猶未再度露面。片名「狐媒」，狐却不見踪影。是否妥善？實屬疑問。我便把已寫就的二十二場二次稿，先送呈宋主任核閱，自然也有請示之意。

後來，與此片的指定導演相晤於食堂，我在「工作日記冊」中所寫的當時情況摘錄如下：

『……導演對予所寫之「狐媒」一劇，發抒其意見，彼謂：觀衆看「聊齋」戲，目的在看恐怖場面，「狐媒」男女主角都是人，不夠恐怖云云。其言甚謬。蓋片名「狐媒」，未嘗曰「聊齋志異」，此其一也。「狐媒」一開場即寫狐遇雷殛，書生救狐，狐忽失所在，旋又幻化爲人之經過；事涉玄怪，氣氛不可謂不緊張，安得謂之「不夠恐怖」？此其二也。予寫此劇，一則是公司所命，二則以一禽（鸚鵡）一獸（狐），爲主中之賓，極寫禽獸之富於人情味，有時且勝於人類；以言寓意，亦非絕無。若但取恐怖，則除非寫鬼，然鬼與人一旦遇合，亦須回復人性，表現其纏綿悱惻之情；斷無從頭至尾，恐怖到底之理。（中畧）導演之言，予未嘗置辯。邇來公司中若干位導演，似情緒皆甚低落，對工作缺乏信心，此種現象之產生，殆別有原因，則非予所能窺知矣！』

甄秀儀、甄妮與本文作者攝於影城

在此之後，果然證明了我以上的推測並無錯誤；因爲導演看過了我的「狐媒」劇本，曾提出了若干意見，其中一項曰：「鸚鵡從來沒有裝在籠中的。」

至此，導演的別有隱衷，已是昭然若揭，不言可喻了。

按：禰衡的「鸚鵡賦」有句曰：「紺趾丹嘴，綠衣翠衿；閉以雕籠，剪其翅羽。」杜甫的「鸚鵡」詩曰：「翠衿渾短盡，紅嘴漫多知；未有開籠日，空殘舊宿枝。」豈禰正平、杜子美，亦皆無知如我乎？其實處置鸚鵡，用籠用架，端在導演調度，純是技術問題，不必吹毛求疵，特別提出也。我在劇中寫鸚鵡，不用架而用籠者，爲的是架須用條爲縛，否則鸚鵡會飛去。而「狐媒」中的鸚鵡是神鳥，不宜困縛也。思慮過於周到，反被據爲口實，寫劇之難可知。

幸而宋淇先生很明白，知道古人亦有「却傍金籠教鸚鵡」之詞句，尚不致以「士子困蒙」視我。只是隔不多時，宋先生因抱病之故，久未到職，終且卸去仔肩，不再過問編審之事。我呢？經歷了如此這般的磨難之後，一切惟可量力而爲；初入「影城」時的那股子銳氣，已逐漸地蕩焉無存了！

無論是「狐媒」也好，較早的「陳三五娘」也好，還有此後的「女俠十三妹」、「血劍美人腰」等等，俱非不朽之作；拍或不拍，悉聽人便，在我已是勉盡職責；雞蟲得失，何足與爭？而今回顧，當年與公司不甚「咬弦」的幾位導演，亦已次第離去，「影城」中又別是一番天下矣。

獲得優差·充當哄師

時間，飛快的過去。

我在「影城」捱到第六年，攝影棚早由六座擴展到十座，此外還添建了彩色冲印部及宿舍。

站在高處，向下俯瞰，「影城」更顯得氣象萬千了！但相形之下，我的成就却只有日益「萎縮」。

由我的小說（刋載於香港時報）改編的「十二金牌」，協助程剛登上了「百萬導演」寶座，算是我氣運較好的一項貢獻。

但在片頭，我僅居「原著」之名而已！當然是由於劇本已動過多番「手術」之故。

另有一個「刺馬」劇本，我也同樣收到了編劇費，與「十二金牌」的情況一樣。不過搬上銀幕之後，片名已改爲「萬箭穿心」；至於我之「榜上無名」，也就成了理所當然。

畧感欣慰的是：後來「邵氏」仍然採用了「刺馬」此一片名，由張徹另導了一部新片。足徵我之最初設計，還是沒有大錯。

此後，我的工作重心，轉移到了「找尋題材」方面，因此也給了我許多「閱讀」的機會。可是說到責任，反使我有了負荷更重的感覺。

稍後，把我拯救出苦海的是：董千里兄入主「影城」編劇部未幾，宣傳部主任陳銅民向公司提出「借將」要求，徵調及我，要我担任擬稿工作，充當「鼓吹哄師」；這是一項優差，雖然同樣要握管，畢竟不須太傷腦筋，下筆之際覺得輕鬆了許多。此後我也就樂此而不疲，寫些海外宣傳說明，濃縮一部戲的劇情成爲一頁「本事」，這些在我都還能夠應付裕如。

我在「狐媒」交差之後，曾寫過一首七絕，聊以解嘲，詩曰：

綠水紅蓮采繪成，花間又許踏莎行；
背風自和靈禽唱，略勝過廳咳嗽聲。

結句典出魏泰的「臨漢隱居詩話」，原文謂：『杭州天下之佳郡，衣冠之所樂處，故退之云：「東吳游宦鄉」是也。入幕尤多佳士。慶曆中，方楷守杭，會三幕客皆年近七十；其間又有經生，於郡政殊無所補；衆所鄙笑，而方亦惡之。有無名子嘲之曰：「綠水紅蓮客，青衫白髮精；過廳無一事，咳嗽兩三聲。」』我在「影城」，常以游幕自喻，所幸猶不至如青衫白髮精之絲毫無補於郡政耳！

此外還有「定風波」小詞一首，也是寫「影城漫步」之情趣的，詞曰：

爲愛人間草木香，移家恨不近河陽。
一命豈知新受職，難得：周遭恰似乞花場。
賴是身無干甲縛，行脚：未妨時出六科廊。尋壑偶然穿窈窕，堪笑：同時還有蜜官忙。

乞花塲是明儒陳眉公結廬昆山之陽，雜植花木之處的題名，而「影城」中則有「花王」專司四時名卉之培養，到處都有紅紫相映，固是海外之乞花塲也。

導游之責・分派及我

在宣傳部工作，較有情趣的是常有歌舞團體前來「影城」參觀，宣主因我慣於「奉旨塡詞」，與歌人們多所往還，嚮導之責往往也分派及我。例如青山、張帝、姚蘇蓉等率領的「民間藝術團」之初次賁臨，我會協助公共關係人員，同盡導游之義務。此外如「梅花少女」的聯袂而至，我還陪她們拍了照片，作出「一樹梅花一放翁」的姿態。另有來自寶島，吳會華統率的「國寶綜合藝術團」一行二十餘衆，在貴賓室接受茶點欵待之際，更會因宣主無暇，我還臨時奉命，兼負了致歡迎詞的責任；這是我除了動筆之外，唯一扮演「開呵」角色的一次。

影城中的參觀人羣

再有就是台灣的電視紅星甄妮，去年飛來香港，由她的「姑姐」甄秀儀陪同參觀「影城」，我做了當然嚮導，留影之中有一幀是：甄妮與我同坐道具馬車，甄秀儀站在前面暫充御者，這也是難遇的一次機會。今日審視舊圖，但覺時間不過一瞬息，却已是如幻如電，如昨夢前塵，不能免於「光陰易遷、境緣無實」之感歎了。

除了職掌「哄師」，另兼「知客」之外；有時我還要客串顧問一職。接受各方面的諮詢。例子之一如：「蕩寇誌」的劇本封面誤印爲「盪寇誌」，先後有兩個電話垂詢及我，我答之曰：『「湯」字下面一個「皿」字之盪，乃動盪之盪，盪鞦韆之盪也。若掃蕩之蕩，則當作艸字頭。「蕩寇誌」有一本章回小說，即「水滸傳」之續集，書名亦是「艸」頭下面一個「湯」字之蕩也。』於是劇本之封面後來乃重印一過，把劇名改正了。例子之二如：有一部古裝片，演的是明代故事，導演問我：劇中人能否唱平劇？我說：皮黃戲發展於滿淸時代，明朝尙未之有也。於是導演乃從善如流，改用了江南小調。

類此的「質疑」，只要人家瞧得起，問到我，我總會「掬誠奉告」，且純盡義務焉！最有趣的是：有一次嚴俊邀我看「連瑣」A拷貝試片，我發現陰曹地府的一塲戲，有鬼卒大呼曰：「來人哪！」我對嚴大哥說：『地府之中，皆鬼也！非人也！不可叫「來人哪！」速將「人」字除去，但呼「來呀」即可。』嚴大哥連聲曰：「對！」終令重配對白，以求避免錯誤。

還有一次，片塲拍戲，乃是靈堂佈景，需要掛一副切合劇情的輓聯，副導演跑來覓我，要我代爲撰句，並須限時繳卷，於是我又得做一次臨時捉刀人，擬以應命。是以我在「影城」，於份內工作之外，不時還要兼充「修正主義」的推行者；甚至連李翰祥近作「小神仙」的代筆生意，也有搶來做之機會。能夠「勇於任事」，固亦「一樂也」！

（未完・待續）

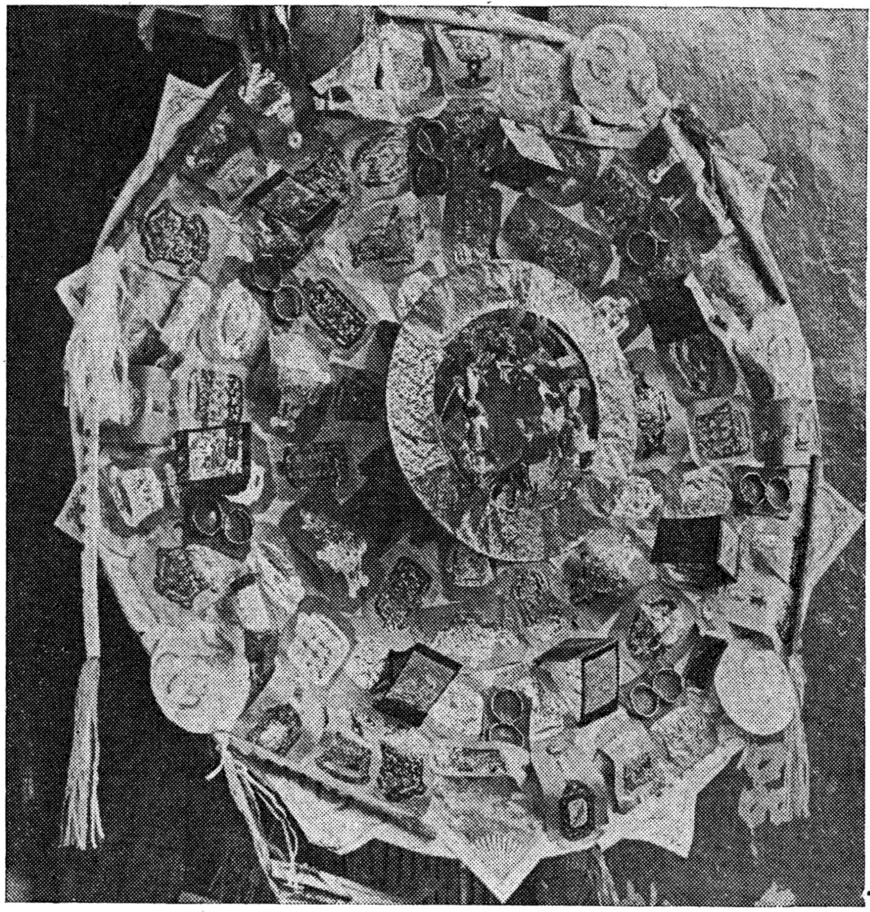

乞巧節必不可少的七姐盤

乞巧節與盂蘭節

·呂大呂·

四十期「大人」出版，恰是農曆的七月。農曆七月有兩個節，一屬于神話，一屬于鬼話。民間對這兩個節都信奉，都在這兩個節舉行一種儀式盛典。以香港而論，神話的一個節，雖然近年來較冷淡，但鬼話的一個節，據非正式的統計，每年消費當在二三千萬元之譜。

屬于神話的一個節，是乞巧節。牛郎織女，一年一度相會，女兒家就在這個晚上，雜陳瓜果來乞巧。屬于鬼話這一個節，是盂蘭節。相傳目蓮救母，破地獄，因而鬼門關被打開，地獄裏的鬼走到陽間來，陽間便有水陸超幽，家家戶戶燒衣之舉。

一個月有兩個節，兩個節都爲民間信奉，似乎除了七月可不會有另外一個月是這樣。本期「大人」既是對這兩個節躬逢盛會，拿這兩個節來拉雜一談，倒也未嘗不是應景之作。

乞巧節

由盛而衰

七月七日乞巧節，這是個女兒家專有的節。只有女兒家才會在這個節「擺七夕」來熱鬧一番，男仕們就只有在這個節去「睇七夕」來趁熱鬧。所謂「擺七夕」，便是女兒家盛陳瓜果、種種手工製作來慶乞巧節。乞巧節又稱「七夕」，因之她們這一個盛會，便稱「擺七夕」。此夕，「擺七夕」的門戶大開，任人參觀，男仕們穿插其間，他們便稱爲「睇七夕」。

在從前，婦女們沒有怎樣公開交際，沒有什麼場合可以露面。她們躲在閨中，雖不至三步不出閨門，但比起今日的自由和活動，却就相差得遠。既然七月七日的乞巧是女兒家的事，她們便把這事來做成了盛事了。

在從前，乞巧節這一天，眞的是沒有女兒家不來「擺七夕」的。富有人家固然極其盛設，小家碧玉也一樣的不免。有些叫做「七姐會」的，這是集體來「擺七夕」，她們大都是工廠做工的，賣瓜菜的，平日集合了百多人，成立了一個會，每月供會銀，供到了六月，便拿這筆銀來「擺七夕」。她們臨時租用一處地方，把這筆一年來積蓄所得的會銀來盡情開銷。

凡「擺七夕」，是以枱計算的，枱是「八仙枱」，相等于現在的麻雀枱。把若干張八仙枱拼合，枱上滿陳乞巧品物。品物陳設多，自然是用得枱多，品物陳設少，自然用得枱少。因此便以幾多張枱來形容着陳設之盛，竟然有用到百張枱以上的，人們便說：「這裏的擺七夕是百多張枱」。要是兩三張枱的，這便很平常，不會大開門戶，以供衆覽；起碼十多張枱的，才會讓人家來參觀。

一般組織了一個「七姐會」的「擺七夕」，她們至少也有一二十張枱。臨時租了人家的祠堂，或是看看附近有沒有空舖戶，租一間不夠，租兩間三間也有。而富有人家的小姐們「擺七夕」，也常常擺上十張枱以上，當晚張燈結綵，請了瞽姬或是女伶來唱曲，以增加熱鬧。主要還是大開門戶，任人進去參觀。參觀的人以男仕為多，她們聯羣結隊，穿街入巷，看到了大開門戶，任人進內參觀的「擺七夕」便進去。往往整個晚上，四處瀏覽。而「擺七夕」却是「擺」通宵的。當時治安好，通宵大開門戶也很太平。

無論是那些「七姐會」，或是富有人家，她們在這個晚上都奔走全塲，對進來參觀的盛為招待，生張熟魏，也一律打個招呼，奉茶奉烟，極其慇懃。為的凡是女兒家也是這個節的主人，而她們要招待的便是以男仕為對象。這是當時惟一的男女交際的一個機會，當然有不少艷事佳話，就在一個乞巧節中做成。

七夕的陳設，眞是林林總總，美不勝收。不少一座座的故事紥作，像銀河鵲橋相會，像一個牛郎七個天仙姐，七月七日長生殿的唐明皇楊貴妃，以及其他根本和七夕沒關係的人物故事也都有。除了這些紥作外，又有用芝蔴，或是通草製成的手工藝，針孔刺成種種圖案，花鳥人物的座燈，或是一些小器皿的古董，陶瓷玉器應有盡有。還有鮮花瓜果尤其多，確是要擺幾張枱便擺幾張枱。

另外有一樣是七夕才會見到的兩種發芽盤栽，一是用綠荳發的，長可三四寸，一是用穀發的，它團結着，圓圓的用瓷碗盛載，束以紅紙條，或紅絲帶。前者稱「芽菜仔」，後者稱「慕仙秧」。三更過後，女兒家即用碗盛水，然後摘下「芽菜仔」上端的兩塊小葉，浮在水面上來看它的影子，看這影像的是什麼，以卜將來的種種。女兒家心事如何，她們一顆芳心，只有她們自己才知道。

乞巧最盛的當然是富家和「七姐會」；却是妓院也有「擺七夕」的。無論是省港大寨、二四寨都有此風。民國初年，有一件妓寨「擺七夕」的事，哄動了廣州，這裏且來說說。

當時廣州的妓院，分開許多級，最低級的一種，是設在帶河基的顯耀里。這裏的妓女，低級到無可再低，她們日以繼夜的接客，來者不拒，銷魂一度便走，但其中却出了一個超人的妓女，她每天可以接客百人。客來排着長龍等候。她不是美，而是有媚術，名喚「嗡頭紥」，粵語稱點頭為「嗡頭」，稱纏小脚的為「紥」。這妓女的頸部神經線有問題，要不住的「嗡頭」，又纏了小脚，因而她便給人稱為「嗡頭紥」。她雖然是個最下乘的妓女，但一般尋芳客却有一句話，這是「未試過嗡頭紥，不知天下之美味」。另外，人人稱「嗡頭紥」為「老舉狀元」。「老舉」，是粵人對妓女之稱。

嗡頭紥有一個客，無時不想娶她為妾，但總無法子成功，他所以討好嗡頭紥的無微不至。那年乞巧節臨，這客人拿出錢來替嗡頭紥「擺七夕」。顯耀里是一條掘頭的里巷，這客替嗡頭紥的「擺七夕」，由妓院擺到出街，這還不算，另外在帶河基近着顯耀里那裏，一連租用了兩個空舖，作為「擺七夕」之用，合計是五十幾張枱。妓寨門口，和這兩間舖門口也都高懸着生花牌，用生花綴成「嗡頭紥拜仙」五個字。

一個最最下乘的烟花妓女，居然「擺七夕」擺到五十張枱，妓寨和租用兩個舖位，還要擺滿了成條顯耀里，這當然是哄動到極了。初六初七兩晚，弄到帶河基和顯耀里都擠滿了人去「睇七夕」。

這件事一直的流傳着花間，誰也在談論着，許多年過了，還是盛傳不衰，大有「邊個夠我威」之勢！但事實上如果說廣東的「乞巧掌故」，這件事可不能不加以存記的。

却是乞巧到了現在，差不多成了廣陵散了。它的衰落，在香港說，是這十年來的事。許多富家小姐，在五六年前已經沒有「擺七夕」，碩果僅存的只是街市的賣菜妹，極少部份的工廠大姐，她們依然有這「七姐會」、「乞巧會」的組織。但一踏入七十年代，連這些工廠大姐，賣菜妹也沒有這個「拜仙」的組織了。但好些衣紙紥作店依然還有小型的「七姐盤」、「梳粧盤」紥作售賣。對象是水上人家，為的水上人家的女兒家還有在艇頭「拜仙」之習。

為什麼乞巧節會由盛而衰，由衰而絕？這說來是有許多原因。第一，今日的女兒家，她們的頭腦已經不是從前的頭腦。她們不會拜神，她們明白到這所謂乞巧是無稽的，就算是眞，她們自問已經巧過天仙織女，織女的巧是織錦，在針線上的功夫，她們志不在此，今日女兒家的巧是多方面的，什麼芭蕾舞，時代曲，歐西流行曲，理、工、化等等，織女決不會懂得。第二，今日的時代女性是活躍的，和以前的女性，什麼也不關她們份完全是兩樣。躲在家裏來「拜仙擺七夕」，怎比得上，參加派對、集體旅行、宿營、野火會這些活動？單是這兩個原因，乞巧便成為時代落伍的一件事，為大家所不屑一顧了。

盂蘭節

巍然獨存

七巧節是屬于神話的，盂蘭節是屬于鬼話的。為什麼屬于神話的會完全沒落，屬于鬼話的會巍然獨存？這說來也是很多道理。乞巧節一直是女兒節，只是女兒家的事，自然脆弱，易變。今日的女性，無論是什麼比起了以前的女性完全是兩樣。她們要變便變，沒有什麼阻力。另外乞巧節太單調，只是女兒家來陳設一些品物過了兩天的晚上便算，比不上盂蘭節，除了家家戶戶燒衣，吃一頓之外還有大規模的盂蘭勝會。前者是輕而易舉，祇是一家人的事，後者是熱鬧，是大功德，會關係到孝子賢孫對若祖若宗的事。如果在潮幫，他們盂蘭節的盂蘭勝會不只對鬼分衣施食，對人也分衣施食，和慈善事業有關，題目大，擁護的人多，這自然是幷非乞巧節所可比。因之乞巧節沒落了，盂蘭節可絕對不同，尤其在潮州人多的香港，近幾年就越來越熱鬧。

廣府人和潮州人在一個盂蘭節中有許多不同的地方，廣府人是家家戶戶也為了盂蘭節而個別燒衣的，潮州人却沒有家家戶戶燒衣而是捐出了錢來集體舉行大規模的水陸燒衣。廣府的盂蘭節燒衣，日期是在中元節前的任何一日，也就是由七月初一至到七月十五。潮州人却在中元節之後，他們的盂蘭勝會，大約以七月下旬舉行的多。廣府人的盂蘭勝會，大都由名山寶剎所發起，佛教團體所發起，他們不會捐錢才來舉辦。全部經費是在附屬先人牌位那裏得來，三晝連宵，由高僧作法事。潮州幫的盂蘭勝會却是向潮人，潮幫的店戶捐錢，同時他們是常有一連七晝連宵的。他們很少由僧道作法事，而是由居士作法事的多。還有，他們在一個盂蘭勝會中，順便行善。由各方捐到了大量的米和實物，然後定了個日期分發給老弱貧苦的人。這是廣府幫與潮州幫在一個盂蘭節中大大不同之處。

先說廣府人的「燒衣」，由初一至十五，不必擇日，天天也可以舉行，他們去衣紙店買了衣紙回來，一張張的彩紙，拿來捲成一個筒狀，然後一紮紮的用小繩紮好。有錢人家單是摺這類紙，他們無貴賤，一個個也動手，摺上三四個工作天并不奇。到燒衣的一天，弄幾個菜，拜過了祖先神位，便來全家同吃，有些人還會請客，他們對親戚朋友說：「我家今晚燒衣，請來吃飯。」

燒衣的菜式，有一味是必須要有的。這便是「芋頭甑鴨」。這個菜式，什麼節也不會見到，只有見之中元節的燒衣。因此便得到一個名稱，稱爲「燒衣菜」。又什麼節都少不免吃雞，單獨燒衣是不許劏雞，只可殺鴨。相傳燒衣有許多衣紙，雞嘴尖，雞爪利，恐防會有「雞鬼」來把衣紙啄爛抓爛，因此不能吃雞。不能吃雞便非吃鴨不可了，因此每逢燒衣，便有芋頭甑鴨這個「燒衣菜」。

由于家家戶戶也會在這十五天來燒衣，因而家家戶戶也必然在這十五天來殺鴨。有句俗語很妙，是「狗怕夏至，鴨怕燒衣」。爲的夏至這天，多人吃狗，所謂「夏至狗，無地走」，因此便有「狗怕夏至」一語，而燒衣之日，例必吃鴨，自然是「鴨怕燒衣」了。由此而知，這味芋頭甑鴨的「燒衣菜」就不可少。

這個菜很好吃，好些人不單是甑鴨，還會加一方五花腩肉，也不單用芋頭，也有用好些嫩薑芽同在一起，照例是用一種醬料把作料爆香，然後加上了水，把所有作料爆到爛熟，切件上碟。這種醬料，是麪豉、南乳、珠油、乾醬混合而成，雜貨店和醬園也有賣。去買的時候，在平日便得每樣說明，在這燒衣季節中，可無須逐樣說明，一聲「燒衣醬」便行，原來在家家戶戶燒衣這半個月中，一個芋頭甑鴨的「燒衣菜」不可少，「燒衣醬」便應運而生了。

吃過了飯，才是燒衣的開始。當吃飯時，先把這些菜式，每樣拿起多少用一隻小碟載着，另外還準備幾塊豆腐。在吃完飯，拿到門前，就在門前街上來舉行。先行燃香點燭，再焚化衣紙等物品，跟着把小碟上的菜肴，和幾塊豆腐分撒在門前。最後是要撒錢，在從前，有的是銅板，撒的便是銅板，後來却起碼要拿一把五仙或一毫輔幣來撒了，這是一件不可或免的事，爲的在門前燒衣，便有人圍着來等，他們不是等什麼，是等撒錢的時候，他們來拾取。

這是廣府人一向的燒衣習俗，省港澳也一樣，現在，當然此風就只有港澳才存在。不過香港人近來大都住居大厦，他們要燒衣，有點兒改變了。不可能由十多層樓搬到樓下人家的門前來燒衣，因而有些就在樓上門前焚香點燭便算。雖然也有住在二三樓的，他們會走到樓下來燒衣，但大都在人行路邊，而不是在下面人家的門前。但在今年又會對清潔運動有影响，因之大都帶了桶水，一把掃把同到樓下，焚燒完畢，即用水洗，打掃一番，才算得是功德圓滿。

至于廣府的盂蘭勝會，大都是寺院、佛教團體所發起，舉行的地點，從前廣州是在方便醫院，現在香港大都在新界的寺觀，市區是在佛教團體、居士林這些地方。事前發出小啓，招人附薦。所謂附薦，是他們薦四方幽魂，孝子賢孫却可以把他們的先人附帶來追薦。這其間分開了好幾種等級，大大的一個紙紮牌位，安放着好好的位置的最貴，只是一條一寸濶的紙條，上寫着附薦的先人名的最平。就憑這個來作爲一筆經費收入，其中也會因此而大有所獲的。他們集合了有名氣的高僧，唸經禮懺，三晝連宵的作法事，最後一個節目是僱一條船到海面來燒衣、放生。但都少不得這些高僧去作法事。有時這些盂蘭勝會，

乞巧節之特殊燈飾

好些另立名目，像什麽消災解難法會之類。

香港潮幫的盂蘭勝會，比起廣府幫就熱鬧得多，但却熱鬧有餘，而缺乏宗教意味。他們炫耀燈色紮作，他們演潮州戲，列隊巡遊。娛樂節目多多，誦經禮儀的場面很少，但他們最可取的是必有一項慈善的賑濟。

在香港這四百萬人口中，潮州人雖然比不上廣府人的多，廣府人是第一位，他們是第二位。却是潮州人鄉土觀念深，做什麽事也很齊心合力，他們這股勁，是廣府人比不上的；就單從每年的盂蘭勝會便可知道。

他們沒有在一個中元節中家家戶戶燒衣，但一個中元節作爲大規模盂蘭勝會的却到處可見，這便是他們做事能合羣、團結所致。現在不妨就所知來說出潮州人盂蘭勝會每年一定舉行的地點來，以誌其盛。

在中區，每年見到的潮幫盂蘭勝會，地址是在依利近街，光漢台。在西區，每年見到的潮幫盂蘭勝會地址是在三角碼頭，和興西街、東邊街。在東區最大規模的是維多利亞公園的西面，筲箕灣是太古球場，還有柴灣新區的大廣場，赤柱和香港仔也有。在對海，是在尖沙咀九龍倉。所說這些都是大規模的，其餘小規模的，更是不計其數。

大規模的潮幫盂蘭勝會，經常也是三晝連宵來舉行，所謂三晝連宵便是三日四夜。在這三日四夜中，他們除了種種爭妍鬥麗，踵事爭華外，也有念經誦佛。但他們不用僧道，而是由居士來念經。可能香港的和尚道士只有廣府的道士和廣府或上海的和尚，沒有潮州和尚和道士，他們便不會用。而潮州人就有幾個「念佛社」，由居士組織，規模相當大。自然香港的潮幫盂蘭勝會就非用潮幫的「念佛社」來主持功德佛事不可了。由于他們全是居士，說他們熱鬧有餘，稍爲缺少宗教意味，這是沒有錯的。

一個年年舉行大規模的盂蘭勝會，他們的會場很大，必須由政府依例每年也借出來。而他們舉行這盛大的盂蘭勝會，團體力量也相當大，就以維多利亞公園一個一年一度的盂蘭勝會言，地方當然是政府批准借用，而舉辦這個盂蘭勝會的團體，是銅鑼灣區、跑鵝區、灣仔區、燈籠洲區、大坑區、北角區等六區潮僑街坊聯合組成舉辦。集合了六區的潮僑，自然聲勢煊赫，規模偉大，不在話下了。

每一處的盂蘭會，他們的組織是這樣的：先來向所有的潮僑募捐，潮幫的社會聞人，大大小小的商業機構，每一家每一戶都有捐欵，有些還捐出實物。潮州人經營米業的很多，米行不少是操在潮人手上，這些米行，大都捐出了一筆錢外，還捐出若干包的藍線米。捐錢是作爲盂蘭會所有開支之用，捐實物和捐米是要在盂蘭經壇時賑濟貧苦之用。

潮幫人主持一個盂蘭勝會是極其認眞的，他們對于捐錢人的芳名，捐欵的數目，鉅細靡遺的寫在一張長榜上，特爲這張長榜搭一個棚架來張貼，往往長達數丈，數目清楚得很。

除了每年爲一個盂蘭勝會捐欵之外，他們通常有着上年大大的存欵。這筆大大的存欵也清楚把當時的進欵寫出來。原來，每年盂蘭勝會結壇，凡是會場中的任何品物也拿來開投，價高者得。他們就把這些投物得來的欵存儲着作爲下一年盂蘭勝會的開支，因之這張長榜得詳列這筆進欵和存欵。你看這一張幾丈長的榜，你就可知潮州人對盂蘭勝會是如何的認眞。說也奇怪，三晝連宵的一個盂蘭勝會，看進支數目，也是會場一個節目之一。爲的經常聚集着不少人在，站在棚架下來「看黃榜」。

潮幫的盂蘭勝會，那種熱鬧、輝煌，確不是一般廟會所能及。會場入口，搭上一個大大的牌樓，高掛着大大一個花牌，花牌的字還是斗大的「盂蘭勝會」。入門，在露天的地方張燈結綵。一串串的電燈，掛到了滿，然後正中一條高可數丈的燈柱，上面的一盞燈，通常是轉動的，幾種顏色的，轉到那邊，那邊的顏色便不同。而燈的裝飾却是極其精巧。還有一個高高的說是塔又不是塔的彩樓，下面是一條鰲魚承着，有點像是長洲的出會飄色一樣的「飄」。又或者是懸着一盞特別紮作的彩燈，由數丈高上面垂下來，這是精細的紮作，長形，必是幾丈的長，層次分明，纖巧無匹。這都是潮幫盂蘭勝會的獨特之處，最能使人聚而仰首參觀的。說潮幫盂蘭勝會是炫耀燈飾的可沒有半點錯。

有一個棚搭成一座的地方，中間湊合了幾張枱，枱上舖了布，就在那裏陳設了大大小小的古董，瓷器、玉器不一，無一而非精品，却是這完全和盂蘭超幽沒有關係的。這是由潮幫中的收藏家拿出來陳列，大約是乘機開一個「展覽會」。像這樣的一個「展覽會」，凡是大規模的盂蘭勝會也必然有。當然這只是以供衆覽，沒有宗教的色彩，也完全和盂蘭勝會的水陸超幽毫無關係。

最有關係的是「大士神像」。他們鬧了一座棚，那裏供奉了一位「大士」，高數丈，紙紮的，他頂盔貫甲，開了花臉，可不知道是不是依了「大士臉譜」來開，據說這「大士」是觀音化身，主持分衣施食的。

另外又有一個棚，那裏陳列好幾件大到以丈計的紙裁衣裳，也有用眞絲綢來裁成的。每一件龐然大物的衣裳都用撳釘之類釘在板壁上展陳，使大家一覽無遺。

這兩個棚便是和盂蘭勝會超幽最有關係的。除了這兩個棚，還有一個法壇，這便是念佛社各居士念佛作法事的所在，當然也和盂蘭勝會最有關係。除此之外，有好些也與水陸超幽的盂蘭勝會無關。

每一處的盂蘭勝會也有演戲，甚至是兩台戲，一台潮州戲，一台廣府手托木頭戲，或是兩台也是潮州戲。也有潮州音樂演奏。自然這就只是熱鬧而不會是和盂蘭勝會有關。

有一個很大的棚是專爲貯藏各方善信捐出來的實物和米的。通常所謂實物并不多，最多的還是一包包的藍線米。因此這一個棚就是一個米倉。那些藍線米常常分幾列，堆至丈多高。這便是善信們捐出來的，來幾多存放幾多在那裏，便形成了一個米倉。

每一處的盂蘭勝會開始，場內的燈色是由開始時至到完壇也不會熄滅，遠處也可以見到它的燈光燭天。還有一樣也是沒有休止的，它四下裏也安上擴音機，這些擴音機是要把一些潮州音樂、潮州戲，有時也有粵曲播放，眞的是聲聞于天，乘車經過也會感到震耳欲聾。這似乎是千篇一律的，沒有一處潮幫盂蘭勝會不是這樣。因此當你望見遠遠傳來這類擴音器播出來的聲音，和天邊也有紅光，你便知道那裏是有個盂蘭勝會了。

在開壇的幾天，不少潮僑到來參拜。那位兇神惡煞似的「大士」，不少人在那裏焚香點燭。而結壇作功德的地方更多，那裏常常見到衣冠楚楚的人士在朝着裏面的佛像禮儀。除此之外，以供衆覽的地方很多。還有休憩的地方，佈置得很堂皇，在那裏休憩，就像在一個古老大廳中一樣。當然看戲的，聽潮州音樂的也各有去處。因此不只招集了潮僑，廣府人也有不少扶老携幼去看，他們說：「去睇潮州人燒衣」。

潮州音樂的演奏人物，大都穿着戲服似的衣服，他們常常在場中排成一隊來表演，并不是在台上。有時却有一羣少女，也是穿着一律像戲服似的服裝，挽着大大的花籃，在場內廣濶的地方，像是表演，也像是巡行。這兩樣都是極能吸引人的。他們或她們穿的是古裝，但有一樣却極之時代，無論是男是女，他們或她們都一樣戴上一個黑眼鏡，白天固然，便是晚上也都少不得把黑眼鏡帶上，使人莫名其妙。

潮幫盂蘭勝會善信叩拜

有一個最盛大的節目是巡行，在三晝連宵中必然有一天是列隊巡行的，巡行的隊伍，總是少女挽花籃，和男仕組成的樂隊。他們在會場附近的街道巡行，出發地點是在會場裏，散隊的地點也一樣在會場裏。這個巡行部隊最引動人看，爲的他是完全潮州味道，大開眼界。

在三晝連宵近散壇的一天，他們製就一種咭來分發給老弱貧苦之人，誰也可以去討取，只要你擺出一副貧苦相，是個老弱的人便可以。取到了這個咭後，第二天，所有一袋袋的藍線米沒有了，不是已經賑發，是拿了來拆散用彩色的膠袋，分作每五斤一袋的準備派發。此時所見，全個「米倉」堆得高高的幾列藍線米包沒有了，却是這五斤一膠袋的米也就堆了個滿，只不過實際是米倉，形象不是米倉罷了。這些米改換了包裝後，便在完壇這天來分派。那些老弱貧苦的人拿着了先行領到了的咭紙到來，他們見咭紙便派。但也需要一個較長的時間才可以派完，通常是那裏的米和其他的東西太多了。

派完了米，還有個大軸戲，這便是到水上去超幽。潮幫的盂蘭勝會，他們的施予還是先人後鬼的，很值得稱道。先把各方捐贈的米和實物，辦妥了賑濟後，這才來最後的超幽，焚化着這許多給予鬼的東西。在會場裏舉辦的是陸上燒衣。所有陳列的紙衣、眞絲綢的衣都燒了，大士像也燒了，名貴古董的陳設也都發還給收藏家了，便僱了一條大盤艇到海面來水上超幽。

水上超幽的儀式，是焚化所有的物品，念經，焚化完物品，這便禮成，從盤艇上回到會場，一切結束了。

齊心合力，是潮幫盂蘭勝會的特色。因此在一個七月兩個節中，乞巧節是盛極而衰而至于幾乎沒有。盂蘭節的力量很大，因而在這太空時代，迷信和科學交替的時代中，它還是巍然獨存。廣府人的家家戶戶燒衣，佛教團體的盂蘭勝會，和潮州人的盛大的盂蘭勝會都完全沒有半點衰落的現象。有人統計過，在一個中元節中，說它要銷費達到三千萬元，這還是個極保守的估計呢。

Wearing Levi's is better than wearing pants!
Levi's

兩次見面　倪匡

武俠小說名家倪匡，曾為李小龍編過「唐山大兄」和「精武門」，
茲應本刊編者特請，撰寫一篇見解精闢的「李小龍給我的印象」。

晝寢未醒，主編來約稿（很有點孔明味道），囑談李小龍事。李小龍死後，人人在談，忽然之間，多了不少「童年好友」出來，也算是一絕。雖然「唐山大兄」、「精武門」，都曾有過關係，但是見到李小龍，前後不過兩次，一次是吃飯兼看「精武門」，一次是吃飯兼談論電影故事，兩次都有相當深刻的印象。

一起看「精武門」那次，坐的是樓座，當樓下觀衆一發現李小龍在樓上，紛紛湧到戲院的前面，仰首觀望，鼓掌喧嘩，要李小龍現身，李小龍起立，揮手，觀衆大樂，一批又一批湧過來，呼叫之聲不絕，李小龍頻頻揚手，如希特勒之檢閱羣衆。陪大明星看戲常有，未曾見過威猛如此者，眞是嘆爲觀止。當時就肯定，李小龍在電影界的地位，無人可以拍馬追得上。

照說，一個人有了這樣的地位（而且是極其穩固，無可動搖的地位），應該是高興之極的了，但是從接近他的人所說的一切看來，似乎又未必，這樣地位穩固的超級巨星，會看了一篇忠實的報導文字，而大興問罪之師，實在不可理解之甚，只好說他是謎一樣的人物了！

第二次見面的印象是：李小龍對電影有狂熱。曾見過不少對電影有狂熱的人，張徹是，羅維是，王羽是，蔡揚名是，李小龍也是。那天，他化了兩小時左右，講述一個電影故事（恰好是一部電影的放映時間），每一個細節，都詳細講了出來，連主角在走路時，採用什麽配音，都加以描述，那是一個很不錯的故事；後來沒有拍，講完之後，道：「請你寫劇本。」

當時，未加考慮就拒絕了，因爲本身對電影的熱情不高，在這樣的情形下寫劇本，更連一點創作的趣味都沒有了，完全變成了錄音機，十分乏味之故。並且建議他自己寫，他的回答是，不會寫中文；答以「可用英文寫，寫了翻譯。」結果，他的戲自編自導自演，成績斐然，但已不是那個故事了。他講的那個故事，簡單，有力，是一個相當不錯的故事，但當時在塲的鄒、何兩位，表示不同意，本人曾戲言曰：「你這種故事，張徹最喜歡！」他就夾起文件走，作要去找張徹狀。鄒、何兩位另有一個故事，是寫搶奪馬來亞一個錫礦的，準備去拍錫礦的實景，但李小龍反對，他的話很有道理，說：「礦的所有權，有文件，法律證明，不是拳頭可以強搶得來的。」由此可知，當時他十分淸醒，有法律觀念，基本上不相信暴力可以解決問題，這是現代文明人應有的觀念。可是觀乎後來，他接二連三，用「硬物」指嚇人，那時，他的頭腦已經有點問題了。

李小龍是一個成功的人物，極其成功的人物，名與利，像洪水一樣湧向他，在旁人看來，他是一個値得羨慕的對像，然而，在他自己而言，如何接受一剎間湧過來的名與利，如何消化和適應，只怕是一件很痛苦的事！

銀色漫談

李小龍暴斃內幕之內幕！

·馬行空·

自從七月二十一日開始，本港的報紙與雜誌紛紛以顯著的地位刊出李小龍暴斃的消息，報攤上包括有關李小龍或丁珮的「投機性」的畫冊之類，突然出現了二十餘本，而且直到今日，各種文字記載以及道途聽說還是不絕如縷，相信在香港的歷史上，沒有一位「大人物」的死亡，曾經有過像這樣的轟動程度，假如李小龍地下有知，亦實在足以自豪了。

既然大家都寫李小龍，並且寫得那麼詳細，筆者似乎不應該跟在人家背後廢話連篇的纔對。但是，又因爲一路下來所聽到的傳言甚多，而且其中很有一些是在其他報章刊物上沒有報道過的，於是祇好不避「一窠蜂」之嫌，未能免俗的也來聊聊有關李小龍的瑣聞。

台灣記者 神通廣大

七月二十一日的香港報紙，頭條新聞的內容差不多都是大同而小異的：「紅極一時的武俠明星，年僅三十二歲的李小龍，昨日深夜十一時三十分，在伊利沙白醫院暴斃。李小龍昨晚在家中（請注意：在家中）突然暈倒，其妻急送其往伊利沙白醫院急救，但不幸宣告無效。醫院方面未能証實這位大明星的死因，其屍體將於今晨轉送殮房，等候醫官今日進行開屍剖驗，才能決定……」除此之外，就是一些哀悼、惋惜之類的文字，與本篇無關，按下不表。

掉轉筆頭，再說七月二十日深夜，也就是李小龍咽下最後一口氣的那晚，有一件奇怪的事發生了。談起來叫人不能不佩服台灣新聞記者的消息準確，神通廣大。

話說出事的那晚，消息很快的就傳遍了港九，午夜十二時後，香港某報人接到台灣中國時報的長途電話。台方問：「喂，是不是李小龍眞的死了？」港方以沉痛的語氣答道：「是的，眞的太可惜了。」台方問：「到底是什麼毛病？」港方答：「現在還不知道，要等剖驗之後方可分曉。」台方急急的接着問：「喂，老兄，聽說李小龍是昏倒在丁珮的香閨以內的，對嗎？」港方不禁失笑，答道：「哪有此事？所有的採訪記者都曉得他是從家中送到醫院裏去的，你們怎麼又會扯到丁珮的身上去了？」台方詫異道：「那眞奇怪了，我們得到的情報，都肯定他是從丁珮家中被抬出來的哩。」港方大笑道：「那是你們的神經過敏，想像力過於豐富之故。好了，現在人已經死了，就讓他安安靜靜的死去吧，請你們不要胡思亂想，節外生枝了……」

這也難怪，因爲丁珮的名字，初次與李小龍聯在一起的時候，是去年她「吃錯藥」被送入醫院的那回。人們開始竊竊私語的在討論着「肉彈」與「武士」的不尋常關係，但畏於李小龍的性如烈火，拳大臂粗，所以沒有人敢於公開這一段秘密。記得在新聞界內有過這麼一個現象，就是當你問起丁珮爲何「服葯」之時，記者朋友總會神秘的一笑，然後說道：「我也不曉得，你去問鄒文懷好了。」這就叫做彼此心照，盡在不言中。但是：丁珮平安出院之後，此事彷彿已經告一段落了，所以大家的注意力也就逐漸的淡了下去。但沒想到此次台灣記者們冷不防的舊事重提起來，也無怪那位香港報人會認爲是空穴來風了。

七月二十二日，首先由「香港時報」的銀色專欄作家冰冰透露口風，在她的文字裏，雖然含意模糊，但不無蛛絲馬跡可循。冰冰於出事的那天打電話到丁珮的家中，是丁媽媽接聽的，談了沒有幾句，但丁媽媽告訴冰冰道：「現在我們家裏有很多警探，談話不方便，明天再通電話吧。」丁珮家裏出了什麼事？爲何驚動警方？冰冰肚裏明白，但不好意思丁是丁、卯是卯的寫得一清二楚，所以稍微的那麼帶過一筆，然而已經可以算是獨得之秘了。

同日，另一張「新星日報」可就有點老實不客氣了。大字標題是：「本報獨有可靠消息，李小龍死前昏迷地點，是在姓丁明星香閨內」！文字的摘要如下：「前晚七時左右，李小龍在丁某明星家中『閒談』，未幾，李小龍以頭痛不舒服，而在該明星睡房裏休息。及至九時二十分，丁某入到睡房，有意叫醒李小龍，赴鄒文懷之約：……丁某推李小龍，只見全無反應，赫然發現李小龍竟昏迷床上，丁某受驚，手足無措，終於撥電話找得一位私家醫生替李小龍急救，但未見效，遂將李小龍送到伊利沙白醫院……李小龍入院後，其妻蓮黛與鄒文懷才接得消息……於是匆匆趕至，可惜他們來遲一步，李小龍已告返魂無術……」丁某就是丁珮，全港的人都曉得，該報「打開天窗說亮話」，一時成爲最轟動，最足以驚人的新聞！

事情發展到這一步上，香港報人纔發現台灣所得到的情報，竟然是完全正確的，我們近在咫尺倒反而被人一手遮盡耳目，誠乃笑話奇談之至。該項消息爆出之後，輿論譁然，一致認爲最初發言人的畏首畏尾，隱瞞事實，証明了李小龍的死因大有可疑之處！如此一來，玆事體大矣。

七月二十四日，本港西報「中國郵報」也表示不滿了。頭條大字標題寫的是：「李小龍死亡事件中，是誰在撒謊？」文字中自然切切實實的寫明了李小龍的確是死在丁珮家中的。另一張「英文星報」，寫得更爲詳盡：「根據我們的調查：九龍十字車總部於當日十時三十分接到電話，要求派出救護車，地址是畢架山道六十七號三樓A二座，也就是丁珮的家中。總部立即通知馬頭涌消防局，派出的是四十三號十字車……政府發言人証實：一名三十二歲的男子李振藩（李小龍原名），於該日晚間十一時被送入伊利沙白醫院。急症室裏駐守的五一〇六號女警，也証實了李小龍的入院時間是十一時二十四分……」到此時，什麼都不用說了；李小龍在金巴侖道私寓中昏倒之說，整個被粉碎了！人們禁不住要問：為什麼要隱瞞，為什麼要捏造事實，為什麼？

這話就很難講了。

憑心而論：所有代替李小龍掩飾的人們，包括鄒文懷在內，其動機都是純粹出於善意的。請想：一名使君有婦的男子，突然昏倒在一名待字閨中的少女家中，消息傳揚開去，總沒有什麼好聽的說出來，何況李小龍與丁珮都是社會上响噹噹受到注意的人物，如果再被好事者拿來作為話柄，則天下不大亂者幾希矣。

經理艷星 雙雙遭殃

常言道得好：「若要人不知，除非己莫為」，所以有關李小龍的這「一把火」，到底是在「紙裏包不住」的。本港銷路最廣的「星島晚報」，於七月二十四日把政府新聞處的書面答覆製版刊出原文，並此存照，鐵証如山，那就再也沒有什麼可說的了。那時候，李小龍已經平平安安的躺在驗屍所裏，無論外面如何的翻天覆地，他是一點都不知道了，慘遭池魚之殃的則有兩位：一是「嘉禾」總經理鄒文懷，二就是李小龍的好友艷星丁珮。

據報載：李妻蓮達用英語向駐急症房的登記員說：李小龍於家中昏倒，但該登記員聽不清楚蓮達的話，由鄒文懷加以翻譯。如此這般，鄒文懷就在無形中成為此次事件中的第一位發言人，但沒想到後來爆出內幕，眞相畢露，變成了前言不對後語，雖然鄒文懷出盡了最大的努力，總算對得起九泉之下的好友，但結果弄得他自己的情形十分之尷尬，有如啞吧吃黃連，有苦說不出，那種罪過也實在不好受哩。

倒也！倒也！「唐山大兄」倒在「死亡游戲」時

不論是鄒文懷講的，還是蓮達向登記員述說的，或是李小龍的哥哥李忠琛對記者發表的，反正最初傳出李小龍自家中逕送醫院的消息，其實早已就出現許多漏洞了。關於李小龍在家中昏倒之事，就有兩種說法：一是他飯後在院中散步，突感不支，二是他未曾用餐，就躺在臥室牀上昏迷不醒。人言言殊，已經足以引起外人的疑心，但其中最大的一個漏洞，却出在時間問題之上的。

「快報」上的特稿首先指出：「……有一部份記者，看到一名貌似蓮達的西婦，約於是晚十時三十分以後，已獨個兒徘徊於伊利沙白醫院，張望着從外馳來急症房停車塲的救傷車或其他汽車，等足約半小時後，李小龍才被救傷車送到……蓮達既向醫院說李小龍昏迷於厠所，怎麼不陪李小龍一起到醫院？而只由鄒文懷陪同到醫院？這是一個大疑問。再往深一層想，時間上也有商榷餘地；既然鄒文懷在下午六時（註：最初發表是鄒文懷於下午五時半，從金田中飯店打電話到李小龍家中，而發現李小龍出了情形的）已知李小龍身體不適，趕到李家，與進醫院時間長達五小時之久，而李小龍進醫院時，已經需要用氧氣筒幫助呼吸，病情嚴重已極，以鄒文懷精明能幹，會幾小時那麽久看着其老友逐漸與死神接近嗎？……」此一問，問得絕對有理；非但新聞界表示懷疑，就是外界的一般不相干人士也大惑不解，終於由新聞處道出眞情，說出原委，套一句電影廣告裏慣用的句子，這就叫做「高潮迭起，扣人心絃」！

因此，代罪的鄒文懷頓時成爲衆矢之的，逢上記者之時，發問有如排山倒海而來，使鄒文懷祇可支吾其詞，王顧左右而言他，說來大概是「小諸葛」此生中最狼狽的一次了吧。

英文「星報」形容絕倒，兹將原文翻譯如下：「官方証實派出四十三號救護車，並說與李小龍一起到醫院的另有一位『朋友』。官方不知道那位『朋友』是何人，但指出他就是首先與救護車一起出現於現場的那個人。過後不久，那名『問題人物』打電話到星報來，也証實了該項消息，但說他們是到一位私家醫生家裏去的。接下來，他又說是他把那位明星從家中接出來的。報館方面問他可會在李小龍的廁所中打電話召喚十字車？他無法答覆。但經過一陣沉默之後，他說那晚有兩架十字車出動：一架到畢架山道，另一架到九龍塘金巴侖道的李小龍家。十分鐘之後，事情發展的更奇怪了；那個人又打電話到報社裏來說李小龍根本沒有乘過十字車！」以鄒文懷平時的足智多謀，到時候也居然會得槍法大亂，可見此事之猝然發生，確是能使任何人爲之手足無措的。

按說：李小龍昏倒家中也好，昏迷於丁珮的香閨亦無妨，反正人已經死了，還去研究那許多做甚？但是不然，祇因爲李、丁二位都是大明星，特別惹人注意，再加上那晚在醫院裏「欲蓋彌彰」的一幕，這纔造成了滿天的疑雲，滿城的風雨。請看七月二十五日「明報」上的一則專訊：

「據一項未經証實的消息透露：有關方面高層人士，現已責成追查在處理有關李小龍暴斃一事的疏忽之處。據稱：因當晚李小龍出事地點，並非在其金巴侖道寓所，而是在畢架山道一住宅。況李小龍送院後不久經証實不治，因此，此事在當時來說，不能肯定李之死沒有疑點，既無法肯定，爲何於當晚事發後，有關方面人員未有封鎖現場，進行詳細調查？對於此一疏忽之責任，有關方面刻在追查中。」

這正是許多人悶在肚裏而無法問出口的疑點。請想：一名銅澆鐵打、頂天立地的英雄好漢，白天還是生龍活虎的一般，到了晚上，竟會在不足半小時以內一命嗚呼，（由入院之時計起，至六名醫生束手時爲止），要說他完全「死於自然」，就恐怕非加以詳細的解釋不可了。再說，在出事的現場上，除了鄒文懷與蓮達之外，還有駕駛十字車的人員，聞風而趕到丁珮寓所的警務人員，大廈的看更員等，似乎也都應該對新聞報導方面負起一部份責任。最可疑的是：報上曾經刊出消息，說李小龍的衣袋中發現不明用途的粉狀物，但該項消息亦有如曇花之一現，驚鴻之一瞥，過後就沒有人再提起了。假如該事屬實，在今日李小龍死因難明的情況之下，或者是一條極有幫忙的線索亦未可知，但可惜的是就此無下文，如今再追查起來，也就大費手脚矣。

畢架山道六十七號，不是丁珮一家居住，於是在事發之後，悠悠衆口，飛短流長，竟把當時的「責任問題」，給牽扯到一宗數值二十萬元的「慰勞費用」上去了。據說：在那一陣混亂的時期以內，有人暗中大派「紅包」，出手非常濶綽，而且雨露均沾，面面俱到，但慌忙之中祇漏了一名大廈的日班看更員，所以後來的「防堤崩潰，洪水泛濫」，也都是從那一個小小的「缺口」裏所致成的。

這當然是無法証實的謠傳，而且總數二十萬元更好像煊染得過份了一點，使聽到的人們都不敢定全相信。但是，在英文「星報」的報道裏，却有一個與謠傳不謀而合的說法，倒也值得注意：「丁珮所住大廈的日班看更員，曾對星報採訪記者發表：七月二十日下午三時，他親眼看見李小龍，與『嘉禾』老板鄒文懷一起走進該大厦裏去。四時許，他又看見鄒文懷離去，但不見李小龍的踪影。那名日班看更員肯定的指出：他於晚上八時交班，到那時爲止，李小龍還留在大厦之中……」以下的一小段，寫得更爲明顯：「另外一名夜班看更人則拒絕答覆任何問題，他對記者說：『我不要和你談話！』」由此觀之，謠言倒好像也有那麽一點根據似的了。

另有一名白衫黑褲、梳大辮子的女工（可惜不知道是該大厦內哪一家的女工）對外透露：那日傍晚，聽見李小龍在丁珮寓所裏大叫大鬧，狀若瘋狂，而且間中還有大力搥門之聲傳出，好像是被人關閉在室內似的。此事之眞僞，不必去研究，但傳開之後，更能証實了李小龍生前服食過量興奮劑之說，則是不可避免之趨勢。

還有一項謠傳，也是非常可笑的。據說：有人於深夜回到辦公室裏，並打電話把已經進入夢鄉的會計主任給十萬火急的召來，打開夾萬，取出公司以內所有的現鈔，十元五元的零票不要，匆百元五百元的一共湊得四萬餘元，納入袋中，匆匆而去。查一家公司的銀錢出入，自屬最高機密之一，外人如何能夠知道？但居然會傳說得如此繪聲繪影，活龍活現，那名透露消息的人，神通也未免太廣大一點了吧？

丁珮受寃 應付失當

李小龍事件發生之後，丁珮大呼「寃枉」。不錯，此次她的確有點「寃枉」，因爲李小龍如果早一天死，或者是遲一天再死，都可能不在她的香閨以內（據說李小龍不是每天必到丁珮家的），那豈不是什麽事都沒有了乎？著名諧星李昆嘆道：「李小龍死在任何地方都不要緊，但偏偏死在那個最不適當的地方，這可眞是老天爺的安排了！」

目前，丁珮的處境是值得同情的，她在痛失良友之後，又遭到了許多不必要的困擾，因此方寸大亂，神經上受到刺激，所以在應付方面，出現了許多不得體之處。例如記者向她追問李小龍是否由她家中送往醫院之時，她竟然答非所問的大聲疾呼：「我與李小龍是清白的，相信不久就會水落石出！」這就錯了，因爲記者們想要知道的是李小龍的死因，並沒有人問起他倆之間的關係也。

自右至左：謝賢、李小龍、丁珮、小麒麟、許冠傑

丁珮曾向「星報」記者堅決否認一切，她說道：「關於李小龍在我家昏迷的報道是完全不正確的！星期五晚上，當他去世的時候，我不在家中，我同我母親一起出去了。我最後一次看見李小龍，是在幾個月以前，馬路上無意中遇上的。」但是，她說此話之時，政府新聞處早已証實了李小龍的昏迷地點，而且鄒文懷到後來也承認他與李小龍是在丁珮家中「討論劇本」的了，爲什麼丁珮還要發表這種毫無立場的論調？眞叫人百思而不得其解。

香港人本來對於男女之間的私事，就有極高的興趣，現在男方既是李小龍，而女方又是丁珮，其轟動一時之情形，自然也難以想像了。假如丁珮是聰明的，正應該閉口無言，聽其自然，好在法院開庭之後，自有公正的判決，現在的曉曉辯白，非但不能消除外界的疑惑，而且更能引起許多「不堪入耳」（套用丁母談話中使用的句子）的話題，那纔眞叫「冤枉」哩。

查不出是哪張報紙上的披露：此次替李小龍潔身的殯儀館化粧師，曾經對友好們談起，說他在死亡之後，某部器官仍舊屹立不倒！「明報」上也有類似的說法：「在被子掩蓋之下的李小龍下肢，似乎有萎縮的現象，而且是相當嚴重的萎縮，但據說有一地方，却是如擎天之柱……這一項驚人的消息，對於李小龍投以巨大注意的，除了各方面已知人士之外，還有警方的反毒組！」如此一來，人們都把「下體充血」作爲話題，談論得更加起勁了。

本來「人嘴兩張皮」，無中還會得生有哩，現在既然抓到了這麼一個「把柄」，當然借題發揮，暢所欲言，越傳越不像話了。

由「下體充血」而人們就自然而然的聯想到催情劑上去了，甚至還有人把「床上鏡頭」給描述得淋漓盡致的，那更是憑空虛構，無稽已極，撇下不談，省得汚了各位讀者的眼睛。但是，根據與李小龍比較接近的人士發表：如說李小龍需要用葯品來增强他的性機能，那是「仇者快」的幸災樂禍之詞，屬於惡意之中傷，完全不確！那麽李小龍平時有沒有服食其他類的興奮劑的嗜好呢？報上也已經透露過了，好像有人提出過「大蔴」的這一個名稱。

李小龍的眞正死因，到現在還沒有正式公佈，所以我們也不便在此地妄加確定。但是，如果說他服食大蔴，倒彷彿又有幾分可信，因爲大蔴之爲物，在美國青年之中甚爲流行，幾乎算不得是一回事了。我們都曉得：李小龍的私生活是非常「美國式」的，他可能受到了「時代潮流」的影响，在美國時就向彼邦的青年們「看齊」，那也不足爲奇。但是大蔴之爲害，是否能夠致人於死地呢？這一點，馬上又成爲專家們討論的一項問題了。

據說：吸食大蔴，對於人身健康有礙（任何一種興奮劑都不是有益的），那是不容否認的了，但是如說李小龍的暴斃，完全是中了大蔴之毒，則又未免過於嚴重。普通一般的看法，是他的精神上負担過重，體力上的消耗過鉅，再加上大蔴服食量的過頻，各方面的因素，促成了他的「天不假年」。「新聞天地」裏專稿寫的是：「那種『內外夾攻』之勢的兇狠，是任何人難以抵禦的……」在剖驗結果尚未發表之前，這大概也可以算是比較可靠的一種說法了吧？

李小龍的精神上有什麽重大的負担？請看七月二十二日的「快報」：「……李小龍臨死前的言行也曾大大反常。他本來非常諧趣，但這兩三月來顯得憂鬱，他本來堅守愛好和平、兄弟手足的信條，但這兩三月來，顯得冷酷，對任何人任何事都翻臉無情。他本來强調不必爲自己的盛名被讚揚或被批評而高興或氣惱，但這兩三月來，顯得斤斤計較別人對他一句話、一個字的批評：

……李小龍爲什麽變得這麽厲害？這些轉變是不是會影响到結束他的生命？一位文化界的前輩，認爲李小龍的轉變，是因爲他抵受來自各方面大量讚揚的過度興奮的刺激……他這樣的呼風得風，呼雨得雨，漸漸他覺得自己已是萬能之神，而非平凡的人。以一個人的精神與體力，怎麽可以去承担萬能的神所承担的榮耀？因此，他的個性在轉變……」八月一日的「快報」上又有記載：「李小龍的這種舉動，是從一種反常心理造成的，由於他對生命已感恐懼，因此他下意識的作出掩飾，故意强調自己是超人。換句成語說，這是『色厲內荏』，那是由於他要保有他的權威，聲望，和『健康的象徵』的英雄式偶象，於是，他的這種心理，形成了他最近幾個月陷於精神崩潰的現象。他粗暴、空虛、孤單，常常抱頭大叫：『我應該怎麽做？』……他不止一次的向嘉禾的同事無理取鬧，造成不可饒恕的過失，他的精神崩潰竟至於此，權威人士說：可以肯定那是腦部的暗病，對他生命的威脅，使他的恐懼難以尅制……」除此之外，他的好友女星苗可秀，也說李小龍近來變了，變得性情暴燥，與前判若兩人，這都不是太好的預兆，可惜他缺乏一種自知之明，反而變本加厲，一意孤行，終於走上了死亡的道路。

李小龍又有什麽體力上的消耗呢？那可就多了，包括工作與練武的兩方面在內。李小龍好强，他要成爲地球上第一個大明星，他要把他主演的影片造成世界售座冠軍，他要他的「協和」高出於荷里活的「華納」或「聯美」！但這些都不是容易做得到的事情，於是他憤怒了，咬牙切齒了，他拼着命去工作，希望以勤奮來克服困難。本來其志可嘉，怎奈「不可爲而爲之」究竟是違背常理的，超出體力的工作到底是有損於健康的，李小龍對人宣稱近來消瘦了二十磅，但是人們看到他變得狹長的臉型，與灰中透青的面色之時，都覺得他的體重減輕還可能不止此數。

除了工作之外，他更不顧死活的去加緊苦練自己的武功。他曾對朋友們講過這樣的一句話：「我李小龍是不可能被打倒的！」由這句話來分析他的心理，大概的就可以發現他在「死前精神已陷分裂」的痕跡。常言道：「强中更有强中手，能人之上有能人」，但李小龍不信這個，他要永遠保持「天下第一」，就忘了他在銀幕上打敗空手道冠軍，打敗合氣道金段，一個人打死數十上百個歹徒等等，那祇是演戲而已。

有關李小龍的死因，一部份人認爲他的超體力練武，亦足以使他受到嚴重的內傷，例如使用靜電器來輔助，就已經不是普通人的肉身能夠長久支持得了的。報載：李小龍正在秘密練習一種絕世武功，名叫「精武指」，練成之後，其威力相等於我國舊小說中的「鐵沙掌」或「鷹爪力」。據說在他的私人練武室裏現在仍懸着一個用鐵絲細成的四方框，框上蒙有玉扣紙，而紙上則佈滿手指插穿的痕跡。又據說（很可能是他自己講的）：他現在已經能夠在數步之外，把一張懸空的報紙用掌風給打得飄動了。在武俠小說裏，這門功夫叫做「隔山打牛」。

我們時常聽說：練武練得走入歧途，叫做「走火入魔」。想李小龍乃是一名留美的哲學學士，居然也會深深的相信了這種全無科學根據的練武方式，其精神上的不平衡，心理上的反常，當是很容易就看得出來的了。

過份刺激傷及腦部

體力消耗過度，祇有一個挽救的辦法，就是清心寡慾，冷靜休養，直到完全恢復爲止。但李小龍絕對不肯那麽做，因爲在他的腦海裏，還有那麽一塊閃閃發光的「天下第一超人」的招牌，正在向他微笑招手哩。

李小龍生前時常說「怎麽辦？」其實也就是「毫無辦法」的代表。在一籌莫展的情形之下，他把自己的生命整個寄託給了興奮劑（現在似乎可以不必諱言了，乾脆就是爲害不淺的大蔴）。據說近幾個月以來，他的服量直有突飛猛進之勢，等於一名掉在流沙裏的人，越是掙扎，越是往下陷落，所以有人作出這樣的判斷：李小龍就算在七月二十日那天僥倖逃出了鬼門關，但恐怕不久之後，仍有那第二張「閻王帖」送到，遲早是難免發生生命上危機的也。

除了體力消耗過鉅，精神負担過重之外，在李小龍的心底深處，還有一塊最大的致命暗症，就是他自己認爲他最近遭到了一連串的不如意之事。

想今日之李小龍，穩坐國片裏的第一把交椅，威名遠振歐美二洲，上有賢妻，下有嬌兒，身家財產已經達到數千萬港元之鉅，還能有什麽不如意嗎？此所以，這個地方就用得着「他自己認爲」的一句形容詞了。任何毛病都有辦法醫好，祇有心病沒法醫，一個人要是自己跟自己過不去的話，乾脆就是死路一條！

話說李小龍拍完了與「華納」合作的「龍爭虎鬥」之後，興匆匆的飛了一趟美國。外面傳出什麽片酬一百萬美元，終身支領每年十萬美金「乾薪」（自從愛迪生發明電影以來，還沒有任何一位電影演員享受過這種特級的待遇）之類的話，使大家對於他那次的美國之行，都寄予極大的希望。但是，不久之後，李小龍悄悄的又回來了，既沒有在機場上招待記者，也沒有把簽得的合約拿出來炫耀一番，顯見這裏頭還有未能解決的問題，暫時是不會付諸實現的了。

當然，像這種空前未有的大交易，亦不是三言兩語就可以成交的，此次談不成功，下次再談可也。但李小龍却不是這樣的想法；他暗暗的覺得這是一件非常「失威」的事情，十分丟臉的挫折，又因爲這一個小小的錯覺，使他對於所有週圍的人們都發生了疑念，於是更燃起了滿懷的熊熊怒火。「怎麽辦？」沒有辦法祇好寄情於加倍份量的大蔴上，其結果，任何人都看得出來李小龍的確是反常了！

「邵氏」早已爲他準備好了一個劇本，片名叫做「神龍」，既不是「駱駝祥子」，亦不是「年羹堯」，編劇者爲名家倪匡，故事內容是講述一名美國聯邦調查局裏的華裔特派員，秘密來港破獲國際性黑黨的經過。李小龍已經看過劇本，並且表示同意了，但「邵氏」因爲該片有一部份要到美國去拍攝，需要週詳的籌備起來，再者，導演人選亦未能決定（李小龍的事情不好辦，非愼重不可，）何況李小龍又正在忙着與「華納」合作的磋商，所以「邵氏」就不急急於此部鉅片的開鏡了。像這種情形，本來並不出奇，但李小龍却起了疑心：是不是其中發生了變卦？是不是有人從中破壞？是不是因爲我與「華納」的談判沒有結果，而使得「邵氏」意存觀望了？……想起了這許多問題，李小龍幾乎就要爆炸了！其實此事再簡單不過；如果李小龍想拍「邵氏」影片的話，祇消打一個電話給邵逸夫，坦白說明，自然會得到滿意的答覆的。但他不能那麽做，因爲他是「天下第一」，不能向大老板低頭！

同時，他還有一部與「嘉禾」合作的「死亡遊戲」，據說已經拍掉了三分之二（其實祇拍了一些打鬥場面，大概不足全片的三分之一），似乎也應該在這個空檔裏繼續工作的纔對。但是，李小龍從美國回來了，「嘉禾」方面並沒有提起「死亡遊戲」之事，李小龍心裏焦急，嘴裏說不出口，本來已經有了衝天的怒火，禁不住再澆上大桶的電油，請想那還得了？

然而，「嘉禾」是不是故意冷淡李小龍呢？天下沒有「把財神爺往門外推」的道理，「嘉禾」還巴不得早日拍完那部未完成的「死亡遊戲」哩。但是，其中有一個原因，使鄒文懷、何冠昌等不得不暫時採取消極的態度。

以上提起過了：李小龍從前幾個月開始，變得性情暴燥，而且一再的做出無理取鬧的行動，使鄒文懷等看在眼裏，愁在腹中，實有應付爲難之苦。四月裏李小龍曾經爲了「嘉禾電影」裏的一篇文字，向寫稿人大興問罪之師，鬧到要拔刀斬人，弄得鄒文懷等非常難堪。五月裏，李小龍在「龍爭虎鬥」配音之中，突感頭痛，走出配音間片刻之後，又跟蹌折返，倒在地下，人事不省。虧得鄒文懷在塲，急忙用私家車把他給送到浸信會醫院去急救，在死亡的邊緣上搶救回來，那是老天爺給他的第一次警告，總算保密保得好，當時外界沒有聽到一點風聲，否則的話，不到七月二十日，李小龍早已就成爲報紙上的頭條新聞人物了。最近的一次，李小龍又在試片間裏向羅維咆哮恫嚇，害得羅維祇可打電話報警，幸喜警方未加深究，祇命他寫下一紙「悔過」性質的保証書，就算大事化小，不了了之。像這種接二連三的事件，都能給鄒文懷等憑空添出許多麻煩來，難怪當李小龍那次登上飛機之時，有人在暗中說道：「但願他此次到美國去不要再回來了，阿彌陀佛！」

在這種「人人敬而遠之」的情況之下，請問還有誰吃下熊心豹胆的，敢於和他談起拍片之事呢？據說：「嘉禾」的各巨頭曾經開過一次秘密會議，當塲全體通過：李小龍君近來的情緒壞極，絕對不適合於工作，所以有關「死亡遊戲」之事，理應暫時擱置，那怕公司蒙受數千萬元的損失，也祇可忍痛犧牲，在所不惜！這本來是一個顧全大局，而兼顧到李小龍的健康的安全措施，怎奈李小龍有着先入爲主的成見，認爲這是「嘉禾」不滿於他的投向「邵氏」，而故意使出的一記「杯葛」手段！是可忍孰不可忍？李小龍下定決心，非要找機會狠狠的發洩一下不可！

詠春派宗師葉問，生前與其徒李小龍合影

李小龍和他的老師葉問

無理遷怒 早呈敗象

本來呢，這都已成過去了，似乎沒有舊事重提之價值，但筆者湊巧聽到第一手的資料，似乎比外傳要來得詳細與眞實一點，所以不厭其詳的再把李小龍辱罵羅維，與他威脅寫稿人的那兩段經過給深入的報道一番，藉此亦可以說明了他性情轉變後的嚴重狀況。

李小龍的爲人，雖然容易衝動，但並未完全失去理智。他有種種顧忌，不便直接向鄒文懷發作，所以祇好在暗中留意，物色其他的對象，以便借題發揮。此乃「殺鷄給猢猻看」的老手法，其實是再顯明也沒有的了。他找羅維晦氣的那天下午，有一位不願透露姓名的在塲目擊者，事後對筆者源源本本的道來，所說相信不會距離事實太遠。

出事的那天，鄒文懷邀羅維夫婦同看一部寮國出品「人蛇戀」，據說片子拍得甚糟，但在泰國本地則賣座奇佳，所以鄒文懷要請導演與製片同看試片，無非是作爲參考而已。

試片看到一半之時，李小龍來到辦公室，問起鄒文懷何在？當他聽說鄒文懷與羅維同看試片之時，那火氣就不打一處來，立刻衝進試映室，拉過一張靠椅，坐在羅維的正對面，就此沒頭沒腦的謾罵起來。羅維不妨他有此一招，當時倒不禁爲之一呆。

查李小龍與羅維因交惡而分手，那已經是很久以前的事情了，平時他二人在公司裏相逢，是連招呼都不打一個的，所以羅維絕對沒有想到：李小龍怎麽又會勾起舊恨，爲什麽又對他口出不遜起來？

李小龍的這一個行動，實在來得太突然了，叫羅維連一點防備都沒有，於是他衹好靜靜的坐着不動，眼看面前暴跳如雷的李小龍，心裏實在感覺奇怪得很。結果，一旁的鄒文懷等也看不過去了，走過來好說歹勸，把個李小龍給拖拖拉拉的架到試片間以外。

本來大概可以風平浪靜的，但是身爲製片的羅夫人劉亮華（也就是李小龍的首先發掘者），眼看丈夫遭到無辜的侮辱，心有不甘，跟着也走出試片間，不免責備了李小龍幾句。這麽一來，又激起了李小龍的無名之火，轉身回到試片間裏去，繼續對羅維發砲。

據目擊者談：那天的羅維是出奇的鎮靜，自始至終，沒有出過一聲，講過一句，祇是那麽隔着一層玻璃，冷冷的望着李小龍。好在李小龍在激動過份之時，就渾忘「我是中國人」那句豪語了，口沫橫飛的講出全部英語對白，而那些美式的「粗口」，是羅維所根本聽不懂的，所以叫罵由他叫罵，聾啞我自爲之。

此事的最高高潮，出現在李小龍解下繫腰皮帶之後：原來在他的那條特製褲帶的帶扣裏，暗暗藏着一把約莫四五吋長的鋒利小刀！這是李小龍的一大錯誤，因爲藏械的行爲，在香港是觸犯法律的，所以當時大家對於他的這條「追命帶」都諱莫如深，怕祇怕大明星被捉將官裏去，那就鬧出天大的笑話來了。直到李小龍去世之後，本港「明報」上纔發表了一篇詳細的報道，揭穿了李小龍皮帶以內的秘密，同時也証明了羅維並沒有對警方「車大砲」。

再說「帶窮匕見」的李小龍，用刀尖指着羅維的腰際，作勢欲刺，當時的情況，的確危急到了萬分，使得鄒文懷等再也不能袖手旁觀了，於是合數人之力，死命的把李小龍拉開，幸喜沒有釀成血案。

經過一場驚風駭浪的羅維，還是那麽冷靜如恒，但他默然的走進辦公室裏去，立刻撥了一個電話向警方報告。不多會兒的功夫，警車到來，查詢眞相，據說李小龍那時頗有張皇失措的狀態，可見他是一時之衝動，原意並不打算行兇犯法也。

羅維向警方指出李小龍威脅他的生命安全，當然也提起了那條「追命帶」。警方一聽，這還了得？急忙命令李小龍交出武器，可最奇怪的事又出現了——李小龍的褲腰上並未繫有任何種的皮帶！

事後，羅維對人言：他明明曉得那條皮帶是被公司以內的同人所藏起的，而他當時很可以要求警方作出深入的搜查，但轉念一想：李小龍說什麽總是公司裏的同事，所謂「家醜不可外揚」，故而隱忍下來，這就叫做「得饒人處且饒人」。警方也明白這裏頭定有蹊蹺，但當事人既然不想深究，他們也就祇好對李小龍善意的申斥幾句，並且叫他簽下一紙「今後不得再有同樣事件發生」的保証書，就算法外施恩，解決糾紛。

傳說中又有這麽一段趣聞：出事的當晚，李小龍與另一位電影公司老板通電話，談及此事之時，對方吃驚道：「你怎麽可以簽下那種文件的？那簡直就是你的認罪供狀啊！」李小龍想了一夜，越想越不妥當，翌日清晨就趕到「嘉禾」，向鄒文懷討回那張「保証書」。好個「小諸葛」，不慌也不忙，微笑的答道：「好啊，那張字條現在警局裏，要不要我陪你一起去？」李小龍也祇有乾瞪眼的份了。

按說起來，這本是電影圈內一段私人之間的恩恩怨怨，孰是孰非？外人不便置議。可惜的是：李小龍終於犯上了「小不忍」的過失，當晚在電視訪問裏寫下了最大的一個敗筆！

他忘了現在正是實施「反暴力運動」時期，竟然面對萬千電視觀衆戟指暴跳，並做出示範動作，用手肘把訪問員何守信給撞倒在梳化之上，無意中倒好像「爲暴力而張目」似的。這麽一來，引起輿論界的紛紛不滿，異口同聲的指摘他的錯誤，甚至有影迷投函報社，毫不客氣的斥道：「我們鄙棄，麈、狂、自大的英雄主義！」（見「快報」）這些對於李小龍精神上的打擊也是相當重大的。

其實，李小龍的心地是不壞的；他在做錯了事之後，每每悔恨不已。怎奈「江山好改，本性難移」，屢次的自我責備，但一再的還是走錯了棋子，這對他的健康，當然也大有損傷。報載：「據追隨李小龍凡廿年之胡奀（今仍爲李小龍管家兼煮餐師傅）透露：若說李小龍死前最憤怒的表現，是他離家前一日的下午，只見他手拈本港報章一大叠，帶怒回家，越看報紙越「撞火」，並以雙手搥頭，他問其原故，始知深悔上電視。當時他爲了羅維報警，即晚曾受人邀請，上無線電視，一時不冷靜，無意中推倒何守信，嗣此，各報即大事抨擊他在港府正推行「反暴力運動」之際，他竟在電視上展揚暴力。他遍覽各報之後，後悔不已，爲了此事，他長久仍喃喃自語，說「不該受人利用……。」請想像這樣的長期心理矛盾，又豈是一名凡人所能禁受得住的痛苦？

放下羅維那檔子，再談李小龍對寫稿人發威的秘聞。

事實是這樣的：某人寫了一篇稿子，題目是

「李小龍與鄒文懷的關係微妙」，刊載於「嘉禾電影」之上，所以不必研究內容，自然是「歌功頌德」，好話說盡，名符其實的捧場文章而已。但沒想到我們的這位「李三脚」，正在鑽隙覓縫，要物色一隻「殺給猢猻看」的「鷄」，用以來向鄒文懷暗示他的不滿情緒，不知怎麽的，竟然「在鷄蛋裏挑起骨頭來」，硬說那篇東西是對於他的侮辱，所以非要該雜誌的負責人梁風，交出原作者來不可，於是那名倒霉的寫稿人就變成了鄒文懷的「替死鬼」。

起先，梁風站在文化人的立場上，自然不肯「出賣」作家，弄得李小龍大發蠻性，又亮出他那把「秘密武器」來，在辦公室裏施展得呼呼風响。直到今日，梁風的辦公桌上還留有觸目驚心的刀痕，可見當時情形之恐怖了。

李小龍鬧得實在不像話了，鄒文懷就主張乾脆把原作者給請來，一方面解釋，一方面道歉，或者可以把李小龍的怒火給抑制下去。那名寫稿人聽到消息之後，也願意與李小龍見上一面，因爲他問心無愧，相信這個莫名其妙的誤會是總能解說清楚的。但他做夢也沒有想到：李小龍在極度激動之下，能夠做出難以置信的可怕行動，其情形實在已經接近了瘋狂的邊緣，當然也就沒有什麽道理可講矣。

這一段經過，是該寫稿人親口講給筆者聽的，應該十分可靠。再者，這不是一件體面的事情，所以姑隱該寫稿人的姓名，以下稱之爲「秀才」，也就是說「秀才遇見兵，有理說不清」的意思。

話說有那麽一天下午，秀才施施然的準時來到鄒公館，與李小龍初次見面，自然而然的伸出手去，不想李小龍把面色一沉，厲聲說道：「請你不要碰我！祇有我的朋友可以碰我，而你却是我的敵人！」當時秀才暗想：天下竟有這種不懂禮貌之人，誠乃奇哉怪也。

分賓主坐定之後，李小龍劈面第一句就問秀才道：「你認不認識我？」秀才搖頭，「不認識。」「你是不是和我有仇？」「沒有。」李小龍大聲道：「那你爲什麽損害我的名譽？」秀才一呆，反問道：「我寫錯了什麽？倒要請你指教。」李小龍說：「你寫我的個性，好像一名大孩子，這不是明明說我愚昧無知嗎？」秀才一聽，原來爲此，不禁啞然失笑，正待答話之時，李小龍的火氣又上來了，用英語怒喝道：「抹去你臉上的笑容！我不喜歡看你的衰樣！」

秀才實在怕了他，祇可收斂笑容，很誠懇的向李小龍解釋道：「李先生，請你聽我說：按照中國文字上的傳統，大孩子就代表了天眞、純潔、直爽……」李小龍一揮手，截住了秀才的話頭，不耐煩的說道：「我不理你們×××（英語中「他媽的」之類粗話，以下全用×××代表之。什麽中國傳統，你不用和我繞×××的圈子！我認爲你損害了我的尊嚴，今天說什麽也不能饒了你！」秀才不禁倒抽一口冷氣，已經覺得形勢不妙了，但還不死心，繼續解釋下去：「李先生，請你仔細想一想：我的稿子是寫給『嘉禾電影』的，而我是向『嘉禾』支領稿費的，沒有理由對於你不利呀。」話還沒有說完，李小龍伸出他的巨靈之掌，抨然一响的拍在桌上，怒氣衝天的叫道：「你×××的說什麽也白廢……」說時站起身來，「現在就到厨房裏去拿刀，先斬你幾刀再說！」當塲嚇得秀才魂不附體，祇好以乞憐的眼光向主人家鄒文懷求救。鄒文懷挺身而出，對李小龍說道：「你這就不對了，布魯士，你答應過我不會使用武力的……」李小龍使勁把鄒文懷一推，喝道：「你×××不要管閑事！我答應你不用拳頭，但是我沒有答應你不用刀啊。」秀才一聽，暗想：「此番性命休矣！」

李小龍一步步的湊近，秀才早已癱瘓在梳化上動彈不得。李小龍一直走到秀才的面前，一隻手差不多指到秀才的鼻尖上，咬牙切齒的說道：「寶貝兒（美式俚語中的「你小子」），你今天掉進我的陷阱裏來了，在沒有被我打斷幾根骨頭之前，你休想離去！」秀才今年已屆六十高齡，再加上身有肺癆之症，手無縛鷄之力，不要說被李小龍飽以老拳，就是被他吹上一口大氣，也會得昏倒過去半天，哪裏還敢反抗？當下秀才戰戰兢兢的哀求道：「請你暫息雷霆之怒，就算我寫得不對，我現在向你道歉就是了。」李小龍跳起脚來，大聲說道：「道歉就算了嗎？我現在用刀子在你臉上開了花，事後再向你道歉，行嗎？」秀才可眞怕他說得出，做得到，於是苦苦哀求：「那你就吩咐吧，要我怎麽樣都行。」李小龍怒目而視，逼道：「好的，那你招認出來，是誰花了兩萬元叫你這麽寫的？說出來饒你不死！」秀才一聽，這可眞的太離譜了，兩萬元？有那麽値錢的文章嗎？再一想，方始恍然大悟：祇要胡亂扯出羅維或鄒文懷的名字，也許就可以跳出龍潭虎穴，但可惜的是他又不能那麽說，因爲根本是沒影兒的事啊。

秀才「就是個泥人兒，也還有三分土性子」，於是把心一橫，拼着挨他幾拳，乾脆說道：「我沒話可說，你要打，就請動手吧！」說也奇怪：李小龍立刻轉身，對鄒文懷喝道：「叫他滾，我不要看見他！滾，滾，滾！」秀才好像聽到了皇恩大赦，三脚兩步，跳出門外，急急如喪家之犬，匆匆如漏網之魚。

事後，梁風向秀才温語壓驚，秀才搖頭苦笑道：「我倒沒有什麽，但是此人的情形不大正常，恐怕壽命有限，你們倒要多多留意纔好。」沒想到秀才這一句話不幸而言中，李小龍果然在不久之後撒手塵世，這可眞是天意如此，無可挽回了。

關於「李小龍暴斃内幕之内幕」，所聞尚多，限於篇幅，下期將繼續作詳盡報導。

亞米茄防水表
是你的忠實良伴

參加吉納斯演習之潛水員於阿加西奥海灣之海床工作時都配備了亞米茄海霸600型專業性潛水表，並且在海床逗留了八天。高斯多司令於試驗人類在海底一千五百呎工作能力時亦佩戴亞米茄海霸600型潛水表。目前，亞米茄爲各專業人士而創製不同欵型手表，並非始於今日，就以亞米茄速霸型表而言，從一九六五年起美國太空總署指定爲太空人正式計時裝備，隨同人類登陸月球之唯一手表。

亞米茄所產之防水表，欵式齊備，不論係潛水表或普通之防水表，均須經過廠方專門技師，嚴格試驗後，証明合乎標準，始供之於世。亞米茄廠設置有一種特別之壓力器，以供試驗，藉此可將手表所受之壓力由水深八百呎至水平線上五萬五千呎之間，在短時間內不停變動而連續試驗達十多小時之久。亞米茄海霸600型表之潛水性能優越，潛水深度達二千呎，能達到此深度而正常運行之手表，非特別設計，不能臻此。亞米茄海霸600型潛水表之表壳係由整件精煉之鋼塊鑿嵌而成，旋鈕部份附有雙重防水設備並嵌有礦石玻璃，在一個氦氣之試驗中，証明如果在海霸600型潛水表內造成眞空狀態，要經過一千年始會被空氣侵入，因爲其保密度較之太陽神太空船還要高出一百倍，擁有如此可靠之性能及超時代之特殊用途，足可滿足閣下之需求。

亞米茄另備有多欵防水表，請到港九各亞米茄特約零售商參觀選購。

ST166.077欵式 亞米茄海霸**600**型專業性潛水表保証防水深度達**2,000**呎，不銹鋼整體表壳、自動、日曆、加鎖旋轉圈、配不銹鋼帶或軟膠表帶。
港幣**1,185**元

Ω
OMEGA

抗戰時代生活史

——論陷時期生活紀錄——

陳存仁

專載

我們在抗戰的八年，精神上的苦悶，難以言語形容。每隔三天五天或十天八天，祇看到日軍攻入內地各省，而我軍老是轉移陣地。徐州失守之後，北方的消息越來越壞。武漢大會戰的時間雖拖得較長，結果仍不免敗退；豫南會戰，中條會戰，鄭州會戰和二次湘北大會戰，儘管報紙上形容國軍如何英勇抗戰，但結尾總是一個「退」字。祇有台兒莊一役，纔能屢挫日軍，予强敵以沉重的打擊，看來這一戰，日軍方面損失必甚浩大。

待到重慶開始被轟炸之後，死傷人數，動輒數萬。也怪不得有許多人對「抗戰必勝」四個字，心理上發生了動搖，總以爲日本對英美一宣戰，我們抗戰的負擔一定會減輕，而且與英美結成了同盟國，對戰事原應作樂觀的想法；豈知美國的珍珠港忽遭突襲，太平洋各島以及英國在南洋各地，也打一處敗一處。日本人出版的大陸雜誌，把佔我區的地圖，期期的擴大地位刊佈出來，我們向來對日本稱爲「小日本」，料不到他們大力的對付中國之外，還有那麽的力量應付英美，這也難怪羣衆要氣餒了。

一班漢奸們，最初認爲事實俱在，賣身投靠乃是上上策。後來美國跳島反攻開始，日本人的敗績逐漸暴露，漢奸們便又由洋洋得意一變而爲相顧失色。

中國和日本來往的民營船隻，減少到僅有的幾艘；軍艦的來往也不比從前；因爲這條航線也受到美國空軍的控制。日本的種種敗象，漢奸們知道得比我們更詳細，他們口頭不說，心裏明白。這場大戰打下去，日本人是佔不到便宜了！但是中國的一般老百姓還都蒙在鼓裏。祇是偷偷的聽一下短波無線電，獲知一些消息。

孤島生活　日益困難

前方戰事越是劇烈，後方一部份人，富的更富，窮的更窮，兩種人的生活，各趨極端。

手頭有貨物的人，居奇不賣，天天以小量抬高價格出售，所以這班人的生活，由於賺錢容易，濶綽到極，日日豪宴，夜夜笙歌；當時孤島上所有的遊樂宴飲塲所，倒是越來越豪華了。

現在我就要談談在那一個時期大家的生活和有關衣、食、住、行的情况：

那時節一般無錢無貨無業的人都省吃儉用，因爲裁縫工高漲，外國衣料斷絕，很少人添置新裝，能保持身上一套舊西裝，已經算是運氣。

但是當時有許多新貴，一種是屬於商業的，所謂暴發戶；一種是屬於政治的，所謂沐猴而冠的人物。這兩種人有的是錢，拼命的出高價搜羅來路套頭料，一套套的新西裝，換之不休，這種衣料即使價格大貴，他們也毫不在乎。

普通人都是穿布的衣衫，由於四方八面來的人多，因此在軋米之外，就要想辦法買布。但是所買的布，並不專爲自己穿用，而是作爲囤積的目標。最熱門的布就是龍頭細布，和「陰丹士林」兩種。

抄靶子一幕

窮人穿不起的衣裳，爲了保暖，祇有向別人身上打主意，就在冷僻的里弄間，剝取別人的衣衫據爲己有，當時上海人稱這種行徑，叫作「剝猪玀」，相等於此地所謂「劏死牛」。所不同的，一稱「猪」，一稱「牛」而已。不久，這種剝猪玀的人，因爲得來容易，做這個勾當越來越多。不過他們都沒有武器，祇是用暴力來搶奪，也

着急。

我有一個最誠懇的蕭姓外甥，向來爲人謹愼，不輕發言。有一天他也來對我說：「得到淳安來人的消息，反攻已經決定了！我們必需有所準備。」於是商議出三個避難的目標，其中祗有一個目標是最接近上海的青浦朱家角，他有一個同學就住在那邊鄉下，我們兩人就訂了日期親自到那邊去採訪一下。

當時火車可以抵達松江，但是乘客的擠迫向所未有，不僅車廂中塞滿了人，連車頂上也一樣坐滿。

其時火車上有兩種工人，一種是「紅帽子」，是搬運行李的；一種是「藍帽子」，是管理車輛乘客上落的；他們倚着日軍的勢力，面孔都難看得很，虐待乘客最爲拿手。旅客對這種人，視同蛇蠍。我和外甥兩人，進門時忍氣吞聲，到了月台上，碰到一個「藍帽子」，使用了銀彈政策，由他領帶，竟然進入二等車廂，直達松江。後來才知道頭等座位全是日本客人，當時僞府人物考試院院長江亢虎，因爲他不肯化小錢，被「藍帽子」硬生生的拖下來，雖然他出示名片，「藍帽子」一於不理，那時鐵路是日軍管理的，僞府人物來來往往也不能不低頭。

我們到了松江，松江有一條很長的街道，兩旁密密的都是布店、米店、油店、南貨舖，地方雖小，看來十分富裕，蘇東坡所說：出產四鰓鱸的秀野橋，即在街道中間。我兩人由於情緒不好，也沒有興趣找館子吃飯，一路步行到朱家角，朱家角是一個產米地區，郊外都是稻田，我們就在鄉下盤桓了好久。蕭甥的同學恰巧不在家，我們畧畧看了一看這座屋子，但覺得簡陋得很，而且也並不寬大。我們就在稻田中相商，要是眞的上海再發生戰事的話，決定買一兩套老布衫褲，剃光了頭，扮作鄉下人，暫時搬來此地，或者能避過一時的災難。

回家之後，思潮起伏，上海人多年困居淪陷區，沒有直接吃到什麽苦頭，這一回免不了要遭殃了。

同時在茶敘中，或各種集會中，都聽到人人在準備應變，還有許多人結束了一切，有些人到淳安，有些人繞道「界首」奔向內地。上海的人口，頓覺減少了許多。（按：後來戰事突然一個大轉變，日本人吃了兩顆原子彈，竟然投降。勝利歸來的人，都說上海人有福氣，本來的確預備沿海反攻，上海是一個大目標，足見當時的傳說並非虛言。）

黃金美鈔　極受重視

上海人吃米的情況，即使是軋領戶口米有些紛擾之外，米市到此時也安定下來，不過有時大漲小跌而已。

倒是幣制大大的不穩，天天貶值，於是大家漸漸認識到黃金和美鈔兩樣東西的重要。

初時上海，都是老法幣的天下；後來中儲券露面，大家推來推去不肯用，總於在周佛海軟硬兼施的手法下，把儲備票在租界上設法推行；所謂軟，就是故意推出若干數字的黃金美鈔，儲備票特設幾個機構，供應大家購黃金美鈔；不過有一個規定，非用儲備票，拒不接受；因此儲備票就漸漸通行起來。當然其中還用許多人事上向銀行推行的方法，這是我們無法詳知的。

至於硬，就是一方面派出馬仔到舞塲餐廳以及大商店去試用儲備票，如果不收的話，第二天就有無數彪形大漢，身佩手槍，上門交涉，普通生意人那裏敢有一些違拗，祗得任其使用。還有一種原因，這時候發行法幣的銀行，如中國銀行、農民銀行，突然來了一班人，勒令行員分別排列成隊，個個面對着牆壁，這班人就開鎗把這批行員都擊斃；這事是七十六號幹的，據說是報復特工份子的襲擊。這件事使全市的人大爲震驚，暗中雖個個咒罵七十六號毫無人道，但是表面上對敵僞的儲備票也就不敢不接受了。這其間，很多人都在偸偸想辦法買黃金美鈔。

從前上海通用的黃金，都是十兩一條的足赤金，但是金價方面超越二萬元之後，普通人那裏有能力以二十萬元來購買一條黃金呢？因此，金舖便改用化整爲零的辦法，製成一塊一塊的小金條，大小好像落花生一般，顏色是黃的，大家稱十兩重的金條爲「大條子」，一兩重的爲「小黃魚」。

在這種情況之下，金價應該要直線上升，但是當局常常發出一種謠言，所以有時金價也會跌。可是又有一種謠言興起之時，金價又隨着上升，少則漲百分之五十，多則漲一倍也不希奇。

記得有一次，汪政權要直轄江蘇省，汪精衛自己担任清鄉委員會委員長，李士羣副之。這一個行動，原想假清鄉之名，調集和平軍、雜牌軍、特工隊、保衛隊等，把江蘇全省的實權，抓到手裏。

誰知道這一個行動，結果是鄉並未清，民間的箱筐倒被清得一乾二淨，所以當時人們稱「清鄉」爲「清箱」，倒是很貼切的。

一個謠言傳來，說是租界也也要實行清鄉運動，一般人也不辨是非，便把黃金美鈔抛出來，這一次黃金美鈔跌得很厲害。但是黃金美鈔逐期的價格，總是有升無降，幣値越來越不像樣了。

接管租界　舉行慶典

珍珠港戰事爆發之後的一兩天，日本軍隊便堂堂皇皇的進駐公共租界，報紙上登載出，這一天軍隊經過的「路由」，起點由虹口，道經外白渡橋，沿着黃埔灘轉入南京路，終點是靜安寺路跑馬廳。

這時上海人如夢初醒，感覺到租界的靠山已經倒塌，不知將來的日子怎樣過？

那一天，整個上海的商店幾乎全部停業，準備靜觀其變。日本人見到商店不開門營業，認爲這是不友好，一個命令下來，不但要各行各業照不會把人打傷或是箍傷的。被剝的人不過被剝到只剩一套底衫褲，逃回家中而已。至於警方的突擊搜索，名爲「抄靶子」。

這時候，街頭仍有無數的乞丐，但是並不向人伸手要錢；他們只是等待各式各樣的食物攤檔旁邊，見了人家購買大餅油條，或粢飯饅頭，他們便動手搶，搶到了就朝嘴裏一塞。一般居民對這兩種事件，認爲報警未免小題大做，而且明知得不到什麽結果，所以警方由於市民不舉報，他們也只是眼看着這種搶刼，不加干涉。

相反的，上海反而新開設了無數高等粵菜館，起初由於北四川路橋堍新亞大酒店的主人鍾標（粵人），看到萬一發生戰事，新亞屬於日軍範圍之內，他爲了照顧一班多年伙計的生活，所以在一夜之間，訂下應變之計，令所有伙計將旅店內中西菜部門用的精細餐具，分別打包帶出虹口區，在四馬路一間空屋中集中。

不久，這位鍾君就開設了京華酒樓，裝修的富麗，向所未見；價格之高，也爲各酒樓所不及。最初生意很平淡，不久新貴登場，生意就直線上升，賺了很多錢。接着他又連開了三家，招牌中都有一個「華」字，這時上海一般富有的人，不上館子則已，上到館子總是不出四個「華」字頭的酒樓。

後來，生意越來越發達，他又開了「紅棉酒家」和「康樂酒樓」，因此許多粵菜館的營業都受到打擊，於是家家都重新裝修，風氣爲之一變。

不久，當局禁止飲酒，因爲中國酒都是米做的，但是菜館仍然陽奉陰違，把酒裝在茶壺中供應。後來又進入米糧缺乏的時期，白飯不供應，用麥片蒸成一碗碗，代飯供客；起初時客人都吃不慣，日久之後，也就習慣而自成然了。

在這個時期，最感麻煩的是找房子，有許多外來的人能租到一個閣樓已不容易，而租金却昂貴得很，因此，每一個住宅總有一二十伙居住，做二房東的人可以賺到不少錢，而且多數不向大房東方面繳租，一時成爲風氣。

代替汽車的三輪車

抗戰進入第五年，日軍敗象逐漸暴露，海運已經不通，存煤量日益減少，當局一道命令下來，每一層樓宇，限制祇能用七度電；超過了這個限度，就要剪線。這個時候，民心亂得很，在我家中，七度電祇能用七天，一個月如何能捱得過去？於是祇好規定在吃飯時開電燈，吃過飯便改用洋燭。因此，市上的白色洋燭收買一空，洋燭廠竟大賺其錢。

馬路上的街燈，也減少了！所有商店的霓虹燈（此間稱光管），全部停用，整個市面成爲黑暗世界。因此，一般市民都認爲越是黑暗得早，就是象徵快天亮了。

接着的一個時期，就是不斷有國軍飛機飛臨上空偵察，於是日方便夜夜採取防空措施，要家家戶戶把窗子用黑布掩遮，或是把玻璃塗黑，稍有燈光透出，就要受到干涉；馬路上的街燈也全部熄滅。但是好作夜遊的舞客，還是天天進入舞場，而舞場之中却依然燈燭輝煌，這裏面當然也有黑幕存在，無非是銀彈作怪。

後方來的飛機，將要進入上海領空，警報的嗚嗚聲，隨之而起。老百姓聽到這種聲音，有些深恐又有炸彈落下來，驚慌萬狀；有些則認爲勝利將告來臨，暗自欣喜。

這時上海的火油（此地稱火水）早已絕跡，汽油（即電油）存量也日少一日，有汽車的人家，紛紛把車輛改用木炭發動，木炭發動機裝在車座後面，又大又笨，又污穢，而且要在行駛前半小時，先燒木炭，搖動機器，然後才能開行。到了一處地方，木炭機是不能停的，一停又要等候半小時了，這種生活，現在想起來，眞是恍如隔世。木炭汽車也用不到多少時期，汽車紛紛損壞，於是向來坐私家車的人，都改置私家三輪車，還有一種三輪車，是坐者坐在前面，車伕在後面脚踏輪盤，像戲劇中孔明坐的車子一般，因此有人叫這種車爲「孔明車」。

至於電車，因爲缺電，車輛也減少，雙層「巴士」全部停駛，這些車輛由日本人運往前方改裝作爲運載傷兵之用，這時候交通的不便，可想而知。

被困七年　謠諑紛傳

抗戰進入了第七年，忽然傳來一個謠言，就是重慶消息說是國軍將反攻上海，陸路由沿海攻入，水路由美軍從上海登陸。

上海人在淪陷時期，謠言實在聽得太多了！少數謠言在短時間烟消雲散，而重大的謠言，日後往往應驗。惟有這個謠言，大家看得相當嚴重。但是因爲內心痛苦已極，要是這謠言成眞的話，也祇有等吃炸彈，以身殉國而已。因爲再要逃的話，多數已無路可走了。

我本來很鎮定，但是經不起後方浙江淳安親友奔走相告，說是眞個有此計劃，於是倒也有些常營業，而且沿着軍隊經過的馬路要掛出太陽旗，表示歡迎日軍進駐。

我的住所雖恰在跑馬廳對門，這扇門那天並沒有打開，祇是由國際飯店對面的大門進出。一早就有成千成萬的日本僑民（即所謂居留民團），麕集在跑馬廳中。隔不了多少時候，日軍就在僑民旗幟飄飄樂聲隆隆歡呼聲中，進入跑馬廳；而且有無數騎兵，砲兵以及各式各樣的軍車，浩浩蕩蕩的開了進去。

我就對家人說：「今天我停診，大家留在家中，切不要出去，免遭是非；而且我們的地區不需要掛太陽旗。」這樣一來，我們祇聽見跑馬廳中日本軍隊的鼓樂聲，僑民的歡呼聲，和見到天空中飄着無數大汽球，每一個大汽球下面，都拖有一條布幟，上面寫着：「×月×日佔領×地，治安確保」等字樣。

那一天，我枯守在家中，苦悶極了！許多老朋友都用電話來探問消息，有人問我：「你家正對跑馬廳，有什麼事情發生？」我回說：「糾葛一些沒有，祇是悶氣之極，沒有人來談談。」朋友們都說：「好，我們來陪你談談，大家研究一下今後應付之計。」不久，來了六七個同道，大家討論，認為日本已經在中國泥足陷得很深，再和英美作對，這是他們自討吃苦，是不得善終的。有人還以為這般一開場之後，三月至五月就可以把戰事結束。大家談得很高興。我取出酒來，要大家乾杯。我的意思：日本人慶祝他們進佔租界，我們慶祝眞正和平的日子即將來臨。

料不到這一天晚間，跑馬廳中的日本軍民人等，又繼續舉行狂歡大會，不但鼓樂喧天，而且放射上海人從未見過的日本焰火（中國人稱為放烟花），這種焰花，不同中國的烟花，放出時哄然一聲，如開花炮一般，放到高空中，幅度很大。所以雖從跑馬廳中放出，全上海的人都能看得到。他們的這種狂態，令到一般有識之士都認為是迴光反照的象徵。

事實上，這種觀察，我們是錯誤的。原來日本人在第二次世界大戰，仍能拖了很多年。平心而論，日本人接管租界之後，七十六號中人不准進入租界橫行不法，暴亂事件反而減少了。他們接管了海關郵局，以及英美銀行和與國民黨有關的銀行之外，對市民極力避免刺激。

一道命令 全市焚書

日本人進入租界時，力求不驚擾民，惟有一件事是我最痛心的，就是他們發出一個命令，要租界居民所藏的抗日書報，以及有關國民黨史事的文獻，一齊搬出來當衆焚燒，並且限定連燒三天。要是隱藏不拿出來燒掉，以後搜查出，就有被處罪的危險。

於是區長通知保長，保長通知各甲長，甲長再挨戶通知。我向來喜歡藏書，附帶收藏許多畫報雜誌，都是由第一期起，完完整的裝訂成册，在這時為了求安全，免麻煩，也祇好忍痛一齊搬出來，就在里弄中當衆焚燒。這裏面有許多資料圖片，一併付之一炬，眞是痛心得很。然而，我還有若干資料照片，都夾雜在醫書中，這樣總算保存了一部份。但心中總覺不安，怕一旦有事發生，那就會遭到什麼麻煩。

文化人士 突受威脅

在這個時期，有好多事是從病家方面聽來的，有一個浦東人姓嚴，祇有小學程度，常到我診所來看病，是不出診金的，因為他說經濟很困難，不過在市黨部當一名門房，專管脚踏車而已。自從市黨部全班人馬倒向汪派之後，這個人就好久沒有來看過病。

有一天他忽然又來了！而且西裝筆挺，氣宇軒昂。我心中正在奇怪，他很快的對我說：「我自從『落水』之後，已經變為教育團體的委員，新近汪派組織上海市教育界赴日觀光團，我也是其中一份子。」講畢，他先付診金，但他說：「

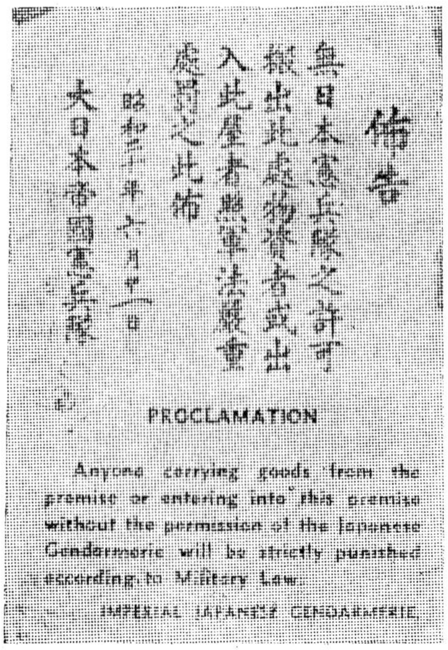
佈告
無日本憲兵隊之許可
擬出此處物資者或出
入此屋者照軍法嚴重
處罰之此佈
大日本帝國憲兵隊
PROCLAMATION
Anyone carrying goods from the premise or entering into this premise without the permission of the Japanese Gendarmerie will be strictly punished according to Military Law.
IMPERIAL JAPANESE GENDARMERIE
日軍在上海的搜查佈告

這次遊日歸來，實際上沒有什麼病，祇是虛弱到連走路都沒有勁，希望替我大補一下，最重要的是補腎。」我聽了就含笑問他：「你怎麼知道是腎部虧弱呢？」他很坦白的說：「早晨參觀學校，一到下午應酬完畢，日本人已派好了女性招待員，供我們尋歡作樂；七點一到，又參加應酬；日本人三杯落肚，已醉到不像樣，瘋瘋狂狂的唱歌跳舞；大約十一時席散，又換了一批女性招待員，陪我們到旅店去；這時我們的團員，幾乎每一個人都忘記了自己的生辰八字，一個個都暈了大浪，如此一連七天，有些人在日本時，已有病像，我還算是紮硬的一個人，但是自己覺得身體也掏空了。」我一邊為他訂定一張補方，一邊問他日本民間的情況，他接着說：「日本人對於人口缺乏，感到非常恐慌，尤其是大批軍隊出國，人口的生產率劇降，所以他們對到日本去的外國人，大肆『接種』的工作，那裏的女人，見到外國人來，都是移樽就教，我們一批人，個個都發覺到自己被人利用了。到現在懊悔已來不及。」他臨走時，忽然對我說：「下一批叫做大東亞共榮圈操觚人大會，老兄也是他們的目標之一，我想你要準備一下。」我一聽這句話，冷汗直流，心想萬一被圈定，我也可能被推落水；想到這裏，我想離開上海的意念，由此復熾。

但是我對這位嚴君所說的話，又有些不相信；因爲眞有其事的話，事先必定有人來徵求我同意。恰好那時節我生黃疸病，面目皆黃，神色很不好看，於是我就到化驗所去取得一張小便化驗單，準備有人來接洽時，我用這張東西來作爲擋箭牌。

自己正在煩惱的時候，丁福保老先生忽然來一個電話，叫我即去相商要事，我就急急忙忙的趕到他的家中，丁先生見了我就說：「今天下午六時，忽然來了五個日本人，寒暄未畢，一個日本人送他一個玻璃盒裝的銀盾，上面刻着『文化交流，中日一家』字樣。」

丁先生本來是會說日本話的，日本人說：「你譯了不少日本書，對中日文化交流有很大貢獻。」丁先生正想要措詞答覆，誰知三四個日本人已經把銀盾，恭恭敬敬的送到他手中，不由他分說，就連續拍了幾張照片，揚長而去。

丁先生說完之後，他認爲這事將來能大能小，要是國民政府有一天收復失地的話，連吃官司都有份。同時他又告訴我日本人曾經給他看過一張名單，除了留日名醫余雲岫、汪企張等七八人之外，末了一名就是你，下面還註着一行小字「皇漢醫藥叢書編纂人」。我一想，這與嚴某所說的事相同，可能並非空穴來風，或許是有些來由的，我和丁先生兩人愁眉不展，相對無言。

當晚回家，決心想離開上海到後方去。次日清晨，我並不看病，祇是呆坐着看報，打開一張日本人辦的「新申報」，果然看見丁福保先生捧着銀盾的圖片，還附帶一段很長的新聞，把丁先生過去留日學醫的經過以及譯書的成就，寫得詳詳細細，而且還說他對中日文化交流大有貢獻，是大東亞共榮圈中不可多得的人物。

我看罷報紙，立刻到丁家，丁先生看到了頓時兩手都震顫起來，說：「這眞是飛來橫禍，將來有何面目見人？」我見了這個情況，覺得這事相當嚴重，我說：「你既已受害，又不能登報聲明，祇得暫時忍耐，怕就怕將來還要邀你到日本去參加什麼什麼大會，那就泥足陷得更深了。我想你最好把名單中的人一一想出來，邀集一起，共同商量一個對策，再作道理。」

丁福保先生想了好久，才想出名單中的七個人，由我一一電話邀請大家到功德林吃素齋一敘，到時不但七個人準時而至，還有幾個留日文化界中人也聞風而來參加；大家聽丁先生的報告，和看了「新申報」的新聞，都是顯出一種尷尬面孔，不知如何是好。

余雲岫說：「這件事情，策動者決不是日本軍人，開名單的人不出四個人，一個是同文書院院長，一個是內山書店的內山完造，一個是自然科學研究所所長中尾萬三，還有一個是日本領事館的文化參贊。這四個人對中國學術界中人，向來很熟悉，不妨用釜底抽薪的辦法，我們請這四位吃一頓飯，告訴他們這種方式來强迫人家接受銀盾，反而會弄到大家不開心的。」

等到揀定了日子，到時四個日本人都準時出席，賓主雙方都用日語交談，我因爲不通日語，祇得靜坐一旁。其中祇有內山完造說中國話，他對我說：「這件事，他們是辦得不好，我會把你們的意見轉達上峯，以後保証不會再發生這種事情。」

將要散席時，果然那位日本領事館文化參贊，要我們自動的參加操觚人大會，免費到日本去遊覽。而且表示各人可以自由決定，願者即刻簽名，不願者決不勉强。當時簽名的，祇有一個姓陶的。

辭去保長　黑名單來

我們在敵偽勢力之下求生活，老實說，只要潔身自愛，倒也算安定，怕就怕有人轉你念頭，替你加上一頂抗日份子的帽子，那就麻煩了。

我們做醫生，天天打開着門，靜候病人來看病，有許多小嘍囉來推銷日方和汪派的書報畫刊，來的人雖橫行霸道，但祇要你訂閱了一份，也還容易應付。

不過，在太平洋戰爭開始，日軍進入租界之後，由於要推行保甲制度，十家爲一甲，十甲爲一保，集合若干保爲一區，這都是義務職，選中了你，你是無法推諉的。

我住在新成區，地居衝要，新成區的警察局，看中我當保長，因爲我家門戶常開，對甲長、保長以及區內的人，來接洽事務，很是方便。

新成區的警務人員來徵求我的意見，我說：「我每天有許多病人，那裏還有時間來問這些事情？」但是來人很客氣，說：「你只要頂一個名義，另外用一個人來代替你就可以了。」我說：「最好不要由我担任這個名義。」我這般的態度，來人倒也不以爲忤，他們說：「讓我回去和局長商量後再說。」那局長還是工部局時代的老人，和我有數面之交，他說：「要陳存仁做保長不大適當，要他常常開會，對他很不方便，何况醫生是自由職業，在他工作時間，我們是無法强制他的。」所以他就把我的名字圈掉，另換別人。足見那時候，警察當局還很講法理。

我在那個警務人員來訪問我之後，內心十分焦急，認爲一做保長，將來這個汚點永遠洗不清，因此我走到對門一家很大的堆棧，棧中有一位鄭姓經理，我和他商量。此人很年輕活躍，他認爲當保長也無所謂，而且還能借此出出風頭，况且堆棧的辦公室很大，職員也很多，倘然作爲一個保長辦公廳，倒很像樣，祇是他說：「將來怕公事上有往來，叫我寫公文，沒有一個熟手。」我說：「我有一個學生姓張能起稿，又能寫得一手好字，可以幫你忙。」於是我就向那位局長推荐鄭某担任保長，警方也同意了。

姓鄭的保長就職不過三天，他偷偷地到我診所來告訴我，警局送來一張黑名單，說新成區有二十個嫌疑份子，要他調查之後，作一個報告。他就拿出這張名單給我看，我一看這張名單，內中十個是醫生，西醫陸露沙領頭，中醫是我領頭，其他十個人都是女性。

我一看之後，不覺驚惶起來，鄭保長倒很坦白說：「我已經查過這二十人的戶口情況，女性的都是舞女，男的除了十名醫生之外，眞正有抗日活動的人，可以說一個都沒有，不知這張名單是誰擬出來的？」

當天我就訪問陸露沙，因爲他是留學生出身，日語講得非常好，他知道了這件事，他說：「這事除非警局要小題大做，否則，是一些沒有關係的。」我問他爲了甚麽原因呢？他說日本人有一個習慣，向來認爲醫生與舞女都是特務，所以新成區警局就擬上這張名單，無非嚇嚇人而已。我說：「新成區的局長，我相當熟，副局長是日本人，要不要由保長帶領我們去見一見他，說個明白。」陸露沙說：「好的。」

到了新成區警察局局長室，保長已先等在那邊，室中正局長說話很少，一切問話都是那個日本副局長作主，於是就由陸露沙用日語和他談話。談得很久，我看他們兩人談話時神情，好像很投機，我知道這件事確乎不出陸露沙所料。他們

三老之一袁履登

談話完畢，那位日本副局長來和我說，操着不純熟的中國話說：「你是漢醫，好來西！」說罷又和我們握手而別。臨走時，那位正局長輕輕的對我說：「在這個十天八天之內，我們要派兩個便衣警探天天在你門口巡邏，這是做做樣子而已，你不必驚慌。」

話雖如此說，但是我在這半個月中，既不能離開診所，又不能停止看病，眞是如坐針毡，難捱極了。

其中有一天，我的外甥結婚，延請工部局華董袁履登做證婚人，由我担任招待，我對袁老先生提起這件事，他說：「這種事各區都有，不過在老閘區和新成區，沒有逮捕過一個人，在郊區的警局却按照名單依次逮捕，這是日本人進租界時的一種警誡作用，實際上是嚇嚇人的。」我說：「說不定最後老閘區和新成區也會來這一套，到時要請袁老伯爲我做保人。」他立即應諾。

古法今用　結繩而治

可是，在這幾天之內，我的附近一帶，不斷發生炸彈事件，最嚴重的一次，是大新公司四樓爆炸兩個大炸彈，從此封鎖該區十多日，接着規定任何地區有類似的事件發生，日軍就要封鎖該地區，要該區區長召集各保長甲長，先由每戶推出一個男子担任警衛，在馬路上用繩子攔着馬路，一切人等不准越雷池一步，甚至買菜買米，都不能越過這個封鎖線。

任何事件發生之後，日本軍隊就來了，照着繩子的範圍挨戶搜查。要是查到有嫌疑份子，就加以逮捕。等軍隊開走，封鎖線也開放了。記得大新公司一役，封鎖的時間長達十多天，我在這個時期，因爲黑名單上有自己的名字，不免爲之寢食俱廢。

我知道日軍逮捕中國老百姓，向來都在深夜，趁人家熟睡之際，奪門而入，挾登軍車，被捕的人，就此不知所終。

在未加逮捕之前，先由小漢奸們暗暗的監視出入行動，連這人常去的朋友家中，他們都打聽得一清二楚。我爲着恐怕受到無妄之災，決定白天在診所，晚間却不住在家中，接洽好三四處住宿之所，到了門診完了，就是出診，出診之後，就看明白了前前後後，有無人跟蹤？然後進入就近的一個住宿之所，先時還沒有調查戶口，也沒有市民證，所以雖然有種種恐慌，都被我避過。

至於用繩封鎖的方法呢？他們的辦法，規定十八歲到三十歲的男子，要加入「自警團」，由各區各保甲做好名册，每一個團員都要輪値站崗，崗位預先劃好，大約每隔十家二十家店舖的街口，作爲自警團的崗位，每個團員都預備一根粗繩，祗要警笛一響，或是有什麽暴亂情況，自警團就採取行動，用繩把這個區域四週圍住，從此人車都不得通過，交通即刻斷絕。一方面用電話通知警局或軍事當局，片刻之間，警車或軍車抵達，就在這個四條繩的中間，挨戶搜查；小的事情，一兩小時可以解決；大的事情，非搜查到兇犯決不解除封鎖；封鎖地區一切車輛都要繞道而行。記得有一次某處連續封鎖了若干日，還搜不到主犯，封鎖區內的老百姓連買菜都不許可，所以家家戶戶在這個時期，都備有罐頭食品以及米糧之類，以應不時之需。

這個方法，果然很有效力，愛國份子的任何行動，受到極大的阻力，因此，愛國運動都漸漸的消失了。

苦就苦了一些自警團，每班八小時，不分晝夜，有事體發生，就是他們的責任。但是大家都有家務，或職業的關係，誰有功夫來常做自警團呢？初時都要本人親自去站崗，後來也可以出錢請人做替身，因此，就有一些人專門替人站崗爲業，日班有日班的人，夜班有夜班的人，我也指定了兩三個人，作爲站崗的替身，這筆錢也花了不少，眞成了古時所謂的「結繩而治」了！

（五）

狗仔嘜皮鞋

BOBY®

Casual Shoes

(註册商標)

猄皮男鞋

軟皮男鞋

童庄皮鞋

軟皮涼鞋

對對保証

好着耐用

大人公司　平價市場　人人百貨　大方公司　來路鞋公司有售

本刊已向香港政府登記

定價每冊港幣弍元

大人

論天下大事
談古今人物

第四十一期

余叔岩收李少春爲徒
時在一九三八年十月十九日
假座北平泰豐樓宴客前合影

坐者自右至左：
第二人吳愷忱
第四人李亞權
第五人李達三
第六人余叔岩
第七人李育庠
第八人桂月汀
第九人竇公穎
第十人趙項寅
第十一人慶輔臣

後立者：
① 朱家奎 ② 鮑吉祥
③ 葉龍章 ④ 郝壽臣
⑤ 李桂春 ⑥ 王福山
⑦ 吳彥衡 ⑧ 高維廉
⑨ 李寶奎 ⑩ 李少春
⑪ 金仲仁 ⑫ 李洪春
⑬ 高慶奎 ⑭ 王鳳卿
⑮ 譚小培 ⑯ 李菊笙
⑰ 閻世善 ⑱ 馬德成
⑲ 陳椿齡 ⑳ 慈瑞泉
㉑ 袁世海 ㉒ 葉盛章

請參閱本期燕京散人特稿「李萬春與李少春」

何香凝老人軼事……李燄生　二
我學會燒飯的時候……何香凝　一〇
活在我心中……呂　媞　一三
大人小語……上官大夫　一九
髮與鬚……蔣　彝　二〇
政海人物面面觀　譚延闓、許崇智、盧作孚、楊虎……馬五先生　二四
安妮公主和她的駙馬……林慰君　三一
高梧軒圖卷題詠……高伯雨　三五
香港舊事錄……上海移民　四〇
血淚當年話報壇（續完）……張志韓　四四
花卉畫及沒骨法……張大千　四八
大人一笑……諸葛文　五七
影城八年（中）……陳蝶衣　五八
史量才死後的申報（望平街憶舊）（續）……胡憨珠　六四
晚清梨園雜憶……無聞老人　七一
全體會（滑稽相聲）……朱翔飛　七六
李萬春與李少春……燕京散人　七九
李小龍身後糾紛多（銀色圈漫談）……馬行空　八六
「抗戰時代」生活史（專載）……陳存仁　九五
「大人」合訂本第六集總目錄……一〇三
封面：張大千畫鬥草圖　封面內頁：李少春拜師盛會
精印巨幅插頁：張大千工筆畫翠珮紅粧圖（定齋藏）

大人　每逢月之十五日出版
The Chancellor Publishing Company Ltd.
出版及發行者：大人出版社有限公司
督印人：王朝平
編輯者：大人雜誌編輯委員會
總編輯：沈葦窗
社址：九龍西洋菜街三號A　即彌敦道大人公司後面
電話：K八五五七三〇
印刷者：立信印刷公司　九龍新蒲崗伍芳街緯綸工廠大廈11樓
總經銷：吳興記書報社　香港租庇利街十一號二樓　電話：H四五〇五六一　H四五〇七六六
星馬代理：遠東文化事業有限公司　新加坡厦門街十九號　檳城杳田仔街一七一號
泰國代理：曼谷青年文化服務社　曼谷黃橋東北路　五六六之七〇號
越南代理：聯興書報社　越南堤岸新行街二十二號
其他地區代理：
澳門：可大文具店　漢城：汎亞書籍公司
亞庇：利民公司　寮國：永珍圖書公司
千里達：中華公司　斗湖：光明書店
菲律賓：華安書局　菲律賓：玲瓏書局
倫敦：東寶公司　紐約：友聯圖書公司
芝加哥：杏林春　紐約：大方圖書公司
波士頓：中西公司　洛杉磯：永安堂
三藩市：新生圖書公司　檀香山：大元公司
三藩市：益智圖書公司　三藩市：文化商店
加拿大：香港商店　加拿大：新國華公司

何香凝老人軼事

·李啖生·

名報人李啖生先生，筆名「馬兒」，曾因黃天石先生之介，爲本刊撰寫「何香凝老人軼事」，屬稿未竟，忽病肺癌，遽爾謝世，本文爲其最後遺作，其夫人呂媞女士爲名書畫家，特撰「活在我心中」一文，附刊於後，同申悼念。

當金風玉露降落之後，聽到了我所敬重的何香凝老人，已於壬子年之七月廿四日，即中華民國六十一年之九月一日，以九十六之高齡，逝世於北京。我是一個追隨他有年的人，曾被視若兒女。再在晚報見到了新聞之時，爲之淚下如雨。撫今思昔，草成此文，以誌悼念。

與夫壻 並肩革命

何香凝老人之夫壻廖仲愷先生，是國父孫中山先生之股肱，在國民革命被北洋軍閥政客所破壞之時，他輔弼國父，決定聯俄、容共、扶植農工三大政策，在廣州之革命基地，改組國民黨，重整革命陣容。時當北方政變，國父被邀北上，商量國是，而乃天不假年，遽因得病於天津，而逝世於北京旅次。廖先生繼其遺志，承其大業，主持黨政之事，然以勇於改革之故，爲宵小所不滿，被刺於中央黨部門前。老人雖是一位賢妻良母型的女性，但其愛國之情，兼有壯夫之志，她率先與廖先生參加同盟會之初，並肩致力於革命，其勇猛精進之行爲，同志譽之爲女中豪傑，國父則名之爲金閨國士，與廖先生不辭勞苦，終成推倒滿清王朝、締造民國之功。

當二次革命失敗後，所有反袁護法諸役，夫婦無役不身先其事。不過，當廖先生繼國父主持黨政之時，她却不再從事政治而趨向藝術，但作內助，從事於丹青及詩詞之寫作而已。然到了廖先生遭遇不幸，乃投筆繼承遺志，在參與黨政大計時期，兼行領導婦女運動。

北伐成功之役，黨內爭端繼之而起，老人堅持總理遺教之實行，站在國民黨左派所領導之護黨救國運動一邊。但此一運動，因步驟之不一致，而不免於失敗，老人以爲革命已告絕望，乃因憤成病，臥病於海上。但當上海之一二八事件發生之時，不忍十九路軍與日軍孤軍作戰，乃扶病與孫夫人宋慶齡女士，入京向中央要求出兵協助，聲淚俱下，使在座之軍政首要，亦爲之動容而垂淚。到了後來，中央軍不得不參與其役，實得力於老人與孫夫人爲多。

到了民國廿六年，蘆溝橋事變，全面抗戰因之而展開，上海八一三之戰繼之而起，老人乃南歸香港，與孫夫人等作愛國之活動，舉行畫展，以所得爲勞軍之用。及日軍執行南進政策，香港乃隨之而淪陷，老人扶病偷渡返國，在海上飄風，經過了恐懼與飢餓的歷程，始能到達惠州，然後過曲江而抵達於桂林，想不到，她那久病之身，在艱難的旅途上，竟爾不藥而愈。

抗戰勝利了，老人返回香港。她對於當局，過去是不滿的，戰後之種種，更令她不滿，麕集於香港的共產黨人，以及以李濟琛爲領導的中國國民黨革命委員會諸人，還有民主同盟份子，皆出入於門下，她是國民黨的第一代人物；其名當被列於民革委員行列之中。到了民國卅八年冬，中共正式宣佈成立了所謂中華人民共和國政府，她就與李濟琛同時被迎至北京，因政治價值之有剩餘，被命主持政府下之僑務事宜，備員而已，其副則爲其子廖承志，居實而處理其事。丹青不知老將至，雖然間中有出席於民革會議，以及一些慶典，其餘時間，還是吮毫伸紙，調墨研硃，從事於繪畫藝術的寫作，過其「朝市平居成大隱」的政治而外的生活，以頤養其天年，壽考以終其命，我的悼詩所謂「叔世危牆有福臻」者也。

對後輩 愛護備至

當我們的總理孫中山先生宣佈三大政策之初，我與許多國民黨青年，與共產黨的青年，都在廖先生領導與指示之下，從事於羣衆運動，不分彼此的一起工作，因此之故，廖先生及我們被目爲國民黨左派。但共產黨青年也自稱爲左派，如此一來，社會人士以及若干軍人與政客，不分皂白的都一起目之爲共產黨。

廖先生逝世後，老人參與黨政事宜，我們當然的也歸其領導。我們同志遵守容共政策而繼續工作，而視國民黨左派也是共產黨的黨政軍人員，則以右派自居，彼此不相往來，而且敵視。他們只知有共產主義，不知有三民主義，同時，爲了爭取羣衆信仰之故，不惜利用惡勢力打擊我們。我們在實際工作中，憬悟了共產黨的革命活動，其心已異！故各地同志，也和我一樣，於被打擊之後，回集於廣州，與廖先生的重要幹部甘乃光等商量應付之方，在「非以組織對組織不可」的感想下，我們幾百人就在廣東教育會開會，成立了「中國國民黨左派青年大同盟」的組織，簡稱之曰「LY」。我與余鳴鑾、范謂被推負責宣傳，我們三人，都是「國聞新聞」的主筆，以爲報紙力量不夠，乃另行出版了一個「國民週刊」與「青年戰士」，與共產黨之「嚮導」及「少年先鋒」，在理論上與之唱對台戲。此時，甘乃光因公赴桂，我與李樸生商量，由我出馬，以「野火」的筆名，發表了「給CY的一封公開信」，宣稱共產黨就是共產黨，不是國民黨的左派，同時，更否定共產黨的跨黨份子，不是國民黨左派之外，指出跨黨之不合。我以一個女子不能同時有兩個男子爲喻，有這樣兩句話：「貞操你們可以否定，難道性的衛生也不講求麼？」那是國民黨青年對共產黨青年的宣戰書。而共產黨方面深恐此一問題擴大，於他們不利，乃派共產主義青年團（簡稱CY）的負責份子王克歐與畢磊，到民國日報的編輯部找我談判。他們以爲大家都是革命的，不應分裂，應予右派份子以機會，爲了解除過去誤會，要求我提出一個解決的辦法。於是，我應其要求提出了一個辦法，要他對我們的公開信，作出公開答覆之後，然後再作商量。他倆答應了，接着便以共產主義青年團名義，發表覆國民黨左派青年一封公開信，依照王克歐之意，很客氣的，要求團結，不可分裂，我和李樸生要把共產黨與國民黨左派在名義分開的主張，就此得到實現。

民國二十四年夏，奉移廖仲愷靈柩安葬南京紫金山後，謁總理陵墓，自左至右：陳樹人、何香凝、馬湘、本文作者、許崇清

　那個時候，我已由「國聞新聞」，跟着甘乃光去接收「民國日報」，我接代陳豹隱寫社論，兼代余鳴鑾編副刊而外，還要爲陳白山主編之副刊小廣州，以及任護花、龍井主編之「國民世界」，寫其散文式的幽默小品。同時，「國民世界」與「青年戰士」，雖有范余兩兄，及黃鳴一、許錫鎏、許錫慶、華漢光諸兄負責，但還要我寫文章甚多。

　我寫了一篇論三大政策的文章，對共產黨擅將容共政策，改爲聯共政策作出了嚴厲的糾正。但以同期另有我的文章之故，不願用同一姓名，乃借一個女朋友劉麗婉的姓名來發表。想不到此一文章，獲得了廣泛的注意，不但社會人士，即李濟琛的總指揮部政治部中人，也要約見。而何香凝老人那時正是廣東省黨部常務委員兼婦女部長，也派秘書李慕貞來找我，要我帶劉麗婉去見她。但劉女士雖是一個寫作的朋友，此時已到外地去教書了，若是別人約見，可以用書信來婉却的，老人方面却不能推辭，不得不硬着頭皮去見她老人家。她一見面就問：

　「那個劉麗婉女士，聽說是你的女朋友，我看她的文章，不下於你的，我很想她做我的助手，你怎的不和她一起來見我？」

　我吃了一驚，不得不勉强的答：「她已經到外地教書去了。」

　「我欣賞你的文章，也欣賞她的文章，因爲她寫文章的作風，和你差不多，我要得她來做我的助手。」

　「你老人家不是有已了李慕貞及黎佩華、黃佩蘭、莫國康諸位女同志做助手了麼？」

　「我希望多一個，甚而兩個三個這樣的女同志。實在，青年女同志中，似劉女士的人不多。」她很嚴肅的說。

　「老人家提拔後進的高情，令人欽敬，但劉麗婉女士已應聘到南路去教書了。」我恭敬地回答她。

　「如此一個對政治有豐富知識，與正確理論的女性，對我是有很大用處的，你就寫信要她辭職回省罷！」她老人家命令般的對我說後，又開玩笑的對我說：「她是你的朋友，不應埋沒她，若是你的愛人，更不可埋沒她。」

　「不！僅僅是文字之交，說不上愛人，我不需要愛人，也沒有愛人，老人家不可誤會！」我忙着辯正。

　「是的！」李慕貞接口說：「同志談及戀愛之事，餘生聽也不願聽的，我推斷，劉女士不是他的愛人。」

　「不管是不是，你寫信告訴她，我要請她做我的助手！待遇方面，不會低過一個教員的。」她老人家堅決的說。

　我才欲作答，又有客來見，李慕貞送我出到

門前，笑吟吟對我說：「別人的命令你可以不接受，老人家的命令，你不能不接受的。我羨慕你有那麽一個女朋友，我也很想有那麽一個女朋友，做我的同事！」

事情至此，我就不得不坦白的告訴她：「劉麗婉是我的朋友，雖也能寫文章，但不能寫政治文章，論三大政策的文章，不是她寫的。」

「誰寫的？」她急急的問。

「你是我的同志，我不能瞞你，那是我寫的。你若不相信，去問黃鳴一就知道了。」

「那你為什麽瞞我？」她笑笑地問。

「我不過沒有空告訴你，並不是瞞你。實在，這些小事，不須告訴誰，也不須瞞誰的。但却想不到，何先生和你如此的愛才若渴，使我平添麻煩！」

「那也不是什麽麻煩，再見面之時，你說劉麗婉為聘約所限，不能回省，不是得了麽？」

我依照李慕貞的話行事，結果，老人家還是很失望的對我說：「那末，到了她聘約期滿，你再帶她來見我好了。」

她老人家對於後輩同志的愛護，而至對於人材的愛惜，為我留下深刻而長久的印象。

捲入了政治漩渦

民國十五年，北伐軍雖然飲馬長江了，但却發生了問題，由漢贛不合到寧漢分裂。寧方於次年之四月，實行清黨，不但共產黨，即國民黨左派青年，也不免於被清而被捕殺，刑場之上，三民主義萬歲，與共產主義萬歲的呼聲，變做了革命時代的交响曲。（馮玉祥也如此指出過。）廣東在李濟琛鐵腕之下，更不例外，在事件發生之時，我也在被清之列。公安局的人馬，分別到「民國日報」及省黨部來找我。（我兼該部秘書）我是一個反共者，想不到也要被目為共產黨，其理由我明白的，乃是局長鄧彥華因為無端把某報一個記者扣留，我接受其妻之投訴，在報上為文抨擊。鄧懷恨在心，要把我當作共產黨來辦，以報一箭之仇。我事前知道了消息，乃避於翁景熹之家。翁是幫我編輯副刊的，知道陳孚木來接收「民國日報」了，那時社長甘乃光已在上海入醫院，報館事情由我負責，我不便出面，只好托翁代我去辦交代。陳孚木與甘乃光雖同是LY組織的人，但兩不相干的，借此機會，勾結了李濟琛，便把民國日報接收。翁替我交代歸來，却帶來一包東西給我，我打開來看，其中有三百元大洋的鈔票，並有一張紙條，上面這樣寫着：

「你被冤枉，我實不平，但你非離開廣州不可。我不忍見一個忠實同志，這樣子狼狽離去，送你三百元作川資。到了上海或南京之時，我們再見好了！」

紙條並不署姓名，但一看便知出自老人手筆，我只得收下，與翁商量如何離開廣州的辦法。想不到，做了廣州警備司令的鄧世增，他是我欽廉同鄉父老，知道此事了，亦替我不平。派人四出找我。我們見面之後，他問我可否幫他的忙，我答他：「鄧彥華如此和我過不去，我不想令你為難，决定到上海去！」

鄧世增再三挽留我不得，只好送我五十元，並派人保護我，於當晚搭船到香港，轉船到上海去。我在醫院見過了甘乃光之後，和莫雄玩了二天，便到南京去。那時孫傳芳的大礮，還由浦口打過下關來，我只好在神策門下車，進入城內，去找馬文車先生。馬先生是總司令部的秘書，兼東路總指揮何應欽的政治部主任。他要我代他入軍事廳在蔣總司令處當秘書，我說我的力量恐怕不能勝任，懇切力辭。於是，他轉而要求我做他的秘書，代行其政治部主任事務，我無法推辭，只好答應。但當我倆去見總司令部政治部副主任陳銘樞（正主任名義是吳稚暉）之時，陳已知道我是欽廉同鄉，即當馬之面，要把我留下，我推辭不得，只好為馬寫了一篇就職宣言，便與許錫清接辦「中山日報」。但報館簡陋，而政潮又多着，沒有兩月，我就告辭到上海，找何香凝老人不着，便到杭州休養去。

想不到沒有幾天，余鳴鑾却由香港跑到杭州來找我，傳達甘乃光先生之意，要我和他一道先到武漢去，等他隨後就來，他說：「汪先生過去宣稱，要與共產黨生在一塊，死在一塊，我們沒有理由跟他一起。但現在分裂了，要我們去工作，我們就不應推辭。」我以為然，便和他一起返滬，乘輪到漢口去！陳公博以為我做過工人運動，要我入他的工人部做秘書，我還沒有答應，寧漢合作的消息便即傳出，局面如此不定，而甘乃光又電約我們回上海相見，乃與在武漢之同志李慕貞等畧作商量與週旋之後，又把來路作歸程！

那是民國十六年之秋，何應欽與桂軍李宗仁白崇禧聯合，把渡江反攻之孫傳芳軍打敗於龍潭之後，合作之局始定。我知道何香凝老人已到了南京，便即乘火車追去，在秦淮河上的遊船中相見，請示今後的動向。

老人以為黨政由以西山會議派為主的特別委員會來負責，政治問題，所在多有，還是回到上海，看看情形再說。事情確如老人家所料，張發奎第二方面軍返回廣東之後，即發生反對特別委員會事件。老人返回廣東之後不久，我也以李樸生之函促，回到廣州，李兄嫌我回得太遲，把我放在市黨部的編譯室做主任，鄰室是婦女部，部長是廖冰筠，屬下女同志，都是老人的幹部，如李慕貞、黃佩蘭、莫國康等，我不時和她們一起，到百子路廖公館，陪從老人家左右。但沒有多久，十二月十一日廣州暴動發生，共產黨成立其所謂廣州公社。事平之後，李濟琛以桂軍之力來反攻，張發奎退到東江去，我們就逃到香港來，又轉回上海去，做其反對桂系新軍閥的宣傳活動。

辦報紙　備蒙稱許

時，由於時局之紛擾無法解决，那平津，南由兩廣，中經武漢，北達楊之側，有人鼾睡，於是，蔣桂之間，就不免於兵戎相見。桂軍被打敗退回廣西之後，局面大定，第三屆黨代表大會在南京開會，改選中央委員。二屆中委王樂平、潘雲超、朱霽青、柏文蔚、陳樹人、王法勤、陳公博、以及老人等，大不以爲然，予以反對，另行組織「中國國民黨改組同志會」，提出恢復民十三改組的精神爲號召，其口號是「反獨裁」，是「護黨救國」，由政治而軍事的，採取行動。

我是負責宣傳的，首先在上海辦了一張小報名曰「硬報」，接着再與郭泰祺、高一涵、唐有壬、彭學沛、李星輝、楊全宇等，組織「革命日報」，以爲之繼，極爲老人所稱許。但我在幾道通緝令，及一萬元花紅之下，不得不轉做地下工作，暫時無法再向老人請示了。

此一護黨救國的軍事行動，由中而北而南，由唐生智、馮玉祥、張發奎、到了李宗仁、白崇禧，最後到了閻錫山、陳濟棠，此仆彼起的，擾攘到了九一八事件發生，在國人「團結對外」的願望中，汪精衛提出「精誠團結、共赴國難」的口號，蔣亦讓步，接受了廣東方面選出的中委，和上海方面選出中委，此一護黨救國的軍事行動，始正式結束。初由孫科出任行政院長，但以財政問題無由解決，不得不告辭職，後由蔣夫人宋美齡出面，與汪夫人陳璧君在杭州會晤，定下了汪蔣合作之條件，汪接受了就任行政院長之後，即宣佈解散改組同志會。當汪蔣商量合作之初，汪對我說：『蔣先生已與我們合作，我不日就任行政院長，我們同志，過去也過於辛苦，有此機會休息一下，也是好事。』但我的答覆則是：『革命是辛苦的事，也是不能休息的事！』

汪很意外的注視了我一下，並不作聲，適會仲鳴又有事和汪商量，我即行告辭。汪的表情，對於我的意見，似不以爲然，到了他就任之後，即宣佈解散改組同志會。這時，我才知道，什麼是革命領袖？什麼是革命？什麼是政治？不過如此！和萬千同志的熱情，已由沸點降落到冰點以下。於是，我向何香凝老人請示之後，寫了一篇文章，宣佈退出國民黨！

言談中 甚多軼事

汪就任行政院長之後，改組同志中，唯有陳樹人以私交，跟他做僑務委員長之外，就是陳公博做實業部長，「革命日報」同人中，唐有壬以張公權在幕後支持，得以做了政治委員會秘書長，彭學沛代他做內政部長，並兼做行政院秘書長，而最爲得寵的，就是汪夫人一派的曾仲鳴、林柏生以下諸人，另派林在上海辦了一家「中華日報」，「革命日報」的同志一個也不要參加，編輯李松風與彭學沛是江西同鄉，得到引介，做了內政部警察司長。我病後到南京與曾仲鳴相見之時，他曾勸我也入內政部做禮俗司長。我笑着告訴他：『我對政治已無興趣，制禮作樂更無興趣，因爲我已決心脫離政治了。』至於其他同志，包括了唐生智、張發奎等人在內，也一概置之不理。張在沮喪當中找和我接近的一些同志，於憤慨之餘，主張不要讓同志如此散去。我表示何香凝老人主張我改行做文藝工作，張十分贊成，乃辦「新壘文藝」月刊，以之爲同志們的聯絡站。張發奎在唐生智處取得了一張五百元的莊票給我做開辦費，此後的經常費，則由他在軍事參議會的參議乾薪二百一十五元，及我在行政院的諮議乾薪二百元來支持，於是，「新壘文藝」月刊，就是如此這般的出版！

我改行文藝之後，生活輕鬆得多，時間也閒散得多，我住在金神父路花園坊，老人住在福履理路，相去不遠，而她又正在臥病之中，不良於行，我幾乎日日都去看她，和柳亞子先生分任義務秘書之外，且爲之檢視湯藥，接待賓客。無事之時，拉椅坐在床前，聽其閑話革命往事，使我知道了不爲人所知，許多國民黨第一代人物的種種。當時以陳靈犀之邀約，爲「社會日報」寫了一連載的「革命嘉話」，其中有一稿，是說孫夫人宋慶齡女士，在陳烱明叛變，圍攻總統府之時，倉皇逃避於嶺南大學，因辛苦過度而小產，那是老人親口告訴我的，說她曾帶了一些小產後要用的東西給孫夫人。但文章發表之後，却由林語堂寫信給「社會日報」，否認其事。我在老人家中，曾吃過孫夫人不時送來的東西，如洞庭山的枇杷、天津雪梨等等，又不想因此傷及兩老的感情，並不作出反証。到了幾十年之後，才在左派報紙上，見到關於老人重行道及此事的文章。

還有一件，是汪精衛與方君瑛的戀愛故事，我在十年前寫了一本「汪精衛戀愛史」，憑記憶之所及，把經過寫於其中。雖未見其事，但在第一代的老人口中得知其事，曾遭到不少文字反應，爲方君瑛作出考証來針對我。再後來偶遇方君璧於龍岡總會，她還是汪夫人左右時代的氣燄，責我誣辱她的姐姐方君瑛，她當時不以曾仲鳴夫人，而以先烈方聲洞的妹妹名義，往台灣開畫展歸來，我對她已懷不良印象，我告訴她：『那是何香凝老人親口告訴我的，據事直書而已，如以爲誣辱，請到北京去質問她老人家！』

當年老人的病，以名醫陸仲安的指點，以北芪當茶飲之外，間且服藥，張發奎送她一張可以行動的坐椅後，她始能出廳，和我們聊天。我們之中，有她的外甥，外甥女馬景雲小姐，其她近乎五十個的男女外甥，和已出嫁的廖夢醒小姐，不時也來探視。我因爲多時在公館之故，有如管家，男女工人也很聽我的話，很小心的招呼老人家。我已不是政治而是文藝的人，多有應酬，衣着不得不講究一點，許多來訪者，只在工人口中，知道我姓李。因爲夢醒小姐的丈夫，是一個姓李名默農的共產黨人。老人告訴我，默農曾在被捕之時，把老人的地址，當作他的住處，使得巡捕房的警探，到她家裏來搜查，因而有所不滿。所以，始終沒有到來探訪過老人家，我也因之沒有機會和他相識。（抗戰之時，李在重慶被行刺而死。）許多人都知道她的女婿是姓李的，我也因姓李之故，被人認爲是李默農。不但夢醒小姐告訴我，有一時期頻頻來探老人的沈茲九（後來是胡愈之的夫人）也有此誤會！沈茲九和史良、胡子嬰等三位左傾女將，有一時期，隔不了兩天，都來探視老人的病，在房中談天說地，老人私下告訴我，她們都是左傾的，叮囑我不要對她們說什麽！所以她們來了，我只點頭，沒有和她們交談。但沈茲九十分醒目，在工人口中，知道我是李燄生，她就和我交談，請我爲她所辦的婦女刋物寫文章，我笑着問她：『我的文章，也能在你們的刋物發表麽？』

『那是寫關於何先生的文章，你應該要寫，我們也應該發表的。』沈茲九爽朗地說。

『我應該要寫的，但在你們的刋物發表，實在難於下筆，還是免了吧！不過，承你小姐看得起，謹此道謝！』

老人遠遠見到了她與我單獨談話，在她們走了之後，問我和她談些什麽，我據實報告過後，老人家笑着說：

『你如此似莊似諧的拒絕她，很是不錯，你難於下筆，也是事實！』

『我怕她竄改以符合她們的立場，於我不好，於老人家亦不好！』我回答說。

『你也想得到。』她點點頭，然後又笑笑地說：『沈茲九生得不錯，她們三個人之中，她是最美麗的，雖然亂頭粗服，却不掩其美麗！』

『美麗？』我笑了起來：『她比之史良是美麗的！』

『你說她不美麗？』老人家似意外地問我。

『我不以爲她不美麗，也不承認她是美麗，我以爲與其說她美麗，不如說她清秀，來得適合些。』

『清秀和美麗有什麽分別？』她反問我。

『我以爲清秀是比美麗還好。』

老人家其初嫌我說沈茲九不美麗，聽到了我如此答她，才不再說什麽，於是，我對她再說：

『沈小姐要我寫文章，老人家是了解她的立場的，即使能下筆，對於老人家而至我個人，都沒有什麽好處。老人家聲名鼎盛，還需要以共產黨有關的刋物來做宣傳麽？』

『你說得不錯，婉詞推却她最好。』

愛下棋 不喜打牌

老人家除了吸香烟之外，唯一的嗜好，就是下象棋了。她的象棋，下得並不高明，而我的不高明之棋，常常被邀對下。我知道她是有心臟病的，在平手之外，輸她一兩局，令到她相當高興。有一回，我却忘記了，使到她臨於敗局，她氣急地說：『啊！我要輸了！』

我聽到了，醒悟過來，忙着錯行兩步，讓老人家轉敗爲勝，收場時，

一九七二年九月六日，何香凝老人的靈柩運到南京，在紫金山廖仲愷先烈墓地舉行安葬儀式

她却搖搖頭道：

『啖生，你是讓我的，下棋要讓，那就不夠意思了。』

『那是逢塲作戲，我從不計較輸贏。實在，我的象棋也不見得比老人家高明！』

老人家很反對打麻將的，她的理由是費時失事，又傷感情。但住在她樓下的那位經亨頤（子淵）先生，却很喜歡打麻將，當夢醒小姐和其他甥女來探視之時，不理老人家是否贊成，即行開枱，老人家與經先生是老同志，又是好朋友，不好意思反對，只說：『只准打一元一底的。』衆人爲了志在開枱，只好答應了。但經常打的是一元一底，會搓麻將的人，也嫌過於乏味，打大點，才夠刺激。

有一回，他們又要成局了，但經先生却嫌輸贏太小，不肯湊趣，提出改打五元一底的，而老人家則反對，認爲打麻將是消遣，不應打大而浪費金錢，他們相持不下之時，我剛來到，老人家即對我說：『啖生！你來得正好，經先生要打五元一底的，你就陪他們玩罷！』

我奉命坐下，開始之後，老人家却把一叠鈔票，從我背後塞在我的袋中，低聲道：『你不要怕他，輸了多少，也是我的！』

完塲之後，計算下我剛好贏了兩元。向老人家報數，想不到，把袋裏的鈔票拿出一看，有三百元之多，乃一起還她，她却推說道：『那是你的彩數，你都拿去用吧！』

她從未打過麻將，以爲五元一底，輸贏必大，怕我應付不了，把三百元給我做賭本，使我白白地發了三百零兩元的財！於是，我便請她的外甥馬景雲小姐等，到外面去吃東西。馬小姐對着我說：『老人家很反對人打麻將的，但却要你替她來打，還得到重賞！』

『那是過去不會有，將來也不會有的奇遇。』我答。

『你算是老人家最信任的人。』馬小姐帶有羨慕的口氣說。

『老人家對我們後輩的同志，都是愛護與信任的，何止於我個人？你是外甥女，天壤女郎的文章，早已馳名，更不是我敢望及的。』我笑笑地答。

『那可不見得！』馬小姐說：『你知道，她的外甥男女，有將近六十人之多，我不過是其中之一，因爲常侍左右之故，有些不同罷了！』

『也和我不同？……』

『但你幾乎日日到來，不是一樣麽？』馬小姐不待我答話，又接着說下去道：『老人家最信任你，不只我知道，許多人都知道，有些對你妒忌的人，還在老人家跟前說你的閒話呢！』

『什麽閒話？』我詫異地問。

『他們說你好跳舞，』馬小姐說：『他們知道老人家憎人跳舞，所以說你是跳舞塲中活躍的人物，可是，老人家以爲你是一個生活最嚴肅的人，並不相信。』

『唔，』我頓了一頓，再問馬小姐：『所謂閑話，就是如此麽？』她點點頭，我接着說：『他們沒有冤枉我！』

『沒有冤枉你？』

『是的！』我點頭道：『我從事於政治時，生活是嚴肅的，但改行文藝之後，就不期而然要輕鬆一下，和朋友應酬，不時有到舞塲去的，但沒有沉迷而已！』

『我以爲不要讓老人家知道的好，因爲她老人家很反對跳舞的。』

『老人家不問我，我當然不說，若是問到，我不應該瞞她的。』

『你這人也過於老實了，不怕中了他們的計麽？』

我對馬小姐的好意道謝過後，知道了有人在老人家面前說我的壞話，對此也祗有付之一笑而已！但若有機會時，我還想當面向老人分辯一下，解釋我之愛好跳舞是別有深意的。

開眼界

駕臨舞場

過了沒有多久，那天我照例到公館去，老人家手執一張時代日報，正色地問我：『啖生！你前天晚上去跳舞，報紙也登出來了。』說罷，隨即將報紙遞給我。

我一看，知道是該報編輯盧溢芳（大方）的手筆，記述我們一羣，和陳靈犀、唐大郎等跳舞談笑的情形，妬我者，就將此報紙給老人家看，以証明我跳舞的罪行。於是，我就以『不錯』相答，老人家面有慍色道：

『想不到，這些墮落的地方，你也會去！』

『本來，我不願墮落的，但有人要我墮落，我就給他們知道，我已經墮落，他們便不再注意我了。』

『爲了什麽？』老人家追問理由。

『我在政治上是一個曾經背過萬元花紅的活動份子，如今不談政治而文藝了，但舊案猶在，時時被人注意，爲了改變特務工作者對我的觀感，故有空之時，便和朋友逛舞塲去，給他們看看，知道我已經墮落，就不再注意我了。』

『原來如此！』老人家面色霽下來，但却教訓地說：『假如在這些地方沒有沉迷下去，不算是墮落的。』

『一個做過革命黨的人，不會沉迷於聲色犬馬之中的。』我也嚴正的答：『我的內心，雖然依舊是嚴肅，但在表面，不得不裝作沉迷，使人見到我是墮落了。』

『似是矛盾，也不算是矛盾，但這是花錢的地方，還是少去的好！』

『不錯！』我點頭道：『但我却花不了多少錢。』

『到舞塲而不花錢？』老人家奇怪地問。

『是的！』我答道：『我曾和朋友約定，每次所花，不得超過六元。有時自己去，一杯咖啡，靜聽音樂，還花不了一元。若是到了揚子舞廳，有做經理的朋友招待，任吃任跳，一個錢也不用花呢！」

「有節制就好了！」老人家笑笑地答。

「我到過所有的舞場，也認識不少舞女，但不願有浪漫的行爲，即浪漫的思想也沒有。」

「眞的如此嚴肅？」老人家半信半疑的問。

「我在老人家跟前，沒有作個半句謊言。」我恭敬地答：「你老人家不妨查問，假如我有什麽桃色事件，就跪在你老人家面，任你鞭打！」

「那我就放心了！」

老人和我的對話，馬小姐從旁聽到的，在老人家離去之後，笑着對我說：「你眞是說得到做得到，與你的死對頭陳公博有關的人，他們中傷之計，已告失敗了。」

「他們對何先生是失敗，但對汪院長却成功了。」我不待她問原因，接着說：「過去，有人對汪說我是好跳舞，吸鴉片，不堪大用，是成功了的。我改行文藝了，陳公博還在他辦的「民族月刊」裏，寫文章罵我，說我跳舞回家便吸鴉片，有了精神就寫罵人的文章，我因好吸香烟，就被他們改爲吸鴉片，他們可以瞞汪，但不能瞞何先生的！」我滔滔不已的說：「至於跳舞嘛，並沒有寃枉，我不但要老人家知道，且要讓老人家見到，看看他們還能說我什麽？」實在，我已無心於政治，管他們做甚麽。馬小姐帶着奇怪的口吻問：「你說什麽？你有辦法讓老人家見到你跳舞？」

「唔，是的！」我微笑地回答，等候適當的時機，一定請老人家去看看舞場的風光。

說來事有湊巧，上海揚子舞廳重新裝修好了之時，柬請有關人士參加，我與經理黃志堅兄爲知交，特請他多寫一張請帖給老人家，由我親自送去！老人家接到之時，十分意外地道：「我怎能到舞場去！」

「絕對可以！」我誠懇地答：「你老人家是中國婦女界的領袖，而那些舞女也是婦女，她們的生活，你不能沒有了解的。」

老人家聽了我的話，沉吟一下，問我道：「你以爲我應該去麽？」

「應該去！」我正經地答：「你老人家是革命家，也是婦女領袖，應該本着佛入地獄的精神，去理解，甚而至拯救那些似在天堂，實在地獄的婦女。」

「好！」老人家甚表贊同的答應了：「到時你就陪我去一趟，看看那些婦女們！」

我向朋友借了一部汽車，依時陪老人家到舞廳去，在該處經理殷勤招待下，吃過了晚餐，那時還早，舞客不多，老人家即對我說：「你是會跳舞的？」我點點頭。她又說：「那末，你跳個舞給我看罷！」

我一聲遵命，便找一個相熟的廣東舞女，名叫露露的，跳了一個狐步舞。然後把她帶回枱前，介紹給老人家，但見她笑吟吟地說：「你們兩人跳得很好看！」

露露是受過中等教育的女子，我和她跳舞時，已說明了我的來意，吩咐她把凄苦的生活，告訴於老人家。所以，露露便與老人家作了一小時的談話，令老人家十分暢快。我怕老人家疲勞，即陪之返家。她在車中告訴我：

「眞想不到，這些舞女的生活，也不是好過的。」

「當然！假如老人家不來過一趟，不會知道的！」我答。

「她們和農工的勞動婦女，生活方式不同，但痛苦則一。」

「那些受過教育的舞女，還有精神上的痛苦呢！」

「不錯。」

我陪老人家返抵公館之時，馬景雲小姐開門，迎接老人家回房去更衣，馬小姐低聲地說：「談生！你眞了不起，能讓老人家去到舞場去看你跳舞。」

「老人家還讚我跳得不錯哩！」我顯露出得意的微笑。

自此之後，老人家對我愈加信任，不但文書之事，即家事也要我過問，逢年過節，有酒食不但要我參加，且要我代爲招待。我在廖仲愷先生一個逝世紀念日，曾寫了八首絕詩，以「馬兒」的筆名，發表於社會日報之上。想不到，給柳亞子先生見到了，在一個年夜飯的聚會中，柳問老人道：「有個署名馬兒的，發表紀念廖先生的詩，很是不錯的，我在「硬報」上看到有馬兒的筆名，却不知道他是誰。」

「你不知道麽？」老人也笑了：「所謂遠在天邊，近在眼前，坐在你旁邊的談生就是了！」

「啊！談生！」柳亞子帶着驚喜的口吻說：「你是新文藝運動的人，能寫那麽好的舊詩，眞是想不到。」柳亞子一面說一面握着我的手說：「過去可謂失諸交臂了！」

「柳先生過獎了！」我客氣地答：「我從小就學做詩，但醉心於新文學之故，不敢有作而已。至於紀念廖先生之詩，以爲新詩不能達意，不得不用舊詩了。」

「談生對舊詩很有研究的，不時和我談詩呢！」老人插口說。

「那我……又多一個詩友了！」口吃的柳先生，斷斷續續地說着。

「啊！柳先生是前輩，」我謙遜的答道：「我做學徒還不知夠不夠資格，遑論是詩友了！假如柳先生不棄，肯收我爲詩徒，也許會有些前途的！」

「詩友也好、詩徒也好，大家飲杯罷！」老人舉起酒杯說：「談生，飲深些，向你的知己柳先生道謝！」

我奉命深深飲了一口之後，復單獨向柳先生敬酒。過去，柳先生到來，彼此所談的，都是文章之事，未及於詩詞的。但自這次飲宴之後，這位南社的詩人祭酒，見面就和我談詩了。老人的畫集出版，他在序文中，有「跋扈桓温，終非英物，書空殷浩，慣誤蒼生」之句，我對他提了出來，再三背誦的讚賞。他十分高興，對我更爲好感。但彼此在抗戰之時，相逢於桂林，舊夢重温，舊情還熱的。不過，當時的左傾文化人士，尤其是那些視我爲反動份子的新詩人，把他牢牢的包圍着，就無由與之再親近了。

我在自己所辦的「新壘月刊」當中，又有「十日談」，且編「社會週報」，對於左傾的普羅文藝，與右傾的民族文藝，與以第三種人姿態出現的杜衡桴鼓相應，左右開弓，予以反對外，對於那些好出風頭的作家，筆下也不留情。一個提倡詞的解放的曾今可，後來雖然做了所謂桂冠詩人，但在當時寫下了傳誦一時的句子，「國家事，管他娘，搓搓痳將。」不只我們，許多人都把他罵到了狗血淋頭。另有一個林庚白，由詩到文，都是大言不慚，有天下無人之誇。我也不客氣的，予以嚴厲的抨擊。初時還有反應，到了後來，在無法應付當中，乃託柳亞子先生，轉請老人家勸我。於是，老人家就對我說：『林庚白由詩到文，其荒狂之處，你予以抨擊，我看過了，那是應該的。』老人家畧頓了一下，繼續又說：『可是，他託柳先生，請我勸你筆下留情，你意下如何？』

『柳先生是前輩，又是一個老好人，爲了交情，更爲了面子，非接受不可的。』我答。『林庚白告訴柳先生，他知道你是除了我之外，不賣任何人之賬的。』老人家微笑地說。

『唔，』我點點頭笑笑地說：『此君行情是很靈的，老人家的賬我要賣，柳先生的賬也不能不賣的。』

老人家聽了我如此說，很高興的答道：『那麽！就放過了林庚白，鳴金收兵罷！』

愛繪事
甚於革命

老人家與夫壻廖仲愷先生，是革命家，亦是政治人物。但却雅好藝文，每有餘暇，相對吟詠之時，且揮其丹青妙筆以相娛。曾名其廣州百子路之居曰「雙清樓」，以示其德藝之雙清。廖先生有「雙清集」之出版，其中詩詞，最爲人傳誦的一首是：「大事憑君獨任勞。切莫辜負女中豪。我身已去靈明在，勝似屠門握殺刀。」

陳炯明叛變之時，以爲廖先生是大元帥孫中山先生的荷包，將之扣留於石龍。老人家往見陳炯明，質問及呵責之後，始得相見。廖以爲身在叛賊之手，必被殺無疑，乃口占此詩貽之，等於訣語與遺囑也。

此詩經報紙發表之後，陳不堪抨擊，始將廖先生釋放。滇桂軍奉命將陳炯明逐出廣州後，大元帥府始得重開，廖先生佐孫先生重整黨政以利於革命。老人家本着董子正其誼不謀其利，明其道不計其功之大旨，摒却政治從事藝文，在家致力於其所好之丹青。當時，曾開了一個畫展，以籌軍餉。孫大元帥親臨主持，見到所作「醒獅」一幅，徘徊欣賞之餘，認爲此乃不世之傑作，命廖先生貼上非賣品之紅標，留爲傳家之寶，因此，老人家對於此畫，從不離身，居必張掛。在寓所對我指談往事，及於孫廖兩先生，尙爲之欷歔不已！

老人家卧病於海上之時，雖不良於行，還能起坐，稍有精神，即起而作畫。她留學日本，所習是美術，研究東西洋繪畫，做了嶺南畫派大師高劍父高奇峰兄弟之前輩同學。但以對國畫有深厚根基之故，理解東西洋畫理，故寫西洋畫就用西洋畫法，寫中國畫就用中國畫法，與提倡折衷派之嶺南畫派不同。她寫生有得，渲染有道，所寫之虎、獅、花鳥，無不栩栩如生。但寫到了中國的山水，以及梅蘭竹菊四君子，多以水墨出之，絕對是中國的傳統。

她的書畫之友，除了住在樓下的經子淵（亨頤）之外，于右任、張聿光、劉海粟等不時來會，每會必即席揮毫。我因自幼曾從黎不老老師習書畫之故，雅好丹青，樂得陪從於左右，且爲之招待客人。在無客之時，有作必問我，當我對某一幅特殊欣賞之時，就問我：『你喜歡麽？我即題欵送你。』

她知道我好於此道，不但將她與客人合作的畫送我，且轉請經子淵先生爲我寫菊竹雙清圖，計我前後所得，將及五十幅之多，可惜抗戰之時，因分寄於上海，都一起失去。戰後，友人在攤上見到了她與張聿光合作的梅鶴圖，有我的上欵，買來送給我，那就是我僅存的紀念品了。

老人家和張大千之二兄張善子，都是畫虎大家，十分相得，張每由蘇州來滬，必登門相見，論詩作畫。我的朋友胡藻斌，也是畫虎的，且在梁鼎銘兄所辦之「文華雜誌」上，發表了畫虎之論，文章之中，插入了他環遊世界所見之虎的照片，且有素描。張善子見到，來滬找老人家，詢問胡藻斌其人，老人家即電話命我，立刻找胡來相見。胡即席揮毫爲虎，隨畫隨講，極爲兩老所讚許。據說張善子遊武漢之時，公園之虎，甚至欲毀柙而出，郝夢齡軍長以張好畫虎，乃將在貴州捕得之小虎相贈，作爲寫生之對象。張受之携歸蘇州，帶到印光法師處受戒，此虎從此吃素，恭順如犬，常侍廳上床前。故此張善子所畫之虎，眼神十分慈和。但見到胡兄所作，兇猛異常，很感意外，事後，老人家對我說：『藻斌畫虎，目中都有兇光，我不免爲其命運躭心！』所說果如所料，胡藻斌於抗戰時，上海淪陷，乃輾轉南下，抵達香港後，擬稍作喘息，再偸渡入後方，豈料香港淪陷，途中即爲日軍所殺，及今算來，亦已三十餘年了。

宋慶齡
榜上無名

何香凝老人於去歲九月一日逝世，九月五日在人民大會堂舉行追悼會，當時由朱德主持儀式，孫夫人宋慶齡致悼詞。但在中共最近舉行之十全會中，宋慶齡已榜上無名，不但中委無份，即主席團亦輪不到一席，可能有病或接近死亡。

我學會燒飯的時候

·何香凝·

在我們中國——尤其在好幾十年之前——凡是被父母鍾愛的小姐們，又處在富裕的家庭裏，對於燒飯做菜，總都是不會的，因爲那是僕婢們的事情。我，自然也不能例外。我的父母既視我寶貝般的，家庭狀況又好，所以在家裏，從來也就與厨房無緣了。就是和廖先生結了婚，飲食一切的事情，還是完全由用人料理的。可是到了日本留學的時候，在一種使命之下，我是自願把小姐的尊貴丟開，從一個雇用的日本女工人學會燒飯了。提起了這件事，我回憶起來，也是很可紀念的。

當孫中山先生第二次到日本的時候，因爲中日俄局勢緊張關係，日本警察對於我國留學生監視極嚴，橫施壓迫。那時孫先生提倡革命的聲名，已早爲日本當局注意。他雖用中野的名字住在客棧，但他和同志們會談來往，總感覺種種不便。那時候，我聽說孫先生又到日本來了，曾去訪過他一次。當他第一次到日本時，我和廖先生已和他談過兩三次，我們既已表示參加革命，也是被他引爲同志了的。孫先生在我的談話裏，知道我和廖先生是租了「貸家」（日本的出租房子）住的。後來一年多，他請黎仲實（他是廣東人，一個好青年，忠實於朋友，忠實於革命的好同志，可惜不壽，早就死去了——他給我的好印象，永遠是不能磨滅的）來和我商議，希望我另外在交通方便的地方，找一所「貸家」搬進去，並且不要用日本人做女工。仲實說明了孫先生在計劃着組織革命團體，在客棧裏既諸多不便，尤其困難的是沒有妥當的地方開會。我聽了是爲進行革命的事，毫無猶豫。但我最感困難的，倒是在吃飯上，因爲我自己不會燒飯，不用下女，怎麽辦呢？還有，那時候廖先生乘着暑假又回廣東替我弄錢去了，到外面去弄食水的事情就沒有人能夠幫助我——當時日本的東京也尙無自來水呢——這些都使我有點覺得爲難了。既而，我在心裏又想：不會燒飯，就馬上跟工人學，爲了革命，夫人學婢子，也算不了什麽。但是食水要到外面去弄，自己實在有些兒來不了。我這樣想了，就對仲實說：「另找貸家搬開是可以的。但是仲愷一時不能回來，每天吃的水，倘然不用工人，我自己實在沒有辦法。」仲實就滿口答應着說：「請快找好房子搬吧，吃水的事，我來替你弄就是了。」仲實既這麽應承，我就叫他去回報孫先生，找好了「貸家」便搬。仲實去後，我就計劃搬家的事，第一件大事，是要先學會了燒飯，做小菜！在平常，我是「飯來張口」，女工人弄些什麽，絕不聞問的。現在是不然了；我細心看她淘米、下鍋、添水、燒火。米的多少，水的分量，火燒的時間大小，我都在注意。至於做菜呢，日本的法子，簡單得多了，看幾次便會的。不兩天，我就覺得有把握了。工人不懂得我何以忽然對於燒飯這麽感興趣，那知我的用心，是在學了她的手藝便要請她走路呢？

我本來住在小石川區，新找的「貸家」却要在神田區，因爲神田留學生多，而且交通方便。在小石川住的房錢，只十一二元，神田的是二十五元，樓上下有七個房間，比以前大得多了。我想將來同志集會，來來往往地，必須大些，才可以夠用，也能遮掩得過去。房子找好，便結束了原來的「貸家」，辭退了下女，寫信通知廖先生，搬到神田去。幫助我收拾的，就是黎仲實。

搬進神田的「貸家」後，一面要上學，一面要自己料理日常生活，是很覺着忙碌勞苦的。我以前在父親跟前作小姐，是有人服侍我，和廖先生結婚，還陪嫁了兩個丫頭跟隨我；突然過着學生兼女工人生活，總是不慣的。平常是只顧自己的功課，別的粗笨瑣碎事情，都是女工人的，現在可好了：每天起來，第一須先收拾舖蓋，臉水也得自己預備。下了課回來，買小菜，生炭火，——那時候日本還沒有瓦斯可用——煑飯、做菜，忙了一通，吃過了，還要洗刷收拾起來。那時候，日本也還沒有電燈，點煤油燈，擦燈添油，頗爲麻煩。尤其不便的是洗衣服，取水又是艱難，雖說仲實天天去替我提幾桶，但有時用完了，還得我自己跑到井邊去弄水。可是，我有一個信念，就是：我吃的苦，是爲中國革命！一想到這裏，隨便什麽罪，我就甘心忍受，樂之不倦了。

在神田「貸家」的伙食費，人雖到得多了，菜錢也不過一毫半，平常總是一毫零幾個銅板。記得常吃的菜，以蘿蔔、牛肉、豆腐、魚、青菜、洋山芋爲最多。每次買五個銅板牛肉，三個銅板魚，兩個銅板的蘿蔔，——那時兩個銅板可以買得兩個白的長的蘿蔔，就夠分兩次和牛肉一起炒的了——或者再加點豆腐、青菜，就是一天的飯菜了。隨便誰來，總都是吃這些東西，人多時也不過多買點。孫先生有時也和大家一齊吃，但他不喜歡吃米飯，吃，也至多一碗。所以，我常爲他特別的預備麪包、牛油，煎一個荷包蛋，再用牛肉汁冲一碗湯。一律是這樣，他也不挑選的。當時一瓶牛肉汁，忘記是幾毫錢了，但只有孫先生到才開瓶，我們都是捨不得吃的，一小瓶子，大概可以冲七八次湯。在廖先生未回東京之前，我們神田「貸家」生活，一直是這樣，因爲那時我的手裏也實在不寬裕。就是後來廖先生到了，我們日常生活仍然很簡單，並沒有買什麽好菜吃。胡漢民夫婦是跟廖先生同船到日本的，初到東京就跟廖先生住進我們的「貸家」。胡夫人是初到日本的，吃不慣我們素淡的菜，我根本不會燒飯做菜，她起初客氣，挨了幾頓，後來常自己出錢託人去買燒鴨來吃。這也就反映出：我當時做的菜似乎太不高明了。

孫先生常和黎仲實到我的「貸家」裏來，是在計劃組織「同盟會」的事。我加盟很早，是第幾名已經不記得了。加盟的手續，要兩個人介紹，我塡的盟書，只有仲實一人簽名，後來孫先生看了，他就也簽了名字。當時盟員，女的只有我一個，加盟又很早，所以孫先生戲以日語叫我「御婆樣」（Obasang），後來同志們都跟着叫，就叫開了。

廖先生由廣州囘到東京，已在我搬家後兩個多月了。他和胡漢民夫婦同船到的，返抵「貸家」，大約是下午六點多鐘。吃了晚飯，休息一下，孫先生和仲實就和他談同盟會的組織和主義，他很贊成，當夜十時光景，他已加盟了，介紹人是仲實和我。廖先生有志革命很早，而且第一次會見孫先生，我們是同去的，他還比我多和孫先生談過一次。他加盟遲一步，是因爲他當時囘國了，否則，我和他一定是同時加盟的。至於他的加盟介紹人有我，大概是黎仲實要我做的吧。胡漢民加盟也是當夜，不過他對於主義，多不能很快的了解接受，尤其是關於「平均地權」，他和孫先生質疑最甚，經孫先生詳明反復地講解，已經到深夜三時後，他才加盟的。

同盟會基本的盟員，常來我們「貸家」的，記得有黎仲實、朱執信、胡漢民、黃克强、章太炎、古應芬、張繼、居正、汪精衛、鈕永建、馬君武、劉成禺、楊度這些人。蘇曼殊原先加入我們義勇隊，也是時常見面的。後來同盟會開成立大會，固然是在學生會館，而孫先生帶領重要同志們的秘密會議，却大都在「貸家」裏。我當時只覺得來往的同志，都比家人兄弟姊妹還親厚，一點也不隔膜，也不客氣。現在人們常掛在嘴上的所謂親愛精誠，應用在當時的大家心理上，那是再眞切也沒有的了。

孫先生對於同志，總是至誠無間，對於我和廖先生，更不客氣。那時他在日本，和我們相處像一家人一樣。有時候，他要用錢，手頭沒有了，便走來向我說：「御婆樣！給我幾十塊錢！」我們那時也沒有多的，頂多也不過五十元。有時十元二十元也拿的。幫助孫先生革命，很有些人捐助鉅萬的，提到這點，似乎寒傖，但我說出這個，以見孫先生對我們情感的親厚，眞如家人一樣。

同盟會成立之後，孫先生分派同志們囘國作革命「運動」——「運動」兩個字，當時是用來作「革命」的代替語的，因爲當時尚不敢公然說出「革命」兩個字。——廖先生被派赴天津設立機關，和法國的社會主義者 Boucapaix 聯絡，並圖發展北方革命勢力。廖先生早年在美國，長於英文，我們和西洋革命志士發生關係，凡是孫先生所不能直接會見的，多派廖先生前去和他們接洽。廖先生動身上天津去的時候，我有一詩贈別他：

國仇未復心難死，
忍作尋常泣別聲，
勸君莫惜頭顱貴，
留得支那史上名。

詩裏用「支那」這個名詞的原因，是因爲那時候，留學東京，習慣於「支那」兩字，而且我們志在推倒滿清，又不屑用大清兩字，所以就把它用上。若是在民國之後，那便不會用的。爲了存眞，也就一仍其舊——不加改動了。

想起了我開始學會燒飯，就聯想起孫先生當時到東京組織同盟會的種種往事。要說我那個神田「貸家」，是同盟會的醞釀地，我由衷的不敢。若是說個人是當日同盟會一個忠實的下女，也許尚有人能夠點頭稱是的吧。

當時在日本東京，我們共事來往的同志們，各省的人士都有。到了我的「貸家」裏，我也都一樣當作家人兄弟一樣地看待。可是，因爲我不會說普通話，所以除了廣東籍的朋友們，我們都因言語不通，想長談是談不來的。去年到南京的時候，張繼（溥泉）居正（覺生）來看我，溥泉還說：『我們已是三十多年的老友了。那時在日本，我們雖然見面很多，因爲說話都不懂，相談却很少。我們又因爲你是天足，所以人前背後提起你來都叫「何大脚」。就是當面這樣叫，你也聽不懂呢。』說起來親切有味，大家笑了一陣子。眞是的，那時候女留學生只有我一個人是天足。兩三年後，看見秋瑾烈士，她還是纏足的呢。

時光過得眞快，這些話，已是三十五年前的故事了。我的個人生活，在父母跟前，可以做小姐，到了社會就可以做工人。在家庭可以燒飯做菜管理一切瑣事，出了厨房就可以幹起政治活動。山珍海味並不是吃不來的，粗茶淡飯我也一樣過得慣。清靜安閑的歲月我能過，艱難困苦的日子，我也是不怕的。時下一般太太小姐們，養尊處優，奢侈淫逸，眞不知她們是怎樣做人的。有些坐享革命福氣的，更叫人看不上眼。我們國難當頭，又是天災流行着，正應有力的出力，有錢的出錢。否則只圖自己一姓一家闊氣，自身家屬的腦滿腸肥，千夫所指，也是不能長久的。

至於一般婦女本身問題，我以爲應該這樣才對：在婦女本身，應該學會生活技能，習於吃苦耐勞，要過問國家社會的事，也不要把個人的事交把別人來管；而國家對於婦女呢，應以男女平等爲原則，使婦女和男子一樣受同等的教育，使她們養成充分有從事社會活動和各種職業的能力。硬把婦女困在厨房或關在家庭裏，在我國幾十年前已經不行了——我便是一個顯明的例子。中國革命，無一役沒有女子參加的。然而到現在，尚不能獲得眞正平等的待遇，未免太說不過去了。希望將來參加國民大會制憲的人，萬萬不要再忽畧全體女同胞所應得的利益——詳訂男女一律平等的條文，我們當着解救國難的生死關頭，不該使整個民族老是半身不遂的！

創立廣州國民政府紀念日寫定

上等品質之標誌

18-8不銹鋼容器及双層保煖保冷日用品·每類均有弍百餘欵·任君選擇·

建業五金塑膠廠有限公司榮譽出品

香港九龍官塘鴻圖道九號 電話：K-896261（五線）
K-423456（本銷專用）

大人公司·平價市場·人人公司·均有代售

活在我心中

呂媛

——悼念餤生夫子並及其詩詞——

生歷憂危、但以堅貞見志。死得清白、不籍權貴增榮。

相依相隨將及卅載之餤生夫子，已於六月廿八日下午五時四十分，一瞑不視的離開塵世，對着他留下的一堆紊亂，萬斛悽酸。終日模糊淚眼，料理着他的身後事。至七月五日，是他的火葬之期，天剛發白，即把兒女喚醒，携了香燭，驅車直到哥連臣角火葬塲。其時天愁地慘，夾着狂風暴雨，更爲我多添哀傷。十一時正，靈柩才來，兒女當即跪拜，我又不禁涔涔落淚，但見洞門開處，即接去他一副傲骨，從此化作灰塵。耳邊不再聽到他侃侃而談的國家大事，眼中不再見他吟哦詩詞的神態，在泣不成聲中，曾以上述二十字的蕪詞哭他。

老報人李餤生遺影

帶着滿懷酸楚，返抵寓所，即見到某一刋物載有悼念餤生之文章，細讀之下，頗有抑揚頓挫之致。本來，身後是非誰管得，但以餤生的一生事蹟，由其立塲與爲人，皆以國家民族爲前提，一生服膺三民主義，是孫中山先生之忠實信徒，在港二十餘年，獨往獨來，不依附權貴，在夾縫中過其清苦之生活，求諸當世，又能有幾人？大抵餤生的文筆，過於尖銳，立論守正不阿，於是不相識的人，就以爲他是文如其人的嚴肅，不易親近，加上他對政海人物之批評較苛，難免招怨，但他到今天雖已蓋棺，若要論定，似乎還有待時間爲之証明。我在哀傷中不願爲此置詞，每想到「自古皆有死，莫不飲恨而吞聲」之句，則餤生又豈能例外？

連日來風雨縱橫，小樓一角，憑欄望遠山，但見一片迷濛，低頭理遺物，又覺千般落寞，一詩一句，皆令我悽然而又惘然。唉！罷了！罷了！人已去，縱使我搶地呼天，魂牽夢縈，也難將其生命再續，唯有抹過淚眼，收拾他遺下那一堆紊亂的詩詞，藉此化辛酸而爲堅强，去哀痛而更努力，在囘憶中勉勵自己，鼓舞自己，向荆棘的道路邁進。

記得是民國三十八年的冬天（即一九四九年），我們舉家寄居於粉嶺黃崗山，那兒有一間齋堂，名「藏霞精舍」，與沙田之「紫霞園」同一系統，齋堂旁有三間石屋，我們就租住於第一間之歡仁堂。這裏沒有水電設備，一切皆是舊日的農村式生活，日出而作，日入而息。不久，餤生應某報之約，每日撰寫專文；稿酬每月一百五十元，於是，他多於晚上寫稿，一盞油燈，有時竟寫至天亮，交稿後必在港盤桓一二天，才又囘家寫稿。

在此，我不必說他的文章是自己的好，但凡在四十歲以上的中國知識份子，曾居於香港的，大多數都喜看他每日的專文，故受到廣大讀者的愛護，也是事實，和讀者討論問題，他多在文章中答之，因此，他那「馬兒」的筆名，着實「名噪一時」，慕名而相識的也不少。就在此時，有位署名芸娘的讀者，以「桃源憶故人」之詞牌，題寄餤生兒，其詞曰：「風花幾度催寒暑，嬴得愁腸如許。囘首家山無路，試問歸何處。當年可記叮嚀語，莫把蒼生辜負。往事夢囘重數，淚滴階前雨。」餤生即以「倚聲答芸娘」爲題，也填了一首詞曰：「天涯莫問人何許，十八年間如故。踏遍關山長路，此志今猶空負。蹉跎一往憑誰訴？留得傷痕無數。家國不曾躭誤，只此爲君語。」

這二首詞用專欄刋出，我讀後很有感想，芸娘這名字分明是個筆名，但若與沈三白「浮生六記」中的女主人芸娘聯在一起想，那就更有詩意。同時，不少老朋友告訴我，「從前餤生在上海，眞是張緒當年哩！」準此以觀，他們之間，自有一段不尋常的友誼。

過了不久，餤生大概有以端陽爲題之作，可能是寫在文章中一起發表。這位芸娘女史又以「瑤台聚八仙」詞牌，依餤生兒辛卯端陽原韻爲題，寄來一詞，發表於報上，我讀後即剪下，連同前詞一起貼好。其詞如下：

「骨肉流離，低徊處，佳節無語空嗟。密雲驟雨，依然幾度橫斜。故舊凋零無覓處，鄉邦血債怎延賒。望巴巴，情牽故國，恨落誰家。不堪腸斷日日，但傷今吊古，瘦損年華。遙祭靈均，心事似火如麻。餘生留得不易，更無力除魔更辟邪。誰磨劍，汗催旗鼓，血洗榴花。」

我喜讀詞，對着這首憂國傷時的詞更爲喜愛，我再三細味此詞的章法，除了家國之外，還有兒女之情。因此在家務之餘，我亦動了吟興。在平時，餤生常常述說他於民國十六年，廣州清黨時，與一羣男女同志，因被誣指爲共產黨而亡命於天涯，第一站是逃到香港，彼此一腔孤憤，但願爲國族利益而犧牲，故同志間之感情是純眞的。餤生又說過，其中有位女同志，以同姓之故，且認作兄妹，不談愛情。這位芸娘女史是否當日之李小姐呢？因無來信說明。因此，我便摹仿芸娘女史之筆法，認是姓李的填了一首詞，用綺羅香之詞牌，題爲寄馬兒先生，筆名則用「慕茜」二字，其詞如下：

「咫尺天涯，尋消問息；驚識故人行止。回首從前，一往情深何似。不堪道，雲散風流，莫重問，悲歡難已。記當時，携手風雷，年年浪跡又何地。　傷心家國易幟，今見狂魔野獸，史無前例。淚血山河，漆室低徊無計。對狂瀾，欲挽何憑；願化作，木蘭當世。待從頭，妙筆生花，再來翻舊史。」

此詞寫好之後，我用原稿紙再抄正，並簡單地附上一信，但又怕餤生看出我的筆跡，乃改用寫得平平正正之美術字體，逕寄到報社去。

果然一星期後，此詞刊了出來，餤生還用「前調答慕茜」爲題，寫了如下一詞：

「一紙書來，千般感到；回首不堪重記。舊夢依稀，離合悲歡如此。忍經見，故國滄桑，不須道，異邦萍水。竟何當，革命心期，置身此際却無地。　神州無復漢幟，猶見胡兒城上，古今同例。蛇豕縱橫，莫問人間何世。也曾思，寶劍橫磨；又幾度，唾壺擊碎。待他時還我山河，與君同一醉。」

我再三朗讀這二首詞，每讀一回，就儍笑一回。第二天，餤生回家，携回一卷報紙，晚飯後在門前乘涼，他便問我「看到報紙沒有？」我答「看到了。」我知道他所說的報紙，一定是指已刊登出來的兩首詞，我又想到他以爲接到故人之信時的內心喜悅，不由得也嘻嘻聲笑了出來。幸喜餤生還未會意我所笑的是什麼，他繼續說：「民國十六年一起逃亡來港的李某人她有信給我，還夾了一首詞，我當天和她一首，已一起刊登出來了，」說罷，即站起來回到廳間，檢出那張報紙，和一封信，遞到我面前。

我接過了自己的筆跡，忍不住哈哈地笑了幾聲，餤生奇怪地問我「笑些什麼？」我頓時不知如何作答，便撒了個謊道：「我笑你很幸運，一別多年的女同志，想不到又在香港重逢，先有芸娘，後有慕茜，看來她們對詩詞很有研究，我已再三拜讀了，極有情致，令我很感動呢！」他聽了，才不作奇怪的表情，但我仍然忍不住笑，又吃吃地笑了起來。

「爲什麼你老是笑？」他一再追問我，迫得强忍笑容，推說「沒什麼，」然後打開封信，作狀地看了一下，再把信放下，故意問道：「你看她們二人作詞的功力如何？」想不到，餤生不答我，反問道：「我倒想先聽聽你的意見！」

事實上我又怎能作批評，但在未曾揭開謎底前，不妨繼續游戲下去，於是我說：「我覺得芸娘的詞較好，文字很流暢，很動人。」「那你錯了！」餤生正色地道：「芸娘所作的是小調，句子雖是流暢，但不及慕茜的大氣磅礴。它筆端很有情感，以女子來說，這是難得的佳作！」「哈哈……」我帶笑地挖苦他：「不見得罷！可能慕茜與你同姓，又有兄妹之誼，你便過於偏愛了！」「沒有沒有！」他連忙否認道：「你若不信，可將芸娘之詞拿來，讓我分析給你看。」於是，我很快便取出經已剪貼好了的幾首詞，他逐句解釋，還作了比較，大大地恭維了慕茜一番，弄得我無辭以對。

我以爲此事就此可以告一段落，不揭穿也罷。豈料約在二星期後，餤生歸家，晚飯時興匆匆的說：「想不到一別多年的老友朱君，昨天茶座中又見面了。」我還不知就裏，順口答句：「那眞是人生何處不相逢！」「是呀！」他面露笑容的答道：「朱君也是民十六年一起逃亡的同志，他與慕茜是認識的！」「哦？」我不由得一怔。他繼續的說：「在茶座中，朱君說知道慕茜的地址，也見過面，並願意約她前來叙舊，到時，我要你參加。」「爲什麼？」我好奇地問。「因你也好填詞，讓你有機會向老大姐請教，不好嗎？」他很堅決的說。而我則又急又好笑，這分明是不可能的，說穿了，那才尷尬呢！故連忙道：「別那麼天眞，你們一別多年，老大姐未必肯來的。」「一定來，一定來！」他很有把握地說：「朱君說包在他身上，還說下週便有回音，你準備好了。」

這可把我急壞了，假如一說穿，李大姐根本沒有寫過信來，完全是我造出來的，於是我接着說：「天下同名同姓的人甚多，這個慕茜，未必是你所說的李大姐，」「一定是，百分之百是。」餤生若有其事的。我氣急地答：「我猜絕對不是，恐怕慕茜是另有其人，你別那麼衝動好不好？」「嘿！你又來了，慕茜當年也極愛填詞，不過沒有今天的老練而已，這不是尋常兒女之手筆，有機會給你見識見識不好麼？」

我們爭持了好久，看來是到了非說明不可的地步，我說：「假如我有證據提出，証明今天的慕茜，不是你當年的李大姐又如何？」「哦？」他瞪了我一眼，又說：「你到底弄什麼玄虛？」「沒有什麼玄虛，只是有鐵証。」說罷，我即去取出自己的原稿，擺在他的面前，他定神看了又看，詫異地說：「噢！你這原稿，唔，筆跡是你的，但是，慕茜給我的信和那首詞，字體又不是你的了，爲什麼？」「哈哈……」至此我才放聲地笑了出來，「就是怕你認出筆跡，所以便變換字體，其實，我這種字體，你也見過的。」於是，又從書架中取下一本書，我習慣每購一書，皆在書首用這種字體寫上名字，及購書之日期。他看了，表情十分有趣，不是喜，也不是怒，「想不到你這末惡作劇，老夫竟給你愚弄了！」「哈哈！」我們不約而同的大笑起來，「這不是愚弄，而是考考你的智力，這回你跌眼鏡，認輸了罷！」

這一塲遊戲，雖是二十年以前的事，及今寫

來，猶似昨日，二十年來，每有閑談，也常常提起，有幾位老友是知道此事的，也取笑他：「餤生，這囘你碰到對手了。」

我們就是這樣窮風流、餓快活的過日子，他天天忙於寫稿，但也很愛朋友，常常與朋友在咖啡室暢談。這期間的詩，多附在文章之中。有一次，一位老友從廣州來，千方百計打聽到我們的住處，並送來一套很精美的香烟用具，相談之下，老友甚爲感慨，他說：「以餤生目前聲名之大，想不到其居所竟如此簡陋。」我們只是淡然一笑，賣文爲活之人，不清苦才奇哩！何况「貧乃士之常也。」

自此一晤，老友還在九龍相約茶叙，有次特別是約我的，他誠懇地勸我囘廣州一行，還談了許多瑣事，當時我是婉拒了，原因是兒女尙在襁褓中，家務乏人照料，實在無法分身。老實說，作爲一個中國人，誰不願意活在自己的國家中，總勝過托庇於異地，可惜環境未許可耳。此後，老友因公務未了，與餤生時有見面，直至公畢要囘廣州，餤生以不能無詩以紀此會，乃把吟好之詩交我，着我寫成條幅，詩曰：「廿年一夢記依依，去日交遊朥更稀。淸瘦寒梅爲顧影，婆娑舊柳想成圍。相逢刼後人猶健，自覺望中事未非。辣手文章杯酒外，乾坤正氣不曾違。」

此詩寫好之後，老友又提起在廣州時的藝文朋友，如關山月、黎洪才、黎葛民、莫鐵諸君之近况。猶令我憶起精於篆刻的長者莫鐵，當年在文酒之會中，我咏秋柳之末句是「兒女不封侯」，鐵翁大爲欣賞，即說要刻方印章送我。詎料匆匆一別，直至老友來談起，今趁他囘穗之便，即與餤生挑燈吟哦，題爲「寄懷莫鐵與呂媞聯句」，詩曰：「越王台畔舊風流，詩酒相從處處遊。北郭園林看夕照，荔灣水月弄扁舟。故人無恙聞消息，絕藝能力更進修。鑄印當年曾許我，一方兒女不封侯。」詩成之後，也寫成了條幅，雖然書法不佳，但都是我們夫婦的眞蹟，老友接看之後，說必能爲我們轉達鐵兄。

前坐者名畫家高劍父後立者關山月（右）李餤生（左）

在廣州時那一段文酒之會的生活，給我難忘的囘憶。當時關山月夫婦待我們甚好，閑來我們便是他家中之常客，我常看關山月作畫，流連於畫室中，有時餤生也題句。對日抗戰時，於大後方之桂林相交，餤生且爲他題了不少畫幅。對關山月之藝術造詣，推崇備至，那次珠海重逢，還認識了關山月的老師高劍父，故在文酒之會中，格外熱鬧。其中有位盧傳遠兄，曾拜高劍父門下，對我們這一羣朋友特感親切，身邊經常帶備相機，大量獵取鏡頭。詩中所說：「北郭園林看夕照，荔灣水月弄扁舟。」都是眞情實景。在荔灣不但弄扁舟，還時作弄潮兒，記得還有周千秋、梁粲纓夫婦。不過，其中與關山月及高劍父等人之照片較多。關山月且贈我畫幅，高劍父也有數幅，可惜散落廣州了。祗是照片則留在行篋中，無事時總愛翻閱，藉以緬懷過去一段愉快的時光。

記不淸隔了多久，莫鐵兄果然托人將數方印章帶來香港，留在周千秋兄家中。令我歡喜若狂，故人情重，並不因時間之消逝而忘懷。印章中除了「兒女不封侯」外，還有數方閒章，每一把玩，如見故人。近年聞說莫鐵兄尙健在，但亦垂垂老矣，多年來均默禱上蒼，祝福他寶刀未老，盼望有機會再與藝文前輩同遊。

餤生的寫稿生涯在斷斷續續之中，但他文章中有個人的面目，他滿腔孤臣孽子的報國之心，受到不爲時尚之譏，而他不以爲忤，依然吾行吾素，至死不渝。正如石濤所說：「我之爲我，自有我在。」

當兒女開始上學時，我除了家務便就於書畫之作，我集中精神於此道，與餤生以文章報國之熱誠成了正比，他不是替報章雜誌寫文章，即與詩人詞客們往還。而我們已從黃崗山遷至聯和墟之安樂村，那兒是一座古老大屋，我們租住一間斗室。他又應紐約民治日報之約寫專欄，興到時他一口氣寫上數天的稿，投寄之後，就可以搖搖擺擺地與友人談天說地了。

爲了生活，我接受飄揚女史之約，爲綠邨電台撰寫劇本，夫妻二人，忙忙碌碌的天天在寫。但稍有空餘時間，我仍作書畫。在我個人的感受是「書畫養心，寫稿養身。」我力主他多作詩，並堅決地說：「詩人之名留給你了，因爲我縱然會作詩，別人總會加上一句，是餤生代筆的罷？但我致力於書畫，這是你所不爲的，彼此分道揚鑣，同享甘苦好了。」

吟詩對他是樂事，對我是苦事。因我喜於夜靜後構思，白天理家務，帶孩子，已夠我忙了，如晚上再用腦，則至天亮也無法入睡，日間便無精神應付工作，故我決定留下精神去寫畫，他對我的見解也深以爲然。

就在三數年間，我每成一畫，他必有詩，其中題在蘭花上的，如：「江山回首不堪看，但對東風自畫蘭。省識美人芳草意，天涯聊表寸心丹。」另外律詩中我最爲喜愛的如下：「積氣長存正與貞，美人君子擅佳名。當門耻逐叢蕭長，隱谷寧隨衆草生。無土寫根應下淚，非時作佩總傷情。茫茫不盡靈均意，世濁難爲汝獨清。」這二首詩，我曾寫成條幅和橫披，先後在尖沙咀的星光邨陳列過。

由於我喜愛他的詩詞，有時一首詩，我寫上二三十遍，越寫越起勁，寫後心情愉快，人也覺得輕鬆，這種享受，絕非局外人所能領畧。

我們心目中的居處不在鬧市，總希望在鄉間，山明水秀之境，他吟詩，我寫畫，過點寧靜的生活。直至最近，他在病中，每當無人探病之時，即示意要我坐下，談談日後的歸隱美夢。我强顏歡笑的安慰他：「這美夢是不難實現的，如今兒女長成了，他們已能自立，祇要你病癒，一切皆成事實，到那時，才是眞正的有情歸隱谷，無語發幽香呢！」（以上兩句詩，也是餘生所作）他點首微笑，眼中充滿着愉快與希望。明知那美夢是泡影，但亦願安慰他老懷於一時，只是說過之後，我已忍不住熱淚盈眶了。

一九六五年初夏，報上刋登了一則新聞，是有關國籍問題的，餘生看了，大爲氣憤，即以國籍吟爲題作詩，前有小引：入境事務處長戈立解釋；沒有文件來證明國籍的華人，叫做「無國籍華人」，領有香港出世紙者，是英籍華人，不領到出世紙者，是無國籍華人，等因奉此，將與二百萬以上的香港同胞，同爲無國籍之人矣！感成此吟，以誌此痛！「哭罷都亭十六年，年年淚眼問青天。不堪回首遺民恨，未已傷心孽子緣。身世今知無國籍，乾坤始見有桑田。蒼茫四顧情何遣，獨自憑欄獨自煎。」如此激昂沉痛之詩，十足表現了餘生之獨特個性，不管寫文章，作詩或塡詞，都有他的眞性情，所謂是者是之，非者非之；但也是他的苦處，因爲如此，精神永遠受折磨，憤世嫉俗，別人不了解他，便以狂士或神經不正常，甚或不識大體來指責他。一個讀書人，自有他做人處事的看法，餘生個性倔强，寧願餓死，也不向壓迫他的人低頭的。

回憶一九六五至六六年間，我們眞是忙得難以形容，一方面要寫劇本，另一方面，我正與一羣愛好書法的朋友共同努力，參加日本書道團體所主持的港日書法聯展。故每次劇本寫好，即由餘生送去。

是一九六六年春天，早上氣温和暖如初夏，他出外時僅穿夾衣，豈料下午天氣轉寒，在送稿中也成詩一首，其題目是：「春夜驟寒，送稿至綠邨電台，飄揚小姐大呼賜酒，司馬雲長且解大衣相與，許玉成小姐隔朝再有電語問好，詩以記之。寒風料峭雨紛霏，送稿樓頭約不違。小姐關懷呼賜酒，少年着急慨推衣。人間見說無温暖，臺上殷勤有細微，電話隔朝猶聞訊，此情未已感依依。」

一九六七年，本港遍地荆棘，綠邨電台人事亦大有變動，我即輟寫電台稿，餘生也不再在外面應酬，常在家中與友人下棋，以遣時光。住在市區的朋友，也喜歡到新界來玩，我們聯羣結隊的到上水鄉邨俱樂部去。那兒風景很好，可以划艇，打乒乓球，溜冰；另有客人住宿的房間，環山都有楓樹，故約了友人，待到冬天，要再去欣賞。但在春天裏，我們漫步在鄉間的道路上，偶見一棵紅棉，餘生說：「紅棉花開，天氣漸轉和暖了。」我隨即彎下身子，檢拾一朶落在地上的紅棉花，在細細欣賞，我說：「紅棉被譽之爲英雄樹，果眞不錯，應該吟首詩了？」

他這首紅棉詩是：「南國初吹駘蕩風，花開萬樹映天紅。騰空似火芳菲外，拔地如椽爛漫中。俯仰無虧眞磊落，昂藏自顧是英雄。殊方有見將何別？界別華夷總不同。」

此詩我很歡喜，閑來也寫了十幾遍，尤其是「騰空似火芳菲外，拔地如椽爛漫中。」形容紅棉的姿態，而「俯仰無虧眞磊落，昂藏自顧是英雄，」那是將物喻己，以物寫懷，而末二句之「殊方有見將何別？界別華夷總不同」，那又是餘生對國族的懷念了。

一九六八年一月，我們由粉嶺遷到華富邨，一個天然環境極爲幽美的居處，背山面海，座北向南，從此自歸一角，不必與別人同一大屋，於是，我們就稱此地爲「看山讀畫樓」。入伙不久，便是戊申年之元旦，我買了幾枝菊花，插在瓶中，倒也增添一點新年氣氛，餘生也很欣賞菊花，便寫了一首七言律詩：「插菊渾成處士家，歲朝別自見風華。無心喜獲東皇寵，有道恆邀白帝嘉。獨擅清高矜晚節，何殊富貴作年花。宜秋兼得宜春樂，籬下瓶中兩不瑕。」這首詩，我曾書成橫幅，也在星光邨陳列了一段時期。

與友人同遊，委實忘了愁懷，加上住處之天然環境美好，所謂太陽、空氣、水，都比市區清新，我們便決定早起去晨運，鍛鍊體魄，增强體力。於是，每天早上七時便出門，橫過石排灣道，沿一條柏油路直上，到了一個小山崗上，那兒是一片平地，不少人在作運動，有打太極拳的，有跑步的，有小孩在踢足球的，我們也找一處較僻靜的地方，作四肢運動。有次，我們六時出門，另外尋到一條小路，有石級直上，兩旁是樹陰，大約有三百級之多，才抵達山頂，太陽初升，我們氣喘如牛的，在一棵樹旁坐下，看到了鴨脷洲和香港仔，向前看是南丫島，海上一片平靜，祇有公路上的車輛，往來頻繁。人們在忙於上班，而我們却悠然地坐着，作個深呼吸，彎腰舉手，吸到最清新的空氣。那段時間，餘生身體甚好，面色紅潤，體重增加，胃口也好，這是在貧困中最開心的事。

每次晨運，上石級時他總比我快，可以說是健步如飛，有時他走遠了，回頭笑我說：「讓我扶你好不好？」有時則索性點了支烟，一面吸着，等我上到爲止。這一段生活，確也別饒情趣，他還吟了一首「晨運」的詩。

「晨興携手作山行，頓復遊觀去日情。林木葱籠穿處密，雲烟縹渺望中輕。徘徊得接初陽暖，呼吸猶貪大氣清。並坐憑高何所見，天風徐展海波平。」由戊申至庚戌（一九七〇年），晨運不曾中斷，至庚戌年夏，我以籌備個人書畫展覽而忙着，同時，晨運客被刼之消息時有所聞，於是祇好停止了。有時在邨內步行環繞一週，有時我由地下行樓梯上到頂樓（十四樓），用作代替晨運。

我們自遷居於華富邨後，由於陽光充足，小露台上栽種了幾盆花，每天澆水，看到盆中之玫瑰花一天天地生長、開花，倒也是消閒的享受。另一方面，我學會了浸水仙頭，兩盆水仙，長得亭亭有致，時發清香，斗室中並不覺得侷促，反予人以舒暢之感。因此，在團年飯吃過之後，餤生即吟了一首七言律詩。

「廿年客裏歲云徂，舊俗家家過不殊。犯例幾聲聞爆竹，居夷無法換桃符。盤花大放清香播，妻子團聚樂趣俱。電視中宵看節目，癡獃不賣守吾廬。」

是年七月，我訂了大會堂，準備舉行個人書畫展覽，因此，每日都在家中作畫，餤生爲我題了不少詩，畫幅中以水墨爲主，着色的有牡丹、玫瑰、葡萄等，其中多有題詩，如題葡萄的：「漢武唐宗萬古風，開疆拓土見英雄。纍纍莫作尋常看，國族長留不朽功。」題松竹雙清圖的：「冰雪無本情，歲寒矜二友。悠悠天地心，萬古終相守。」

民國三十六年七月前坐者李餤生關山月（右）後立者爲本文作者

踏入了辛亥年，餤生憂國傷時之情懷，與日俱增，所謂志士淒涼閑處老，而我之工作又極繁忙，有時，他除了教學生之外，多與朋友高談濶論。原來他寫了一首「辛亥革命花甲歌」，長達數千字，常與同學及朋友，推敲朗誦。此詩太長，恕不錄。

是年爲了釣魚台事件，本港之愛國同胞，曾有示威之舉行，羣情激憤，每日他留意報上新聞及電視台之新聞報告，看到無辜青年被打之鏡頭，餤生不禁爲之憤慨，因此，他寫了四首詩來表達他的心聲。詩曰：

「血手重伸上國來，又圖佔我釣魚台。豢龍燒燕成魔障；養虎牧羊孕禍胎。諸夏聲聞獅子吼，八方響徹五丁雷。雄風已逐黃魂起，不阻汪洋自展開。」「聞風而起港青年，七七示威忿不蠲。民主櫥窗揮警棍，自由世界逞强權。滿頭鮮血添新債，回首前塵溯舊愆。中國兩分人種賤，孤忠海外最堪憐。」「中山遺像手高擎，愛國何曾左右傾？有責匹夫都共嫉，無良黨派莫同情。什麼革命將何道？似此文明亦可驚！目擊耳聞應抱恨，仰天空作不平鳴！」「還有華人木石頑，問題香港說無關，皇軍南進經何地？倭幟高揚掛甚山？廿六年前留惡夢，百千刼後尙殘斑。憐他失憶流行病，事大如天視等閒。」

這四首詩，每一字句都有他的熱血。他的性情、才調，於此已表露無遺，愛戴餤生的朋友，每讀一回，都翹起手指，讚他有讀書人的風骨。

由於世界大勢有急劇之轉變，詩人的感受，自有他的看法，餤生在心平氣和之下，寫了二首頗爲幽默的「美人」詩，當時，朋友們一見此詩題，不禁爲之愕然，接着便笑他：「怎麼？餤生竟有此綺念，對美人而想入非非乎？」另一些人則說：「怎麼？餤生改寫艷體詩了」？但當他們讀完二首詩之後，才作個會心微笑，領會到「美人」的眞義。其詩如下：「見說西方有美人，多財絕色世無倫。衣冠裙下供驅使，面首簾前侍笑顰。鎖骨觀音空普渡，縱情武氏不專親。欲仙欲死憑伊定，禍水滔滔浸八垠。」「有情畢竟是無情，暮四朝三肆意行。雲散枕邊榮易辱，風流花下死難生。詩陳樛木期恩化，禮納元纁作祭牲。步步金蓮看到處，倘非傾國亦傾城。」

自此之後，餤生較少作詩，他常感胸部不適，說內裏有一點痛。當時，我勸他作全身檢查，但他的回答是不要緊，總以爲是感冒未清，致令胸部翳悶，但這種翳悶一直未曾消滅，幾個西醫朋友看過了都不奏效，乃改看中醫，每日一服中藥，即癸丑年之元旦，也照樣服用。起初，他說有效，故興到之時，仍與友人談天說地。在年初六的中午，我們還應老友黃天石兄之約，到其府上中飯，並欣賞瓶中那株盛放的桃花。

我們於上午十一時，即抵達黃家，黃君是個搖筆桿的朋友，雖然平日彼此會少離多，但每一聚首，都是滔滔不已，古今中外，上天下地，談個不休。我們飽餐之後，對着那一株開得燦爛的桃花，嘆爲難得，我笑笑地問他：「該有詩了吧？」餤生一口答應下來，不但有詩，還要我寫成橫幅，黃君說：這是難得之聚會，所謂不有佳作，何申雅懷。歸家後，餤生便即吟了一首七律如下：「年花瓶裏賞桃花，春酒相邀好士家。灼灼其華紅岸雨，夭夭此色赤城霞。香生一室情無那，子結千年想未奢。紫陌舊遊如昨日，劉郎握手共天涯。」此詩我放在枱上，怎料餤生的病不但沒有起色，反而日見沉重，我忙着家務和教務，至今尚未寫成，而餤生亦逝世，此詩便是他最後的遺作了。至於他最後寫的文章，便是應本刊編者之請寫的那篇「何香凝老人軼事」，沒有寫完，他說：還有很多很多，於今眞的成爲絕筆了！

我草此文之初，是餤生火葬後數天（七月十日），距今整整月餘，雖然我說抹過淚眼，但淚眼竟不曾晴。我斷斷續續地檢拾詩稿，每讀一詩，腦海中即浮現當年之情景。二十四年之辛酸生涯，怎樣强忍也無法壓抑我悲痛的情懷，待痛哭過後又執筆再寫，精神陷於渾渾噩噩之中，時感神魂不定，懨懨欲病。但還得振作起來，爲他骨灰的安放而往來奔跑，依照佛教儀式拜祭，農曆七月盂蘭節，又爲他附荐打齋，就這樣我在忙碌與痛苦的煎熬下度過了五十天。另有一些未及致祭的朋友，要在八月十五日（即餤生逝世之四十九天）營齋營奠，假沙田之般若精舍內致祭，朋友們對他的崇敬令我感動，靈堂中掛着詩友的輓帳，都寫出了他一生的事蹟及遭遇。最後來祭的是馬文輝先生，他問我餤生在病中還不停的吸烟，此事確否？我答絕對不是，馬先生說是從報上看到的，有數家報紙在說他病中也不離香烟，還說有暇可檢出報紙給我一看。自癸丑年開始，餤生病情日重，但他個性堅强，躺在床上仍然聲如洪鐘的談笑，只要不作劇烈行動便不覺辛苦，這時過兒剛由日本回來，知道老父病甚爲難過，決定暫不工作而侍奉湯藥，有時父子二人同去看電影，時而一同去飲茶，或下棋等等，目的是博老父開懷，可惜這快樂的日子甚爲短暫，自癸丑三月以後，他實在支持不住，要睡在床上，不願走動。這時，他已戒烟，並到醫院中照肺，醫生一看照片，當然知道他所患的病症，乃再寫信介紹入葛量洪醫院，作詳細的檢查及治療。

是五月四日上午，我與過兒及一位書道朋友張陶女史護送他進入醫院，那時，他還能步行一段路，自己換上醫院的病人衣服，晚上過兒則前去替他沐浴，生怕他精神不濟而有意外。數天之後，他因下床如厠而跌倒，自此院方不准他再下床，一切皆在床上處理，而我們則天天煲最有營養的食物餵他吃。

到了五月廿四日上午，醫生要會見病人家屬，通知我他患有肺癌，估計他尚有三星期之壽命。我聽後已哽咽不成聲，良久始能開步。而他的聲音，也日漸微弱，說話已不清楚，但他的精神未見衰退，每日還看報刊多份，並寫日記，只是消瘦得令人驚。此時，他已知自己所患的是不治之症，乃着我買一本硬皮簿，把他過去我所不曾知道的家事清楚地寫好，及身後事的安排，如今，我皆依照他的遺囑去辦理。所遺憾者，他沒有多活幾年，以觀世變。

他在彌留的一月中，除了把遺囑寫完，也寫了一些對國事的觀感。直至六月廿日，他已不再看報，也不能寫日記，每次我去探視他，他時作苦笑，很吃力地說一些人間險惡的事，便又閉上眼睛，我多次掩面流淚。到了廿七日，護士長說准我們不限時刻，都可送食物來，於是，我與過兒兼女，輪流着坐在他床前，兼女爲他搥骨，這是他所最滿意的，多年來，小女兒爲他搥骨，他都說很舒服，這晚，我們侍候他至晚上八時卅分，他也怕我們過於辛苦，揮手示意，要我們回家，臉上還略作微笑。想不到，於二十八日的下午，餤生便離開人世，我用手按在他的胸前，脈膊停止跳動，直至一絲暖氣也沒有，冰冷的躺臥着。我沒有見過死去的人是怎樣的，我不信他死去，乃找護士長來，她按了一下他的手及胸，証實是死亡了。當時，我不懂驚怕，只覺陰森難耐，天愁地慘，我淚流滿面的檢拾遺物，拖着沉重的脚步回家。

出殯之日（七月一日），很多數年不見的朋友都來行禮，見到這些朋友，彷彿餤生當年和他們在茶座聊天的情景，又湧現於眼前，今則人天永隔，他躺在棺木中讓親友們瞻仰遺容，他永遠看不到親友們爲他關懷和歡笑。就在當天的下午，晚報刊載章士釗逝世的消息，這是萬人矚目的事。記得十餘年前，餤生曾有「章台柳」二首，柬章士釗」之詩，茲錄如下：

「章台柳色自青青，送往迎來兩不停。千尺柔條都折盡，十年老樹感重經。空將舊苑移新苑，忍過長亭又短亭。江上琵琶商婦調，重彈誰與訴飄零。」

「官街莫問舊長條，折盡長條又折腰。去日心頭滋味在，他人手上淚痕消。遽憐走馬思京兆，幾見飛綿過霸橋。惆悵曉風殘月岸，紅牙不再唱前朝。」

餤生詩詞之作甚多，自然並不止於上述這些，我不過隨便檢出而聯寫成文，以誌哀痛。在治喪期間，很多謝朋友們的慰唁和厚賻，我要套句俗語說「歿存均感」。餤生除了詩詞之外，還有數百萬字的文稿，大部份曾發表於報上的，他對國家民族的熱愛，贏得無數朋友的支持鼓舞，縱使有人對他指摘，也不能消除別人對他的深切懷念。所謂「松風水月，未足比其清華，仙露明珠，詎能方其朗潤。」餤生的學問操守，道德文章，將活在同一心魂的朋友心中，也永遠活在我的心中。

一九七三年八月十六日脫稿

大人小語

月亮與月餅

本期「大人」出版之日，中秋剛過了五天。

中秋的月亮年年一樣，月餅的價錢年年不同；明月的皎潔年年一樣。

中共十大

中共「十大」，神神秘秘的開會，匆匆忙忙的結束。

開會時，人民不知所爲何事？結束後，人民照例歡呼如儀。

勝利誰屬？

左派報紙標題曰：「十大勝利閉幕」。

研究「勝利」二字，這仍是毛澤東個人的勝利。

死不饒人

此次大會中，林彪痛遭鞭屍，並被永遠開除黨籍。

中共早已宣傳，林彪叛黨叛國，謀刺領袖，事發圖遁，結果墜機而死。既已墜機而死，又何必再來一套「開除黨籍」。

假作傀儡

中共政權，目前似在「溫和」「激進」兩派之手，前者以周恩來爲首，後者以江青、張春橋爲首。

毛澤東老奸巨猾，表面上作傀儡，其實一切仍在其個人之手，周恩來的溫和，是毛澤東要他溫和，江青、張春橋的激進，是毛澤東要他們激進。

打不起來的仗

傳中蘇共交惡日甚一日，陳兵邊境，備戰甚亟。

這是一場看來非打不可的仗，其實是一場永遠打不起來的仗。蓋此仗一旦打成，勢必兩敗俱傷，而實際獲益者將爲美國。

其故安在？

美國在泰撤軍，已開其端。最先撤者爲運輸機，繼之爲戰鬥機，B52重轟炸機則按兵不動。

美國聰明，美國的敵人也不笨，他們一定知道，B52型機之按兵不動，其故安在？

左右爲難

「美國雙週」，決定十月十五日開幕。

據聞開幕日期，初擬「十月一日」，後改「十月十日」，最後決定爲十月十五日，原因是避免嫌疑，以免「左右爲難」。

美式娛樂

「美國雙週」目的在宣傳美國新商品，附有歌舞電影音樂等餘興節目。

在此期間，美國第七艦隊海軍樂隊將公開演奏，「米老鼠」將在香港慶祝其「五旬華誕」，最受歡迎者將爲一九七三年美國小姐主持抽獎游戲與分發獎品。

自殺研究

香港自殺，女性多於男性，年齡以二十歲至四十五歲佔多。

因爲二十歲以前的女人，不容易想到自殺。四十五歲以上的女性，根本不必自殺。

退休名醫

在中國行醫七十年的密勒醫生退休返美，未滿一月，來信曰：「此地生活，心靈空虛，如有機會，仍將重來香港。」

這位退休醫生，在中國數十年，已變成「藹然仁者」了！

機場通行證

大批機場通行證離奇失踪，疑於黑市中售出。

話得說回來，葛柏警司的機場通行證，決非自黑市中購得。

己所不欲

有人建議本港設賭場，招待遊客爲限，本港居民，不得入內，以免影響民生。

進賭場若屬享受，本港居民何以不能享受？進賭場若係墮落，則己所不欲，豈能施之於人？

香港第一

亞洲各大城市生活費用，東京之外，香港居首位。

電車之廉，香港第一，但住在香港的人，不能一天到晚祇坐電車。

極大諷刺

由於白報紙來源枯竭，九月一日起，泰國全國祇有日報，沒有夜報。

九月一日爲我國記者節，是日起，泰國夜報編輯無報可編，豈非極大諷刺？

小型自治

名流演講，未來的香港，可能有更大的自治。

自治而有大小，聽來已酸（不是衰），目前香港所提倡的小型自治，是各人自掃門前「垃圾」。

·上官大夫·

髮與鬚

·蔣彝·

世界人類自有歷史以來，男子們對於髮與鬚總是很注意的，女子無鬚，而髮對於女子的美貌很有幫助。上古時期的中國男子怎樣處理他們的髮與鬚，沒有留下紀錄，不能想像。祇有孔子有一天對子貢說：「微管仲，吾其披髮左衽矣！」可見那時男子的髮約束有方的，祇有蠻族居民，才把髮披下來。「拾遺記」載：「周靈王時，有韓房者，自渠胥國來，身長一丈，垂髮至膝，以丹畫砂左右手如日月盈缺之勢，可照百餘步。」這位韓房的髮垂下來那麽長，但不是中國人。其實中國人也有很長髮的，我幼年見着有髮辮的可到膝下，但不披垂散亂而約束成辮子了。上古中國男子的鬚長不長，也很難說。勞榦先生說漢時男子多長鬚，可惜無物證，例如孝堂山武梁祠的石刻人物就沒有長鬚的。京戲舞台上的鬚生多是滿臉于思于思的長鬚，與事實不大相符，因為我們可看見顧愷之所畫女史箴中的男主角沒有長鬚，閻立本所畫的十三帝王像，沒有一位有像舞台上的長鬚者。

鬍鬚太長太多，說話也有困難

中國俗語說「嘴上無毛，辦事不牢。」就是說有鬍髭的人，多半上了點年紀，經驗很多，說的話靠得住，另一方面是沒有上年紀的人不會有鬍髭，也是說年輕的人嘴上臉上不容易長出鬍髭來，蓄起來三不像，很難看，這點我個人有些哭笑皆非的經過。一九三〇年，我由安徽當塗縣長調主江西九江縣政，九江是我出生的地方。縣衙內外人士大多與我先祖先父相識，我到九江上任時，還剛過二十七歲，大家都以為我年紀太輕，連四五歲時替我剃過頭的也說他看見我生長的，稍稍感覺到他們不大敬重我，就決定蓄鬍髭，一個禮拜兩個禮拜過去了，祇長出一分的光景，再過一個月，才有點稀稀疏疏的黑影子，再過一個月，也祇有半寸長的光景，不像鬍髭，很難看，在這個期間，因為處理縣政天天要見人，回顧臉上，有點哭笑皆非，心中有說不出的難過，直等到六個月後，才有點像「八」字，可以見人了，後來同省主席爭論出賣國土問題，決定丟掉縣長不做，由上海赴英前，就把這點八字鬚立刻剃掉了。

這位小姐反對長鬚

中國男子面部很不容易長出像樣的鬚來，尤其是鼻孔下面嘴唇上面那人中一小段很少有鬚的。其實中國男子的髮可以長得很長而濃厚，整個脫落而變成光頭的，千百人中祇有一二個，爲數很少。至於上唇生鬚及下巴長鬚，却比生長頭髮慢得多，而且很稀散，不容易長得像個樣子。所以中國男子不一定要天天修面、刮鬍子，除了有些人最早的祖先是從加西加（Carsica）和突厥來的，面部和耳下是不會生鬚的。髮可叢生，可以約束，鬚不常長，中國男子去理髮時才修面一次，所以髮與鬚沒有給中國男子很多麻煩。

西洋女子和中國女子一樣，嘴唇上不生鬚。但是她們的臉上毫毛比較粗，有時許多粗毫在上唇，遠處看去，好像有點小鬍子像中國男子一樣。中國女子在出嫁前幾日才開臉，是請人把臉上的長毫毛用線設法拔掉，以後不再生。據說西洋女子沒有「開臉」的方法，當臉上毫毛長得多的時候，也偷偷借用男子的修面工具去修理一下，那就糟了，理了一次，還會重生的，再生時還長得更粗一點。所以在一羣西洋的老少婦女當中，總有一兩位好像有鬍子似的。我記得有一次在紐約附近一個大娛樂場，看到一個老婦人有鬚八九寸長，坐在一圈子裏讓人觀看，看一次要兩角五分美元。近代科學方法什麽都可以做假，可是這位老婦人的長鬚不是假的，要是做假的出來賣錢，恐怕早會被無聊的觀衆閧走了。

長鬚打成領結，此是幻想畫乎？

髮與鬚是西洋男子終生麻煩，他們差不每天都要給髮與鬚麻煩一下。不知是什麽原故，西洋男子的髮會慢慢的脫落下來，不再長出。有的西洋男子從三十歲開始掉頭髮，不久可以禿頂，甚至整個頭頂找不出一根頭髮。一百位西洋男子中，大概會有五十位是禿頭的，至多祇有兩耳上面還存幾根，因爲他們的髮易脫落，就給許多男子心情不安，常常要戴帽子，戴着帽子就不肯拿下來。在茶會酒會及其他宴會中，沒有頭髮的人，如不讓戴帽子，總有點坐立不安的樣子。英國人最聰明，他們創製一種假髮帽（WHIG），假髮（白色）做的，戴在頭上，不像帽子，把光頭遮着了，有大小二種，大的可以垂到肩上，小的只貼近耳邊。西洋人喜歡稱讚他們的頭髮不是直線的，所以這兩種髮帽都製成彎曲波浪形，法官出庭時都戴着。最奇怪的是香港中國人做了法官時，也得帶這種波形的假髮帽，最初是想避免光頭不好看，慢慢的變成一種儀式和職位的冠冕。英國男子因爲光頭的關係，常常帽子不離頭，他們造出各種男子戴的帽

因為鬚長，黏得又硬，有碍戀愛，用扇作障

子。女子進教堂做禮拜，也非戴帽子或加着一條手巾在頭上不可。

據說在希臘有史以來，有髮與無髮，是一種反抗和挑戰的記號（Hair or the lack of it—has been a symbol of revolt and Challenge sence the dawn of History.）耶穌生前四百多年，希臘歷史家說：「在亞給甫人(Argives)與斯巴坦人(Spartans)戰後，亞給甫人有長髮的都開始剃短，並對那些要留長髮的以反抗宗教論罪。」又據德杜尼安說法(Expression of Tertullian)，凡是剃去鬍鬚的是一種反對本人面貌的行為，也是一種不敬畏上帝的企圖，這是說在西方髮與鬚都與宗教有關係，普通耶穌畫像和石刻像都是有髮有鬚的，因為他上十字架時年齡還不大。有一位羅馬教皇沒有鬚，所以有很多紅衣主教跟着沒有鬚。八年前去世的約翰第十三教皇 Pope John XIII 沒有鬚，現在的羅馬教皇保羅六世 Pope Paul 也沒有鬚，他們必需要剃鬍鬚，就是現在剃鬍子也不算是一種不敬畏上帝的企圖了。

西洋男子嘴上臉上很容易長鬍鬚，而且長得非常的快。所以在西方產生出各種不同的「剃鬍刀」（Shaving Plate），近幾年盛行的電氣剃鬍器，更是輕便而容易使用。有些西洋男子不僅是天天早起要剃鬍子，甚至每隔二三小時要剃一遍，否則叢生如刺，臉的下半部變成呈墨青紫不好看。為着不剃鬍子，所愛的女子可以拒絕接吻，更有的因而婚姻不和，並且弄到要離婚的，可見鬚給西洋男子的麻煩眞不少。有些年老的西洋男子感覺剃鬍子是一件很麻煩的事，就讓鬍子長着，一天長一點，可以長得非常的長，例如意大利最有名的畫家達文西（Leonads da Vinci）和英國著名的天演論者達爾文（Darvoin）長髮長鬚，在畫像或照片看起來很好看，引起敬意，中國男子要想長成那樣長髮長鬚，不很容易，有的很羨慕着，但我們得想想他們保持那樣長髮長鬚，又是如何的困難。

這張畫表示英國人為什麼喜歡留鬚，他像雄獅嗎？

西洋人士對於髮鬚的問題，非常注意，好像是人生中重要的一部份，英國出版近百年的一種滑稽幽默雜誌叫做「笨癡」（Punch），差不多每隔幾期就有一兩篇關於髮與鬚的問題與插圖，現在選擇一些印在這篇文章裏，以見一斑。英國男人感到剃鬍子是多事，留長了更多事，但是他們喜歡有鬍鬚，他們以獅為國徽，故英國人常自擬為獅子像，這樣的插圖非常的多，同時有些英國男子對於髮與鬚產生出一些新花樣，也可證明他們對髮與鬚是怎樣的認眞。

從上面許多線畫插圖看去，法國一種滑稽雜誌和美國出版的「紐約人」（NEW YORKER）也常有討論髮與鬚的文字，可以證明西洋人士對於髮與鬚是很留意的，不像我們中國男子可以對「髮與鬚」不必特加考究。近年歐美大鬧嬉皮主義，男的留着極長極亂的頭髮與鬍鬚，有許多學者常常稱頌他們是表示極端自由主義，同時也是對現社會制度不滿的反抗。當然一般嬉皮奉行者樂得減少理髮和刮鬍子的麻煩，同時也可省下不少的理髮費，但據一般深知嬉皮的人談，他們仍是有很多困難問題，髮與鬚長得太長還是得剪短，同時他們的女朋友或愛人有時也為鬍鬚太長而吵嘴的，有的男子也把已有長鬚刮掉，有的不繼續做嬉皮了，中國青年男女，與世界各國男子一樣，很願追隨時髦，可惜我們天生不能長長鬚的，硬要他長，總有點三不像。我們看京戲「伍子胥過昭關」鬚髮一夜盡白，多麽動人。可是伍子胥眞有那樣長的鬍子嗎？還是一個問題。中國俗話說「刮鬍子」是丟臉的意思，鬍子刮了，就沒有臉，是不是我們的傳統，也是主張「有鬍鬚」的嗎？

Pellet

MEN'S SHOES
MADE IN FRANCE

法國比麗
男庄鞋

大元公司　大人公司　平價市場　人人百貨　大方公司　來路鞋公司有售

政海人物面面觀

——譚延闓、許崇智、盧作孚、楊虎——

譚延闓（組庵）

曾任國民政府主席暨行政院長的茶陵譚組庵先生（別號畏公），湘人皆稱之爲「譚三先生」而不名，藉示親切之意。畏公一生的彪炳事業，昭昭在人耳目，固無待筆者重事贅述，茲就先輩長老傳說，以及區區親見的有關畏公軼聞遺事，畧加叙次，用誌不忘。

畏公系出名門，其書滿家，乃父（鍾麟）於淸季歷任兩廣與雲貴總督，家教有方，而畏公天資亦甚高。光緒戊戌政變前，科舉尚未報罷，畏公赴禮部都堂之試，得中貢士第一名，俗稱「會元」。據聞湖南旅京官商界人士，曾醵資生息，儲作奬學金，俟湘士有入京會試掄元者，盡以本利贈給之。然歷時近百年，迄無人得奬，儲金已積成鉅萬之數，最後由畏公囊括而去，允屬名利兼收。畏公印發的會試闈墨，筆者於民國二年在先人藏書櫃中，尋得一本，試題是「中立而不倚，强哉矯義」，并非八股文，畏公全篇文字不過五百言左右，根據朱註義理，闡述題旨，落落大方，言簡而意賅，聲調亦鏗鏘有致。當時先人曾爲筆者講解全文意義，且命熟讀背誦，故至今尚未完全忘記呢！

畏公係庶出，吾國舊時仕宦之家的封建禮教，如夫人不能與正室分庭抗禮，每當良人和大婦進食時，例須旁侍執役。畏公掄元返家，隨父用膳，仍見生母侍立在旁，乃離座外出，掩袂啜泣，父詢其故，答言「母侍旁，兒不忍舉箸也！」父謂「爾有此孝心，殊堪嘉慰，今後讓爾母一同進食就是。」後來畏公一生居家禁用侍女，即源於此。

淸宣統初年，畏公任湖南諮議局議長，曾與各省同寅進京請願早開國會，而以江蘇議長張謇、湖北議長湯化龍、浙江議長湯壽潛暨畏公等爲領導人，聲勢甚盛，旋奉淸庭明令申斥，限期出京，洎是畏公對淸室乃表失望，然仍不脫改良主義的思想範疇。辛亥武昌起義後，湖南首先响應，會黨首領焦達峯、陳作新分任正副都督。時駐防長沙的淸軍統領黃忠浩，効忠淸庭，黃亦係科甲出身者，與畏公交好，一夕晤談中，畏公以平日見黃眼露兇光，慮其招禍，曾勸黃因應時勢，見機而作，黃不從，是夜即被革命軍刺殺於城垣上。此事畏公於民國十七年在南京影印的親筆日記數冊中，紀述甚詳，當年筆者亦承贈送一部，故猶憶及也。焦達峯以哥老會首領，不諳政務，因而一切措置多不洽輿情，社會秩序殊紊亂，乃由諮議局諸士紳，煽動駐防醴陵縣的湘軍一位營長梅馨，派兵夥同民衆代表，藉詞到都督府請願，將焦達峯當塲刺殺，再將騎馬赴城外彈壓米糧風潮的副都督陳作新擊斃馬下，而由紳商各界擁戴譚畏公繼任湖南都督。這時候，南京臨時政府尚未成立，武漢革命軍正受着北洋軍馮國璋所部猛烈進攻，對於湖南事變，沒人顧及。迨南北停戰議和，孫大總統就職後，對各省在任都督，一律維持現狀，重新任命，畏公的地位當然照舊不動。畏公原係立憲派，與革命黨并無關係，假使湖南起義後担任都督的不是焦達峯，而係具有聲望的革命黨人或地方其他紳耆，都督之職即未見得落到譚畏公身上，時勢造英雄，此之謂也。畏公初任都督時，手中沒有兵力，又與革命黨缺少淵源，對人對事，處處遷就不遑，茲舉一例，以概其餘焉。辛亥武昌起義時，筆者的叔父雷瀛肄業武昌文普通學堂，宗人雷洪肄業武昌陸軍中學，二人皆參加過革命戰役，事後稽勳，應由湖南都督與該員商洽辦法。詎二人年少氣盛，恃功而驕，視都督如無物，一言不合，動則拍桌打椅，繼而詈罵，畏公不敢攖其鋒，遜謝而已，旋且怕與二人相見，急以公費出洋留學名義，各給鉅額金錢，另購車船票，恭送二人赴滬乃已。畏公曾以盛筵招宴地方著名士紳於都督府，王壬秋先生竟穿着滿淸馬蹄式袍褂，頭戴滿綴紅纓的圓帽，足登朝靴，夷然而至，畏公大驚謂：「時代已是民國，壬老何爲衣此胡服呢？」王應之云：「你們革命黨人所穿的短裝革履，亦係外國的胡服，我穿的本國胡服，事同一體，何怪之有哉？」主人亦祇好聽其玩世不恭而大煞風景，無可如何也。

長沙私立明德學校創立於淸末，譚畏公是創辦人，而以老友胡元倓（子靖）爲校長，民黨元老黃興、張繼曾在明德中學部任過教員。入民國後，畏公雖然兩次綜持湖南軍民兩政，但公私分明，決不以公帑應濟明德的經費，越民國七年以後，北洋軍閥傳良佐、張敬堯等竊據湖南政權甚久，對明德學校尤爲嫉視，經費特別困難，胡校長經常向湘省紳商界人士爲明德募捐，苦口婆心，不拘多寡，令人無從拒却，因而紳商界乃流行着兩句諺語，說是「人生大不幸，遇到胡子靖」，胡氏一生盡瘁於明德校務，艱苦備嘗，死而後已，他和畏公的交情，臨老彌篤，湖南人沒有不讚佩的。

民國十二年陳烱明被逐出廣州後，孫大元帥回粵領導革命運動，畏公率湘軍入粵，受命兼任大元帥府秘書長。是時烱明殘軍由洪兆麟、李雲復等統率，竄踞東江潮梅一帶，孫大元帥令派李烈鈞以粵閩邊防督辦名義，前往收編，仍駐防原有地區。既而孫公電令戍屯福建境內的許崇智部回粵，指定許軍先援防潮梅，而洪兆麟等抗不從命，聲言不惜一戰，李烈鈞左

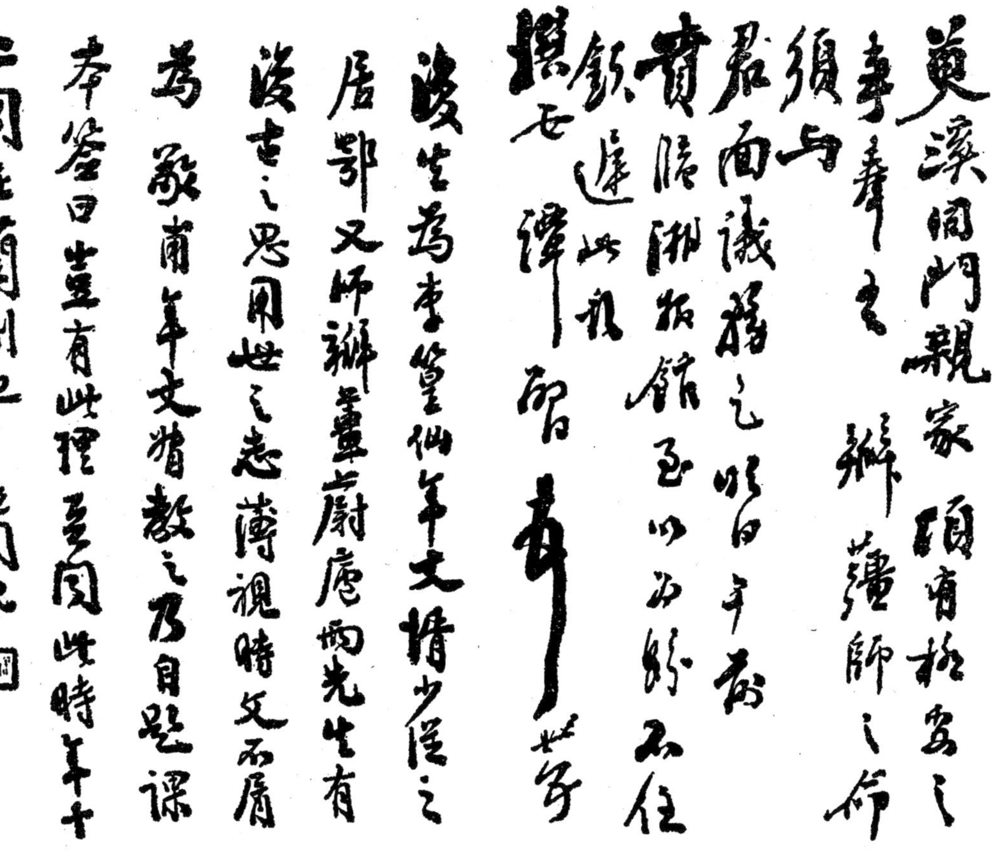
萸溪同門親家 頃有枉客之舉之 辦藩師之命須與 君面議務之明日午前 賁臨湘鄉館至以為約不住 欽遲此祝 攄安 譚嗣同首

復生為李篁仙年丈婿少從之居鄂又師辦董蔚廬而先生有復古之思用世之志薄視時文不屑為敝甫年丈稍教之乃自題課卷答曰豈有此理至今思此時年十二同在蘭州也 延闓記

譚嗣同書札譚延闓題識

右為難，要求孫公許其率所部粵軍進攻江西，否則情願去職，以免變生肘腋，然廣州謠諑朋興，對李氏頗不諒解，李亦憤不能平。幸譚畏公從中疏解協調，迭次親筆致書李氏，力証孫公對李信任如故，願以人格担保，譚、李當時往來函件不下十餘通，事後李氏曾將所得畏公關於此役的書札，裝裱成冊，永留紀念，筆者曾經閱及，眞是文字俱佳，彌足珍貴，此項卓具歷史價值的文獻，於今不知落到誰家了。李氏進攻江西的計劃未能實現，洪兆麟、李雲復各領一師之衆，再告叛變，李氏奉命仍回廣州，受命為大元帥參謀總長，與畏公過從甚密，締結深厚交誼。時畏公立志學習英語，曾請一美國女教師，間日來寓訓練一小時，女教師年方少壯，諏悉畏公斷絃鰥居已久，竟致書向譚自薦，願侍箕帚，畏公接書大窘，急與李協和密商對策，李囑其派員通知女教師，以公務忙碌，暫停英語課程，對方會意，亦就不復前來施教了。據聞孫大元帥亦曾給畏公作伐，對象是某一名女人，畏公答言當年原配臨終時，彼曾誓言不再娶，未便寒盟愧對死者。實則畏公壯年即病痿，唯李協和將軍得悉其隱，上述趣聞，都是李將軍往後向筆者談出的。

民國十六年寧漢國民政府分裂，南京先行清黨，所有國民黨員皆重新登記，且須舉行口試，由南京市黨部主持之，硬性規定，無論任何人皆須親至市黨部辦理登記手續，接受口試。畏公於是年八月間由武漢來到南京，仍任國府主席，一日，筆者隨侍畏公赴市黨部登記，執事者詢問某人入黨，由何人介紹？畏公答言係孫總理介紹的，執事者表示不信任的詞氣，畏公已感不耐，最後那位担任口試的青年同志問道：「譚同志，你是本黨左派分子，抑是右派呢？」畏公怫然揚聲云：「本黨是沒有派別的！」我覩狀，急馳告市黨部組織科長段錫朋兄，段趨出挽請畏公到辦公室休息，再三道歉，說執事者太幼稚，請主席勿介意。畏公和顏謂：「青年人辦事認眞，很不錯。」

畏公任國府主席時，垂拱而治，一切政務皆由常務委員李協和先生負責處理，他每天給國府大小職員書寫屛條，又斥資自上海購買上等竹製紙扇數十柄，親自寫字題欵，分贈秘書處人員，親切如家人子弟。對於不熟悉公文程式的僚屬，隨時循循善誘——筆者就是一個——詳加指導，風度慈祥愷悌，令人但覺可親而決無可畏的感想。

某年為畏公五十歲生日，滬濱親友曾經公開舉行慶典。湘人張冥飛原在上海為各報撰寫小說營生，他於畏公生辰，曾以小品文刊載報上，託言祝壽，但極盡嬉笑怒罵之能事，內有：「茶陵譚生，五十之年，吃紹興酒，打太極拳，立德立功，一無聞焉……作一生馮道之官，寫幾筆嚴嵩之字」等大不敬詞句，畏公置之不理。民國十七年冬，畏公担任行政院長之時，張冥飛窮途潦倒，特至南京謀事，迄無應者，貧困委頓之餘，乃上書畏

公悔過，乞予矜全而栽培之。畏公閱罷，援筆在信封上批註「在廣約宴」四字，左右見及，力言「張某乃是痞子，何必對他客氣呢？」湘諺「痞子」係罵人爲無賴之徒，畏公不聽左右言，仍約宴張。張屆時進入譚公館，誠惶誠恐，踖踧不安，畏公態度安詳，稱許張爲湖南人才，宴罷，張辭別之際，畏公命左右以大洋二百元贈送之，張謙辭不納，畏公笑語云：「這是我對後起之秀的湖南人才如足下者，聊表敬意，并非害怕你在報紙上著文詬罵我而表示妥協，嗣後若有困難，儘可見告」等語，張冥飛滿頭大汗，再三稱謝而去，即此可見畏公平日對人接物的風度如何了。

民國十九年九月，長沙明德學校校長胡子靖來到南京，與畏公洽商明德校務，因此時明德已在漢口籌辦大學部了。某星期日，春風和暢，畏公邀胡校長同往故宮曠地游憩，下車散步之際，畏公小便一次後，笑謂胡校長道：「子靖，出來了！」胡欣然答曰：「恭喜你返老還童了。」蓋畏公的隱疾，胡氏固知之，故有「恭喜」之說，詎畏公瞬告嘴歪不能言，乃腦溢言現象，俗言中風，急由胡氏與譚公子伯羽，扶上汽車，馳回城內成賢街私邸，即已氣絕逝世了！

畏公以貴公子而早登科甲高第，蜚聲海內，然其立身行己，謙冲和易，不染紈絝習氣。壯歲歷膺軍政顯職，不改書生本色，迨晚年主持中樞政務，正色立朝，休休有容，尤能調和鼎鼐，安定反側，消弭內部矛盾，將護國家元氣，時人譽之爲政治場中的甘草。胡漢民先生居常崖岸自高，於人鮮所稱許，然民國二十年幽居湯山時，曾作詩憶念畏公，而有「太傅冲和未易師」的感慨，假使畏公猶在，胡氏幽囚之難，可不作也。畏公之不可及處，乃在公忠體國，不存門戶派系之見。默察大陸淪陷的最大因素，政治上盛行天下爲私的派系小圈子主義，實爲厲階，人之云亡，邦國殄瘁，可爲畏公詠也。

許崇智（汝為）

許氏籍隸廣東，生長福建，他的先人許應騤——即光緒戊戌維新時，官至禮部漢尚書，因不肯代遞主事王照的奏摺，與滿尚書懷塔布，同被光緒帝撤職者——於清末任福建巡撫時，誕生許氏，及長，以閩省官費送往日本東京習軍事，畢業於陸軍士官學校。旋回至福建駐軍中學習，由參謀而管帶，逐漸陞職，而其先人的仕途飛騰，位至中朝堂官，許氏以簪纓世家子弟，在軍中的升遷，亦視普通軍人爲速，迨辛亥大革命爆發，許氏已位列高級軍官，擁有實力了。許在日本留學時即已加入同盟會，辛亥武昌起義後，許氏在閩力謀响應，擁巡撫孫道仁爲都督，許氏綜持軍務，軍職改稱第十四師師長，關於軍民兩政措施，多由許氏區處，道仁畫諾而已。

民二討袁之役，福建以許氏關係，與粵贛湘暨江蘇各省一致行動。既而討袁軍失敗，許亦離去福建，所部軍隊雖由北洋軍閥改編，然許多官兵皆化整爲零，馳入閩北漳州泉州一帶，與當地民軍滙合，從事反袁活動。所以，自民二以後迄民七陳烱明援閩軍興的期間，福建統治權雖在北洋軍閥手中，而閩北的民軍勢力始終不衰，革命黨人宋淵源、張貞等，皆以民軍首領大事活躍，間接亦得力於許氏舊有殘衆之助。越民國七年，國父孫公在廣州興師護法，受厄於桂系軍閥，經粵省省長朱慶瀾疏通粵督陳炳焜，將省署所屬巡防軍二十營，改組爲援閩軍，由孫公任命陳烱明爲總司令兼第一軍軍長，許氏任第二軍軍長，開拔馳入閩北漳泉一帶。由於許氏在閩省的歷史關係暨其潛在力量，援閩軍在漳泉不特毫無阻障，而且日趨發展，今總統蔣公以總部參謀長兼任支隊司令，招兵買馬，實力逐漸擴充，全軍戰鬥力亦迥異巡防軍時代了。

許崇智

民國十年，粵人不堪桂系軍閥莫榮新之橫征暴斂，蹂躪閭閻，要求援軍回粵拯救桑梓，許仍任第二軍軍長，與烱明同心協力，一戰而驅逐桂系，克復廣州，許氏首先通電籲請在上海之孫公回粵，重任護法總統，而烱明並無所表示。孫公回至廣州，即任命陳烱明爲廣東省長兼粵軍總司令，另又兼任陸軍部與內政部長，以示酬庸，然許氏仍任粵軍第二軍軍長如故。斯時北洋軍閥曹錕僭位總統，吳佩孚擁大軍雄據洛陽，控制長江中部各省，直系勢力梟張。孫公定計以打倒曹、吳爲革命首務，曾與北方反直系的首要人物段祺瑞、張作霖聯盟。旋直奉戰爭發作，孫公爲履行盟約，積極準備北伐，而以許氏所領粵軍第二軍爲主力，李烈鈞所領的贛軍李明揚、滇軍朱培德各一旅協同作戰。民國十年秋間，許、李各部皆已出發至粵贛邊境，次年首夏，李部且已進薄贛州城下。詎陳烱明乘機叛亂，於十一年六月中旬，嗾使其所部師長葉舉、洪兆麟，率衆由廣西馳還粵垣，實行作亂，砲攻總統府，孫公避登海軍永豐艦上，電令前線許、李各部，回師討賊。不意許部粵軍兩團長陳銘樞與陳修爵，暗受烱明誘惑，臨陣變志，主張妥協，討賊軍乃告失利，許氏偕同胡漢民率其餘衆，由翁源折赴閩北舊遊之地，休息整訓，李烈鈞部則退入桂省。閩督李厚基原係段祺瑞派，而許氏在閩素爲當地民軍所信奉，以孫、段有聯盟關係，乃對許部入閩，未加阻拒，陳炯明雖視許軍爲切膚之患，除斷絕接濟外，亦無可如何也。未幾，段祺瑞親信幹部徐樹錚隻身入閩，策動北洋軍駐防泉州的旅長兼鎮守使王永泉，協同許軍反對閩督李厚基，而以永泉繼任。起事時，由王永泉方面補充許部械彈糧秣，軍容復振了。徐入福州創立「建國置制府」，頒佈他所擬訂的「建國眞詮」，別開政治局面，對許部餉項亦予接濟——因許軍在驅逐李厚基的戰役中很賣力，許的部將王懋功首先攻入福州——并任命民黨人士林森爲福建省長，頗思有所作爲。詎王永泉中途携貳，接受北庭命令，迫使徐離閩，然未敢仇視許軍，許亦表示客軍寄食姿態，不預聞省政事，乃得相安。

越民國十二年，滇軍統帥楊希閔、桂軍統帥劉震寰奉孫大元帥之命，會師入粵申討陳炯明，粵省各路民軍紛起响應，陳軍潰敗，逃入東江一帶，孫公在上海電令李烈鈞爲「粵閩邊防督辦」，負責收編叛軍殘衆洪兆麟、李雲復各部，戍屯潮、梅待命。迨孫公回粵後，以滇桂軍驕悍不遵節度，緩急未可恃，即明令派任許氏爲粵軍總司令，飭其由閩班師回粵，而原駐防潮梅各地，已受改編的降軍洪、李等部，深恐許軍凌轢，又叛去，蓋許軍回粵，潮梅乃必經之地，降將等心處不安，而炯明又派人潛加煽動，此即民十四年春初，黃埔軍校東征之役所由來也。關於陳炯明犯上作亂問題，有一項現代史事不可不考釋者，亦附記於此，以昭信實焉。炯明主粵時，共黨陳獨秀、陳公博皆在廣州爲炯明所器重，獨秀任粵省教育會長，公博主持炯明的傳播工具「羣報」，每月由陳總部支付經費大洋五百元（見周佛海日記）。迨陳軍砲攻總統府之變作，民黨人士齊聲痛斥炯明忘恩負義，罪不容誅，而羣報即著文辯駁，指爲政見不同的「孫陳之爭」，譏誚國民黨人尙以腐朽的封建道德觀念相繩。筆者當時在日本求學，曾於上海民國日報上，看到這場雙方筆戰的文字，一點不假。但陳公博於民國卅六年在獄中所寫的回憶錄中，竟說他始終不曾見過陳炯明，且謂最後他被陳獨秀强邀赴惠州叩訪陳炯明時，亦未同去晤面。這是抹煞事實的，決非信史。

許氏率軍回粵後，滇桂軍皆麕集廣州及其附近的繁庶州邑，專事搜括民財，許軍祇好分戍西江一帶。越民十四年春，滇桂軍被肅清，許氏的粵軍總部進駐廣州後，許又兼任廣東省府軍事廳長，全省防務皆由許軍維持。唯許氏染有阿芙蓉嗜好，所部軍紀未予嚴格整飭，不無廢弛之處，如師長鄭潤琦、梁鴻楷、張國貞等部衆，在防區內聲譽皆欠佳。既而黃埔軍校黨代表廖仲愷被刺殞命，蘇俄顧問鮑羅廷指係民黨反共人士所爲，特由中央黨部組織特別委員會處理廖案，派許氏與汪兆銘暨今總統蔣公三人爲委員，鮑啣開列被告名單爲胡漢民、鄒魯、謝持等人，交特委會拿辦，當時蔣公問許氏「怎末辦？」許謂：「這些人都是總理的親信幹部，既無証據，我們決不能照辦」，鮑啣聞之甚怒，旋將胡氏謫赴莫斯科，鄒氏往北京視察黨務，謝氏自行離粵，而將林直勉、張國貞拘捕問罪致死，但鮑啣因此銜恨許氏忒甚，視同眼中釘，去之爲快。廖案結束未久，鮑啣授意民黨要人轉告許氏，以粵軍各部亟須調整人事，積極訓練，俾成勁旅。若許在廣州主持整軍事宜，對於一般久共患難的各級幹部，礙於情面，殊不易認眞淘汰，乞許暫時告假赴香港休憩數月，俟粵軍整理完竣，再回來領導之。許氏信以爲然，照計劃行事，即到香港暫住。詎整軍結果，師長鄭潤琦、梁鴻楷等，皆被撤職，或囚或殺，其他的中級將領亦多撤換，粵軍改爲國民革命軍第四軍，交由李濟琛統領，竟拒絕許氏重返粵垣。從此許氏的粵軍總司令暨粵省軍事廳長職務皆撤消，而僅以民黨中委身份，永居香港與上海，度其寓公生活了。然許氏膺茲奇變，仍緘默無言，不似時俗一般統兵大員之好發通電宣言，議論國事，他始終保持其顧全大局，忠於革命事業的三民主義信徒立塲，這是値得稱讚的。

自廖案發生，胡漢民等民黨資深幹部被逐放後，大多數的舊有中央執監委員，曾集北京西山碧雲寺孫總理靈堂，舉行聯席會議，宣告反共，許氏亦列名參預，却本其素性，對外不發表意見。是時他已移居上海，旋民黨反共派於滬濱環龍路四十四號設立中央黨部，隱然奉胡漢民爲精神領導人，而以許氏爲實際領袖，曾在上海召開全國代表大會，以與廣州的中央黨部抗衡，一時西山會議派的聲勢甚張，名義亦家喻戶曉。迨民國十六年初夏，汪兆銘主持的武漢中央黨部亦實行反共了，汪兆銘潛至上海要求許向南京疏通，主張滬寧漢三黨部合流，恢復民黨本來面目，終告實現，然許氏仍置身局外，未担任黨政方面的實際職務。這究竟是他本人恬淡爲懷，樂於閒散呢？抑係格於其他的政治因素，使他不能進取？那就不可知了。當時西山會議派的對外發言人係鄒魯，爲着黨政問題，常有函電致南京譚組庵、蔡孑民、李協和諸公，這是筆者親見的。許氏除却參加滬寧漢三黨部中委聯席會議，并負責提出滬方中委名單外，很少與南京要人接觸。洎後內戰迭起，黨爭時發，許氏皆立於旁觀地位，隨遇而安。他的心情似與老黨人楊滄白一樣，自孫總理逝世後，認爲知己無人，無心過問黨國問題了。

對日抗戰軍興，許氏遷寓香港，迨太平洋戰爭發作，日軍南進之際，香港首當其衝，國府曾派人洽請許氏赴重慶，免被日寇挾持，他未同意。既而日軍攻佔香港，派磯谷廉介爲總督，對中國居民改取懷柔政策。磯谷與許氏係日本士官學校同期同學，更對許氏甚表親近，因而香港一般富商鉅賈以及擁有大量資財的太平紳士們，環請許氏勿他去，藉其迴護以免禍。香港淪陷後，亦未有維持會組織，許氏乃得不受日寇的强迫，爲之出面維持地方秩序，可謂幸運也矣。

大陸變色後，中國的政治難民蜂湧來至香港，大搞第三勢力運動，許氏很少參預。詎各項第三勢力皆曇花一現，烟消雲散後，許氏忽然老興勃發，號召反共非共的政治難民，組織第三勢力，企圖別樹一幟，有所作爲。然時代已不同，許氏那套舊式的政治思想與作風，不合時宜了，談來談去，還是空中樓閣。當時台灣方面曾派洪蘭友兩次來港慰問許氏，希望他赴台灣走走，他婉却之，未幾即在港溘逝了。

綜觀許氏一生忠黨愛國，志節堅定，或許由於自幼養尊處優，而又少年得志，且沾染嗜好之故，致未能創出輝煌事業，抑鬱半生，疾沒世而名不彰，然不失爲民黨中貞幹人物，可以告慰孫總理於九泉也。

盧作孚

盧氏四川省合川縣人，民國初年畢業於初級中學後，家寒無力升學，馳逐於羣雄割據的巴蜀社會中，自謀生計。以賦性誠篤，能耐勞苦而無任何不良嗜好，所至皆得上司器重，倍加倚畀，民國六年即從川軍將領楊森，任川南道尹公署教育科長，行年不過二十許，聲譽鵲起。唯在羣帥干戈擾攘的環境中，談發展教育，固屬不合時宜，其他一切建設性的政務，亦徒託空言而已。盧氏賦性誠篤恬靜，缺乏官場酒食徵逐、送往迎來的習慣，而以日夕從事「等因奉此」的官樣文章爲苦，乃辭去吏役，立志向工商企業方面謀建樹。旋醵資在重慶附近的北碚，創設小規模的「三峽織布廠，慘淡經營，頗著績效。北碚風景佳勝，且有天然溫泉，亦設有中小學校，居民不少，唯交通阻塞，爲美中不足。劉湘開府重慶，將該處闢爲實驗自治區，挽盧氏担任區長之職，他視事後，利用民力，輔以兵工，闢草萊，築公路，廣植菓樹於丘陵間，又將溫泉修建成新式浴池，另附以小型公園與運動塲所，面目一新，儼然旅遊勝地，渝市富庶紳商有在北碚建造別墅者，盧氏卓著幹練聲名，而其三峽布廠產品銷路日益推廣，劉湘許之爲建設長才，而中國青年黨人嘉其能，乃爭取他入黨了。

劉湘擁軍據重慶有年，素知盧氏以苦幹精神，從事於地方建設事業，頗思延攬入幕，然盧無意從政，但與劉氏左右幹部如王陵基、劉航琛等相往還，旨在博致自己創業方面的助力，徐圖發展焉耳。越民國十五年國民革命軍興後，劉湘以陸軍第廿一軍軍長坐鎮重慶，切實控制川東各州邑，曾派師長唐式遵負責以兵工政策，修建由渝市通至內江的陸路交通一大段，自簡陽迄成都的路工，則由雄據川西的川軍頭目負責。唯從重慶至宜昌的水路交通，皆由太古、怡和、日清等外國航商壟斷，劉湘平日的軍事運輸固感困難，而過去英國商船在萬縣與川軍楊森部隊衝突，英艦砲轟萬縣，死傷軍民無數的慘劇，尤爲川人所切齒難忘也。於是，劉湘乃贊助盧氏改營川江航業，初時只購買了一隻名叫「民生號」的半舊小火輪，專在川江航行，由盧氏向友好集股，設立「民生航業公司」綜持其事，規模甚小，北碚區長職務即由盧氏之弟盧子英承其乏，三峽織布廠亦照常營業。

「民生號」小火輪往來川江上下游之際，劉湘特予保護，嚴禁軍人非法剝削——如强迫以半價載運旅客與貨物，皆所不許，坐霸王船更屬犯法。盧氏的苦幹精神，確亦可佩，他經常在船上身兼三職，即經理、購票員、侍應生是也，藉以節省開支，他憑着這樣精簡而勤勞的營運方法，又有地方軍事首長大力保護，業務當然蒸蒸日上，不久，陸續添購船隻，擴充實力，劉湘設置「川江航務管理處」爲指導監督機關，幷派盧氏兼任處長，一切由盧全權處理，信任甚專，盧亦刻苦耐勞，恪盡職責，數年之間，民生公司的資產激增，規模亦大備了。民國廿四年共軍竄擾巴蜀，中央派兵入川征勦，軍事委員長蔣公初次蒞川督導勦共戰役，駐節重慶時，盧氏曾向蔣公聲明自己加入了青年黨，因立志不從政，決計退出該黨，終身盡瘁於工商企業，義無返顧。既而川局統一，劉湘綜持軍民兩政，盧氏一度受任川省建設廳長，旋辭去，專心致力於航務工作，成績斐然可觀。迨對日抗戰軍興，中央政府遷移重慶後，未幾，武漢、宜昌相繼失守，民生公司一面負責川江運輸事宜，業務加倍繁劇，同時又將逾齡的船隻，交由軍部作爲封鎖巫峽與宜昌之間的水路交通之用。後來吉林人蕭振瀛即以打撈川江沉船，販賣廢鐵於中樞兵工署而致富的。

對日抗戰結束，政府復員還都時，交通工具缺乏，僅賴民生公司的船舶，晝夜運輸不歇，貢獻甚大，盧氏事必躬親，尤屬勞苦功高。唯民生公司尚有一項爲其他航業界所不及的優良成績，人們每予忽畧，即輪船上的侍應生皆經嚴格訓練，服務態度極佳。民國廿六年夏間，長江中部各省的難民，從宜昌逃入川境者，不絕於途，當時筆者曾奉重慶行營命令，乘民生公司輪船赴萬縣公幹，回渝時，有一外省女性難民，在船上補票之際，聽到侍應生說她是「下江人」，認爲有意侮慢她，登時怒不可遏，詰問侍應生「誰才是上江人？」該生很和悅的解釋道：「凡是原住在長江下游地區的，我們四川話即稱呼爲下江人，這是就地理形勢而言的一般稱謂，幷無絲毫別意，請你莫誤會，很對不起！」那女客還是不服氣，侍應生含笑不復答辯，女客猶嘵嘵不休，其他乘客皆默然無聲。我乃向該女客聲明幷非四川人，但以人格保証，剛纔「茶房」說的話，絕對不假，否則我亦要生氣的，將來你在四川多住些日子，就會明白啦！她聽我的口音確係外省人，我又穿的是黃色軍服，這纔不再吵了。我回到重慶見着盧作孚，即贊許民生公司輪上的侍應生很有訓練，硬是好得！盧說：這些侍應生必須小學畢業的，纔可錄用，且須經過相當訓育，然後派到船上服務。即此可見盧氏經營航業的精神，事事週到，絲毫不苟。

抗日戰爭結束伊始，民生公司對於政府復員工作所負的任務，視戰時尤艱鉅，幸公司資產已較前充裕，得以勉强應付。盧氏預料國家將有若干年間的和平建設時期，民生公司的業務亦須擴展到川省以外，非將原有船隻汰舊增新，增加運輸能力不可，乃向加拿大造船公司訂購每艘三千噸位的新輪八隻，先付購價現金半數，約定在上海交貨，下餘價欵美金數十萬元，請准由我國民政府担保，按照合同行事。迨新輪駛來上海交民生公司接受時，吾國討共戰事正亟，欠交船價除由公司支付一部分外，相約展期清結，造船公司以有我國政府担保，當無貽誤，亦表同意。此八艘新輪曾爲政府戡亂的運輸事宜，盡力不少，旋戰局逆轉，京滬相繼淪陷，國內航業已陷停頓狀態，民生公司原在香港設有辦事處，盧氏即率領此八艘新輪駛來香港停泊，靜觀局勢推移。維時若干川籍政治人物如立委彭勛武、參政員謝明霄等，皆來海隅，即以民生公司輪船爲傳舍，而民生公司股東、前四川建設廳長何北衡亦在香港觀變。毛共政權僭立之初，曾任民生公司總經理的川人何廼仁，從北平啣共黨使命，兩次來香港游說何北衡與盧氏囘去，矢言共黨歡迎民族工商業家爲「人民」服務，且謂有毛共政權副主席張瀾負責保証，何北衡果受蠱惑而北去，然盧氏仍持重觀望。詎料加拿大造船公司以民生輪造價未付清，而吾國政府政潮迭起，無暇顧及此項担保責任，知民生的八新輪寄泊在香港，即由加拿大官方通知香港政府，轉囑民生公司履行債務契約，否則將輪船全部扣留，此民國卅九年夏間事也。盧氏聞訊惶遽不安，致書台灣某要人告急，擬請政府暫將所欠外商的造船價尾數，約爲美金四十萬元予以墊付，此八艘新輪即駛赴台灣，仍以民生公司名義營運，陸續償還政府墊欵，然無結果，盧氏失望之餘，無可爲計。毛共方面詗悉其情，即派人與盧氏洽談，「人民政府」願爲盧氏付清外國造船公司的欠欵，希望盧氏率其全部新輪囘到重慶，照舊主持民生公司業務，「人民政府」對於民族企業絕對扶植，歡迎不暇的。盧實逼處此，意志已搖動，一日筆者在一川菜館——名爲「蜀風」——遇着盧，我問：「聽說你要囘大陸去，共黨的諾言雖甜蜜，但希望你仔細考慮，勿輕信爲上，」盧慨然答曰：「我何嘗願意囘去呢？乞援於台灣而無結果，眼看輪船即被扣留，甚末亦沒有了。實則島國應以發展航業爲首務，丹麥便是很好的例証，無奈國府當局見不及此，吝惜區區墊欵而使我走投無路，怎末辦呢？」未幾，盧氏果然前往北平，停泊香港海面的全部新輪，亦陸續北駛上海了。

盧在北平稍住時日，共黨表示歡迎，譽之爲民族企業家，說重慶的民生總公司原封未動，盼盧氏囘渝仍理舊業，盧欣然同意，以爲既有「張副主席」——此時張瀾尚在——支持，大有可爲。他囘重慶後，致函過去曾有金銀存儲民生公司生息，而避難在香港的朋友，聲明存金仍無損失，但須本人親自囘去領取，愚友某君存有黃金十二大條在民生公司，接得盧函，大喜，即擬單騎赴渝收取再遄返海隅作寓公，我笑他過於天眞，將性命作兒戲，經我竭力勸阻，幸未成行。盧歸至渝市後，初時尚相安，繼而共黨教唆一個自幼即跟隨盧氏作僕從，逐漸遞升爲民生公司職員的人，出面清算鬥爭盧氏，在所謂羣衆會議席上，當着盧氏歷數其種種剝削勞動階級的罪狀，且涉及私人家庭中的瑣屑隱事，尤多揑誣之詞，盧不能申辯，深感難憤濊堪，是夕即在家吞服大量安眠藥片自殺了！這就是毛共歡迎民族企業家「爲人民服務」的好榜樣。當年與盧氏同時避地香港的重慶自來水公司總經理兼重慶商業銀行董事長潘昌猷，亦曾經接受毛共歡迎北上，據潘氏事後囘港告訴我：他到達天津登陸時，岸上大堆羣衆持着「歡迎民族資本家潘昌猷先生」的旗幟，情形十分親切而熱烈。到北京被招待下榻「六國飯店」，統戰部派員殷勤照料，百般慰勉，要他囘重慶去主持自來水公司暨商業銀行。他跟旅居北京的川友商量，聽說盧作孚在渝被公司員工清算的消息，乃對統戰部人員表示不想再囘重慶，願在京津爲「人民」効力。過了兩天，統戰部人員來說，在四川省銀行董事長任內，用公欵收購了分派在各縣市的美金公債百多萬元，下落不明，經省行員工檢舉，案子并未了結，亦希望潘先生能夠囘去清理纔好。我（潘自稱）聆及此言，即知這是對我實施清算的信號，將不許我囘港了，急忙找張表老（張瀾字表方）說情轉圜，要我以四十萬美金捐給「人民」作公益用途，纔准我離開大陸，這次我「招」慘了！「招」字讀如「jau」，川諺喻遭受損害之意。筆者笑謂：「作孚在香港時，你若能借給他四十萬美金，償還加拿大船公司欠債，他就不會被迫囘去受罪了。」潘氏搖首苦笑而已。未幾，盧作孚自殺消息傳來，潘氏有若驚弓之鳥，蒼黃携眷遠逃巴西去了。

馬五先生曰：盧作孚一生致力於工商企業，對中共絕無恩怨可言，更談不到甚末血債，爲人亦誠慤自愛，原係共黨很好利用的工具，然竟不免於清算鬥爭而慘死。其他過去在黨政軍方面稍有牽涉，業已逃亡在外的中國人，誰還相信毛共所謂「囘歸」「認同」的花言巧語，而懵然囘去送死呢？盧作孚的慘劇，足資流亡海外的千千萬萬中國人引爲鑑戒，吾故述其顚末於此，擲筆憮然，曷勝慨歎！

楊虎（嘯天）

楊虎安徽寧國縣籍，原屬寠人之子，自幼失學，不識詩書，性跅䟤而體力强壯，好與鄉里椎埋少年爲伍。稍長，流落春申江上，多識幫會江湖中人，展轉投効於革命黨先烈陳英士（其美）麾下，以其軀幹岸偉，具冒險犯難之勇，頗爲賞識，乃介紹他加入同盟會。楊對陳氏忠耿不貳，有所命，雖赴湯蹈火亦義無返顧，益加器重。辛亥武昌起義後，陳先烈在上海策動響應，圍攻製造局之役，楊奮勇先登，終告成功，洎是浸成陳先烈親信幹部，倚畀異於常人。今總統蔣公自寧波率領革命戰士一團來滬，爲陳先烈的基本部隊，楊亦得與蔣公暨黃興等人省識論交。民國肇建後，滬軍都督府撤消，陳先烈由臨時總統袁世凱特任爲工商總長，拒不北上就職，仍居上海，亦追隨左右，恪盡馳驅之勞。民國二年夏間，民黨二次革命軍興，陳先烈主持上海軍事，楊與伶界同志夏月潤率衆進攻製造局失利，旋南中各省討袁戰役皆敗績，陳先烈亡命日本，楊仍潛蹤上海，待時而動，於越民國三年停泊上海的北洋海軍肇和艦起義時，楊偕本黨志士一小隊，於岸上駐軍發砲攻擊軍艦的危險環境中，躬冒矢石，駕小艇馳登肇和艦上，協助海軍將士作戰，置生命於度外，雖因敵衆我寡，義舉終受挫，然楊勇健之名已大彰了。是時陳先烈早已由日本奉孫總理命潛回上海，肇和艦事，就是他策動的，因而對楊更寄以心膂之任，囑其經常住在法界薩坡賽路陳公館，後來袁世凱購買兇手行刺陳先烈時，楊即在陳宅目擊其情。

陳先烈殉難後，楊頓失所依，離滬別游，望門投止，而革命意志更强烈。迨孫公回粵興師護國，担任非常總統，楊投奔廣州，入總統府拜受侍從武官之命，從此未離孫公左右，如民國九年陳烱明舉兵叛變，孫公避居海軍永豐艦指揮戡亂之際，楊亦隨侍在側。迨孫公離粵赴滬後，楊返至上海，從事地下革命工作，與杜月笙、黃金榮等往還結交，情誼調叠。

民國十六年春初，中共勢力漸籠罩上海，楊與杜月笙等組織「共進會」，私購槍械，麾衆襲擊共黨的工人糾查隊武器，不崇朝即將全上海市的共黨武力肅清，杜月笙綜持全局，統籌經費之功，固有足多者，然楊指揮實際行動的勞績，亦堪稱許也。未幾，國民革命東路軍進入上海，楊奉蔣總司令任命爲淞滬警備司令，協同東路軍政治部主任陳羣，以剷除共黨爲急務，因而當時共黨曾造出「養虎成羣」的蜚語。周佛海由武漢乘輪抵滬，剛上岸即被警備部捕獲了，戴笠此時即在楊幕中充任諜查組長。是夕，筆者適在法租界環龍路楊宅樓上玩牌，午夜十二時左右，楊回寓尚未脫去軍服，登樓告語吾輩云：「今天捉到了一名共黨頭目周佛海，眞高興。」我問「你準備怎樣處理呢？」楊謂：「對這類人物還有甚末客氣的，已與人鶴（陳羣別號）商量好了，明晚用蔴袋裝好，加上一塊大石頭，把他丟入黃埔江就得了。」次日午間，南京蔣總司令來電，飭令將周氏押解南京親自審訊，只好遵辦。晚上筆者赴楊宅探聽消息，楊很失望地說道：「總司令電報如果現時纔收到，我可以把周某先丟到黃埔江中，然後復電報告人犯已於奉到電令之前處决了，於今却不得遵命辦理，眞可惜！」

筆者與楊相識，是民國十五年冬月，我由蘇俄回至上海，因身穿列寧裝，頭戴鳥打帽，投宿租界旅館被拒，認爲我是共黨份子。旋由同行的民黨前輩張秋白（皖人），代我在法租界尋得一亭子間住下，但無錢購換服裝，出入恐有意外，因聞南京督軍孫傳芳常派便衣隊入租界綁架革命黨人也。第二天由秋白介紹我去會晤楊虎，他詢明來歷後，教我白天出門時，將頸下第一顆鈕扣鬆開，再將左手袖口反摺些許，在街上若出事，包管有人搭救的。但隔兩天要變換方式，屆時可來他家晤談云。我深深感紉楊這種愛護同志的熱情，從此每到上海，必到他寓所訪候，久之交誼日篤，常爲楊公館的座上客了，尤以老友吳醒亞任上海社會局長期間，我與吳兄隨時到楊公館行走，彼此無話不談，認定他雖係未嘗學問之人，但道義盎然，言簡而意誠，絕無官僚習氣，殊堪親近。

從民國十六年到廿一年之間，楊兩任淞滬警備司令，是他一生中最得意的時期，繼又膺選國民黨中央候補監察委員，論其對黨的勞績，固屬應該，然亦因其直率不善作官場應酬詞令的關係，影响了後半生的事業，終致莫保晚節。楊以少讀書之故，自恃資格老，對後輩人常有老氣橫秋之概，例如陳果夫先生主持中央黨務時，地位甚高，楊偶爾與陳話不投機，便謂：「我是侍候你們叔老太爺英公的老同志，你們那套官腔，用不到我的身上來吧！」即與蔣公單獨晤面時，他亦以辛亥革命時期，在陳英士先烈帳下同寅的態度相向，這是後話。楊於第二次任淞滬警備司令時，每與市長吳鐵城論事不合，亦語吳云：「你還記得當年在廣州被總理拘禁中，我常常招呼你的往事嗎？」職是之故，自民國廿二年以後，他在政治上乃沒沒無聞，始終過着閒散生活。他在杭州西湖置有別墅一所，曾被最高領袖譴責太奢侈腐化呢！

對日抗戰發生，政府遷赴重慶，楊亦舉室入川，旅費係行政院長孔庸之接濟的。抵達渝市時，川軍第四師長范紹增請其住在上清寺的巍巍大厦范莊之一角中，旋行政院亦以范莊爲公廨，孔院長每月贈給楊生活費用，但未負公職名義，時人謠傳楊担任行政院衛士大隊長，幷非事實，乃係楊的兒子安國從德國習軍事學歸重慶，經楊向孔院長推轂，充任行政院衛士隊少校隊長而已。范紹增對楊禮遇優渥，完全是基於江湖俠義精神，與政治不相干。楊與滇人楊杰素具深交，彼此住在重慶，又同是散淡的人，相見言談間，不無同病相憐之感，楊嘯天居常沉默寡言，然楊耿光却滿腹牢騷，旁若無人，恣肆傾吐，每被外間誤會爲兩楊對政府不滿，小報告不斷地呈現最高當局之前，更增加嘯天的失意因素。此外尙有一趣事，嘯天亦處置失當，開罪於顯要人物。緣張治中有女及笄，經由朋友介紹，與楊的兒子安國訂婚，雙方家長亦已同意，且涓吉發出喜柬於各親友，將舉行訂婚典禮。詎臨時新郎突告失蹤，外間謠傳係受某一名女人壓迫安國逃婚的，姑無論事實如何，然楊既已認可婚約在前，即不應任由兒子開此頑笑，而使女家下不了台，必須一面向親家表示歉意，同時將兒子痛加教訓，不妨改期舉行訂婚禮，萬一兒子眞是臨時變了卦，亦得對張治中有所交代，兩家皆係安徽省人，楊、張私交亦不錯，解除婚約，事屬尋常，沒有甚末困難的。詎嘯天竟出以不了了之的態度，未謀補救之策，這使張治中丟臉蒙羞，無法排遣，對楊當然不能諒解。張係當朝紅人，膺此意外羞辱，嗣後自不願在政治上爲楊幫忙說項，他若不從而毀謗之，已算很好了。

楊住重慶時，常到市內來龍巷范紹增家玩樂，唐生智亦常在座，呼盧喝雉，高朋盈室。軍統局長戴笠的權勢，業已炙手可熱，然楊對戴每表現老長官詞色，戴心中亦不無芥蒂，聞楊與唐生智等經常聚集范宅賭牌，認爲違背政府禁令，警告范紹增注意，范大駭，隨即宣告閉門謝客，楊閒居無聊，連消遣的地方亦沒有了。楊雖椎魯無文，曾以口述倩人代筆撰寫一冊回憶錄，名曰「革命罪言」，叙述過去許多的革命史事，交由桂林朋友代爲排刋發行，吳稚暉、于右任兩先生甚加讚許，爲之作序以揄揚之。書中所述往事，當然不假，但涉及若干當代要人的慚德者，自所難免，這又增加了政治上無形的恩怨，影响自己前程不尠啊！

對日抗戰勝利復員後，楊認爲國家地位已躋於世界列强之林，政府局面亦寬闊了，最高當局的心情必然舒暢，氣度隨之豁達，對於蹭蹬了十餘年的老部下兼有故誼的革命同志，諒能重加驅策，予以適當的職位。他始意仍在復任上海警備司令，否則滬市府公安局長亦願屈就，自知不學，普通行政官吏非其所宜，必不獲已，於東南各省府作一空頭委員亦無不可。然而冠蓋滿京華，斯人獨憔悴，楊平日過慣了豪奢生活，失業既久，生計日趨窘迫，而在過去相從出死入生有年的同志，倚賴楊以養的門下食客仍不鮮。此時楊與杜月笙的私交亦迥異昔時，未便乞杜資助，唯其他的少數故人尙在朝貴之列者，猶不時予以應濟，如當時的徐州綏靖主任劉峙，即其一也。楊既不甘寂寞，見在野的一般熱中人士，競以組織政治團體爲干祿捷徑，他亦見獵心馳，創立「興中學會」，而以其素所主持的「海員工會」羣衆爲基幹。同時另一失意人物賀耀組亦在上海創立「太平洋學會」，冀作晉身之階，與楊相呼應。可是，兩人對社會大衆皆沒有號召能力，所志難酬，唯楊的海員工會尙有相當作用，於行憲時依法定的職業團體單位，推選民意代表，如最近在海隅逝世的立法委員孫履平，即是由當年海員工會產生的。

楊虎既組織政團，即不得不倡民主論調，而與諸在野黨派通聲氣，他跟「民革」首領李濟琛原係老友，過從尤密，更遭時忌。民國卅六年某月，他從南京坐飛機赴徐州探望劉峙，於走下機場之際，遇見軍統局的一位高級幹部，詢楊何以到徐州來？楊固認識此人，乃昂然答道：「我爲甚末來不得徐州呢？我是個閒散的老百姓，出外看看朋友不行嗎？」詞氣凌厲，對方啞口無言。當時駐防徐州附近的前西北軍吳化文軍長，亦係楊舊雨，楊吳當然晤面叙舊。那位軍統局人員根據楊這些動態，視爲珍貴的情報資料，小報告立即上達了。既而楊回滬遣嫁女兒，正在主持婚禮中，滬市長吳國楨派人送來南京發出的密電一通，命楊尅日晉京，聽候最高當局召見。楊遵命而至，覲見時亦垂詢楊赴徐州情形，照例有人在旁紀錄的，楊却誤認爲是紀錄口供的審訊方式，乃恃其舊誼進言曰：「總統對我何必這樣嚴重，我有罪過，馬上拘究好了。」蔣公立飭紀錄員退出，示無他，且温諭慰勉一番，別無吩咐。往後吳化文率軍叛變，有人說是楊策動的，即源於徐州之行。民國卅七年秋，報載楊在香港對新聞記者發表談話，侈述民主憲政理論，當時我跟朋友說：「楊嘯天亦能闡揚民主義理了，可謂奇蹟。」

民國卅八年春初，上海保衛戰事發作時，筆者正在上海某報于役，聽說楊已回至滬濱，曾往伊寓叩訪，閽者謂楊司令很忙，白天多不在家，市府情報人員說楊最近曾赴蘇北面晤共酋陳毅，我認爲楊對毛共血債滿身，似不可能投共，姑妄聽之而已。老友周佛海太太楊淑慧母子，住家小沙渡路，一日，我赴周寓訪問，驀見小沙渡路對過華界中，沿途樹立着巨型木椿如林，詢諸路人，知係國軍建立的防禦工事，然附近幷無防軍踪跡，眞兒戲也。據說，後來共軍先遣部隊，就是由楊嘯天作响導，從小沙渡路方面馳入市內的，足見楊投共之說，確係事實。

毛政權僭立後，楊到北平以「功臣」姿態出現，毛共統戰部跟楊約法三章：一是敎他莫去上海，否則如有過去被楊殺害的共黨人士遺屬出面控訴，「毛主席」亦沒法庇護楊的；二是楊不能担任「人民政府」的任何公職；三則楊住居北平的房屋與生活開支，皆由共方支應。因此，楊在伴食的生活環境下，鬱鬱無俚，常在寓所招邀朋友玩牌作樂，共黨亦不干涉，貌示寬大。楊曾納一日本女人同居，久之牀頭金盡，開門七件事亦成了問題，日婦乃下堂求去，寄居天津，準備再醮。楊是過慣奢靡生活的人，處茲困境，叫苦連天，共黨問他在滬上尙有房地產否？楊謂只有西湖一椽別墅猶存，統戰部即以「人民幣」十萬元予以購買焉。楊得到此筆巨欵後，心情轉佳，門前又不冷落了。共黨給他介紹名女人黎明暉論婚嫁事，雙方幾度晤談，均表同意，楊並贈黎鑽戒一枚，作訂婚信物，正擬宣告結褵之際，寄居天津的下堂日婦，聞楊又已富有，竟自動登門要求復合，强楊重收覆水，黎明暉廉悉其情，祇好知難而退，逾年楊即攖疾不起了。

綜查楊虎一生，爲國民革命而不惜摩頂放踵以赴義，險阻艱危，備嘗之矣，勞績亦卓著，實爲民黨不可多得的特殊志士。晚年不堪冷落，鋌而走險，趨入歧途，固由其知識譾陋，昧於大道，然政府以其一擧而與庶人等量齊觀，任其投閒置散，見異思遷，未能予以自新之路，亦復不無關係，惜哉！

安妮公主和她的駙馬

·林慰君·

在神話裏，公主永遠是與王子結婚的。

但是在今日的現實生活中，她們不這麼做了。她們現在趨向與平民結婚，而且她們完全是爲了愛，而不是爲了國家。

由於最近英國的安妮公主與陸軍中尉菲利浦斯馬克 Mark Phillips 訂婚的喜訊看來，更可証明，這種皇族與平民結婚的趨勢是日多一日了。

過去幾十年中，英國皇室最盛大最隆重的婚禮，是在一九四七年，當現在的女王——伊莉沙白二世——做公主時，與菲力浦王子 Prince Phillip 結婚時的大典。菲力浦王子是希臘與丹麥皇室的後裔。

然而伊莉沙白女王本身，却是貴族與平民所生的女兒。因爲她的母親——現在的太后——就不是出身於皇族血統的家庭，太后的父親雖有官爵，但不是貴冑。

因爲在英國，凡是沒有皇族血統的人，都不算是眞正貴族。但在歐洲其他國家，有了爵位，就可稱爲貴族。

總而言之，現在的情形與從前大不相同了。從前那些「公主配王子」的婚姻，多半是兩「國」的聯合，而不是兩「人」的結合。因此當維多利亞女王在世之日，歐洲的帝王，大多數都與她有親戚的關係。他們那些家族不是她的姑母、姨母、表兄弟、表姊妹，或堂姊妹家，就是她的兒女姻親之家。

安妮公主和她的駙馬

自維多利亞女王逝世迄今，歐洲許多帝國和王國都已被顚覆。所餘的，只有英國、北歐的國家、比利時、荷蘭等國，但他們也都實行了君主立憲，而不是純粹的帝王之邦了。

歐洲各國那些皇族，從前常常在豪華的避暑勝地或狩獵行宮聚會交際，現在則多半把時間消磨在他們本國，與自己本國人交往了。

結果，一個沒有皇族血統或貴族血液的人，與皇族中人結婚的機會，比以前多了許多，他們的子女將來也有了承襲王位的機會。

當然，我們一提到皇族與平民結婚的事，人人都會想起一九三六年，當時的英王愛德華八世與美國的離婚婦人辛浦森夫人的那件驚天動地的大新聞。人人都會知道，自從愛德華爲她遜位後，皇族和貴族與平民結婚，已是不足爲奇而司空見慣之舉。

安妮公主的姨母（伊麗沙白女王的妹妹）瑪格麗公主 Priness Margaret 在一九六〇年與安東尼瓊司 Antony Armstrong-Jones 結婚時，他只是一個沒有任何爵位的攝影師。此後，又有三位女王的叔伯弟妹妹們相繼與「非貴族」結婚。

最近安妮公主之與菲利浦斯中尉訂婚，極爲世人所注目。現在把公主的羅曼史稍微談一下：

原來安妮公主有兩位男朋友。這兩位男朋友都是漂亮而騎術極佳的冠軍，他們都曾在世界運動會中得過金牌。

安莉公主自己最愛騎馬，當然只有那兩位馳騁疆場赢得金牌的英雄，才會得到她的青睞。

菲利浦斯與另外一位騎士之間，暗爭了許多時日，最後終於得到勝利，這實在不是一件容易的事！

現在人們才知道，菲利浦斯所用的戰術是：有恆心，安靜而穩紮穩打，不爲任何事物所轉移。因此，他竟能把一位比他自己老練而且歲數也大很多的情敵打倒。

在本年五月二十九號白金漢宮宣佈安妮公主

訂婚的消息以前，一些她的最親近的朋友們，還不知道她到底喜歡哪個男朋友。

非利浦斯年二十四歲，高個子，漂亮，得過奧林比克的金牌，他是陸軍軍官。

米德里查 Richard Meade 年三十四歲，也是高個子，漂亮，和奧林比克的金牌得主。他是保險公司的經紀人，但除了這些條件之外，他還比非利浦斯見過世面，更善於交際，更有對人處世的經驗。

五年以前，當世運會將在墨西哥舉行的時候，伊莉沙白女王曾召見那些參加世運會的英國選手。在這個盛會中，米德運用了他的全身的本事，把握了與安妮公主談話和周旋的機會。非利浦斯當時只是一個十九歲初出茅廬的孩子，而且在他們的騎術隊裏，僅僅是一名候補隊員，因此，他只和她談了很少的幾句話。

此後數年中，安妮公主和非利浦斯也僅僅是在騎術比賽會裏見面，每次見面，都不過互相說些客氣話而已。

因爲安妮公主時常與米德形影不離，於是報章雜誌就有了她與米德行將訂婚的謠傳。此事雖然經白金漢宮於一九七二年年初鄭重否認，但謠言並未因此而稍殺。由於皇家的「否認」，反給謠言增加了力量，因此人們對這傳說，更是深信不疑了。

但是，去年在慕尼黑所舉行的世運會，可以說是這幕三角戀愛的一個大轉機。

雖然非利浦斯和米德兩人都在世運會中得了金牌，但人們還認爲公主給米德鼓掌時特別熱情。英國騎術隊裏的另一個隊員曾說：『我當時敢打賭，安妮公主是會與米德結婚的。因爲在她的眼睛中，似乎是充滿了愛的光芒。』

可是那天──英國得到金牌的那天──晚上，當這些勝利的騎士們參加一個不太大的勝利慶祝會時，公主雖然仍常與米德共舞，但她却常常和非利浦斯在一起竊竊私語。當時這兩位騎士之間並沒有爭鬥，也未顯示出任何不愉快的表情。

不過從此後，他們三人在一塊兒的時候，情形好像就和從前不一樣了！

大家都回到倫敦以後，米德越來越感覺到他自已的地位已經動搖，他在公主心目中已經不是唯一的紅人，因此他想用刺激的戰術，以作孤注一擲。於是米德公開的和一位名叫安吉拉 Angela Farquhar 的小姐，一起出現於公共場所。

米德鑄成了一失足成千古恨的大錯，他對安妮公主的個性作了錯誤的估計！她不但沒有因此而更愛米德，而且大爲震怒，從此對米德便冷若冰霜了。

幸運的非利浦斯可以說是自此一帆風順，整個的佔據了公主的芳心。因此人們都很欽佩他這走穩步的戰術，因爲他得到了最後的勝利！

現在把這位未來駙馬的履歷說一下：

許多人說非利浦斯雖非貴族，但却是一位不普通的「非貴族」。他的家中很富裕，有很多房產，養很多馬，並有很大很好的生意。他家所住的房子，是一座十六世紀的石頭建築，有廣大的花園。那座花園座落在倫敦以西八十哩的衛西爾 Wiltshire 地區。

非利浦斯的祖父曾做過英王喬治六世（伊麗沙白女王的父親）的騎兵（衛隊）。他父親是一個很大的農業產品公司的董事長。這個公司的出品，以猪肉香腸和雪糕最著名，女王宮中所用的雪糕就是他們的出品。

非利浦斯畢業於英國最好的私立大學，得到了學位後，又入了皇家軍事學院。他雖然是各種運動都好，但最喜歡的，則爲騎馬。這一點和安妮公主的嗜好恰恰相同。

當他與安妮公主的戀愛已經成爲公開的秘密時，有的英國報紙竟爲公主的過去闢謠，他們說：米德始終並未追求過公主，他只是替非利浦斯做掩護工作而已。

公主與非利浦斯，實際上在本年（一九七三）四月中旬即已訂婚，此事被延至五月才公佈的，原因是爲了在形式上，必需先通知各聯邦的首長和大主教等，因此遲延了一些日子。

非利浦斯在宣佈訂婚前，正隨着英國騎兵團駐軍西德，爲了這件事，特由西德趕回來。

他和公主在白金漢宮招待記者時，曾坦白的向記者們承認，當他對未來的岳父──非力浦親王──請求和公主結婚時，相當担心害怕。

安妮公主把她手上的訂婚戒指顯示給人們看時說：『它很簡單，一顆藍寶石，一邊鑲一顆鑽石。』

非利浦斯所服務的騎兵團不久即將調駐北愛爾蘭，但駙馬爺不會隨軍前往了。他將任皇家軍事學院的教官，階級則將升爲代理上尉，他的薪金將爲年薪六千六百二十五元（美元）。

不過我們不必替他担憂，他的「丈母娘」（岳母）是世界上最富有的幾位人物之一，她當然會給她唯一的女兒許多陪嫁。除此以外，安妮公主結婚後，她的薪水將增加很多，因爲她是英國王位的第四繼承人（前三個是她的哥哥查理王子和兩個弟弟）。她的薪水是由於經常代表女王到各處去「視察」、「參觀」，或參加各種集會：：等等所獲得的。

當公主訂婚的消息宣佈後，英國的報紙都用了很大很多的篇幅，詳細登載一切有關公主的消息。但倫敦的晨星報──英國共產黨的報紙──只登了三句話：『安妮公主將與非利浦斯中尉結婚的消息於昨日宣佈，此後她的薪金將增加兩萬鎊至三萬五千鎊，她們還沒有決定要居住在什麼地方。』

無論將來她們住在哪裏，駙馬對公主必需小心翼翼的伺候，因爲她的脾氣很大。她的嘴角向下一沉時，那驕傲和威嚴很能令人望而生威呢！

在娛樂方面，公主除騎馬外，還喜歡看電影、看戲，和滑雪，她們的婚禮將於本年十一月十四日舉行。

Wearing Levi's is better than wearing pants!
Levi's ®

高梧軒圖卷題詠

・高伯雨・

舊日上海南陽路有一所洋房，是武進趙鳳昌（竹君）的產業，以惜陰堂之名，著于滬濱。它爲什麽有名？是因爲辛亥革命期間，南北議和代表在上海會議，而「幕後交易」却在惜陰堂舉行，促成和議之局。有這一段故事，所以三十年前南北名士路經上海者，無不以一履惜陰堂爲幸，而惜陰堂的少主人趙叔雍（尊嶽）則亦在杭州築有高梧軒爲沐浴讀書之所，名雖不如惜陰堂之響亮，但亦時見於文人的篇什，知者亦多。原來老父專壑惜陰堂，而少主人則據高梧吟嘯，咳吐珠玉，名士風流，雛鳳清於老鳳矣。高梧軒落成於何日，我所不知，但趙叔雍請顧麟士（鶴逸）爲之繪圖，則歲在辛酉（公元一九二一年，民國十年），是時叔雍廿四歲，顧畫師則五十七歲。引首「高梧軒」三個大字篆書是吳昌碩所作，題年八十歲，爲是卷中最老的一位文士。

畫爲紙本淺設色，高英尺一尺二寸，長五尺，畫的本身沒有什麽特出之點，只是題詠的人却薈萃了一時的大名士，其可寶者在此而不在彼。計題詞者共九人（按：卷末有裁割之跡，傳說末端有汪精衛等人題詞，則不止九人矣。）首況周頤（題于畫左，其他各家皆題于另紙上），今分別錄後：

倚雲撐碧蔭，茜紗青玉，圖書彝鼎。畫罨壺天塵不到，何似結廬人境，公子烏衣，詞仙黃絹，標格同清夐。桐花奇艷，行波消得名盛。（王文簡有衍波詞）　佳氣鳴鳳朝陽，舒榮鬱秀長共椿暉永。不數龍門高百尺，看取孫枝英挺。大好秋容，最宜商調蝶戀花同詠。（趙德麟有商調蝶戀花）鑪熏琴趣，翠陰簾幙深靜。

百字令壬戌燕九節，題奉

叔雍仁兄訂拍　　臨桂況周頤

況周頤（原名周儀，宣統元年避溥儀名，改儀爲頤）字夔笙，號蕙風，是清末四大詞家之一，晚年在上海寓居，以賣文爲活，趙叔雍跟他學詞，本是他的學生，但他題款仍稱叔雍爲仁兄，不以師自居，可見老輩謙抑。壬戌是一九二二年，爲圖成的第二年了。（況周頤于一九二六年死於上海，年六十八歲。）

第二位題詩的是大名鼎鼎的陳石遺（衍），詩云：

喜汝湖壖辦一莊，買山何似買陂唐。亂栽花竹梧爲首，容易看他長過牆。

萬里中原換一湖，君家南渡欠良圖。而今大物非私產，分此區區聊自娛。（君家爲宋趙德昭若干世孫，故云。）

春申林際有高樓，陸賈歸裝此小休。更築行窩數間屋，春秋佳日去拏舟。

新詞自倚念奴嬌，樊榭南湖響寂寥。清露晨流桐乍引，不須庭院說蕭條。

第三首提到上海的惜陰堂，說趙鳳昌於廣東歸滬後，始築斯樓，以爲隱居之所的。事實上趙鳳昌是在湖北時言官參劾湖廣總督張之洞，詞連趙鳳昌，上諭勒令趙鳳昌回籍不得逗留，趙遂移家上海，爲張之洞的幕後人物，其時湖北民謠有曰：「兩湖總督張之洞，一品夫人趙鳳昌」，喻張對趙之言聽計從也。趙叔雍也曾跟陳石遺學詩，但石遺題上款亦作：「叔雍世講屬題。癸亥春初雨中，衍」。癸亥爲一九二三年，到今年恰爲五十年。（石遺死於一九三七年七月。）

第三位題詩的人更是大名鼎鼎了，他就是「光宣詩壇點將錄」中的「天魁星及時雨宋江」陳三立。（其時「托塔天王晁蓋」王闓運已死，自以陳三立爲詩壇盟主。）他寫的是一首七古：

誓卜幽居倚湖曲，畫手設施無不足，挺立長梧涼壓屋，旁羅矮細千竿竹。層層都活石氣中，夜卷秋聲入吟腹。樓臺窈窕出晴雨，山水氤氳界邊幅。應帶坡公䓝草隄，恍接逋仙梅花麓。英妙少年亦癡絕，要令夢染靈峯綠。異時朱況兩禿翁，携訪賡歌任沈陸。

叔雍世仁兄屬題句，癸亥寒食陳三立。

緊接陳三立題後的是八十歲老人陳寶琛，在點將錄中他是「天機星智

吳昌碩篆書高梧軒圖引首

多星吳用」，次於其門生陳三立。（三立是「詩壇都頭領」二員中之一，另一員是「天罡星玉麒麟盧俊義」的鄭孝胥。寶琛是「掌管詩壇機密軍」二員之一，另一員是「天閒星入雲龍公孫勝」的清道人李瑞清。）寶琛是三立光緒壬午江西鄉試的座師，晚年師弟同寓北平，逢年節，八十二歲的陳三立還親到師門叩頭祝賀，而題詩次於陳三立與孫德謙之間，以小字楷書出於紙隙，若甚偪迫。何故？大抵寶琛題時已是一九二七年，爲卷中題字人最後一個，他不肯占未有人題的空白處，爲了表示謙抑，只好題在陳、孫兩者之間。詩云：

畫裡聽秋自倚聲，未曾真箇已移情。底須定就湖壖住，西子新來不潔清。

叔雍姻世講屬題，口占博笑，丁卯孟秋陳寶琛，時年八十。

孫德謙題的是一首駢體文，時爲一九二三年陰曆八月，早於陳寶琛者四年。德謙字益葊，號隘堪，江蘇吳縣人，平生以研治章學誠的「文史通義」著盛名，又專精駢體文，時人以駢文居李審言之次，但王國維則言居其上。晚年在上海交通、大夏、東吳等大學爲教授，一九三六年謝世，年六十三。他所題的一首駢文，甚得儷體的正宗，叔雍亦喜駢體，頗受其文之影響也。文云：

趙子叔雍，天水宗裔，其尊公竹君先生，懷駿烈於遙原，述虎賁之舊德；西湖拓地，營老菟裘，闢庾信之園，亦歌通德；築安仁之室，自賦閒居，梧桐一枝，高出簷際；有軒澄曠，所以顏題。叔雍吟諷其中，吾廬可愛，還讀詩書；人境無喧，何來車馬？洵足以蕩累娛衿，悟衷散賞者焉。夫幸富菊華，偏饒竹實，山谷所資，于斯已辨。昔者叔庠謂爲仁智所樂此，誠有生樂事矣。叔雍開軒而坐，獨擁良書，窗外臨花，恣大圜之探頤；門前夾柳，庶泉明之欣忘，擬之前英，曾何足讓？每至春鶊秋蟀，星晚露初，朋侶兩三，歡然游處，援琴而詠，當風滌其煩襟；舉杯而邀，缺月動其妍唱，極林泉之幽致，唯樵蘇之清談，樂可言乎？夫詞之爲道，比興尚焉，放者爲之，易流侈艷，自常州別傳真訣，復貫知言，陳古以刺今，意内而辭外。宗風既扇，厥體始尊，叔雍特善寓聲，遠尋前緒，按蘋洲之譜，妙絕當時；語竹屋之癡，群推逸格。近歲從況阮盦游，承樂府之指迷，獲升堂而睹奧，則宜其進焉益上矣。特是兔園標序，驚映雪之寒開；龍門挺生，仰排雲之孤立。阮盦有館，是曰孤梅，蓋秀韻天成，所以狀其詞境也。叔雍藻思綺合，靈響鏗流，殆所謂愈唱愈高，亦將借梧以喻乎？上海自辛亥後，辟地者多，叔雍侍其尊公，桃源規往，尋契奇蹤；蘭陔絜羞，勗虔介祉，同堂異鄉，茲自

顧麟士畫高梧軒圖

善耳。顧其家本毘陵，于焉棲託，茍蒓鱸入其歸夢，林鳥還其舊居，則此軒者，亦第權憩其間，聊爲羈游之所，故雖依伯通之廡，匪比賃舂；反靈運之園，乃言實欵。異日休文結宇，林壑斟懽；坡老故鄉，湖山興感。記鴻泥之印雪，闡鷗波之道風，惟有縑素寄情，可以坐臥嗟覽。叔雍之繪爲斯圖，倘有意乎？若乎齋前松樹，與公愛護之勤；郊際桐陰，修仁眺臨之美，知其不徒然矣。

癸亥仲秋之月，隘堪居士孫德謙序于上海。

第六位題詞的是大詞人朱祖謀，詞云：

龍門百尺，罨畫明秋色，南北兩峯相映碧，看取朝陽鳳立。

開軒滿目烟霞，輭紅不到雲涯，著箇仙源居士，湖山越恁清嘉。　清平樂。

叔雍世仁兄從蕙風老人受詞學，所詣日進，比歲作高梧軒于西湖佳處，繪圖徵題，爲占此解。

甲子歲寒，朱孝臧。

第七位題詩的是李宣倜。宣倜福建人，字釋堪，號散釋，工詩文書法，他題此畫時是一九二五年，三十六年後，一九六一年六月八日，以心臟病死於上海，年七十三歲。他與趙叔雍同爲梅黨健將，他題此詩，仍是「

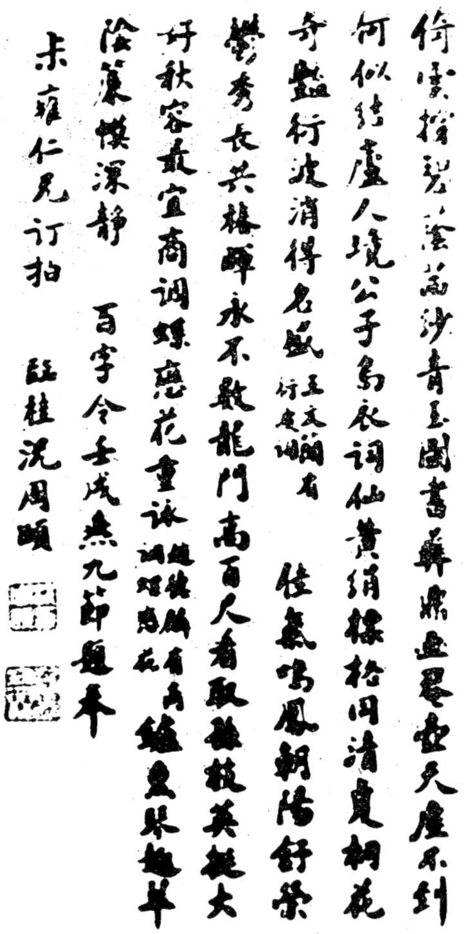

況蕙風為高梧軒圖卷題詞

陳石遺為高梧軒圖卷題詩

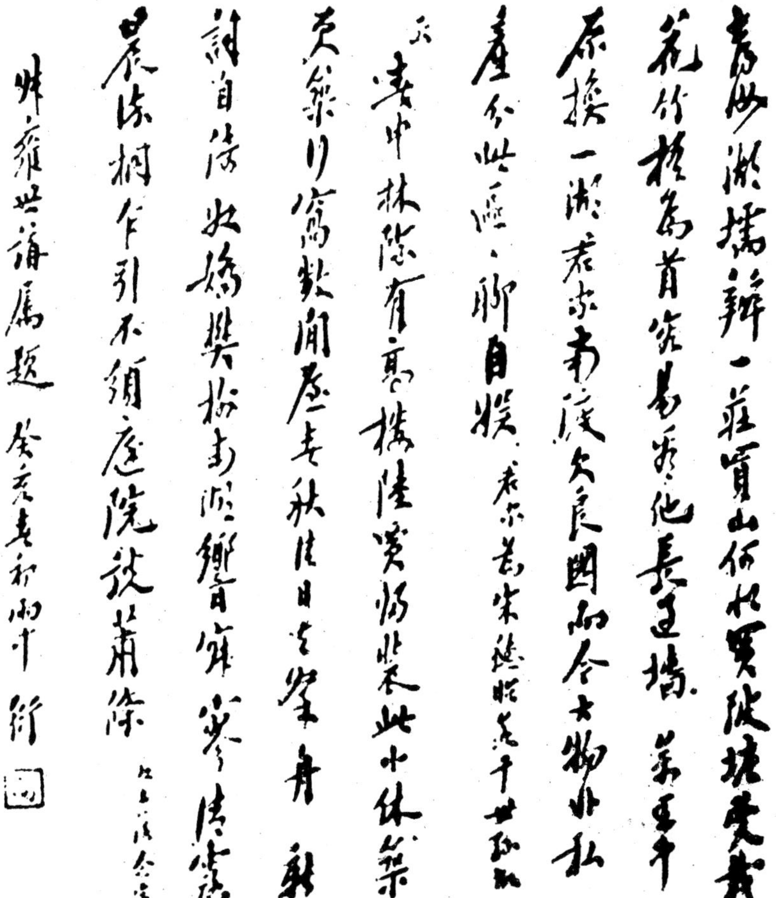

三句「不離本行」，要提到梅蘭芳和梅的綴玉軒，這是很有趣的。詩云：

披圖花竹深深處，絕似平生綴玉軒。至竟詞人清福好，吟黃秋葉坐黃昏。

叔雍仁兄屬題　　乙丑立夏逆旅燈下偶。

詞人馮君木（幵），最爲朱、況兩詞翁所重。朱祖謀選近人詞曰「滄海遺音集」，都十一人，浙江占三人，君木其一也。君木慈谿人，拔貢生，晚年在上海各大學教書，死後，他的學生追念其師，爲立回風社於滬，歲時會祭。君木所居名回風堂，著有「回風堂詩文集」（他的太太俞因，著「婦學齋遺稿」附後）。他題的是五古一首，句云：

塵居苦坱莽，討幽到人外，風軒納遠空，大坐得清快。亭亭

梧之樹，離立互向背。參天見直性，青蒼宜嘿對。蘿薜紛在眼，茲意無人會。賦詩發高致，山阿低含睇。（青蒼易蕭然）

叔雍仁兄詞家屬題，乙丑秋日馮幵。

卷中最後一人題詩的是周梅泉（達），安徽建德人，一九四九年在上海謝世。他是三十年前上海舊文壇中一個頗有名的人物，家資富厚，嗜好甚多，因爲喜歡集郵，又有「郵票大王」之稱。一九二三年我初讀上海的三日刊「晶報」，已聞周今覺之名，而不知他又是工吟詠的文士也。他題的詩是一首五古，寫作俱佳，十分難得。詩云：

群峯張叠屛，一水涵衆美，因樹更爲屋，梧竹繞階戺。（按：此字左户右已，音「士」，字書解說不一，總之是建築物中階前的一些附屬物。此種字今日已不通用，偶在好古之士筆下一見耳。）屋中著吟人，書帙共臥起。户外直青瘦，搖綠上窗紙，畫工誠狡獪，天巧契神理，頓使好家居，突兀現毫底。平生棲隱志，佳處尚虛擬，十年湖上廬，萬瓦已櫛比；君宜專一壑，茅茨帶清泚，無使土木殃，黥湼到西子，不然春申宅，且住亦可喜，但留圖卷看，望梅渴聊止。

叔雍先生將結廬湖上，先以圖卷索題，率賦以應，即乞教正。

乙丑初冬，周達。

誓卜幽居傍湖曲畫手設施無不足疑
立長梧涼壓屋旁羅媱細千竿竹層〻
都浛石氣中夜卷秋聲入吟腹樓
臺窈窕出晴雨山水氤氳界邊幅應
帶坡公葑艸隄恍接逋仙梅花英
妙少年亦癡絕要令夢染靈峯綠
異時朱況兩禿翁攜訪賡歌任沈陸
叔雍世仁兄屬題句 癸亥寒食陳三立

陳散原為高梧軒圖卷題詩

龍門百尺罨畫明秌色南北兩峯
相映碧看取朝陽鳳立 同軒滿月
煙霞輭紅不到雲涯蕭閒仙源居
士湖山越德清嘉 清平樂
叔雍世仁兄從蕙風老人受詞學所
詣日進比歲作高梧軒於西湖佳處
繢圖徵題為占此解
甲子歲寒朱孝臧

朱古微為高梧軒圖卷題詞

高梧軒在西湖什麽地方，我完全不知，現在假定此軒落成於一九二三年，則叔雍享有此居者亦不過廿二年，也許在一九四五年抗日戰爭勝利後，與惜陰堂同沒入官了。（一九四五年四月，我到上海，曾訪惜陰堂，則已改爲東方經濟研究所了。）一九四九年後的情形如何，更無從知道。

叔雍於一九六五年在新加坡謝世，死前數年，時時往來港星，曾與本刊編者談及此卷，說家藏文物如過眼雲烟，唯此卷之題者難得，不知下落

李釋堪、馮君木為高梧軒圖卷題詩

，引為遺憾！最近，此圖卷忽在香港發現，這是一件著名文物，因為記之。叔雍謝世數月後，其女公子文漪在遺篋中檢得「高梧軒詩全集」付印，二年後出版，贈我一冊。由其壻譚君題籤，譚君為譚澤闓之子，書法逼肖乃父，卷一第二首「以高梧名軒漫題」云：

樓前六株梧，蒼翠殊悅目，坐以名吾軒，清風壓叢竹。偶然出西郊，運斤卜小築，官街纔十尺，俯仰對鄰屋。依違終未已，何必造林麓。

高梧軒詩全集

譚澤闓之子為高梧軒詩全集題署

香港舊事錄

·上海移民·

香港禁賭一百年

本港可能開放賭禁之說，近來甚囂塵上。開放場外賭馬賭狗，原則上已經決定，時間可能在明年秋天。關於酒樓雀局，初傳當局可以隨時加以禁止，後來又說，若由酒樓方面申請賭博牌照，即可成為合法，未知孰是孰否？

依照目前香港法律，任何賭博都在禁止之列。追溯歷史，本港於開埠二年後，即行禁賭，時在一八四四年，但禁者自禁，賭者自賭，可以說是從未禁絕。

本港開埠初期，雜賭流行，其中以番攤、牌九、花會、白鴿票、骰寶等比較普通，秘密賭窟在禁令之下，明目張胆，招引入局，肆無忌憚，頓使有關當局大傷腦筋。

至於賭風之盛，莫過於一八八六至一八九七年那十餘年間，當時上環的番攤館，大部份集中於東街、西街、四方街、太平山街等處。每屆黃昏，各攤館分派招徠人員，由荷李活道文武廟至大坑口、大笪地一帶，公然沿途兜攬賭客，其猖獗情形，顯若有恃無恐。與此同時，九龍城賭風亦盛，賭窟林立，種種雜賭，應有盡有，街頭巷尾，呼么喝盧之聲，不絕於耳。

由一八七二至一八八五年那十餘年間，當局對禁賭命令嚴厲執行，一般賭徒不得暫時匿跡。可是到了一八八六年，賭風復熾，一部份賭窟由公開變為秘密，退入地下，社會秩序又不免大受影響。

一八七八年五月，有人向政府提出建議，與其禁賭而有私賭發現，不若寓禁於徵，准予賭商繳餉領牌開賭。果然，當局頒佈新例，由七月一日起，撤銷禁令，各賭館公開營業，社會人士為之大譁。本港招商繳餉公開賭博的政策，經過五年的考驗，終於經不起各方猛烈抨擊，又在一八七二年一月十三日明令禁止，由一月廿日起嚴格執行，本港施行禁賭，至今已有百年，但禁而不絕，仍所難免。

以今日而言，外圍狗馬不僅成為了一種普通的「事業」，而且，也是一部份市民的一種「娛樂」。

除了外圍狗馬之外，其他雜賭的賭檔，其猖獗程度，大有和外圍狗馬分庭抗禮之概。若問港九共有多少賭檔？當然無人能加以解答，但開設於大廈住宅之間的所謂豪華賭檔，可以說得遍佈市制區各地，這些豪華賭檔，通常顧客比較有限，如果不是常客或熟人帶路，等閑不易找到門路，但是，在九龍方面，人口稠密的住宅區以及徙置新區中，賭檔就在橫街後巷大張旗鼓，鄰近周圍的街道還有人負責把風睇水，而把風睇水者更負有拉客的任務。

根據一些熟知本港各區大檔情況的人說：大部份的大檔日夜廿四小時「營業」，冷氣設備之外，烟茶招呼十分週到，這些大檔每間每日「皮費」開銷，全部合計約近一萬元，而類此的大檔，何止百數十個，而澳門的娛樂公司只有葡京酒店、海上皇宮與新花園三個場所，兩相比較，澳門的娛樂公司，不及本港的大檔遠矣，這些賭檔公然營業，主要由於幕後有人撐腰，近來當局追究許多警方人員生活豪奢，形同巨富，他們財富的一大來源，便是這些賭檔。

香港繁盛西而東

香港市區，最早以西區最為熱鬧。在英海軍義律艦長下令佔據港島之前，西區是華人的村莊，早年的中國居民稱那一地區為「太平山」，今日仍有一條太平山街存在，距摩囉上下街僅數百英尺之遙。但是西區是住宅區時，今日最旺的中環，根本是一個不受重視的地方。

據史載香港被英國統治之前，港島祗有數千人居住，大多以捕魚及在有岩石的土地上耕種。在香港成為英屬土前四年，也就是一八三七年，維多利亞城（中環）仍是一處崎嶇不平的岩石斜坡，但香港的西區，已是一個居民住宅中心了。

因此英軍登陸時選擇在西環，而不在中區上岸，由此可見西區發跡最早。卑路乍街及卑路乍公園，均在西環，在大會堂圖書館可以看到的一本描寫舊香港的書籍說：香港宣佈為英殖民地後，商業建築物及兵營，紛紛建成，苦力則住在西區，西區是「唐人城」，到處有狹窄的街道，有些橫街極窄，整天擠塞着人。

記載又說：西區可以看見中國人形形式式的生活，簡陋的商店，陳列着各種貨品，攤販林立，售賣食物的檔口甚多，在附近有幾間旅館，設有中式食物館。至今一小部份仍保留着當時的情形，許多早年的狀況，在西環的高街一帶的橫巷，仍可看到。

早期的西區「唐人區」很快發展為人口稠密的區域。早年的香港充滿着許多不衞生的傳說，尤其太平山區（即西區）是華人聚居之所，住戶擠迫，房屋內部極端不合衞生。一八九四年香港發生瘟疫，西環地區傳染最甚，死亡亦最多。

港府曾捉拿孫文

孫中山先生畢業於香港西醫書院，該院亦即香港大學前身。孫先生的革命活動，一部份係在香港進行，關於這一點，署諳香港歷史者也都知道。但革命初期，進行並不順利，而且香港當局，受到清廷的壓力，不能不協同抑制，因此曾應清廷之請，張貼皇皇佈告，懸賞捉拿孫中山先生，使他不能在香港立足，只好流亡海外。

那是在一八九五年，孫中山領導第一次革命（廣州起義）失敗之後，廣州官廳偵騎四出，懸賞花紅銀一千元，亟欲捕得「首犯」歸案，清廷官廳的賞格，除遍貼於廣州府外，又在香港華字日報刊出。（華字日報創刊於一八六四、六五年間，本為英文德臣西報之中文版。）一八九五年十二月七日，（清光緒二十一年十月廿一日，）香港政府當局在華字日報登出的賞格如下：

「懸賞購匪

欽命廣東提刑按察使兼管全省驛傳事務加三級紀錄十次張，為懸賞購匪事：照得土匪孫文，糾結黨夥，暗運軍火，約期在省城滋事一案，當經拿獲匪犯陸皓東等多名審辦，惟尚有首要一名匪孫文等在逃未獲，亟應懸賞緝拿，合行出示曉諭：為此示諭闔屬軍民人等知悉：爾等如能拿獲後開賞格有名匪犯解案，一經訊明定奪，即如數給與花紅銀兩；銀封存庫，犯到即給，慎無懷疑觀望。此外，案內被誘匪徒，准其改過自新，免予深究；如能拿獲後開各匪解案，仍一律給賞。宜各凛遵毋違，特示。」

通緝名單計共十六人，「榜首」自然是孫文，註云：「孫文即逸仙。香山縣翠微鄉人。額角寬，年約二十九歲。」（按：是年孫先生實為三十歲。）花紅銀一千元。餘十五人中，湯亞才一人賞格三百元，吳子才等九人賞格各二百元，楊衢雲、陳少白等五人賞格各一百元。」

廣州起事失敗後，陸皓東與丘四於是年十一月七日（新曆十二月廿一日）被處斬，孫中山於陸等被捕後，匿居朋友處，後化裝逃離。其後革命成功，清廷滅亡，孫先生重來香港，港府亦即以貴賓之禮相待。

青山有革命遺蹟

新界有一處地方，叫作「紅樓」，那里有一座別墅，曾經有人建議把它改建為「孫逸仙紀念館」，用以紀念中山先生締建中國民國的豐功偉業，因為這是清代末年中山先生及其同志密謀推翻清廷，建立共和政府和革命策源地。

「紅樓」原係一個地區的名稱，位於青山白角，僻處邊陲，地廣人稀，背山臨海，風景宜人。該地於七十年前，已即建有一座兩層高之紅磚洋樓，現仍存在，其名定為「紅樓」，即由於此。建築物本身原是革命黨人李紀堂先翁的物業，但民國以後，早已易主。

紅樓內現在的間格分為一廳兩房，樓上除間有住房外，還有一個露台。這座當年作為革命活動總部的樓房，現在是新生農場辦事處的所在，而這新生農場的主人，是一位姓洪的大陸流亡來港難胞，他在十年前向李紀堂後人租了紅樓和四週的果園，作為農場，維持生活。

紅樓地下大廳中，有一張古老的大餐枱，遺留下來已有多年，曾為國父與革命同志商討革命決策會議所使用。

孫中山先生，於興中會成立次年，即以香港為活動中心，透過黨人李紀堂關係，借「紅樓」為秘密工作之所。當時中山先生與革命黨元老陸皓東、黃興、朱執信、李紀堂、胡漢民等，經常在此集中聯絡。

光緒二十一年（即一八九五年）九月九日，廣州第一次起義之役，據傳即以青山「紅樓」為發號施令之大本營，但結果失敗。其次如惠州之役，嶺南之役，亦係根據「紅樓」黨人會商之結果而發動。當時黨人陸皓東，提出創製青天白日滿地紅國旗，也係經過「紅樓」黨人再三修訂而作最後決定，樓中有數株椰子樹，則係黨人黃興、朱執信等所手植，用留紀念。

「一九六五年十一月十二日，為中山先生百年誕辰，海外各處均有熱烈慶祝之表示，香港曾有人建議收買該建築物，以建「孫逸仙紀念館」，但因響應乏人，迄未成為事實。

酒家女歷史悠久

香港之有女招待，歷史甚為悠久。一九三三年左右，上環街市側邊的大三元酒樓有兩個艷名遠播的美麗女招待，名叫「大玉」與「細玉」，當時人均稱為「尤物」，相傳馬師曾與豐容盛鬋的「大玉」有過特殊的交情；玲瓏若「香扇墜」嬌小佳人「細玉」，後來嫁了一位姓葉的商人，豔聞流傳，至今仍有人樂想談及。

中央戲院左隣的江蘇酒家女招待，則屬港九最鹹格的嬰婉，她們作風的大胆，比娼妓還有過之而無不及，她們除打情罵俏外，最歡喜的是替客人打麻雀，她們坐在客人身上打牌，而客人可以在她們身上上下其手，輸了是客人的，贏了可以吃紅，亦是撈中一法。

其它中環的大酒家如大同、金龍，以及後來的建國也有許多艷名甚著的女招待，多數表面斯文，談吐不俗。戰前宴會中，女招待為客人穿一件西裝上衣，給五塊錢小帳不足為奇，當時的港幣五元，超過一個家庭女傭一個月的工資。現在非但已無此濶客，連女招待也差不多已全部改行絕跡了。

洗太平地成陳跡

最近，本港大事屋宇清潔運動宣傳，某些樓宇如被認為需要掃灰水者，當即要照辦，否則衛生幫辦上門，麻煩多矣。

看看屋宇清潔宣傳，便會想起過去洗太平地的情景。所謂洗太平地是在規定的同一天中的上午，整條街的樓宇一起舉行的清潔運動，雖然當年並沒有着令掃灰水的條文，但如果幫辦認為未合標準，就要重新再洗一次。

洗太平地的前一天，衛生局按例搬來一隻長

方型的大鐵箱，準備於翌日倒滿了混有臭水的水，供居民洗滌床板傢具之用，由於以前香港最多木虱，床板和各種木器傢具都少不了有木虱，因此，各家各戶，洗太平地那一天，即搬出床板傢具在地上撞擊，把藏在床板縫裏的木虱趕出外滅殺，有些乾脆把床板浸到臭水箱去洗滌，將其殺死根絕。

現在從事屋宇清潔，和當年洗太平地的情形已有區別了，因為舊樓被拆卸者已達半數以上了，建起了十幾層的高樓，就算在街頭放置了臭水箱，亦無法從廿層高的樓上搬幾塊牀板去洗。同時，自有强烈殺蟲葯之後，本港的木虱已大為減少，不足為患了。在這種情形之下，洗太平地一舉，也就變為前塵舊事了。

機場何以名啓德

香港歷史上，第一位被委為太平紳士的華人是黃勝，時在一八八三年。第九任港督寶雲爵士任內，黃勝同時是第一位華人陪審員，後奉委議政局議員；不過第一位華人議政局議員並不是黃勝，而是周壽臣爵士。一九二六年周壽臣奉委為第一位華人行政局非官守議員，時在第十七任港督金文泰爵士在任期間。

第一位華人立法局議員是伍才，一八八〇年第八任港督軒尼詩爵士發出了是項委任令，伍才又名伍叙，是法律名家，執業大律師。

在第十任港督德輔爵士任內，黑勢力猖獗，港督特委派華人太平紳士伍廷芳、黃勝與何啓三人合組一個調查委員會，予以深入研究，由於黑人物胡作非為，德輔總督終於決定用鐵腕對付。伍廷芳博士字秩庸，早歲習法律於倫敦，返港後執業律師，翁同龢日記稱伍為「熟洋人律例，有志氣，非徵召不至，不應諸侯之聘也。」伍廷芳曾經在港發刊中文「中外新聞」，後襄助直隸總督兼北洋大臣李鴻章辦理外交，一八九七年，任清廷駐美公使。民國成立，歷任司法總長、外交總長等職位。一九一八年被選為南方政府七政務總裁之一。伍博士死於一九二二年，在港時曾兼華民政務司事。

本港的華人紳商名流，對於公益事業，素來十分熱心，一八七二年東華醫院成立，設有院董會（即今之董事局），院董十二人，由港督委任之首任總理為梁雲漢，梁本人為洋行買辦；今之東華三院與保良局的董事局，已全由「坊衆」推舉，再由各董事，推選主席與首總理。

香港開埠已有一百三十年，華人獲頒爵士勳銜的，前後不過十數人，依授勳的先後次序是：何啓、韋寶珊、何東、周壽臣、羅旭和、羅文錦、周埈年、周錫年、關祖堯、鄧肇堅、馮秉芬、簡悅强。上述諸人中，周氏宗親佔了四分之一，何氏、羅氏宗親各佔六分之一，韋（寶珊）爵士十八歲由港前赴蘇格蘭留學，晚年鼎力扶助東華三院，同時又是保良局創辦人之一，半山區的寶珊道，即以其的別號命名。何啓爵士字沃生，早歲在英倫習法律，考得大律師資格，後娶英下議員女，返港後不久，夫人病逝，何啓捐資建雅麗氏何妙齡那打素醫院，作為紀念。何啓於清末對中國革命事業，亦有貢獻；今日啓德機場的地皮，當年為何啓及區德二人所有，開闢機場時，由兩人名字中，各取一字而命名。

何東爵士與周壽臣爵士都克享遐齡，齒德俱尊，早為港人所熟悉；何東爵士於一九一六年與夫人親赴英倫，接受英皇喬治五世授予勳章，何東道即以爵士的名字命名，何東女子中學是紀念他的一所學府，東蓮覺苑是他伉儷所建，（何夫人名張蓮覺）。周壽臣原名長齡，為第三批官費留美學生，於同治十三年（一八七四年）放洋，返國後歷任錦新營口道、駐仁川領事、署理山海關監督等職位，後棄官返港從商，壽臣山道即以周爵士的名字命名。旭和道以羅旭和的名字命名。羅爵士生平藏書甚豐，現移藏於大會堂圖書館中。自周壽臣爵士之後，華人爵士多被奉委為立法局非官守議員。

李瑱先生近作：
重游巴黎
林天蔚先生攝影
下期起開始刊載

本港第一份日報

在報紙刊物註冊處登記的二百八十八種刊物中，報紙佔一百零一種，其中英文報紙四種，中文報紙九十七種。英文報紙總銷數達十萬份，而中文報紙總銷數共一百四十萬份。

以目前香港四百萬人口計算，每一千人當中，就有報紙三百七十五份，而日本是每一千人當中有四百八十七份，世界平均數字是每一千人當中有一百零二份。由此證明，香港居民也算是習慣於看報紙的。

定期刊物成為香港報紙的另一種主要部份，共有一百八十七種，分別為英文五十三種，中文一百三十四種，內容廣泛，從最專門的科技雜誌到當地的娛樂指南。

目前本港的報紙多至一百零一種，歷史上第一張香港報紙係在一百二十年前，即清咸豐三年（公元一八五三年）出版，名為「遐邇貫珍」（Chinese Scrias），是一張中英文合璧的月報，而非日報，篇幅約十餘頁，售價港幣十五文，這可以說是最早的中文報紙。

「遐邇貫珍」刊行僅三年，但主編曾三易其人，都是精通中文的外國人。因當時傳教士來中國，多賴刊物，以為傳教利器，故其刊物，以宣傳宗教為主，兼錄時事為副。「遐邇貫珍」於一八五六年輟刊，至一八五八年始有「中外新報」出版，「中外新報」的體裁，與現在的日報同，是香港最早的每天出版的日報。

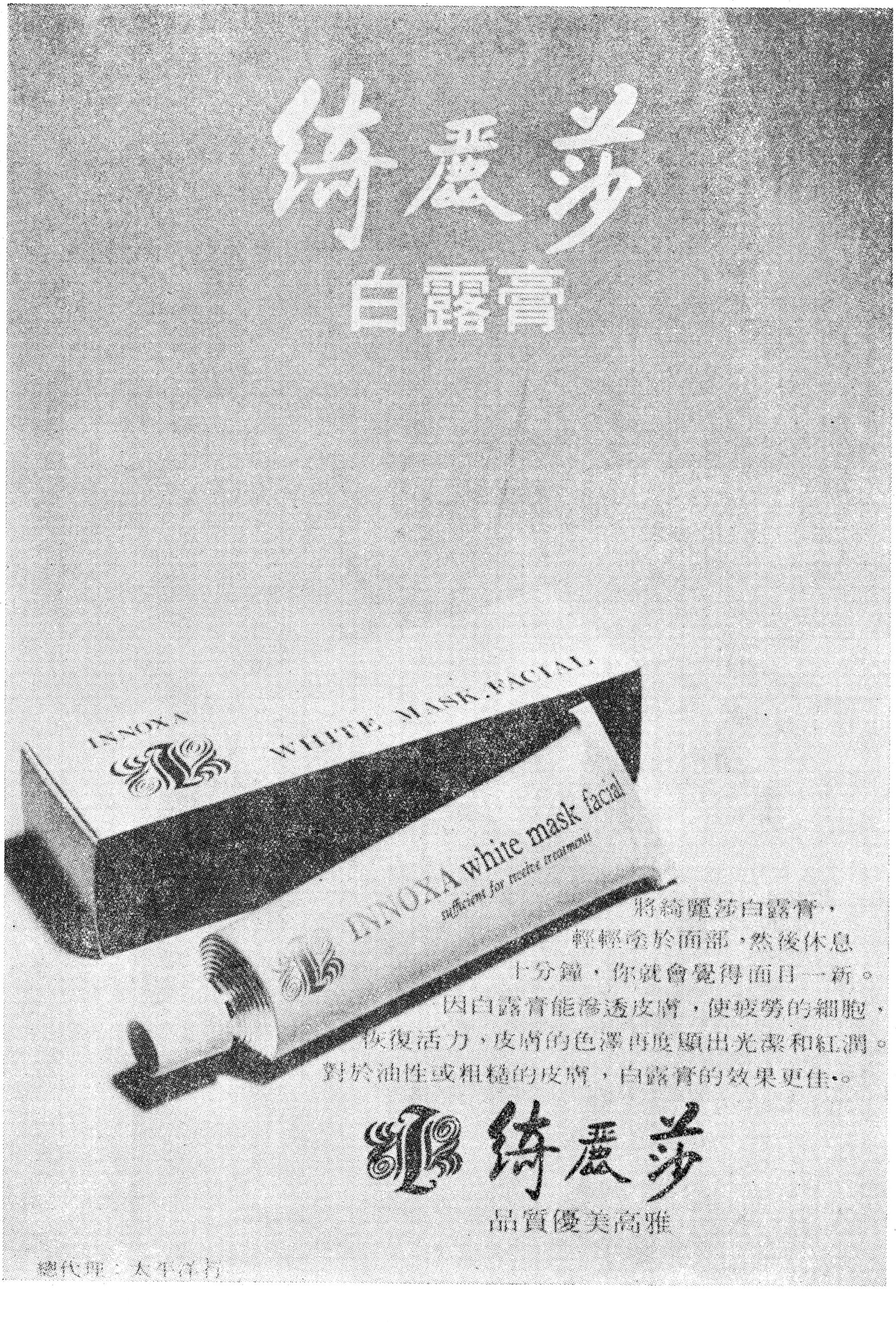
綺麗莎
白露膏
INNOXA
WHITE MASK FACIAL
INNOXA white mask facial
將綺麗莎白露膏，
輕輕塗於面部，然後休息
十分鐘，你就會覺得面目一新。
因白露膏能滲透皮膚，使疲勞的細胞，
恢復活力，皮膚的色澤再度顯出光潔和紅潤。
對於油性或粗糙的皮膚，白露膏的效果更佳。
綺麗莎
品質優美高雅
總代理：太平洋行

血淚當年話報壇

——追憶抗日戰爭中上海新聞界一幕鬥爭史——

·張志韓·

當時上海報業公會的主席李子寬，他身為大公報經理，平日對於申新兩報的爭執，他是幸災樂禍；站在大公報立場，希望兩虎相爭的，但此時此地，他覺得難以判斷了，還是緘口不言，中央日報的馮有眞，他的立場更微妙，他不便作左右袒，五個常務委員，唯我最為超然，見此情境，覺得依照公約，申報勢將大吃其虧，處罰的數字相當高，於是挺身而出，先把申報的違約責備他們不是，至於依約處分，當然罪有應得，但就同業立塲講，眞要依約執行，未免大傷和氣，不如把此事從寬處理，念在初犯，免予追究，但此後必須遵照公約，再不可從中取巧，這一塲嚴重糾紛總算在我三言兩語之中，詹文滸讓步了，別人也哈哈一笑，把大事化為小事，小事化為無事，歡歡喜喜的握手而散。

但想不到我們的幾家晚報，不久之後，也鬧出了一塲趣劇，主角則為新民晚報的女老板鄧季惺，由她一手編劇，一手導演，而最後她做了趣劇的主角，和陳訓畬一樣的這個主角變了悲旦，淚洒香腮，傷心而退，這幕趣劇是這樣的。當時我們在上海的晚報，說多不多，說少也不少，計有大晚報、華美晚報、聯合晚報、新夜報、大衆晚報、時事新報晚刊等幾家，我們在報業公會內自成一個晚報集團，平日相處，頗能和衷共濟，甚至在公會中討論紙張配額時，別家都鬧得面紅耳赤，我們之間大家互相團結，絕不爭執，更因當時各家晚報的銷數，大家都在伯仲之間，所以我們自己公訂了一個數字，其他各報，從未作出對我們反對或不滿，我們相處如此融洽，甚而我們遇到配紙需要向中央信託局付款，每次由我與市銀行接洽承兌借款，也是大家集體行動，市銀行那時的放債人是香港船王包玉剛，此君辦事精明，一絲不夠，我和他辦理手續，總是無可奈何的應付我們這批債戶，現在他身為環球輪船公司董事長，再不會碰到我們這些伸手借錢的窮鬼了。關於鄧季惺如何導演這幕趣劇，說來也夠滑稽，他們從重慶長途進軍，分在南京上海北平三處出報，在上海他們還是初試啼聲，憑了新民報當時人材濟濟，原以為一到上海必可互爭雄長，取得領導地位，誰知外來貴賓，不但像新民報挾其雷霆萬鈞之勢，想一舉而取得海上霸權，像大公報、東南日報更有在三戰區出名的前線日報，他們何嘗不作此想，可是上海這個地方，自有一種習慣性，新聞報憑其一貫優勢，誰也打不倒它，大公報傾其九牛二虎之力，也祗能與申新比肩前進，東南日報的努力有目共見，終是屈居下風，其他報紙則自鄶以下，無法相提並論，所以鄧季惺、陳銘德夫婦倆，眼見新民報不可能在早報間佔得一席之前，不得已而求其次想在晚報上別樹一幟，鴻圖壯志，的確可佩，祗是此一計劃，一時不能實現，於是又施出絕招以左傾姿態，在新聞及言論上另打出路，可惜仍無效果，她細加研究，認為她的新民晚報，與其他各晚報相較，並無絲毫遜色，何以發行數字，無法增加，給她日夜思維，想出了一着絕招，認為上海的晚報，銷數並不穩定，但搶先出版行銷市上最早的，往往銷數最多，如果能大家規定一個時間，不爭先同時發售，那末讀者就要分別高下，決定去取，而後新民晚報，才可揚眉吐氣了。她向我們晚報同業自組的一個聯誼會中提出，擬訂了公約條文，處罰方式，互相討論，因為立塲非常公正，而且有幾家晚報的確出得太早，不到下午一時，早已街頭叫賣，晚報有如午報，未免太不成話，所以並無異議，予以接納，並請她担任了發起人，負責繕寫公約，規定日期，簽字遵守。鄧季惺做事很負責，她說兵貴神速，我們就在明天下午二時半，再在原處集合，大家簽約，當時還愼重討論，規定晚報一律於下午四時出版，不可早，祗可以遲，她因所志得遂，欣喜而去。第二天下午二時半，我們準時涖止，還記得集合的地點在望平街的大衆晚報樓上，此時大衆晚報已由淞滬警備司令兼上海警察局長宣鐵吾做後台，他派該局的刑事處長方志超為社長，我們大家在大衆晚報二樓的社長室準時開會，不須多事討論，立即簽字，而且昨天原已講定各報發行時間，就在此日實行，因為下午二時半簽字，四時出版，就時間而論，正屬適合，詎知天下事往往有大出意料之外者，正當我們大家簽署這一份出版時間的公約，互相握手稱慶時，忽然街頭一片叫賣新民晚報之聲，且奔且叫，於是大家呆了，為何原始發起人的報社竟墨瀋未乾，第一個違反公約，未免太覺兒戲了，鄧季惺自己雖有耳聾重聽之疾，但新民晚報四字，刺進她耳膜格外清晰，她簡直不相信自己的耳朶，她隨身帶有助聽器，馬上把助聽器塞入耳中，要聽清楚是否有誤，可是這種事實，也是現塲最諷刺最有趣的眞實題材，簡直使她無地自容，花容失色，她不但淚盈於眶，還特地打電話問她們的副經理高君，如何出此紕漏，可是鐵案如山，已屬無法强辯，如果依照當時所簽約，自然立下軍令狀，非要大大處罰不可，究竟大家誼屬同業，未免不好意思，於是哄然失笑，索性把這份公約，當塲撕了，從此以後，再也聽不到鄧季惺侃侃而辯的宏論，甚而她也很少參加我們這個聯誼會了。

局面變幻誰可料　危機潛伏在工人

現在回想勝利以後的上海新聞界，也可說全國的新聞界，僅僅幾年，大家都完完大吉，不但我們這些頑固落後的新聞從業員，離鄉背井，再一次的遠走天涯，脫離了原有崗位，祇是僅僅幾個年頭的上海新聞界，我在當時，也的確感覺到瀕臨末路，烏煙瘴氣，眼見那些憑藉黨政勢力的新貴，接受的，霸佔的，巧取豪奪，不知人間有羞恥是非，他們憑了關係分到一個職位，汽車洋房便如乞兒暴富，氣燄之張，途人側目，甚而有一位大報的總座，拉攏爪牙營私舞弊，勾結經紀，巧立名目，把報館賺到的錢兌了黃金，作為獎勵那些經紀勞績，可是一轉手間，又由那些經紀以祝壽為名，向這位老總原金奉獻，這是公開的秘密，幾於無人不知，試問有誰肯挺身而出加以檢舉，上峯是不會知道的，也因為國內局面愈弄愈糟，微枝末節，誰也無暇注意這些鼠輩，因此得其所哉，而另一些自鳴清高的鬥士，他們一手拿國民黨的錢，吃國民黨的飯，誰知他們寫的文章，發的言論，都變了國民黨的死敵，形形式式，比了日本人開始攻打之時，全國上下所表現的一致愛國氣氛，根本不可同日而語，變了變了，兵敗了，經濟大動盪了，人民的心動搖了，如此局面，自然一發不可收拾了，我更覺得經濟的崩潰更是孽由自作，發行金圓券，實行經濟管制，當時全國上下，苟能一德一心，何嘗不可挽狂瀾於既倒，所惜政府的各省方面大員，自己不能一德一心，澈底執行，反而陽奉陰違，各行其道，這種政策，如何能夠貫澈。老實說，當初上海可說奉行得最澈底，管制得最完善的區域，最初一陣的確克收宏效，市場毫無波折，可是鄰近的浙江省就不是這回事，遠在南方的廣東省，甚而公然以港幣為籌碼，試問如此情形，上海的穩定局面何能持久，我們不必遠譬近喻，很簡單的說說米價吧，當時上海米價，限定了一個價格，可是浙江方面，米價比上海高出許多，做生意的人誰不想多賺幾文，於是造成了上海的米荒，政府不向浙江追究，祇知頭痛醫頭，撥國庫辦糧貸，但經手的人又是如此低能，於是糧價不但未平，反而急漲，工潮激蕩，一半牽涉經濟，因為生活困難而激發，一半出於政治，便是反對黨的煽風點火，這問題如能因勢利導，還不致不可收拾，誰又知那些聰敏人想出了一套生活指數方案，據說工人要求加薪，祇要實行生活指數，從此可以安定工人生活，南人不復反矣；他們不想想生活指數造成的大禍，你加我也加，工人職員加工資，老板加貨價，循環上漲，靡有已時，不要說金圓券馬上崩潰，即使每天發放黃金鑽石，一樣的無法控制，而當時身受生活指數壓迫的，即以上海的新聞事業為一個受難者，報館工人罷工，也是報館職工最先按照生活指數計薪的，我忝為華美晚報的主持人，工潮爭執最烈之時，大家去請社會局調解，社會局長吳開先和報業中人都是老朋友，他拍胸脯担保決不令諸位吃虧，結果呢，他接受工人的提案，自此以後，以生活指數計薪，工人勝利了，其他各行各業，都不得不採用此項新發明的錦囊妙計，於是乎，政府的經濟政策，全部崩潰，加上這些打虎英雄，把揚子公司封閉以後，人們以為豪門囤積一樣的處以國法，却不料揚子公司囤積的物資又啓封了，甚而正言報因此而被封了，人心至此又是一大變。老虎不打，連蒼蠅也不必拍了，經濟局勢一團糟，大局如何會好，黃金美鈔，大頭小頭，紛紛出籠，眞是到了世紀末的地步；而所謂那些工人階級，本來依照生活指數，薪工天天漲，月月高，他們又不滿足了，藉口軍事局勢逆轉，大家要應變，又要提出條件，給予他們安家費，我這個起碼報館，這時也在工人中產生了一個組織，我記得最清楚，一個叫王金法的排字工人，他白天在華美晚報做工，晚上在大公報排字，他們身兼兩職，已是理所當然，我們的這些工人由他領導，向我提出要求，每人要發大頭銀元百枚，白米十石，捲筒報紙四筒，算一下我們報社內的工房，排字，澆版印刷三部份總數六十人以上，當然給了他們，也不能虧待職員，統計下來全報同人在百人以上，傾家蕩產也無法接受，我不答應，他們罷工鬧到社會局，那時的調解處長趙班斧，此君現在台灣，也是國大代表，我問他怎樣處理？他兩手一攤，告訴我現在局面，連他也不知明日何日，祇能由老兄好自為之吧，我聽了這種洩氣話，眞是無可奈何，問問同業公會的主席李子寬，他自己的大公報安如泰山，無風無浪，聽到我的投訴，他也無詞可答，祇說依照軍事當局的命令，目前罷工是犯法的，如去報告便要把為首的抓去，槍斃，試問足下是否肯這樣蠻幹，而我們的工人因為我遲遲不作答，他們竟採取行動了，組成糾察隊，連報社內的銀箱也由他們管制，不准任何人開啓，我想想祇有一切算了，數年心血，苦撐苦熬，而今大勢所趨，只得忍痛放棄，而且促成我遠走高飛的最大推動力，還是一個斷手殘廢的澆版房工人，他名叫陳阿根，上海淪陷時，原為中文大美晚報，澆版房的學徒，因為工作不愼，右手指慘被切斷，他已是殘廢之人，醫愈之後，已無法在澆版房工作，我當年便把他安插在編輯部做工役。勝利返滬時，他已淪為推板車的工人，鳩形鵠面，幾不相識，我把華美晚報工房恢復時，所有昔日中文大美晚報的老工人，如願前來概予錄用，此時舊日澆版房的工頭朱長海，我請他為三房總管，澆版房仍由他負責主持，這個陳阿根要求安插在澆版房中，我看他一手雖殘，身體尚可所以一諾無辭，叫他安心工作，誰知他在罷工風潮中，變成了王金法的幹部，竟在社會局調解席上，他公開對我說：張先生，你今日有此成就，都是他們血汗之功，所以一定要我俯如所請，否則此事難以解決。別人如說此言，我還不以為意，惟有此人眞是忘恩負義，我當時氣得無言而笑，自覺人心如此，尚何留戀可言，於是一面與他們虛與委蛇，一面買了機票，偕同妻女悄然到港，他們根本不知道我棄報而走，事後他們還在我的報上，刋出警告我的啓事，他們聯同編輯部人員大家做了當家人，加薪水，還把倉庫中的報紙變賣去一部份大家化用，可惜好夢不長，共產黨來了以後，報紙不准出版了，機器鉛字被運到北平辦工人日報，社址變做了三聯書店，已賣去的報紙，給查出以後，倒楣的是一個姓吳的紙商，要他全部歸還，這是我接到報社中同人事後來信的一鱗半爪，我呢閉門推出窗前月，吩咐梅花自主張，對這一張艱難締造粗具規模的華美晚報，也無法不置之度外了。

感逝傷離流亡客　慚愧今朝說舊聞

現在回想我們離開上海以前的那段時間，人心之混亂，局面之變幻，比了當年日本人攻陷大上海，更是進退失據，去留難定，而中央日報馮有眞之飛港墮機，英年早逝，更使人悲怛感傷，莫能自已，而馮氏之死，因爲他一度與我相商，我勸他把一架較舊的印報機秘密運港，他爲了安排後路，所以要來港一行，祇因生死大事，早由冥冥中主宰，他原定起飛日期本當稍緩一日，彭學沛忽然要他同行，那時中航飛機購票已很困難，馮有眞買到機票，已是非常倖運，提前一日，本不可能，祇因彭學沛曾任交通部長以及中航董事長，他自己決定行期，中航對他，自然百依百諾，而多一個馮有眞的機位，祇須把別的客人押後一天，更是不成問題，誰又知死神的催命符，把他們兩人和同機男女搭客，在已到香港上空之時，活生生的送他們去了鬼門關。事發當夜，馮有眞家中頓時悲慘凄涼，他的司機對我說，深夜二時以後，大家默坐家中，祇聽到室門砰然作响，一模一樣，皮鞋橐橐之聲，完全和平時馮有眞返家，一樣，他說生平從不信鬼，但他當夜所聞，不得不信暴死者的性靈不滅，鬼魂似確有其事也。馮有眞之所以暗中把中央日報一架舊機裝運南來，事實上亦屬無可奈何，蓋共軍渡江迫在眉睫，上海的工人早已操縱在他們手中，而政府的一些主持工人運動的，此時惟知安撫，祇要滿足工人要求，他們以爲便可太平無事，於是工人們的無理要求，層出不窮，負責處理工潮的社會局，無能已極，縱在軍事當局頒佈戒嚴令下，對於罷工滋事之徒，可以處以極刑，但究竟人命關天誰也不願把自身被工人迫害之事，向軍事機關報告，有錢的祇能聽從社會局勸解，出錢消災，免出亂子，中央日報表面上並無什麽不妥，私底何嘗不是以鈔票來塡滿工人的慾壑，馮有眞內心當然也非常着急，他和我研商善後辦法時，本想把報社內那架向德國買來的印報機搬走，無如此時的報社工人已宛如太上皇，如果知道報館當局搬機器準是預備撤退，他們飯碗勢將敲破，自然振振有詞，大起騷動，所以祇能改變策畧，把一架老爺機裝箱搬出，好在此機早已廢置一旁，無人注意，但搬往何處，又是一個值得商榷的問題，馮有眞的主意，認爲戰局固然不利，但長江天險，似乎尙可挽守，即或京滬失陷，政府必將繼續作戰，保持東南與西南的半壁江山，所以就把這一架舊機器運送來港，靜觀變化，他自己飛報香港，便在這架機器起運之後，想親自策劃部署，誰知他的雄才偉畧竟遭天妒，遺下的上海中央日報，乃由許孝炎代爲主持，許氏在香港恢復香港時報，便由這架老爺機負起印報之責，上海方面的舊人，李秋生迄今猶總持筆政，不過這架舊報機，人老珠黃，已於十多年前，轉賣給台灣的中國時報，該報的余紀忠把此機大事修整，也化了不少錢，現在則又已把它報廢退休，棄而不用。馮有眞的太太，二十多年前由港携女前往南美洲，他本來也是一個相當活躍的人物，但馮有眞死了之後，她萬念俱灰，離港之前凄然語我，儘管有人勸她不必走，甚而紅朝中的鄧頴超等，都是她舊日友好，但一心扶植女兒，決定離開是非之地，她和張大千一家，都是至好，離港遠適，正與張氏一家同行，二十年了，不聞她母女的消息如何？算來她的女兒早已學業完成，母女兩人大概已在海外落葉生根，想起馮有眞在敵僞佔據上海時，和我同處患難之中，勝利後看他活躍一時，誰會料到如此結果！

上海的一頁報業史，在共產黨統治以後，我已遠走高飛，有許多人夢想趁此時機把報紙作爲政治資本，所以在國軍尙未退却之時，即已到處活躍，企圖抓些報紙在手中抬高自己身份。猶記當我被報社工人們把罷工作爲武器，逼我如何如何之時，身爲主持之人，四面楚歌，的確心灰意懶。有一位吳大風兄，他是一個專門在正言報東南日報以及大衆晚報寫社論的操觚之士，他曾經代表一個不知名的人物，願意花三百兩黃金把華美晚報收買而去，他說明知這些錢爲數無多，但於其將來被迫放棄，變成一文不值，不如拿了三十根大條也可作爲一時的生活資本，至於報社員工，如何對付，他們自有安排，可以不必顧慮。此君一番好意，於今想來，悔未毅然接受。此外有一個朋友，他曾爲了漢奸嫌疑，在敵僞時期被人狙擊，幸而挨了三槍，未曾致命，他相當見機，在日軍投降以前，已到大後方作效忠之狀，在吳君向我提議收買之時，他也自告奮勇，願意爲我解除困難，他希望我把整個報社讓他負責，而且說出他手中握有一張王牌，縱使共產黨統治上海，報紙仍可出版，我對此君雖然非常莫逆，但他的爲人也知之有素，當然一番好意，一笑置之，我寧可全部放棄，淸淸白白，決不願是非不明，交到二三其德的人手中，果然在我南來以後，此君被國軍逮捕了，但又是大難不死，居然由上海市黨部主任委員方治，予以保釋，一年之後，此君也狼狽來港，又是滿口反共之詞，問他當年手中所抓王牌究爲何人，則說他認識的是陳毅的姑母，郭春濤輩曾在他家中作爲開會場所，因此以爲有恃無恐，誰知事機不密，被毛森手下，所捕，幸而逃出生天，以爲可在紅朝中藉此功績，有所獻替，誰知他們六親不認，在五星旗下還是追查過去所作所爲，所以祇得逃之夭夭，與我輩同作太平山下的逋臣矣。除了此君以外，更有一位女朋友，她是一個顯宦的外室，居然也想幫我大忙，願意爲我撑持危局，靜候改朝換代，她也很有把握地告訴我可以適應大風浪、大變動，要我當機立斷，交出報社大權，有這樣多的好心人，肯在危難中挺身而出，可惜我冥頑不靈，對於他們的仗義作風，不敢領教，自願掃地出門，自己還以爲心安理得咧。

上海有這樣多的報紙，共產黨未到之前，竟無一家能全師而退，馮有眞算是快着先鞭的一人，能於事先搬了一架舊機器，其他報社則據我所知，祇有東南日報的胡健中，以及前線日報的馬樹禮，也曾秘密的搬出了兩架印報機，胡建中除了那把架印機平安運到台灣外，他的藏書，他的其他所有則在一次海上大悲劇中，隨太平輪而沉沒於汪洋大海之中，損失異常慘重。馬樹禮的一架印刷機運到香港之後，又運去印尼，他在那裏辦報辦學校，辦得有聲有色，可惜蘇加諾把他全部沒收，還飽嚐囹圄之苦，其後總算遣往台灣出任要職，現在又去日本另膺新命。除此兩人以外，恕我消息欠靈，再沒有其他報社的主持人，可以移出些微物資，像財產最多的新申兩報，甚而在戰火將及上海之時，當局爲了穩定民心，提高士氣，曾撥出一批黃金，犒賞他們的全部職工，也等於抛諸汪洋大海，何嘗發生些微作用。益世報上海版的主持人范爭波先生，他來港之時，親口向我述及此事，他的益世報維持到不能維持之日，也祇能黯然抛棄，他便知道新申兩報領到黃金犒賞職工之事，他們益世報則不作此想，其他報紙當時尚在支持殘局的，有無同沐恩施，則未知其詳了。說實情，在上海將陷未陷之先，許多報社當局，包括一些大工廠大商家，他們很想見機撤退的，爲數很多，祇是軍事當局，爲了安定民心，不斷發出有把握的言論，還禁止撤退器械物資，以免擾亂民心，此外共產黨的宣傳攻勢，也早已佔據在許多人的心裏，他們發出許多諾言，開出許多支票，聲明共產黨，如何保障民族資本家，如何不咎既往，寬大爲懷，大家是中國人嘛，祇要政權到手，何必以殺立威，所以大家都相信了。尤其那些工人他們早已嚮應了共產黨的號召，各行各業，都組織了保衛會，監視他們的器材資產，也監視他們的老板，即使有人想偷偷的想法搬走一些東西，自有這些工人同志羣起阻止，所以共產黨可以拿到了完整無缺的上海，所有上海的新聞界，也就隨着國軍的撤退而完吉，這是上海新聞事業的結束，雖然解放日報新聞日報等以後應運而生，這已是新聞史的另一章，我因緬懷舊日從事新聞工作的一些往事，和抗戰時的一些滄桑，追念逝者，以彰遺烈，信筆所之，竟擴及於遠征大後方的所遭所遇，從而寫到勝利復員，在上海所過的種種夢樣生活，而今都成陳跡，曉舌豐干，祇希望讓人知道新聞事業之可爲而不可爲，以及做新聞記者之可做與不可做而已，擱筆吧！不多囉囌了。

拙文發刊以後，頗荷本刊讀者加以垂注，不特新聞界友好，謬承鼓勵，而本刊讀者中亦有專誠來函，提供資料者，尤其是澳門古君，因見拙文述及正言報經理馮夢雲，當年慘遭敵人殘害，其事之慘，爲上海新聞界殉難諸先烈中最爲殘酷之一幕。古君當年與夢雲同囚一室，羈獄經年，結成難友，目擊夢雲於民國卅一年十一月，被敵兵提出，從此一去不回，懸知是日即爲夢雲殉國之日，在押期中，敵人從未審訊，就義之前，亦祇由敵憲兵開庭詢問其姓名年齡籍貫及家庭情況而已。如此草草便即處人以死，從知敵僞當年，草菅人命，視同胞狗芻不若。筆者深感澳門古君不遺在遠，熱忱見示，在此附致謝意。（全文完）

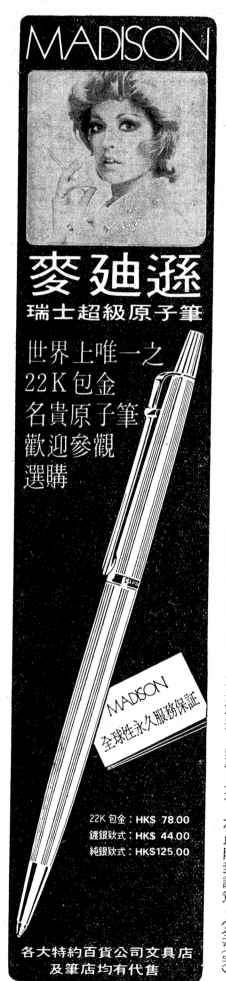

花卉畫及沒骨法

張大千

研習花卉，首先要參考一部舊時的書，名爲「廣羣芳譜」，全書祇是文字，沒有一張圖畫，但把各種花卉的形態和特性，說得非常清楚。知道花形容易，知道花的性情就困難，所以這本書是畫花卉應備爲參考的要籍。花卉有木本、草本兩種，這要先弄清楚。花卉當然要推宋人爲第一，畫的花卉境界最高，他們的雙鈎工夫，不是後人所趕得上的。到了元人才擅長寫意，宋末偶亦有之，到明清，漸至潦草，物理、物情、物態，三者都失掉了；獨有八大山人崛起，超凡入聖，能掩蓋前代古人。花卉不是每一種都能夠入畫，也須選擇；畫家也不是每一位擅長繪各種花的，能深深的明瞭幾種花木的特性，已經是不容易的事了。體會物理，看某一種花，要由茁萌抽芽、發葉吐花，這些過程中，給我們的印象，能一一傳出。更嚴格的說，要能從發葉子的時候，一看就可以辨出花開出來的顏色，要這樣纔能算得深入裏層，算是花的知己，稱得畫師了。能夠栽種的或能插於瓶盎的，應該搜羅一些，放在身邊，使我們能夠朝夕相處而觀察它們，從而爲它們寫生。冶姿嬌態，和生長的意味，都要完足。用筆要活潑，活潑並不是草率，是要活力和自然。墨色務要明朗，不可糢糊不清。選古人的名跡，吸收他們的精粹，這樣不會不成功的。花幹也有一點必須注意的，它是整個花的主體，木本要畫得挺拔而秀發，又不可以太僵直，草本要有柔脆婀娜的姿態。

何爲沒骨法？就是不用墨筆勾勒，祇用顏色來點戳，這就名爲沒骨。這畫法創始於北宋徐崇嗣，花卉是以清妍艷麗爲主，完全拿顏色來表現，是較爲容易的。這法傳到清初，要數惲南田第一，清妍艷麗四個字，可以說是闡發無餘。畫花瓣儘可全用顏色，也不妨先用水墨點戳，然後略施淺色，覺得更有精神些，白陽、石濤是常用這方法的。荷花頗適合於沒骨，先用淺紅色組成花形，再用嫩黃畫瓣內的蓮蓬，跟着即添荷葉及荷幹，葉是先用大筆蘸淡花青掃出大體，等色乾後，再用綠汁層層渲染，在筋絡的空間，要留一道水線。荷幹在畫中最爲重要——等於房子的梁柱，畫時從上而下，好像寫大篆一般，要頓挫而有勢，有亭亭玉立的風致。如果畫大幅，幹太長了，不可能一筆畫下，那麽下邊的一段，就由下衝上，墨之乾濕正巧相接，了無痕跡。幹上打點，要上下相錯，左右揖讓，筆點落時，略向上踢。花瓣用較深的胭脂，再渲染一二次，再勾細線條，一曲一直，相間成紋；花鬚用粉黃或赭石都可。這時看畫的重心所在，加上幾筆水草，正如書法所說的「寬處能走馬，密處不通風，」一般無二。

原稿
缺頁

原稿
缺頁

原稿
缺頁

原稿
缺頁

原稿
缺頁

原稿
缺頁

原稿
缺頁

原稿
缺頁

大人一笑

白話電報

民國三年袁世凱當選正式大總統，黎元洪獲選副總統。黎通電就職有「元洪備位儲貳」之句。黎的秘書長饒漢祥被任爲湖北民政長，佈告就職亦有「漢祥法人也」一語，炫示他具有法學新知識。即有人在報紙上刊出聯語云：「黎元洪篡袁克定位」；「饒漢祥是法蘭西人」，見者爲之捧腹。

民十四年直奉戰爭醞釀之初，吳佩孚在洛陽，不願應召赴保定參加軍事會議，蓋以曹錕與張作霖係兒女親家，恐曹中途變卦。最後曹自擬電文致吳云：「我就是你，你就是我，親家之親，不如你我之親，快來罷」，吳接此電，即北上主持戰役。

人名巧對

筆者知道的現代人姓名，可以構成巧對者有好幾個：曾在北京民國大學的閩人石磊（笑凡，留美學生）可對國府主席林森；對日抗戰結束後，担任湖南民政廳長的湘人劉公武，可對宋子文；李宗仁，可對故司法院長王寵惠；川籍詩人謝无量，可對康有爲；前任交通部長袁守謙，可對故民黨元老許崇智；台灣名人蔡培火，可對名作家陳定山。這些人名巧對，平仄皆協調，意義亦相稱，錄之以博一粲。

一語成讖

民國廿一年，陳公博担任中央實業部長，而以郭春濤爲政務次長。一日有客到實業部訪郭於其次長室，正談話間，陳公博亦入次長室。郭春濤好談女人，訪客笑而不言，陳却大發議論云：「像我們這種人，整天在外邊談革命問題，搞政治活動，回到家裏只好跟太太談談風月，打情罵俏，變換一下腦經，否則生活豈不是太枯燥了？」客曰：「醇酒婦人，原是英雄本色，」陳哂然謂：「我這種英雄式人物，將來非遭槍斃不可的！」言畢相予大笑。十餘年後，陳氏果以叛國罪遭槍斃了，不亦怪哉！

吸煙有理

已故副總統兼行政院長陳辭修過去在大陸時並不吸煙。一九六一年有客在台北叩訪他，兩人對談間，他不斷地吸着寶島牌香煙，同時每次遞一支給客，客接置茶几上，表示慢慢地再吸。他似了解客的煙癮不大，即告客曰：「你知道，過去我是一枝香烟都不吸的，自從作了行政院長後，常常要到立法院作施政報告，然後坐在台上聽候委員老爺們的詰詢。他們有幾百張嘴，說得對的固然要聽，說得不對的亦得恭聆如儀。我坐在台上悶氣不過，祇好猛吸香煙，這樣就把煙癮增大了！」

妙計辭婚

對日抗戰中期，胡宗南到重慶述職時，有要人給他介紹某名門小姐締婚，胡固知某名媛齊大非偶，然未便悍然拒却，表示先作朋友，再談婚事，介紹人亦以爲然。

一日，胡約名媛郊游，她身穿華貴旗袍，足登高跟鞋，欣然偕行。胡駕車渡往南岸海棠溪後，雙雙步行至附近的丘陵間游覽，往來亂石污泥之中，某小姐深感困苦不堪，高跟鞋亦損壞了。郊游一小時以上，旋至大道旁的「担担麵」小攤上果腹，某小姐更不能下嚥。胡即對她說道：「我們軍人的生活，今天這樣算是很奢華而舒服了，平日還要辛苦啦！」某小姐大爲失望，歸語某要人不必再與胡談婚事，胡大爲欣慰，即遄返西北防次，未幾乃與翟女士正式結婚了。

神經縣長

民國廿九年，四川省主席王纘緒委任一青年軍人康國棟爲新繁縣長，康的太太常着軍服，帶軍帽，扮作康隨從士兵。新繁係大縣，豪紳巨室多積欠糧賦不繳納。康到任後，每率警士帶着手銬兩付，親登豪紳巨室之門索逋，有不清繳者，即將其銬押入城，康自已亦銬上，說是「我和先生同樣帶着手銬而行，對於先生的面子並無損害」云。康又隨時派員在市街上迫剪婦女的髮髻。於是，羣情譁然，謚之爲神經縣長，呈請省府撤換。

新繁距成都不遠，王主席曾親自往該縣視察，召見地方紳耆詢問康縣長有無貪污行爲？衆謂並不貪污，但處事神經似有病，不足以臨民也。

王佛然謂：「我是神經主席，就喜歡這樣的神經縣長！」諸紳耆垂首散去，無話可說。

要買飛機

已故川省主席劉湘夫人並不識字，民國卅年夏間，她在重慶要買飛機票回成都，航檢所告以當天暨次日的機位皆已客滿，請她先登記，聽候通知購票，她以爲故意留難，很不高興。

次日劉湘夫人往謁蔣委員長，因係故人之妻，蔣立予延見，她說道：「委員長，甫澄（劉湘別號）死了，我要買個飛機亦不行嗎？」蔣公殊詫異，便謂：「大嫂買飛機何用呢？」她答「我要回成都去。」纔知道她是要買飛機票，乃謂：「那好辦，馬上派人替大嫂辦好送來就是。」

這時成都方面發生糧荒，劉夫人辭別之際，蔣公笑語劉夫人道：「現在市面上的米糧價格很高，大嫂存儲着的谷子，可以開倉出售了」，她唯唯。回到成都，即大量糶谷，揚言「是委員長教我賣的」，糧荒乃告平息。

影城八年（中）

陳蝶衣

和尚撞鐘·託庇於廟

我在「影城」，一躭就是八年。編劇部同人此來彼往，屈指計之，駐廠辦公者前前後後，計有王卜一、杜寧、譚酒孫、丁善璽、李至善、張森、葉逸芳、蔣芸、靳蜀美、杜雲之、江揚、李卓堅、邱剛健等十餘位，他們不是約滿別去，便是另有發展；心力既盡，掉頭即行；俱已如星之離、豆之剖，各奔前程去了！只有一個我，還留戀又留戀，從編劇部調到宣傳部，浮沉下僚，迄無去意。原因是：我素向有一句自以爲是的口號，叫做：——一個和尙總得有一個廟。

「影城」中高棟連雲，影棚處處，毫無疑問，乃是一座大廟；處身其間，頗有安全感。於是，我便決定「做一日和尙撞一日鐘」，不想出外「掛單」，扮演「行脚僧」角色了。

也就因爲如此，使我有了用「正眼」窺「法藏」的無限機會。惜乎大廟之中，香火固極旺盛，道場亦甚熱鬧，却仍不免有修羅夜叉交起搏戰，鵰子鶚母四野羣飛的現象，隱約顯現於每一個角落。而最使我怵目驚心的事，則是李婷之死。

根據「香港影畫」（一九六六年十月號）的官式記載，李婷之小史如下：

「李婷，原名李中婷，祖籍南京，一九四三年一月廿一日生於北平，一九六一年九月考入南國實驗劇團第一期演員訓練班，一九六三年晉身邵氏公司，一九六六年八月廿八日上午逝世，享年二十三歲。」

她的一生作品，則有：㈠山歌戀，㈡鱷魚河，㈢三更寃，㈣萬古流芳，㈤菁菁，㈥歡樂青春，㈦玫瑰我愛你，㈧黛綠年華。

有一件事非常奇怪，在李菁主演的「菁菁」一片中，李婷參加演出，担任第二女主角，飾演一個小寡婦，劇情的結局是自縊而死。

而李婷之死，也正是「投繯自盡」。

這是我生平所看到：周璇因唱「瘋狂世界」而後來眞個瘋狂，同樣不可思議的第二個巧合。

我在進入「影城」之初，辦公室在第二宿舍樓下的一〇六號室，而李婷的居處，則是第一宿舍樓下的一〇二室，因此常與她在通路上相遇。曾有一次她來到第二宿舍樓下的南國實驗劇團教務室，覓團長顧文宗未遇，我見到了她，彼此立談了幾句；她一口京片子，語音極醇，很有些像鍾情的聲口，使我對她留下了深刻的印象。

初入電影圈時期的李婷及其簽名式

李婷之死·可駭可愕

但可駭可愕的事，不久便在「影城」發生。

有一天下午，我在「影城」第二食堂看到李婷，她對着導演岳楓有所陳述，我沒有坐在一起，聽不到她說些什麼；但她之頰有淚痕，愁顏相向，却是看得很清楚的。

事後岳導演告訴我：李婷對他口口聲聲說「不想活！」我纔知道那是一次泣訴。

就我所知：李婷於一九六四年的初冬，獲得了擢升第一女主角的機會，去往泰國拍攝「鱷魚河」一片的外景，其時她的別具風格的「淡淡哀愁」之氣質，已得到了製片主管及導演團的賞識，藝術生命正在向輝煌之途邁進。及至「鱷魚河」外景完成，飛返香港以後，一九六五年又連續參加了「三更寃」「萬古流芳」「菁菁」「歡樂青春」等片的演出，洵如一篇悼念李婷的文字中所說：

『在這個階段的李婷，她的年華，她的情感和她的藝術，都已到達了成熟階段。她瓜子型的臉，也偶然會展露絲絲的笑意。這，正是少女情懷初放的錦繡年代。作爲「邵氏」基本演員的李婷，可能在這春花似的歲月中，享受到情愛的甜蜜。』

遺憾的是在實際上，她所享受到的情愛並不甜蜜，相反的是只能招致痛苦。

魔鬼哄騙・生命斷送

李婷的社交生活，在她進入成熟階段之後纔開始，範圍並不廣泛，但已有兩位男士供她選擇，作爲戀愛的對象。李婷比較喜歡其中的一個，準備委身以事；而她的父親則要她嫁與另一個。兩者之間的差別，在於一個是白領階級，另一個則比較富有。

做父親的從「選婿窗」中看出去，偏向了「錢」的一面。

此外，李婷在上流社會之間顯露了她的那份高貴儀表，也吸引了一位紳士的注意，情不自禁的醉倒在她的裙邊。

於是，在李婷的戀愛測驗中，便發生了若干的波折。到了「玫瑰我愛你」一片開拍，她與丁紅會同主演的時候，她的心情已逐漸陷入困擾之中。這也就是她後來向岳楓泣訴，口口聲聲說「不想活」的主要原因。

一段灰黯的日子，使李婷的嬌軀愈顯得纖弱了！但她的精神，還不至於趨向崩潰。

李婷的絕望，是種因於遇上了另一個魔鬼之後。我之必須指出其人是魔鬼，爲的是李婷的一條性命，完全是斷送在這一個魔鬼之手。

這一個剝蝕李婷的少女身心的魔鬼，是「影城」裏的基本導演之一。

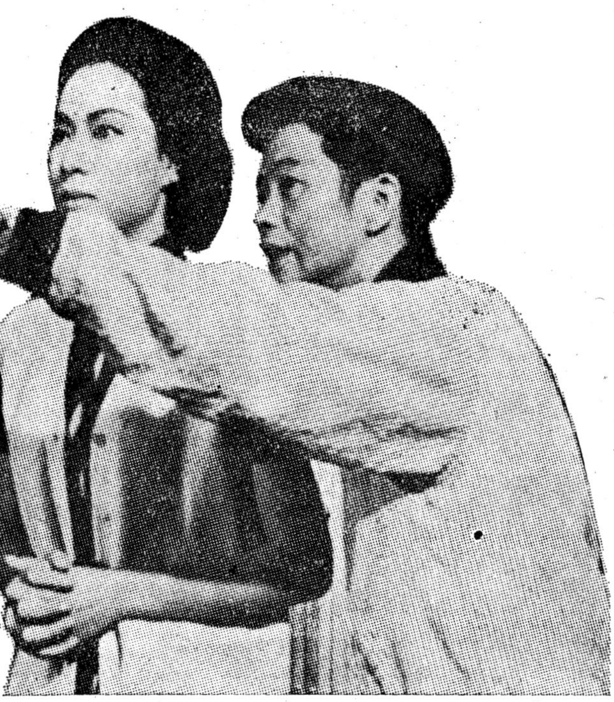

秦劍指導李婷演戲的一個鏡頭

貞操代價・資助豪賭

如果把李婷之死衍成一個電影故事，劇情的安排應該是這樣的：

『有一位品性純眞的少女，從大陸來到香港，與老父相依爲命，已非一日。

其後，少女投身電影界，經過了一段時期的努力，星運日隆；同時，她的終身大事也到了需要決定的階段。

老父體弱多病，少女想籌得一筆養老金之後再出嫁；她就商於一位擁有「總理」頭銜的紳士，所要的數字是港幣二萬元。紳士非常慷慨，對她說：「二萬元夠什麼用？我給妳二十萬。」

二十萬元港幣，其中二萬元是現鈔，少女捧給了老父，作爲「養育之恩」的酬報。另外八萬元開了銀行往來戶口，隨時可以提欵。此外還有十萬元整數，則是爲期若干年的定期存欵，期滿前不能動用。

這一件事，被一位著名導演知道了！導演施展軟哄硬騙的手段，一方面以新片的女主角」之界與作爲釣餌，一方面又透露要娶她做第二任「導演太太」的蓄意。少女被他的甘言所惑，八萬元的銀行存欵及十萬元的定期存摺，全部交給了這位導演。

結果，導演把十萬元的定期存摺以八折的代價轉賣出去，得現鈔八萬元整，連同銀行存欵共計十六萬元，全數送進了馬場，舖了草皮，完成了「豪賭」傑作。

少女犧牲了貞操，只落得「兩手空空」；同時，「嫁」的問題亦已無法解決；她在悔恨之下，終於以一條繩子代替三尺白綾，斷送了她的黛綠年華。……』

黛綠年華・最後遺作

以上，是一個足以使觀衆們爲之扼腕歎息的悲劇故事。作爲觀衆之一的我，實在不忍聽，也不忍寫；但仍然忍不住要筆而出之，則是爲了必須揭露一些魔鬼的醜惡嘴臉，以冀稍慰一個善良少女的寃魂於地下。

李婷逝世之次日，（一九六六年八月廿九日，星期日。）我代表公司同人試擬了一副輓聯，懸掛在李婷的靈前，聯語曰：

一曲山歌戀，原冀芳流萬古，從此年華珍黛綠。

數灣鯉魚河，緣何魂斷三更，竟將歡樂損青春？

聯語是撥集李婷演出的影片之名而成。此外又曾應何主任冠昌之囑，爲片廠續擬了一副輓聯，則我的「工作日記册」中並未錄存，聯語已無從記憶了！

李婷的最後一部遺作是「黛綠年華」，由秦劍導演，劇本係根據「小婦人」所改編；李婷、胡燕妮、祝菁、馮寶寶分飾四姊妹，李婷即是飾演四姊妹中的大家姊。

在劇中，大家姊的溫柔、嫻淑，受到了三個妹妹的敬愛，這也正是李婷的原有個性。此片在將次完成的最後階段，李婷走完了她的人生歷程，她的悲觀思潮，把自己的黛綠年華淹沒了！

李婷逝世三年之後，一九六九年的七月，又一怵目驚心的事在「影城」發生了！那就是秦劍的自殺。

秦劍自縊·追躡寃魂

有一個時期，我與葉逸芳兄相對而坐，借用岳楓導演的辦公室從事寫作，右鄰是陶秦的辦公室，左鄰是秦劍的辦公室兼寢室，我們恰巧身處於「二秦」之間。

導演辦公室的地點，是在第二宿舍的二樓。每次從通道經過，總會看到秦劍辦公室的門上，黏有「休息時間、請勿打擾」一類的通告，那是導演正在裏面酣睡。

有時，門是打開的，但裏面一片漆黑，既不亮燈，亦不開窗。所給我的印象是：那裏面住着一個幽靈。

有一天我一人在室，秦劍叩門而進，告訴我晚上窗門未闔，風吹作響，以致擾亂了他的睡眠，使他不能入睡；要我在「下班」之前，記住了把窗門關緊。

怕光，怕風，怕聲響，這就是曾有「神童」之稱的大導演秦劍。

關於秦劍之死，「香港影畫」（一九六九年八月號）的官式報道如下：

『秦劍原名陳子儀，四十三歲，加入「邵氏」後，一直居於宿舍。在悲劇發生前，尚繼續爲「邵氏」導演「相思河畔」一片。約一月前，曾於該片拍攝中昏倒吐血於片塲。逝世之前夕，曾與副導演植耀昌在宿舍內研究劇情至深夜始散。翌晨八時左右，副導演依時去催他拍外景，發現秦劍已在浴室內自縊，即由同事等解下拯救無效，一代名導演竟輕生與世長辭。……』

李婷，是自縊於浴室之內。秦劍，也是自縊於浴室之內。兩人之死，竟出一轍。這樣的循環自殺寧不可怖？

秦劍自殺後，留有遺書五封，一致「邵氏」總裁，一致其母，一致其子陳山河，一致前妻林翠，一致前妻舅曾江。

在寫給他兒子的信中，有勸導兒子長成後勿入電影界之語。

電影界給了秦劍以地位、名譽，似乎無負於秦劍。他之所以要勸導後裔勿入電影界，不知是怨尤？抑是悔悟？

李婷（右）與丁紅在「玫瑰我愛你」中演對手戲

胃癌絕症·扼殺陶秦

距離秦劍自縊大約兩個月之前，另一位「邵氏」基本導演陶秦，先以癌症不治，病逝於伊利莎白醫院。「二秦」相繼而歿，使「影城」中充滿了一片嗟歎之聲。

一九六七年的冬季，陶秦即已感覺到身體不適，但由於與「邵氏」簽有合約，不能完全放棄責任心，因此大部份時間都是力疾從公。直到實在支撐不住，纔不得不謀取較長時間的憩養。

到了次年的春天，他認爲健康已逐漸恢復，遂又重回攝影棚，開拍他歷年作品中唯一的武俠片「陰陽刀」。

陶秦的作品多數都是文藝片或歌舞片，對於武俠片他原不想沾手。但風氣所趨，電影惟打鬥是尚。他爲了「從衆」，不得不改變作風，肩承起新的任務。片名「陰陽刀」，似乎已透露了一些不祥的朕兆。

「陰陽刀」拍攝至中途，陶秦舊疾復發，岳楓見義勇爲，代爲執導，陶秦則去往台灣，進入榮民醫院治療；後來回到香港，休息了一個短時期，又進入法國醫院留醫。終因胃已損傷，疾患日深，延至一九六九年五月十六日凌晨四時三十分撒手塵寰，一瞑不視。

陶秦兄所患的是胃癌，他在寫作之時，往往要借重煙捲，以助思索。他的病，極可能即是由於吸煙太多所引起。

我與陶秦兄相識甚早，抗戰初期我在上海主編「萬象」月刊，陶秦兄即累以作品見貺，建立了編者與作者之間的友誼。

他南來香港較早，我膺聘進入「影城」之時，他已在「影城」工作了兩年多。由於有一個時期我與他貼鄰辦公，因而除了經常晤面之外，復兼有共同研討的機會。陶秦兄於中西文學都具有根柢，許多作品中的插曲都是自撰歌詞，寫得十分出色，「不了情」與「問白雲」二首更是膾炙人口。

記得有一次，他在辦公室中埋頭作詞，見我走過時特地招我入室，以擬寫中的歌詞初稿見示，與我商榷。歌名似乎是「1·2·3·」，我曾參加推敲，盡了切磋琢磨的責任。一個有成就的藝術家，往往求勝之心，倍於尋常，陶秦兄便是具有此種良好襟度的一個。

傳畧之中·窺見交誼

關於陶秦兄的生平，以及我與他訂交的經過，一九六九年七月號的「香港影畫」，曾載有一篇辛慈執筆的「陶秦傳畧」，記述頗爲正確，茲特轉錄如下：

『「邵氏」基本導演陶秦，不幸於五月十六日凌晨病逝於九龍伊利莎白醫院。他所患的是癌症，先後曾四度就醫割治，但終於未能挽救垂危的生命。

陶秦原姓秦，名復基，浙江省慈谿縣人。其尊人秦禊卿先生，爲上海名會計師。陶秦出身世家，早年曾入上海聖約翰大學專攻「中國文學系」；其後歷受上海的「南京」、「美琪」二戲院之聘，担任電影對白及說明書的翻譯工作。他之熟諳電影的分場與分鏡頭技巧，即於此時奠定其基礎。

陶秦畫像

抗日戰爭時期，上海淪爲「孤島」，陶秦一方面在戲院繼續工作，一方面又出其餘緒，翻譯美國海倫·史諾女士所著之「宋氏三姊妹」長篇傳記，連載於陳蝶衣主編的「萬象」雜誌（月刊），是爲彼用「陶秦」二字爲筆名之始。

後來，陶秦又開始作編劇之嘗試，寫了一個「香箋淚」話劇本（根據西片改編），演出於上海的天宮劇場，因而獲得了影業巨頭張善琨的賞識，邀請他加入「華影」担任編劇工作；這是他與電影發生關係的開端。

抗戰勝利後，陶秦曾一度徇其同學高尙德之請，出任上海麗都花園飯店的經理，但爲時極短暫。不久「中電」在上海復員，陶秦又恢復編劇生涯，爲名導演方沛霖寫了一個歌舞片劇本，片名「鶯飛人間」，由歐陽飛鶯、陳天國聯合主演。此片完成後，方沛霖與陶秦同受張善琨的聘請，由上海飛來香港，二人是同一天啓程，但並非同機；方沛霖所乘的「空中霸王號」觸山墜毀，方氏不幸罹難。而陶秦則安全抵達，投入了「長城」旗下，担任編導工作。（當時「長城」尙未變色。）

陶秦之脫離「長城」而加盟「邵氏」，是始於一九五二年，第一部作品爲「寒蟬曲」，由李麗華主演。此後陸續爲「邵氏」導演了三十四部黑白及彩色片，其中「藍與黑」分爲上下兩集，而最後一部作品則是「陰陽刀」，這是他所導演的唯一武俠片。

在國語影壇上，陶秦是一位才華卓越、學有專長的著名導演，他善於運用鏡頭，在演出方面作大胆的創新。論者稱譽他的作品多數都洋溢着「靈氣」；這「靈氣」，也就是指電影的藝術風格而言。陶秦的作品往往能給人以清新脫俗的觀感，他之獲得輿論的稱譽，是「實至名歸」，可以當之無愧的。

陶秦生年五十有四，報端曾稱之爲「英年暴折」。他之病逝，是國語影壇的一大損失。若能天假以年，他的成就一定會比現在更輝煌，更燦爛。』

陶秦靈柩由八導演扶移出殯

傳畧中有一點我可以稍作補充，即是陶秦在上海所寫的電影劇本「鶯飛人間」，導演方沛霖

曾找我爲他編寫；我因不諳此技，乃薦賢自代。是以我與陶秦兄，也還說得上是「交非泛泛」。

陶秦兄逝世後，我曾撰寫一聯，稍申哀悼之忱，聯語亦是集影片之名而成，句曰：

痴心井空，不了情斷。
血痕鏡暗，明日歌終。

港九暴亂．波及影城

風雨晨夕的所見所聞，已因歲月消逝而成了歷史陳迹；但事態的變幻則腦海之記憶猶新。除了以上目擊心傷的情景之外，還有一件親身經歷的可怕事件，也使人偶一回溯，便不免爲之又好氣，又好笑。

這一件可怕的事，就是一九六七年連綿不斷的「暴亂」，也波及了「影城」，使第八藝術的基地捲入了驚濤駭浪之中。

是年的農曆四月十一日，我於飯後在「影城」散步，看到有許多燕子，在低空參差羣飛，恍如江南故鄉所見的情況一樣，於是喜而賦詩，成「影城見燕」七律一首曰：

參差忽見燕羣飛，來伴流人閱翠微；
居室比年多艾奪，坐堂向日少氈歸。
碧空雲淨應時下，銀闕風柔好暫依；
別院笙歌中夜起，不須回夢畫梁非。

相傳燕子之性惡艾，雀欲奪其巢，即啣艾置燕巢中；燕見艾，輒避去。以上的說法見「遯齋閑覽」，白居易詩亦有「艾葉雀銜奪燕巢」之詠，故詩中以「艾奪」爲言，所以誌流人之思也。至於「氈歸」，則用的是「王榭傳」的故事，原文畧謂：「榭辭拜，王命取飛雲軒來；既至，乃一烏氈兜子耳。命榭入其中，復命取化羽池水，灑之其氈乘。榭合目，但聞風聲怒濤。既久，開目，已至其家，坐堂上，四顧無人，惟梁上有雙燕呢喃。榭仰視，乃知所止之國，燕子國也。」

一張歷史性照片，自左至右：李婷、呂奇、胡燕妮、陳厚、祝菁、馮寶寶

誰知爲了燕子而歡喜讚歎了不多日，港九兩岸之暴亂即起，既幼稚而又惡劣的所謂「波羅陣」，一下子便打亂了安份良民的生活程序。

在外間街道上，有着「肆虐憑硝火，助威仗肉雷」的恐怖場面。在「邵氏影城」裏，居然也出現了「揮拳驚伏閉，露刃脅循良」的使人納罕之景象。

首先，「影城」的食堂之內貼出了「鬥委會支部」的標語。繼之，又有人在「影城」外面扯起了旗幟大聲叫囂，不停的喊着口號。及至疲倦了，便圍坐在曠地上歇息；他們的支持者送來了麵包汽水之類的慰勞品，那些搖旗吶喊者就分派着吃喝。

此情此景，初時看在眼裏，除了啼笑皆非之外，實在不明白他們「目的何在」？

後來我終於恍然大悟，得悉他們的行動乃是有計劃、有組織的。他們的幕後，是有人操縱，有人指揮的。因爲我在「影城」不過是一個小人物，也承蒙他們不棄，寄了一份徵求合作的傳單給我。

由此可知，「影城」實際上已成了他們「艾奪」的對象，貼標語、喊口號，不過是初步警告而已！當時情形，確屬可怖，現在談起來，還猶有餘悸！

爲了形勢險惡，「影城」隨時都會遭受破壞，公司同人乃有「護廠運動」的發起。入晚以後，山前山後都有「護廠」成員巡邏，肩負起「保衛」的任務，參加者大都是居住宿舍內的員工們。後來有不少來自台灣的男演員，都獲得了公司當局頒給的「立功」戒指，以示嘉獎。

在「護廠運動」的過程中，曾擒獲了一個混入廠中的嫌疑份子，在他的「旅行袋」裏搜出了若干武器，當即用電話通知了警方，將嫌疑份子拘往西貢警署處置。

當時，我曾是在場的目擊者之一。

後來「影城」之聘用警衛人員，即是防範暴亂而開其端。

現在，暴亂事件已是留下了笑柄而成爲過眼烟雲；那些意氣風發的「鬥委」，也渾不知「而今安在」了！

（未完．待續）

WESTCLOX

華樂鐘

風行世界數十年

大鵬鬧鐘

石英鐘

活字牆鐘

華樂牌大鵬鬧鐘，防塵避震，操作精密，報時準確，數十年如一日。

華樂牌石英鐘，利用電脈衝的動力，將石英晶體推動，每秒鐘能以262,144次的高頻率不停擺動，保持高度準確性能。

華樂牌活字時鐘，設計新穎，時間跳動，一目了然；報時準確，乾濕電均備。

華樂鐘——世界最大時鐘廠

CBC 總代理：公利洋行

電話：5-252301-7

望平街憶舊

史量才死後的申報

胡憨珠

香港申報出版，日期在三月一日，本港版主編鄺笑庵，直到出版前二天，方才在上海申報同人趙君豪鼓勵之下，到香港報到。國際版主編孫恩霖姍姍來遲，報紙正式出版，他尚未到香港，由趙叔雍代行編輯職務。出版後半月，總編輯陳陶遺離港返滬，等孫恩霖來港，趙叔雍繼之回上海，祇剩下了馬蔭良留在香港，扶保幼主史詠賡辦報。

馬蔭良到了香港，聽史詠賡述說在香港創辦申報港版的事實，深味史詠賡的說話重點，還在於不能隨意任用留德新聞學博士馮列山爲港版申報的總編輯，認爲是件遺恨悠悠、曷有其極之事。所以馬蔭良便對史詠賡說：「你不記得這個馮列山的博士榮銜，還靠我們申報館培養成功，也是正爲儲備今日之用的新人才。其實，他與王顯廷兩個人，論資格與經歷都不夠任當總編輯，所以凡與申報有深切關係的一班老前輩們都有同感，大家一致公認祇有陳陶遺老先生才能任當。詠賡，你同意這個主張麽？」史詠賡自從主持發刊港版的申報，着手籌備以來，經已感覺做老板遠不及做小開的省力自在，舒適自由。是以一聽得馬蔭良現在所提出由陳陶遺担任總編輯之話，毫不猶豫，立即表示由衷的贊成。並且爲鄭重其事與集中權力起見，說明此後關於港版申報業務上一切的一切，都尊重馬蔭良、陳陶遺的意旨爲意旨。

當馬蔭良在匆促間，接受史詠賡這樣重大的任命之後，認爲經編兩部工作人員此間所有的不夠與不力，必須要向上海申報選擇得力的熟手與高手若干人，調到香港來工作，這必須要與趙叔雍作仔細商討，尤其是請陳陶遺担任總編輯一事，首先提出此議的也是趙叔雍，更必要他去向陳老勸駕，俯允所請。所以馬蔭良對史詠賡說：「時日迫急，諸事待辦，此刻讓我先去找尋到趙叔雍、陳景韓、王堯欽、陳陶遺這班老先生，碰頭見面商談一切，你可到傍晚前來請客吃飯做主人。」說罷起身掉頭不顧，揚長而去。只此一點行爲動作，可見馬蔭良做事認眞與負責的精神之一斑。及至傍晚時候，史詠賡便邀約前往，當他跨進趙叔雍所寓的房間時，馬蔭良就告訴他上海的電報，全已發出，隨手遞給他一張趙叔雍所擬就主要工作人員的名單與分配工作，却也寫得非常明瞭。只見前邊是一段簡單的啓事文字，後邊列出正式名單如下：

編輯部

總編輯　陳陶遺
國內版主編　孫恩霖　湯建勳
國際版主編　柯舞韶
本港版主編　鄺笑庵
英文電訊繙譯　王顯廷
採訪主任　陳賡雅

經理部

會計主任　單慶同
發行主任　錢國忠
廣告主任　許介眉
專欄　馮列山

馮列山是銀樣蠟槍頭

於第二天起，馬蔭良就在史詠賡陪同之下，逕赴中環雲咸街一號香港申報館，似乎形式上那是馬蔭良以經理的身份正式到館視事。就因由於他整日坐鎮在經理室裏，上班下班，無不守時守刻，這也是他率先以身作則的一種規律行爲。從此以後，港版申報館內外的景象氣勢非祇像模像樣，而且爲之改觀一新。譬如營業部的各部人員，原是由史詠賡的同學數人，分別担任，但他們皆屬外行，每天除跳舞看戲這點本領以外，實在無法展開一些業務工作，且也，來去隨意，談話任心，形成雜亂無章的情況。一經馬蔭良坐鎮經理室以後，營業部裏嘈雜的氣氛爲之一掃而盡，並且大家對言行舉動方面，也都遵規守矩的嚴正起來。又如廣告部主任一職，原是由陳彬龢推薦的「港報」舊員温某担任，但亦無若何優良的成績可言。幸而馬蔭良於到港的當天下午，在趙叔雍所寓的思豪酒店房間裏擬就電文，拍發電報，乃得以自上海申報的營業部徵調來單慶同、錢國忠、許介眉三人到港以後，參加工作。各人才駕輕就熟地本工本行的自發自動，於是港版申報的業務，始告順利發展，這所舉的只是兩個例子而已。

且說馬蔭良於到館視事的當日當時，就把趙叔雍所擬寫就那件經編兩部主要人員的工作支配，列表啓事通告，簽了他的字，張貼在編輯部裏。這倒不是他僭越行為，而是他奉命行事，也可說是一種挽救危機之計。原來陳景韓、陳陶遺、王堯欽、趙叔雍等這班老成持重之人，共鑒於史詠賡的品性素質，生得實在忠厚老實，即就眼前發現的已成局面，在他們於靜觀默察之下，覺得對史詠賡本身而言，大有『政由甯氏，祭則寡人』的暗中趨勢。無可否認史詠賡的幾位同學青年，難免少不更事，不思向業務上謀發展，便是這樣漸漸的形成大權傍落在陳彬龢的手上。因此，這幾位既忠心於申報事業，復又愛護於史氏家族的老人們，無不凜凜戒懼，幸而馬蔭良來港及時，即日商定把總編輯的名義，為先聲奪人計，就落在陳陶遺的身上。

於是在馬蔭良的一紙通告張貼之下，對於港版申報的總編輯一職，馮列山與王顯廷兩人的希望都告落空。不過王顯廷是江蘇省的常州人，對同省人陳陶遺的才名令譽，當然不會感覺陌生。所以他的希望落空，毫不發生芥蒂，反而認為得與老輩才人同室共事，也是件人生難得的機緣樂事。只是馮列山的出身，那是福建省的閩南人，傳說中他於年事稍長，曾赴新加坡讀書，但從未到過江浙兩省。又據他自稱早歲就去德國留學，後來為要讀取新聞學博士，因此多捱在德數年云云。職是之故，難怪他對陳陶遺這個人，非但不識不知，且聞所未聞。所以他的原希望落空，由總編輯退居於專欄作家的職位，其內心所懷的忿恨怨懟，可想而知。並且他還對馬蔭良深感不滿，認為他的為德不卒，對於這次事情未曾大力支持，以致他的希望完全落空。是以他於怨恨之餘，竟把馬蔭良一直以來，可說自留德時代起，到回國為止，所帮他的種種大忙，却來個一筆勾消，前功盡棄。其實馬蔭良對他一片愛護深情，雖視如家人父兄，只怕也不過如此吧？就是現在他還在暗地帮忙，則是不求人知而已，所以馮列山對他的深感不滿，心懷怨恨。這正如俗諺所謂：狗咬呂洞賓，不識好人心了。

要知道趙叔雍所擬就的那份經編兩部主要工作人員的名單，乃是他與馬蔭良二人約好，分頭遴選，隨後，共商决定。大概趙叔雍自從跟隨史量才接辦申報之日起，二十餘年以來，一直蹲在申報的編輯部裏。是他對該報的全部大小同事，人不論舊人與新人，職不管內勤與外勤。憑他在與大家相處時日的過程裏，就其角度所及，與接觸言談所覺，對每個人的才調學識如何，能力個性怎樣，正是瞭如指掌，明同觀火。這次為要對港版申報編輯部的奪權鬥爭，不願把重要各版主編的發稿權，輕易交付於向所未有信任之人的手上。如果對受權人不加考察，胡亂交付，任意授予，則無異太阿倒持，授人以柄，其禍患之來是令人莫測的事，凡此，可說是趙叔雍於三數年前，親身經歷係從上海所見所聞事實情形之申報館得來的最悲慘、最沉痛的現實教訓。是以他特別拍出急電到上海去，調來孫恩霖與鄺笑庵兩人來港。使各人負責主編一版的任務工作，而後再配以自動前來投効的馮列山與柯舞韶，以及陳彬龢所舉薦的湯建勳、王顯廷、陳賡雅等人，遂排列成這一紙編輯部主要人員的名單。

據說馬蔭良當時觀看名單，發見馮列山的名次被趙叔雍排在最末的一位，而任務工作，亦屬不為讀報人所重視的專欄文字作家。大約馬蔭良的智慧神經系已被馮列山的「德國新聞學博士」的頭銜，震懾麻醉得迷迷糊糊的了，認為如此安排，未免有辱博士。所以一時按捺不住，對馮列山的栽培與提拔之心，即向趙叔雍似作請求，也似說情般的婉轉其詞，並說：「叔雍先生這位馮列山是留學德國的新聞學博士，向來申報的國際通訊稿件，就是他所投寄的。現在何不使之任担英文電訊的翻譯工作，因為我却認為我們作出這樣的安排，對一個有志於新聞事業之人來說，一則是給他實踐與實習的大好機會，次則也是鼓舞與鼓勵的後進之道。叔雍先生，您看如何？」馮列山的學成回國，自到達上海以來，前往申報館去經理室，專誠探訪馬蔭良正不知多少次，但他足跡始終未曾履及編輯部一步，亦未曾訪識一人，謀取工作上的聯絡，包括總編輯張蘊和在內。可是趙叔雍却在張蘊和的寫字枱上看見過他國際通訊文件的原稿，同時，也看見過他的文章經過療治手術後的清樣。並且看不一看，見不一見，所以趙叔雍對於馮列山的高才碩學，早已做過了玉尺量才的審別工作，決定他只是平庸之材，難當大任，因此，這次安排工作名單，就把他名次列於末後的一位。

凡此種種內在因素，皆非馬蔭良所知，及他看見名單上的馮列山名次職位，心想似嫌低小。感覺這未免有辱博士而自引為有歉疚之慨，於是，他便向趙叔雍提出對馮列山更換工作排高職位的要求。殊不知趙叔雍的本身職位自始至終，雖是申報館總經理室的秘書，但因他每夜喜歡蹲在編輯室裏，做他「不管部」的大臣一般，這不打緊，經二十多年以來，一直浮沉其間，竟把張蘊和的脾氣行為，全部傳染得程度頗深。所不同的一點，只不過他的性格生得開朗豪放，圓活靈巧，不像張蘊和的一味固執不變而已。原來申報編輯部人員，悉由張蘊和全權任用，史量才從不過問，陳景韓更不與聞，而其對任用之人，亦自有他選擇的定例，蓋皆為樸實而不浮誇，有學養而不囂張；尤其是他對所要任用人員的工作能力，亦必暗事考察試驗，認爲成績優良方可。故經張蘊和所任用之人，無不忠於職守，勤於工作，其不能久安於位的，如黃天鵬、黃雨齋、柯舞韶等等，皆非張蘊和所任用之人，此爲申報編輯部中如所皆知的事。趙叔雍對於任用編輯部人員一事，就是師法張蘊和的行爲，所以當時他對馬蔭良所提出的要求，既不加以嚴詞拒絕，也不予以唯諾接受，却來個「慢慢來，試試看」那兩句簡單明瞭的巧妙答話，那即是說他必須要經過親自考驗馮列山的工作能力如何以後，再作是否變更工作、改易職位的最後決定。

此時香港的申報猶未出版，對於每天發行的英、美、法、日、俄等各家通訊社的電訊稿，早已訂定妥當，作爲試版期間翻譯工作者的實驗練習之用。是以過不多天，趙叔雍在編輯室裏閒聊，恰巧收發處送上來一件英國路透社的電訊稿件。他便接過來於一看之下，隨手檢取一則既不長、也不短的英文電訊，好像不經意地遞給馮列山、要他就動手譯一譯給他看。誰知馮列山却沒有翻譯的經驗，對中英文的譯名又不熟習，所以他工作非常緩慢。一則譯成中文不過數百字的電訊稿，據說翻譯到二小時以上的時間之久，文氣固欠通順，錯譯之處間有發現。以出身於上海南洋公學（按：即交通大學是它的前身）的趙叔雍，豈能瞞騙得他過，正如手持玉尺量才，長短立即顯見。經此次的無形考試以後，遂作最後的決定，爲着馮列山每天祗要寫此短評文字作爲報紙聊備一格的小品文就算了事，而以英文電訊翻譯工作則交由王顯廷担任。當時馬蔭良因爲久久得不到趙叔雍的正式回話認爲趙叔雍有了偏見之心，不便替馮列山作力爭進言，只索得强自按下不提。但不過他此心耿耿於懷，總覺得在這次大才小用的支配職位，問題上實是太委屈了馮列山，並引以爲自己的遺憾之事。直要等到香港的申報正式出版一個多月以後，馬蔭良方始發覺這位一向以德國新聞博士自詡的馮列山，那是極像王實甫所著西廂記傳奇的紅娘口中，那句曲詞所謂經看不經用的是個「銀樣蠟槍頭」的人物。至此，他也省悟過來趙叔雍之所以不給他回話，其原因必然經過暗事考驗之後，發現了馮列山低能沒用的弱點，乃作出此盡在不言中的無語答復。這可覘得老輩報人趙叔雍的宅心仁厚，恕道待人之一斑，往昔譴責他有了偏見的心意，倒是實在的錯怪了好人。

馬蔭良發覺馮列山似銀樣蠟槍頭的人物，其事實經過那是這樣的。當港版申報正式出版以後的約爲一個多月，趙叔雍眼看經編兩部工作人員，都已上了軌道。於是，把編輯部交給還史詠賡和馬蔭良，便浩然賦歸上海，從此經編兩部的領導職權，都落在馬蔭良的肩頭。有一天，因國際電訊版的主編人柯舞韶告假，馬蔭良就囑咐馮列山代爲發稿，這是件極平常之事。但正令馬蔭良料想不到這位平素以德國新聞學博士自居的馮列山，其新聞學術本領，却經不起實際的考驗。他對繙譯英文電訊工作既所不能，可是對編輯工作竟亦圖窮匕現，無所遁形。眞使人不相信古人濫竽充數的南郭處士，怎會復見之於今日世界，得弗奇異。原來在這一晚間，王顯廷所譯的國際電訊稿，業經絡續譯就，交給馮列山擬題發排。但他未能絡續發交排字房，直至本港新聞版的大樣已經拼成打出，國內版的拼版亦漸告就緒。惟獨國際電訊稿，猶未見發交排字房，而工友們一再頻頻催稿，催迫得馮列山露出滿頭大汗，雙手無措的狼狽之狀。只因他在當時對於國際電訊稿，竟乏審別取捨的決斷能力，以爲稿件條條都重要可用，又以爲條條都不重要不可用，一再遲疑，留中未發，而他所擬裝的標題又往往過份冗長，却爲篇幅地位所侷限，而不能編排合式。此時主編國內要聞版的孫恩霖覩此惶急情形，乃即毅然相助，始於瞬息之頃，將國際電訊稿件全部發竣，可見凡百學術技能，是假難眞，是虛難實，不是搖幌着博士頭銜，足以永遠矇人的。

柯舞韶被稱澳門太子

柯舞韶這一個人，是他服務於上海申報館中，總該說是工作有年的了。但是其人其貌，漫說館中其他的各部門同人，多不認識他，即同隸屬於編輯門的同人，認識他的人數料定不會衆多的。怎爲產生這種現象呢？揣其因素的由來，不外於兩點的種因，此項說法相信決不會錯。所謂種因之一，即爲我前邊所提說過的是他不是經張蘊和直接考試其才能，認爲合格而後所任用的人。種因之二，雖經張蘊和認可以後，而被所任用職位的工作任務，極少有與同人們的接觸機會。可是，究竟柯舞韶是何種的因緣際遇，乃得進入申報編輯部任職？而所任的職務又極清閒之至，好如冷衙門中閒曹末吏一般，日坐五六小時的冷板櫈而已。此事說來，可說是申報編輯部因運而生時代產品的一個職位，也可說是當年南京國民政府行政院汪精衛當院長所遺留下的政績。其事實的產生，與演變的經過，覺得實有畧作記述之必要，使後來之人得以回溯追知在這一個的年代裏，會發生有全國大專畢業學生向行政院請求分派工作運動之事。這樣一次小型的學生運動，其名義與目標，在外國或許有會經發生過的可能，但在我國來說，却不能不說它是屬於第一次前所未有的創舉。只不過這個運動的後果責任，行政院方面，却是很輕巧圓活地全部卸落在上海工商業大機構的肩頭。

蓋以時在民國二十四年的初秋時季，全國各大專學生於畢業之後，曾向行政院請求分派工作。汪精衛院長爲敷衍學生們的請求起見，慨然承諾，聲稱當爲設法安排分派各人應得的工作。於是備具公函，飭遣能員專程赴滬，乃與上海工商業的各大機構作懇切洽商。就以各大專的畢業學生，本其在學校所攻讀學習的各種課程，分派到各機構去，先作四個月試驗的工作服務，在服務期間，每名每月發給薪金四十元。於四個月的試驗服務期滿、方由各機構斟酌正式錄用，這一份分派大專學生工作的條規，擬訂得相當公正合理。是以當時攻讀銀行學的派往各銀行工作，攻讀商業學的派往各大公司工作，攻讀機械工程學的派往各大工廠工作，攻讀新聞學的派往各大報館工作。竟把這一屆的數百名各大專畢業學生的分派工作，却有一派而光的實際情況。並且在一時之間，政府似乎對每個學生也做到了他們的學以致用、野無棄才的外表光景。其實只是汪精衛對這次的學生請求分派工作運動，表演一套「惠而不費」的政治魔術手腕而已。但不過政治魔術儘管是政治魔術，祇要魔術師手法高明，在表演台上的表演精采，未露破綻，自可贏得台下觀衆們的彩聲。

援引「在報言報」這句話的說法，準此且說上海各大報館方面，自接受行政院所分派的學生前來投到以後，大都委以編輯部中的校對職務，作爲他們實習和試驗的服務工作。惟獨畢業於北平燕京大學新聞系的學生柯舞留其人，却被行政院分派到申報館服務，這不知是柯舞留的有幸呢，還是不幸。原來當時的柯舞留持了行政院分派學生工作的通知公函和證明文件，前來申報館投遞報到，其私念情形頗像前清的翰林院散館大挑外放知縣一般，倒也覺得風光有趣。畢竟柯舞留生而有幸，恰巧落在國民政府時代，只要持着行政院的公函，就可前往申館就任治事。可是他比之分派各報館的一般工作學生更有幸的一點，他一經報到後，就已受到申報館當局的優異照顧，在四層樓「尊聞閣」圖書室，設置一個名稱叫做「圖書參考部」的新機構，給他獨任獨職地主理其事。只因申報編輯部舊員老人，都爲飽學多才之士，腹笥淵博，涉筆成文，極少需要參考書籍之用，所以柯舞留所經管的「圖書參考部」，成爲人不上門，鬼影絕跡的冷靜地方。

及四個月的試用期滿，柯舞留即援引行政院的明文規定之例，乃向申報當局正式請求在編輯部給與工作。當他到申報館投文報到之日，招接他的即爲馬蔭良，時馬正在當權時期，而患上了極度的力圖爲申報培養新人材的迷信思想。迨見新來進見的柯舞留，其出身爲燕京大學新聞系畢業生，正如他欲圖栽培馮列山使之成爲申報的新人材同一心理。是以馬蔭良對他優異照顧，特設圖書參考部，使其經管主理部務，即是爲柯舞留擢升豫爲之所的安排張本。因爲上海望平街各大報館的編輯部，定有一種不成其爲定規的自然定律，就是凡屬生手進入報館編輯部工作，例必授以校對職位。如果以一個校對工作者要想躋登於助理編輯的內勤記者之列，或者是採訪社團新聞的外勤記者之儔，正不知要坐斷幾張椅子脚。是以馬蔭良一心的要想培養柯舞留早日成材，任當編輯，故不使其幹做校對工作，特設一個小部門以安置之。是他認爲以一個小部門的主任地位，從而調升助理編輯，並不是超班越級，乃屬順理成章之事。他之所以如此安排，一則不願引起編輯部同人的反感，次則便於向張蘊和的進言，其苦心孤詣，可見一斑。

當柯舞留向馬蔭良正式請求在編輯部給予工作，這毋須說得馬蔭良對他的請求，當然極爲同情。但是經馬蔭良向張蘊和商量調派柯舞留入編輯部工作時，却發生阻難問題了，那即是不爲張蘊和所接納許可的。他所持反對的理由，乃是以事前未知柯舞留的若何才能，亦未見過他的任何寫作，如使之進入編輯部，不知派給他何種工作，方爲適合。故所以張蘊和當時所表示的主張，認爲還不如給柯舞留仍然留在圖書參考部，較爲適合工作。其實這種要經過實際考驗而後任用人員政策，正是他自任總編輯以來，篤行數十年而不悖的一貫主張。幸而馬蔭良堅執地相信柯舞留爲新進的可用之材，一再向張蘊和陳說，竭力主張他進入編輯部工作。張蘊和於不得已的感念之下，勉强應允俯從，安插在顧昂若所主編的國際新聞版任做助理編輯。如果沒有馬蔭良爲之力爭，則柯舞留勢必困居在圖書參考部中虛擲流光，對於編輯技能方面，既無見習的時日，又乏觀摩的機會，足見馬蔭良對柯舞留的愛護之情，極爲至誠。

可惜的是「夕陽無限好，只是近黃昏」，柯舞留大約任當了一年零幾個月的助理編輯，「八一三」淞滬第二次對日抗戰突告爆發。經百餘日我國的忠勇將士誓死殺敵，浴血作戰，終因戰署關係，我軍整師向西撤退，上海淪陷成爲孤島。於是申報就在淞滬四圍地區淪成孤島之日，與大公報、時事新報等數家報紙，同日作出了自動的光榮停刊之舉。柯舞留至此，感覺捱在上海無事可爲，不如歸去，遂乘坐外輪，逕赴香港。原來他是澳門人，且爲富有人家的子弟，一向以來，在生活享受方面而言，頗爲豪華適意。所以他在過去上海與後來香港的兩地申報供職時期，每月所獲薪水，恒不足以敷其應用，月必須由他澳門家中滙欵接濟。當王顯廷與他在港版申報館成了同事，戲稱之爲「澳門太子」。其命名造意即爲廣東人口語中的「太子爺」，且以柯舞留爲澳門人故，因而以此花名相戲呼。不料後來竟駸駸變成他的代名詞，凡相識朋友無不稱他「澳門太子」而不名，這該說是港版申報館中的一則小掌故了。就因他來香港的時日較早，港澳交通便利，是以馬蔭良與趙叔雍商排各版主編人的名單，一致決定以柯舞留爲國際電訊版的主編人選。但後來柯舞留的工作成績，着實不錯，總算他不愧爲張蘊和手下所訓練出來的人才，也算不辜負馬蔭良對他培養提携的心力。

鄺笑庵仗趙君豪壯胆

港版申報向上海徵調申報舊人來港工作，趙叔雍與馬蔭良分別署名，拍發急電。由馬蔭良署名所徵調的爲經理部人員，發出電報後，不滿五天，單慶同、錢國忠、許介眉三人同趁外輪，已經趕來報到。由趙叔雍和馬蔭良聯同署名所徵調的爲編輯部人員孫恩霖與鄺笑庵，却是久久不見兩人前來，這倒使趙叔雍和馬蔭良爲之掛心，直到三月一日的港版申報正式出版之前的幾天，鄺笑庵方才及時趕到，其遲來的緣由，於他是個循蹈規的忠厚老實人，凡忠厚老實人十居其九是胆量不大，自然鄺笑庵亦不例外。爲因此故，所以拍給他的電報，邀請來港任當港聞版的主編工作，特殊的以趙叔雍和馬蔭良二人聯合署名。這分明在示意告訴：「你趕快來吧，將來如有任何不良的後果發生，當由我們二人承担。」但是鄺笑庵接到電報以後，還因懾於上海申報員工聯合大會的決議案，所以他遲遲的不願與不敢赴港。蓋以其自念如果悄然離滬應邀前往，則大會決議案被我首先破壞，且恐怕違犯衆怒呢。又因念及趙馬兩位的以電報相招，這必然是急以就我之事，衡情度理，豈可遽違。是以他進退兩難，去留皆非，一再考慮，不能決定。

料不想這一紙三言兩語的簡短電文，却累得鄺笑庵這個老實人繞室徬徨，始終想不出兩全其美的解決辦法來。及至最後關頭，竟給他想出一個求人決定之策以收旁觀者清之效。可是誰是能夠代爲決策者，這個人選對象却又成了問題，那就是成敗與否，必須保守秘密。於是在編輯部的同人裏，作了一次車輪式的心理選擇，終於擇定趙君豪爲最完美、最穩當的第一人選。因爲他覺得趙君豪對於編輯部同人，固極友愛，即對於排印兩部的工友，亦無不然。尤其是他對排字部的工友，絕不作故自矜持之態，言笑隨便，氣氛和諧。這種所結的永好感情，從而擴展到編輯部與排字部之間，而極盡其融和合作。若一遇着有關職工福利問題時，兩部同人無不推誠共商步驟一致。究其主因這都是由於趙君豪居間聯繫調劑之功，當此「上海申報員工聯合會」的這個組織機構，正是工人當家時期。如果挽託趙君豪出面，代向該組織方面，力事疏通，善爲關說，若能獲得准許放行，則破壞決議案的責任可免，對趙馬兩位的友誼可全，實屬是件兩全其美的無上大好之事。

鄺笑庵的內心既經決定以趙君豪爲決策人的第一人選，當然只有作移樽就教之舉。好在申報自停版以後，所有全館上下的工作人員，除職司守衛者外，無不居家納福，安享寓公生活。所以他電話打去，收聽的恰正是趙君豪，於是雙方在電話機中約定見面時刻。當其時，趙君豪已自環龍路舊居，遷入於西愛咸斯路新宅，與鄺笑庵所居的麥特赫司脫路，這南北兩地的遙遠距離，大概人力車車行時刻，當需要奔跑約在近一小時之間。及相見後，鄺笑庵出示趙叔雍與馬蔭良聯名拍來相招的急電，並盡道其爲因遵守同人大會的決議案，恐犯衆怒，所以遲遲不敢應招赴港的隱衷。趙君豪不待鄺笑庵說出說詞，代爲決定去港與否的問題之話，當下趙即決定要他去香港，並且要他快去香港的理由。所以他笑着說：「笑庵兄，是你理應該去香港，而且應該趕快前去，因爲申報館同人之中，只有你老兄是廣東人。對於香港的情形較爲熟悉，港版申報既經確定發行，在情在理，實不能不爲之盡量力助。」

鄺笑庵道：「君豪兄關於這點兄弟原本也曾忖想到的，祇以館中全體員工同人，皆不以發行港版爲然，所以大會的會議席上議定不准員工同人前往協助的決議案。我若應招赴港，豈不是負着破壞決議案的責任，甘犯衆怒，此實爲弟所不敢爲之事。惟有向大會方面善事疏通，妥爲關說，希望取得他們的諒解，准予放行方可。君豪兄，不知遵照這樣的辦法，進行幹做，可能有成功的希望麼？」趙君豪聽得爲之失聲大笑道：「老兄是規矩老實人，才會想得出這種辦法來。要知今日世界是何等的世界，眼前時代是那樣的時代，依照你的循規蹈矩辦法，試想能行得通麼？雖然事實不錯擺在面前，只要一想爲館中全體同人團結計，那你老兄則不宜赴港。但再作進一步一想，爲申報聲譽與協助馬蔭良計，那你老兄則應該赴港。況且申報港版的發行，既成定議，是你老兄赴港協助，實屬義不容辭之事。因爲上海申報人員如不赴港協助，誠恐港方用人不當，縱使港版雖已發刊，恐仍有辦理不善之虞。所以我不但贊同你老兄赴港，而且希望你老兄趕緊赴港，越快越好，這所謂兵貴神速之意。至於同人聯合大會的決議案，不必放在心上，唯有置之度外，才是對付該決議案的無辦法中，最最好的唯一辦法。」

此時趙君豪話得興起，談得投機，所以他强調着對鄺笑庵，繼續說出一番壯胆之話。他說：「笑庵兄，我總覺得任何一件事情的幹做，只要自己站得正，立得穩，理直氣壯，公正無私。對事對人，不必畏怕，也毋須遷就，先來造成一個既成事實，觀其反應如何，再作決定。大可把疏通的精神，關說的說詞，留作事後的應付抗辯之用，說不定可以爭得完全勝利。如果依照你老兄所說之話，要向他們遍作疏通關說，得到同意而後成行的話。這不是俟河之清，清於何期，豈不誤了大事，自誤誤人，莫此爲甚。所以我的主張，決不要理睬他們，儘管一走了之，成爲既成事實。倘使員工聯合會中有人出來對你加以指責之詞，這一切應付責任由我承担，因我自有一番既是平心靜氣，又是合情合理的公正說法。自當代爲逐個詳予答復與解釋，相信必能取得一致的諒解，關於這點，我不自誇地有一定的絕對把握。」當時鄺笑庵聽了趙君豪的這番壯胆之話深深覺得他能見其大者而急其遠者。尤以相待的一片友誼熱情，更起了鼓舞和鼓勵的重大作用，於是急亟趕來香港報到。幸而如此，但在港版申報的正式出版之期，僅僅祇有幾天，總算提前兩天來港，只是主編國內要聞版的孫恩霖來港之日已逾出版的日期，要落後一個月零幾天，這可想知他沒有碰到壯胆之人的關係。

這最主要兩版的主編人孫恩霖與鄺笑庵，竟遲遲不見翩然到來，這確實使當時的趙叔雍爲之惴惴不安。本來他們的組織計劃所定趙叔雍在港版申報館的編輯部裏，原是不居任何名義，可是在實際工作方面，他却以像戲館後台的「文武總管事」自許。要知國劇梨園行中能夠任當這個「文武總管事」的職司，實是一位非輕容易而了不起的特殊人才。其人必須腹笥淵博，戲肚寬，對十行角色而言，行行能動，對大小戲碼而言，齣齣都會。總而言之，縱非「六場通透」，亦當「崑亂不擋」。所以說戲館後台的文武總管事，當與報館編輯部的總編輯，相提並論，等量齊觀。因爲戲館某一行的角色因故不能上後台時，他所應演的戲碼，例由文武總管事代演代唱。這情形實同報館某一版的編輯，因事不能到館時，他所編發的稿件，例由總編輯代編代發的道理規矩，一般無二。趙叔雍之所以自願留在編輯部裏原本準備專唱「代戲」，但是對兩版的主編人員都不來港時，憑他多才多能，究竟不能變作「化身編輯」，如何不教他活活的心裏急熬，及鄺笑庵的及時趕到，方使他如釋重負，於是趙叔雍就代孫恩霖主編國內要聞版，從而港版的申報，乃得如期出版發行，與香港人的讀者們相見。

吳中一來港未遭錄用

港版的申報出版面世之初，一般廣東讀者都認爲以上海申報的有份報紙，移港出版，事屬前所未見創舉。同時，更又震於申報在上海，那是爲全中國最早出版的第一份中文報紙，既佔有新聞事業久長年代的歷史，亦擁有全國輿論界權威的盛譽。故多表示熱烈的歡迎，爭相購閱，最初期間所發行的銷報數額，每日印報計達三萬份左右之數。諒以日出「對開紙」一張的一份報紙，一經開始，就有如此銷數，確實是件罕見異數之事。從此以後，史詠賡排日出與旅港的一班上海各界，名流聞人廝混。不管周旋進退，無論酬酢往來往往會情不自禁地現出滿心喜悅的得意神色，與佔有不落人後的風光感覺。這正使他有「大丈夫當如是也」的那種無上快感。且也因此，鼓舞他既承父業又繼父志的一股辦報的勇氣和興趣。認爲化錢辦報爲値得之事，縱然蝕本，於理無傷。蓋因是他追念他父親所遺留的鉅額財產，得之於經營上海的申報，而本人辦報不幸而所蒙受的虧損，亦無非失之於經營港版的申報而已。所以說史詠賡這種躊躇滿志的自我陶醉，與損耗資金的自我慰勉，都可以理解得知，猜想到的必然之事。

港版申報出版以後大約半個月的日子，陳陶遺此時却已動了浩然賦歸之念，所以他要回歸上海自己的家裏去了。雖然他的名義那是港版申報的總編輯，但不過所負的祇是虛名義，對於實際編輯工作從未過問。自從他同陳景韓等來香港到要離去，在這一個多月的時日光景裏，前後總共只去雲咸街港版申報館的編輯部三次。其餘的時間，除外出會客訪友結伴遊覽景色以外，就是捱在思豪酒店裏大家聊天。好在他所負虛名義的總編輯，那是他同意於陳景韓、王堯欽、馬蔭良等所議決的方策。作爲到香港來專對陳彬龢的奪權鬥爭之用，其實遠在上海申報館裏的這幾位元老重臣，不但對他估計錯誤，而且對他探察不透。他們却不知道當前陳彬龢，已非舊時的吳下阿蒙，事雖固然，其目灼灼地在史詠賡的身上，賺取利益。但是他於此時却運用其商業賣買的正視方式，賺取更大更多的利益，早已無視於這塊「港版申報」的空虛牌號。是以此番陳陶遺的來港，亦因之而失去效用，因爲馬蔭良一紙經編兩部重要人員的名單貼出，毫不見有反抗的跡象出現可知。

一般有人的說笑，謂陳陶遺的總編輯好像端陽節民間習俗所張掛的鍾馗畫像，說是有驅邪降福的功效。眞的麽？天曉得！祇不過憑列山與王顯廷都想要爭做「港版申報」總編輯的這一幕「奪帥印」趣劇，未曾有見演出。就可以猜測他們兩人的種因，可能在佈告上邊，發見「總編輯陳陶遺」的字樣，於是雙方便知難而退。此項猜測之詞，如果幸而命中的話，那陳陶遺來港的作用與效力，倒是忒像所說鍾馗的畫像了。終於港版半個月來的平安無事，天天出報，陳陶遺至此，覺得功德已告圓滿，道場應該散了，所以他急要回歸上海，自然由陳景韓、王堯欽等相伴同行。在這班上海申報的元老們離去港地後的無多日子，却有吳中一與汪叔棣二人，先後到香港來意欲投效港版申報館的事情。這個吳中一原不是上海申報的工作人員，是他此來那是持了金華亭的介紹信來看馬蔭良要求錄用，至於其人的才能如何，品性怎樣，話說起來，却也是當年上海新聞界中的一個名件人物，因爲他是新聞報館主編教育版潘競民的外甥。當他從常州故鄉到上海來投奔他娘舅，要求尋找職業時，却指定職業要任做新聞記者，這可說是他的「胸懷大志」。

潘競民一向在新聞報主編教育版，只是從事於內勤工作，是他平素之間對同業朋友又是絕少往來交際，與感情聯絡。所以要想把他外甥介紹到別家報館去謀求職位，若是任做新聞校對員，尚且非輕容易，何況要任當新聞記者，那不是件大難特難之事。因此，潘競民想盡辦法，久久還是尋找不得一個大小的機會，到了最後關頭，給他想出無辦法中的辦法。就是自己掏腰包出錢，創辦一家「大中通訊社」，這是一種最廉價的新聞事業。對這種廉價新聞事業的投資，祇要袋中摸得出三五十元的資金，就可堂而皇之的做他通訊社老闆。因爲不論大小的全部資金中首先最大的一注支出，即爲社址的房屋租金，其次則向掘井膽寫堂購備一架日本貨的油印機，如此這般，便算開張駿發，印送新聞稿件。大中通訊社在當時，就是這樣的宣告成立，因潘競民是新聞報館的現任編輯，不便出面，他把通訊社社長一席，讓給他外甥担任。而他自己退居幕後，主持編務，所以吳中一的新聞記者，可說是一步登天，也可說是捐班出身。要不是他娘舅出錢辦通訊社，他怎能一出來就當社長。是以約在民國十一年吧？「上海新聞記者聯合會」（按：該會名稱至民國十七年始改爲上海市記者公會）假南京路商界聯合會的會所舉行第一次籌備會議時，曾有人竭力主張要將「報館」與「通訊社」分開組織。甚至還說：「通訊社址到處有，新聞記者滿街走」的那兩句俏皮諷刺話。時至今日此事話說起來，相信祇有名記者朱子家兄可能囘憶得起，因爲他當時正是時報館記者出席會議的代表人呢。

吳中一精於鑽頭覓縫的謀求機會，也擅於尋藤摘瓜的找覓好處。既會巧言令色的媚人，亦善昂首天外的驕人，後來聽說潘競民把大中通訊社的所有權，全部讓送給他那位外甥了。又後來聽說，吳中一對大中通訊社無法維持，迫得他宣告閉歇，停止發稿了。再後來聽說新聞報館的嚴諤聲（按：即小記者）創辦新聲通訊社，並以副社長的高級職位和優厚待遇，廷攬吳中一來主持編務工作了。而且傳說中又聽說他的工作表演極好，成績出現極佳，這使我對嚴諤聲由衷的傾服，覺得他實在善於用人，及「八一三」上海的對日抗戰淪成孤島以後，新聲通訊社亦告解體，吳中一便即着眼於港版申報的編輯職位，因他與金華亭有特殊經濟的親密關係，相交彌篤。

當金華亭遊港歸來，於是吳中一獲得消息亟前去採訪，並詳詢港版申報出版以後的一切情況現狀，自然金華亭會詳告巔末，毫不隱瞞。就是在此時期主編國內要聞版的孫恩霖，猶未前往香港向報館報到治事以及他的工作任務，目前由趙叔雍暫行代理。關於這點事實情形，金華亭也毫不保留盡情相告，這正所謂說明有缺待補，需人甚殷。但是申報元老們在思豪酒店臨時所商議決定的一個高度秘密，却未曾被金華亭所聽得。那就是港版申報所需要的編輯人員，必須向上海申報館徵調其人選條件於勤奮工作多年以外，還要思想純正與行爲誠慤。孫恩霖和鄺笑庵二人的得以入選便是經元老們仔細考慮，詳加審別而後所選定的人才。金華亭對於此事既未得知，當然無從說起。遂使吳中一白白化去一筆旅費，空跑香港一趟，此亦俗諺所謂「聰明人反被聰明誤」了。原來他以爲由金華亭具函推荐，申報當局馬蔭良必會對他任用，那知馬蔭良是個絕端尊重各位元老重託之人，對於不請自來的吳中一，當然婉轉其詞的加以謝絕了。

申報港版三月後慘跌

囘頭且再話說趙叔雍代替孫恩霖主編港版申報的國內要聞版工作，直代到有一個多月另幾天的日子，孫恩霖方始姍姍來遲的來港報到。因爲趙叔雍是個極度的愛家者，離家日久，懷思曷竭，一旦仔肩得卸，急亟欲求歸去，是以過不幾天，便即趁輪囘他上海家裏去了。從此馬蔭良便把港版申報經編兩部的領導的責任，全按在自己的肩頭承担起來。這種鞠躬盡瘁，不辭艱辛的苦幹實幹，以及硬幹的工作精神，確屬是個難得有見的忠實之人。幸好他的脾氣行爲生得莊敬自重，溫和易與，贏得全館工作人員，對他愛而敬之，親而尊之。是以上下一心，精誠合作，着實收得了得心應手、滿意無間的功能效果。更其是日銷三萬份左右的報紙銷數額，總是盤旋在這數額之間。在當時馬蔭良的仔細計算之下，覺得目前報紙刊印發行，天天雖要虧蝕；但經過三個月之後，報紙售價的折扣提高，則發行方面收入的數字，自會隨之增多。他就是這樣的如此這般，收入支出的作着計算，其答案是非但不大虧蝕，而且還有餘利可圖。所以馬蔭良對港版申報的前途遠景看得相當美麗，這也是鼓舞他工作精神的奮發不儩的一大助力。

三個月的流光，如矢離弦似的快速飛逝，不料港版申報的銷數額，突告慘跌，而且跌的數字尺度非常鉅大。這慘跌的最大原因，當然屬於報紙的批價提高折扣關係，因爲這是館方與承銷報販頭子所訂定「平價三個月」的合約條件。就是說舉凡新創設的報館，在起初時期發行，其批給承銷報紙的大報販頭子，價格定得非常低廉以廣銷路。大報販頭子批給零售的小報販，價格所定，只不過祇有加上一個折扣。而小報販們的零星出售，都是按照報面所印的定價數字向顧客收取。所以小報販們所獲得利益爲最豐厚，只是他們所憂慮的一事就是怕「吃燒包」。這「吃燒包」一語爲上海報業中人的一種術語，就是指說所批購得的報紙因售賣不出去而蝕了本錢之謂。但是在報館平價期間做小報販的爲捧大報販頭子的場，例必大量的批購。其理由有二：（一）是能因多備而多銷，其所獲得的利益自然鉅大。（二）是因平價關係，即使售不出去可改作舊報紙論斤出賣，還有微利可獲，決不致有「吃燒包」之慮。及報館平價期滿，提高折扣，小報販們的血本攸關，怕「吃燒包」必然的實銷實批，自然而然不敢多批一份報紙的了。

上邊所說報販們的批購報紙情形，不僅香港一地爲然，可說是全中國的各地都如此。港版申報之所以三個月後，由日銷三萬份左右的報紙，因平價期滿提高折扣，突告慘跌到日銷三千份的數額都不到。這種慘跌情形，正是慘盡慘絕少見少有，可能在香港報業史上，實開「前不見古人、後不見來者」的紀錄。港版申報最最失敗的一事，就是一份全張對開的報紙，竟沒有一角副刊的娛樂園地。大概這班上海申報元老們自以爲是的認爲過去申報爲人所稱道，所重視的全仗於報道政治新聞的正確翔實。他們忘記了申報爲一部份人士所賞看的還在於半版「自由談」的消閒文字呢。同時，他們也忘記了申報在革新運動期間陳彬龢一意孤行，擅將「自由談」主編，由黎烈文主編，改換成爲左翼作家們發表作品的塲地，周瘦鵑改編「春秋」副刊版，尚且發生過不少申報老讀者的「罷看申報」運動一事呢。港版申報竟至沒有副刊版的設置，如不失敗，是無「報」理了！（八）

晚清藝園雜憶

・無聞老人・

無聞老人，河北大興人，簪纓世家，年屆九十，曾于晚清供職內務府，民國後歷在各大學任教職，對清代歷史浸饋有素，所作劄記，多第一手資料。

無聞老人應本刊屢邀，允以退休餘暇，寫清代末葉掌故秘辛，藉以保存部份史料真相。本篇「晚清梨園雜憶」，為其近作之一。

北京演劇之地，名曰茶園，坐客相聚品茗，以聆劇為消閒之娛樂，故所收曰茶錢。嘗讀梅伯言（曾亮）之文，則云都中燕客者，曰館曰堂，皆肆也，觀優者集焉。其時為清道光十四年甲午也。前乎此，乾隆時，已有在酒樓觀劇者，見「閱微草堂筆記」如是我聞卷四。清末至民國，演者聽者尚皆曰「上館子」，蓋沿其舊也。故營業分前後台，贏虧各不相涉。咸豐同治間，京城所謂四大徽班，一為三慶，掌班事者為程長庚，（字玉山安徽潛山，）二為四喜，掌班事者為梅巧玲，（名慧仙，字雪芬，江蘇泰州，）三為春台，四為和春，掌班事者為王洪貴，（漢調前輩，見都門紀畧）春台不知掌班為誰？據余叔岩自述乃祖余三勝在春台早享盛名，僅此而已。各班輪流在各茶園演唱，皆有總寓，惟三慶收弟子學戲，成材最盛。內行常另組織科班，性質相同，（私人授徒，名曰私房，未出師者不得搭班，）和春班解散最早，其總寓門聯曰：「和聲鳴盛世，春色滿皇州」，集句自然，為一時傳誦。

汪桂芬的頭陀裝束

當時各班演劇，崑曲為主，而加以亂彈（西皮、二黃），何時用胡琴伴奏，尚待考。程長庚（內行尊之為大老板）演皮黃劇，以汪桂芬操琴，桂芬嗓寬而高，人呼之曰大頭，凡程之行腔念字，台步動作，心領神會已久。某次程演至半，入後台，忽患氣脫，不能接演，臨時無可為計，指汪可承其乏，遂匆匆扮戲出場，聽衆居然滿意，此為汪登台奏技之始。所演劇，如「讓成都」、「文昭關」、「華容道」，底氣充沛，不尚巧腔，後來王鳳卿尚能得其彷彿，餘無繼者。與譚鑫培合演「戰長沙」，譚必推汪扮壯繆，（後來凡演關戲，皆以老生應工。）汪性乖僻，後忽作頭陀裝，若「蜈蚣嶺」之武松，每遇堂會，到後台，已派好戲碼，而往往失踪，故充來手者，（堂會經管約角、派戲、開份等事，名曰來手，由戲提調指定內行某人担任。）見汪至，必須以專人伴其閒話，暗中監視，以防逃脫。汪晚年獨身住東城椿樹胡同承壽寺，晚間無事，常自拉自唱，院鄰在窗外竊聽，若為所覺，雖唱至半句，亦戛然而止。

楊月樓（安徽潛山）之子小樓，在小榮椿坐科，（與長庚之孫程繼仙同科，）藝術聲價，無待贅譽，其特長尤在咬字清楚，無論唱白，一句中尖團相間，從未聽其倒過一字。（倒讀上聲，即尖團念錯也。）從前內廷傳差，最為慈禧太后所賞，賜予優渥，某次忽賞大葫蘆醬菜兩簍，（宮廷以至王公府第，皆用地安門外大街大葫蘆出品，此舖另有牌號而無人稱之。）及回家檢視，則每簍皆藏有一兩重之金錁（太后內帑，各鑄有福壽字）數枚，其寵異有若是者。民國初年，小樓忽拜白雲觀方丈陳毓眞為師，（小樓與姚佩秋經營第一舞台，因白雲觀傳戒，曾在此約梅蘭芳合演義務戲，）作道士裝，綰髮於頂，並宣言將絕跡舞台，為妻女所迫，始操舊業。女嫁劉硯芳，生一子，取名宗楊，十餘歲時，經小樓親為指授登台，小樓死後數年，因病夭逝。小樓長靠短打，無不精工，有一次余到後台，值他扮戲，見其所着貼身褲褂，為印藍花粗白布，據說武生上台，此布最能滲汗，名曰「汗榻兒」，係江蘇常州土產云云，此布為常州鄉間木機所織，門面（即幅度）很窄，當年常錫一帶人家所掛帳子及褥單，多用此布。

演劇專以鎖吶伴奏者，如「龍虎鬥」之趙匡胤，「青石山」之關壯繆，及「叫關、小顯」之羅成（小生腔用鎖吶，除德珺如外罕見，）又有以京白入唱腔，如「打麪缸」、「鋸大缸」（百草山之一折）等，名爲吹腔，亦用鎖吶，則玩笑戲之變體者矣。

余從前所見「刺僚」之專諸，「擊鼓罵曹」之禰衡，「御果園」之尉遲恭，「乾元山」之哪吒，皆赤露上體，並曾看過楊朶仙飾「盤絲洞」之蜘蛛精，亦赤露上體，着大紅抹胸，肌肉豐白，炫蕩人目。自譚鑫培演「罵曹」，於擊鼓時，瘦骨嶙峋，不欲袒露，始着侉衣，嗣後內外行演此者，不論胖瘦，概不露體，却與戲詞不合，（軍校呵衡說：你赤身露體，成何體統？）不能以譚派自解也。其他如「九更天」之馬義，滾釘板時，必應赤上體，此外武戲之例尚多，不列舉。

由漢劇十類角色，演變爲皮黃劇之生、旦、淨、末、丑五總類（各有分類，）其中惟生末兩行頗難區別，如「昭關」之東皋公，「搜孤救孤」之公孫杵臼，「捉放」之呂伯奢，「四進士」之宋士杰，「南天門」之曹福，「天雷報」之張元秀，皆末行，除東皋公、呂伯奢外，有時由老生兼演，久之遂沿以爲例。又如「捉放」之陳宮，歸老生應工，「白門樓」之陳宮則屬末行，因劇中所負之任務，前後不同也。

凡票友下海，（票友唱戲，向不受酬，如拜內行爲師，搭班拿份，謂之下海。）皆稱曰某處，若金秀山爲金處，孫菊仙爲孫處，德珺如爲德處，龔雲甫爲龔處，許蔭棠爲許處，仍以別於內行也。光緒初年，以王帽戲擅場者，爲張二奎，後進效之，稱爲奎派。能畧得其似者有許蔭棠，以善演「打金枝」、「牧羊圈」、「除三害」著稱，面貌豐腴，每在肉市正陽樓吃涮羊肉，可盡十碟，（每碟按肉四兩計算，）人以許十碟呼之。又汪笑儂爲滿洲旗籍舉人，名德某，字潤田，外號德不妥，因納妾案斥革，平時酷好皮黃，其自編之劇，如「馬前潑水」、「獻地圖」、「哭祖廟」、「黨人碑」最有名。有時反串老旦戲之「釣金龜」，因曾演某劇，汪桂芬聆而哂之，遂以汪笑儂爲其名，並非姓汪也。

票友下海者，尚有淨角之劉鴻昇，皮黃淨角，分爲銅錘、架子花、武二花，金秀山、裘桂仙，皆銅錘也。錢金福、李壽山皆架子花也。劉嗓音高亢而欠沉厚，尚夠不上銅錘，余於團拜戲曾見其演開場第二之「大回朝」，僅拿份當十錢十六吊而已，後因病而跛，改老生，以三斬一探著稱，三斬者，「斬鄭文」（即「戰北原」，或謂「斬馬謖」）、「斬黃袍」、「斬子」及「探母」也。探母過關時之吊毛，因劉足跛不能表演，只走過待縛，觀衆笑之，其他如「罵楊廣」、「拷吉平」、「完壁歸趙」、「敲骨求金」諸劇，均能叫座，內行謂其唱調底即等於他人之唱調面，此種嗓音，一時無兩。

數年前，在梅蘭芳處，得見沈蓉圃所繪同光間徽班名伶十三絕原圖，作橫榜式，光緒庚子以後，嘗懸之廊房頭條路南燈舖門首，蘭芳因有乃祖肖像在內，購而藏之者也。圖內（一）程長庚（羣英會之魯肅），（二）徐小香（羣英會之周瑜），（三）盧勝奎（空城計之諸葛亮），（四）張勝奎（一捧雪之莫成），（五）楊月樓，（四郎探母之楊延輝），（六）譚鑫培（惡虎村之黃天霸），（七）梅巧玲（雁門關之蕭太后），（八）朱蓮芬（琴挑之陳妙常），（九）余紫雲（彩樓配之王寶釧），（十）時小福（桑園會之羅敷），（十一）郝蘭田（行路之康氏），（十二）楊鳴玉（思志誠之明天亮），（十三）劉趕三（探親之鄉下媽媽，）據老輩之曾見其人者，均云維妙維肖，傳神阿堵。余自童齡觀劇，對於台上名角，記憶未免模糊，就所想到，此十三人中，趕三演「探親」，尚及見之，此外印象較深者，爲中年之譚鑫培，飾「翠屏山」之石秀，（帶殺山）酒醉喚醒後，扶桌使傾側，以齒銜刀刃而起，（不用手幫忙）所用眞刀，分量沉重，齒勁如此，數十年來未見有第二人，面部不抹油，起耍六合刀一套，非眞嫻武術者不能，且「翠屏山」之石秀，係不帶髯口之戲，後此亦未見其再演第二次也。

光緒間，京中好以人名作對子，如徐桐（大學士）對速藻（請人作書畫，往往寫敬求速藻），張之洞（大學士）對陶然亭，桑春榮（刑部尚書）則對麥秋至（禮記月令），烏拉布（滿族侍郎）對蠶吐絲，黃體芳（字漱蘭，內閣學士）對烏鬚藥，朱適然（字肯夫，少詹事）對赤奮若（爾雅釋天），又有人戲以高心夔（字陶堂，咸豐進士，江蘇知縣）對矮脚虎（水滸渾名），李象寅（字虹若，內閣中書）對楊猴子，黃月山（京劇武生，效之者稱爲黃派）對白雲觀；又對「黑風帕」（劇名，即「牧虎關」），皆可謂無字不對，無對不工，而且現成。月樓兼擅猴戲，人常稱之爲楊猴子云。此外見之於近人所輯之十三絕傳畧者，不再踵襲一語。惟傳畧云：長庚兩姪，長章善，令其習六蕃書，嫻蟹行字，以余所聞，程遵堯字紹唐，入同文館學德文，則長庚之姪孫也。辛丑後，改設外務部，紹唐補官，（清末仕至外務部參事，御史某劾其身家不清，交奕劻等查復，查「優」之子孫，雖例禁應舉出仕，而並無限制其他家屬之明文，覆奏應毋庸議。）當時同文館德文班，以紹唐及治鶴清（格）爲翹楚，鶴清曾出洋，操德語極流利，若論文字之湛深，則不如紹唐也。此余聞之廕午樓（昌）先生者，老輩品評當不謬，又紹唐有弟二人，經世、經邦，經邦留德學陸軍，清末任軍諮府科長，據經邦自述，與繼仙同輩。

戲班之演唱分三種場合，一在茶園之輪值（或因赴宮廷演唱，名曰傳差，則臨時停演），一在各會館，應新年衙署、春間科分之團拜及各行業在飯莊等地之祭神。一爲人家之喜慶壽事（大多數是祝壽），茶園不帶燈晚，亦無照明之設備。譚鑫培在中和園演大軸戲，冬令已在日落後，昏暗不辨人物，於是燃點火把，用四人或二人在台上舉以照之，坐後排者，僅遙辦其動作而已。內閣團拜，必在正月初二日，都察院在初五，梨園行住家多在北城地面，（此北城指前三門外五城之一，各有巡城御史，）是日各角無不到者。科分團拜，多在虎坊橋湖廣會館，承辦之科分，得佔池子，樓上三面，由其他科分包認，亦有就便另請客者，謂之搭桌，由承辦科分之值年任戲提調，另約司賬者担任開發一切，其人必熟悉舊例，及素與戲班之來手融洽，且爲某金店銀號之經理，因隨時可備零整銀錢票開發也。祭神戲，金店銀號必在西河沿正一祠，綢緞業必在三里河織雲公所，藥舖必在前門外興隆街藥行會館，日期爲四月二十八，謂藥王誕也。其他多在取燈胡同同興堂，或打磨廠福壽堂，皆不帶燈晚，人家堂會，則未有不帶燈者。戲班承應，又分進箱及軟包兩種，進箱則大衣箱、二衣箱、盔靠、（靠、靠旗歸衣箱，盔及髯口入圓籠，）把子、（武行所用各種兵器，）凡後台應有者俱全。軟包則按預定戲碼備帶，以若干布包袱包之，爲絜運便也。（圓籠把子等仍酌帶，）其同時承應兩處者曰分包。又所謂名角者，則行頭往往自備，另有跟包之人。

後台必有執事桌，又名牙笏桌，執事者（後台呼爲管事的，）須爲內行熟於戲劇內容，及所需時間之人，桌立牙笏，書本日必應記之事，置「戲規」，若插屏然，以紫檀或花梨木橫嵌若干長方形之牙牌，牌上寫應演之戲碼，（所以必用牙牌者，因隨時可擦去更換，後台亦名之曰水牌。）至分派某人充某角，其本班應工者，必須按照執事人所定，不得推諉，偶有戲詞生疎者，臨時覓同行領教，名曰鑽鍋，至外串之角，應演某劇，已由來手與之預訂，所需配角，由本班承應，亦有聲明自帶者。演出之時間，必須提前或挪後，則向執事者臨時商酌，（執事人對面虛設一方凳，外串角到後台後，可暫坐此，本班任何人不能坐。）又戲已排定，於應上場之時，倘主角甫經趕到，或正在紮扮，則加演「逛燈」、「打沙鍋」之類，時間可長可短，謂之墊戲。

紅豆館主溥侗書聯

余自八歲即看黃榜團拜，（新科進士引見授職後，第一次同年團拜請老師，不帶燈晚，）九歲以後，每年得看堂會戲，各科鄉試分南北榜，（北榜即順天鄉試，）及會試榜，皆各輪推一人爲值年，每屆團拜請老師，則充戲提調，（或於此事不在行者，得邀某同年臨時幫忙，）賬房及衣包房，在下場門小池子之樓下，距後台極近，來手可自台下之便門出入，隨時有事接洽甚便，戲於上午十一時即開場，開場必演「賜福」，繼以「回朝」或「渭水河」，（又名訪賢，）或崑曲「卸甲封王」，再次則「孝感天」，而「安天會」上場矣。（此姑舉某次一例，人家堂會祝壽，則「賜福」下接演「百壽圖」，）每一位老師到，台上例必跳加官，（賞封由賬房備，）中場必演短打戲，如「花蝴蝶」、「惡虎村」之類，燈晚演本戲，如「十粒金丹」、「德政坊」、「乾坤福壽鏡」、「梅玉配」等，於晚宴前演兩本，後演兩本，中可間隔他戲，如不演本戲，則燈彩戲，如「水簾洞」、「洛陽橋」、「斗牛宮」之類，大軸必演長靠戲，如「長坂坡」、「陽平關」、「戰宛城」等或老生主演之戲，其以旦角演大軸，則自梅蘭芳始，然在民國後矣。從前武旦戲，如「泗州城」、「取金陵」等，皆在中場，亦無演大軸者，（武戲不接武戲，若中場武旦上場，則不演短打戲。）又每值會館有團拜戲，北城兵馬司吏目（俗稱曰坊官，）必派隸役數人，手執皮鞭，前來彈壓，攔阻閒人，及往外串演員家催戲，呼之爲「官人」，但晚宴以後，同年皆更便衣，於是聽蹭戲者接踵而至，池子後邊及兩小池子，皆站滿，後來者甚至登桌而立，演大軸時，且擁擠台上，上下場門，站無隙地，致礙出進，即呼官人驅逐，亦揮之不去，去亦俄頃遽集。

票友之應堂會者，（人家有喜壽事，由戲班進箱承應，）往往用官中之行頭，（水紗、網子、髯口、靴、鞋則自帶，）梳頭桌及衣箱，均自備賞犒。從前內行極看不起票友，訾之爲羊毛，誚之爲耗財買臉，惟侗後齋（即紅豆館主）之技藝，內外行咸所推重，每遇堂會，到後台扮戲，內行皆尊之爲五爺，罔敢輕慢。前記票友下海則稱某處，茲續憶尚有韋久峯、德建堂、雙潤亭、亦皆稱處，貴俊卿、王雨田等，則不復稱處矣。張毓庭爲李順亭之壻，王又宸爲譚鑫培之壻，皆票友下海者。彼時除「髦兒戲」外，無女角，（後稱坤伶，）僅憶有恩曉峯，以女票友登台，詫爲㧗見，其女恩維賢、恩維明，亦搭班演戲，尚有富氏三友，（竹友、菊友、蘭友，）皆已在民國初年，此外秦腔中，如小香水、金剛鑽，皆女角，民國後之奎德社，則全是女角矣，（戲劇學校則男女學生兼收。）

堂會有戲單，載某月日，某某科團拜，戲演四喜部，外串帶燈，（此亦姑舉一例，）每劇下旁註主角之名，其對兒戲，如「汾河灣」、「桑園會」、「武家坡」之類，（「南天門」亦然，）則分註生旦之名，因兩角並重也。但慣例均寫小名，或排行，如「奇雙會」、「琴挑」之石頭（陳德霖）桂官（王楞仙），「嫁妹」之何九（何桂山），「陽平關」之黃三（黃潤甫），「取金陵」之四十（朱文英），「能仁寺」之莊兒（余玉琴），「探親」之百歲（羅壽山），「祥梅寺」之拴子（王長林），「安天會」之長保（張淇林）皆是。至譚鑫培之稱小叫天，因其父志道（老旦）曾被呼爲叫天，故加小字以別之。其秦腔（通稱梆子，因唱時有一人站在上場門，手持木梆敲之，不入場面桌也。）「紫霞宮」、「辛安驛」、「雙合印」及反串「伐子都」、「八大鎚」等，則寫十三旦，「珍珠衫」則響九霄（原是想九霄，）不直書侯俊山、田際雲本名也。光緒末年戲目，則演角皆書名，如鑫培、桂芬、德霖之類，但尚不著其姓氏，從前私房別於科班，如怡雲、素雲、順林、瑤卿、鳳卿、琴儂、妙香等，皆久已書名，此亦以歸一律云爾。

各戲班輪流在各茶園演唱，五日一轉，其無定期者，謂之活轉。庚子以後，因茶園被焚，修復需時，遂打破舊例，不復輪轉。清末，譚鑫培組織之同慶班，（後改同慶社，）則專在中和園演唱，田際雲之玉成班，專在天樂，爲後來劇團之嚆矢。喜連成（民國後改爲富連成）科班則專在廣和樓，又如寶勝和、義勝和、太平和等班，

梨園四皓

自右至左：錢金福、王長林、龔雲甫、陳德霖

專演秦腔，惟堂會往往皮黃梆子兼唱，後以聽衆之嗜好，戲班亦有踵行者，名之曰「兩下鍋」。

從前不貼戲招，僅看茶園門首所陳列之砌末，（現分爲佈景或道具，）如有半面亭子，即知爲「御碑亭」，樹一株爲「桑園寄子」，雙石獅子爲「舉鼎觀畫」，石鎖、石擔爲「豔陽樓」，但仍不能確知主演爲何人，或可就其班中有名之角，揣想而得之。每年臘月下旬，擇日演封箱戲，本班各角均到，有時兼演反串，如「八蜡廟」以旦角飾黃天霸之類，元旦開箱，亦各角全到，演吉祥戲，不帶殺斬死亡者。譚鑫培必演「定軍山」，因黃忠紥黃靠，使金刀，由下場門上，以青龍爲吉祥也。（各班於元旦尚唱高腔，以保存傳統之劇種，是日已正即開鑼，散戲亦早。）

茶園池子爲散座，長桌板凳相對坐，側其身始能看到台，台之兩旁曰小池子，兩廊靠牆列高凳，曰靠大牆。樓上，接近上下場門者爲官座，（分頭官、二官、以二官尤適於觀聽，）官座者，原以備地方官廳來稽查是否演有違禁之戲，及戲場秩序，並索要佔用，但亦可由茶園臨時賣座，坐皆板凳，有藍布薄棉墊，（須另算錢）其凳則愈後愈高，約可坐三排，此外以活動板壁間隔成若干間，坐位相同，後來呼爲包廂，則上海戲院之名詞也。小池子上面，接近戲台，與飛樓毘連，名曰倒官，只能看見演員之背，而便於聽。正面樓上，對台或設有神龕，所祀大抵爲關壯繆，供桌兩旁，亦可設桌凳賣座。戲演至三四齣時，即有人先送小紅紙橫單，寫列當日所演戲名，（但臨時亦有更改，）給當十錢一枚，單仍收回。嗣再送小黃紙橫單，則以木質活字板排印本日已定之戲碼矣，亦給以當十錢一枚，惟僅限於樓上。至第一舞台爲新式建築，可以轉台，演「大香山」之類，池椅皆向台，台圓形，無柱，演義務戲，可至深夜。樓上包廂兩層，可賣女座，從前婦女除人家堂會外，不能上館子聽戲也。

赴茶園之客曰聽戲，無人說看也，然內行有

兩句話，「行家看門道，外行看熱鬧，」則看又烏可廢哉！池子中，賣吃食零物者，到處亂竄，川流不息。又有人持長脖銅水烟袋，向人嘴邊亂送，有吸之者，則爲裝烟，點紙撚，吸時呼嚕有聲，每次曰「一袋」，給以當十錢二枚，因其擾及視聽，人多畏而厭之。

戲價名曰茶錢，既如上述，茶錢不分池子座之前後正側，一律收錢一吊三百文，即當十錢六十四枚，（錢四十九枚算一吊，）後來增爲兩吊，即如譚鑫培在中和，並不每日準演，來者自皆趨嚮譚，而不一定聽得着；然不能起而責難，甚至要求退錢者，因既無戲報載演角之名，前台固可不負責任也。戲演至中軸時，前台有人來池子查點人數，名曰「查堂」，防看座人之私賣也。（預售或當天售戲票，自民國初年始。）

錢金福王長林合演「醉打山門」

民國初年，內務府友人曾佑亭，約在同興堂午餐，（佑亭在宮廷帶戲班進內演唱，故與各角皆熟識，）座有楊小樓、陳德霖，向余各述學戲演戲之經過，始知一藝之成，決非易易。德霖與錢金福同入三慶坐科，同在朱老師手下學戲，朱爲三慶教師，蘇州人，德霖與余談時，未舉其名，余曾詢及，則云事師如父，昔年既不敢向人稱其名，亦不敢問。德霖云：幼年學藝，基本教練，各工一律，朱老師第一齣教「醉酒」，凡旦角皆在一起，同習臥魚、下腰、啣盃、鷂子翻身，教「游園」（牡丹亭），隨唱詞展換身段，及拿扇子各種姿勢，因此兩劇在旦角身段爲最繁難，習之既熟，則學他劇自較輕易也。教詞口授令覆，即有識字者，亦不准看本子，及唱念身段，反覆教熟後，到個人練習時，再出錯，即打，不准搪躲，打到自覺矯正爲止，打用木板，名曰戒方，由大老板（即程長庚）親授老師，隨時執行，德霖言之猶有餘悸，並云凡練過各戲即多年不動者，上台演唱，亦不會出錯，終身不近烟酒，保持嗓音，至老不變。

錢金福從朱老師學藝，第一齣教蘆花蕩，此是念做身段並重之戲，從前演「回荊州」帶「蘆花蕩」，張飛扮相爲帶紮巾，紮硬靠，高底靴，但余所見錢演此，已改爲簪甩髮，戴草帽圈，穿侉衣，打腰包，薄底靴。據錢說，張飛沿江接劉備，在船上應如此扮，方合劇情。朱對錢傾懷指授，錢藏有「身段譜」，爲不傳之秘，演「鐵籠山」起霸觀星（即草上坡），與尙和玉並稱傑作，非他伶所及。「游園驚夢」上十二花神時，飾大花神，又稱花判，亦獨絕。「打棍出箱」之煞神，有耍牙絕技，分八招表演，其牙名曰獠牙，用象牙製成，極光滑，墊在舌底，耍時以舌尖黏動出進，非練習純熟，未有不脫落者。

並據小樓說：某年應天津下天仙茶園之邀，與李吉瑞（黃月山弟子，）合演「殷家堡」、「落馬湖」，各飾黃天霸，楊先演「殷家堡」，在台簾內倒板「齊心努力闖虎郡，」因用力過猛，後三字沙啞幾不成聲，台下報以倒好，中間進後台卸裝，未即行，吉瑞接演落馬湖，亦有倒板「明月蘆花音信杳」，抑揚圓潤，絕不吃力，聽衆齊聲喝采，小樓聆之，自審不及，遂聲明告假，不再續演，約角人極力勸阻，不聽，回京後，即約琴師、笛師，伴往通州，住城外某道觀，（自帶庖人備伙食。）每日黎明，至空曠處喊嗓，歸廟晨餐後，再上絃吊嗓，下午稍憩，即練習崑曲，經過幾個月之時間，始回京，明年再赴津，仍在下天仙演唱，仍貼「殷家堡」帶「落馬湖」，小樓一人飾前後黃天霸，由頭場倒板起，嗓音圓亮，聽衆報以滿場好，以迄終場，小樓述此，並不諱其經過，即此一端，足見勤學苦練四字，固不僅唱戲爲然，而唱戲之嗓音，必苦練始出，徵於斯而益信。

席次，又談到何桂山（即何九），何本工崑曲大面（即淨角），晚年以演「嫁妹」及「火判」著稱，堂會戲中會屢見之。從前塲面桌在臺帳前，打鼓（單皮）者緊靠九龍口，何目昏不能睹物，自掀簾出場後，有種種身段，而何按一定脚步，及鑼鼓（俗稱傢伙點），從未碰及桌椅及鼓架子，亦未坐錯坐歪一次，此無他，熟而已矣。熟須幼工紮實，此爲德霖所說，可以互証。何晚年尙能演「山門」，（即「醉打山門」之簡稱，飾魯智深，）邊唱邊做，身段尤繁，賣酒人爲郭春山，須作蘇白，郭口勁稍鬆，當蘇丑缺乏之際，已成碩果，後見錢金福「山門」照像，配以王長林，對靴底時所攝，錢學戲本從崑曲入手，所勾臉譜，稱爲「天下一品」。

全體會

（滑稽相聲）

·朱翔飛·

甲：昨天晚上，一晚都沒有睡好！

乙：爲什麽？

甲：開會。

乙：啊，開了一個晚上的會。喔，大概是緊急會議？

甲：全體會。

乙：啊！全體會。我知道了，昨天晚上那個會議，參加的人一定很多！

甲：不多，就是我一個人。

乙、你說什麽？一個人開全體會？

甲：整個身體開會就叫全體會，身上有許多部門，好像頭、手、脚等……光是臉上就有鼻子、眼睛、耳朶、嘴巴，它們都在開會。

乙、你在說夢話。

甲：是啊！我好像睡着，又好像沒有睡着，聽它們說說倒很有意思，每個部門都只看見自己好的地方，都認爲自己最有用處。引起這件事情的是眼睛，因爲它最怕太陽，本來有點砂眼，吹着風就要流眼淚，所以去配了一副眼鏡，眼鏡脚搭在耳朶上，這時候耳朶可說話了：「喂，隣居街坊，你不要欺人太甚！」

乙：隣居街坊？（領悟狀）對！眼睛跟耳朶最接近。

甲：「你要漂亮，裝修門面，配上櫥窗玻璃，兩只脚搭在我耳朶上，給你扳得好疼，一樣配架子，配得大點兒，又是小，又是緊，本來我的耳朶長得很有樣子，到現在，都給你扳成招風耳朶啦！」

乙：原來耳朶在對眼睛發脾氣！

甲：耳朶一發脾氣，這時候眼睛也冒火了，馬上瞪眼說：「耳朶，你在傍邊少說話！」

乙、對，耳朶是在眼睛傍邊。

甲：眼睛接着說：「人身上眼睛最重要，做事、看報、寫字、看戲，哪一樣可以少得了我眼睛，你走路能不帶眼睛嗎？」耳朶也講話了：「兩個瞎子照樣在馬路上跑，馬路上闖禍的人，都是長眼睛的，從來沒有聽見瞎子給車子撞壞？」

乙：這也有理，瞎子心細，警覺性高！

甲：「我不跟你講瞎子；就說我眼睛吧，做好事情別人不講，做錯了事情就要怪我：你眼睛瞎掉啦？」

乙：倒是有這麽一句話。

甲：耳朶又不服啦！它說：「是的，你眼睛的用處大的，可是沒有我耳朶也不行呀！做事、看戲，沒有耳朶行不行？隨便什麽戲，總要聽聽唱工好不好，說白好不好，音樂好不好，効果好不好，我們從來沒有聽見過，什麽戲沒有唱工，沒有說白，沒有音樂，沒有効果的。

乙：從前有，無聲電影。

甲：耳朶接着說：「無聲電影？爲了我聽不見，所以後來就改爲有聲電影，譬如說無線電、收音機，也是給我聽的，你應當看得出，知道你——眼睛氣量小，所以發明一個電視給你看看。像我一天到晚，晚上到天亮，都沒有休息的時候，你到晚上可以睡覺休息，眼睛一閉，床上一躺，手脚攤平，多舒服，我就不行！」

乙：怎麽不行？

甲：「我這兩只耳朶從來都沒有休息的時候，你睡覺，我還要服務，半夜裏敲門，電話鈴响，全是我在聽，從來沒有鼻子聞到敲門聲音、電話鈴响，叫醒你們的。」

乙：那倒是眞話。

甲：講到鼻子，鼻子可光火啦！「人不犯我，我不犯人，我鼻子生在正中間，不左不右，就講那副眼鏡，也是我鼻子上的份量架得最重，我一聲不響，你們却吵得不成樣子了！眞講用處，我最有用，你們忘記啦，我還救過你們的命，我老早說過，晚上睡在床上別抽香烟，你們不聽，有一次睡着以後，香烟頭掉在被窩上，燒起來，後來我聞到布毛臭，起來弄熄，要不是我鼻子聞到，不但燒死人，還要釀成火災，等你耳朶聽見，那是不得了啦！」

乙：等眼睛睜開來看見，那還要不得了！

甲：耳朶眼睛一齊講了：「你鼻子神氣什麽？最沒有用處，風裏一吹，鼻子要紅，有時還要流鼻血，而且聞香不聞臭，聞到香的，就像一條狗，東嗅西嗅，聞到臭的，就臭來臭來！」鼻子一聽生氣了！「好好，我沒有用處，我不響，我不響！」鼻子一面說話，一面連氣也不透，一迸，迸了兩三分鐘，「不行！」眼睛一面叫，一面眼睛朝上翻，嘴唇皮也發白了，手脚冰涼，大家喊：「吃不消了！有話好說！」鼻子一聽它們叫救命了，就「哼！哼！哼！」

乙：幹什麽？

甲：冷笑：「你們說我鼻子沒有用，現在試試看！」就在這時候，突然聽見大吼一聲：「你們不要響，你們沒有講話的資格，不會講話，不許你們講，我來講。」

乙：這是誰？

甲：嘴巴。「鼻子不透氣不要緊，我嘴巴也可以透氣，你們七張八嘴，都沒有用處，我嘴巴用處最大，一個人就靠吃，不吃下去就不能生存活命！做工作一定要講話，聽電話一定要我嘴巴講，演員唱戲、名人演講，都靠我一張嘴！」

乙：這叫「獨出一張嘴。」

甲：耳朵、眼睛、鼻子又講了：「好！好！好！你嘴巴用處最大，我們全是廢物，從明天起，我們罷工！」

乙：問題大了，這又帶上勞工問題啦！

甲：正在這個時候，忽然又有人講話了。

乙：誰？

甲：牙齒。牙齒說：「我眞聽不慣，不要專講自己，也替別人想想，吃，是靠你嘴巴吃，可是沒有我牙齒幫忙，行不行？你別嘴硬，一會兒我請你吃段甘蔗，我牙齒不幫忙，你難道生吞下去。」

乙：牙齒說得也有道理。

甲：「好東西是你嘴巴吃的，可是後來却總是我牙齒受苦，愛吃甜的，吃得我牙齒全蛀掉，到老了，還要一只一只的拔掉，這種痛苦向誰去說！從來沒有聽見過，年紀大了把鼻子拔掉一個的。」

乙：那可不像樣了！沒有的。

甲：（嘴裏含糊不清）你們別瞧不起我！

乙：怎麼像外國人說話？

甲：是舌頭。「你們瞧我不起，我把舌頭捲一捲，你們有本事去唱，去講，行嗎？」

乙：舌頭也有話講。

甲：「喂！請大家注意，請你們遵守秩序，開會得有規矩，要講話，先舉手。」

乙：又是誰？

甲：手。

乙：好極了！

甲：「人家說，手的作用最大，又生得長，做工作一定要手，沒有手就不能做事情。早晨起來穿衣服，要手，洗臉，也要手，擦牙，也要手，總不能拿個腦袋浸在洗面盆裏？」

乙：那不像話。

甲：手一講話，脚也不肯靜下來，它說：「講面積，我要佔據全身百分之六十以上。」

乙：脚長一點還不止。

甲：「我的用處最大，我不走你們只好一天到晚留在家裏，雖然現在交通便利，坐的士，搭巴士，可是車子不能開到家裏。就是車子開到站頭上，我不抬腿，你們也上不去。好朋友請你吃飯，我不跑路，你怎麼去吃？」手、脚還沒有講完，肚子裏嘰哩咕嚕了！

乙：誰？

甲：肚子裏，腸、胃、心、肺……，大家講：「不要在背後說話，有話出來講。」「我們不能出來的，出來不像樣的。」「好啦！別吵了！我在外表面也沒有講話。」

乙：又是誰？

甲：皮，身上一層皮，「我這張皮用處最大，一個人就靠一層皮，假定沒有這層皮包着，那就別提多難看啦！一個胖子，皮色蠻好，一個瘦人，瘦得皮包骨頭。」說得這兒，骨頭又多心啦！「好！人，全靠骨頭擺架子，支住着，你們對我不重視，那我可以出骨，大小骨頭，跟我來，開步走！」

乙：到外國（骨）去？

甲：不是的。全部大小骨頭，兩百多根，完全拆出來，看你們怎麼辦？那好了，一層皮癱下來，就像南貨店裏賣的海蜇皮了！耳朶和眼睛說：「禍是我們闖的，現在事情鬧大了，還是請腦子出來說兩句公道話吧！」腦子一聽，大家要請它出來說話，在經過仔細考慮以後，就很客觀的，一句一句的講：「關於這件事情……」

乙：腦子唱慢板？

甲：不是，腦子因爲冷靜，什麼事都要經過分析，它說：「今天引起的爭論，我認爲是好的，大家爭出個道理來了。不過，你們都祇看見自己，不看見別人，總而言之，大家全有用處，要密切合作，要顧到整體，只有集體，才能發揮更大的作用，要是脫離集體，就會一事無成。就說人身上看不出的作用最大的，日夜不停的動脈、血液、紅血球、白血球，它們總是在跳動、循環，一時一刻不停的忙着工作，停一停人就要死，不要說停了，就是開開玩笑，停停走走，那人走出去可好看啦，一跳一跳的。」

乙：和觸電差不多。

甲：「你骨頭用處是大的，單獨出去，坐在巴士裏，不嚇得所有的乘客全逃下來才怪呢！除非把你放在醫院裏做標本還差不多！」

乙：這話有道理。

甲：「手當然有用，但還要靠手指，工作都是手指做的，沒有手指你能抓筆桿嗎？拳頭祇能打人，抓筆桿拿鎗桿都不行，可是，手脚有密切關係，光說脚跑路，也要用手幫忙。」

乙：爲什麼？我倒沒有注意過。

甲：「隨便什麼人走路，都是一樣的動作，右手對左脚，左手對右脚，跑起來就好看，要是換錯了，就不好看啦，不妨你試試看。」（做動作）

乙：（也做動作）對的，錯了就不好看啦。

甲：「所以大家要緊密配合，互相幫助，這樣做事情，就沒有一件事情做不好的。」

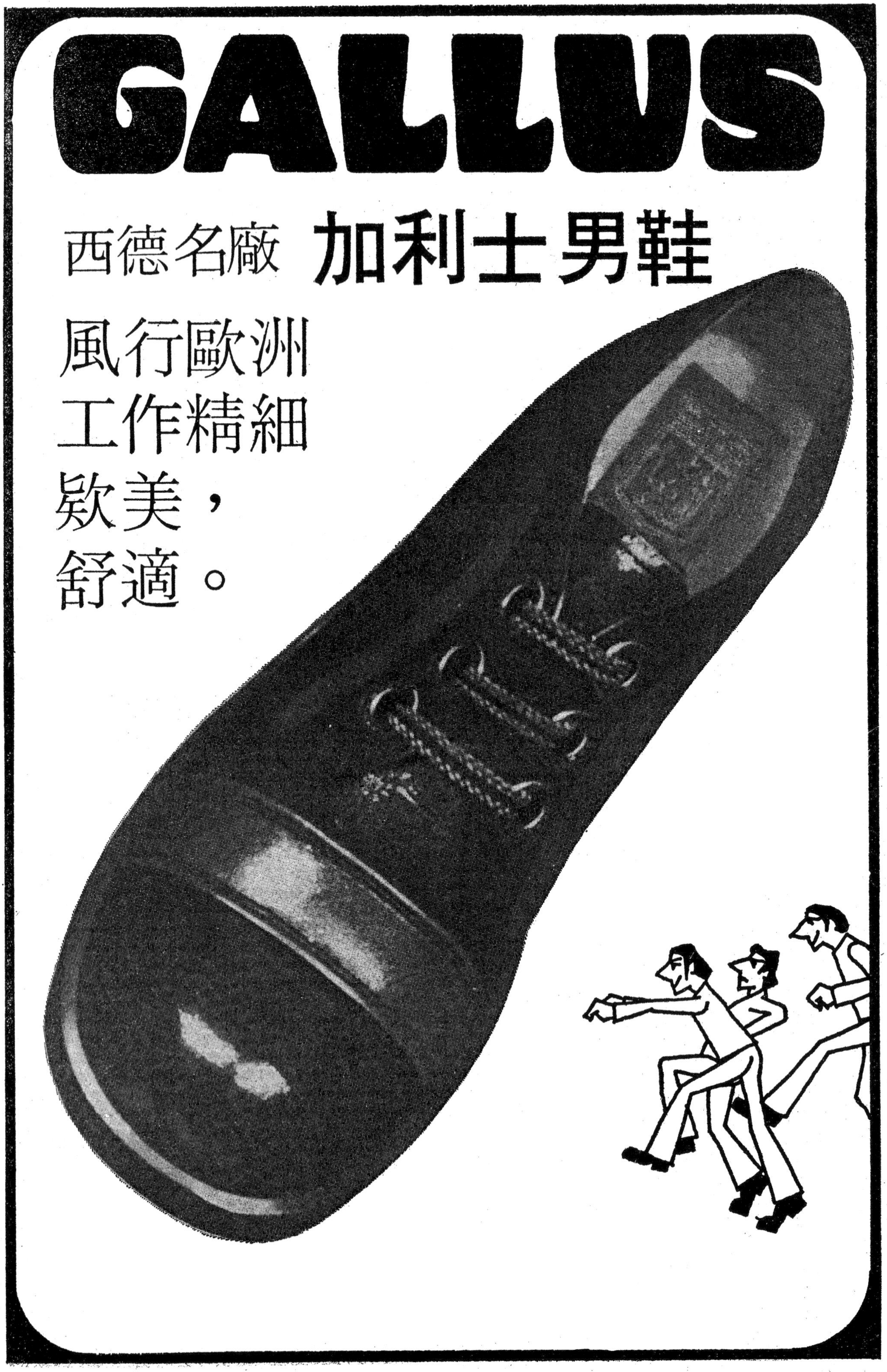
GALLUS
西德名廠 加利士男鞋
風行歐洲
工作精細
欵美，
舒適。

李萬春和李少春

·燕京散人·

梨園慣例，多是老生旦角挑大樑，因爲這兩行角色的戲多。以武生挑班而且時間很久的，當推楊小樓，自清末以迄民國二十七年（一九三八年）他逝世以前，幾垂三十年之久，佔一世紀的四分之一以上，不能謂非異數。楊宗師以次，少壯派武生自領一軍的，只有李萬春和李少春。李萬春自民國二十一年（一九三二年）起挑班，在民國廿七年以前，和楊老板的永勝社，是北方只此二家的武生班子。廿七年春楊小樓仙逝，秋天李少春到北平挑班，北方算是又維持了兩個武生班子的局面，這也是一項巧合。李萬春和李少春誼屬郎舅，但却因同行關係一度釀成「二李之爭」，達四五年之久，是當時哄動南北的菊壇大事。筆者和他二人，相當熟稔，下面不妨就他二人家世、師承、挑班經過、劇藝特色、個性、和「二李之爭」的前因後果，謹就所知，一一道來，聊供讀者談助。

李萬春少年時代

李萬春的父親李永利，河北省霸縣人，身材碩偉，武功堅實，是一位名武淨，久居南方，與武生李順來（李硯秀，李鳳翔的父親）經常合作，像「收關勝」、「白水灘」等，都是拿手好戲。萬春的母親孫氏，天津人，生得白白胖胖，非常福相。姊妹四人，她行一。孫家二小姐嫁與針灸名醫張少鶱，孫家三小姐嫁與武淨李德春，藝名小玉柱，孫家四小姐嫁與武生蕭春亮。李蕭二人在民國十九年到廿一年左右，在北平還都曾搭班唱戲。

李太太所生五男二女，長子萬春，字鳴舉，（萬春後來辦小科班取名鳴春社，這個「鳴」字就是從他的字上取的。）是清末宣統三年辛亥，（一九一一年），生在大連，那時李永利正在那裏演戲。次子桐春（在鳴春社科班時名李鳴俊），三子慶春，四子不幸在吃奶時期就夭折了，老五環春。萬春、慶春、環春，大大眼睛，都像他們老太太，桐春則長得畢肖他們老太爺。長女也在幼時夭折，次女蕙英，也長得像媽媽，因爲她成了獨女，又嬌憨可喜，頗得父母寵愛。後來嫁與北平戲曲學校畢業的武旦李金鴻，可稱一對璧人。

李永利在萬春出生以後沒有幾年，就不在南方各地再跑碼頭演戲，同時也畧有積蓄，就北返在故都定居，息影舞台，以課子爲樂了。他的武功堅實，得自幼年挨打用苦功，往下傳時，當然也是用嚴厲的傳統方式。但是萬春生得濃眉大眼，細皮白肉的，又是長子，捨不得打。因此萬春的武功，能打能翻而不能摔；雖說武生不比武淨，但是像「冀州城」那種戲，也是要摔的。到了桐春開始練武功時，他生得不如乃兄漂亮，又是老二了，李永利也就捨得打了。因此，桐春能打能翻也能摔，盡得他父親武淨劇藝的薪傳，所以論起武功來，桐春要比萬春磁實。後來在萬春的下把青黃不接時候，很給萬春一臂之助。來到台灣以後，先後任虎嘯、大宛劇隊隊長，現隸聯勤明駝劇隊，他的「艷陽樓」高登，把紈袴拔扈、飛揚浮躁的身份，刻劃入微；而開打的勇猛慓悍之處，完全乃父路數，一時無兩。最近幾年身體發福，大打是賣不動了，但紮靠的戲，大將風範，台風非一般後起所能及，尤其關戲，已成今日海外一人了。慶春除了有點基本武功以外，學大小花臉，小時候常在萬春的本戲裏串上一角，像「紅孩兒」，他演紅孩兒的幼年。後來在鳴春社裏，偶爾貼一齣花臉戲，在「濟公活佛」本戲，他就飾演濟公了，他始終追隨他大哥左右。老五環春，是李家幼子，從小也嬌生慣養，可以說沒有學什麽戲，他到台灣時，還不到二十歲，從他隨桐春在虎嘯劇隊時起，才開始練功學戲，不過人很聰明，進度也快，在民國四十一年（一九五二年），一齣「伐子都」哄動台北，從此正式邁入劇壇，現隸陸光劇團，他的扮像和萬春有虎賁中郎之似，嗓音也像，尤其台步，更是「李門本派」，是在台灣的名武生之一。

李萬春生得不高，身材中等，適於短打，不宜長靠，於是他展長掩短，專在短打戲上用功夫。加上扮像英俊，有嗓能唱，亮像邊式美觀，開打乾淨俐落，尤其絕頂聰明，反應極快，戲路寬廣，博學多能，所以他是楊小樓以次，可說是武生界的泰斗。直到李少春北上挑班，才算遇上了勁敵，所以「二李之爭」，在自然環境上，便有了潛伏的趨勢。

在談李萬春開始唱戲，搭班之前，先要談一

位梨園名人，才能把萬春的演戲史連貫起來，這個人便是俞振庭。

俞振庭是綽號「俞毛包」的，老輩武生泰斗俞菊笙之子，和尙和玉、楊小樓是以師兄師弟相稱的。他最拿手的戲是「金錢豹」，（見本刋三十三期附圖）叱吒風雲，眞能演出獸性來，那種獷野兇悍的氣氛，爲楊尙所不及。但他就是這麽「獨沽一味」的一齣好戲，其他會的戲不多，演的也不精，不但不如乃父，也比不上尙楊兩位師兄。因爲少年斲喪過甚，武功退化的很快，民國十一年以後，就不大上台了。但是此人演戲雖沒有多大成就，却有一樣長處，善於組織，而且頭腦靈活。他在清末起就組織了一個雙慶社，遍邀各大名伶在他班裏演出，自譚鑫培起，楊小樓、余叔岩、四大名旦、王又宸、高慶奎、馬連良等，都搭過他的班。一來他是名父之子、梨園世家，大家都有點淵源，他來邀請不好意思不答應。二來，他在台下也是「小毛包」，頗有點惡勢力，又養了一羣武行，大家都有點懼怕三分，他來邀也不敢不答應。同時有些自南方北上的角兒，打算在北方立足，還要先到俞五爺（振庭行五）那裏掛號，如能搭他的班兒，有許多方便。像民國八年（一九一九年）蓋叫天北上，以後的瑞德寶、黃潤卿，都是搭他的雙慶社。直到民國二十年以後，雙慶社才報散，而在他成班雙慶社這二十多年裏，眞賺了不少錢。同時，因他頭腦靈活的關係，除了能在台上翻老戲、排新戲以外；北平的開始演夜戲，（以前都是日場演戲，唯有義務戲才能晚上唱，俞振庭常藉名義演義務夜戲，久而久之，營業戲也能晚上演了。）和男女合演，（以前也是戲班沒坤角，女角自有坤班，就是清一色女伶。）都是創自俞振庭，開風氣之先。

除了雙慶社以外，俞振庭還有一個斌慶社，一方面是科班，教些學生，以武戲爲主。有名的如毛慶來、范斌祿、蘇斌太、劉斌慶、于斌安、高斌峯、殷斌奎（藝名小奎官、工大小花臉），王斌芬（老生）等，尤其造就不少武行人才。在北平聽武戲，有些戲單上沒有印上名字的武行，大都份是富連成社出來的，有少數一出來就挺着胸的，就是斌慶社的學生，老聽戲的一看就能分辨出來。另外，吸收一些搭班唱戲的童伶，老生如王少樓、五齡童（王文源）、楊寶森、馬最良，武生如他弟弟俞華庭、俞贊庭，和外甥小振庭（即孫毓堃），及劉宗楊。旦角有魏蓮芳、俞步蘭（青衣，小生兩門抱）、小翠花（出科以後）、小桂花（即計艷芬）、小荷花（于蓮仙）等，是爲小班。俞振庭把成名的大角，安排在雙慶社；他的學生和搭班童伶，以及尙未成名而有起色的角兒，安排在斌慶社，有此大小兩個班兒在手裏，在民國元年到二十年這個階段，可以說縱橫北京劇壇，蔚爲一時風氣。民國二十年以後，不但搭雙慶社那些大角兒們，都已各領一軍，獨自作戰。就是搭斌慶社那些童伶們，也已長大成人，各自成班搭班去了，這兩個班子，相繼報散。俞振庭生活遂逐漸進入窘境。民國廿五年（一九三六年）冬，梅蘭芳北返，除了演短期營業戲以外，還演了幾場義務戲。俞振庭抱病去看梅蘭芳，請梅幫他唱一場搭桌戲，梅慨然應允，並聯合俞的師兄楊小樓，合演一場「霸王別姬」，自然上座滿堂，所獲甚豐。俞振庭在上演之夕，親到後台去道謝，他那年才五十七歲，但已老態龍鍾，走路都需人扶持了。得了這筆收入，算是維持了一些日子的生活，到了民國廿八年（一九三九年）一月廿一日，因病逝世，享年六十歲。

李永利在家課子，除了李萬春的武生戲以外，又收了個徒弟，並且認爲義子，就是藍月春，讓他學武淨，充萬春的下手。兩個人因爲是一個師父教的，又同時在一起練功學戲，所以開打的把子，嚴絲合縫，得心應手，在台上有如「一顆菜」，（梨園術語，喩有條不紊，整齊劃一的意思。）

李萬春戲學得差不多了，需要出台了，就在李永利愼密考慮之下，開始搭班斌慶社。因爲那裏的武行人多，演武戲方便，同時，俞振庭也能捧人。俞五爺呢，也歡迎這位將門之子，給斌慶社增加生力軍，雙方一拍即合，在民國十二年（一九二三年）九月八日，正式在斌慶社出台，地點在前門外大柵欄三慶園，演白天一共四齣戲：（一）俞華庭「惡虎村」，（二）楊寶森「上天台」，（三）五齡童、俞步蘭「御碑亭」。（四）李萬春、藍月春的「兩將軍」。

「兩將軍」就是「戰馬超」，又名「葭萌關」，在此以前，北平都是這麽貼法，改名「兩將軍」，也是俞振庭的噱頭。那年李萬春十三歲，不但打的緊張火熾，乾淨俐落，而且扮像英俊漂亮，眞演活了「錦馬超」。藍月春不但功架穩練，臉譜好看，而且配合得好，兩個人棋逢對手，將遇良才，也好似「活張飛」。馬上一砲而紅，哄動九城。從此李萬春在斌慶社奠定基礎，在十天戲裏，總有八天他演大軸，而且「兩將軍」這齣戲，也紅得發紫，觀衆百觀不厭，貼多少回，多少回都滿堂。

在民國十七年（一九二八年）北伐成功、政府南遷以前，北平是北政府所在地，市面繁華，堂會戲極多。在民元到民十二年這個階段，除了譚鑫培沒死以前，（他是民國六年故去的）有譚的演出才算名貴以外；另外就以楊（小樓）梅（蘭芳）余（叔岩）的戲才算名貴，稱爲「三大件」。（比喩酒席上的燕窩、魚翅、海參。）但是到了民十二李萬春出台以後，除了「三大件」以外，還要有一齣李萬春、藍月春的「兩將軍」才算名貴。在堂會戲裏，演出的名伶們都要先向本家兒道喜或拜壽。李藍兩個人才十三四歲，穿一樣的袍子馬褂，萬春是粉裝玉琢，月春剃個光葫蘆頭，憨狀可喜，進門一磕頭，本家和來賓認爲是可喜好玩兒的場面。那時雖沒有明星的頭銜，大家都以明星目之，把那些名伶們，反倒認爲等閒了。於是越哄越普遍，這齣「兩將軍」變成必不可缺的堂會戲戲碼。

有一次張宗昌過生日，辦堂會。戲提調出個花樣，要把戲目印成每齣戲都用四個字，（堂會的戲單都很考究。）於是「鴻鸞禧」改成「鴻鸞天禧」，「黃金台」改成「黃金滿台」，這天當然也有李萬春藍月春的「兩將軍」，就改成「兩威將軍」。這取自劇中劉備在城樓觀戰時的白口：「……眞乃兩威將軍也。……」而「戰馬超」的又名「兩威將軍」，即從此始。後來不止李萬春在營業戲裏貼「兩威將軍」了。總之，李萬春在童伶時期的「兩將軍」，紅了好幾年，而在這齣戲上，也賺了大把大把的銀錢。

李永利教子課徒，不但嚴厲督促用功，而且對扮演角色的應功和「行當」，也守老規矩有分寸，並不因萬春是自己兒子而偏愛捧他。「兩將軍」當然是武生扮馬超，武淨扮張飛了。「艷陽樓」的高登，原是武淨應工，武生扮花逢春。俞菊笙覺得花逢春的活兒不及高登多，他就把高登接收過去，而以二路武生扮花逢春，以後唱武生的相沿成例，就把高登視爲第一主角，而成爲武生的勾臉戲了。李永利教這齣戲，却使藍月春習高登，李萬春習花逢春，一遵老路。

「神亭嶺」的太史慈，原本也是武淨應功，勾臉，扮像和「羣英會」中，奉周瑜命監酒令，把蔣幹唬得直發抖的那位太史慈一樣。也是俞菊笙因爲劇中太史慈有一場起霸，有俏頭，就據爲己有，改俊扮不勾臉，自飾太史慈，而把原由武生扮演的孫策，改由二路武生承乏了。他以後的武生也都把太史慈視爲第一主角，賢如尙和玉都如此唱法。但李永利却使藍月春習太史慈，只是隨俗不勾臉了，怕勾了臉台底下不認可，而使李萬春習孫策，演時貼四字戲名爲「少年立志」。

李藍初演「艷陽樓」和「神亭嶺」時，台下觀衆忸於積習，都有點詫異，李萬春是角兒呀！爲什麽給藍月春作配呢？筆者當時也有這種感想。後來經老先生們指明原委，才了解李永利的一秉大公，不禁對他的公而忘私，敬佩萬分！這兩齣戲，「神亭嶺」比「戰馬超」在營業戲演出的上演率少，但在堂會戲中，却也偶爾出現。因爲不能總唱「兩將軍」呀！這齣戲也是兩個人工力悉敵對打的局面。至於「艷陽樓」在營業戲裏出現的機會就不多，在堂會戲裏更沒演過。因爲如果看高登，辦堂會的人就點楊小樓的「艷陽樓」了，不會看藍月春的。這三齣戲，在李萬春成名挑班以後，以大塊文章爲主，就不動這些只賣武功的老戲了，所以就全「掛」起來啦。

李萬春從民國十二年秋天出台，在斌慶社小班唱紅了以後，民國十三年起，俞振庭又把他偶爾安排在雙慶社串演。那時候尙小雲正搭雙慶社，也是在與梅程競排新戲的時候，十月十九日白天，在廣德樓推出一本新戲「五龍祚」，也就是「白兎記」，李三娘磨房產子故事。俞振庭使李萬春串演咬臍郎，與尙小雲相得益彰，台下反應也很熱烈，把尙、李二人全捧了，二人皆大歡喜，這就是俞振庭的聰明之處。隔沒多久，十一月十六日白天，在吉祥，雙慶社貼出尙小雲的「刺巴杰」，而使李萬春串演駱宏勛，這時他才十四歲，宛然是正工武生，與尙小雲分庭抗禮了，台上下又皆大歡喜，自不待言。自此，李萬春除了常川出演斌慶社以外，在大班雙慶社也插上了一脚，舞台經驗日增，觀衆也越來越多，人緣兒也越來越廣。

北平在每年舊曆歲尾，例有梨園公會義演，也就是俗稱「窩頭會」義務戲，給貧苦同業籌點欵項過年。這種義演因爲戲好角硬，且有不經見的冷戲，或難得湊在一起的羣戲出現，所以很有號召，除了北平當地戲迷趨之若鶩，甚至有從天津、濟南，或遠自京滬趕來聽戲的少數戲迷。因此，主辦當局，非常鄭重，派起戲來，有幾條不成文法：（一）成年成名的角兒參加，科班童伶不與焉，否則戲太多了，第二天天亮都唱不完。（二）參加的演員，要的確被公認爲對觀衆有號召力，不是每位演員都能參加。（三）戲碼先後，角色輕重，以演員的資歷、特長、適宜爲標準。主事者一秉大公的派出來以後，參加人不得推諉爭執。事實上，歷年的梨園公會會長，也都安排得十分妥當，無疵可尋。因此，在北平的伶人，全以爭取到能參加梨園公會義演，爲貧苦同業出力一顯身手爲榮，眞有唱了幾十年的戲，一回義演都沒有上台的，那眞是終身遺憾了。

民國十六七年，四大名旦都紅了，楊小樓、余叔岩也在盛時，那兩年的梨園公會義演，可稱最爲硬整，而主持派戲的便是衆望所歸的俞振庭，每角單齣戲以外，最後還有個羣戲。我們試看看民國十六年那一場戲目：

童伶李萬春演唱「八大鎚」

時玉奎
方連元
貫大元
李萬春
藍月春
周瑞安
高慶奎
朱琴心
荀慧生
尚小雲
王又宸
程硯秋　郭仲衡
侯喜瑞　王又荃
余叔岩
楊小樓
小翠花
梅蘭芳
尚和玉　郝壽臣
梅蘭芳　程艷秋
楊小樓　小翠花
陳德霖　侯喜瑞
尚小雲

大回朝
蟠桃會
黃金台
白馬坡
艷陽樓
斬黃袍
虹霓關
汾河灣
紅拂傳
鬧府
戰宛城
天女散花
金花聚妖（頭本混元盒）

這場戲如何名貴與精彩，讀者自有評價，不必筆者詞費。與本文有關者，就是李萬春那年才十七歲，還算童伶，但在他出台四年以後，已夠參加梨園公會義演的資格，儕入名伶之列了。這種成名發展的迅速，梨園罕見，而從此也奠定了他在劇壇的地位。

民國十七年的窩頭會義務戲，「全部紅鬃烈馬」裏，就由李萬春、程玉菁合演「投軍別窰」一折，且置身於全部京朝大角之間了。

李萬春自參加了這兩次鼎盛的義演以後，非常感奮，以後每年都踴躍參加。記得有一年冬天，他在濟南演出，本來預算年底可以趕回來，但因津浦路水災，火車不通，不敢預定歸期。主辦當局也不敢預派他什麽戲，怕到時趕不回來，失信於觀衆。但是李萬春費盡周折，還是在義演當晚趕回，下火車已八點多，第一舞台已經開戲了。他先打電話到戲院，準演一齣，不回家就趕到戲院扮戲。九點多，舞台旁臨時貼出一張海報來：『李藝員萬春，自濟南趕回，今晚加演「義俠記」，特此預告。』當時全場觀衆，歡聲雷動，可見人緣之佳。等到李萬春上場，更是彩聲不絕。「義俠記」就是武松殺嫂、獅子樓，萬春喜歡貼「義俠記」這個戲名，也是他的拿手好戲，又特別賣力，全力施爲，演了一個多小時，是觀衆意外的收獲。

民國十八年（一九二九年）起，李萬春就只在雙慶社演出了，先後與徐碧雲、朱琴心合作，或演壓軸，或與徐朱合演大軸，已經脫離斌慶小班，而邁進大班。到了廿一年（一九三二年）初，一切條件成熟，就自組永春社，自己挑起大樑來，一直到民國卅七年（一九四八年）。

李萬春的永春社，以武戲爲主，對文戲的生旦角，不十分重視，聊備一格而已。他採取的是隨緣遇合的政策，可留可散。歷年來搭他班的老生有常立恆、王文源、王少樓、趙化南、雷喜福等人。旦角變動較多，有魏蓮芳、胡碧蘭、鄒劍佩、胡菊琴、金少梅、玉靜香。二旦有小桂花、趙綺霞、何佩華等。小生先後爲俞步蘭和高維廉。花臉、小花臉、裏子老生，因和他配戲關係，便較爲重視了。花臉先後有劉硯亭、李春恒、侯喜瑞、陳富瑞、蘇連漢、張富有，而以後三人相處較久。裏子老生用曹連孝和陳喜光；李洪春偶爾參加串演關戲，或重要裏子活兒，宋遇春、李寶奎也都躭過一個時期。小花臉最早用斌慶舊友小奎官（殷斌奎），此人多才多藝，配戲非常生色。不久他去。同時有個高斌峯，因染有不良嗜好，也早年喪命。再用楊四立、朱斌仙，也沒有多久。最後用張永祿，一直隨萬春多年。武生班最重要的配角，便是武淨、武丑、二路武生和武旦了。像楊小樓之有遲月亭、錢金福錢寶森父子、王長林王福山父子、范寶亭、許德義、傅小山、劉硯亭等基本人員追隨多年，武戲才顯得出色。尙和玉手下則有沈三玉、何連濤、韓長寶、婁廷玉、朱小義、張德發一班人，開打才能精彩。李萬春在這方面，自然也特別注意，要有幾個基本傍角兒的自己人。

首先是與自己對打的下把，這在配合上影響最大。與萬春配戲最合適的，當然是同堂學藝總角之交的藍月春了。他們二人合作的對兒戲，在小時候風靡一時，不過好景不常，李萬春在北平正式挑班是民國廿一年，在這之前，他們應邀出外跑過碼頭，有一年在西安，藍月春非常受當地人士歡迎，一齣「蘆花蕩」，準賣滿堂，是「發包銀」的戲（內行所謂穩可從這齣戲上賣出錢來的意思）。因此，一期戲演完以後，藍月春就留在當地，沒有隨萬春回來，而自求發展了。

李萬春回平以後，就以毛慶來抵藍月春充自己下把，慶來原工武生，身手矯健，開打翻撲，乾淨俐落，俊扮勾臉都可以，比藍月春還靈活一點，與萬春合作得很合適，從此萬春倚之爲左右手，廿一年起挑班時，下把就早已是毛慶來了。

藍月春廿二年一度回到北平，搭入永春社，萬春却不敢以他爲配了，給他在前邊派一齣戲，如「艷陽樓」、「蘆花蕩」什麽的，但藍月春的風頭，已比小時候差遠了。待不多久，又出去跑碼頭。廿七年李少春北上以後，到了「二李之爭」的階段，永春社裏毛去藍來，藍去毛又來，很折騰了一陣子。李萬春在廿七年收了個徒弟姜鐵麟，姜鐵麟原是陳富瑞所辦長昇社科班的學生，短打武生，年輕力壯，功夫很衝，對李萬春仰慕已久，拜在門下。萬春在毛藍二人來來去去、青黃不接的時候，就以徒弟姜鐵麟任下把。民國三十年以後，一次姜鐵麟隨萬春去上海，因爲功夫不錯，被戲院老板留下搭長班，萬春隻身回去，就以二弟桐春（當時名李鳴俊）爲下把了，這是萬春的一頁武行下把滄桑史。

下把以外的武淨，早期是范斌祿、于斌安。范不久離去，于斌安身體發胖，改任後台管事，又加入于義亭，追隨很久。二路武生王德祿，武丑劉斌升，始終傍萬春多年，另外用過武生俞華庭、馬君武，在前場單演一齣武戲。

李萬春的永春社，管事是遲景泉，他兒子遲金聲唱老生，後來也搭班永春社唱過戲。場面上打鼓是崔國祥，胡琴周文榮，他弟弟周文貴是李多奎的琴師，大鑼陳廣順，三弦兼鎖吶胡寶安，也就是現在台灣名鬚生胡少安的父親。

除了自幼從李永利學武戲以外，李萬春也從項鼎新學過老生，民國十年，萬春十一歲，還拜過馬連良的門，不過他究以武戲爲主，文戲是帶一齣，如「挑滑車」加「法門寺」。或在一齣大戲裏，分飾文武兩個角色。如同「劈山救母」，萬春演前中部劉彥昌，後部沉香。此外又從李洪春學過關公戲。還有兩齣戲，是得過名師眞傳的，非常名貴。

穿了長袍馬褂的童伶李萬春

一齣是「安天會」，他曾得遜清的濤（載濤）貝勒指點，濤貝勒是貴冑名票，此劇傳自張淇林，很是實授。楊小樓這一齣，也是張淇林給說的，所以萬春的「安天會」，與楊老板出自一個源流。

一齣是「林冲夜奔」，楊小樓此劇傳自南曲名家牛松山，萬春也得過牛老伶工指點，這一齣也和楊宗師一個傳授；不過，演法上稍有出入。

李萬春既有許多名師指點，本人又聰穎善于編戲，所以他的戲路極廣，現在只談談他常演的一些戲：

「武松」，是李萬春的招牌戲，南方推蓋叫天，北方就以萬春爲尊了。最早，他只貼單齣，如「獅子樓」、「打虎」。「獅子樓」他貼「義俠記」，自武松回家守靈起，到殺嫂完。「獅子樓」一場，由毛慶來飾西門慶，兩個人的對打，極爲緊湊而乾淨，每演必滿。「武松打店」又名「十字坡」，毛慶來反串孫二娘，兩人很有兩手絕的。如武松把饅頭連盤子扔過去，孫二娘用扇子接住，絕不會掉，在空手奪白刃時，孫二娘倒在台上，武松把兩把匕首扔過去，正扎在孫二娘脖子兩邊，間不容髮，驚險已極，也必然落得滿堂彩。

挑班以後，要饗觀衆以大戲了，萬春就把武松的戲貫串起來。自「打虎」、「戲叔」、「挑簾裁衣」、到「殺嫂」完，貼「頭本武松」。「十字坡」、「快活林」、「飛雲浦」、「鴛鴦樓」連起來演，貼「二本武松」，都極富號召力。有一次他在上海演完，北返以前在杭州演一期，把頭二本的劇情，後面加上「蜈蚣嶺」（武松）、「湧金門」（張順）、「擒方臘」（武松），分爲十本演唱，哄動當地，每場都客滿。

林冲的戲一共四本，分爲「野猪林」、「山神廟」、「夜奔梁山」、「火併王倫」。楊小樓排了前三本。「夜奔」本是崑曲「寶劍記」的獨脚戲，也就是林冲一人上場一場演完。林冲戴青硬羅帽，青素箭衣，大帶，厚底靴子。從上場的唱「點絳唇」起，念詩、白口、進廟，再起唱曲牌「新水令」、「駐馬聽」、「折桂令」、「雁兒落帶得勝令」、「沽美酒帶太平令」、「收江南」、到「煞尾」。連唱帶做，載歌載舞，身段極繁重，非功底深厚的人不敢動。不過在民國二十年左右，北方崑弋班的王益友、侯永奎，還是這樣唱法，難能可貴。

楊老板排林冲，「野猪林」、「山神廟」都是皮黃，「夜奔」當然唱崑的，但若照崑曲唱法，連喘口氣的功夫都沒有，實在累不了，所以就加以改編。除了明場上伽藍以外，（崑曲是伽藍在後台搭架子。）更加上徐寧起霸，追趕林冲過場，最後與林冲開打的場子，爲的是林冲好有一點喘氣休息的機會。以錢金福扮徐寧，勾紅三塊瓦臉，穿綠箭衣。連這麼唱法，楊宗師晚年都唱不動，而只演「野猪林」了，其累可知。

李萬春把林冲的戲，四本全排了，「野猪林」和「山神廟」只聊備一格而已，因有楊宗師在前，沒法相比。而把精力集中在「林冲夜奔」上，因爲他年青力壯，可以在武功上盡量發揮。萬春的「夜奔」，比楊宗師的本子，又加多了杜遷、宋萬兩個角色，奉白衣秀士王倫之命，迎接林冲上山。開打增加，愈顯火熾。他對這齣戲的手眼身法步，很下功夫研究，又得牛松山指點，在規矩謹嚴之中，顯得乾淨漂亮。尤其在林冲進了廟門，身體困倦，意欲打睡片刻，念一副對兒。

崑曲原詞是：「一覺放開心地穩，夢魂先已到邯鄲。」萬春改為：「一覺放開心頭穩，渾渾沉沉倒陽台」，念完馬上起範兒，打個飛脚，跨右腿，轉一個半身，踹鴨兒，臥魚。其快如風，迅速已極，臥在地上的身段，姿式美觀。每次必得滿堂彩。徐寧由毛慶來飾演，改為俊扮。

「林冲夜奔」演紅了以後，又排四本「火併王倫」，連在一起唱。是皮黃，唱有幾段垛板，和大段白口。毛慶來再趕個青面獸楊志，與林冲有場開打。毛離開永春社，李桐春也來過楊志。白衣秀士一直是張永祿。這齣「林冲夜奔，火併王倫」，成了李門本派的拿手好戲。以後演「夜奔」的武生，都按萬春的路子；不過，「火併王倫」只是李家獨一份。

李萬春把老戲增益首尾，而排成全本的，有「高寵」，從汝南莊高寵從軍起，到「挑滑車」止。「石秀」，自石秀打柴，與楊雄結拜起，到「翠屏山」殺山為止。整本大套的戲有「太平天國」、（即全部的「鐵公雞」。）「銅網陣」、「大名府」、（他前飾燕青後演石秀。）另外，「忠義臣」、（九江口，張定邊救主。）「棲悟山收何元慶」，也是常演的碼子。

猴戲是武生戲裏別具一格的戲，除了身手敏捷以外，還要會做戲，形容出猴子的頑皮、活潑，和永遠不閒着的個性來。也就是說，在場上要隨時能動，這就不容易了。在武戲「泗州城」、「搖錢樹」裏，孫悟空是硬配角。「金錢豹」裏，等於第二主角。而「水濂洞」和「安天會」，就是以猴兒為主的正戲了。

李萬春以短打戲見長，他又善于做戲，對猴兒的動作加意揣摩，總保持不冷場不閒着，所以他的猴兒戲非常成功。「水濂洞」是賣個翻撲開打的功夫，而「安天會」却還要唱出身份來。那時孫悟空雖然封為弼馬温，他却以齊天大聖自居，出場的蟒袍玉帶唱曲牌，還要有王者相。後面與天將開打，嘻笑戲耍兼而有之。偷桃盜丹時，全是崑曲，連唱帶做，非常吃力。這齣繁重的猴戲，很難演好。而李萬春演來却頭頭是道，優裕自如，僅次於楊小樓楊老板而已，於是他的猴兒戲在北方奠定了基礎，成為偶像，每演必滿。

李萬春把猴戲唱紅了以後，不能只演「水濂洞」和「安天會」兩齣老戲呀，就大批的排新戲，反正是取材於西遊記吧！什麼「二本安天會」，「五行山」，「鬬六賊」，「五莊觀」，「子母河」，「女兒國」，「眞假美猴王」，「骷髏山猴王擊屍魔」，都相繼出籠了，並且又加了新型開打。所謂新型開打，就是在把子上，用黏、勾、搭、掛，種種小動作和出手，賣個驚險、乾淨。觀衆則懾于新奇，趨之若鶩，而萬春遂成了猴戲權威。

關戲也是李萬春的拿手戲。他最早只貼些單齣，如「白馬坡」、「古城會」、「水淹七軍」，後來就整本大套的連着唱了。如「千里走單騎」，從「白馬坡」起，經過「秉燭達旦」、「掛印封金」、「過五關」到「斬秦琪」止。以後從「屯土山」演起，又改名為「曹營十二年」。「威鎮華夏」，是把「刮骨療毒」、「單刀赴會」、「水擒龐德」連貫起來。「麥城昇天」是從「封五虎將」起，「失襄陽」、「白衣渡江」、「夜走麥城」止。其中以「古城會」和「麥城昇天」最受觀衆歡迎，每貼必滿。

「古城會」是從斬蔡陽起，到訓弟止。在訓弟一場，關公慷慨陳詞，有大段念白，沉痛友愛，兼而有之，聲容並茂，非常感人，台下觀衆在激賞之餘，每有淚下的。配以陳喜光的劉備，蘇連漢的張飛，亦收紅花綠葉的效果，這是萬春貼的戲碼。蔡陽則藍月春、毛慶來、姜鐵麟、李桐春全來過。

「麥城昇天」，李萬春前飾關羽，後飾關平，（李洪春後關羽），在夜走麥城一場，有雪景，打燈光，父子走圓場，關平持槍，顫抖而行，並且有滑步的身段，幾聲「父王」，凄涼之至。台下對於這緊張而悲傷的場面，嘖嘖欣賞，掌聲雷動。也是一齣有票房把握的戲。

李洪春把關戲教給李萬春以後，搭他的班為他關戲作配角。除「走麥城」飾關公外，其餘全是老生角色，如「過五關」的普淨，「屯土山」的張遼等，為萬春生色不少。

關公戲重肅穆端莊，賣的是氣勢和架子，唯有仗馬童的跌撲，來增加火熾氣氛。永春社飾馬夫的，一直是劉斌升，他出身斌慶社，幼功極佳，有「跟斗大王」之稱。就是識字不多，有時忘詞，尤其怕接新本子，毛慶來、王德祿有時候在場上逗他，故意改詞兒，而劉斌升就沒詞兒了。後台都管他叫「狗豆子」，此人對萬春非常忠實，一直追隨，沒有搭過別的班，他與王德祿飾「水濂洞」的蝦米槍和王老八，與孫悟空在鬧海島一場的翻跌，極為乾淨緊湊，為萬春得力助手。

李萬春從十幾歲搭班斌慶社時候起，就開始排新戲了，他的新戲之多，可說超過任何生旦。

李萬春演「林冲夜奔」

小時候最早排的一齣彭公案故事，是「佟家塢」。頭本他飾馬玉龍，穿白侉衣，上繡黑白太極圖，有一場七節鞭的開打，新穎別緻。王少樓飾余化龍，這「頭本佟家塢」一唱就紅，僅遜於「兩將軍」，時常露演。「二本佟家塢」，萬春改飾余化龍，還有三四本，沒什麽俏頭，不常唱。以次的新戲有「九義十八俠」，他飾逍遙太歲馬清風。「眞假歐陽德」、「七俠五義」、「于公案」，他飾粉麒麟計謙。「槍挑小梁王」，前飾岳飛，後飾宗澤。「泥馬渡康王」、「錘震金蟬子」，飾岳雲。「槍挑銀蟬子」，「刀劈玉蟬子」，「陰陽魚」他飾孫繼高，有兩頭錘的新型開打。「田七郎」取材于聊齋，打獵時唱曲牌，文武並重，還有「鄧艾渡陰平」等。

民國廿六年（一九三七年）蘆溝橋事變以後，北平淪陷之始，市面娛樂活動停頓，但常久不演戲，梨園同仁生活堪虞。李萬春首先在慶樂園演白天，排「三俠劍」，根據天津的新天津報連載小說「三俠劍」排演。因爲讀者很多，自然就有觀衆了，這是萬春聰明的地方。而且他排新戲極快，連編詞兒，打提綱，帶排演，一天一本。頭本他飾勝英，二本前勝英，後面反串禿子侯華璧，有新型開打。筆者固爲座上客，那時上海名劇評家馮小隱先生（筆名馬二先生）也在北平排日往觀，因此相識。以後，尚小雲接着演日場戲，別的班也逐漸演出，市面才恢復起來。萬春又排「雍正劍俠圖」，也是新天津報上的長篇連載小說。

李萬春頭腦新穎，喜歡創造，對行頭把子都很考究，在行頭的料子上，他和馬連良首先用烏絨。馬連良的「借東風」，穿過烏絨官衣，戴過烏絨紗帽。李萬春則製烏絨的箭衣、褶子，在「武松」裏穿着，分外英俊好看。他們二位本有師生之誼，馬連良家有把大茶壺，是萬春送的，上刻「溫如夫子大人惠存，門人李萬春拜贈。」這是李萬春去江西演戲回來，送給馬連良的。馬連良門下有十大弟子，李萬春先進山門，位居首席。師生二人互相贈送劇本，李萬春送給馬連良是「燈棚換子」的老本子，連良在後來看過秦腔「燈棚換子」，又得到秦腔老藝人張玉熹、說書紅二位參訂劇本，方才由吳幻蓀改編爲「春秋筆」。馬連良送給李萬春的本子是「羊角哀捨命全交」，連良認爲羊角哀應當帶點武工，若萬春演此，可能比自己合適。萬春接過本子不久就排出來了，他飾羊角哀，前半部老生身份，後半部自左伯桃死後托夢起，一再告訴羊角哀，他受荊軻、秦舞陽、高漸離鬼魂欺侮，困擾不堪，請羊角哀相救。於是羊角哀安排後事已畢，自刎身死，他的鬼魂就大戰那三個鬼魂，有特別開打，而終於庇護左伯桃於無恙。是齣文武唱做兼重的戲，不過萬春演出的次數也並不太多。

馬連良開過行頭鋪，專爲自己製行頭，李萬春見獵心喜，也開了一家四維堂行頭鋪，製備全副衣箱。上海黃金大戲院開幕，就託李萬春辦了一份全新整齊的衣箱，代價爲四萬元。

李萬春對於宣傳很注意，常常自撰廣告稿，對排一齣新戲，戲單上的「小批兒」，也就是戲目下面所列的細節，也常自己撰寫。廣交遊，善交際，早年還沒有「公共關係」這個名詞，但他的公共關係，却做得比一般名伶好得多，因此在外行圈兒裏，他的人緣極好。

但是在內行圈兒裏的人緣呢，却是一百八十度的轉變，他比一般名伶的人緣兒都壞，什麼原因呢？就是他的個性好「鬭」。

萬春有點少年得意，恃才傲物，所以有一種「戰無不勝」的心理，見人就「鬭」，除了沒有和楊小樓打過對台以外，他對尚和玉都公然對壘過，自然他打贏了。有一次白家麟等，在廣德樓排連台戲「八仙得道」，上座很好。萬春見獵心喜，就在對面的慶樂園，排了一本「八仙鬭白猴」。他的猴兒戲好，飾白猿自然出色當行。而八仙却又都持有法寶兵器，與白猿特別開打。這一下，慶樂園上座鼎盛，廣德樓的票房紀錄，馬上下降，白家麟雖然從天橋把「賽活驢」搬來助陣，也無濟於事，請想，萬春的仗固然打勝了，而白家麟等難道不懷恨於他嗎？

葉盛章挑班以後，常期出演華樂園，以武丑挑班，開梨園史空前未有的紀錄，最賣錢的戲有一齣「酒丐」，李萬春也演「酒丐」，大打對台，你說葉盛章能不恨李萬春嗎？

李萬春在內行裏樹敵很多，而他並無所忌憚，有一次他對筆者說：「告訴您，不遭人忌是庸才。」他的雄心鬬志，就可見一斑了。而後來與他有郎舅之誼的李少春，形成「二李之爭」，也就不足爲奇了。（上）

李萬春演的黃天霸

銀色漫談

李小龍死後糾紛多！

·馬行空·

聽見一位文化界的先生慨然興嘆，說道：「眞沒想到，李小龍這一死，倒間接的爲香港文化界立下大功一件，你道奇也不奇？」

此話怎講呢？說來湊巧！就在李小龍故世之前（七月中旬），白報紙與油墨的市價飛漲，報業受到很大的影响。尤其是幾張銷數比較低落的「小報」，禁不住「內憂外患」的壓迫，幾乎已是支持不下去的現象了。李小龍的離奇喪命，引起香港市民的普遍注意，一夜之間，各報的銷數猛烈上升，據說平均漲起了二成，而一些所謂的「娛樂報」則猶不止此數！要曉得那時候的報紙零售價格，剛從一毫而漲到二毫，再加上銷數之增加，等於錦上之添花，於是面臨困難的香港報業，乃有如苦旱逢甘霖，病危得仙丹，確有其起死回生的神妙功效，使很多報館老板額手稱慶，喜出望外。

李小龍死後一個月，有關於他的消息，還是源源不絕，甚至把他的「女友」丁珮也給牽扯在內，眞個是衆口紛紜，漪歟盛哉。更難得的是：報紙的讀者們興趣始終不減，一直津津有味的閱讀下去，再加到了九月三日，更有兩天的初步開庭研究死因，尤其爲本事件中最高高潮，報紙之銷數，非但不會降低，而且有了從此站穩，高枕無憂的可喜現象，你能說李小龍對香港文化事業沒有貢獻嗎？

但可惜的是：這一路下來的評論或報道，其性質差不多都是「好奇」多於「同情」的，所以自然而然的就牽涉到「桃色新聞」方面去了。至於李小龍的武術上的成就、藝術上的成功，與他對於國語片所盡出的努力和供獻，倒好像漸漸的就不爲人們所注意了。死因研究法庭開庭後的第二日，本港英文西報上出現一段感慨性的專欄，標題是「當死亡變成一個醜惡事件之時」，不妨摘要的翻譯如下，使我們也可以瞭解洋人對於此案的看法：

「他們都是曾經愛護李小龍的影迷，約莫有一千人以上，但現在他們擁進荃灣裁判署裏去，目的是要揭穿那些在未寒的屍骨之中的隱秘……我對於死亡的看法，向來是並不美麗的，但在此地，它簡直就是醜惡……李小龍曾經是他們的偶像，現在似乎已經毫不尊敬的從最高榮譽地位上被扯下來了！是不是那些有關他神秘死亡的疑問與猜測，足以產生這種難堪的『最後憑吊』呢？……他們已經聽到大蔴的名稱，而且也聽到大概的死亡報告了，但他們好像還不知足，還希望曉得更多一些……這位超級明星的故世，眞是一個醜惡的事件！」

死後糾紛多多的李小龍

英雄形象慘遭破壞

不知是怎麽的一個起源？我們中國人在傳統上認爲一名轟轟烈烈的大英雄，是應該無所畏懼、無所不能的。他非但能夠征服敵人，而且同時還能征服女人！這種想法，當然是並不完全「科學」的，因爲一個人的性機能之强弱，與他的體力或武術並不一定成爲正比例者也。

但人們堅決的相信這個，所以當「李小龍從一個女人家中被抬出來」的消息傳開之後，使有些聽到者的確涼了半截。因此，在這個「英雄形象」開始褪色之時，人們對於李小龍的崇敬心理亦發生動搖，終致傳出他「脂粉陣中受挫，乞靈於催情劑」的謠言。

七月三十一日中文星報上，在一篇報道催情劑「四〇四」的文字裏，開頭第一段就寫道：「這是什麽貨色？很多人會茫然不解。四〇四是一種非常霸道的春葯，服者當然可以延長性交時間紀錄，但也容易變爲牡丹花下鬼。近日市面上已經流傳一句話：『李小龍咁大隻又點，幾粒四〇四難頂』。西醫均警告市民萬不可嘗試。」（現在醫生的檢驗報告中祇指出李小龍胃部有大蔴液體，並未提到任何其他類藥品，以上所摘，不過是一般人的憑空揣測而已。）

那篇報道，屬於醫葯常識的討論性質，與本文無涉，但我們祇消看那一句「咁大隻又點」，就可以發現一般人對於李小龍的「新的評價」，而不免替他叫起屈來也。

李小龍是否性無能？與他的爲人毫無關係，我們祇曉得他提倡國術，發揚國片，至於他「在床上的表現」，那是他個人的私事，根本不値得注意。再說：李小龍昏厥在丁珮的香閨，並不能証明其中有過性交行爲，就算有吧，那是男女相悅，不足爲奇之活動，外界的風風雨雨，怎長怎短，好像未免有點多餘了吧？

但是，影迷們又十分關心李小龍的死因，在未能得到確實答案之前，祇好從男女之私方面姑且做起文章來，於是你吹我唱，一呼百應，無緣無故的倒使丁珮成爲一名鋒頭最健的女星，祇不過也害得李小龍在九泉之下不得安寧！

八月二十二日的「明報」發表第一手資料：「大多數的讀者，可能最感到興趣的問題便是：李小龍在暴斃之前，究竟做過些什麽？由於他昏迷不省人事，被抬出的地點牽涉到一個女明星的香閨，因此他死前究竟曾做過什麽，也就越發爲讀者所想知道。根據本報記者獲得的可靠消息所知：李小龍暴斃之前，的確正如一般人所料，是曾經有過性行爲的，但性行爲之後，與陷入昏迷之間，究竟相隔了多久？那便不得而知。」

這是第一篇比較「肯定」的文字，但何以証明則仍然語焉不詳，祇把他「死後某部一柱擎天」的傳說給重複一遍而已。不想此一發表，竟然引起另一張「今夜報」的不服，於八月二十三日刊出新聞，宣稱他們比「明報」還來來得「第一手」：「本報早於李小龍死後第五天，即七月二十五日，獨家報導李小龍疑死於馬上風，事前曾服春葯，一洩如注，致暴斃後，『第三隻脚』仍腫脹……」小小的一個「性交事件」，居然引起兩家報館的爭先報道，李小龍生前又怎能想得到呢？

上月中，本篇曾提出丁珮的不智，認爲她矢口否認李小龍昏迷在她家中是錯誤的。現在可又發現這位小姐實在的不聰明：李小龍的死因，尚未開庭，任何說法，都是沒有確實根據的，大可保持緘默，靜觀其變，對於她目前的處境說來，有百利而無一弊。但不知爲何？丁珮竟會沉不住氣起來，曾經揚言準備延聘律師，控告本港四家報館（有說是丁母發表的談話，可見「星媽」有時確是多點事的！）這麽一來，輿論爲之譁然，首先是向來以敢言敢做著稱的「今夜報」，於八月二十三日的頭條新聞上，以顯眼的紅底白字大標題刊出「請丁珮告本報」的文字，其中的火葯氣味極其濃厚，但寫來亦頗有趣，不妨節錄數段，以供讀者們消閒之用。

「昨突傳出消息，丁珮控告本港四間報紙，指該四報在報道李小龍暴斃時，涉嫌誹謗她的名譽。此報道未有提及本報，但在另一則娛樂新聞報道中，記者引述丁珮之母（老太太亮相矣）的說話，丁母謂將控告，曾寫過李小龍於『馬上風』及丁珮秘密偷渡飛泰之報章……本報從未報道丁珮偷渡離港，且說法律對她的行動並無約束，她可以自由離境，祇須於下月三日『李小龍死因聆訊』屆期時，趕返本港作証，便無問題。但本報確曾獨家報道李小龍死於『馬上風』（大丈夫說了不賴，値得喝采），丁珮要是控告四間報紙，照咁講法本報必榜上有名（自動參加，勇氣可嘉）……本報在此提醒丁珮小姐：本報祇報道李小龍死前服興奮劑，曾性交，『馬上風』（一再强調，惟恐人不知）而暴斃，但本報從未報道或作任何暗示在你身上『馬上風』（做金聖嘆批：妙絕），何必自作多情？李小龍在你家中抬入醫院，並非表示與你性交，佢可能與別人性交也（話中有話，是爲伏線）。且『馬上風』是中醫名詞，含意廣泛，但你想打官司，好！本報樂意於奉陪到底，本報爲廣大讀者效力，追查李小龍之死因，不遺餘力（有廣大讀者做後盾，自然說得嘴响）……這場官司將使讀者更了解事件眞相，値得與你公庭相見，屆時，本報之辯護大律師，在法庭上對你諸多盤問，打爛沙盆問到篤（北京俗話叫做「砸碎砂鍋問到底」），一出一入都問埋，或者會問到你喊，也請莫怪本報……同時，你丁珮同『今夜報』打官司，大家都好，你出名，我起紙（這倒是老實人說的老實話：越熱鬧，報紙銷數越漲），駛幾萬銀律師費，也是物有所値的……」

還好，對於這一篇咄咄逼人的文字，丁珮方面倒並沒有什麽反應，否則的話，更加熱鬧到不可開交矣。

新聞人物
丁珮威水

就如此，丁珮的大名於一夜之間响澈雲霄！當然，在李小龍尚未死去之前，丁珮也不是一個藉藉無名的人物，但總沒有像今日這樣的婦孺皆知，那確是事實。所以「今夜報」寫得沒有錯：「打官司，大家都好，你出名，我起紙……」此所以當死因法庭開庭之時，丁珮要從後門出入，要由「藍帽子」衛護，要勞動警察幫辦爲她開路：論起她受重視的程度來，比那位涉嫌貪污的總警司葛柏先生不知要高出多少倍去！

諸君要曉得丁珮的鋒頭如何之健？請看「天天日報」上老蘇先生的「彈唱」：

「昨日也，係李三脚死因研究法庭之日，老蘇由電視所見，人山人海，場面熱鬧，幾好似『唐山大兄』上映時一樣焉。雖然，老蘇當時並冇响現場，但以電視機嘅新聞報道中睇到，先至發覺原來香港係有咁多閒人者……老實講：李小龍一脚而將本港嘅國語片踢入世界市場，當然唔可以話佢唔威水，但究竟係唔係威到連死咗都咁大吸引力？呢點不能不令老蘇大起懷疑也！第一，三脚先生並非為咗乜嘢轟轟烈烈嘅事而死，相反來講，重可能有些少香艷問題（有些傳說則豈止香艷，簡直的不適合於兒童）。第二，三脚先生平日嘅脾氣認眞不敢恭維（此點可問羅維），分分鐘同人桀馬，故此，佢嘅死因，其實唔應該有咁多人關心也。正如無線電視曾經話過，孫中山先生唔死，呢個世界亦係多咗一個人耳！何況一個李三脚乎？但係昨日却攪到咁緊張呢？經老蘇研究之下，原來的人去法庭，最主要嘅目的，乃係睇吓女明星丁珮小姐也（一語道破，個中原委）……事關李小龍之死，據講最大關係嘅人，乃係呢位小姐，丁珮雖然係女明星，但係相信好多人都未睇過佢閣下嘅戲，而自李小龍死咗之後，佢嘅玉照不斷咁响報紙出現，但見其相而不見其人，觀衆係好難滿足者。不特如此，反而重刺激起人地一瞻風采嘅慾望也（據說前次殯儀館以外的一萬人之中，亦有九千多位是為了看丁珮而去的）……況且，有人話：『講打呀，當然係李小龍威啦，講×呀（此處亦可用兩個×），當然係丁珮威啦！』一個咁威嘅人，平時難得一見，如今突然出現法庭，當然引人注目矣。所以，我老蘇以為，呢次李三脚死因研究之所以弄到咁虛冚，其實並唔係李三脚之威水，亦唔係市民關心佢點死，而係因為一個丁珮耳！所以，丁珮女士亦不可不以此來自豪一番也。」這麼長的一篇，講得也許有點誇張，但不能說是沒有一點道理。

丁珮初入影城時

在過去，丁珮的片酬是港幣一萬五千元（以方龍驤導演的「花花公子」為例），此一數目，非但無法與甄珍、恬妮、胡錦等相比，而且還不及一名比較出名的龍虎武師，由此可見她在影界裏的地位並不太高。但自從李小龍死去後，丁珮已經是不復當年的吳下阿蒙了，旁的不要去說它，單說報攤上出現有關她個人的畫冊，先後就有十來本之多，那是任何一位大紅大紫的女明星所未能獲得的殊榮！據報載（同時也是她自己對記者所發表的）：有一位意國的大製片家，名叫什麽狄克的，打算請丁珮到歐洲去拍片，片酬是十萬美金（折合港幣五十一萬元，是甄珍騎着馬都追不上的了）！這還不算；據說狄克還計劃要把九龍的半島酒店全部包下來，為丁珮舉行一次史無前例的全世界新聞記者招待大會！假如成為事實，則什麽伊莉莎白泰來、蘇菲亞羅蘭等都恨不能一頭撞死矣！

不管怎麽說吧，反正丁珮是從此紅定了，但可惜的是：根據她的閨友對記者發表，丁珮在官司了結之後，就要到歐洲去那邊Forgood，這句英文的意思是一去不返，在外國永遠住下去了。換一句話說：香港人今後不可能再看見這位艷星出入於各大酒店的酒吧裏了，此時正應該一看再看，多看幾眼的才是。

丁珮到外國去長住，是乃天經地義之事，因為她過去在香港，所結交的異性朋友，也以碧眼黃髮兒居多，可見一向對於洋人頗有好感。丁珮並且把自己的滿頭烏髮給染成黃色，祗恨皮膚沒法漂白，其立志要化為洋人的意念，表現得非常堅定，再說她為何會得「愛」上李小龍的？還不是為了他滿口洋文，滿身洋氣，一股子洋味的關係？總而言之：到外國去是她一生中的最大願望，如今無非以李小龍事件作為「跳板」，來達到她的最終目標而已。

掉轉筆頭，再談李小龍死後的餘波盪漾。

不知是哪一位神通廣大的朋友透露（好像報上也隱隱約約的報道了一些）：七月二十日的下午，在丁珮的香閨裏，當鄒文懷已經離去，而救傷車尚未到的一段時間之中，除了當事人李小龍與丁珮之外，另外還有一名神秘女郎！此一消息，當然是絕對沒法証實的（祗要丁珮守口如瓶的話），但人們喜歡在腦海裏虛構那幅由「兩個頭」而變成「三個頭」的圖畫，認為富有刺激，更為香艷，於是這個似有似無，疑眞疑幻的「第三者」，馬上又成為港九酒樓茶肆裏的最熱門談話資料。

當人們聽到「另外一個女郎」的故事之時，都不加思索的說道：「哦，苗可秀！」但他們的理由，祗不過是因為看到那位「嘉禾公主」在殯儀館裏哭得很傷心，這纔「想當然」而已，似乎並不充足。果然，傳播消息者搖頭微笑道：「不是苗可秀。」那麽還有誰呢？

有人曾經想到與丁珮來往得最接近的金霏，此一揣測也很快的就被否定了。到最後，終於有一位「通天曉」先生露面，說道：「告訴你們吧！大冷門，是貝蒂！」聽者大駭，忙問：「你怎麽曉得？」「通天曉」先生臉上一紅，答道：「我也是聽得來的。」廢話，等於沒說！

奇峯突出 殃及貝蒂

也難怪大家不敢相信，因爲李小龍與丁珮之事，在過去大小還有個影子，而李小龍與貝蒂之間，則從來沒有過什麽空穴之來風，現在突然從冷鍋裏爆出熱栗子來，又有誰能不嚇上一跳呢？

已經退隱的名小生，現任九龍塘「半山廬公」的張揚，聽到此話時，也不住的搖手，說道：「不，不，一定是弄錯了，因爲丁珮的洋名也叫貝蒂，所以有些人就把冬瓜纏到茄門裏去了。你們沒有見英文報上寫的都是『貝蒂丁珮』嗎？」辯得到也有理，但傳說者言之鑿鑿，一口咬定「絕對沒錯！此人也就是那名台灣來的歌星！」驗明正身，就好像再沒有什麽話可說了。

這一個謠言，起先傳說得並不太熱烈，因爲一來沒有眞憑實據，未便信口雌黃，二來是事關小姐的清譽，不可隨意瞎說，所以大家在口沫橫飛之時，多少也得壓低一點聲音。沒想到女人們眞個沉不住氣，丁珮如斯，貝蒂亦如斯；就在該項傳說漸漸被時間冲淡之時，貝蒂又多了一句嘴，抽冷子對「快報」記者說道：「我不認識李小龍，也不認識丁珮！」該記者有聞必錄，自然照寫不誤，使好事之徒在閱報後拍案而起，叫道：「你瞧是不是，此地無銀三百兩？」貝蒂小姐也實在的多此一舉，誰問你來着？

這麽一來，貝蒂重新被捲入漩渦，外界繪聲繪影，離譜已極，更不幸的是：在八月下旬裏，貝蒂突然因爲居留逾期之故，而被香港政府請回台灣去！

在香港社會裏，沒有風還能吹起三尺浪來呢，何況有關貝蒂的這一陣「風」吹得如此之猛烈，那個蜚短流長可就別提有多麽火爆啦！銀色茶座裏的說法最爲聳人聽聞：貝蒂的離港原因，逾期居留是表面文章，其實骨子是有關方面（注意：並非官方）「勸」她避之則吉的。因爲在李小龍事件裏，自從出現丁珮之後，大爲破壞氣氛，如果再多出一名貝蒂來，那麽節外生枝就更加的「理還亂」了。此所以有人密訪貝蒂，曉以大義，希望她明哲保身，同時也可以顧全一點李小龍的「死後面子」，當然，貝蒂此次的「迴避」也是「有條件」的，而且決定得非常匆促，故而在她跨上飛機之時，連一把牙刷都來不及携帶（報載消息），可謂急如風火，分秒必爭。

此一說法，自然可靠性極微，幾乎等於沒有，因爲像這樣的機密大事（假如確有此事的話），絕對不可能有半點風聲洩露在外面的也。但是，貝蒂雖然飛了，新聞記者們却不肯放鬆報道內幕的機會，於是另外又產生一個傳說，各位讀者請看「平安夜報」上的「小特寫」。

那篇特寫的題目是「李小龍生前第三個女人」，其內容大致如下：「……很多人都知道，李三脚生前兩個要好的女朋友，一個是丁珮，另一個是苗可秀，至於第三個，影迷們是陌生的……這個女人是誰？圈內人都知道，她不是別人，就是目前被移民局逐出香港返台灣的影歌雙棲貝蒂也（也就是對人宣稱不認識李小龍與丁珮的貝蒂是也）……假如說苗可秀認識李小龍是在丁珮之前，那麽，貝蒂與李小龍認識，她更跑在苗可秀的前頭（原來是老前輩，失敬了）……他們的相識，時間雖不很長，祗是短短一年多，但是，由於李小龍是一位大英雄，貝蒂是個愛英雄的美人，那麽，英雄美人，美人英雄，他倆認識了之後，彼此都有相逢恨晚之感（現在的貝蒂，則有何必相逢之感）……貝蒂與李三脚好到什麽程度？很難有一個標準，不過在圈內，皆人言人殊，直到苗可秀投進李小龍的懷抱，貝蒂在李小龍的眼中的份量，便再不受到重視了（套一句文言，叫做「祗見新人笑」）……據說，貝蒂此次被當局逐出境，並不是涉嫌與李小龍有關，雖然表面理由是謂『逾期留港』，其實，她被迫走路，純是與一位社會名流有關，被名流的太太『發難』，由當局出面請她離境的……因爲，名流太太不願意丈夫給貝蒂奪走，雖然他丈夫與貝蒂的情感祗限於某一方面。但這是女人最看不開的（說起來了，李蓮達可實在看得開），於是在各方面的壓力下，貝蒂祗有黯然離港返台，從此與名流『割席』。」

此一消息，也好像是眞假莫辨，難以証實，但按照情勢看來，假如貝蒂沒有避到台灣去，而仍舊留在香港的話，那麽有關於她的傳說，一定也會像丁珮一樣的多到不勝其煩的，因爲所謂「傳言」也者，很容易走上「以訛傳訛」的道路，「「傳來傳去」的，當然就沒有什麽好聽的可以「傳」出來了。貝蒂走得好，至少也可以圖個耳根清靜！

遺產數目 又成話題

李小龍於七月二十日駕歸道山，到九月三日方始研究死因，其中有八月份的一個月眞空時間，在這個時間以內，各報紙刊物爲了迎合讀者興趣起見，一直不斷的報道有關李小龍的消息，五花八門，各出奇謀，端的好看煞人（連本篇亦跟在人家屁股後頭瞎起哄，無法解釋，祗可以「未能免俗」四字爲一塊「遮羞布」了，慚愧慚愧！）

在這許多消息之中，最能引人注意的，恐怕就是李小龍的遺產問題了。君不見李氏遺孀蓮達女士，專程從遙遠的美國西雅圖飛到香港來，也說是將要處理該筆遺產的事務乎？其重要性自然是不問可知的了。

八月裏，有一張娛樂報，刊出李小龍的妻子蓮達爲了李小龍的遺產問題，已經準備延聘律師控告鄒文懷的消息。他們的消息來源不知是從哪方面獲得的，但有些人則認爲有點「故作驚人之筆」的嫌疑，因爲自從李小龍一命嗚呼之後，鄒文懷始終表示他將有鉅額的數字留下，而且也隨時準備向李氏家屬作出交代了。目前，在帳目尚未結清，詳數還未能確定之時，蓮達又有什麽請律師、打官司的理由呢？

此乃日後之發展，暫時不必討論。話說當李小龍在銀行祇有五十美元存欵的時期，來到香港，撈起電影這一行，短短兩年多，三年不到，賺到數以千萬計的港幣！此一例子，放在任何一種商業行檔裏，都可以算得是一大奇蹟。到目前爲止，正式屬於李小龍名下的財富究竟是多少？恐怕就算起李小龍於地下，他自己也鬧不清楚，就算請他的經理人鄒文懷用電子計算機來核數，恐怕也需要很長的一段時間，纔能夠整理出一個頭緒來。因爲各項收入的種類太多了，這筆總數也實在太大了，再加上他的影片還在世界各地放映之中，繼續的還會產生商業價值，所以如要立刻報出一個準確的數字來，就等於是完全不可能的一件事了。

根據報載，李小龍的全部財產應該包括下列各項在內：第一，他與「嘉禾」的往來尾數，需要從「唐山大兄」開始，逐條整理出來，如有盈餘，「嘉禾」應立即從總帳中撥出此數，交與李小龍的財產繼承人。第二，自從「猛龍過江」開始，李小龍自組「協和」，但與「嘉禾」又有合作上的關係，所以這裏的資產負債問題，亦需要劃分清楚，作出一次結算。第三，他與美國「華納」、香港「嘉禾」，三角合作的一部「龍爭虎鬥」，在美國已經推出，在東南亞以及中東、歐洲等地區尚未公映，李小龍名下究竟應該分潤多少？亦急需於近期內確定數字，以清手續。第四，他還有半部未完成的「死亡遊戲」，底片存在「嘉禾」的手中，他死後拍成的一部「李小龍的生與死」，其公映收入亦暫由「嘉禾」保管，將來如何結算法？自然亦屬於李小龍遺產的一部份。第五，他個人的港幣與外幣銀行存欵，動產與不動產等（包括股票、黃金、珠寶、房地、汽車、雪櫃、電唱機、電視機，以及暗藏利刃的珍奇腰帶等在內），數目可能不會太大，但總加在一起，在普通一般人的眼中亦頗可觀。第六，最後一項，就是他在保險公司投保的鉅額壽險了。

分析以上的各項收益，以第二、第三兩項的數字爲最可驚。根據內行們的推測：「猛龍過江」與「龍爭虎鬥」，都是在歐美地區極其能夠叫座的影片，兩部加在一起，預計李小龍部份的分潤可以高達美金一千萬元！所以每一張報紙上對於李小龍遺產的估計，都肯定的指出絕對在港幣五千萬以上，其根據就是由此而來的。

然而，奇怪得很，一般人對於五千萬（甚至五億）的數字，都好像並沒有太高的興趣（本來麼，多多少少都是李小龍的，又不是你我的，何來興趣耶），祇是特別重視他的那筆壽險賠償費。查李小龍向本港「友邦」所投保的壽險保額，初傳時是美金一百萬元，後來纔弄清楚了，原來祇是美金五十萬元而已，在李小龍的全部財產之中，所佔的成份，眞可以說是微之又微，有與沒有的都不會發生任何影响。但人們的興趣，偏偏又集中在這區區的港幣二百五十萬元之上，說來其中也有一個微妙的原因。

李小龍的死因，至今未能確定，是使影迷們提高興趣的主要關鍵。根據一般人的看法：如果保險公司乖乖的付出賠償，那麽李小龍就確實是「死於自然」的了，但假如保險公司還有話說，而拒絕照章付欵的話，那麽這裏頭就大有文章，值得去研究與玩味了。

如要研究這個問題，我們就先得瞭解所謂「死於自然」與「死於不自然」的區別。

本港荃灣裁判署於九月三日上午，開庭研究李小龍之死因。董梓光法官向陪審員提供李小龍的致死原因，計有下列七點：㈠謀殺，㈡被殺，㈢合法謀殺，㈣自殺，㈤死於自然，㈥意外死亡（包括服下某種葯物），㈦公開推測（即陪審員認爲以上各項不成立時作其他的公開推測）。根據董法官的提供，我們就可以曉得所謂「死於不自然」者，即是指謀殺，被殺，合法謀殺，與自殺而言的，至於意外死亡，則似乎介於「自然」與「不自然」之間，殊難確定，而最後一條的公開推測，則要看那幾位聰明的陪審員有沒有新的發現？我們在此不便胡猜亂想，按下不表可也。

李小龍長眠不起之前，安安穩穩的臥在丁珮香閨裏的繡榻之上，身旁祇有「好友」丁小姐一名（貝蒂亦在之說，過於渺茫，不足憑信），那麽謀殺、被殺、合法謀殺的三條先就彷彿不能成立了。李小龍雄心萬丈，壯志未酬，焉有自殺之理？何況就是要自殺的話，方法甚多，又何必選擇「涉嫌馬上風」這條不甚體面的道路呢？所以這一個原因也好像應該歸入「應毋庸議」之例。意外死亡有「自然的」與「不自然」之分：例如與人打架講手，被對方失手擊中要害，可以算得是「不自然」，但如果吃葯不愼，意外中毒，則其性質又似乎比較接近於「自然的」了。此所以，再撇開「公開推測」不談，在七條原因之中，祇有「死於自然」的一條最爲突出，最爲可能。現在死因研究庭尚未結束，但外界的「盤口」已經大致上都看好李小龍是「死於自然」的了。

不過，法律上的「死因」，與保險公司規例裏的「賠償條件」是否完全一致呢？就算法庭判決李小龍確是「死於自然」的話，保險公司是否還有其他拒絕賠償的理由呢？這一點，又是大家所深爲注意與關心的問題。

保險公司可以不賠

死因研訊法庭開庭之日，出庭作證的有李小龍胞兄李忠琛，「嘉禾」總經理鄒文懷，「新聞人物」女星丁珮，伊利莎伯醫院三名醫生等，還有，就是頗能引人注目的美國友邦保險公司的代表律師葉天養了。

葉律師的登場，使好多外人感覺興奮，因爲他們都希望保險條例能夠引起一些更複雜的問題出來，那麽這一次的轟動案件就可以變得更加的「多采多姿」了（至少在茶餘酒後多點擺龍門陣的資料）。

果然，九月七日的一張「星夜報」上就出現

了驚人標題：「友邦搜集證物，暗查小龍死因，十七號爆大鑊」！但該篇文字的內容，則頗爲簡單：「本報在李小龍死後不久，即搶先報道友邦保險公司派出偵探，調查李小龍致死原因及過程。消息透露，至目前爲止，該公司已經搜集到一些證物，屆時將會在十七號之死因研究續審時呈堂，預料該批證物，將可揭穿李小龍死亡之謎：與此同時，友邦保險公司的兩名代表律師，已於過去的兩天審訊中，記錄所有證人的口供，其中矛盾之處，當然不會忽視，相信十七日之死因研究，定必掀起另一高潮」，該項報道的眞實性，要到續審時方可知曉，不過報界對於此事的濃厚興趣，則似乎昭然可見。請看另一張「新星日報」的消息，又比較的要來得詳細了。

「李小龍生前曾在友邦保險公司投下約五十萬美元的人壽保險，折合港幣達二百五十多萬：：在驗屍報告指出李小龍胃部有大蔴之後，圈內即傳出驚人消息：李小龍的保險有問題，其保險承受人可能見財化水……一項可靠消息透露：李小龍若然是因爲食了大蔴，而中毒致死，那筆二百五十多萬港元的人壽保險費很可能沒有着落：：保險界人士向本報記者透露：一般人前往保險公司購買人壽保險時，必定要清楚的填寫一張表格，包括有何嗜好，有否抽煙飲酒等等，若然在填寫表格時註明酒不沾唇，他日却因飲酒至死，那麽，保險公司有權拒付保險費了……一般相信，李小龍投買人壽保險時，絕不會提及大蔴一事，所以，假如李小龍是因中了大蔴毒身亡，那麽，保險公司基於合約上的規定，很可能拒付保險費……也因此，代表友邦保險公司出庭的兩個律師，對於大蔴一詞似乎特別敏感，其中一位葉天養律師，也曾在第一日上庭時，向小龍的哥哥李忠琛發問：『你知不知李小龍有無食大蔴習慣？』而李忠琛的答覆是：『不知。』……當然，話又要說囘來，李小龍的胃部雖有大蔴，但這並不顯示李小龍是因食大蔴而暴斃。李小龍的死因爲何？這有待死因法庭的判定，而李小龍的人壽保險費是否有得賠？這要確定了李小龍的死因才能分曉。」

查大蔴者，毒品也，在香港吸食大蔴，是被官方認爲犯法的，此所以，假如李小龍明知其有毒，而照樣的吸食不誤，按照原理上說來，他的行動早已就觸犯了本地的法律。現在，假如李小龍是中了大蔴之毒而死，當然官方無法再把他定罪，而送到監獄裏去服刑，但觸犯了法律就好像並不「自然」了，由此推之，李小龍也就不能算是「死於自然」，而保險公司當然能夠理直氣壯的說上一聲「對不起」矣。「新星日報」的看法沒有錯，可惜又忽畧了一點。

大蔴有毒，但其毒性是否猛烈得足以致人於死命呢？

這是很早以前的事了：某醫學界人士曾指出大蔴是不會吃死人的，死因研究法庭開過兩庭之後的翌日，該「新星日報」上亦有一小段報道：「李小龍遺體，醫官發現其胃有大蔴，根據醫書上記載，吃大蔴不會上癮（連上癮都不會，比起鴉片或白粉來要好得多了），目前公認吃大蔴並不會引致死亡，祇會導致昏迷……有人作出如此估計：十七號那天，等到外國專家來港，再繼續聆聽李小龍死因時，將會研究大蔴是否能使人中毒……」如此說來，萬一由專家證明：李小龍吸毒是事實，但並未中毒而死（另有死因，此時不明），則他豈不是又「死於自然」了？保險公司豈不是拿他一點辦法都沒有乎？

在死因研訊庭上，根據女星丁珮的口供，當李小龍感覺頭痛之時，她曾經給李小龍服下一粒藥片。這些藥片是分別用錫紙分開一列列包裝的，檢察官曾問起藥品的名稱，丁珮的答覆是「不知道」。敏感的新聞記者們，馬上就起了反應，把丁珮給李小龍服過藥品的消息，在報上以顯著的地位刊登出來，頗有懷疑那一粒藥片也與李小龍的暴斃有關之意。

幸而還好；經過報界的詳細調查下來，那種藥片名爲EQUAGESIC，功能是鎭定神經及止痛，若在正常服食，每日可以食三四次，每次服食二粒，不致引起「副作用」。總而言之，那是一種普通的鎭靜劑而已，何況李小龍祇吞下了一粒，似乎沒有抵受不了之可能。

但是醫學界裏有人發表談話：EQUAGESIC本身，爲害不烈，但假如在服食之後，再佐以酒

李小龍禍延兩節棍

李小龍慣用兩節棍 本港宣佈禁止使用

市民携帶屬犯法可被判監半年

（本報專訊）警方昨日證實，本港將禁止市民使用已故影星李小龍在銀幕上慣用的兩節棍。

警方發言人說：「根據公安法例第二段，任何一種傷害人身的武器，都屬違例攻擊性武器，兩節棍亦不例外。」兩節棍是由兩條圓木，由鐵鍊或者繩子連在一起，用以短棒用，亦可以用來勒住對方。

他繼續說：「任何人等在公衆場合携帶這種兩節棍，將會有隨時被捕的可能，如罪名成立，可以被判入獄六個月。」

警方此次突然宣佈禁止使用兩節棍，是因鑒於美國黑社會廣泛利用兩節棍而使到美警方感到非常頭痛。美國警方相信這種武器突然這樣流行，完全拜李小龍在其遺作「精武門」中將兩節棍舞得出神入化所賜。

據美國方面消息：洛杉磯警方人員稱：目前一些空手道武館，却加設使用兩節棍的學習，而問題就此發生。警方最近已拘捕了六十名擁有兩節棍的人士，但到目前爲止，尚未有人被這種武器打死或受重傷。

本港直至目前仍未有報告指出歹徒利用兩節棍行刦，但據悉很多武術界人士，對於運用兩節棍非常純熟。

精或大蔴的刺激，則容易引起不良的後果，諸如呼吸減低，氣管不暢，小便不通，神經遲鈍，肌肉收縮，瞳孔放大等，總之：可能造成生命上的危險就是了。負責驗屍的醫官曾經指出：在李小龍的胃部內留有大蔴，但並沒有驗出是否也留有那種藥品？所以那一小粒東西，究竟與「大英雄之死」有沒有直接或間接的關係？那就沒人可以說得上來了。

定期保險性質不同

查人壽保險的種類甚多，我們如要研究李小龍的保險問題，就得先要瞭解他投保的是哪一種壽險。根據該業中人透露：李小龍在死前四個月之時，向「友邦」投保的的一種所謂的 TERMINSURANCE，譯名爲「定期保險」，與普通的壽險有着基本上的差別，在此不能不詳加說明。

「定期保險」在美國非常流行，尤其在影劇藝術界裏，以投保此種壽險者爲最多。「定期保險」與普通壽險的最大差別，就是前者沒有儲蓄價值。舉例來說：某人投保普通壽險，每年繳付保費，但等十五年或二十年期滿之後，假如某人仍舊健在無恙的話，就可以把全部已付保費加息收回。「定期保險」則不然；無論付過多少保費，祇要投保者一天不死，那筆數目也就一天收不回來，而且保費是要每年按期預付者，一旦停止，該保單也就不再生效。那麽就有人要發問了；定期保險豈不是比普通保險要吃虧了嗎？此話也未必盡然，因爲定期保險的保費，要比普通壽險低廉得多，投保者以小博大，就好像旅客們在機場上購買臨時意外險的性質一樣，有吃虧的一面，也有佔便宜的一面，不然的話，該種保險也沒人購買了。

「定期保險」的保費，低廉到什麽程度呢？據說：雖然各家公司的保率畧有不同，但普通一般的「定期保險」差不多祇收千分之五的上下（保額一千元，收費每年五元）。以李小龍的這張保單來說，每年祇消付給保險公司美金二千五百元就夠了。李小龍是在他死前四個月投保的，自然祇繳過一期保費，所以保險公司的收入是二千五百元，而現在的付出則要五十萬元，眞個大大的賠了本也。

此所以，一般的保險經紀，都不大喜歡經手這種交易，因爲其中的「油水」不大也。李小龍這筆保險的經紀，是鄒文懷舊時在美國新聞處的老同事，有着不尋常的交情，就算白當差也是應該的。何况保額有美金五十萬元之鉅，在該經紀的營業成績報告上的總數非常好看，再加上李小龍又是一位世界聞名的大人物，能使該經紀的面子上十分光鮮也。

閑話撇下，言歸正傳。「友邦」既然遭到損失，自然要尋求補救之道。報上的見解是：李小龍在塡寫保險申請書之時，可能諱言他的大蔴之癖，所以萬一驗出他是中毒而死的話，保險公司便會振振有詞起來也。這種說法，絕對正確，但是，萬一驗不出李小龍有中毒的跡象之時，保險公司豈不是賠定了？這就接上了前面的那條伏線：「傍擊側敲，引起有利的證明」。

原來保險公司明爲調查李小龍的大蔴之癖，暗中則仍然注目於他的腦部宿疾。先從李小龍的吸食大蔴入手，慢慢的引到他的腦部隱疾，終於達到不負賠償責任之目標。

每一名壽險的投保人，在正式簽訂保單之前必得經過公司指派醫生的檢驗身體，假如發現某部器官不妥之時，就得酌量提高保費，逢上那個健康情形太差的投保者，公司方面甚至可以拒絕交易。李小龍的保額甚鉅，所以「友邦」鄭重其事，曾經委託兩名醫生爲他檢查，結果發現他健康良好（據李小龍自稱：他的健康，與一名十八歲的青年一般無二），並無絲毫異狀。但是，保險公司的例行身體檢驗範圍，亦祇限於心臟、肺部、胃部、肝、腎、胆、腸等部份而已，而腦部或神經系統，則因爲手續殊不簡單之故，所以照例免檢，祇由醫生發出問話，請投保者據實以告，塡寫於申請表格以內算數。根據一般人的猜想：醫生一定會問起李小龍，以前有否腦病的困擾？而李小龍的答覆也極可能是否定的，因爲假如他承認了時常頭痛的暗疾，他就不是「天下第一超人」了。

按照保險條例之規定：除了「自殺」之外，差不多的死因都是要照章賠償的。拿李小龍的例子來說：「死於自然」不用談了，就算死於「謀殺」、「誤殺」的話，大概保險公司也無法推卸責任，因爲在「定期保險」以內，是包括了意外保險」的，不要說李小龍嗚呼哀哉，就是他跌斷一條腿，撞傷一條手臂的話，保險公司也要付出醫療費用的也。剩下來的，祇有「自殺」一條，保險公司可以名正言順的拒絕賠償，至於腦充血而亡自然是應該賠償的了。但若保險公司對於李小龍這一單保險照數賠償的話，最大的可能性，還是廣告作用；因爲李小龍買了保險，而保險公司不賠，那就影响到以後沒有人再敢去買什麽保險了！

卅萬美金落於誰手

死亡對於人生，可以說是「一了百了」，口眼一閉，萬事皆休，又是何等的乾脆！但祇有我們這位「超級紅星」與衆不同；在他的身後，還能陸續出現了「不了」的枝節，隨便那麽一寫，就彷彿有無窮無盡之勢似的，簡直的寫它不完！

從保險業裏傳出極爲內幕的一個消息；而且據說也是極爲可靠的，就是在李小龍保單之中，其受益者（遺產承繼人）不止李蓮達一人！

普通保險單上的受益人，不外是投保者的妻、子、女，或其他親屬等人，但傳說中李小龍的那張保單裏，則有受益人兩名：一是愛妻李蓮達、二是好友鄒文懷。這還不算出奇，又據說：假如保險公司十足照賠的話，李蓮達祇能到手二十萬美元，而在鄒文懷名下的則有美金三十萬元之多！

此一內幕消息，曾經引起外界許多議論，認

爲其中頗有疑問。李小龍的保險費，留給李蓮達是天經地義，毫無問題，但是鄒文懷以朋友的身份也要分一杯羹，那就顯得有點奇特了。想鄒文懷乃是本港電影事業中的大老板之一，他絕不會眼紅於好朋友的一筆保險費，何況數目亦不算太大，港幣一百五十萬元而已。因此，有人代他做出解釋：很可能鄒文懷祗是「嘉禾」的代表人，而李小龍的那一筆保費是由「嘉禾」代繳的，所以在獲得賠償之後，那三十萬美元，就應該算是該公司的額外收入，而祗不過在保單上寫下受益人鄒文懷的名字而已。

此一解釋，表面上還說得過去。在美國，像這一類的情形很多：由公司出面，替旗下的明星購買壽險，以防萬一在發生死亡等情之時，公司方面可以拿賠償之數來抵補演員合約上所遭受的損失也。但是，李小龍與「嘉禾」的情形又有不同，因爲自從「猛龍過江」開始，李小龍已經不是「嘉禾」的簽約演員了，而是與「嘉禾合作拍片的「協和」老板。李小龍的死亡，對於「嘉禾」說來，沒有直接的金錢上損失，而祗有間接的收入上降低，那又何必弄出一張保單來作爲保障呢？再說：李小龍主演的影片，每部都可以賺到千萬以上，就算「嘉禾」有意替他購買壽險的話，其保額似乎不可能像五十萬美元那樣的「寒酸」，又何況在那五十萬裏能分享三十萬元，那就更加的無足輕重了。

此外，還有一個令人費解的問題：「嘉禾」不是鄒文懷一個人的，不能說「嘉禾」就是鄒文懷，鄒文懷就是「嘉禾」。因此，假如「嘉禾」有意爲李小龍代買壽險，在受益人一欄內儘可光明正大的寫下該公司的名稱，又何必用鄒文懷來代表出面呢？把這許多疑點給湊在一起，再加上外界的過份敏感，於是又產生了另外一個匪夷所思的流言。

李小龍會不會在他的心底深處，有一名不能公開，不能見諸筆墨，又不便讓李蓮達曉得的受益人呢？這名神秘的受益人，是不是同時與鄒文懷的關係也很密切，所以李小龍就請鄒文懷担任「擋箭牌」的職務呢？還有一個可能，就是那名神秘的受益人，會經向李小龍提出承受一部份遺產的要求，而李小龍在無以應命的情形下，祗可請出鄒文懷來做一名担保人，所以那筆三十萬美元的賠償，假如能夠到手的話，鄒文懷亦祗不過是「轉運公司」性質，左手收進，右手付出，眞正的得主，乃是那名大家心裏有數，呼之欲出，但不好意思指名道姓的神秘受益人而已。

此一推測，當然無稽得很，但也不應說全無可能，要曉得「人嘴兩張皮」，連死的都能說活了（記得有人說過李小龍不是眞死），何況無中生有，更屬稀鬆平常。截稿之時，距離十七日還有好多天，在未來的這一段時期以內，直到李小龍死因眞相大白爲止，如果還有什麼新鮮的，比較有興趣的消息產生，我們在下期內繼續拿來討論，如果沒有，那麽就及時打住，到此爲止了。

李小龍是詠春派七世

李小龍怎樣會拜葉問爲師？大家都知道，李小龍的父親李海泉是紅船人馬，而詠春拳在紅船中是最流行的一種拳術，爲什麽詠春拳會在紅船中流傳開來呢？這點我們又要追溯詠春拳的源流了。

相傳火燒少林寺之後，至善、五枚流落異鄉，兩人鑑於派中叛徒甘爲鷹犬，若要清理門戶，必須另創一種新武功，於是二人將本門技藝去蕪存精，把兩人所長共冶一爐，創下詠春拳，後來清官兵猝至，至善逃來百粵，五枚則逃走雲南。

五枚後來把這一套拳傳給有豆腐西施之稱的嚴詠春，當時嚴詠春是賣豆腐爲生的，給當地惡霸看上了，要强娶她爲妾，五枚路過此地，得悉此事，便挺身而出，把拳敎嚴。嚴詠春聰敏過人，很快便學得此拳，後來惡霸限期來娶，被嚴詠春打得抱頭而逃，至此，嚴詠春之名大振。

話說廣東有販鹽商梁博仇，是佛山蔡家拳好手，路經雲南，聞嚴詠春之名，不信女流有此厲害武功，便登門求比武，結果給嚴詠春打敗，梁博仇福至心靈，要拜嚴詠春爲師，後來師徒情深，結爲夫婦。

且說至善來百粵，流落紅船，當時有著名之「牙擦鬚」龍虎武師黃華寶，一日在紅船中大彈別人的功架「水皮」，被至善頂撞兩句，黃華寶一怒，便標棍打至善，至善順手執起艙板，幾下功夫，便把華寶打低，黃華寶至此驚服至善神技，長跪求教。至善感其誠心，着其到佛山求梁博仇爲師，至此，詠春拳就在紅船流傳開來，現在詠春所用的「樁」，有許多人說是紅船的「船桅」，加上樁手加樁，就是詠春樁。

在紅船中，黃華寶傳技與紅船什箱梁二娣，另一支是佛山藥店東主梁贊拜於門下，就是此後喧赫武林，人稱「贊腥」（其實應稱贊生才對）是也。其後銀檯少東陳華順拜在贊腥門下，後人稱之爲「找錢華」，葉問就是找錢華門下的弟子，當時找錢華年事已老，葉問是他關山門弟子，所以香港詠春派有一句話，就是「只有師伯，沒有師叔」。

至善
五枚——梁博仇（嚴詠春之夫）——黃華寶（牙擦鬚）——梁贊（贊生）——陳華順（找錢華）——葉問——李小龍

亞米茄防水表
是你的忠實良伴

參加吉納斯演習之潛水員於阿加西奧海灣之海床工作時都配備了亞米茄海霸600型專業性潛水表，並且在海床逗留了八天。高斯多司令於試驗人類在海底一千五百呎工作能力時亦佩戴亞米茄海霸600型潛水表。目前，亞米茄爲各專業人士而創製不同欵型手表，並非始於今日，就以亞米茄速霸型表而言，從一九六五年起美國太空總署指定爲太空人正式計時裝備，隨同人類登陸月球之唯一手表。

亞米茄所產之防水表，欵式齊備，不論係潛水表或普通之防水表，均須經過廠方專門技師，嚴格試驗後，証明合乎標準，始供之於世。亞米茄廠設置有一種特別之壓力器，以供試驗，藉此可將手表所受之壓力由水深八百呎至水平線上五萬五千呎之間，在短時間內不停變動而連續試驗達十多小時之久。亞米茄海霸600型表之潛水性能優越，潛水深度達二千呎，能達到此深度而正常運行之手表，非特別設計，不能臻此。亞米茄海霸600型潛水表之表殼係由整件精煉之鋼塊鑿嵌而成，旋鈕部份附有雙重防水設備並嵌有礦石玻璃，在一個氦氣之試驗中，証明如果在海霸600型潛水表內造成眞空狀態，要經過一千年始會被空氣侵入，因爲其保密度較之太陽神太空船還要高出一百倍，擁有如此可靠之性能及超時代之特殊用途，足可滿足閣下之需求。

亞米茄另備有多欵防水表，請到港九各亞米茄特約零售商參觀選購。

ST166.077欵式 亞米茄海霸600型專業性潛水表保証防水深度達2,000呎，不銹鋼整體表殼、自動、日曆、加鎖旋轉圈、配不銹鋼帶或軟膠表帶。
港幣1,185元

Ω
OMEGA

抗戰時代生活史

——淪陷時期生活紀錄——

陳存仁

抗戰八年，我們在淪陷區中，除了生活必需的柴米油鹽，以及五洋雜貨發生恐慌之外，其他的情況，有一個時期，因爲人口集中，可以說繁榮到了極點。有錢人的奢侈生活，也瘋狂到了極點。一般生意人，因爲囤積居奇，發財容易，所以也跟着揮霍無度，因此，舞場的生意特別發達，遊樂場、書場、電影院、越劇場以及話劇場，場場滿坑滿谷，這種情況，是上海有史以來所未見的。

前方的戰事，到此時期，已不大關心，不過人人懷有一種心理，認爲「抗戰必勝」，因此有錢的人大多數都做着「今天有酒今天醉」的美夢，即使做了漢奸，也不例外。

荒淫無度　賭注鉅大

落水做漢奸的，老實說來，那裏是爲了謀求和平，或是爲了救國。最初還像煞有介事的出版幾種報紙，汪精衛發表了幾篇文章，如「舉一個例」等，又特地創立一家蔚藍書局，出版書籍七八種，這種書多數是贈閱的，但是這家書局的門市部，顧客杳無一人，不久也就成爲官方的一個報銷機關，再也不見有什麼新書出版了。

汪派的報紙，有一張叫作「中華日報」，初時還有一些銷路，後來在報攤上連看都看不到。一般小漢奸們，生活並不寬裕，大漢奸們就濶氣了，一部份人喜歡賭，賭的進出數字都是駭人聽聞，本來上海有幾個出名的豪賭客，人數不多，但是漢奸們豪賭就不同了，他們用老法幣，或儲備票來賭，還算是小兒科，夜夜總有幾處地方，都是用美鈔來賭，後來爽性用黃金來賭，以大條（黃金十両）小黃魚（黃金一両）爲賭注，一夜間的輸贏，動輒講幾百両，甚至於上千両，這種賭的場面，當然不是在普通旅館菜館中，而是在專門爲這班人而設的俱樂部中。

這種俱樂部，有些有名稱，有些以門牌號碼爲標記，別處限制用電，獨有他們夜夜燈光通明，如同白晝。我祇聽得人家說有這種情況，從來沒有去參加過。

我的岳家住在法租界巨潑來斯路，在這條路中段就有一座豪華的花園洋房，門口停着不少豪華的大汽車，我就覺得有些奇怪，這座住宅，勝利後成爲上海市長吳國楨的官邸。因爲這時上海的私家車已經很少，何以這裏有這麼多的車輛？別人就說：這是大賭客潘三省的住宅，潘以做內河輪船起家（即上海到蘇州到鎮江或漢口，在長江一帶來往的中型客輪），在淪陷期中勾結了日本人，特許他專利。在上海英租界戈登路口開設一家賭場，裏面的規模，比舊時福煦路一百八十一號還要大，這一家賭場是公開營業的，凡是市民都可以進去，這裏面搖骰子，派撲克牌，以及撥輪盤等，應有盡有，職員一部份是年輕的女性，有幾個後來成爲交際花和電影明星，如汪景芳、王丹鳳等，都是此中出身。

潘三省因經營賭場，積儲了不少作孽錢，又在巨潑來斯路自置住宅，成爲一個不公開的俱樂部，專門用來招待日方和大漢奸的，裏面設有一座戲台，時時邀請平劇、申曲、越劇、評彈等輪流演唱娛賓。潘的妻子王吉即會在這台上和程繼仙演「販馬記」。顧竹軒從北平請了李少春來上海，尚未登台，潘先要李少春演「戰太平」，那是李少春北上拜余叔岩的代表作，顧竹軒起先不肯，但一聽潘三省是招待周佛海的，那裏敢違拗，其實周佛海愛看的戲，是小玲紅演的「打花鼓」，等李少春演「戰太平」的時候，周佛海早已擁了小玲紅進入密室了。潘三省家裏同時還供應若干美貌女子，祇要有什麼中日權貴赴宴，潘三省還向各舞場選召著名紅舞女到他家裏來陪客人，這些舞女，每來一次，可以收入一大叠鈔票，因此舞場掀起一種風氣，認爲得潘公館之召是有面子的事，這筆浩大的開支，完全出於潘三省的私囊，客人可以不花分文。

這個不公開的俱樂部中，不但有中西厨房，並且還特設日本厨房。當時上海市面上的洋酒，已極稀見，但是在潘三省家中，各國的名酒一應俱備，任由貴客取飲。那時上海最風行的話劇，也到潘家的舞台上去演堂會，話劇素稱前進，但懾於潘三省的聲勢，不敢不演，像劉瓊、孫景璐等，都是潘家的座上客。

日本人最高興到這種地方，三杯酒落肚，就動手動脚，醜態畢露，原來猙獰的面目，也一變而爲小丑模樣，而且必定會拍掌唱歌，每個人都吃到七顚八倒，這時早把皇軍的尊嚴抛入九霄雲外，這般的宴會，時時通宵達旦，不以爲奇。

潘三省還爲了討好日本人起見，設有各式裝置的小房間，有些是設有鴉片烟榻，有些是塲塲米，有些特備席夢思床，這些房間作什麼用途呢？明眼人也不必細說了。

大漢奸們也在招待之例，所以由南京來的什麽部長，什麽院長，祗要一到上海，潘三省就專車迎迓，接到他的私家俱樂部去。如周佛海玩弄女性，向來是老手，但是他怕老婆，從來不敢納妾，但在潘三省的撮合之下，他居然將筱玲紅藏之金屋，後來他家庭間爲此鬧到天翻地覆，成爲敵僞時期一件十分轟動的桃色新聞。

陳公博他會寫一手革命性的好文章，以前我對他辦的「革命評論」，很是傾慕，向來認爲他是一個學者，自從他做了僞府的上海市長之後，情婦不少，大有醇酒婦人之意。曾經有一位發明「飲食男、女人之大欲存也」著名的女作家和陳公博有染，陳爲她設法配給她很多白報紙，作家坐在滿載白報紙的卡車上招搖過市，顧盼自喜，文化界一時傳爲笑談。還有一位著名的電影明星，也成了陳的情婦。最後陳又染上了鴉片嗜好，烟量之大，高人一等，敵僞收尾幾年，陳公博的私生活，簡直是荒淫無度。

至於其他一般漢奸們，向民間搜刮來得的金錢，雖然數字可觀，但是花在女色、賭博上的數字也很驚人，所以勝利之後，大捉漢奸。有些固然富可敵國，有些漢奸也沒有什麽財富，早已花天酒地，化得不知去向了！

汪政府大部份的人過着這種荒淫無度的生活，這時代就產生了不少以交際爲名，暗中操着皮肉生涯的女人，個個名氣大得很。至於平劇界的坤伶，更是奇貨可居，這是上海向所未有的怪現象，潘三省即是造成這種現象的始作俑者。

汪派這麽多的漢奸，搜刮了民間無數的財富，應該有些人會積些錢，但是後來槍斃的槍斃，入獄的入獄，很少人得到善終，如潘三省後來居然逃到香港，大家總以爲他擁有鉅貲，可以終老，誰知他已床頭金盡，僅帶來少數的錢，所有妻妾，早已先後下堂，孑然一身，住在銅鑼灣華都飯店。他舊時在上海，手下也有一班嘍囉，算是他的小脚色，此時僅有少數幾個在香港經商，日常開支均由他們供給，起初住一間大房，不久就換了一間中型的房間，最後竟「搬到」間很小的房間，是一間工人房改裝的，生活越來越緊張。當時要是急病而死，倒也死得乾脆，誰知道他因跌仆了一交，成爲小中風，從此一手一脚動彈不得，這種病本來不容易醫好，而且他一發再發，臥在床上，很少人去探望他。我初來香港，住在銅鑼灣舒潦濤街叔父王一吾家中，他是一位外滙掮客，認識的人很多，和潘三省也是老友，他常拉着我去替潘診病，我一看潘的情况，血壓奇高，而且在這種凄苦的環境中，更是對病人不利。

我對叔丈說：這種病，祗不過是拖延時日而已，後來果然拖了好多日子。他還會說話，「開口說的都是他往年的風光財富，開賭時，賭塲有四個落地的大保險箱（即夾萬），一個保險箱專藏金條，大條（黃金十両）小黃魚（黃金一両）緊緊的塞滿，一個保險箱專藏美鈔，數字鉅大。一隻存貯法幣與儲備票，後來因爲幣制改變，除了大額的紙幣之外，小額的就一綑綑堆在旁邊地上；另外還有一間房間，專門貯藏各式洋酒。誰知他後來潦倒到這個地步，但在我心中，對他無法寄予同情，因爲在他經營賭塲時，因賭而自殺的人也不在少數，他淪落到這般地步，眞可以說是咎由自取，後來，潘三省就死在華都飯店裏。

行長吃糞　騰笑衆口

有一段事情，當時盡人皆知，而這件事的一個當事人，曾經親自到我診所來看病，偶而憶及，不可不記。

在敵僞時期周佛海全盛時代，漢奸們的活劇，一幕一幕，令人回憶不盡，那時節我在上海開業，這班人物因診病關係，有時難免接觸。

有一幕使人難忘的怪劇，就是周佛海主持中央儲備銀行發行鈔票之外，又投資在上海創立一家復興銀行，委他的心腹孫曜東做行長，這家銀行調劑金融，搜購貨物，囤積居奇，所以這位孫行長，算得是周氏手下極得寵的紅員。

周佛海原是風流人物，歷年來和許多良家婦女都有沾染，但是他的妻子楊淑慧兇悍異常，所以從來沒有另築金屋藏嬌之想。有一年，周佛海竟一反常態，收納坤伶筱玲紅爲外室，這件事終被周妻偵查出來，而且查出拉攏這件事的人就是那位孫行長，周妻在盛怒之下，以爲周佛海在家中管得很緊，都是許多撮合逢迎的人促成的。

於是她想出一種極惡毒的辦法，決定懲戒這位孫行長。她要筱玲紅自願和周佛海脫離關係，在立據之日，要孫到塲，她則指使游俠兒「鬧天宮福生」的徒弟，跟在她身後，預備了香烟罐裝的稀薄糞便，當面怒斥孫行長，數說他的罪行，說出關於拉攏撮合之事，他應負其全責。孫行長正想聲辯，不料這時幾個彪形大漢已取出滿滿一罐糞便，在周妻指揮之下，强制把糞便迎頭劈面，作醍醐灌頂式的淋潑，同時，那些大漢又是拳打脚踢，痛加毆擊，孫行長於閃躲掙扎，張口呼吸之際，免不得有糞便流入口中，孫行長是穿中裝的，長衫撕破，眼鏡落地，狼狽離去。周妻楊淑慧才算出了一口氣，事實上這段孽緣的撮合人實在是潘三省，孫某人不過在塲預聞其事而已，但因權利衝突，被人誣陷，於是鬧出了銀行行長吃糞的笑話。

事後，這位孫行長，在家邀請護士爲他洗胃灌腸，但是這件事情，消息瞬息傳出，頓時騰傳衆口。

這位孫行長一向請我診病，大家本來很熟。他向患兩種病：一種是半邊頭痛，一種是長期胃病。關於頭痛，屢經醫治，沒有痊愈，西醫叫他拔除了好幾個牙齒，頭痛依然未見痊好。胃病經我診治後，日見好轉。

這次他吃糞後，大約隔了四五天，邀我去診治，他不諱言被人作弄的一幕，他極憂慮吃糞，嘔吐、洗胃、灌腸會令胃病再發，而且他疑心糞便之中，可能有糞毒，會發生不良反應，引起什麽離奇的病症，何況那次吃糞回家之後，自己拼命嘔吐，吐後覺得胃部一直不舒服，他問我這是否有糞便之毒？究竟對身體有無影响？

我就告訴他，糞便雖是極污穢的東西，但並不含有毒質，糞便的內容，以食物渣滓爲主體，加上了大量胆汁，變成黃色的糞便，所以糞便含有人體胆汁很多。這種東西，照它的成份看來，由口入胃，再從胃進腸，不大可能發生毒性作用。况且有些平時嘔吐劇烈，也會把胆汁嘔出來，凡是口吐苦水，就是胆汁泛濫的現象，所以你即使經過這般不幸的遭遇，依理推測，身體上可能發生的變化是不大的。

孫行長聽了我的話，覺得很是安慰，我就替他處方調治胃部，免得他胃病重發，他的狐疑也就消散了。一天晚上，他又發生肌肉抽搐，全身震顫，因此急急的派車邀我診治，我覺得他幷無什麽病狀，這種抽搐現象，完全是神經緊張所致，簡直是心理作用的現象，與生理病理無關的。

他提出許多問題，他聽人家說糞便會使人中毒的，我說凡是小便大便積滯在腹內，停頓了幾天或十多天時日，那末小便會發生尿毒症，大便會發生糞毒症，你不過被人用糞便作弄了一頓，根本不可能發生中毒現象。

我看他心理的驚惶過度，完全成了神經衰弱狀態，失魂落魄，不知所措，因此我提供了一些關於糞便性質的資料，來解答他心理上的狐疑。

我說「一切動物的糞便，都是食物渣滓和胆汁的混合物。人類的糞便，亦不例外，但是其他動物的糞便，在若干情形之下，還有醫藥上的治療用途，我可以舉出幾個實例出來：

譬如蠶的糞便，在醫療上稱作「蠶砂」，是治小兒驚風的藥物。蝙蝠的糞便，叫作「夜明砂」，可治療青盲眼。雀糞叫作「白丁香」，功能治療破傷風症。鼠糞叫作「兩頭尖」，也能治小兒驚風的藥物。這許多動物糞便，都有解毒功能和用作治療神經系統疾患的。

這類東西在醫生處方中，雖是很稀見，但在民間驗方或單方上，用得很多。據傳說若干鄉村間，還把牛的糞便晒乾，晒到臭氣完全沒有之後，留作小兒高熱驚風時煮湯應用。

人類的糞便，從來沒有人把它作爲醫療上之用，但是以童便治療吐血症候，是不足爲奇的。你現在吃了一些糞便，僅是精神上受到痛苦，生理上是不會引起任何病症的。

這位孫行長聽了我的話，把肚子裏的疑慮掃除一空，大爲高興。他就問我，何以動物糞便有治療功效？我告訴他，大槪就因動物本身的胆汁，含有解毒的功能，中國藥物中，有幾種病是要用胆汁來治療的，譬如牛胆是治目赤、黃疸，羊胆治赤眼、流淚，猪胆治外科發炎，熊胆可解毒明目，蛇胆也能明目和治療風濕症候，其中以牛胆作用最大，蛇胆的應用也很廣，華南有許多人，是極喜歡吃蛇胆的。

這位孫行長聽了我的一席話，就把他懷疑糞便會中毒的觀念打消，我也欣然告別。

隔了一天，他疑慮又起，再請我去診視和要求解釋，我也有些不耐煩起來，我切實告訴他，我生平治病，雖然沒有見過一個病是吃糞的，但是我見過若干病人，從口中吐出糞便來，這是一種「交腸症」，近似西醫所謂「腸套叠」的症候，這類病人，糞便不由下面排泄，乃從上面吐出，吐出的東西有劇烈臭味，就是糞便，這就是証明也有人糞便留在胃中，而由口中吐出，這種人與你的情形是彷彿的，並無任何糞毒醞釀的危險後果。

孫行長聽了我這一次的解說，才認爲完全滿意，失魂狀態完全消失，於是好久沒有見過，半年後在交際塲中遇見他，他輕輕的對我說，他的多年頭痛之患，今已消失，是否糞便有解毒之功？我不再多說，只是含笑而別，但回家後，不免大大的嘩笑了好一陣。

封鎖新聞　苦悶萬分

日本人進佔公共租界之後，治安的確十分良好，不用說搶切沒有，連小偷也銷聲匿跡，市民們平時最痛恨的七十六號的槍殺行爲，在租界內此時也偃旗息鼓，就因爲有這些好處，市民覺得太平得多。

祗有一件事情，就是所有在租界上出版登載反日消息的報紙，如申報、時事新報、晨報等完全停止出版。直到日本人滲入之後，申報才由陳彬龢接收，他的背景是日本海軍報道部，從此第一版上的社論專電以及一切電訊，都一面倒採用同盟社來稿，編排比日本人自己辦的新申報還要媚日，但是這種報紙的新聞，都是歌頌日本軍事的順利，打一處勝一處，教人看了萬分氣惱。時事新報及晨報也經過改組，論調爲之一變，不過親日的姿態比較冲淡些。

唯有一張新聞報，日軍進佔租界後，也沒有停版過一天，因爲新聞報向來對政治新聞登得少，態度穩健，從不登激烈的反日新聞和言論，一向由吳蘊齋當總經理，吳氏是生意人，在商言商，不大談政治，所以日軍進佔時，通知新聞報不要停版，依然照常出版，當然反日的新聞一些也沒有。還有一張時報，向來以登社會新聞爲主，也沒有停刊。

至於晚報，在日軍未進佔租界之前，向來以刊載抗日文字爲主，標題十分夠刺激，其中以大美晚報最受讀者的歡迎，因爲每天有令人歡欣鼓舞的反日文字，即使七十六號槍殺了他們好幾個人，然而大美晚報態度越來越强硬，直到日軍進佔了租界，大美晚報的編輯人員不得不撤走，因此大美晚報就停辦了。同時還有一張大晚報也以反日爲主，就在日軍進佔的當天停辦了。

祗有一張華美晚報，依然照常出版，因爲主辦的人朱作同，一向和日本人暗中通聲氣，所以它巍然獨存，喜歡看晚報的人，祗得改看此報。

汪派所辦的中華日報，向來很少人看。看這種報紙，常會教人引起一肚皮氣惱，眞正的新聞是看不到的，因此之故，一般人祗得聽收音機短波，才能獲得比較正確的新聞，往往用「螞蟻傳」的方法，奔走相告，那時有好多人失業，沒有事做，大家就在家中互相聚談，交換消息。

日本人進入租界之後，下一個毒辣的命令，就是家裏有短波收音機的人，都要將收音機送到各區警署，一律予以沒收。

從前的收音機，都是很大的，小的也有一尺多高，其中裝有燈泡式的眞空管，普通的都是四燈機五燈機。我有一架巨型的落地收音機，是十四燈的，可以收聽全世界。（按那時節電子機還沒有發明。）當時是由越劇紅伶袁雪芬開設的皇后無線電公司所經售的，出口的是一家義大利名廠，價值極昂，所以祗運到一架，作爲樣品，看的人很多，而買的人一個也沒有。某次，袁雪芬大病，一連數月，由我診治，因爲有三友實業社的關係，我始終沒有收她的診金，後來疾病痊愈。她對我說：『我輟演已久，病中又花了不少錢，現在把這架巨型收音機送給你作爲紀念。』我堅不肯受，她很誠意的派了四個人把這座收音機抬到我家裏來，在這種情況之下，却之不恭，我也祗好受了。

待到日軍要家家戶戶交出收音機的命令發出，我也有些着慌，因爲這架收音機放在客廳中，看起來很是富麗，捨不得交出，因此我祗好把它內部的機器拆出來，藏了起來，另外找一座舊收音機的機件裝進去，送交警局，拿到了收條，索還這隻桃木的空座。也算有了交代。那座大收音機的桃木殼子依然放在客廳中以壯觀瞻，這個換空箱的方法，我以爲別人是想不到的，豈知有很多人家都是用這個方法交出的，所以在無形中，短波收音機依然暗暗存在，大家偷聽短波，如中央電台、美國之音的消息，作爲談助。所以日本人在某處勝，某處敗，上海人都很明白，祗是因爲在他們鐵蹄之下，不敢公然談論而已。

貪污成風　上行下效

汪朝眼見日軍在各地節節敗退，逆料好景不常，在上的大刮粗龍，在下的也拚命的撈，簡直不成體統，其例不勝枚舉，祗談我記憶中的一件事情。

記得日本人組織米統會，向鄉間定了一個公價收購白米，這些米一部份送到日本軍隊作軍米，一部份作爲市民配給米。內中有一個負責人叫作后大椿，在產米區利用和平軍强迫收購，收購的公價米與黑市米價相差一倍有多，鄉下人恨之切骨，但也奈何他不得。後來他被民衆紛紛控告，日軍一查，果然查到實據，有幾個大倉庫堆滿了白米，都是沒有賬目紀錄的，日軍一怒，就把他扣留了，幾經苦刑，后大椿祗能招認，牽涉的範圍很廣，審問不過兩次，就將他槍斃了。這個消息一經傳出，好多有關的人都遠走高飛，不知去向，松江區的負責人是耿績之，聽到這個消息，他也立刻用手槍自殺。（按：耿績之原是上海市政府法文秘書，爲人慷慨熱心，本是一個人才，他的自殺，上海人甚表震驚。）

至於下級的人，就在限制煤球期中出現休班警察押送煤球，叫作煤球警察。禁止囤積米糧，就出現休班警察押送米糧，名爲白米警察。諸如此類的事情，市民也見怪不怪了。

最可怕的就是救火員，逢到有什麼火警，救火車一到，首先要對業主「議價開喉」，起火的人家就立刻捧出現鈔，昆連的房屋，無論是商店或住宅，都要出相當代價，才能免遭池魚之殃。否則，他們不開水喉，任它燒成焦土，有些倉庫，晚間無人看守，一旦火警，無法可施，祗好由它去燒。類似這種事情，當時上海人是盡人皆知的。

我總以爲有許多事，往往言過其實，或是以訛傳訛，都是傳說而已，一天，深夜一時，電話鈴聲大作，一聽之下，知道是哈同花園羅迦陵的大兒子羅友蘭打來的。（按羅迦陵有一個外國兒子，六個中國兒子。）他急急忙忙的說：『現在花園大火，救火車已到，一定要錢，講妥要儲備票一千萬，我明知你不會有一千萬，但是你能不能多少湊一些數目，或是有什麼賭場朋友借一借。』我說：『這個問題，叫我在深夜裏向那裏去張羅。』他說：『現在事關緊急，祗要你帶一張名片，一個圖章，先來做一個保人再說。』說時悽悽切切，好像要哭出來的樣子，我就披了衣裳，帶了圖章，那時車輛稀少，我祗好求一輛踏脚踏車的人，就把我帶到哈同花園，那人很熱心，片刻之間，就帶我到了目的地。

其實，哈同花園除了戩壽堂以及幾處樓閣之外，都是園林建築，但是居住的房屋，彎彎曲曲，裏面住的都是哈同的子子孫孫親親友友。日本人進入租界之後，認爲哈同是英國猶太人，哈同花園是敵產，改歸軍方管理，每一房每月可領生活費軍票一千元，那時一千元并不值錢，所以六房中國兒子，個個都窮得很，惟有用電是公家開支，而且不限度數，這六房爲了節省起見，都把電爐擺在地下煲湯煮飯。

那天晚上，他們打牌至深夜，沒有人照顧電爐，走火引起火災，燒在許多屋宇的中間，我趕去走進哈同花園，羅友蘭住的是前屋部位，距離火頭還有三十多間，幾個救火員的巨頭，坐在他房中正在飲酒，一看見我到，兩手空空，沒有錢帶去，他們說要欵項是一千萬，即使打圖章担保，許多弟兄也是不答應的，况且這些房屋多年失修，燒起來眞像乾柴一般，而且中間也沒有通路，救火車開不進，水喉的皮帶也沒有這麽長，談話之時，羅友蘭祗是搖頭嘆息，頓足不已，後來他忽然想出一個辦法說：『要錢實在沒有，不過他太太有玻璃絲襪三十雙（按這種絲襪，現在香港祇要一兩塊錢就可以買到，那時節在上海要賣儲備票幾萬元一雙），每一位救火員送一雙。』講數的巨頭倒有些心動，說：『還有什麼東西？』羅友蘭說：『我喜歡收集手錶掛錶，也有三十多件，也可以每人送一件。』於是講數的人說：『算了，算了。』即下令各救火員把火頭切斷，其餘也就不管了。

經過我親眼目睹的事情以後，才相信傳說的各項貪污事件，十九都是事實。

至於當時上海法院裏法官的貪污情況，更是無法無天，祇要有錢，屈者得直，直者可以變屈，所以大家有什麼民事訴訟，決不告到法院，都是在外面相互自行了結，刑事案也都是講錢的，即使人命出入，祇要有黃金美鈔，都可以了結。

在公共租界法院對面有一家茶樓，是專門爲刑事案子講數的地點，出面講數的人，都是些法院的「執達史」，數目講定之後，就陪着當事人把錢送到法官家裏去，祇有拿不出錢的窮人，便重重的判他三年五年或是更多幾年，這是公開的秘密，也是任何人都知道的。

一代名醫　死於冤獄

從前上海中醫界，有十大名醫，其中有一位是外科顧筱岩，每天門診由兒子學生幫着一起診病，可以看到二三百號，一位是傷科石筱山，也可以看到二三百號，還有一位喉科朱子雲，和他的弟弟朱仲雲，一天也要看到二百號以上。朱子雲對喉科的經驗却很豐富，逢到白喉，驗都不要驗，一看就知，祇要一針貝靈血清針（按後來這種血清針絕市，他竟然自己設廠製造白喉針，功效一樣好，）就能霍然而愈。逢到喉壁腫大，總是用一把小刀刺一刺，或者劃一劃，病者吐出兩口惡血，病就消失，他因爲看得多，經驗足，手術快捷之至。

有一天，來了一個橡膠廠女工，也是喉壁脹大，兼有喉蛾，一刀下去，就此流血不止，他用種種止血葯，仍然止不住，病者面色大變，血越流越多，這時朱子雲也急起來了，立刻把她送到虹橋療養院，由一位喉科專家用電烙法止血，也不能止住，不久就死去。這個女工的家屬要求朱子雲賠償一筆錢，朱子雲答應，事情也就平靜下來。

萬不料橡膠廠老闆馮某，本是游俠兒出身，聽了這件事，認爲是敲詐的機會，便約同四五個人，其中有報館記者，有律師幫辦，組織了一個小團體，從事討論敲詐的方法。誰知道這個女工的丈夫，天天勤於工作，不願停了工來把這件事擴大，於是這五個人橫勸豎勸，仍恐他半途退出，便在牛莊路中國飯店開了一個小房間供養他，而且由律師幫辦看守他，不准他和外界接觸，一方面即進行起訴。

這個組織成功之後，報紙上竟把這件事大登特登，說朱子雲濫用刀圭，醫死病家。我看到了這些報紙，正在思索，忽然有位姓姚的報館朋友到我家裏來說：『醫生方面我不熟悉，你和朱子雲必有往來，這件事，能不能由你出面談判，否則，事情越弄越大。』我說：『我是醫生，同行總要講義氣，這種敲詐的事，我怎能出面作調人？若是說教朱子雲多給苦主一些錢，我可以替你打只電話，要是想敲他一筆大錢，我是決不參加這件事的。』

那天晚上，朱子雲備了四桌菜，約中醫公會中的許多名醫和一位名叫陸起律師，要請大家設法幫忙。席上意見紛紜，說不出一個結果，推定四個人專門爲朱子雲設法，其中有丁仲英老師，他說：『一定要陳存仁參加，因爲他足智多謀，從前顧筱岩吊銷執照的案子，便是他出的主意。』筵席將終時，我對朱子雲說：『我想來想去，有一個辦法，祇能講給你一個人聽，不但醫界不能知道，連律師都要瞞過他。』他說：『好的。』於是就約到後面一個小房間中，他一面抽鴉片一邊問我有何妙計？

我說：『你這案子，裏面夾着一個報界的人物，若是擴大起來，你是擋不住的。』

他說：『陸起律師和法官很熟，而且法院傳票已到，主審法官是常來我家抽烟的，彼此很談得來，大概罰欵即可了事，沒有什麼了不起的。』我說：『你的案子初審一贏，可能全上海報紙都會轟動，他們必定還要上訴，那時即使你再用錢，或是罰欵，或是無罪，但這班進行敲詐的人，會天天在報上加以攻擊，鬧到高等法院，你就無法可想了，祇要關你三個月，你就抵擋不住。』（按朱子雲有深度鴉片烟癮，還有糖尿病，天天不吃飯，祇吃黑麵包。）他聽了我的話，說：『照你老弟的意思，該如何做？』我說：『祇有一個辦法，你不聲不响，向內地一溜，這一個敲詐集團，找不到對象，而而且還要天天供應當事人食宿，他們就會人心渙散，一方面再派人和當事人商量，花一些錢叫當事人撤銷控訴，然後你再回來，業務損失雖不少，但你的心境與身體可以得到安全。』朱子雲大皺眉頭說：『辦法很好，祇是我一來怕到內地鄉僻之處，二吃烟不方便，因我除了治病之外，還有許多生意往來，怎能離開呢？』講到最後，他拍一拍桌子說：『好，決定照你的意思做。』

我和朱子雲分別之後，有兩天沒有消息，不過，有一個叫蔣有成的人，他是國醫公會的幹事，原本是我介紹進公會任事的，他的特長就是奔走接洽事務，有相當的能力，所以我有事，都叫他去辦，人很能幹，就是每辦一件事，多少要給他一些錢，他就起勁非常，朱子雲也認他爲自己的心腹。第三天，我問起朱子雲的事，有什麼動靜？他說朱子雲不但門診忙，出診忙，而且對這件事樂觀得很，昨天晚上由陸起律師約了審理這件案子的法官趙鉦鐙，常在一處相對抽烟，談得極爲投契，看來事情是不會擴大了。我便託蔣有成帶一個口信給朱子雲，說如果出診路過我診所，務必請他來坐一下。次日，朱子雲果然來了，且和陸起一同來，他說：『老弟，你有什麽話？』我說：『我要和你單獨講幾句話。』於是就帶他進書房談話，我說：『聽說你和法官談得很好，但是初審要是勝利的話，二審必然更壞，在形勢上是必敗的，所以照我的想法，你還是快快離開上海。』朱子雲當時也有些心動，祗是說：『我的生意是烟葉、烟廠、烟紙店、汽油，和血清廠等，我一天不在上海，就一天沒有人照顧。』正在這時，陸起突然推門而入，我們講的話他完全聽到了，他說：『這件事已受到法律的約束，你要走的話，將來就永遠不能回上海了。』朱子雲聽了這話，默不出聲。

後來我聽說這位法官天天到朱子雲家裏抽烟，朱子雲還送了不少美鈔給他。

到了初審之日，誰知道審問的結果，當堂諭知『朱子雲收押，再行定期審訊』，朱子雲聽到這個決定，幾乎暈倒，他認爲趙鉦鏜是老朋友，不料竟是一個毫無心肝的僞君子。

朱子雲平日養尊處優，從來沒有進過拘留所，這個拘留所，是水門汀地，沒有床，沒有桌子。他經過審問之後，已經面無人色，加上烟癮接不上，幸虧那時節貪汚成風，拘留所內要什麽有什麽，用了銀彈，床也有了，鴉片也可以儘吸，他是有糖尿病的，向不吃飯，但是有私家菜和黑麵包可以送進去，蔣有成也天天去探望他，見他祗是流淚說：『不聽老陳言，吃苦在眼前，現在這件事，非但趙鉦鏜不是東西，連老友陸起也是一個壞蛋，想不到做了一世醫生，年老多病還要進入牢獄，夜間常常失眠，白天度日如年，這件事眞不知如何了結？看來我這條老命，要送在這場官司裏了。』朱子雲說的「不聽老陳言」，原本是「不聽老人言」，大約進了拘留所，才想起我勸他的話是對的。

第二次開審期，排得很遠，開審之日，祗有原告講話，趙鉦鏜連正眼也不望他一望，退堂後，朱子雲還扣上手銬，鋃鐺入獄。

報紙對這件事，大登特登，這種報紙也可以送進牢獄，他看了祗是嘆氣流淚，沒有多時，朱子雲就病倒了，兩足浮腫，氣喘不已。

當時另有一班人，包圍他的家屬，個個都說有辦法，其中有一個集團，爲朱子雲設計，以治病爲名，把朱子雲送進一個醫院，這家醫院小得很，供應鴉片不在話下，但是一天一天來的消息，越來越不利於他，說是這件事南京的司法行政部長羅君强都知道了。羅君强上任之初，對法院管得很嚴，傳說他向不受賄，有「羅青天」之號，他認爲這件事非嚴辦不可，但是也有人說羅青天是假的，他祗是不受小賄，大賄照收。因此，有人爲朱子雲走了不少路子，花了無數金錢，總是得不到一個確實的消息。

朱子雲雖然是一個大富翁，但是平時用錢很吝嗇，大家都知道，從前沒有限制用電的時期，他家中一樣不准多開電燈，他的烟室中連燈都沒有，祗靠一盞烟燈照明。他想到這場官司，家裏一定用了許多金錢，心痛非凡，疾病也就一天重過一天，經過了若干時日，終於死在這家小醫院裏，人死了，這場官司也就不了了之了。

朱子雲死後，我知道三個消息，原告的事主是一個普通工人，頭腦簡單，他想這場官司，要是敲詐到了，須作七份分派，他得兩份，其餘五份都歸那些興風作浪的人，他認爲別人分得多，自已分得少，天天困在中國飯店小房間中，也同囚犯一樣被人看守，夜間必有一桌麻將打到天亮，使他不能安眠，而且他也有些良心，說當時已拿過錢，現在再要這樣大事敲詐，於理也不合。有一天，他私自溜出來，想到朱子雲家中說明原委，再向朱家拿一些錢，朝鄉下一走了事，這也是朱子雲的命運不好，這個原告找尋虹口周家嘴路，但是尋錯了尋到周家橋，因此，仍返中國飯店，要是被他找到了朱家，一走了之，訟案就此撤銷，朱子雲的老命可能也保全了。

第二個消息，這五個人爲了看守原告，開了中國飯店房間，也花了不少錢，朱子雲一死，花了的錢都落了空，其中以橡膠廠老板馮某最受到別人的指責，說他是正當商人，不應該參加這種敲詐的事。

第三個消息，虹橋療養院幾位西醫講起朱子雲這件事，這個女病人一刀下去流血不止，原來這人是「血友病」患者，依照法律而論，要是法醫能作公正的証明，朱子雲可以是無罪的。（按我到了香港之後，看見有一本書，寫漢奸們的下場，審理朱子雲的法官趙鉦鏜，不知爲了什麽案件，也被鎗斃收場。）

囤藥發財　慘禍俱來

在淪陷期間，各種各式的訟案雖多，最驚人而又令人難以忘懷的，就是上海華美葯房的一件弑兄慘案。

慘案的起因，爲了一個舞女陳雲裳（按是上海百樂門舞廳的舞女，並不是電影明星陳雲裳），弟弟竟用斧頭把哥哥劈死。這件案子鬧得滿城風雨，本來就法律可以誤殺論，囚禁三五年而已，結果又是爲了羅君强要做羅青天，將弟弟判處死刑，至此徐翔蓀的兩個兒子完全送了命。

這位徐翔蓀，年齡已相當高，是華美葯房的獨資老板，最初謠傳他以販毒起家，事實也許言過其實。

那時抗戰已進入後期，各國與中國海運早已斷絕，西葯漲到幾千倍，甚至幾萬倍，此人所生祗有兩兒兩女，哥哥人稱「大徐」，弟弟名徐達泉，人稱「小徐」，曾在滬江附中讀書。哥哥是管華美葯房全盤賬目的，辦事很勤懇，用錢向不浪費，一生沒有嗜好，爲人也很和善，所以人緣很好，大家都樂於同他接近。

弟弟完全是一個紈袴子弟，少爺脾氣十足，起居奢華，揮金如土，脾氣很壞，面目可憎，雖然打扮入時，仍不免有些土氣。我因爲認識華美葯房的一名夥計史致富，那時他還不過是一個中級職員，小名阿富，我和他年紀相仿，我常託他做事，他也常託我做事，因此我們二人成爲很要好的朋友。

有一天晚上，他趕到我家裏來，說有一件事，要想大小各報概不登載。我問：『什麽事？』他說：『你祇要說華美葯房的事情，新聞一律抹煞不提，對大小各報本埠版編輯送一些錢，此事應該向何人接頭？』我說：『報界之中，本來有兩條線索：一個是申報的唐世昌，大小各報可以一手包辦；還有一個是新組織，要搶這種生意做有九個人，拜黃金榮爲師，名爲「黃九公」，黃九公中，新聞報的杭石君最有力量，但是發起人是金剛鑽報施濟羣，要我去講這種事情，還要經手銀錢，我是不情願做的，唐施兩人我很熟，不過要深夜去找他們，唐世昌易找，而施濟羣却不易找到。』說罷之後，史致富掉頭就走，看他的情況甚爲緊張，而且手裏還拿了一個皮包，看上去很沉重的樣子。

接連兩天我注意大小各報，並沒有華美葯房發生事情的新聞，我心想史致富的路子走對了，錢能通神，果然被他們掩盡耳目。

不料在第三天，大美晚報第一家登出一段新聞，題目是「華美葯房發生驚人慘殺案」，內容說：「胞弟用斧頭斬死胞兄」。從前上海很少有這種慘案發生，經大美晚報這樣一發表，全上海的人都引爲談話資料。

次日，平報也以很多地位，把這件事情經過都登了出來，於是各報大爲着急，因爲這種大新聞，自己報上沒有，是很丟臉的，於是紛紛派出記者向各方面探訪，爭取資料。

各報登出的新聞紊亂得很，我把它綜合起來說：徐翔蓀的財產，已經達到難以估計的程度，連他自己也不知道什麽數字，當時家居法租界蒲石路，住宅是一連四幢小洋房。從前上海的小洋房，都是三層樓，前面必有一個小花園，他把三宅小洋房，前後門都用鐵閘鎖住，徐氏本人就住在第一幢小洋房樓下，原是客廳，他把它取銷，自己住在這客廳中，看守囤積着的西葯搬入搬出。二樓是大兒子的睡房間，其餘就是兩兒兩女的臥室。有時徐翔蓀到總店去視察業務，就由大兒子和姊妹倆看守，小兒子他向來是不信任的。

有一個時期，小徐晚晚到百樂門舞廳跳舞，看上了一個由嘉興來的舞女陳雲裳，此女說得好聽些，身材苗條，體態輕盈；其實瘦得很，並不特別美麗。可是出身不壞，小徐愛上了她之後，晚晚叫她坐枱子，臨走時總是一大叠舞票夾上了美金一百元，以博美人歡心，實際上陳雲裳很多舞客，對小徐的土氣並不喜歡。

從前上海玩舞廳，要追求一個舞女，便利的時候很便利，艱難起來，簡直難於上青天。就拿小徐追求陳雲裳的事來講，小徐除了猛捧陳雲裳之外，還出資幫陳哥哥的忙，把他在嘉興的一家小米舖改成米行。時機有些成熟，陳雲裳還要求兩樣東西，一樣是鑲鑽手錶，一樣是貂皮大衣。小徐一口答應，他回到家裏，次日就和哥哥大徐商量，要借這一筆錢，大徐一口拒絕說：『你這個月已經用了不少錢，你越借越多，我再也不能答應。』兩兄弟鬧到面紅耳赤，爭執起來，室內恰巧有一柄專門開木箱的利斧，小徐拿起這把斧頭，對大徐說：『你這次如果不借的話，我就拿這把斧頭劈你。』小徐原是想恐嚇哥哥的，料不到大徐回答說：『你用斧頭劈我，我也不借。』這樣一來，小徐就對準哥哥腦袋一斧頭劈去，哥哥當堂就「哎喲」一聲，倒地死去。

當時這幢房子裏面，並無外人，弟弟對着死去的哥哥呆了半天，最後不得不走下去向他爸爸自首，徐翔蓀上樓一看之後，悲慟之餘，細細一想「殺人者死」，如果鬧出來，一塲訟案，小兒子的性命也保不住，不如用錢來把這件事舖平，免得斷了後代香烟，而且還要被社會人士恥笑。

於是徐翔蓀就用電話召集四個學徒，史致富也在其內，先在樓下每人送給一根金條，四個學徒都呆了起來。因爲徐翔蓀平素很是吝嗇，一錢如命，向來連職工薪金都微薄得很，何以忽然如此慷慨。徐翔蓀也猜測到他們的心理，說：『我有一件事，要你們四個人嚴守秘密，不要張揚出去，並且還要你們幫忙，事成之後，還有重謝，決不食言。』四個人在重賞之下，唯唯從命。徐翔蓀就帶他們四人登樓察看，祇見大徐倒在血泊之中，小徐呆在一旁痛哭，徐翔蓀便對他們說：『現在要煩勞你們四人，把大小開身上的血液抹去，用白布全身裹好。』一方面叫史致富去找尋法租界驗屍所所長，此人本是徐的老友，所以徐翔蓀想到要請他。不一會兒，所長就跟着史致富來了，徐翔蓀把這事申說了一番，當塲捧出一包條子送給他，這位所長馬上就笑着說：『老朋友何必如此，』並且對徐翔蓀說：『你祇要把屍首偷偷的運出，在什麽時候，公然的送到驗屍所，由我親自來處理，保你不會鬧出事來。』

屍首運到驗屍所，所長就把屍首貼上另一個人的名字，又把一個因吸毒致命的乞丐，寫上了大徐的名字，即刻運到大西路底一個私家墳塲，而且叮囑老徐要用火葬，這個計劃等於毀屍滅跡，好到極點，事情談得很妥當，屍首也就運到指定的地方。

萬不料百密一疏，在火化之前，忽然有一個潘達手下的警察孫照北，見到這個情形，就上前查問，索閱驗屍單，一看屍單上寫着是因吸毒致死的乞丐，這個警察就疑心起來，說既然是乞丐，怎樣會有人替他買棺成殮，而且棺木很考究，因此，就阻止他們火化，一面向局方報告。局長潘達恰巧看到大美晚報的新聞，再接到這個報告，立刻派出四個警察前去，不准火化，於是這個偷天換日的計劃全部被拆穿了。

這樣一來，事體可鬧大了，徐翔蓀得到了這個消息，急得七竅生烟，竟對史致富破口大罵，說他辦事不力，要闖出大禍來了。史致富被他罵得狗血噴頭，默不作聲，祗說三句話：『我和你的師生之誼，到此爲止，這件事我再也不管了。』徐翔蓀一聽他的話，當塲也軟了下來，說：『潘達也是你的朋友，祗有你再出馬用錢去鋪平這件事。』

史致富說：『我爲了這件事，已三日三夜不能安睡，那也無所謂，倒是去聯絡報界不發表這段新聞，用錢實在太少，現在他們反而擴大其事，拼命宣傳，任意攻擊，我弄到兩面不討好，再管下去，恐怕吃官司都有份，我現在決計離開你老師，準備自己開一家小葯房，取名萬國葯房，我對這件事，不破壞，也不過問。』這些話一說，徐翔蓀手足無措，竟然一邊抹眼淚，一面屈膝向史致富哀求說：『現在大兒子先死，小兒子可能也會判死刑，我也會跟着送老命，黃金成千成萬條，要它何用，你既想開葯房，我願意把隔壁一幢房子，第三層樓裏面所堆的勒吐精奶粉、法國九一四（按即新六〇六），還有一百箱金鷄納霜，全部送給你，可是你對這件事，要幫忙到底。』史致富一想，這許多葯物，價值連城，徐翔蓀突然說這種話，也有些變態，深恐他生命有變化，於是當塲答應。不過說：『這些葯品，今晚我要全部提出，午夜我去看潘達，潘達方面以送美鈔爲最得體，請你準備好四萬元美鈔，並且你另派一名夥計與我同去，也可以証明我所做的事。』徐翔蓀一口答應，到了深夜二時，史致富偕同另一個夥計，到好萊塢賭塲潘達的一間密室中，見到了潘達，潘達說：『你們幹這件事，遲了一天，在報紙上尚未揭露消息出來以前，我可以眼開眼閉，由你們去做。現在報紙已鬧大了，我反而不能幫忙。』這時潘達看見和史致富同來的人，手提一個大皮包，心知裏面必定有東西，他接着說出一個秘密來說：『這件案子，不但上海各報大登特登，連南京的報紙也發表了，司法行政部部長羅君强號稱「羅青天」，他已經注意到這件事，但是這個人小錢休想用得進，大量的錢財他或許要的，我現在對你不能幫什麽忙，明知你有錢帶來，也祗好日後看情形再講。』

到了次日，巡捕房提出起訴，法租界法院（那時稱第二特區法院，）院長是陳秉常，已發出傳票，對徐翔蓀徐達泉父子加以控訴，並且即日將小徐拘捕。

次日，就宣告開庭，並且將大西路的棺材搬到堂上，開棺相驗，驗出死者頭部有斧劈痕跡，結果小徐殺人罪名成立，不准保釋。

第二天，各報又大登特登，都能銷路大增，那天晚上，舞女陳雲裳還到百樂門去上班，突然有無數新聞記者包圍着她，問長問短，令到她無法週旋，時報記者給她看一張開棺驗屍的照片，她也覺得小徐太狠心了，但她對記者並無表示。

舞女陳雲裳回到家中一想，此事牽涉到自己頭上，日後一定會被召出庭作証。

次日，各報都登出舞女陳雲裳的照片，她一看認爲非走不可，於是她就避風頭，避到她的家鄉嘉興去。

徐翔蓀又叫史致富去四出活動，並且說：『小兒子關兩年三年倒無所謂，祗要不判死刑，傾家蕩產在所不惜。』於是史致富又去懇求潘達，潘達說：『承審的陳推事，我向有往來，我倒可以爲你去討情，』講定要黃金六十大條。後來初審判決誤殺罪名，小徐入獄三年。

料不到判案之後，報紙上大事攻擊，而且字裏行間隱約指出這是賄賂公行的結果。

羅君强此時竟然作出青天的作風，把承審推事陳某加以扣押，提起公訴，而且還將陳押入看守所，和悍匪丁錫山同押在一室中。陳丁兩人密商之下，丁錫山要他十條黃金，當晚就買通獄卒，兩人逃之夭夭，於是案件就鬧得更大了。

二審開始，換了一個法官把這個案子重審，結果改爲謀殺，一連開了幾庭，徐翔蓀仍想用銀彈政策，但是這個推事，嚇得不敢接受，那時節看守所腐敗得很，羅君强怕小徐也一走了事，於是每晚加派稅警團團員兩名，睡在小徐的囚室中，使他無法動彈。

二審判決，小徐處死刑，後來雖上訴到最高法院，仍然維持原判，結果受絞刑而死。

寫到這裏，我又想到因果率了，一般人囤米囤煤，雖然可惡，還比囤葯好得多，從前一箱金鷄納霜不過二十四元，內有一百瓶，每瓶一千粒，凡是到內地去的人，一定要買一大批，徐翔蓀家中堆滿了金鷄納霜，每天祗限出售四瓶，價值論粒計算，每粒要賣到儲備券多少元，還有奶粉，他也囤了不少，價格也要貴上千萬倍，法國九一四市上早已絕跡，他賣的都是假貨，想這樣一味囤貨，不顧人命，會有好結果嗎？

再說舞女陳雲裳，她心有內疚，要是她不硬要小徐送貂皮大衣和名貴手錶，也許不會鬧出兩條人命來。而且在審案時節，她雖避到嘉興，嘉興人都傳說羅青天一定要她出庭作証，心中老是慌慌失失，若要逃出羅君强勢力範圍，祗有逃到廣州，想到這裏，她就毅然決然離開嘉興，到了廣州之後，參加華美舞廳，改名換姓，重披舞衫，生涯也不惡，可是她得了個嚴重的神經衰弱症，晚晚入睡之後，常見到小徐的鬼影追隨不捨，她總是從夢中驚醒起來。

後來廣州吃緊，她又逃到香港，住在跑馬地。晚上參加石塘咀凱旋舞廳伴舞，但此時已容光消失，收入微薄，生活極感困難，同時又吃上了白粉，深夜一回到家中，總是看見小徐坐在房中，這樣見神見鬼，神經極度衰弱，有一晚就死在街頭，如此收塲，亦云慘矣！

史致富後來也發了財，專收女伶爲契女，稱爲「標準過房爺」，曾用銀彈政策，以一箱一箱西葯獻贈市參議員支配人，後來他當選爲市參議員，又充任西葯業國大代表，嗣後政局變動，他搬到台灣，開設聯合葯房，七年前患腸癌而死。

又按：羅君强亦死於上海提籃橋監獄中。（六）

大人合訂本　第六集

在裝訂中　每集定價港幣二十元

總目錄

第三十三期　一九七三年一月十五日出版

杜魯門總統初任之美國天驕時代　李　璜
一九七三年預言　司馬我
一九七二年之最　余不惑
環華盦詩冊　張大千
李蒸銘及其日記　宋訓倫
大人小語　上官大夫
政海人物面面觀　李濟琛、龍雲、盧漢、范紹增　馬五先生
宣統皇帝和莊士敦　高伯雨
百年好合五世其昌萬里長風千秋大業　韋千里
硯邊點滴　錢松喦
記錢松喦（畫苑春秋）　薛慧山
周伯年周魯伯父子　胡憨珠
血淚當年話報壇（三）　張志韓
七十二家房客（諷刺喜劇）　姚慕雙　周柏春
薛覺先與馬師曾　呂大呂
馬場三十年（三十二）　老　吉
楊小樓空前絕後　燕京散人
歌壇十二金釵新冊（下）　陳蝶衣
「宣統皇帝」即將登場（銀色圈漫談）　馬行空
封　面：李可染畫春牛圖
封面內頁：李蒸銘及其日記
巨幅插頁：錢松喦畫歲朝平安圖（定齋藏）

第三十四期　一九七三年二月十五日出版

尼克遜與基辛格　萬念健
詹森生前死後　司馬我
憶悲鴻　蔣　彝
牛年閒話　蕭遙天
政海人物面面觀　朱家驊、何成濬、衛立煌、王纘緒　馬五先生
大人小語　上官大夫
宣統「帝師」陳寶琛　高伯雨
曾國藩談書道　黎正甫
白雲觀和高道士　林　熙
清道人傳世兩封信　舊　史
史量才死後的申報（望平街憶舊）　胡憨珠
傅抱石研究（畫苑春秋）　薛慧山
天佑歌　曾克耑
章太炎之名言（來鴻去雁）　韋千里
初試雲雨情、藍布長衫的故事（遺作）　曹聚仁
美國小事　林慰君
血淚當年話報壇（四）　張志韓
我的學藝生活　小翠花
薛覺先與馬師曾（續完）　呂大呂
馬場三十年（三十三）　老　吉
歌壇十二小金釵（上）　陳蝶衣
對春聯（對口相聲）　侯寶林
楊小樓空前絕後（續）　燕京散人
「江湖行」大功告成（銀色圈漫談）　馬行空
封　面：徐悲鴻畫日長如小年
封面內頁：徐悲鴻長鬚留影及其手蹟
巨幅插頁：傅抱石畫古梅圖（定齋藏）

第三十五期　一九七三年三月十五日出版

政海人物面面觀　梁啓超、宋子文、朱紹良、張厲生　馬五先生
越南之戰一筆清賬　萬念健
畫壇感舊、聯語偶錄（詩、對聯）　陳定山
南北議和見聞錄（遺作）　張競生
從王羲之蘭亭雅集談起　高伯雨
過年記趣　陶鵬飛
史量才死後的申報（望平街憶舊）　胡憨珠
楊小樓空前絕後（續完）　燕京散人
齊白石與李可染（畫苑春秋）　薛慧山
意象慘淡經營中　李可染
閒話題畫　劉太希
大人小語　上官大夫
一世之雄吳佩孚（來鴻去雁）　韋千里
血淚當年話報壇（五）　張志韓
三慶會與康芷林　周慕蓮
馬場三十年（三十四）　老　吉
薛覺先馬師曾兩大事　呂大呂
歌壇十二小金釵（續完）　陳蝶衣
火燒豆腐店（滑稽趣劇）　江笑笑
「冷面虎」扭轉形勢（銀色圈漫談）　馬行空
「抗戰時代」生活史（專載）　陳存仁
封　面：齊白石畫爭王圖
封面內頁：梁啓超致康有爲信札
巨幅插頁：李可染畫暮韻圖（定齋藏）

第三十六期　一九七三年四月十五日出版

陳公博垂死之言（附「八年來的回憶」全文）　朱子家
政海人物面面觀　陸榮廷、劉存厚、唐式遵、何浩若　馬五先生
新世說　陳定山
國父的異相　齊東野
大人小語　上官大夫
香港舊事錄　上海移民
史量才死後的申報（望平街憶舊）（續）　胡憨珠
也談徐悲鴻（畫苑春秋）　薛慧山
任伯年評傳（遺作）　徐悲鴻
鄧石如繼往開來　容天圻
南樓記困（新浮生六記之六）　大　方
蔡哲夫「名士風流」　高伯雨
血淚當年話報壇（六）　張志韓
梁祝哀史考證　陳蝶衣
「八大拿」的時代背景　周志輔
馬場三十年（三十五）　老　吉
雪艷琴與陸素娟　燕京散人
新「七十二家房客」　文：楊華生　圖：張樂平
「抗戰時代」生活史（專載）（二）　陳存仁
封　面：黃君璧畫山水
封面內頁：陳公博「八年來的回憶」手抄本一部分
精印插頁：鄧石如篆書冊（定齋藏）

第三十七期　一九七三年五月十五日出版

張大千談畢加索（美國通訊）　林慰君
政海人物面面觀　陳毅、張治中、何鍵　馬五先生
大人小語　上官大夫
商務印書館與中華書局　樊仲雲
張大千近人近事　周士心
思親篇　沈雲龍
馬君武、謝无量、馬一浮　林　熙
香港舊事錄　上海移民
血淚當年話報壇（七）　張志韓
藝文雅集圖記　葦　窗
新人物畫家黃冑（畫苑春秋）　薛慧山
琉璃廠和榮寶齋　鄧　拓
來鴻去雁　韋千里
史量才死後的申報（望平街回憶）（續）　胡憨珠
一代藝人小明星　呂大呂
馬場三十年（三十六）　老　吉
南樓記困（新浮生六記之六）（下）　大　方
川劇的譚梅　白　周
潘金蓮新塑像　陳蝶衣
我學戲的經過　白玉薇
「天下第一拳」打進歐美（銀色圈漫談）　馬行空
「抗戰時代」生活史（專載）（三）　陳存仁
封　面：馬壽華畫竹
封面內頁：張大千談畢加索函札
精印插頁：黃冑畫三驢圖、四驢圖、五驢圖（定齋藏）

第三十八期　一九七三年六月十五日出版

章士釗及其南游吟草　豐干饒
大人小語　上官大人
記前輩銀行家陳光甫　李北濤
李義山錦瑟詩新解　陳定山
政海人物面面觀　陳濟棠、王陵基、陳方、韓復榘　馬五先生
悼念張雪門先生　徐　訏
史量才死後的申報（望平街回憶）（續）　胡憨珠
香港舊事錄　上海移民
吳湖帆江深草閣圖（畫苑春秋）　薛慧山
徐鋆及其「辛丑日記」　沈雲龍
徐悲鴻、蔣碧薇、廖靜文　滄海客
「名人」林海峯家世　大　方
血淚當年話報壇（八）　張志韓
林清霓的山水畫　傅抱石
嚴獨鶴與周瘦鵑　陳蝶衣
國劇大師齊如山（遺作）　趙叔雍
芳艷芬成功史　呂大呂
丁濟萬逝世十週年　陳存仁
馬場三十年（續完）　老　吉
張徹自組「長弓」內幕（銀色圈漫談）　馬行空
封　面：齊白石贈徐悲鴻畫
封面內頁：章士釗贈孟小冬詩
精印插頁：吳湖帆畫江深草閣圖（定齋藏）

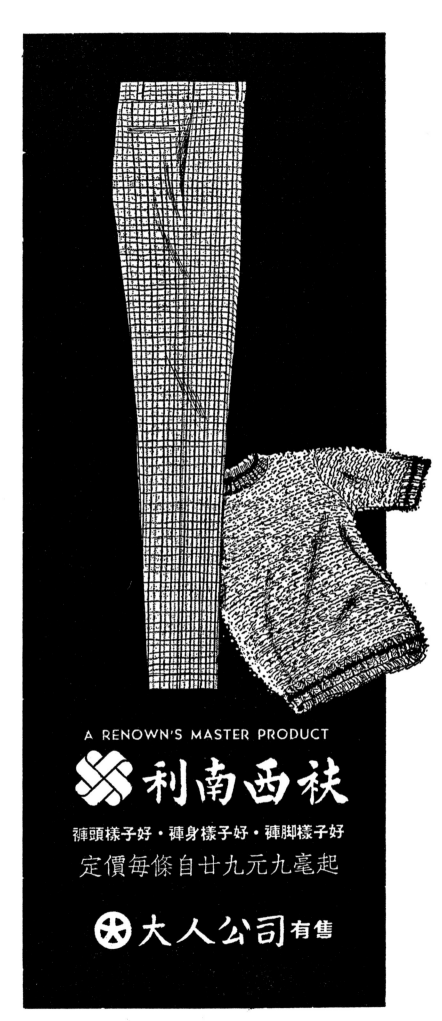

本刊已向香港政府登記

定價每冊港幣弍元

大人

吳湖帆—至乞今—書畫鑑定 P46

論天下大事
談古今人物

第四十二期

秋穫 吳驊寫生

吳湖帆撰書「明清畫家印鑑」序

書畫家印鑑集序

印鉥之用所以昭大信也自周秦兩漢以來封泥蠟銅郡施公私案牘迄至唐五季始于書画鈐用若唐褚河南摹稧帖用褚氏小印僧懷素以漢軍司馬印鈐得意書至兩宋金元漸成習尚逮及明清鮮不鈐記矣且世風日下作偽日盛惟于印章模仿縱工細勘必有毫謬以此審别甚有稗于鑒賞者也孔達博士歐德學者而孜孜于吾國藝文遠涉東來不止淹瀆余因齋偶　遐盦之介相見寒舍不嗤固陋時蒙下問蓋海外知契也一日走告于余曰欲博采明清以來書畫家印記彙編成帙使鑒賞者按覽指證就印記之是非判書畫之真贗庶免珷玞魚目之失汝能為助一臂乎余嘉其旨而疏懶無可為力因介王弟季遷以自代季遷英年力學通識博文從事畫學者幾二十年其事莫若季遷善遂定厥議時民國廿四年四月也月後二君朝夕勤奮暑寒無間不辭勞瘁奔走南北收藏之家廣搜約選釋考精評雖一印之微務求於必信而後已間有存疑處則并列之以俟識别凡閱三載得五百家印六千餘方而藏家名印亦預焉釐為初集草稿既成特携示余余嘅然歎二君致力之勤成功之美行見此篇之出如燃犀鑄鼎罔兩莫能遁形其有功于藝林豈淺鮮哉因疏其肇由俾告後之覽者云

中華民國二十八年六月初暑吳縣吳湖帆序于梅景書屋

請參閱本期王己千特稿：「吳湖帆先生與我」

北上與侍疾（遺作）……孫科 二
重游巴黎……李璜 四
錢新之外圓內方……李北濤 一〇
大人小語……上官大夫 一九
章士釗禍延三教授……尊聞 二〇
政海人物面面觀 許世英、徐樹錚、曾毓雋、林長民、梁鴻志……馬五先生 二三
關於慈禧太后……無聞老人 三一
在美國看中華國劇團（美國通訊）……龐冠青 三八
投老江湖學捉蛇……南宮搏 四一
吳湖帆先生與我……王己千 四六
四庫全書總編輯——紀曉嵐……林熙 五七
記七友畫會……劉太希 六六
賽金花故事編年……瑜壽 六八
史量才死後的申報（望平街憶舊）（續）……胡憨珠 七六
李萬春與李少春（續完）……燕京散人 八三
影城八年（下）……陳蝶衣 九一
李小龍案大結局（銀色圈漫談）……馬行空 九五
「抗戰時代」生活史（專載）……陳存仁 一〇一
封面：黃君璧畫秋穫圖　封面內頁：吳湖帆撰書明清畫家印鑑序
精印巨幅插頁：吳湖帆水墨畫江深草閣圖（定齋藏）

大人　每逢月之十五日出版

The Chancellor Publishing Company Ltd.

出版及發行者：大人出版社有限公司
督印人：王朝平
編輯者：大人雜誌編輯委員會
總編輯：沈葦窗
社址：九龍西洋菜街三號A 即彌敦道大人公司後面
電話：K八五五七三〇
印刷者：立信印刷公司 九龍新蒲崗伍芳街緯綸工廠大廈11樓
總經銷：吳興記書報社 香港租庇利街十一號二樓 電話：H四五〇五六一 H四五〇七六六
星馬代理：遠東文化事業有限公司 新加坡廈門街十九號 檳城沓田仔街一七一號
泰國代理：曼谷青年文化服務社 曼谷黃橋東北路五六六之七〇號
越南代理：聯興書報社 越南堤岸新行街二十二號
其他地區代理：
澳門：可大文具店　漢城：汎亞書籍公司
亞庇：利民公司　寮國：永珍圖書公司
千里達：中華公司　斗湖：光明書店
菲律賓：華安書局　菲律賓：玲瓏書局
倫敦：東寶公司　紐約：友聯圖書公司
芝加哥：杏林春　紐約：大方圖書公司
波士頓：中西公司　洛杉磯：永安堂
三藩市：新生圖書公司　檀香山：大元公司
三藩市：益智圖書公司　三藩市：文化商店
加拿大：香港商店　加拿大：新國華公司

北上與侍疾

孫科 遺作

民國十二年十月，曹錕賄選總統，國父隨即下令討伐。翌年秋，我辭去廣州市長職，持國父函，偕同陳劍如、謝无量，由上海經日本至韓國，到瀋陽，往見張作霖，商量討伐曹錕和吳佩孚。

從前聽說張作霖是土匪出身，以爲他粗魯驃悍；及見面之後，方知他長得非常清秀，個子不高，不像土匪一類的人物。那時他正忙於進攻山海關，由他的兒子張學良在前方指揮。

當時，我是住在旅館，張作霖每天早上派專車接我到他的辦公室共進早餐，吃的是小米稀飯，生活非常簡樸。飯後，照例由他的秘書長帶着一個秘書和各方的函電公文，向他報告，並請示意見。他聽完之後，逐一用口頭指示，由秘書紀錄辦理，一百多件公文，不到一小時就處理完畢，非常迅速。

當我和張作霖達成協議後，他的軍隊，不久即打通山海關，進抵天津，曹錕亦隨之下野。

先是 國父於十月間打了一個電報到奉天，說他即日北上，要我請譽虎（葉恭綽）、韶覺（鄭洪年）同到天津等候。十二月， 國父自日本坐船抵達天津，我去接他。黎元洪、章士釗等人，當時都在天津。有一次，黎元洪請我吃飯，問起先父從前在上海，每月開支若干？我不好意思講得太少，說大概總要一千多元。他大爲驚異，說：『一千多元怎麽夠用？我平均每一個月的花費，總在五萬元以上。』

先父到達天津時，因氣候嚴寒，加以旅途勞頓，漸感不支，發冷發熱，肝亦覺痛，延德醫診治，勸其勿過勞動。各界來賓進謁者，都由戴季陶、汪兆銘和我分別接見。十二月八日，病始稍痊。十八日，段祺瑞派代表葉恭綽、許世英到津請謁，先父於聞知段祺瑞以「外崇國信」爲由，主張尊重不平等條約，以換取外交代表團對臨時執政府的承認，甚爲氣憤，面斥葉、許曰：『我在外面要廢除那些不平等條約；你們在北京，偏偏想尊重不平等條約。這是什麽道理？你們要陞官發財，怕外國人，還歡迎我來做什麽？』從此肝病復發，脈搏驟增。

先父病勢日趨嚴重，以天津不適於調理，於三十一日移寓北京之北京飯店，經外醫數人會診，斷爲肝病，並由先父指定德醫克利主治，每日臨診一次。

一九一〇年本文作者隨侍 總理在檀香山合影

先父北上，原是於曹錕去位後，應段祺瑞、馮玉祥、張作霖等之請，期能召開國民會議及廢除不平等條約，果如此，則內可使政治趨於常軌，外可解除帝國主義者加於中國人民的束縛。乃段祺瑞私心自用，所作所爲，完全與先父及本黨所主張者相反，因使先父病情日益增加惡化。

到了翌年一月二十六日，經醫生施行手術，檢查肝臟，均已硬化，雖用鐳錠照射，亦已無效。二月某日，張靜江先生認爲西醫既無效果，主張改服中藥，經諸侍疾同志與我將此意稟於先父，他認爲住西醫院而暗服中藥，爲不誠不信之事，絕不可爲；如必服中藥，則須先遷出醫院。十八日，自協和醫院移居鐵獅子胡同行館，由中醫陸仲安診治，仍無進步。二十四日，醫生告以病已無好轉可能，諸侍疾同志遂推汪兆銘、宋子文、孔祥熙和我進入病房，先父亦自知病將不起，問我等有何意見，可直說，聲音微弱，兩眼時張時閉。此時我悲痛不已，已不忍言；由汪兆銘婉言請其給予全黨同志以教誨。先父聽畢，沉默良久，始鄭重言曰：『我的病如果能夠好轉，欲言正多。當先至温泉休養，好好思索一番，再向汝等言之；如果病竟不起，你們任意做去，我尚有何話說？』我等又再請。先父仍曰：『此時我如多說話，實多危險！我在之日，尚有無數敵人圍困你們，一旦我死，此輩將毫無顧忌，向你們進攻，必欲你們軟化屈從；你們如取强硬

國父病榻最後一影

圍繞者俱一時政要人物於總理身後者為本文作者孫科

（澳門讀者孫競志君贈刊）

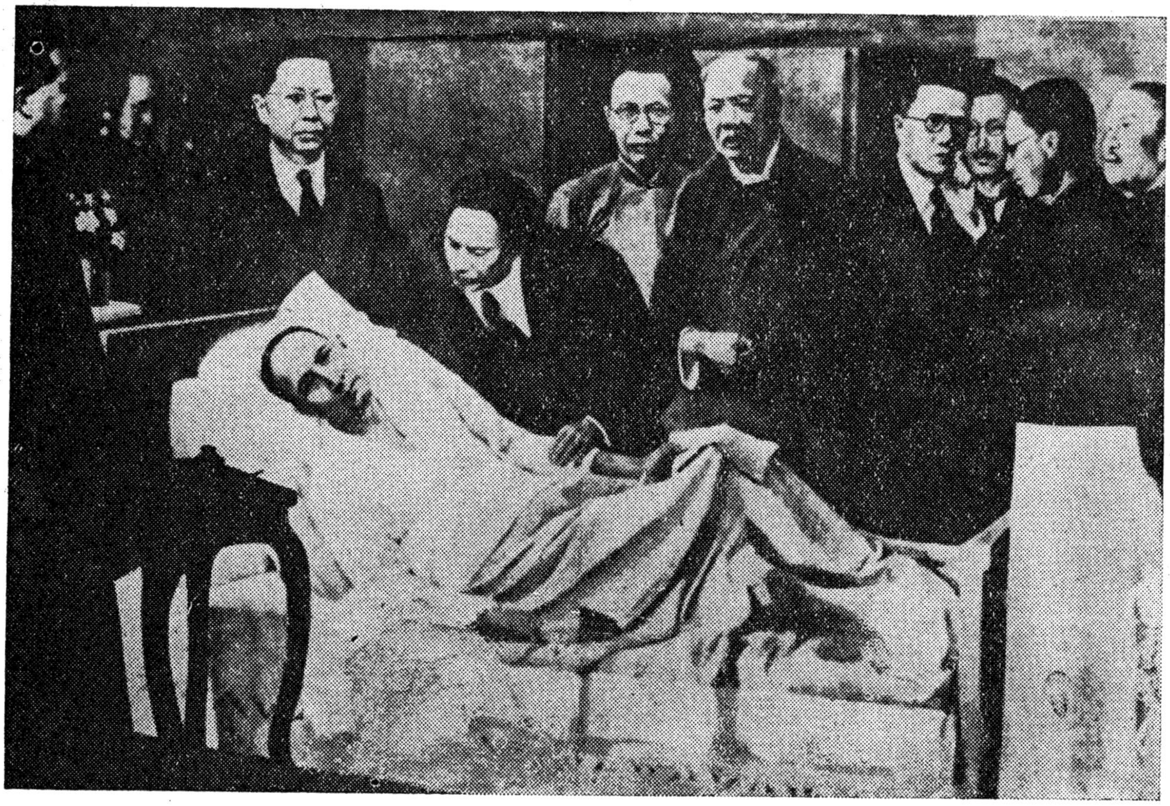

態度，危險甚大。我如不言，你們可以相機應付，其事反較易辦。』兆銘堅請，先父乃曰：『我已著書甚多，要說的話，大體皆盡於此。』兆銘復曰：『雖然先生著有建國大綱、建國方畧、三民主義及第一次全國代表大會宣言，全黨同志自當竭誠奉行，以完成先生之理想，惟尚望總括數語，以示我等。』先父曰：『然則要我說些甚麽呢？』兆銘答曰：『我們早已草一稿，想讀給先生聽，先生如同意，就請簽字；如不贊成，則請先生口示改正，我可筆記。』先父曰：『可！你且讀來我聽。』於是兆銘乃將預先寫就之遺囑稿逐字讀之。先父甚感滿意，這就是現在的「總理遺囑」。另備有家事遺囑一紙，讀罷，亦表滿意，惟尚未簽字。我等退出病房，即赴政治委員會報告，由在塲各委員一致簽字證明，暫歸兆銘保存，擬於先父危急時，再請簽字。

三月一日起，請留學日本之王綸醫師，每隔一日注射日本當時最新發明之治肺癰針劑一次。此時神志甚清明，體温亦正常，猶念念不忘東江討逆情形，同志們告以蔣校長已統率黃埔學生軍參加作戰，銳不可當，連戰皆捷，已與粵軍進向潮、汕。先父聞之，甚爲欣慰，諭速電令嘉獎。到十一日，一切藥物皆告失效，午正，遍召同志及家屬至床前，告曰：『現在要分別你們了，拿前幾日所預備的那兩張字來，讓我簽字。』兆銘即奉上遺囑稿及墨水筆，由先父逐一簽名，並經張人傑、吳敬恒、汪兆銘、宋子文、孔祥熙、邵元冲、戴傳賢、鄒魯、陳友仁、何香凝及我和我的妹婿戴恩賽等十餘人署名爲證明人，汪兆銘爲筆記者。

稍後，並以極安靜之態度，諭各同志曰：『我此次北上，爲謀和平統一。所主張之方法，即開國民會議，實行三民主義與五權憲法，建設新國家。今因病苦，不能痊癒，生死原非所計。惟數十年致力國民革命，所抱定之主義，尚未完全實現，不無遺憾！希望各位同志努力奮鬥，早日召開國民會議，達到實行三民主義和五權憲法的目的，則我在九泉之下，可以瞑目矣。』語畢，覺精神甚疲倦，呼吸益困難，仍斷斷續續呼出：『和平、奮鬥、救中國』數語，延至翌晨九時三十分，遂與世長辭矣。時爲民國十四年三月十二日，享壽六十歲。

先是，段祺瑞執政府內務部議決治喪辦法，決用國葬，全國各機關下半旗三日誌哀，駐北京使節團亦下半旗相弔，民衆更如喪考妣，哀慟逾恒。後來，本黨中央執行委員會在京委員含淚開會，僉主葬儀用國民禮制，以示平等，拒絕臨時執政的國葬令；同時遵照遺命，遺體用科學方法防腐保存，以南京紫金山爲安葬地。十五日舉行大殮，十九日移靈中央公園社稷壇，沿途民衆護靈致哀者，約十二萬人。二十四日發喪致祭，先後前往者達數十萬人。四月二日，安厝於北京西山碧雲寺，送殯者達三十萬人。

重游巴黎

李璜

作者在青年黨誕生地玫瑰泉村共和街頭攝

這次以偶然的機會重履西歐，七月十四日晚自香港動身飛巴黎時，大人雜誌總編輯沈葦窗兄到機場送行，特約要寫一篇游記。我笑道：「重游的種種感想，或者能寫出一些。至於要記，便恐怕記不清楚了。像我這樣年紀的人，對幾十年前的經歷，有時記得相當明白，好像存在抽屜裏的擋案一樣；對昨天前月的事反而容易忘掉。如果歸來要寫時，也只是若干的觀感而已。」但是，此行同赴巴黎參加國際東方學學者會議的旅伴却多素識；其中好幾位少壯派教授講師大都喜歡攝影，肩頭揹上一個像機，不辭麻煩的見景即照；而尤以港大講師林天蔚兄的游興特濃，影術特佳，此行所經過的名都大邑，又每與我一道；他所獵得的鏡頭甚多，對我腦海中的比較觀感，憑他的畫面攝作，把今與昔印證出來不少。因此我這篇游記，乃是要靠幾張畫面來說明心影的。

談到心影，要抒寫出來，主觀與客觀併發，用散文便大費筆墨，有時不如用詩句來得簡潔而深透。因之，我此次舊地重游時，對於人與地變遷的觀感，總臨時哼上兩句，夜裏記了下來，不管好與不好，留下草稿，以待修改。這好像畫家有時對景寫生匆匆勾出幾筆素描一樣。不過我捉捕靈感的才調，是有限得很的；只是一向覺得寫一首小詩，或甚至得到五七言一句，便可以簡去一兩百字的白話叙述。且在旅游之中，每晚疲極，就枕前，便將或者也只能把白日所偶吟的一兩首小詩寫在日記本上，以代記事。不過，詩思所之，不是「老去詩篇渾漫興」，不是對春花秋月的閒愁清歡，而是五十年後所有令威重來那樣的人事滄桑之感。

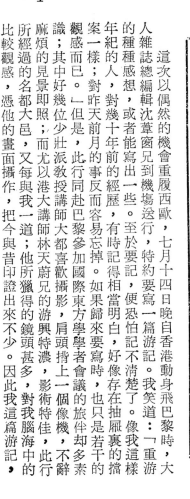

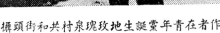

五十年，在一個人一生來說，不算是一個短時間，但一翻開我的「學鈍室回憶錄」一看，這只就我一九二四年七月二十日晚八時上火車離開巴黎而言，至今次一九七三年七月十五日正午重到巴黎，算來恰恰半個世紀。要從我一九一九年二月初到巴黎算起，則已五十五年了！至於倫敦，則到巴黎後，旋於三月底，以凡爾賽和會中國代表團記者名義，同着大夥中外記者們去游過倫敦兩天。一九二二年暑假，偕曾慕韓、陳登恪、魏時珍諸兄去游德國各名城，中間在柏林住了一個月。一九二三年暑假，去參加外國留學生的法南夏令營，又偕羅沅叔兄自克洛柏爾（Grenoble）就近赴日內瓦一游。——這囘重到這些地方，便都已不止五十年了啊！並且我生平所交的朋友，無論同學同志，甚至曾與共生死患難的，一半都是在法、英、德這三幾國少年時相遇合的：何處訂交，何地談學，何時共飲，何廳開會以至打鬧，至今歷歷，猶在心目，而屈指故交零落，所餘已無幾人。今日復訪這些場所，有的面目全非，有的風景宛然，但大半故處多已改觀，不復認識；訊之路頭老人，也不能答。這眞所謂向之所欣，俯仰之間，已爲陳迹；撫今追昔，能無慨然！（編者按：李璜先生著的「學鈍室囘憶錄」上卷已經出版，香港軒尼詩道修頓球場側南天書業公司代售，其中可見著者五十年前的游踪。）

巴　黎

其實，游人對於巴黎、倫敦、柏林這類「自古帝王都」的名城，去欣賞時，大都抱有一種懷舊的心情。這種懷舊，雖不是也如我個人親身經歷之舊，然而對於此等古都中人自己所矜誇的歷代名勝建設，大半會發出一種思古之幽情的。譬如巴黎，號稱花都，而法國人爲游客所寫的導游冊子，其中所介紹者，並非繁花，而是「喬木」。那種人手一冊的「巴黎十日游」（10 Promenades de Paris），每一日所寫示的都是古代名勝，我茲摘要指出所知如下：第一日遊程，這是從耶穌紀元前五十年說起，初步展

夕陽下之塞㑹河水

示塞㑹河水分而復合的中流所造成之沙洲，所謂「城中之島」，上面便開始了呂特西亞（Lutetia）這一高盧人對巴黎之稱，這是小巴黎（Parisii），亦即今日巴黎城之心臟，有名的中古建築「巴黎聖母院」即在其中。羅馬人開化了高盧族，在巴黎所留下「哥底克」式的建築不少，這類廟堂。法國人至今加意保護之，修葺不絕。直至查理曼大帝開基（西紀八百年），巴黎建設日益擴大於塞㑹河左右兩岸，而有名的巴黎大學初基「索爾朋」建築（一二一五始建，初爲神學院，後爲巴黎大學的文理兩院所在地），即在靠近「聖母院」之河右岸，中間以聖米舍大道（Blvd St Michel）通之。這是我四五年中曾經朝夕出入及散步之區；而索爾朋至今仍在上課，墻石大洞小眼，古色斑然，屋頂則隨時在修理中。且此地區一般稱之爲「拉丁區」，以表示巴黎古文化的淵源所在。右岸固應一觀巴黎大學，左岸則星一上午始准參觀的市政府（Hotel de Ville），是爲文藝復興時代之法國建築藝術的偉大表現；惜在一八七一年，其門面燬於人民公社革命之進攻，但事後加意培修，將法國名人之大理石雕像安置於門面四周柱上，而內藏現代繪畫雕刻精品不少。——這第一日遊，將法國的文化已指示出一個概畧，有令人目擊不暇之勢。

第二日程，則爲世界有名偉大博物館之一：羅浮宮。這要從一四三五年的哥底克式教堂說起，一六六七年，所建宮門環柱及其雕像，至今在美術史中佔了一頁。此外一六三四年之「鐘殿」，開始了路易十四之擴建宏規，而一直至一六六〇年，此一佔地十九萬八千平方米之昔爲富麗皇宮，今爲偉大博物館之規模大備。拿破崙再在宮外加上嘉露舍爾凱旋門（Arc de Triomphe du Carrsusel），亦無非踵事增華而已。以一整日來遊羅浮宮，要遍歷其所收藏的各館，絕不可能；即使去單看繪畫，只從文藝復興三大師的傑作看起，直至近代名家作品，必也感跑馬觀花。因之五十年前，我們讀書時代，週日偕徐悲鴻、蔣碧薇、陳洪及家姊李琦等來遊羅浮宮，每次只流連於兩三室之間，手拿說明書，細細欣賞；偶爾悲鴻來臨畫時，則大家囊裹麪包水果，盡日周旋於一室之中。

以上因其導遊冊中所指示，畧將兩日程中之必要去處說說。此外則第三日程所特別介紹之巴黎鐵塔，是爲今日代表巴黎之標記；第四日程之凱旋門與香榭里舍大道，則法國總統府（建於一七一八）與各國使館在此大道之右；其左則「大宮」、「小宮」及各種專門收藏之博物館不少，一律金碧輝皇，眩眼生光（如「大宮」專藏埃及古物，而此次中華之「文物展覽」則在「小宮」之中）。第五日程，則爲巴黎國家歌劇院與國家圖書館，均值得一觀。第六日程之導遊冊上始介紹及於巴黎之繁華區，紙迷金醉之塲，這是爲外國濶客所必到，而享受則窮漢不預焉：花都之花，或者在此，是爲蒙馬爾特(Montmartre)。第七日程，其可指點者爲巴黎之中央市塲(Les Halles Centrales)十二廣廳，佔地一萬一千平方米突，自一一〇八起，即已爲巴黎食物集散市塲，故名小說家左拉稱之爲「巴黎之肚皮」。第八日程，爲我們研究西史所宜一遊覽參觀之地，是爲法國國家收藏歷代檔案之宮（Palais des Archives nationales建於一七〇四年）與法國大革命紀念之地巴斯底廣塲（Place de la Bastille）。第九日程與第十日程，則除國葬院（Pantheon）與拿破崙墓爲遊客所樂往外，其它有學術教育意義者爲植物園、動物園，舊爲生物系大學生實習檢討之所；而盧森堡公園則以甚多仿古希臘雕刻著稱。三園皆佔地甚廣，林木蓊然，而盧森堡公園尤爲我五十年前讀書於索爾朋時，每晨必到散步之地。——這十日遊程只在

巴黎聖母院教堂（美術史上世界名建築之一）

巴黎城內，而城外之布洛尼林園（Bois de Boulogue）與凡爾賽宮尚不在此遊程之內。

在這本導遊小冊十日程所介紹的古蹟名勝不下百數十處，而我能以數百字指出其中最值得遊覽之十五六處，這是五十年前，居留巴黎四五年中的經驗之談，曾以之告於同遊諸友，故也不妨寫在這裏，爲有歷史癖者或藝術觀摩者作一個遊歷參考。不管這些文物建造是「勞動人民的成績」也罷，是「封建帝王的驕奢」也罷，總之，要研究一國的文明創造及其演變，其實物證據就在這些東西上面。這也便是文化。文化當然是由「勞動」得來，但似乎也少不了「驕奢」二字。不然，人類至今一律茅茨土階，那又何待遊觀！

不過我這次重到巴黎，一則因參加大會與搜求史料費去時間太多，二則老了脚力不行；除了以半日追陪同遊，在羅浮宮畫廊走走，以一整日遊過凡爾賽宮而外，其餘向晚斜陽時候，多在塞侖河畔散步，或與新知舊雨在街邊咖啡茶座談天（巴黎的夏天特長，晚九時始黑，而晨五時即天亮，眞是「日長如小年」）。在這種巴黎特有的街邊茶座（今次在西柏林鬧市中亦見此街邊茶座），一過下午五時後，總是客滿，尤其是自巴黎大學出來，聖米舍與聖日曼兩大道之街頭屋簷下，坐無虛席。這足以表示遊客衆多，而且生活繁榮，一片鬧熱景象。不過，人雖多，而氣氛與秩序，則比香港大爲良好；因之我每當下午坐在街邊，總想起我們日常所居這一「東方之珠」的香港，要爭取遊客，在「行」之一字，大有改進之必要！否則人口日增，而又要招攬遊客，乃數年來，日益加深「行不得也麽哥」之嘆，又豈能苟安下去！

巴黎城人口統計爲九百餘萬人。大道並未延展，然並不嫌擁擠。我此次重游，第一使我感到，像香港這種昔日也有的電車絕跡了，這種落伍的都市交通工具，到處都在受淘汰，並無足奇；而第二，的士與巴士也不多，等候起來，相當費工夫。街頭的小汽車雖不少，但都走得很慢，在鬧市紅綠燈起碼一分鐘一換，而且巴黎城中我至今尚未見到所謂的高架自由路（Free Way），或者巴黎人認爲這種高與屋齊的車路爲大煞風景，故依然一律平坦大道。我初到，同游都要我這個老先生坐的士往返開會場所，以免辛苦。我也在香港習慣了，故聽勸照辦兩天，立刻感到的士牛步，且車費甚貴，一坐就是十個佛郎！兩三天之後，我見同游者皆人手一張地道車的路線表，會一開畢出巴大之門，都向聖米舍大道的地道車站鑽了入去，剩我一人還在老等的士。我一想，不對勁，這樣會把我這個老巴黎形容「瘟」了！我也去要一張地道車的路線表，一看，巴黎的地道車比五十年前進步多了，不但路線增多而密佈城中街底，而且有好幾路直達城外郊區至二三十米之遙。花一個多佛郎，就可以橫行全城地下，其速度比街車要快數倍，誰還願意坐的士巴士，除非坐觀光車，由那種涵養甚深而毫不衝動的司機駕駛着，隨時在車讓行人。

巴黎市政府（美術史上世界名建築之二）

我與朋友坐在街邊茶座，並且想着，像這樣要一大樽啤酒或一小杯咖啡，大家起碼坐上一個鐘頭，每日下午，習以爲常。如果是在香港或九龍鬧市中，那樣的汽車飛馳，一輛接着一輛，大放廢氣，連發噪音，在街緣邊上又如何坐得住！因之我們自香港前往巴黎的同人，每被朋友約在大街或小巷兩頭屋簷下照例所必有的咖啡茶座談天——談學問或談家常，我想立刻必都感到港九有迅速建設地道車之必要，地道車的幹線支線一經密佈路底，則街中自然清爽，車禍問題也自然解決。且我此次重來巴黎，發現一個新的現象：無論任何旅館商店登廣告，或者請酒會發帖子，通知上都有「地道車某站出口向某街」字樣，則足見地道車之行時，爲大都市所不可少。——以我此次重游的經驗，地道車以巴黎的線路組織最爲清楚，中途轉線，不易弄錯。大抵每二三分鐘一班車，每班八列車廂足容七八百人，上工下工時間則裝上千人，並不大擠。試想，像這樣的疏散量，又豈電車巴士所能望其萬一！倫敦則地道車路鑿入甚深，層層相疊，進入後上下每用自動電梯，不大費脚力（我認爲倫敦市民禁受得起納粹的V2轟炸，其深入地底的這種隧道幫了大忙）。至於西柏林，則寬敞而潔淨，通風設備特佳，地道車中，比較不熱，甚爲舒適。

巴大索爾朋大門外及孔德彫像下之本文作者

且說重到巴黎，最初三日，會畢總是同着新知舊雨去街邊飲茶，範圍不出拉丁區；茶罷飯前，向晚七八點鐘時，我總要向塞侖河邊去去，獨自散步一回，或至盧森堡公園中坐坐。

這是我二十四至二十九歲的六年歲月中，有四年的大好時光在這個大學區中渡過，在此讀書，在此交游，在此結盟救國，在此為若干中共黨人指示法文語句，及與之共同開會以至打鬪。空桑三宿，尚且留情，何況在豪情正旺，結客少年塲的時候。因之我對於塞侖河的聖米舍岸邊一帶，特別是幾條橋，最為懷念，而尤以「新橋」正在河水分而復滙處，清澈照人，倍足流連，因之此游日記上初寫有兩絕句道：

新橋小立

塞侖河靜夕陽閒，重到新橋鬢影斑，憶往傷今無限恨，依然萬里念家山。

盧森堡公園獨坐

園林最喜盧森堡，一樹一碑認舊痕，幾輩咿啞茲學語，於今詩口整乾坤。

但我這回所寓之旅舍，則不在拉丁區，而在凱旋門側近，香榭里舍大道之右一所古老的大旅館中。這裏是巴黎今日旅游的繁華中心。大會所委託的旅行社，把年老一點的教授學者們大都安置在這類旅館，或者認為比較舒適一些。其實這類旅館，排塲雖然不錯，照呼週到。然而其四層樓建築形式，房間的落地窗上還用半圓形玻蓋作頂，這已是「第二帝國」的建築風格（Style du Second Empire 1852—1876），揣其建期，當比我的歲數還老。房間之大而無當，有點像昔日尖沙咀的半島酒店，現代設備都是後來加上，與古董桌椅並不配合；壁紙地毯雖也鋪得甚為修整，然而其浴室內之浴缸長而且深，抽水便桶之高而且窄，都已是五十年前的 Modern Comforts 了！我第一夜睡在床上，仰視一丈五六尺高的天花板，我隨即想到巴黎人在衣着與居住上有一個今古特異的心情矛盾：巴黎的衣着服裝，逐時翻新，尤其是女子時裝，領導世界在天天變樣子，花式層出不窮，技術眩新不已。然而巴黎人的居住，則珍惜古式，至今全城之內甚少美國式那種鋼架玻裝的高每三五十層的樓宇（除了新修的少數校舍與辦公室），所以巴黎鐵塔至今仍代表巴黎之「高」，其實今日已比昔日增高了三十米突，而塔高也只三百二十米突，約合一千零五十六英呎，紐約帝國大厦還高它二百英呎。我一下飛機，因為要伴一位同行去郊外覓預訂的住所，坐的士通過全城，看見巴黎一色古屋，依然故我，眞所謂「城郭猶是」；但似乎比五十年前我所見的要洗刷得漂亮了一點。而僻街用長方石塊嵌成的羅馬式道路，仍舊保留不少，凸凹不平，頗不適於汽車行駛。法蘭西學院與國家圖書館中那兩部看得見外面的鐵籠式吊上吊下的電梯，仍舊與五十年前一樣慢得比人爬樓梯還會先到；我進入時，不覺有「別來無恙」之感。

本文作者在玫瑰泉村小池畔

法國人之所以不欲使老巴黎改觀，一律古色古香，且城中至今看不見工廠煙卣，我在前面分析巴黎導游冊子所載，已足見到其所誇耀於游客者，乃是其歷史遺蹟及其藝術價值，不願以實用主義而破壞其好古愛美之精神生活。世界上有相當文化修養的民族，大都有此癖好，我們要去游歷且能欣賞西歐名都，亦因我們中國人是對古文化的繫戀有其自己歷史素養的原故。並且別國的文明建造散見於全國各地，而巴黎的則幾乎代表全法國一部二千多年的歷史往蹟，所以法國人對於「故家喬木」，處處愛惜；巴黎城分二十個區，而每區都必顯示出若干古蹟名勝，希望游人去注意它們。如果去到處插入美國式那種方形壁立大厦，則情調立刻改觀，大煞風景！譬如我們在香港中環木球場畔所見之高等法院古式建築，被擠在四面壁立之大厦中間，它是多麽可憐啊！

然而巴黎在一三二八年的人口統計，只有十萬左右，而今則已上九百萬人，這些永遠是四五層高的古屋，而且到處廣場園地，濶街高樹，供人游憩，又如何安頓得下這樣日益集中都市的人口！因此巴黎民居老早便向四郊在擴張中。五十年前，我也曾在巴黎近郊的衛星小城住過幾時，那時以電車往來入城上課，則相當耗廢時間。但而今大半皆是有地道車從城內直達近郊小城（地道車一出城，每變成地上火車；或者有大巴士聯運，從城門口出地道車站，即上巴士，而身上所購存的地道車票也可以用之於巴士），時間既省却不少，而且方便得多，因爲昔日我候電車出入郊區，電車所載人既不多，而是要擺長龍等待的。

這回我兩次進出巴黎：第一次，開完大會即飛往倫敦、柏林、日內瓦；游後，再飛回巴黎住了兩日，然後飛返香港。第一次臨離去巴黎之前夕，我偕林天蔚兄曾去西南郊作凡爾賽宮一日之游。這個游巴黎所必往的一大名勝，距城已有二十三個公里之遙。昔日前往，出城即見一片蓊葱，間有別墅庭園，而今日已是連緜不斷的街市，大厦都較城內爲高，這足見近郊繁盛之一斑。

凡爾塞別殿又稱玫瑰宮作者與林天蔚講師（右）合影

凡爾賽宮一日游

凡爾賽宮，游人向多。七月二十四日偕林天蔚兄晨往，九時宮前已集衆百餘。導觀者驅客入鏡殿長廊中，各以英法語述說建宮史畧，並特及於一九一九年德國戰敗在此殿中受降故事。畢，復分批導入路易十六帝后起居之所，指點名畫香奩，而雜遝喧囂，殊煞觀賞興趣。回首窗外，則雨後湖光草色，綠上樓台。因約天蔚退出排殿，漫游於長林茂草間，循林蔭大道，十餘里至瑪麗皇后之別宮特麗雅隆(Trianon)，幽居以粉紅色大理石爲階柱，遍種玫瑰，且山環水繞，想見昔年音歌雅集之盛況。游人至此已稀，予兩人流連至夕陽西下始歸。

湖光草色上簾櫳，人語喧闐鏡殿中，豔跡半餘傾國恨，降書徒逞會盟雄。香車寶馬林陰道，新韻幽絃水閣風，一例繁華難久駐，不須惆悵上陽宮。

（見兩三少女乘馬車而過，彷彿貴婦當年，游人嘖嘖嘆賞之。）

不過近郊之游，第二次復入巴黎，還有一個特別的去處，不能不於此一談。我二次復入巴黎，本來因爲要坐法航的七四七珍寶機飛返香港，非在巴黎搭乘不可。而且我也爲要了兩樁心願：第一、我是要再住兩天巴黎拉丁區的學生旅館，約畧重温舊夢。因之我不復去凱旋門大旅館，而在塞侖河畔索爾朋附近一家「老巴黎客店」(Hotel du Vieux Paris)住下。這種學生旅館的房間，大都十呎乘八呎大小，我在五十年前長住時，只要兩百佛郎一個月的租金，平均六七佛郎一天，而今日則要二十五佛郎住一天了，漲了四倍以上。不過這種學生客店，當年房內無自來水面盆設備，而今則都已安上一個，以免到房外廁所去取水，比較方便一些。且粉飾較前漂亮，以便招待短期游客；而店主人也會講上一兩句英語，應對相當周到。但樓梯之窄，盤旋而上，仍不能容兩人對闖上下，則如故也。

第二個心願，則我要去巴黎西郊之玫瑰泉村(Fontenay aux Roses)，訪問一下這個五十年前中國青年黨結盟建黨之地。這個半世紀前只有兩萬人聚居之鄉城，中國青年黨人因先聲週報在此寫印發行，數十同志先後寓居於是，我們黨史上都習稱之爲村，以其地僻而居人不多。不意今日已成爲三五十萬人之塞侖河上游有名城市。再度進入巴黎之夜，我即詢之店主人，說我五十年前曾小住該地，今日交通，是以如何去法爲便。店主人告我：「玫瑰泉城今日已大大有名，人口增加甚多，房屋大多改造，恐怕你先生前去，已認不出來！因爲好多年前，就設有高等女子師範學院，在其上半城；近年又在其下半城設有原子能研究中心，不但面目一新，而且比從前之城要大數倍。至於去法，則交通地道車可以從巴黎城中直達，如果要看風景，出城改乘長途巴士亦便。」

我照着店主人指示，乘地道車出城，向長途巴士司機說，我是去玫瑰泉城的。他答我，該城有八個站口應停車的，究竟到那個站口叫你下車呢？我只好說，到該城市政府罷。因爲我知道這是一個城中心所在地。車行不及半小時，即到玫瑰泉城的市政府前方塲左側下車。方塲我還認得，但比當年修整多了！塲中豎起一個兩次大戰該城青年殉國的紀念碑，碑的正對面，便是粉飾一新的市政府，右側郵局還依樣未改，而左側的菜市塲則遠移了，移在左邊新修的橫街上，已是甚爲齊整的食物市塲。而橫街右指，正對一所老房子，門榜有「文化中心」字樣，這是小城從前的圖書館，舊屋依然，我曾進入。「文化中心」門前不遠，有一個小池子，彷彿當年的玫瑰泉所在，但池已無水，而噴水處換上一個四不像的現代雕刻。池後則大厦林立，高柳垂蔭，都是新修。我走入後，東一排，西一排，全是高及十層的美式大厦，中有草地花壇，玫瑰盛開，令我好似進入美國的新式校園一樣。

玫瑰泉村新貌

我循着四面壁立的大厦，打了一個圈子，遠見另一廣塲，還是有大厦壁立，都是我五十年前所未見過；愈走愈胡塗，我只得轉囘市政府前方塲，向路旁一位白髮盈頭的老婦打聽方向。她說：「先生是五十年前來過，當然連方向都分不清了。就是我遷來三十年，看見這個城天天在變。老舊房子大半拆去，新的大厦不斷建起；馬路已擴大且多改道；連我與初來相比較，已經記不起從前的老樣子了！不過下半城還留下不少老街舊宅，你到下半城去走走，或者可以尋出你的記憶來。」

我照老婦所指示（又曾進入一小咖啡館，藉飲啤酒時，求櫃上老翁指示過），向市政府背後的下坡一條巷道走去；果然這裏還有石鋪窄街與兩層高的店家不少，連走兩條小街，訊問昔年同人所居各地，皆無人知。只有問着共和大道（Boulevard de la Republique），這是一九二三年十二月二日我們建黨開大會的共和廳咖啡館的所在地。——亦即曾慕韓兄手訂年譜中所云，「……中國青年黨於是年十二月二日成立於玫瑰城共和街」是也。此街今日猶存，是一斜坡路，路旁梧桐依舊茂密，走起來，甚爲順脚；但走不遠，路便截斷，正在拆除截斷處之老屋。但我感到路旁掛起路招之殘柱後，似即共和廳咖啡館所遺留之地。走了一個上午，毫無所得，只得悵然歸去。

巴黎羅浮宮前查里曼大帝彫像前之本文作者

重訪玫瑰泉村

噴水泉枯花尚發，共和廳圮路猶便，故居訊問無人識，真個滄桑五十年！

（一）

錢新之外圓內方

李北濤

銀行界而具有政治才者，吳達詮（鼎昌）而外，當推錢新之先生。二公同是日本留學生，同在銀行界共事，其所合作之四行聯合準備庫及儲蓄會，（四行爲鹽業、中南、金城、大陸四銀行）成績優異，開聯營之創舉，在當日實爲南北商業銀行之重點。而吳氏先商後政（先爲鹽業銀行總經理，後入政途，爲貴州省主席），錢氏則先政後商（先爲財政部次長，後爲各銀行董事長總經理）。錢處事接物，和易近人，不若吳之嚴肅鋒厲，人不敢近。錢思慮周密，詞令圓到，善能排難解紛，每爲人所悅服。往往有佳客三五，面紅耳赤，盛氣而來，入其辦公室，高聲爭辯，叫囂良久，已而寂然，旋見錢含笑送客，各人和顏悅色，談笑而去。錢交游極廣，多方面具有人緣，綜其極盛時期，一身兼職，有三四十處之多，不外爲各銀行及工商團體之董事會、常董、總經理等，但並不空担虛名，重要事項，絕不馬虎，總能按步就班，措置裕如。但亦並非無個性之人，主觀甚强，責任心尤重，遇事並不輕易苟同，立定主張，不易改變，我嘗稱其爲人外圓內方，友好無不認爲允當。

一、早年求學遇恩師王培孫

錢新之先生名永銘，浙江吳興人，早年居滬，就讀於王氏育材書塾，此塾爲宿儒王培孫先生所辦，王氏毀家興學，五十年盡瘁于斯，錢在塾攻讀，中英文俱有根底，皆受王氏之薰陶。後來此塾改爲南洋中學，錢曾加以力助，促其成立。王培孫先生於抗戰時故世，其遺作有「餞注蒼雪大師詩集」，錢復代爲印行傳世。南洋中學爲上海有名之中學，人才輩出，多爲黨國名流，此堪與當時負有盛名之長沙明德中學媲美。明德爲湖南老名士胡元倓先生（字子靖）所辦，校中經費初係譚延闓所出，西南軍政要人，多半出于其門。有一年胡老先生自湘抵滬，爲印書及向其濶弟子們募捐而來，愚嘗見及其人，一口湖南話，精神矍爍，只處校務，不及其他，老輩辦事之持力堅定，志一神凝，眞可佩也。

二、馬相伯氏精通各國方言

新之先生中學畢業後，即加入社會工作，從時賢馬相伯（單名良）先生創辦滬學會，公開演講提倡新學。馬相伯先生吾童時曾及見之，其軼事值得在此一提。相老爲吾邑鎭江人，其弟眉叔先生，在曾文正公幕中，以知外交出名，著有「馬氏文通」一書行世。相老久居歐西，在天主教會中，地位高。來滬創辦震旦書院，教育後學，有一年，報載華工在美國遭受虐待，清廷不加注意，馬老先生在上海總商會演說反美，與總商會會長粵人馮少山等，聯名電致清政府及駐美使館，促其抗爭，各報附和，抵制美貨，新舞台戲院排出新戲「黑奴籲天錄」，由夏月珊、夏月潤、馮子和、毛韻珂等主演，一時反美空氣，如火如荼，果然生效，而馬相伯遂成爲國際知名人士。日俄戰後，余弱冠隨鄉人赴東留學，忽馬老先生翩然來日，鎭江留學生同鄉，在上野「精養軒」西菜館，設宴歡迎。此菜館在當日，爲東京最高尚之店，至今仍在上野原處，惟規模大不相同。馬相老着中裝棉袍，上罩黑布方袖馬褂，惟腦後無髮辮（清代一般人均有長辮，）年紀約在六七十歲，一見似爲一鄉下土老兒，而口音半滬半鎭，亦莊亦諧，大家說鎭江話，談笑風生，闔座食客，羣爲注目。鄰座有西婦，以法語點菜，僕歐不懂，吶吶不休，馬相老掉頭向西婦一點頭，用英話代爲譯告僕歐，西婦大喜，乃與相老寒暄，互以法語相談，旁有二西婦亦來向相老攀談，惟後說意大利語，相老亦以意大利語應之。一時滿座賓客，不覺愕然，何以此一中國土老兒能操幾國方言。後來馬相老告我等云：彼在羅馬，拉丁語嫻熟，故歐州拉丁語系國家之方言，易於通曉。迨抗戰時，相老高壽百齡，曾避居廣西某地，不久逝世。其每日早點懂係以蘋果泡在熱牛奶中同食，或者有利於消化耳。震旦書院後因師生不和，一部份學生退學，改創復旦公學，錢新之因馬相老而與法國人多相識，後來被推爲中法銀行董事、駐法公使，及復旦公學校長等，皆發源於此。

三、蘊齋弘一同赴日本留學

錢新之先生赴日留學，係與李叔同、吳蘊齋同行，三人同船同一旅館。李叔同富於文學氣息，性孤獨，有潔癖，吳蘊齋遇事隨便馬虎，二人時有爭執，每由錢新之拉開。李旋入東京美術專門學校，錢、吳入早稻田大學。錢後來考得清廷官費，改入神戶高等商業學校。畢業返滬，三人仍常會晤。李叔同改名息霜，文藝詩畫，傳誦一時，暇則走馬章台，厮磨金粉，後赴杭州師範學校教書，不久，忽聞其已落髮爲僧，法名弘一，戒律謹嚴，竟成爲一代高僧。吳蘊齋頗爲之感動，屢次訪晤，後亦信佛。錢氏對於宗教素無信仰，既未因馬相老而信天主，亦未因李息霜而信佛教。

四、南京當教授上海辦銀行

錢新之吳蘊齋二公後來聯袂赴寧，在復成橋高等商業學校做教員。同事中有周作民、談丹崖亦是日本留學生。校中師資賢良，造就人才不少。舉所知者，有該校出身之湯筱齋（後爲交通銀行副總經理），章叔淳（中南銀行南京香港各行經理，現仍居港），浦心雅（無錫人，抗戰勝利後任上海市財政局長），李鍾楚（戰後天津交通銀行經理），趙漢生（戰時在重慶，任上海銀行總經理）等。

已而清廷舉行留學生考試，錢氏遂偕各人赴京應考，分發各部門行走。民國成立，銀行勃興，周作民入交通銀行當總稽核，談丹崖爲南京中國銀行經理，錢新之亦任上海交通銀行副理，二年之後，升充經理。

中交兩行之總管理處在北京，以前曾因政治關係，而有過鈔票擠兌風潮，上海分行自受影響。錢新之在滬交行經副理任內，前後六七年，承以往疲敝之餘，施展才智，努力整頓，遂得信譽重恢，業務大振。三馬路外灘德華銀行大厦行將標售，錢迅速決議，一夕得之，交通銀行遂有輪奐之行屋，而躋於外灘銀行之列。銀行同業之中，如中國銀行宋漢章、上海銀行陳光甫、浙江實業銀行葉揆初、浙江興業銀行李馥蓀、金城銀行吳蘊齋等，皆屬志同道合，聲應氣求。錢氏發起組織銀行同業公會，各銀行發行證券，自建會址，衆議贊同，錢遂被推爲銀行公會會長。至工商界中，如航業界三北公司虞洽卿、申新紗廠榮宗敬、溥益紗廠徐靜仁、南通大光紗廠吳季誠（吳蘊齋之叔）等，皆係交通銀行之主顧，而與錢個人相交甚好，其中尤以徐靜仁爲最交厚。在此時期，交通銀行信譽，固已恢復，而錢在銀行界之聲望地位，亦於以奠定。

時在上海大馬路新世界游樂場之右鄰有「十號」俱樂部，乃銀錢兩業及紗廠巨頭，公餘憩游之所，圍棋一局，麻將八圈，或侑酒召妓，或嘯傲烟霞。錢氏與徐靜仁吳蘊齋等，皆爲常客。徐靜仁先生皖人而久居鎮江，前清秀才，爲人亢爽有豪氣，南通張季直先生當鹽政總辦時，徐爲其股肱，言聽計從，後外放徐爲某處鹽運使，史量才時爲松江運副，因之得以識徐，後來史量才辦申報，深得徐之助力。張季直在南通辦大生紗廠，多由徐擘劃，而徐在上海，亦自辦溥益紗廠，其友人及部屬多是鎮江人，良莠不齊，以致溥益紗廠失敗而徐從不計較。我在鎮江，每以長輩敬之，但彼對我極爲客氣，每與我作文學上之商談。週末我常赴滬小遊，徐聞之，總托陸小波（鎮江商會會長）來招呼到「十號」盤桓。至則燈紅酒綠，熟人甚多，而彼等所談，都是金價市面紗布趨勢，不敢說他們全是市儈，但殊覺無可與談之人。後經蘊齋介紹錢氏，見其從不加入賭局，談吐温和，並無銀錢幫習氣，由此每去「十號」，常相晤對，此爲我與新之先生識荆之始。

錢新之先生遺影

五、中國銀行創辦成立經過

談銀行之掌故，要當首及中交兩行，因其成立較早，而鈔票之流通，在民間最爲普遍。中國銀行，最先約在前清光緒二十九年，由戶部提議籌辦，並收商股，擬名爲戶部銀行。光緒三十三年，戶部改稱度支部，戶部銀行改爲大清銀行，度支部尚書載澤，派費浩叔兄（現任鹽業銀行經理）之尊翁裕如先生籌備，旋調任天津造幣廠總辦。銀行則由張允言（前兩江總督張人駿之子）繼續籌備，及將開業，張允言奉派爲大清銀行正監督。宣統三年袁世凱回京，以嚴修爲度支部大臣，大清銀行升格，奏派葉景葵爲正監督，而張允言改爲幫辦。葉字揆初，爲趙爾巽治理東三省時得力能員，文章經濟，名重公卿，任浙江興業銀行董事長，垂三十年。

辛亥革命，南京臨時政府，改度支部爲財政部，將上海大清銀行改爲中國銀行，派日本留學生吳達詮（鼎昌）張彬人（競立）等籌備改組，擬將總行置於南京首都，倣照日本章制，以中國銀行爲國家銀行，（如同中央銀行，日本之中央銀行，即名日本銀行）旋即發表吳達詮爲中國銀行正監督。袁世凱任總統，政治中心北移，中國銀行亦由南京移往北京。民國元年秋間，內閣改組，周緝之（學熙）先生出任財政總長，周氏爲素負時望之理財家，人稱周四先生，與南通之張季直，時人稱爲南北兩位四先生。其長公子志輔兄，博學多聞，著述豐富，現亦居港。中國銀行時適籌備就緒，正監督改稱總裁，下設副總裁及五總。所謂五總者，爲總文書、總稽核、總發行、總司庫、總司帳（會計）。後來幾年之中，中國銀行聲勢甚盛，即此五總人員，亦夠顯赫，如總司庫羅鴻年（雁峯，英國留學生）曾一躍而爲財政次長。其時政府鬧窮，京官欠俸，常賴銀行接濟，一般人能得接近中國銀行五總者，即可不虞窮困，五總到處受人歡迎，上自達官貴人，下至八大胡同，無不視之爲趙玄壇活財神。中國銀行之首任總裁，爲孫多森（清相國孫家鼐之姪），吳達詮早已爲南昌中國銀行經理，籌備員張彬人，即留本行供職，任總發行。中國銀行初發行之鈔票，第一人簽名印行者即張氏，所簽爲競立二字。後來彬人爲交通部邀去，任會計司長，修訂鐵路會計，赫赫有名，故張彬人與劉竹君等被稱爲交通界元老，實不知彬人亦係銀行界之老前輩也。

此後中國銀行當政者，隨政局而轉移，至民國十七年北伐南下爲止，計有金邦平、湯覺頓、薩福楙、李士偉、徐恩元、王克敏、金還、馮耿光等，年份先後不能記憶。其中湯覺頓之中國銀行總裁係民六段祺瑞討滅張勳之後組閣，梁任公爲財政總長時代所發表。但湯氏旋在廣州被刺由王克敏繼任總裁。而副總裁則以滬行副理張公權不次擢陞，公權爲張君勱之介弟，君勱與梁任公同爲政友。公權做副總裁甚久，直到北伐南遷，始改任總經理。中國銀行之滬行經理爲宋漢章，此人在中國銀行數十年，迭經患難，至上海易幟時始離行，實中國銀行之功臣也。逮馮國璋繼黎元洪任總統，其在軍諮大臣任內，有同寅馮耿光（幼偉）相處甚洽，乃允其請發表其爲中國銀行總裁。馮耿光乃留日陸軍士官學校出身，不握兵符來掌泉幣，由是中國銀行，引進留日陸軍學生不少，如吳震修（南京中國銀行經理）及外放者，陳其采（國民政府主計處長）許伯明（江蘇財政廳長）舒石父（福州中央銀行經理）等人皆是。馮總裁以粵人而喜平劇，人稱馮六爺，捧梅蘭芳甚力，其時都中捧角之風甚盛，捧譚鑫培者被人稱爲痰迷，捧梅蘭芳者被稱爲梅毒，又如捧程艷秋者稱爲秋瘟，捧梅蘭芳者目爲梅黨，馮六爺成爲梅黨之黨魁。後來中交兩行南遷改組，馮氏下台，經中交兩行協商，延其爲中交合辦之新華銀行董事長以資安頓。

六、交通銀行創辦成立經過

交通銀行成立較後，清光緒三十二年，由郵傳部撥欵聯合一部分商股所創辦。郵傳部尚書陳璧被參，由侍郎沈雲沛署理，派李經楚（佑三）爲交通銀行總理，章希瑗（邦直）爲協理，着手籌備。李係合肥李瀚章之子，書香門第，而好貨殖，但終未能善其後，在交行不能保持令名。交行創設全賴協理章邦直經營布置，方克觀成。章之後人叔淳兄年近八十，現亦居港，早年即露頭角，爲諸大老所器重，歷任交通中南各處分行經理，所至有聲。至徐世昌由東三省內調爲郵傳部尚書，喜用新學人才，派日本留學生陸宗輿爲交行協理，章外放爲五行經理，又派郵傳部五路局總辦梁士詒爲交行幫理。梁氏字燕蓀，廣東三水人，經綸滿腹，富有才華，進士及第，復以經濟特科第一名名聞當世，駸駸然將大用，乃西太后見其名與康有爲之名「祖貽」是同一詒字，（其實貽詒不同）又是廣東人姓梁，當是梁啓超同宗，必是康梁一黨，乃加革職，以後同鄉唐紹儀之關係而屈居郵傳部五路總辦，管理五處鐵路，梁以其才智經營得法，五路之權，不落外人之手而漸上軌道。徐世昌不久他調，武進盛宣懷繼任，以四川國有鐵路風潮釀成革命，清室退位。

民國成立，郵傳部改爲交通部。梁士詒已任交通銀行總理，任鳳苞爲協理，此時梁已聲勢顯赫，五路收入甚豐，且可用以抵借外債，世人稱財神有五路，今五路現成，乃稱梁氏爲五路財神，後且直呼之爲梁財神矣。梁身兼數處闊差，部屬極多，且不少聰明才智之士如葉譽虎（恭綽）即其尤者，於是人稱之爲交通系。後來梁又成爲袁總統之紅人，任其爲公府秘書長，袁起身極早，梁清晨即到公府伺候。到交通銀行辦公，已是申酉時分，公事山積，屬員陳述，雖在百忙之中，必靜待其詞畢，然後逐項指示，從未見其疾言厲色。帝制失敗，袁死，梁亦以罪魁遁跡香港。交通系羣龍無首，曹潤田（汝霖）以曾勸阻帝制，被邀出任財政總長，乃環請曹兼任交通銀行總理，以維持交通系勢力，而世人又稱曹爲新交通系，此民國五年間事也。

七、交行危殆張錢任總協理

北方政局日非，不能再如袁項城之能控御一切，軍閥橫行，各省不獨無欵接濟中央，而且截取路欵稅收，有時竟帶盒子炮到財政部坐索軍餉。中交兩行鈔票，信用喪失，發生擠兌風潮，軍閥聲勢洶洶，幾將攫取交通銀行，以爲餉源。曹潤田（汝霖）任振采（鳳苞）無法維持，掛冠而去。行務主持無人，董事長汪有齡（前大理院院長）出而維持局面，由董事會函囑滬行經理錢新之，往請南通張季直（謇）先生出任總理，而由錢任協理，以共同收拾危局。錢接函後約同徐靜仁、吳季誠往南通，商談成功，張氏允諾。故自民國十一年起，張謇爲交通銀行總理，錢永銘爲協理，實際上張常在南方，行務全由錢協理代行，至民國十五年，交行改粗，張錢方始退職。

張錢北上就任之後，果然交行氣象一變。張四先生平時在家，東南各省之督軍省長，經常書信問候。段合肥親信徐樹錚來滬時，督軍孫傳芳特陪徐到南通謁候，此是何等聲望。眼前北方軍閥，多半馬弁出身，朝中當政，更是後生小輩。故張季直一經到任，上自總統內閣，遠及京外文武，對於交通銀行總要客氣三分。一方面錢協理對內，以其在滬行之聲譽交遊，下車伊始，即受到各銀行及實業界之歡迎，送禮堆花（即存欵）絡繹不絕。但究竟資本枯竭，周轉爲難，事爲中興煤鑛公司聞知，即以値百萬元之煤斤倉單，送來備交行之緩急。同時錢整理內部，刻苦綢繆。未數月，存欵激增，信譽復著。錢行三，舊京人士均稱之爲錢三爺，後遂爲人所習稱。四年之中，交行反絀爲盈，不可謂非張四先生之聲望，錢三爺之經營有以致之也。

八、四行準備庫錢氏任經理

當是時也，各商業銀行，已多興起，昔時富戶有錢，每喜存在外國銀行，後聞諸多不便，傳聞爲馮國璋故後，存欵無法取出，故咸具有戒心，不如存於熟友自辦之銀行。所以銀行事業，大有遠景。周作民本係交通銀行總稽核，外放蕪湖兼蚌埠分行經理，因與安徽督軍倪嗣冲常相接近，得其投資，而有金城銀行之產生。談丹崖外放爲南京中國分行經理，與督軍馮國璋之軍需相熟，得其拉攏各方加入股份，而有大陸銀行之成立。河南督軍張鎮芳退休回京，投資開辦鹽業銀行。南洋華僑黃奕住，回國投資，特請胡筆江先生（交通銀行京行經理）創辦中南銀行，並以胡之力請得政府獎勵華僑投資，准許發行鈔票。此四家銀行，因人事及種種關係，無形中聯合在一起。迨吳達詮（鼎昌）財政次長退休，出任鹽業銀行總經理，雄才大畧，遂與胡商量，共同辦理儲蓄業務，而成立「四行聯合儲蓄會」。胡繼而建議中南銀行鈔票願與三行共同發行，共同担負準備，三行咸佩胡筆江有遠見。乃又組織「四行聯合準備庫」，公推吳達詮爲主任。上海爲工商業集中地，中南銀行總管理處又在上海，乃在上海設立聯合分會分庫，而請錢新之先生出任總會總庫副主任兼上海分會分庫之經理。

事屬四行合營，措置原多牽掣，總會遠在北地，不明南方情形，錢新之周旋其間，經之營之，悉力以赴，羣情翕然，會務日盛。於是在上海靜安寺路跑馬廳對面，自建大厦二十二層，以樓下兩層爲會庫辦公之用，樓上全供旅舍餐廳，一流設備，所有裝修陳設，皆係最新西式，粵菜西餐皆是上乘。其時上海正缺乏一高貴華麗之大場所，可供招待外賓貴客，今有此樓，正合需要，此即當時號稱一流之「國際飯店」。此前錢新之與吳達詮會組織經濟考察團赴日，日本工商團體今次來華報聘，吳達詮已做實業部長，不便出面，乃由錢新之周作民主辦招待，遍請上海官商名流爲陪，即在此國際飯店，筵開百餘席，極一時之盛。

至民國二十四年，政府實行法幣政策，鈔票由中、中、交、農四國家銀行，統一發行，其他銀行鈔票發行，一律取消，「四行聯合準備庫」亦遵令結束，以十足現金準備，移交國家銀行，可見平日業務之穩健充實，以後「四行聯合儲蓄會」之業務則照舊經營。

九、財政委員會陳錢任委員

民國十六年，國民革命軍北伐成功，東南粗定，決定奠都南京。但國民政府尚未暇組織完備，蔣總司令率師在前方，軍餉孔急，乃先發行二五庫券三千萬元，請上海工商界勸募推銷。在上海組織財政委員會，聘陳光甫爲主任委員，錢新之、吳蘊齋、虞洽卿、王曉籟等十餘人爲委員，顧貽穀爲秘書長。此會職責專在向工廠行號及各財富推銷庫券，滙欵前方，與軍需處不斷函電往來，相當忙碌。後來顧貽穀秘書長就任江蘇銀行總經理，光甫先生邀我繼任。我到會後，看到規模甚大，分設文書、會計、庫券、銀行往來等各科。陳主委錢委員二人每日必到，陳祗提綱挈領，錢則事必躬親，公事一一過目，隨時與我商談解決。所困難者，推銷儲券，日漸困難，而前方軍需不斷催欵，甚至用「十萬火急」之電來催，會中無法只得以庫券分向各銀行抵借滙出，辦理日見困難。不久，光甫先生電請蔣總司令結束本會，餘事交與政府接收，我等乃得卸職。

南京財政部組織成立，部長一職，陳光甫之呼聲甚高，迭有人奉命來商，陳猶豫不決，沉思再三，終於不就。政府始發表古應芬爲財政部長，錢新之爲次長。古氏在粵，兼有要職，不克常駐在粵，即由錢新之以次長代理部務。

十、中國交通兩行改組遷滬

國民政府程序既定，宋子文出任財政部長，能國語滬語，而愛說外國語，精明强幹，自非北洋官僚之顢頇可比。其金融政策示意中交兩行首先南遷，受政府之管制，一反北洋政府仰賴銀行之無能。另又撥欵先後設立中央銀行及中國農民銀行，發行鈔票，與中交鈔票並行。中央銀行總裁，外邦大國很少由財政部長兼任，而宋則居然爲之，曾爲陳光甫先生所譏。對於中國銀行將其北京時代之特權取銷，其總裁副總裁及交通銀行總理協理之名稱，一律取消改稱爲董事長總經理。於是着手改組，表面係股東會改選，實際由財政部示意由李馥蓀（浙江實業銀行總經理）爲中國銀行董事長，張公權爲中國銀行總經理。後來宋子文財長下台，亦來中國銀行做董事長，將張公權趕走。交通銀行改組後亦歸財政部管轄，從此與交通部無關係，原係盧鑑泉任董事長，胡孟嘉任總經理，不多時改選，如法泡製，由胡筆江（中南銀行總經理）爲董事長，唐壽民（國華銀行總經理）爲總經理，而錢新之、胡孟嘉等爲常務董事。

十一、錢新之北上迎段氏南下

民國二十一年，日本軍閥在平津施其在滿州之政策，製造傀儡，脅持同胞，在北通州成立冀察僞政權，以浙人殷汝耕爲首領。更欲逼宋哲元叛離中央，宋氏堅拒，風聲鶴唳，謠言極多。北洋元老段合肥（祺瑞）寓居天津，不與外事，乃聞有人前往窺探意旨，並與合肥左右來往頻繁。中央聞之，恐其被人挾持利用，甚不放心。蔣委員長初本保定軍官學校學生，段係校長，誼屬師生，乃先執弟子禮，修書通候，然後議派人前往說其南下。惟防耳目衆多，派去之人，既須與段有舊，尤須無政治色彩，方可免人注意。商議結果，以銀行家錢新之爲最適宜。乃電召錢赴寧接洽，錢受命返滬，即以電話到交行，約我去談，至則以此事相商，蓋恐此行不能如意，託我密與曹潤老（汝霖）函商，我即趕辦。曹覆信贊成，且催速去，於是錢乃啓行。抵津之後，先往晤曹，由其通知段氏，再陪錢往謁談。寒暄之後，陳明來意，並云：「蔣先生有許多事，須向老師求教。」合肥聞之，似頗樂意，即說：「很好很好，我這兒也住膩了，久已不到南邊，要去就去吧。」即關照吳光新預備車票，錢如釋重負，辭出之後，曹盛讚錢之善于辭令措詞得體，而錢則佩合肥之爽快果斷。而翌日竟有人勸阻，段之公子駿良，即不贊成，幸段之個性，向來立定主意不改，致未爲所動，終得成行。

火車抵浦口車站，蔣先生已率衆迎候，口稱老師扶段下車，同過江到行館暢談甚歡。南京已代預備房屋，擬請合肥長住，合肥想住上海，蔣先生也贊同。次日，合肥先往中山陵，獻花圈致敬，回寓下午見客。第三天，蔣先生派員及錢新之陪同赴滬，借住陳調元之舊宅，花園洋房，寬敞安靜，段甚安之。一切供應而外，月致用費兩萬元，合肥在寧，即對蔣先生說：「用不着許多。」蔣先生說：「老師自己用不了，可分送舊部，聽說許多人很清苦。」合肥乃同意。後聞合肥以半數分送吳光新、曹潤田、曾毓雋、梁鴻志等人。合肥於抗戰前一年在滬因病逝世，蔣先生派員來滬料理喪事，政府飾終典禮，甚爲隆重，北洋小站三傑惟合肥三造共和，可算是最值得紀念者。

十二、胡氏殉國錢繼任董事長

民國二十六年秋，抗戰開始，政府西遷，各銀行總行及重要人物紛紛離滬，前赴港渝，新之先生自與四行儲蓄會同人，亦赴香港。政府金融決策在重慶，銀行要員，須常往來渝港。詎於二十七年夏，交通銀行董事長胡筆江與浙江興業銀行總經理徐新六兩先生，不幸在奉召赴渝之上空，爲日軍所乘而殉難。二公爲國捐軀，舉世震悼，在港人士忙於打撈盛殮，喪葬追悼，悲傷擾攘，多日不寧。豈意重慶方面對於交行董事長遺缺，覬覦者紛紛，後竟有行內之人動念，重慶分行經理浦心雅，慫恿財政次長徐堪出任董事長，自己可以升任總經理，諸如此類，謠言孔多。港地聞知，董事會同人，深恐牛鬼邪神，胡來亂搞，乃由董事葉琢堂（中國農民銀行總經理）、杜月笙等電致中央，保舉常務董事前任協理錢永銘，堪以勝任本行董事長等語，中央接電照准，謠風始悉，人心乃定。

錢新之接任董事長後，首先刷新人事，聘用新人擴展業務。行內組織添設「設計處」，以研究設計新興事業，聘新華銀行總經理王志莘兼任處長，前行政院參事徐景薇（法國留學生現居美國）爲副處長。又聘前京漢鐵路局副局長鄒安衆爲副稽核處長。在西南內地各處，增設分支行，推廣業務。此時海外華僑，最受重視，星加坡已有中國銀行，交通乃擬在非律賓設行，派員前往調查接洽，用當地華僑名義，集資開辦銀行，取名爲非律賓交通銀行，組織股份有限公司，在非政府註冊立案。非行董事長請老外交家王儒堂（正廷）先生担任，經理則由香港交行經理李道南兼任，以便頭寸調撥。從此交行業務，多了一條出路。後來錢因在重慶避空襲時，輒日夜坐防空洞中辦公，大概受潮濕影響，忽於返港途中，兩足痲痺，抵家病作，高熱不省人事者二三日，醫藥不見效，自言曾爲冥司邀去，以第一殿相屬，堅辭不允，又見朱衣捧匾相贈，文曰：「天與粟」，至是而醒，後有粟姓醫生，自滬來港，診治數日，而病霍然，亦奇事也。

民國二十九年冬，錢董事長有一天在家請客，語我云：「今晚談華僑事，我行應該幫忙，請你參加可與他們談談。」我屆時前往，見客人係周雍能（前上海市政府秘書長，今在台北爲立法委員），俞鴻鈞（本係上海市長，其時係中央信託局常務理事），沈怡（前上海市工務局長，前幾年在台任交通部長），黃伯樵（前滬寧滬杭兩路局長）諸公，席間暢談華僑生產事業，各人議論風生，惟俞鴻鈞不多發言，發則中肯，視其年約三四十歲，廣東官話，口齒爽朗，英氣勃勃，我覺到無怪其以一小職員而一步一步升至市長地位。但在幾年前，在台北時，俞已榮任行政院長，言語顢頇，老態畢現，毫無昔年之英氣，故人呼之爲O、K俞也。是晚談得盡歡，最後我作結論：「①華僑事業，我行極願盡力，②請選南洋一二埠試辦先擬計劃概算，下次討論。」散後，錢董事長說：「這幾位皆是有希望的英才，乃黃膺白（郛）之舊部，此事如辦得好，則網羅他們到交行來，豈不甚好。」可見錢氏對於事業，具有雄心萬丈也。第二次約會由周雍能署爲說明計劃，討論頗有進展。其時大局頗緊張，日本派來栖特使赴美專談中日戰事問題，我個人對此不抱樂觀，故對衆聲明，進行步驟，應注視時局之進展。錢董事長點頭稱是。但有人說：「不要緊，現在 A.B.C.

（America British China）已包圍成功，日本小鬼不敢輕動的。」豈知不到二句，十二月八日，廣州的日軍，來打香港矣。

在此一禮拜前，錢董事長與杜月笙先生聯袂飛重慶，及日軍攻陷香港，「邀請」重慶分子關在一起，我與本行總經理唐壽民及周作民、林康侯、顏駿人（惠慶）、李贊侯（思浩）等，同被關在香港酒店。（即現在之中建大厦原址），此幾個月中，說來話長，一言難盡。直到次年四月，被日軍用飛機押解回滬，不得越雷池一步，因此我與錢董事長音訊中斷了數年之久。

十三、抗戰勝利我赴渝錢飛滬

我等一行，被日軍飛機載抵上海，一見上海情形大變。一片悽涼景況，無甚貨品，租界已無，西人不見。吳蘊齋被逼出任新聞報社長，唐壽民先生最苦，不得不仍辦交通銀行，以維持淪陷區各地支行同人。周作民與我想盡方法，幸免拖下水。作民在其江西路金城銀行八樓，每星期六預備午飯，約我等同難諸友，聚餐一次，以資聯繫。顏駿老出行習慣，必帶一小打字機，李贊老則常即景賦詩，楷書寫送各人以紀念。僞政權方面，汪精衛爲主席，陳公博爲行政院長，周佛海爲財政部長兼中央儲備銀行總裁，往來寧滬，有時以電話約談，派車來接我到其家中，因其住在愚園路，一帶俱是他的新同僚，禁衛森嚴，非他車子來接，我不願往。如有地下工作友人，被七十六號捉去，或被日本憲兵搗亂，托其解救，總承他快諾。（營救萬墨林，尚係太平洋戰爭以前之事），每與談至戰局，我將在港所聞日軍厭戰，士氣低沉之情形相告，英美必會反攻，勸其及早回頭，有以自贖。佛海深感我言，以後與戴雨農（笠）秘密聯絡，勝利後，得免死刑，此或其一因也。

民國三十四年，日軍投降，眞是普天同慶，萬衆歡騰，幾天之後，錢三爺哲嗣廷玉兄，自渝飛來，云將派我到台灣開設交通銀行。因即摒擋乘機飛渝。萬墨林兄特來相送，並托帶許多大閘蟹送人。抵重慶下機，行中舊同事多人來接，逕到打銅街交通銀行，錢董事長、趙總理棣華、湯筱齋兄等人已在相待，相見甚歡，刼後重逢，恍如隔世。大衆問長問短，逐個應對。適錢太太進來，亦云聞我將到，乃絮絮問上海各種情形。我腹中覺甚餓，錢太太即說：「我請你去吃好點心，跟我走」，隨之出門步行，重慶街道不寬，約如本港皇后道，但人烟無如此之多，市民樸實，市招亦多係上海名目，走到一巷口麵攤坐下。錢太太說：「這一家是重慶最有名的担担麵，你吃吃看，」我一吃，辣得我眼淚掉下來，我只好慢慢吃，始覺味道却是甚好，名下無虛。再走回行，我對錢太太說：「你這件陰丹士林布袍，在上海何嘗着過，現在能吃辣貨，能跑路，眞是換了一個人了！」錢太太說：「到一時說一時話，現住在歌樂山上，各事不得不自己來，弄慣了倒也無所謂了。」到行後，她坐汽車回歌樂山而去。晚間在行晚飯，錢董事長王儒堂（正廷）湯筱齋等數人，王儒堂酒量甚宏，錢董事長興致亦好，我只得勉力奉陪，吃得酩酊大醉，談至深夜始散。錢董事長平時即宿在行內四樓，我亦宿此，這一大厦，樓下二層，歸重慶分行辦公，餘則另作別用，杜月笙先生之辦公室即在此，徐柏園亦住四樓，伊本係天津分行經理，現在係四聯總處副秘書長，與我相見，握談良久，尚殷殷問唐壽老之起居也。

本行人事，已有變動，由趙棣華先生（江蘇財政廳長）任總經理，湯筱齋任副總經理，兼渝行經理，李道南外放爲上海分行經理，徐景薇爲昆明分行經理，鄒安衆爲漢口分行經理。關於台灣開行之事，原係中央、中國、中國農民及我行四個國家銀行，一致進行，我乃偕同三行之人，隨時到財政部接洽。詎知台灣行政長官陳儀竟然來電擋駕，其意以爲台灣現有台灣銀行，發行鈔票，正夠流通，信用甚好，如四行來台，鈔票亂發，必將台灣市面搞亂云云。以一行省拒用國幣，此種跋扈之地方官，口出狂言，形同割據，財政部居然忍受，即囑四行暫緩，部長係孔庸之，眞可謂名副其實也。

台灣之事既暫時不談，我趁暇到化龍橋本行總管理處宿舍小住，總管理處各部處均在此辦公，趙棣華總經理每天必到。每星六錢董事長回歌樂山住宅，路過化龍橋，即接我同去，盤桓兩晚，至星一再一同進城。歌樂山風景絕佳，居民稀少，抗戰中，各要人始來住家於此，簡便小洋房，衛生設備齊全。鄰舍多是熟人，金城銀行總經理戴自牧兄亦住此，其酒量之大，實可驚人，其府上所做四川泡菜，風味雋美。故每週末及星期，歌樂山絕不寂寞。但是我去之時，戰事已停，居民陸續離山東歸，有少數房屋，人去樓空，屋內裝飾及浴缸等，當初費事運來，現在只好委之而去，算是贈與鄉民而已。金城銀行自與上海總行音信斷絕後，在重慶即用獨立之形式，另組董事會，由錢三爺爲董事長，戴自牧爲總經理。勝利之後，獨立取銷，仍改爲分行矣。

其時各機關已紛紛忙於東歸，一般下江人士回鄉之心更切。交通銀行總管理處自不例外，先由趙經理率一部分人，乘機飛滬布置，餘者覓船尋車，束裝待發，無如交通工具有限，何能普及大衆，逐次挨班，徒喚奈何。粵人趙士養先生，佛學深入三昧，有時能預言休咎，本行之人多與爲友，此時爭請其看光，問何日可以成行？有一文書員從其身旁走過，並未請問，趙忽指其明日即可動身。此人並未忙走，次日果有其戚在財政部者，臨時不能啓行，特將機票送來相讓，此人果如趙言而飛去。又一日，大家爭問行期先後，惟浦心雅坐在一旁不响，趙忽指浦說：「你日內就要走了，恭喜你，有好機會」。衆以爲浦將外放何處分行經理，詎浦聞言，出了一身冷汗而去。原來新任上海市長錢大鈞，已密保浦爲上海市財政局長，一俟圈定，即須動身，此事無人知曉，惟浦自己心中有數。果然，次日發表，一如趙言，浦即飛滬去上任矣。

政局方面，重慶此時，國內政治改革之呼聲甚高，各黨各派，紛紛活動，要求國民黨開放政權，尤其國共之間，未能談好，乃設「政治協商委員會」。國共兩黨及其他各黨均派有代表之外，再有「無黨無派」，邀請社會知名人士爲代表，共同參加會商。國民黨代表有孫科、王世杰、邵力子、吳鐵城等，共產黨有周恩來、董必武等，民社黨有張君勱、蔣勻田等，青年黨有曾琦、李璜、左舜生等，民主人士有黃炎培、羅隆基、沈鈞儒、梁漱溟等，無黨無派則有錢新之、郭沫若、王雲五、胡霖等。開會幾次後，漸有齟齬，唇槍舌戰，愈爭愈厲。錢新老本其一貫的誠懇態度，拉攏調解，而並無用，每次會後，新老回來，均現辛勞之色。及至返上海之後，國共情形更爲緊張，美國馬歇爾將軍仍在熱心國共和談，政協第三方面諸公（即國共以外各代表），更欲苦心挽救。錢新老每亦僕僕寧滬，寢食不安，南京交通銀行常爲其接待各代表會談之所。每次雖不能成議，然苟未絕望，尚不惜以病軀供奔走之役。錢新老總算以其一貫之勤懇公正，博得各方之好感而已。

上海適有函催，錢董事長不得不啓程返滬。臨行囑我在渝留守，將其私章交下，以便代行處理公私各務。我乃回到打銅街四樓，在渝行調來二人爲助，上午辦公，代我繕寫收發，下午陪我出外視察八年抗戰遺迹。見到發電廠、化工廠、兵工廠許多設在山洞之內仍在開工製造鎗彈，彷彿不知外間已無戰事。又有大防空洞可以辦公，不由得驚嘆我國抗戰精神之偉大。直至次年春，往成都、陝西等處視察各分行業務之後，始行東歸。

十四、風雲變色同人又作港遊

我既抵滬回行交差，又到三馬路外灘本行舊址，八年未到，面目依然，海關鐘聲，音響仍舊，窗外江浪，不盡東流，而前後局面，大不相同。錢趙二公，異常忙碌，在外開會，回行會客，我遂整日不能離行。至於上海一般情形，混亂擾攘，大不如勝利初期之欣欣向榮。漢奸案件，層出不窮，敵產官司，隨處會有。許多熟人好友，不問青紅皂白，鋃鐺入獄，所謂「有條（金）有理，無法（幣）無天」，勝利佳果，已成苦果。

錢新老此時與各輪船公司聯合，組織成立「復興輪船公司」。事緣錢新老本係中興輪船公司董事長（總經理爲程餘齋），在抗戰中，政府命令集合船隻，沉堵要塞，以防堵日本海軍之衝過。既經勝利，各輪船公司環請政府賠償，由錢新之、杜月笙、楊管北、董浩雲諸公爲代表，向政府力陳其要，終獲定議。由各航商組織一輪船公司，定名復興，向美國賒購船隻若干，船價緩付由我政府担保。須知戰後向各國買不到船，今以我政府之力始得美國之同意。當時張岳軍任行政院長。錢杜楊等以公誼私交，懇商種種細節，方得成功。至於公司股額，照沉船多少各家分攤，其有不願續營航業者，則出讓其股權，由錢新老創導投資補足。公司成立，杜楊諸公以盤根錯節，錢新老煞費苦心，乃公推爲董事長，杜、楊、董及黃鎭東等爲常務董事，聘請留德工程家譚伯英爲總經理，程餘齋、李志一、鍾山道爲副總經理。今者此公司已發揚光大，各國設有分公司，新船日增，業務蓬勃。最近股東會改選，楊管北兄當選董事長，錢氏哲嗣廷玉兄當選常務董事，公司咸慶得人，錢新老天上有知，當亦爲之含笑引慰也。

民國三十八年，國共和談不成，戰事爆發，由北而南，各銀行機關又作遷港打算，本行錢趙二公，先行飛港，命我留守，會同各部處成立行務委員會以觀時變。不多日，解放軍抵滬，第二日，即由冀朝鼎（山西人，留美學生，中央銀行專員）帶同一位軍官，到中交兩行談話，畧謂：「現在等於公司老闆換人，請各位安心，仍舊爲人民服務。」其帶來之衛兵，見桌上紙烟，即說你們用的是美帝之貨。過了幾天，有一位張某來做經理，北方口音，先叫各部分之人，分別成立檢討會，互相檢討以往功過，天天開會，互相爭辯。又有年輕行員及滬行之行員，組織一起，將行中庫房加封。有一天，到我秘書室，對我未廢禮貌，說我平常公正，一無架子，請我放心，不會受到批評，然後即將公文櫥櫃加封而去。後來年老之人，都甚担心害怕，我想我亦年紀老邁，應該退休，乃向行告退，入住醫院休養，次年，乃同王燧生兄一同倉卒來港。

抵港之後，氣象又自不同，本行各處分行經理，已多集中來港，並多隨趙總經理赴台灣設行。錢董事長住在新寧道，仍舊好客。我來時周作老先一日返滬，係其金城銀行總經理徐國懋來勸而一同回去。曹潤老（汝霖）舉家在港，因其子在日經商，亦於日前赴東京。吳達老（鼎昌）罷官在港，適在錢家會見，神氣蕭索，與以前之氣派大不相同，談話頗多感慨，蓋其事業銀行報館（大公報）俱付東流，毋怪其然。三天後，達老又來告，將入醫院施手術，聞其曾到各友處如同辭行，人感詫異，詎入院開了刀，竟然仙去。又聞其來港後，有人問起發行金圓券事，你以老金融家在朝，何以熟視無睹，達老無辭以對，心中鬱抑，此或其病源之一。錢新老頗爲傷感，此時意境本亦不好，經此一來，萬念皆灰，遂將交通銀行及復興輪船公司之董事長，一律辭去，終日在家一杯在手，最盼有酒友前去。

粵人趙士養兄亦已在港，常來錢家，以其預言多驗，咸呼爲趙神仙。彼曾在九龍飛機場，對徐柏園兄說：你將來總要做部長的，其時柏園方有財次之呼聲也。有一晚又在錢家陪新老暢飲，趙兄係學密宗，故不禁酒，有史詠賡兄在座，錢太太請趙神仙代史先生看看幾時生子？趙說：「無啊」，後另對人云：「史先生有病不會有子」，可謂奇驗。趙兄家住澳門，時來時往。有一年，在陰曆七月初，趙兄忽自澳來信與我云：「杜月笙先生七月生日將近，特代其修法念經，不料入定時，見杜先生有大災難，即在七月半以前，要十分當心，望轉告。」我隨即告知錢新老及楊管北兄，果然，杜先生病勢日重，延至十四日斷氣，一代聞人，回生無術，殯殮之日，弔者塞途，其時之萬國殯儀館，係在灣仔海旁一矮房子，我去弔時，見小客廳上，坐滿大人先生，許靜老、錢新老二位，眼圈紅腫，可見彼等故人情重也。

在香港舉行之錢新之先生追悼會會場一角

自杜先生逝世後，新之先生又少一老友，居常抑鬱，忽又聞趙棣華先在美國病院開刀死去，及周作民在滬逝世之惡耗，感舊傷時，情懷益惡而疾常發，不良於行，終日長坐沙發中，一到晚間客來，則精神一振，把酒縱談。我常勸其多多行動，酒勿過量，故遇我在座，則先對我說：今天不多吃，只吃三個指（威士忌酒），其實飲至半酣，必强客人對飲，不暇問幾個指矣，故每飲必醉，醉後益憊。後因延玉兄在台業務甚好，新老乃全家遷台。我在台北見其所住日式房屋，常在樓下起坐，潮濕氣重，我更勸其在家緩步徐行，切宜少飲。如逢吉慶或其大壽，親友總是帶酒來賀。記得于右任先生乃其老友，每次必到，早年在滬，二公詩酒遺懷，平章風月，勝利後大選，于右老被人擁出，陪孫科競選副總統，右老殊不在意，而新老在國大代表中力爲游說拉票，雖未得中，亦見故人之風義也。新老七十三歲誕辰，于右老曾有賀詩一首如左：

春暮游樂天，共飲滬西道，醉後推小車，各矜手臂好。
轉瞬三十年，時光催人老，翠柏參天立，精神自浩浩。

我離台返港，魚雁常通，知其又添胃病，實亦酒之害。延至民國四十七年，終于病逝台北中心診所，享年七十有四，身後遺金，僅得美金三千餘元。在金融界縱橫幾十年，手創事業，大小數十處，身後所遺，戔戔此數，値茲末世，亦可風已。在台喪葬，備極哀榮，于右老亦有輓聯曰：

儲淚酬知己
軫懷念老成

各方至好輓聯，多數提及其生前好酒，如許世英輓聯云：

晚歲益綢繆，尊酒餘温公遽瞑，
故交漸寥落，神州可挽道彌孤。

舊王孫溥心畬輓聯云：

魯野麟傷，少微星落，
西州淚盡，北海尊空。

洪蘭友輓聯云：

淵深識度，經濟才猷，主計阜民財，繼志爭誇雛鳳美，
憂樂情懷，亂離歲月，餘生付盃酒，傷心未見九州同。

江一平輓聯云：

杯酒佐清談，深巷停車客布席，
明燈懷永夜，靈床鼓曲不成聲。

噩耗傳來，在港友好聞之，無不驚悼，首由吳蘊齋來與我商，乃徵得林康侯、陳光甫、王儒堂諸公發起，於同年七月二十日在跑馬地東蓮覺苑，追悼公祭，由王儒堂主祭，吳蘊齋報告生平，林康侯讀祭文，到者百餘人。我追念未能强其戒酒，深爲遺憾。謹具輓聯如左：

律已以嚴，矩矱堪矜，卅餘年杖履追隨，緣生愼事深心，治安策動關大計。
厚我有加，蘋蘩多採，百千刧心情終始，獨恨就醫止酒，養生論未盡愚衷。

ACE®

高級旅行袋

款式新穎 美觀耐用

Soft Bag

Family Bag

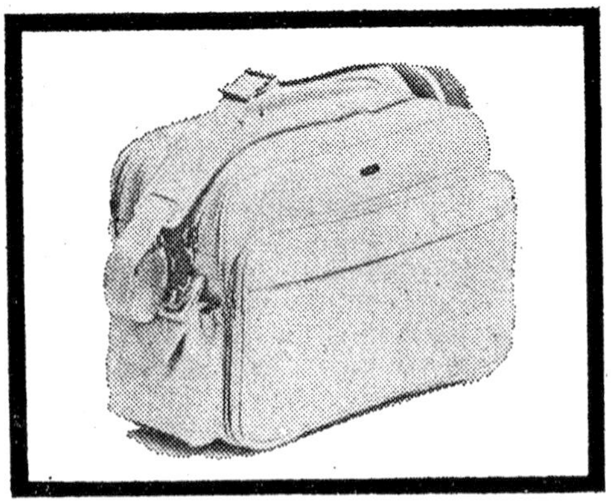

Flight Bag

Flight Bag

總代理：愛思洋行

九龍油蔴地官涌街九號地下二樓 電話：3-670961 · 3-671789

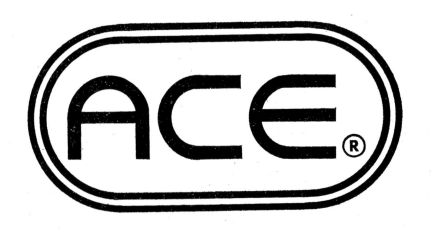

大人小語

上官大夫

誰沾誰光

龐比度總統與田中首相達成協議，名畫「蒙娜麗莎」明年將由龐比度携往日本展覽。

屆時盛況可期，但是很難判斷這是名畫「蒙娜麗莎」沾龐比度之光，還是龐比度沾「蒙娜麗莎」之光。

人命之賤

高棉難民出售幼童，價格每名自美金五元至五十元不等。

香港牛肉一部份來自高棉，人命之賤，不能不令人聯想到牛肉之貴。

皇帝求職

希臘流亡皇帝無力繳付房租，將離意大利前往英國找尋工作。

目前他在羅馬的別墅房租，每月美金四千八百元，他即使能夠找到工作，是否夠付房租，依然大成問題。

仍是童星

北越官員談及美國電影，以爲莎梨譚寶仍是童星。

馮寶寶在英國已讀大學，但在一部份香港影迷的印象中，馮寶寶也依舊仍是童星。

喝采的人

美國費城交响樂隊在北平演奏，座上掌聲似雷。

大陸上今天對美國喝采的人，可能就是兩年前對美國的一切都喝倒采的人。

謠言何多

英國查理士王子傳將訂婚，王室聲稱此乃謠言。

安妮公主下月大婚，在正式公佈之前，有關方面也會一再聲稱，這是謠言。

如何送禮

英國輿論，反對軍人集欵，以賀安妮公主之婚。

香港雖遠，祝賀豈肯後人，且看香港賀禮，從何而來？

兩個問題

英國廣播公司來港拍攝有關香港貪污電視片，業已功德圓滿，拉隊歸去。

香港居民急於知道的問題共有兩個：（一）他們到底拍了些甚麽？（二）這部影片幾時能在香港公開上映？

對答如流

九一八事件發生於一九三一年，三十歲以內之靑年人，頗多不知其事。

某校舉行常識測驗題目中，有「何謂九一八？」一學生答曰：「那是舊時上海出品的一種皮膚病藥膏。「（按上海某藥房曾出品「九一四藥膏」。）

影响在此

中國旗袍沒落，有人謂係受了西式時裝影响。

縫製旗袍的裁縫太少，縫製旗袍的工資太貴。旗袍沒落，其實是受了不三不四、不中不西的服裝的影響。

先救此會

撒瑪利亞香港分會，自籌經費，每月不足千元，所付房租，每月一元。

該會宗旨在防止自殺和救助企圖自殺之人，竊以爲，要救助意圖自殺的人，先要救救這個防止自殺的會。

防止自殺

自殺爲社會病症，但非不可藥救，亦非不可預防。

一對意圖自殺的男女碰在一起，可能就此不想自殺，防止自殺的人，不妨從此着眼。

仙人進步

二十年來，從一個燒香叩頭的地方，變成一個醫療救濟的社會服務機構，這是黃大仙祠的進步。

黃大仙可以進步，觀音大士和天后娘娘爲什麽不可以進步？

孔氏宗親

孔誕在香港，一年共有三個之多。

孔氏宗親會若選名譽會長，下列四人都有資格當選。一爲至聖先師孔子，二爲孔融讓梨之孔融，三爲以「空城計」著名之孔明，四爲人皆稱「兄」之孔方。

麻將無罪

美國人亦打麻將，少則四圈，多則八圈，每人勝負，不過美金五元。

香港有人因打麻將而傾家蕩產，其罪豈在麻將？

連莊太多

茶座閒談，某夫人三年前三十九歲，今年仍是三十九歲。

聞某夫人愛打麻將，尤愛連莊，三年來芳齡不變，即係連莊太多之故。

章士釗禍延三教授

·尊聞·

章士釗既死，骨灰歸葬北京，遺孀殷德貞亦在送葬後重返香港，他的一生大事應當告一段落了，但又發生了死後的風波，禍延朋友，影响了本港三位教授的飯碗問題，本文介紹了此事的詳細經過。

今年七月，文化界老輩章士釗先生在香港謝世後，往殯儀館弔喪的人，可說人山人海，套句此間市井的「成語」，正所謂「三山五岳人馬」都有，熱鬧非常。通常一位社會名流死去，前往弔喪的人各有各的關係，但很少有為了景仰死者而往，更難得到高級知識分子自動前往的。章士釗在中國社會上活動了七十二年，他的門生故吏、親戚朋友滿天下，這批人中，有些在近廿五年間不敢同他來往，也有欲來往而有所顧忌，但到了他老人家一旦「歸西」後，正所謂一了百了，為了以往交情，禮不可失，立時三刻解除了先前的那種心理顧忌，前往拜祭一番，以盡心事。這是中國人的傳統美德，絕對沒有一些兒什麽「質」存乎其間的。我雖沒有往弔，但從報紙上見到了有好些「有顧忌」的人（有我的朋友，也有只識名的）都去執紼了，我就心中安慰，世間有人情味的人，仍然是這麽多！

過了一個月左右，文化界中傳出了某書院有三位教授因弔喪而遭學校當局「開除」（文雅好聽一點叫「解聘」），其中一位就是李聖五先生。這位李先生三十年前在國內也是文教界著名人物，他主編的東方雜誌，至今名聞遐邇。其他兩人是什麽人，我還不知道。後來有人告訴我，一名黃文山，一名宋宜山。黃先生聞名已久，宋先生則是何許人恕我失敬，完全不知道。

我覺得很奇怪，兩國相爭，不斬來使，孔明過江弔周瑜之喪，劉先主沒有怪他敵我立塲何以如此不分明。今日這三位先生在這塊行動、言論自由的土地上，向老輩盡點心意，也會招來橫禍，到垂暮之年被人開除，這是對文化人的大侮辱，主此議者亦太無人情味矣！到九月二十三日讀香港「英文虎報」（英文名 Hong Kong Standard），偶翻到第十六版，見一大標題作「Pro-Peking Professors are sacked」（「親北京」的教授們被開除），我立即覺到其內容必與弔喪一事有關，忙仔細讀下去，原來是李聖五先生對該報的訪問記者發表的談話，現在試翻譯其意。不過先此聲明，鄙人的英文水皮得很，學馬會的聲明，一切以英文為準。聲明既完，踏入正題。

『三位在大專教書的中國籍教授因為往弔章士釗先生之喪而失去教職。其中一位是現任台灣的立法委員，他曾于一九六三年當過台灣的代表往北京商談和平，但毫無結果。他們是李聖五教授，七十三歲，他担任的功課是歷史和哲學。一位是黃文山教授，七十五歲，教的是中國文化史。另一位是宋宜山教授，五十七歲，教的是經濟學，他們任教的學校名叫珠海書院。

李教授在珠海書院任教已六年，他昨天（九月廿二日）對記者說，此事之發生，事前毫無所知，七月下旬，他的同事們對他作私人談話，說風聞學校當局對他弔喪一事，甚不滿意，打算「扣留」他的聘書不發，待他表示認錯之後才繼續聘用。

這一決定，據說是發生在三教授「柴桑弔孝」後不久，學校行政當局召開一次特別會議作出的。李教授說：在會議中，珠海的校長對這三位教授作嚴厲的批評，說他們親北京而反台灣。李教授强調指出，此舉實在是侮辱香港的教育界。「我們受到侮辱了。」我們前往弔喪，事前并沒沒約齊，他同死者有很長久的交誼，當一九三三年章士釗在上海當律師，他在商務印書館做編輯時便建立了友誼。李先生說：自一九四九年他到香港後，在一九五七至一九六六年間，他在新亞書院教書，那時候他尚未加入珠海書院。

李先生又遠溯三十年前的事，當一九三八｜三九他和章先生同在香港時，常有來往，當時正

'Pro-Peking' professors are sacked

THREE Chinese professors teaching in a local post-secondary college apparently lost their jobs because they attended the funeral of the veteran member of China's Standing Committee, Mr Chang Shih-chao, who died in Hongkong two months ago.

One of them was an inactive member of Taiwan's Legislative Yuan (Parliament), who went as Taiwan's emissary to Peking in abortive peace talks in 1963.

They are Professor Li Sheng-wu, 73, who taught history and philosophy, Professor Hung Wen-shan, 75, a teacher of Chinese cultural history and Professor Sung I-shan, 57, a part-time teacher of economics at the Chu Hai College.

Professor Li, who had been teaching at the apparently pro-Taiwan Chu Hai College for six years, told the Standard yesterday that they were told informally by colleagues in late July that their contracts for the current academic year would be "withheld" unless they showed repentence.

The decision was said to have been taken place at a special meeting of the college's administrators shortly after the three professors had attended Mr Chang's funeral in Hongkong.

英文虎報刊載三教授被解聘消息

在抗日戰爭期間，他們都是國民黨的參政員。

第二位教授黃文山，是一九二〇年代北京大學的學生，會聽過章先生的課。第三位教授是宋宜山，湖南人，和章先生是同鄉。在此二十年中，他是台灣的立法院委員，但從未往開會，也沒有到過台北，不過，據所知，到現時止，他仍支領立法委員的薪水。一九六三年宋教授代表台灣往北京談和平，由章先生介紹他見周恩來總理。據悉，宋先生離開北京時，帶有北京提出的十項條件轉給台灣，但爲台灣當局拒絕。』

以上是該英文報所載的，似乎是一兩日後，「華僑日報」、「明報」都有節譯，但沒有指名道姓，讀者不知是什麽大專學校，三教授又是何人。

我讀完這個報道之後，深感興趣，想不到章老先生安然謝世之後，還「貽禍」無窮，使到一個同鄉後輩，一個學生，一個四十年舊交打破了飯碗，章士釗如在地下有知，一定心感不安，會覺得人世間有這樣無情的事！古人詩云：「黃鶯住久渾相識，欲別頻啼四五聲」，（記不得是什麽人的詩，我只知有這兩句，還是四十年前讀郁達夫的小說偸來的。）我覺得有趣之後，便搜尋一下三教授的材料，起其「字容」焉。

李聖五是山東泰安人，一九二五年北京大學畢業，是時章士釗做教育總長，主辦留日官費生考試，他被錄取，後來到英國牛津大學。一九三〇年歸國，先後任暨南大學、中央政治學校教授，宋宜山就是他在中央政治學校的學生，商務印書館東方雜誌編輯。一二八戰役之後，商務、暨南被毀，業務停頓，他爲行政院長汪精衛羅致，在行政院任參事，一九三三年汪兼任外交部，調爲外交部總務司司長。（吊喪風波發生後，聽說某教育機構的人駡他「雙重漢奸」。有法律界朋友靜靜地告訴我，李聖五爲此事，將要打官司，告那些人侮辱云。）

黃文山先生是廣東台山人，北大畢業後往美國，攻讀于哥倫比亞大學，歷任暨南、中央等大學教授，立法委員，他是革命先烈黃克强的女壻，近年長居美國，前數年來香港任珠海書院文學院院長，此事發生後，即耑返美國，聞說將定居于彼。他的在美定居計劃，是在吊章士釗之喪以前，即已籌議的。

宋宜山是軍人宋希濂的胞弟，曾在倫敦的經濟學院讀書。英文虎報說他一九六三年往北京一事，事誠有之，大概他是去探親的，由章士釗介紹見周恩來，他既是和台灣有關係，雙方必談到統一問題，由周恩來交他帶囘香港十項和平條件，轉致台灣當道。據所知，他交給香港一位台灣的立法委員許孝炎先生（一九二五年北京大學畢業），由他帶去台北交與小蔣先生，轉呈最高當局。據所知，台方見到那些條件後甚有興趣，并無拒絕之意，這是許囘港後親口對宋宜山說的。後來此事竟然沒有下文，不知何故？大概政治行情，比股市變幻得更多采多姿，所謂此一時也，彼一時也，吾輩局外人看不出風雲氣色，無從知道其詳的。

吊者不悅

舞劍新談 ●項莊

三位教授因吊祭章士釗之喪而失去聘約，大概是章氏此次南來這一齣好戲的尾聲，此後曲終人散，歸入於掌故範圍了。

我不知那三位教授姓甚名誰，也不知他們參加喪禮是否僅屬個人情誼；但以爲他們必須明白任教學校的政治立場，從而預知這一吊會引起何種反應，所以眼前結果應在意料之中。既在意料之中，只有欣然接受；若謂出於意料之外，則是枉負教授之銜，見事之明且不如常人了。或者他們是乘「勢」行險，不幸未能僥倖過關。

凡大人物之喪，常有陌生人吊孝，只爲這一吊是給活人看的，故總是吊者大悅的場合。此處並無暗示三位教授與章氏爲陌路人的意思，也許他們確是章氏的友好及學生。但揆諸情理，他們既在與台灣淵源極深的僑校任教，在這二十多年來當必立場分明，也不會和數次南遊的章氏來往，縱有交情也已「淡出」。自然也可以緬懷舊誼，必欲一吊而全交；則唯有泰然接受一切意料中的後果。

年來「回歸」之風大熾，居留外國的知識份子得天獨厚，可以公然「回歸」；在香港的較爲不幸，一般唯有設法「間接回歸」，或在言論上「痛改前非」，或在行動上向左作有意無意的靠攏——參加章士釗喪禮卽爲此種行動的樣板，因爲有一塊學術的招牌在上面罩住，對人對己都較易自圓其說。

一人如決心「回歸」，不管過去的思想行爲如何，他有權否定自己，別人無權否定他的自我否定。但遮遮掩掩的「間接回歸」固然醜態百出，回大陸走一遭也算不得眞正的「回歸」，尤其已經改入外國籍者更不能攙入「回歸」的行列。

眞正的「回歸熱」應該是思想感情和行動的全部投入。

眼前流行的「回歸熱」僅有感情（投機成性者連感情也沒有），思想上仍與中共如南轅北轍，而走馬看花式的訪問自也算不得甚麽行動。這一點，中共看得淸淸楚楚，反而自命「回歸」者渾渾噩噩，不勝自作多情之至。

說來奇怪，患上「回歸熱」者多爲知識份子，恰是中共認爲最難改造的廢物。廢物雖亦有可利用處，利用却並不等於脫胎換骨。

本港明報刊載項莊先生專欄「吊者不悅」

政海人物面面觀

——許世英、徐樹錚、曾毓雋、林長民、梁鴻志——

馬五先生

許世英（靜仁）

許氏安徽秋浦縣人，滿清光緒中葉，以秀才應科舉鄉試，中式拔貢，朝考列前茅，得授七品小京官，洎是馳騾輦轂之下，爭名於朝。時合肥李鴻章以軍功起家，位極人臣，權傾中外，兄弟皆歷任封疆大吏，總督一方，許藉鄉誼蹀躞仕途，頗得風氣之先。迨庚子拳亂後，清廷有意變法維新，於光緒末造，派五大臣出洋考察憲政，許受命爲隨員。五大臣歸國覆命，主張立憲，清廷乃以盛京——即奉天省——爲試行憲政的嚆矢。旋許即拜任奉天提法使之命，仿東西洋各國政制，實行司法獨立，各縣將遍設地方法院。首先創立「奉天法律講習所」，招考科甲中人入所肄習法學，儲備法官人才。先君適隨先叔祖筱秋公游宦瀋陽，即報名投考法律講習所及格，受訓六閱月結業。初奉派爲奉天地方法院學習推事，未幾，轉任承德（即熱河）地方檢察廳廳丞——即首席檢察官——直至辛亥大革命發作，方卸職南歸。

許氏有如夫人於宣統初年曾病瘵，羣醫皆不效。許與先叔祖筱秋公爲文字交，先叔祖時任鐵嶺鹽務總辦，常來瀋陽公幹，而先伯父葆吾公時任奉天昌圖府經歷，素精中醫術，聞許氏如夫人病甚，乃介先伯父爲之試醫，服藥數帖，竟使沉痾霍然而愈，許大喜，見先伯父所作詩，頗加賞識，即收列門下，幷賜厚貺。後來許氏遇及筆者，詢悉身世，輒謂「我們是三代交情」，意極懇摯。

民國肇建後，許氏自關外解綬還至京畿，而皖人段祺瑞因緣時會，躋於朝貴之列，由新軍統制而躍登陸軍總長高位了。許氏投身段總長幕府，以其通達兩朝政事，又嫻熟法令，甚受倚畀。旋出任福建巡按使，先伯父葆吾公以師生舊誼，曾入閩于役。袁世凱暴殂後，段祺瑞寖成北洋軍閥的領導者，迭任內閣總理，許氏一度拜命爲安徽省長，皖省自馬聯甲戕殺學生姜高琦事件發生後，連年政潮起伏，動盪不安，許氏應之以安輯拊循的政畧，先將熱心學生運動的主幹分子，斥官費送赴日本留學，藉消隱患，再對死難者的家屬優予撫恤，而軍閥馬聯甲亦不敢重犯衆怒，乃使許省長獲得政通人和的治效。

段祺瑞二次組閣時，擢任許氏爲司法總長。民國八年國父孫公開府廣州護法時，以打倒直系軍閥曹錕、吳佩孚爲首務，曾派遣汪兆銘北上叩訪段祺瑞與關外王張作霖，實行三角聯盟。既而段祺瑞命許氏代表來粵報聘，孫公接談之下，殊爲讚賞其才識，事後告語左右云：「想不到北洋軍閥幕中，亦有許某這類人才。」越民國十三年直系軍閥垮台，段祺瑞再起執政，任命許氏爲內閣總理，邀請孫公北上協商國是，孫公發表宣言，主張以召開國民會議，廢除不平等條約爲解決國是的主要課題。詎段執政即發佈文告，聲稱遵守一切舊有的國際條約；一面召集所謂善後會議，以與孫公的政見抗衡。時孫公尚在天津與張作霖晤談政治問題，許氏奉段執政命，赴天津歡迎，孫公一見許氏即謂：「我要廢除不平等條約，你們却要遵守一切不平等條約，何必再來歡迎我呢？」許氏雖委婉解說，亦難迴孫公之聽，因而國民黨人皆奉命拒不參預善後會議，段政府依然是北洋政府的化身，信譽大爲低落了。

許內閣爲要彌縫三角聯盟的裂痕，乃千方百計邀約民黨人士入閣參政，終於物色昔年曾任孫大元帥府秘書長的楊庶堪担任農商總長，這是孫公在北都下世以後的事。至於善後會議，民黨人士沒人願意參加，宣告無疾而終，此爲許氏一生官運到達巓峯的時期，亦即係最後的得意階段了。民十四年秋十月，筆者自日本歸至北都，執教鞭於私立民國大學，許氏方在內閣總理任次。有皖友祁雲龍者，原係許氏在安徽省長任內，以官費送日本留學的青年學子之一，祁君常奔走許總理之門，便中告以筆者先君與先伯父曾是許靜老的部屬與門生等情，靜老即囑祁君約我於次晨赴官邸一談。筆者此時幷不認識許氏，而年齡尚不滿三十歲，亦無從事政治活動的意念，婉却之。然祁君堅以靜老誠意招邀，未可爽約失禮，乃於淸晨九時偕往官邸，進入大廳，滿座皆屬顯貴人物，如民黨前輩楊庶堪先生即其一也。繼而副官來，首先呼余至許總理書齋談話，相見備詢先君與先叔等近況，倍示親切，聲言「我們是三代交情」，語片刻，我興辭告退，靜老偕至大客廳內，將我掛在衣架上的一件頗爲寒傖的貓皮大衣替我穿上，又拍拍我肩頭云：「有空常來談談」。廳中諸貴客覩狀，大感詫異，聞有人輕聲說道：「這小孩兒是什麽人？」我悚然急足趨出，靜老扶着我的手臂，送到樓梯口，珍重道別，這情形使我亦深感意外。堂堂國務總理，對一個素昧生平的青年學生，如此紆尊降貴，另眼看待，可見先輩人浸潤於中國傳統文化思想中，講究世交道義，屏除官場惡習，令人銘感不忘，這亦就是靜老在政治上一帆風順，蜚黃騰達之所以然吧？試問今日標榜民主政治的達官顯宦，能有這樣不以富貴驕人的風度嗎？古今人之不相及如此，足以覘世變矣！過了幾天後，靜老囑祁君轉問我，希望做那樣政治工作？當時我無意從政，敬謹道謝了。

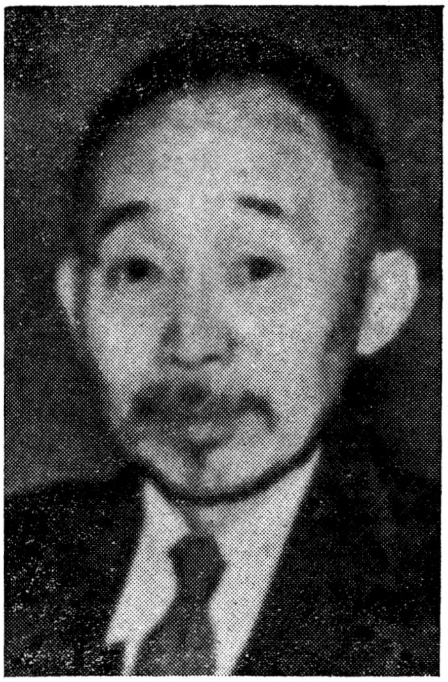

許世英（一八七二——一九六四）

越民國十六、七年間，我供職南京國民政府，偶至上海游息，於皖省友人關雲龍（我駐西德商務專員關德懋的令尊）家，重晤靜老。是時靜老以閒散之身，寄寓滬濱，常至關宅與三數友好玩撲克牌，然我不諳悉此道，靜老即娓娓指點其玩法，亦殊簡單，因而每至上海即赴關家陪靜老消遣。一日，靜老笑問我見到報紙刊載滬上少女黃慧如，因熱戀男僕陸根榮而自殺的消息否？我漫應之，表示不屑重視的態度。靜老即大發議論，說黃慧如能衝破階級觀念而殉情，允符「戀愛神聖」之義，且唸出「花月痕」小說開篇「情之所鍾，端在我輩」二語，不勝感慨系之。這纔知道靜老原是沒有頭巾氣和官僚派，而極饒風趣的名公鉅卿，和易近人，至堪親近，從此我在靜老面前，即毫不拘束，無話不談了。

迨對日抗戰發生之前，中、日外交不絕如縷，吾國駐日大使蔣作賓知難而退，一般外交界人士皆視使日為畏途。國府以許氏原係段祺瑞親信，而段氏過去當國時，是實行親日外交政策的，乃徵辟許氏担任駐日使節，冀能緩和日本軍閥侵華的氣焰，許氏毅然受命於危難之際，在使日期間，從事曲突徙薪工作，不亢不卑，立場堅定，視一般職業外交官的成績，幷無遜色。靜老奉命使日之初，我勸他考慮，認為是跳火坑而沒有甚末收穫的。靜老却謂：「國難當頭，跳火坑亦非所惜，姑試為之，聊盡國民天職，成敗非所計也」。其詞殊勇決，吾亦無以難之。

中、日大戰爆發，靜老鎩羽歸國，中樞嘉其賢勞，派他主持中央振濟委員會，他曾親赴各戰區視察實況，資為策進振濟事宜的根據。民國卅一年夏間，他從各戰區巡視回渝，一夕與我談到某戰區司令長官的日常奢靡生活，頻頻搖首慨歎，我主張他不妨密陳最高當局，他哂然道：「俗言疏不間親，古人垂訓不在其位，不謀其政。我是以黨外人士辦理振務，若越職言事，無論納聽與否，對我皆有損無益，這道理你應該慎思明辨，信守為佳。」越民國卅二年春間，我以重慶市教育局長出席市參議會，報告教育情形，說了一句「我們的辦法不像共產黨」的比喻詞，而共黨分子參議員周欽岳，當場跟我爭辯衝突，要我指出市參議員中誰個是共黨，我以其無理取鬧，亦抗顏駁斥不屈。次日渝市各報紙刊出經過情形，市長賀耀組頗不以我為然，我站在黨的立場，更不服氣。第三天見到靜老，他以幽默語氣教導我曰：『你該知道，一個民意代表費了很多工夫纔獲選的，他們就在集會期間，顯示民意代表的權威，對政府官吏遇事指摘，藉以滿足虛榮心。政府人員在議會中聽到他們的言論，不管說得對不對，唯有表示「大爺」的話不錯，讓他們逞足威風，等到會期過後，你還是照自己的意見行事，他們亦就管不着了。你要在大會上跟他們爭辯是非，決非作官之道啦！』靜老這席經驗之談，對我具有振聾發聵之效用，深為服膺，而自慚缺乏作官的技倆，亦即証明靜老一生官運亨通，非偶然也。

國府實行憲政後，許靜老當選國民大會代表，這時候他已不良於行，出入須用輪椅了。一九四九年他避地香港，旋携眷移居台灣，客中多暇，仍以玩撲克牌消磨時日。他的如夫人侍候靜老的日常生活很周到，每抽閒偕靜老的秘書某君，外出看電影或游山玩水，靜老不以為意，有人向靜老進言，似須畧加管束，靜老謂：「我只要她服侍起居飲食，稱心如意就得了，個人的消閒行動，焉用干涉為？」靜老的處世哲學，眞是到了爐火純青地步，不是尋常之人所能企及的！

綜觀許靜老一生的史迹，從滿清到民國，總是在政治場中討生活，政治人物最容易招致恩怨，而靜老在仕途中多見其有友無敵，憑其事無鉅細而規矩方圓之至的作風，每能化戾氣為祥和。筆者自從得親謦欬以來的漫長歲月間，從未見靜老對人表示過疾言厲色的詞氣。他對於各色各樣的人物，有其投合對方心理的言談技術，教人皆大歡喜。若論從政為官之道，可謂舉世無有出其右者，宜乎睿智英明如國父孫公，亦稱讚許氏為傑出的政治人才也。

徐樹錚（又錚）

民國肇建以來六十年間，政壇上知名之士林林總總，不可勝紀，而尤以徐樹錚最爲突出，說他是個彗星式人物，允屬當之無愧。其爲人也，容貌俊逸有如太史公筆下所描述的張子房之流，而賦性倜儻雄奇，兼資文武，飛揚跋扈，敢作敢爲，其生其死，皆富傳奇性。他若不在中年即罹於非命，中國現代史更要多采多姿，蔚爲奇觀呢！

徐氏出生江蘇蕭縣，聰穎過異常人，十三歲應科舉院試中秀才，十七歲補廩食餼，一度赴鄉試不第，即不復置意科名，立志投筆從戎，曾私竊乃父藏鏹出亡，由其母追還家，爲之授室，示羈縻焉。越一九〇一年——清光緒廿七年——八國聯軍佔領北京，中國迫作城下之盟，簽訂辛丑條約，徐氏年方廿二歲，蒿目時艱，不甘寂寞，以袁世凱督練新軍，巡撫山東，清除義和拳亂民，保持魯境安寧，心儀其人，馳往濟南上書言兵事。袁適喪母守制，命道員朱鍾琪延見，言不投契，徐氏貽書誚之，落拓旅社，候家欵應濟。時段祺瑞從袁世凱担任設在保定的新兵督練公所參謀處總辦，常來濟南晉謁袁氏，一日，段赴某旅店拜客，走過廳堂時，見一青年秉筆爲他人寫楹聯，書法不俗，時已冬寒，而青年猶着夾袍，然氣宇軒昂無寒酸氣，詢謂投友不遇，段頗奇其人，再問願就事否？答謂「値得就，則可就」，乃約與細談，深相契合，延之爲書記官，此人即徐氏也。徐在保定隨段祺瑞于役三年後，袁世凱早已升任直隸總督兼北洋大臣、練兵大臣，徐氏請於段總辦，願赴日本習軍事，段資送之，入彼邦陸軍士官學校第七期步兵科，畢業歸國仍服務段氏幕中。辛亥武昌義軍起，段以湖廣總督兼第一軍軍統官，率兵南下作戰，駐節孝感，密受袁世凱教唆，領銜通電贊成共和，電文就出自徐的手筆。

入民國後，段祺瑞以北洋軍中的實力派巨擘，任陸軍總長有年，徐氏更得祺瑞倚畀，由參謀官而兵學司長，洊升爲陸軍部次長，駸駸大用，但爲袁世凱所不喜。洎民國五年六月袁氏逝世，直至民國十三年的八九年之間，段祺瑞迭膺內閣總理兼陸軍總長，國內戰亂不息，政潮迭起；如直皖、直奉戰爭，如張勳復辟，如黎元洪、徐世昌、馮國璋、曹錕等人之交替攘奪總統高位，煽起督軍團異動，因而解散舊國會，製造新國會，徐氏皆係居中縱橫捭闔、設計鼓動的中心人物，而其擁戴段祺瑞躋登大位的願望，始終未能達成。然徐仍不氣餒，一往直前，爲段氏鞠躬盡瘁，死而後已。他的作風譎而不正，爲目的不擇手段，驚世駭俗，在所不顧，舉其犖犖數端，即可概見。

他在歐戰發生後，我國尚未對德宣戰，而日本進攻青島之際，瞞着國務總理段祺瑞，私用陸軍部執照，運送軍火接濟青島的德軍。時山東督軍靳雲鵬認爲殊多顧慮，表示不同意，且謂徐氏素來主張親日，更不應有此暗助敵人的行動。徐告靳云：中日緊隣，日本對中國內政每多干涉，爲着減少外來阻力，表面上不得不稍事遷就日方意見。但日本是居心要侵略中國的，危害比西洋各國更大，於今歐戰勝負未可知，吾國資助一下青島的德軍防守力量，將來或許在外交上不無裨益，靳氏乃不復持異議了。

黎元洪繼任總統之初，徐氏以國務院秘書長，持着任命福建省府民政財政廳長的公文赴總統府蓋印時，黎詢及各員履歷，徐即謂：「總統只管蓋印好了，我事忙，沒有工夫談話。」其驕橫跋扈之狀，使黎不能忍受。

在直皖戰爭之前，徐氏以奉軍副司令名義，將直系軍、頭前陝西督軍陸建章誘至天津的奉軍司令部加以殺害，連段祺瑞亦不知道。

民國八年蘇俄乘中國內戰迭起的機會，唆使外蒙古活佛與喇嘛宣告自治，不奉中國正朔，徐氏奉命爲「西北籌邊使」，率領國軍一旅之衆，馳往庫倫，兵不血刃即使活佛等自動撤消自治，仍爲藩屬。他是採取心戰攻勢，先以近百輛卡車載運軍隊至庫倫，蒙人未曾見到過這樣浩蕩疾馳的軍容與兵器，相顧失色，認爲不可抗的力量。徐又嚴申紀律，秋毫無犯，且以懷柔手段對付活佛與喇嘛王公等，乃博得和平收復失地的奇蹟。這是徐氏對國家一項最大的貢獻，差堪稱許的。

民九直皖戰爭後，段系敗績，曹錕僭任總統，孫中山先生在廣州主持護法政府，曾與關外張作霖暨蟄居天津的段祺瑞聯盟，合力討伐曹吳。民十孫公宣告北伐，親至桂林設置大本營，督師出征，徐氏於是歲春間，奉段氏命南下晉謁孫公於桂林。時陳炯明駐在南寧，孫公特召集軍事會議，請徐氏參加，陳炯明拒不出席，徐覘狀急離桂林，臨行私語吳忠信以粵局將有變，意指

徐樹錚（吳灞陵先生贈刊）

陳已不忠於孫公，越六月十六日，陳軍果然在廣州謀叛了！北伐軍許崇智部回師討陳不利，退往福建漳州。是歲十月，徐氏隻身潛入閩省泉州，鼓動閩督軍李厚基所屬旅長王永泉與許崇智協力驅逐李厚基，他即馳至福州，一面宣佈自己撰寫的「建國眞詮」，號召四方，同時創立「制置府」，自任首領，派王永泉爲福建總司令，林森爲福建省長，儼然開府稱尊，形同獨立王國。後來王永泉與徐攜貳，制置府曇花一現，然其呼風喚雨的勃勃野心，表露無餘了。許崇智軍初從贛邊退入閩境，餉械皆告匱乏，幸得徐氏有此異舉，商取王永泉同意，接濟許軍餉械，暫駐漳州整訓，而林森亦就任閩省省長，使民黨勢力在閩省暗長潛滋，成爲他日討伐陳烱明的中心力量，這亦就是徐氏代段系履行聯盟義務的表現。

段祺瑞於直皖戰爭敗績後，隱居天津，徐氏在福建的異圖既告失敗，又爲曹吳欲得而甘心，且與奉張反目失和，此時是他在政治上最失意的階段，祇好蟄伏津滬租界，乘機觀變。但他是不甘寂寞的人物，藉着平素與南通狀元張季直的友好關係，由張氏暗中撮合，又與雄據南京的所謂五省聯軍總司令孫傳芳周旋聯繫，作爲政治背景。迨民十四年冬，馮玉祥受張作霖利誘，自前線倒戈潛師回京，推翻曹錕政權，協同張氏擁戴段祺瑞重起執政後，徐以不慊於張作霖，亦未便再作段執政的幕僚長，在政海興風作浪，而跟馮玉祥頗爲接近。旋由段執政明令特派徐氏爲考察歐美日本實業專使，目的在乞取國際奧援，藉以增强段執政的統治地位，他曾與意大利首相莫索里尼秘密簽訂軍火貸欵協定。當時他把這項密約報告段執政外，只通知孫傳芳與馮玉祥二人，表示他將要大展鴻圖，而以孫、馮作爲後盾，馮對他很推崇，致電自稱「職」，請徐回國領導。未幾，徐自海外歸至上海，即與孫傳芳聯袂赴南通叩訪張狀元，盤桓數日，當然對政治問題有所策劃。這時北京駐軍係馮玉祥部，而吳佩孚在武漢查家墩揭出「討赤軍」的旗幟，旨在反馮玉祥，關外的張作霖由於馮氏煽動郭松齡叛變之故，亦痛恨馮氏刺骨，暗與吳氏通聲氣，此時馮氏處境極孤危，希望徐氏予以撐腰。徐於民十四年十二月下旬，由滬北上謁段，表面理由是覆命，實際係將在南通和孫傳芳等密謀情形，向段報告。他以過去與馮玉祥交誼不錯，且共秘密（意大利軍火密約），馮對他亦很親熱，有恃無恐，到達北京之日，即電告馮氏，馮自張家口復電歡迎徐赴張垣一行，面授機宜。徐在北京居留了一星期，大概是爲了履行在南通與孫傳芳的密謀，於決定離京之前兩天，嗾使段執政頒佈了一道「討赤」命令，以與吳佩孚相呼應，對象就是馮氏，蓋馮軍的餉械皆由蘇俄接濟，已屬公開的事實，馮見此令，知係出於徐氏的主張，即認定徐在上海已與孫傳芳另有策畫，不再爲馮助，且站在敵對的立場了。若讓徐氏回至華中，憑其縱橫捭闔的慣技，勢非消滅馮軍不可。於是，決計先發制人，密飭駐防廊坊的西北軍將領張之江，截刧徐氏赴津的專車，予以殺害，事後囑陸建章的兒子陸承武出面，聲言爲父報仇，自承是他幹的，與馮軍無涉。當徐氏備車離京之日清晨，段執政辦公桌上忽有人置一紙條，上書「又錚不可行，行必死」字句，段將字條急交徐查閱，徐笑置之，認爲馮玉祥決不致謀害他，仍按照原定時間出發，夜午車停廊坊站，即由西北軍參謀王某，率領士兵十餘名，强挾徐氏下車，行至荒郊鎗殺了！年方四十六歲。後來據西北軍參謀處長熊哲民（斌）告語筆者，他當時亦在張之江司令部，張將徐氏專車攔阻刧持時，急以長途電話報告馮說：「抓到了，」馮答：「幹掉就得了！」徐既被害，張之江曾跪地禱告云：「上帝呀，并不是我要殺人，係奉命行事的啊！」張爲虔誠的耶穌教徒，故有此懺悔舉動。段執政聞得徐氏被害消息，祇是老淚縱橫，却不敢出聲吭氣，連表面文章的恤典亦付之缺如，以防激怒馮玉祥。但由於吳佩孚張作霖協組「討赤聯軍」已表面化，馮又飭京畿警備總司令鹿鍾麟派兵包圍執政府，驅段下台，同時將曹錕釋出延慶樓，表示妥協，然吳張對馮不復信任了。

徐氏具有文韜武畧的本質，唯野心滋大，好弄權謀術數，罔顧政治道德，純屬戰國策士之流亞，沒有政治家的修養，因而半生事業殊少成就，且不獲善終，這是很可惜的。他生就一副俗語所謂「鳳眉眼」，據星相家言，必遭非命之禍。他的國學根底很不錯，所作詩詞歌賦多可觀，而尤擅長散文，卓具漢魏風格，看他致清史稿編纂馬通伯論張之洞與袁世凱未能和衷共濟的經過情形一書，行文古樸有緻，即可窺知其造詣的一斑了。書云：

通伯先生道席：南皮張公傳藁，諦誦數四，裁剪嚴絜，愜心貴當，重事輕舉，蕭然若無覺矣。篇中多用側筆，運以曲致，諷譽相孕，抗隊在心，殆合龍門六一之神髓，別造新妍，而不襲貌似者也。惟鄙見以爲有清中興以來，自合肥李公逝後，柱國世臣，資望無逾張公，幹畧無逾項城。公於項城，爵齒德俱尊，而輩行又先，項城功名中人，仰公如神。其時公果涵以道氣，馭以情眞，兩美訢合，共憂國事，項城不憤親貴之齮齕，盡其材畫，戮力中朝，公雖前卒，而武昌之變，至今不作可也。詎公與相遇，殊形落寞，項城執禮逾恭，則愈自偃蹇，以作老態。壬寅之春（光緒廿八年），公過保定，項城時權直隸總督，請閱兵，既罷，張讌節府，樹錚躬侍陪席。親見項城率將吏以百數，飭儀肅對，萬態竦約，滿座屏息，無敢稍懈，而公欹案垂首，若寐若寤，呼吸之際，似翕然隱鼾動矣！迨公去後數月，項城每與僚佐憶之，猶爲耿耿也。一色息之細，不能稍自節束，以籠絡雄奇權重之方面吏，使其人心目中，更無可畏可愛可敬之人，生與並世，漸滋其驕譎之萌，致力於拒納之術，以遺後世憂。當日袞袞諸公，何人曾足語此？此亦淸室興廢一大關鍵，而春秋責備之義，所不容不獨嚴於公也。鄙見以爲宜於傳中微書數言，俾後之讀史者有所考，而知所以自處之道也，先生其謂可乎，惟幸教及之，不宣。

當徐氏遇害之先夕，南通張狀元忽夢徐氏來見，并贈詩一首云：

與公生別幾何時，明暗分途悔已遲；
戎馬書生終誤我，江聲澎湃恨誰知。

張醒後，詩句猶記憶淸晰，訝爲不祥，越日，徐氏的凶問果傳來了。張即撰輓聯刋諸報端云：

語讖無端，聽大江東去歌殘，忽焉感流不盡英雄血；
邊才正亟，嘆渤海西頭事大，從何處更得此龍虎人。

徐於北上前，曾在南通張宅與孫傳芳宴樂之際，高歌崑曲「大江東去」一闋，故上聯指及之。下聯「渤海西頭」云云，即指外蒙邊釁方興也。徐氏死後第二十年，對日抗戰勝利結束伊始，馮玉祥住在重慶，張之江寄寓北碚。徐子道鄰原任行政院參事，乃辭去現職，而以平民身份，分別具狀軍事委員會暨北碚地方法院，控告馮玉祥教唆殺人，張之江爲實施殺人犯，示報父仇，依刑事訴訟法之規定，尙在二十年追訴的有效期限以內。然軍委會根據北洋軍閥政府頒佈的刑律，刑事責任追訴期間爲十五年的理由，拒不受理，北碚地方法院始終沒有下文，不了了之，但世人皆謂徐氏有子云。

曾毓雋（雲沛）

曾氏別號雲沛，福建省閩侯縣籍。閩侯曾氏係簪纓望族，科甲鼎盛，曾氏自幼生息於書香門第之中，家學淵源，加以良師指導，於滿淸光緒甲午年舉行鄉試中，以秀才得孝廉──即舉人──及第，與江蘇名士冒鶴亭爲同年，時不過廿餘歲而已。洎後迭赴禮部都堂之試而報罷。適閩人陳璧担任京兆尹，徵辟曾氏爲文案，即今之秘書職務，以嫻習筆札，且留心於地方行政的興革事宜，獻替可否，頗中肯綮。尤能瞭解居停的志事所嚮，每逢陳尹將要興革某項政務之前，曾氏輒提出一套計劃，詳述其所以然，而適與陳尹所思維者相吻合，譽之者嘆其才智卓越，詆之者說他善於揣摩上官意旨，但陳尹對他信任甚專，視爲心膂之寄。陳尹係翰林出身，多識京朝大官，認曾氏具有吏治長才，囑其絕意科塲，投身仕途，依法應舉人「大挑」之選，分發直隸省任用，旋由陳京兆尹調任爲宛平縣令，繼知大興縣，所至政聲頗佳。

時段祺瑞在直隸小站助袁世凱練新軍，常至京畿公幹，習聞曾氏聲譽，乘機結識論交。未幾，段氏出任江北提督，乃挽曾氏入幕助理，初作秘書，與徐樹錚同寅，徐氏固自負才智非凡，然對曾氏另眼看待，相處甚洽。既而徐氏赴日本習軍事，在未回國之前，段提督幕府的日常文書與政務，即恃曾氏爲得力助手。迨徐樹錚學成歸來，曾氏仍退居徐下，効力輔弼而恬然自安。入民國後，段由陸軍總長而內閣總理，權力煊赫，對曾氏不次拔擢，固不及徐氏之蜚黃騰達，然徐以才氣縱橫，目無餘子，在政治塲中常遭各方忌嫉。曾氏却以「知白守黑，知雄守雌」的作風，揖讓周旋於名公鉅卿之間，而其氣宇亦頗恢弘，長於肆應，又以其善伺人意的智能，一面替段氏消弭若干政治上的恩怨之見，同時亦爲段氏劃策不尠，因而他跟徐樹錚成爲段氏左右的文武兩巨臂，曾於段氏討平張勳復辟後，重任內閣總理時，一度官至交通部長了。

當段氏於直皖戰爭之役失敗下野後，曾氏亦遯居天津。時徐樹錚深受直系指戟，列名禍首被通緝，繼雖從北京東交民巷由日本使館潛至津門，亦未能公開露面作政治活動。曾氏憑其政治地位與肆應之才，仍爲段氏拉攏直系以外的各方人士，應酬濶綽，手面大方，一時門庭若市，車馬盈門，而其寓所致有「總理衙門」之稱。唯曾氏極不贊許馮玉祥，而對張作霖頗事聯絡，他逢人每稱馮氏爲「倒戈將軍」，馮對曾亦甚銜恨。民十三年冬臘，馮軍由熱河潛師回京推倒曹錕政權之際，曾氏適在北京，乃與張敬堯同被馮軍拘捕，生命危殆。詎曾氏竟能說服看守他的馮軍下級官，跟他一道逃到天津，倖免於難。

既而段氏受張作霖、馮玉祥擁戴，出而執政，曾氏對段竭力勸阻，謂段氏幷無實力作後盾，一旦主政，徒受制於關係甚淺的兩個大軍頭，尤以馮玉祥險譎莫測，不啻是置於爐火之上，決非所宜。然皖系要人如段芝貴、曹汝霖、吳光新等，皆以「段合肥」辛勞一生，功高望重，迄未克登大位，而年事日高，時不我與，再不乘機進取，稍縱即逝矣。段本人亦惑於此說，砰然心動，斯時唯一能夠左右段氏意志的親信幹部徐樹錚，適在海外考察未歸，曾氏的意見乃未被採納，他即不願隨段氏入京任職，且防又遭馮玉祥的毒手，亦不敢久住天津，而以段執政的代表身份，赴關外投奔張作霖幕中，間或潛來北京，溝通段、張之間的政治見解。據聞：後來徐樹錚歸至北京覆命後，決定專車離京赴天津之晨，段執政辦公桌上，忽發現「又錚不可行，行必死」的匿名紙條，就是曾氏秘密託人放置的，曾氏素性頗工心計，但表面沈潛鮮露鋒鋩耳。段氏主政剛一年，即被張作霖、吳佩孚所遺棄，而首先派兵包圍執政府，迫繳衛隊槍械的，就是馮軍大將京畿衛戍總司令鹿鍾麟的傑作，段的下塲，果不出曾雲沛當年所預料。假使段氏曲從曾氏意見，不受張、馮利用，等到徐又錚歸國後，聯合孫傳芳等創造新局面，必然擁戴段氏爲盟主，北方的局勢又是一樣，結果如何，，很難說了！徐氏既遇害，曾氏即成了「段合肥」左右唯一的政治智囊。但段執政府垮台後，北洋軍閥團體已告渙散，張作霖雄踞幽燕，開府自稱大元帥，不復敷衍段氏，而南方國民革命軍已越嶺嶠進入長江流域，對段氏固無好感，段只好蟄居津沽，不作問世之想，曾亦與段氏唇齒相依，以全終始。從一九二六年（民十五年）到一九三七年這十載之中，曾氏仍隨侍「段合肥」度其厲公生活，適適然與世無爭。

迨對日抗戰軍興，國府軍事委員長蔣公以段氏過去跟日本帝國主義者多有勾結，深恐段或被日寇利用，乃以「蔣志清」名義，對段敍述師生之誼，恭請段氏南下協商國事，蓋蔣公曾以「蔣志清」學名，肄業於當年段氏主持之保定陸軍速成學校也。段偕曾氏暨其妻弟吳光新欣然南來金陵，表示共赴國難，旋卜居上海，不復北上。段離京時，面囑蔣公對曾、吳二人予以照顧，蔣慨然允諾，由孔祥熙不時接濟其生活費。段去世後，曾仍蹭蹬於淪陷區，閉戶不預外間事。未幾，太平洋戰事起，美國對日宣戰了，閩人梁鴻志受日寇指使，擬在上海組織偽政權，以曾氏誼屬同鄉，且係在政治上提拔他的知己，堅挽曾氏出而領導，曾氏語之云：「如果這次戰爭只是中日兩國之事，我不反對你幹此項工作。但實際上是日本與中美英三國作戰，日軍寧有制勝之理？徒負叛國罪名，後患莫測，何苦乃爾呢！」梁執迷不悟，曾即避赴重慶了。在抗日戰爭期間，「段合肥」領導下的皖系人物，唯有梁氏與王克敏、李思浩、王揖唐等通敵叛國，甘作漢奸，而素被世人指為親日派的曹汝霖，却能善葆晚節，湼而不緇，殊出意料之外。抗戰結束復員後，曾氏回至天津，未作政治活動，唯與章士釗基於段派關係，常有私人往還，因彼此皆失意，而年華老大，已無出塵之念，僅事詩酒唱酧而已。大陸變色後，曾氏蝨處津門，窮愁潦倒，旋章士釗得任文史館長，給曾氏以館員名義，月得人民幣八十元苟延殘喘。他寫有自傳一篇，交文史館保存，亦擬鈔錄副本致其避地海外的親屬收藏，然厄於禁令，未能如願，未幾曾氏即逝世了。

曾毓雋

林長民（宗孟）

林氏籍屬福建閩侯縣，滿清末葉，各省奉命斥官費派遣留日學生，林氏以青年秀士入選，肄業東京「早稻田大學」習法律之學。林於弱冠時得中秀才，性聰穎，舊學頗有根柢，尤擅書蠅頭小楷，工整異常，可見他是受過科舉洗禮的優秀儒生。

辛亥武昌首義革命後，各省相繼響應，既而十七省代表集會於上海，擬設臨時政府，林氏代表福建參預其役，旋赴南京正式成立參議院。林氏與各省同寅乘火車抵達金陵車站時，有人對他發槍射擊，林急伏地倖免於難，但他閉口不談被刺這回事，亦不說刺客是甚末人，江西代表吳鐵城與林同行，目擊其情狀，頗為詫異（見吳氏回憶錄）。林以青年英俊之資，素喜高談濶論的，然他在參議院很少發言，大概就是怵於被刺的關係，而其原因不外是閩省代表職位之爭。林姓係閩侯的鉅室，在海軍方面的權勢忒大，因而政敵祗好採取暗殺手段對付林氏。

袁世凱受孫中山先生禪讓，接任臨時總統，依約法施行全國國會議員選舉，林氏當選為衆議員後，在議會即嶄露頭角，議論飈發，與江西衆議員湯漪、湖北衆議員湯化龍、廣東衆議員楊永泰等，成為當時著名的代議士，鋒頭甚健，姓名常見於報紙中，但與民黨議員不接近，他的政治路線是走的憲法研究系與政學系，這些政客塗徑，却沒有堅定的政治思想和主張，乃屬於熱中功名富貴之流，殆莊子所謂慮歎變慹之士也。所以，他始終以其爭名於朝的政客本質，馳逐於首都的政壇之間，無論誰人當國執政，皆無所謂。曹錕賄選總統之役，除却國民黨籍議員皆南下護法外，其他各黨派份子中之稍有氣節者，亦拒不參預，而林不以為意，供職如常。曹錕任內的天壇憲法草案，林氏與湯漪，即係憲草委員會的主幹人物，據法學家的評判，天壇憲草內容，實為其他各種憲草中之最上乘者。

先是，徐世昌任總統時，曹汝霖受任交通總長，林氏營謀府秘書長職位，託曹向徐推薦，徐答以「我的秘書長不需要桀驁大才」而婉拒之，林對曹已不無芥蒂。是歲舊曆年關，林又向曹氏告貸三千金以濟急需，曹未立即付與，而於新正初趟林寓拜年之際，如數袖交。詎閩俗以此為觸霉頭之事，甚不吉利，林氏認曹有意作弄，為之大恨，峻却不受，洎是寖成仇家。「五、四」運動發生後，北大校長蔡元培倡說「民亦勞只，汔可小康」，學生們皆恬靜無譁了，徐世昌且頒發文告，為曹汝霖等辯解。一日林氏聞學生們在天安門集會，乃以棺木隨身，馳赴會場，向學生演說曹汝霖、章宗祥、陸宗輿等媚外賣國的種種罪行，煽動學生繼續愛國行為，擴大組織於全國各大都市，非撤懲曹等不止，自謂將不見容於權貴，誓死報國，固所願也。其詞慷慨激昂，義憤填膺，學生們旋即派員南下活動，掀起津滬一帶學生紛紛响應，要求政府懲辦賣國賊，上海商家且實行罷市。於是，徐世昌只好將曹、章、陸三人的公職予以罷黜，學潮纔告平息。「五、四」運動的初旨很單純，專爲反對「巴黎和會」袒護日本帝國主義，拒不交還其侵佔我山東的領土，而遷怒於曹、章、陸這幾個跟日本素來接觸甚多的政府官員，謂之爲民主運動，庶幾近之，却與提倡科學，渺不相干。近人每稱「五、四」運動爲提倡「民主與科學」云云，失之夸大，殊與事實不符。然曹汝霖將「五、四」運動之所以趨於激化，完全歸咎於林長民對曹洩憤報怨（見曹氏所撰回憶錄），亦不免以偏概全之病，林氏藉端對曹修怨的心情固不虛，但謂「五、四」運動之蔓延，係由林氏蠱惑所致，亦非信史。平心而論，當時全國人民對日本帝國主義皆切齒痛恨，曹、章、陸等都是中國人，當然亦不願見到自己的領土被日人侵奪的，然他們并無能力迫使日本政府放棄其侵　政策，殆無疑問。林氏因與曹汝霖不睦，乘機作倒曹運動，而章宗祥、陸宗輿以先後担任駐日本公使之故，併受其殃。往後日本帝國主義者製造「滿洲國」，進而以武力施行「華北特殊化」，以至中國對日抗戰期間，許多北洋政府官僚，皆受日人利用，通敵叛國，而曹、章、陸三人始終自愛不落水，其心迹差可大白於世了。

越民國十三年冬，段祺瑞重起執政，舉行「善後會議」，網羅全國各界知名人士爲委員，共商國是。林氏以舊國會議員有聲於時，且不甘寂寞，經閩人曾毓雋向段執政推轂，指派林氏爲善後會議法制委員長。然善後會議以段執政不接納孫中山先生廢除不平等條約的主張，孫公遺命國民黨人勿參加，西南各省漠然置之，終於一事無成而散夥了。林氏有意入閣從政，唯此時曹汝霖已是皖系的要員——他於段祺瑞討伐張勳復辟時，曾爲段氏籌得鉅額軍費——對於林氏的政治活動，自有阻礙，所志未酬，而生計亦陷入窮愁之境。適駐防山海關內的奉軍大將郭松齡舉兵反對張作霖，揮戈出關，擬取張大帥地位而代之。郭以大軍回瀋須通過南滿鐵道線，必須取得日軍諒解，將來主持東北政權，尤與日本關東軍方面交涉孔多，乃慕名託人挽請林氏相助，專負對日外交之責。林與郭素無往還，頗感意外，適屆舊曆年下，家用拮据，郭既優禮有加，不妨應命，藉作他日的政治背景，蓋當時一般輿論，皆認定郭氏反張運動必能成功也。

林氏與鄂人饒漢祥以客卿地位，隨郭松齡出發，大軍抵達新民屯後，瀋陽業已在望，日軍表面未加干涉，但黑龍江吳俊陞的大隊騎兵趕來抵抗，戰況突趨不利了。林聞之憂懼，曾對饒漢祥說出「無端與人共患難」的感慨語。既而郭軍發生內變，郭夫婦於夜間潛遁，不知所終——最後皆被殺了。林、饒二人乃雇騾車一輛，由新民屯馳返山海關，正在雪地行進之中，突遇黑省騎兵襲擊，急停車避難，饒漢祥匍伏車輪間，匿而免，林氏却被槍彈擊中要害致死了！新民屯設有日本領事館，當時林氏若避入日領館，必告生還，郭氏親信幹部齊世英即係匿住新民屯日領館兩月後，纔化裝潛至關內的。林氏以留日學生，又代郭軍辦理對日外交，乃不知新民屯設有日本領事館，可謂過於疏忽，因而身死於冰天雪地的亂軍槍彈之下，寧非命也耶？

林氏才學皆有可觀，少年即膺選國會議員，卓著聲譽。然馳驟政壇數十年，終鮮成就，毛病就是過於熱中功名，而又缺乏政治節操，不能擇人而事，竟爲素昧生平的軍人作殉葬品，太可惜了！

梁鴻志（衆異）

梁氏福建長樂縣人，是清代著名漢學家梁章鉅的後人，幼承庭訓，多讀詩書，而其詩才尤卓犖，近代閩省詩人，除鄭孝胥（海藏）而外，就推梁氏了，他如黃秋岳之流，不及遠矣。

梁氏於滿清光緒末葉應科舉試獲雋爲舉人，行年不滿二十歲。旋科舉報罷，「京師大學堂」初設，梁受選拔入堂肄業，成績亦不壞。他的岳丈是名翰林閩人林壽圖，左宗棠作陝甘總督時，林壽圖係陝西巡撫，左氏對人常以諸葛亮自況，大言不慚，與朋友通信亦自署「老亮」別名，每聞前線軍事捷訊，即掀髯言道：「此諸葛之所以爲亮也！」一日，林巡撫稟見左督叙談之際，接得甘肅勦回軍事失利報告，左很沮喪，林笑謂：「此葛亮之所以爲諸也！」諸、豬二字音同，左深銜其不敬，即將林巡撫職位參劾罷去。梁氏自幼襲先人餘蔭，而且少年得志，成人後又受着名士氣習很深的岳丈薰陶，自然而然地養成了一種眼高於頂的狂妄自負性格，因而他的詩句有時候亦甚刻薄。例如民國十七年春間，他到南京游玩，頗思用世而失望了，事後撰有「金陵雜詩」數首，刋載天津的「國聞週報」上，中有「謁周處讀書臺」一絕句云：

折節爲儒勇者圖，山堂垂圮見規模；
羣兒致貴矜身手，飜笑先生好讀書。

末二句罵盡當年的革命政府人物，另一首更對某貴婦人譏刺刻毒，毫無詩人敦厚之旨，其爲人「喬詰卓鷙」（語見莊子南華經），視李卓吾尤且過之，宜其不得善終也。

梁氏的岳家早已移居北京，梁於成婚後亦流連京畿。越民國初年，得識其鄉前輩曾毓雋，不時獻詩述懷，曾氏甚激賞其詩才非凡，特示親近，且介紹他進入仕途。曾氏原係段祺瑞多年的幕僚，段自民國肇建以來，歷中樞政要，曾氏亦隨之逐漸顯達，對梁不次提拔，到民國十四年段執政時，梁氏一度担任執政府秘書長，成爲皖系要人了。唯好景不常，段於民十五年春下野後，息影津門，靜觀時變。維時北洋軍閥集團解體，僅有張作霖作迴光返照；南方國民革命勢力勃興，迅速控制了長江流域；段在政治上，完全沒有利用價值了。政治生活是最講究現實的，皖系舊有諸文武要員，有的安時處順，絕意仕途，如曾毓雋、段芝貴、吳光新、曹汝霖等是也。有的不甘寂寞，仍求發展，如王克敏、李思浩、王揖唐暨梁鴻志等是也。他們皆以華北為活動地區，迨張作霖被日軍謀害，東三省改奉國民政府正朔，而首都亦遷移南京後，華北局面頓形冷落了。梁氏一度南下干祿不遂，廢然北返，繼而「九、一八」之變作，張學良統率奉軍入關，開府北平，對皖系人物并不重視。旋張氏領軍南下剿匪，華北由馮玉祥舊部宋哲元坐鎮，更對皖系人士沒有好感。日本帝國主義者急思使華北特殊化，初擬利用吳佩孚出面號召，組織地方獨立政權，以條件不合而罷，嗣乃向皖系人士蠱惑，暗與王克敏、李思浩、王揖唐等勾結，乘機搏亂，王等久蟄思動，甘作日人之倀，而於我國抗日戰爭發作後，公然組織「臨時政府」，實行叛國。梁氏自恃才高，而資歷亦不下於王、李、唐諸人，不屑位居次要，故未參加華北臨時政府。未幾，上海、南京相繼淪陷，日寇依樣畫葫蘆，要利用過時的政客，在上海組織華中偽政府，初屬意於唐紹儀，唐被刺殞命，乃看中了梁氏，梁係賦性不平正而熱中利祿之輩，缺乏現代知識，昧於國際大勢，竟悍然設置「維新政府」於上海，自任「行政院長」，主持一切。然懾於傅筱庵、唐紹儀被國府鋤奸隊刺殺的往事，乃將「維新政府」置於日軍嚴密控馭下的四川路橋北堍的新亞酒店中，門外高懸五色旗，不倫不類，表現着十足的傀儡本質，這便証明梁氏是個迂拙的書生，連做漢奸的本領亦沒有，以視「前漢」人物殷汝耕的「冀察自治政府」，更為遜色。

梁氏掮着「維新政府」的招牌，政令不出新亞酒店，除却擁號自娛，向日寇討取一些餕餘的財貨為生之外，甚末政事亦談不到。迨汪兆銘在南京以「國府還都」名義，僭立偽政權時，纔將華北「臨時政府」與華中「維新政府」，予以合併，梁被任為汪政權的監察院長，在稍有政治見解與節操的人，決不願幹這種雞肋式的偽職了，然梁官迷深沉，泰然受命。即此可以斷定，當年國民政府若予以一官半職，梁必以愛國詩人著稱無疑，不知其飽讀聖賢之書，所學何事呢！

對日抗戰勝利結束後，政府嚴懲漢奸，梁氏畏罪，挾一姬妾潛赴蘇州，變姓名隱匿民家，冀得幸免，嗣因姬妾來滬購物，在火車中，為其舊日的偽政權同寅而新任國府臨時職務——先遣軍司令——任援道部屬識出，跟踪至滬，嚴詰梁氏所在，即派兵赴吳門緝捕歸案，囚縶數月後，經由法院訊處極刑，棄市於滬獄曠地中。梁於臨死之前，對於緝捕他的任援道，孕恨至深，說是「不應該拘捕我的人，竟來追緝我」，乃此生的奇恥大辱。殊不知能夠叛國的人，當然可以賣友，這在心理學上，實絲毫不足怪的應有現象，古往今來，政治上賣友求榮的事情，史不勝書，梁氏讀書不少，竟未能釋然於懷，何其聞道之淺薄乃爾耶？梁氏又謂生平所藏宋人字畫數十幅，亦被任援道刼去，引為恨事，身外之物，臨難猶沾沾於是，更無謂了。梁氏臨刑時的情形，滬上各報紀載綦詳，且附有照片，當時筆者于役南京，曾經閱到，使我印象最深刻的一種鏡頭，即其年幼小女兒，於乃父趨赴刑場時，在旁口呼「爸爸」，梁聞之痛絕無聲，可謂人間慘劇也矣！此女即此次章行嚴之喪，與黎明暉等同來香港參加喪禮之梁熙若，見本刊三十九期「黎明暉與梁熙若」，小名毛妹者。

汪兆銘、周佛海、陳公博以及若干汪氏親信人物之叛國行為，皆有一種政治構想，是否正確，固係另一問題，然其致死尚有殉道的意義可言。梁只為熱中功名富貴而招致非命之禍，使後世讀史者不發生絲毫同情憐憫之心，一代詩人下場如此，既可惜又可嘆也！

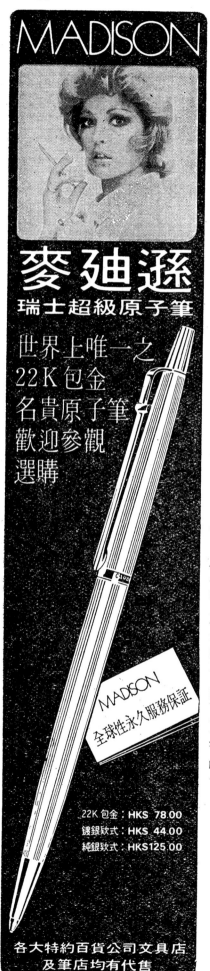

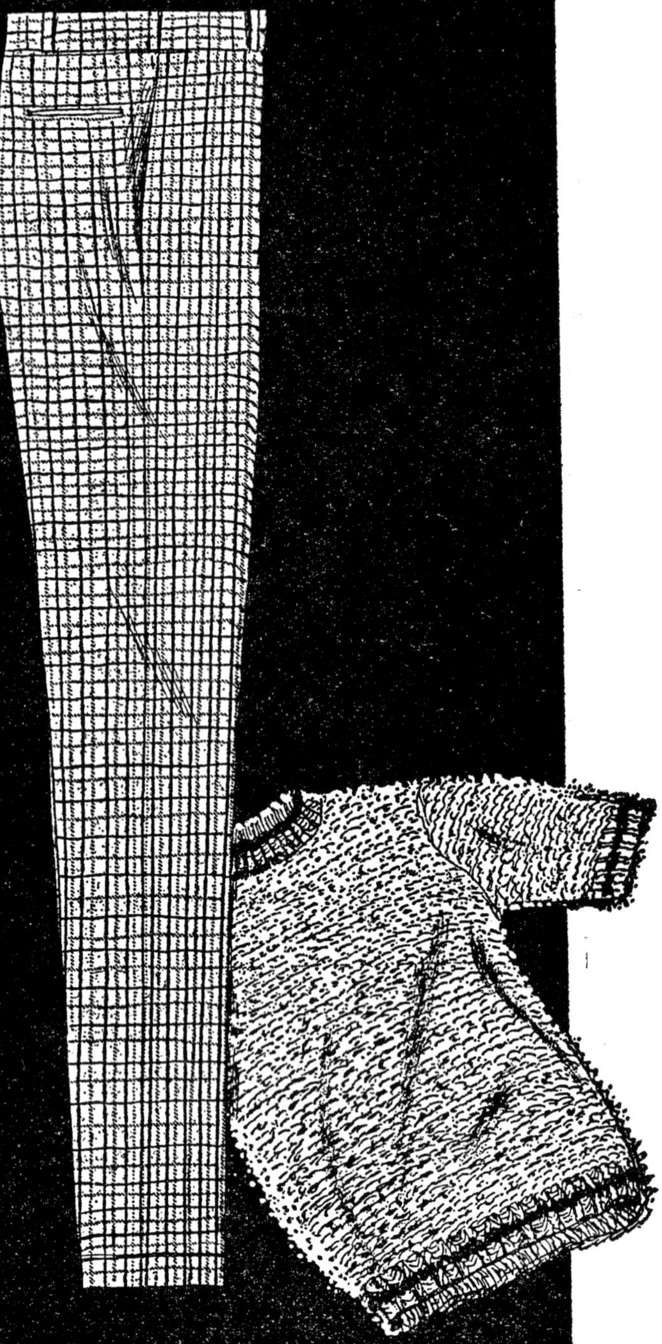

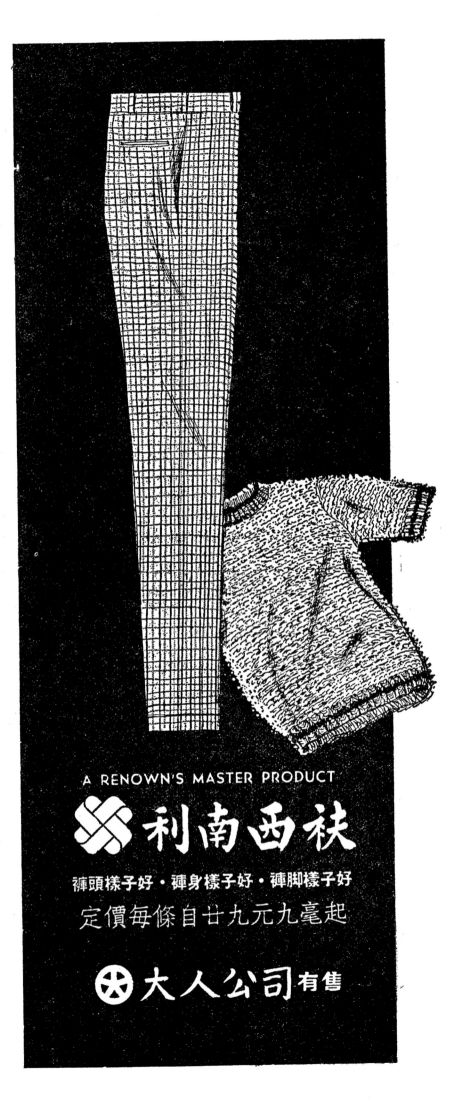

保靜齋雜記　關於慈禧太后

无聞老人

慈禧太后之氏族及入宮始末

太后姓葉赫那拉氏，明代遼東扈倫四部，曰葉赫、哈達、烏喇、輝發，亦自稱爲國，清實錄謂「四部統姓納喇」。乾隆時，編八旗氏族通譜，改爲那拉，各冠以原部落之名，四部中以葉赫爲最强，且忠於明，明於其地設北關，據盛京通志所附之地圖，開原附近有葉赫城，清太祖努爾哈齊以其助明，屢搆釁，滅其國，殺男丁殆盡，國主布揚古臨死，誓曰：「將來即生女子，亦必亡滿洲以雪恨！」（按當時無清之國號，滿洲即指清也。）故清朝家法，選后妃不用葉赫氏，惟清列帝妃嬪中，頗有僅書爲那拉氏者，不辨其爲葉赫或爲哈達等，宮史如此記載，蓋有所諱也。太后以滿洲旗籍女子挑入宮服役（蒙古、漢軍不備挑），被咸豐帝召幸，初封爲貴人，嗣封懿嬪。咸豐六年三月，皇長子載淳生，爲太后所出，次日即晉封懿妃。七年正月，晉封懿貴妃，東華錄皆書爲那拉氏。咸豐十一年七月，帝在熱河行宮逝世，事先既未遵照家法，預密建儲，（註一）彌留時，亦無立某爲皇太子之硃諭（詳見熱河行在軍機章京密札），因帝位已有專屬，蓋無其他皇子可以擇立也。載淳既立，（即同治帝）母以子貴，遂尊爲聖母皇太后。當太后爲貴妃時，咸豐帝將其胞妹指配醇郡王奕譞爲福晉（滿語，即嫡妻也。）同治帝歿，無子，太后爰立奕譞之子載湉爲嗣皇帝（即光緒帝），及舉行大婚，太后又選姪女爲皇后（即隆裕皇太后），光緒帝歿，亦無子，太后又立奕譞之孫溥儀爲嗣皇帝（即宣統帝），並以溥儀之父載灃爲攝政王，監國，越三載而清亡矣。迨清史稿撰后妃列傳時，始與隆裕皆於那拉之上冠以葉赫二字，正其姓氏曰葉赫那拉氏，下列各條，無一不與慈禧太后有關，即作爲慈禧傳記讀亦可。

（註一）雍正以後，不立太子，由皇帝親書繼立者之名，鐍於鑄金匣內，藏在乾清宮正中正大光明匾後，帝崩取下，公啟鐍匣，內有硃諭，立爲皇太子者，即正尊位，歷代相承，咸豐以後，此制遂廢。

慈禧太后垂簾聽政之遠因

慈禧太后（下簡稱慈禧）所以能垂簾聽政（同時聽政尚有慈安太后，而專權者實慈禧，）由於恭王奕訢密謀促成，人但知因肅順等反對垂簾，慈禧不遂所欲，乃與訢協謀，誅鋤異己，得攘政權，而不知其遠因尚在咸豐帝未逝以前，假使帝於訢請赴行在祗問起居奏到，即允如所請，其時帝肺疾雖重，尚能支持，當面託孤於乃弟，至臨危時，速召訢來，同受顧命，如此，則不必再派贊襄，慈禧雖母以子貴，而不能干預政事，垂簾本違祖制，其事無由發生，但帝何以設詞拒不令來（註二），須先叙帝與訢從前隔閡之經過，帝爲孝全皇后所生，幼年失恃，道光帝指令歸靜皇貴妃撫養（咸豐帝即位，即尊爲康慈皇貴太妃，下簡稱康慈），是爲訢之生母，亦即帝之慈母也。道光帝密緘建儲，而封訢爲親王，身後同時發表。帝之對於康慈，問安侍膳，奉詣兩陵，一切待之如母，不過名位僅次於太后而已，並特授奕訢爲軍機大臣。後來垂簾伊始，再領樞垣，諸事諳練，實基於此。咸豐五年，康慈久病且亟，帝每日前往寢宮問安，不令內侍驚動。一日，康慈臥面向內，聞有脚步聲，以爲訢也，曰：「我的東西，都給了你了，他（指帝）的性情，你還不知道嗎？我在一天還能庇護你，我若不在，你要自己留神。」帝伺其面向外，仍照常問安而退，但適聞所言，心中當然不快。無何，康慈病勢危篤，帝與訢言：「汝常進內，皇額娘尚有何遺言乎？」訢對曰：「惟以未得后號爲憾耳！」帝曰：「我本有此意，」此不過隨口應付，並未即令施行，訢退至軍機處，即傳命擬尊崇爲皇太后之諭旨呈覽，帝未便否認。及康慈卒，又以大行皇太后遺誥頒行天下（雖有成例，亦嫌蛇足）派訢等恭理喪儀，帝之意，既非母以子貴，在先朝又未晉封，一切服制典禮，自不便同於太后，於是僅上謚號爲孝靜康慈皇后，而不祔太廟（追封皇后不祔廟，有順治間成案），惟將妃園寢改爲慕東陵，神牌安奉於奉先殿，所辦並無不合，但訢言語之間，時形觖望，旋即以奕訢辦理喪儀多有疎畧之處，罷軍機大臣、宗令、都統，並毋庸恭理喪儀，實則帝之怒訢，適爲疎畧之反面，斥逐不令與聞以免絜聒耳。（同治初，訢有翊戴功，乘間以祔廟爲請，兩太后允之，諷大臣等具公疏上陳，始正其稱爲孝靜成皇后），迨咸豐十年，英法聯軍入侵，官兵敗退至通州西八里橋扼守，距京城不過三十里，帝始命訢居守議和，己則率后妃等往熱河暫避。條約既訂，狃於夷使面遞國書，儼同敵體，有失天朝尊嚴，無顏回宮，雖宣示回鑾日期，而迄未預備實行，諭內並聲明回京駐宮十日，即謁東陵，仍幸木蘭。（滿語圍場即熱河）其意仍在迴避外使覲見，自欺欺人，尤爲可笑。又以此次輕委廟社而去，使訢獨任艱鉅，覺從前待之太薄，庶出之子年幼，未必肯竭忠擁戴，且不意己病遽致不起也，不久，即病歿山莊，致授慈禧協謀柄政之隙，在訢意以爲慈禧究爲一婦女，有何大本領，而不料其威權在握，迥不猶人，訢恃功而驕，未能遇事將順，慈禧另寵絡一奕譞而更替之，訢雖有前功，而弗稍瞻顧，其手段之狠辣，已可概見。訢到熱河，肅順未嘗不疑憚之，乃趾高氣粗，睥睨一切，並不詳加考慮，將叔嫂放走，軍機堂屬紛紛入都，肅奉派護送梓宮回京（此事任派何人均可，余以爲專派肅順者，亦係預定調虎離山之計），徒擁一具屍棺，不起絲毫作用，行程淹滯，無權無兵，束手待縛而已。至若載垣、端華，向恃肅順爲靈魂，隔離後已無能爲，兩人到京進內，尙以贊襄王大臣自居，不料迎頭遇到奕訢，先問爾等是否遵旨，兩人說焉有不遵之理，遂令跪聽宣讀諭旨，即以騶車送往宗人府，賜令自盡。肅順中途被逮，斬首西市，且內閣發抄諭旨，例由軍機處交出，軍機大臣於到京後，已全班更換，奕訢已授爲議政王，贊襄諭旨，又被否認，事權不屬，無反抗之餘地矣。上述康慈病中之事，民國後，與清室近支皇族談及，乃得所聞如是；至贊襄政務，與康熙初即位時之輔政無異，因在行朝，詔旨既須請鈐賜璽，章奏即不得不呈覽，應商之事，即不得不請起，載垣、端華究係疎屬，又無皇子領導，已開母后干政之例，咸豐帝只顧體面虛文，拖延不肯返京，及病勢已深，而對於奕訢，猶拒其來見復屏諸贊襄之外，訢積憤之餘，遂致不擇手段，禍乃踵於異日，叔嫂二人情罪相同，然亦帝心懷疑忌，處置不善，有以致之。

（註二） 硃批全文照錄如下：朕與恭親王奕訢，自去秋後，倏經半載有餘，時思握手而談，稍慰廑念，惟朕近日身體違和，欬嗽未止，紅痰尚有時而見，總宜靜攝，庶期火不上炎。朕與爾棣萼情聯，見面時回思往事，豈能無感於懷，實於病體不宜。況諸事妥協，尚無面諭之處，統俟今歲回鑾後，再行詳細面陳，着不必赴行在，文祥亦不必前來，特諭。

董元醇與高延祜

咸豐帝歿於熱河行宮後，其奏請太后聽政者，爲御史董元醇也。肅順等擬旨駁斥，本極正當，不料太后之密運機謀，於是恭王奕訢赴行在，繼以勝保之請垂簾。及帶兵衛梓宮，而朝局大變。所可怪者，董元醇疎逖小臣，以滿漢重臣所不敢言者，而首發此議，章行嚴先生著有「熱河密札考證」一文，推勘入微，幾於盡發其覆，獨於董此疏係受何人指使，不能明其來歷。茲於友人案頭，得睹咸豐十一年辛酉冬季縉紳全書，時適在肅順既敗之後，檢得上疏之董元醇，爲河南洛陽人，咸豐壬子翰林，掌廣東道監察御史，是年冬，已升任工科給事中，後僅官至太僕寺少卿而卒，勝保且因案拿交刑部，勝言但求一見慈禧太后，死而無怨，而太后實有不可告人之隱卒致之死以滅口，其不顯擢首上疏之人者，亦不願居酬報之名也。又王壬秋所著祺祥紀事（祺祥者，係初即位之年號，端華肅順等既敗，因兩宮太后同聽政之故，諭改年號爲同治），則請垂簾者爲高延祜，而無董元醇，後之談者，幾不知高爲何許人，今檢此書，始悉高字星峴，浙江蕭山人，咸豐癸丑翰林，是年冬亦任工科給事中，若以官文書考之，始終不見高有此奏，亦無肅順等援例請斬，及從輕發搜甲人爲奴之事，相傳壬秋爲肅順門客，以當時之人記當時之事。何以有此舛誤，證以密札云，玄宰（董）請明降垂簾旨，或另簡親王一二輔政，又云千里草（董）上書，初十（八月）未發下，皆指元醇，無一字涉及延祜，董摺係由京發，時恭王尙未赴熱河，是否在京已有人聯繫，（另簡親王輔政，已明指奕訢），而由漢員發其端，亦迄無從證實也。此坊本縉紳距今已一百十三年，別種記載，或有傳訛，惟此爲可靠之參攷資料。又桐鄉蔡壽臻乞力伽盦雜錄（手稿，無刻本）云：請太后聽政者爲董侍御元章，字竹坡，查近人朱汝珍之詞林輯畧，內載董元醇更名元章，字子厚，號竹坡，厚與醇有關連，更名（自係避同治帝御名下一字同音而更名）後，或即以竹坡爲字歟？

吳可讀尸諫及絕命詩

吳可讀，字柳堂甘肅皋蘭人，道光末年進士，曾官御史，以言事革職，同治間起用廢員，補吏部主事，同治帝逝世，無子，以載湉繼統，是爲光緒帝。光緒五年春間，惠陵奉安，可讀自請派赴陵行禮，行至薊州馬伸橋，宿三義廟內，自縊身死，豫繕遺摺，由吏部尙書寶鋆等代遞，則請爲穆宗立嗣也。當時發言盈庭，皆着重於預定大統之號，將來繼統者即爲穆宗嗣子，殊不知帝室與民間不同，民間絕後立嗣者，爲承產業，主祭祀，始以某人爲嗣子或嗣孫耳，若皇帝，則所承者帝位，所傳者統緒，所祔者太廟，既無絕嗣之說，即無繼子之理，蓋權衡輕重，固在此而不在彼，如宋之徽宗，明之世宗、懷宗，皆以弟繼兄，未聞爲哲宗、武宗、熹宗立後也。苟執繼統者即爲穆宗嗣子之說，則德宗（光緒帝）爲閏位，後來宣統帝繼立，遂不得不以「兼祧」斡旋之，開帝王未有之先例矣。可讀死前有絕命詩一首，留於案上，經人傳誦，罕見記載，茲錄之，詩曰：

回頭六十八年中，往事空談愛與忠，
抔土已成黃帝鼎，前星未耀紫微宮。
相逢老輩寥寥甚，到處先生好好同，
欲識孤臣戀恩所，惠陵風雨薊門東。

有人謂吳見慈禧不慈於其子，致疾危篤，以夭天年，後貪立幼君，二次垂簾專政，毅皇后以嫂居宮內，其名不正，無孤可撫，又不堪慈禧之虐待，遂絕粒以殉爲可悲，而不便明言，乃託之於請爲穆宗立嗣，非其本意也，

可讀住宅，在北京宣武門外南橫街西頭路北，余少時屢過之，門有吳柳堂先生故宅橫額，今已不存。

光緒帝嗣位述聞

光緒帝嗣立之經過，具載於「崇陵傳信錄」中，嗣位後，尙有續聞，賡述如下，同治帝逝世，爲甲戌年十二月初五日，不數日，醇親王奕譞上奏兩宮皇太后，畧謂臣侍大行皇帝十有三年，每思整軍經武，以期詡贊廟謨，不意乃有初五日之變，臣仰瞻遺容，五內崩裂，復蒙宣諭擇立嗣君，臣驟聆之下，四體驚顫，觸發

肝痛夙疾，仆地不能支持，舁回私宅，……伏乞皇太后俯鑒愚忱，曲賜矜全，准予開去一切差使，爲天地間容一虛糜爵祿之人，爲宣宗成皇帝留一庸懦無能之子，俾臣乞骸骨於此日，正首丘於他年，則世世子孫永戴鴻慈於無旣云云。此奏德宗實錄及清史稿奕譞列傳，均未登載，（因當時並未交軍機處入檔），余從事故宮博物院，始在文獻館發現，曾照錄一通，後隨他物遺失，默記原文，大致無訛。光緒帝旣立，奕譞不過爲皇帝本生父，閉門不與外事，已足寡尤遠患，何致說得如此嚴重，一若有生命不能保全之虞，揣思慈禧太后之狠心辣手，奕譞夫婦久已深知（醇王福晉，乃慈禧胞妹，而兩人之性情嗜好迥別），恭王奕訢往視其病，曾云：「你能保住醇親王爵位即屬萬幸」，蓋洞悉慈禧之恩威不測，慄慄危懼，亦非一日也。奕譞自此以後，爲保全其子之皇位，弭首帖耳，惟慈禧之意旨是從，始獲全終始。（溥儀「我的前半生」亦如此說），及奕譞逝世，葬於京西妙高峯，名曰醇賢親王園寢，置官兵守護，墓前原有銀杏樹（俗名白果）一株，高踰數丈，遠望亭亭如蓋，（因在高處，數里外即可望見），不知何人向太后進言（時慈安早已逝世），「王上加一白字，豈不是他們家又要出皇上？」（說者聽者均不知此樹之本名可笑可嘆），太后竟信其言，親往監視伐樹，鋸斷爲三橫置牆內，並未運出。余於民國某年春，因看杏花住秀峰寺，與園寢相近，適値清明節，清室派貝勒載洵前往致祭，先期開門打掃，余得歷階登高入內，親睹三段已伐之木，拋棄牆陰，據看守人說，樹連根刨出後，太后沿俗傳汙魘之法，尙踞空穴小便一次，穴下有蛇蟠育其中，不計其數，抬出若干羅筐，庚子義和團所說某神某神附體，即是此蛇報仇，愚昧附會之談，更不足置辨。後來溥儀入承帝統，又有人說，豈不是醇王府又出了一個皇上。則事又湊巧，與已伐倒之銀杏樹何涉乎！明建文時，燕王朱棣北平起兵前，僧道衍（即姚廣孝）謂棣曰：「送殿下一個白帽子戴，」蓋王上加白，即皇也，乃知此種鄉俚迷信之談，亦有與古暗合者。

醇王福晉（光緒帝本生母）故後，太后親往祭奠，令載灃之生母劉氏將太后歷年給予其妹之各種物品，立即掃數獻出，並親加檢點，憶尙有何物，使弗稍遺漏，交隨侍太監携回宮內，口說「不能便（京音讀若駢）宜你們，」此雖小事，而太后爲人之貪鄙慳吝，亦可概見。

慈禧太后修建頤和園

光緒帝既定期大婚（即結婚，帝后謂之大婚），醇王奕譞以皇帝本生父之身分，謀所以博太后歡心者，爲歸政後頤養之地，太后原意擬修復圓明園，但因破壞太甚，需欵太鉅，無法辦理，遂西顧萬壽山昆明湖，爲就址重修之計，其名爲頤和園者，則園工將竣時，南書房翰林承旨擬幾個園名，而候旨選定者也。據麟慶鴻雪因緣圖記，昆明湖爲乾隆時命名，土名大泊湖，萬壽山即甕山，其麓爲清漪園，亦乾隆時命名，爲幾暇遊觀之所。議既定，而工費無出，閻敬銘筦戶部，動用庫欵，必不可能，其時總理海軍事務衙門已成立，醇王奕譞爲管理大臣，奕劻、李鴻章爲會辦，善慶、曾紀澤爲幫辦之，善慶曾官將軍，太后之長親也，事由醇、李主之，此項園工，需欵數百萬，（范文瀾中國近代史上編說是三千萬，恐未必有如是之多，）試問從何羅掘，於是挪用海軍經費，遂騰播於衆口，近與張君虹南（原名潤普、滿族）談及此事，張官戶部多年，據云未見有此項檔案，事係訛傳，余以爲所說皆是也，而未考其詳也，茲錄光緒十五年正月上諭，再分析其內容如下：

御史林紹年奏督撫報効，有關國體民生，請旨飭禁一摺，海軍爲經國要圖……需欵浩繁，前據總理海軍事務衙門奏准，由兩江各省於正雜各欵內，騰挪巨欵，分年撥解天津，交李鴻章發商生息，籌解之欵，專備海軍不時之需，其每年息金，則以補海軍衙門放項之不敷，並無令各督撫報効之事，該御史此奏，乃以朝廷責進獻，督撫肆誅求等語，任意揣摩，危詞聳聽，實屬謬妄云云。

海軍經費，撥解天津，逕交李鴻章，不解戶部，其開支由海軍衙門核准，亦不經由戶部，北洋支欵，向海軍衙門報銷時，僅憑單據，可以串通作僞，海軍經費，既屬特別會計，戶部並無稽核之權。開支報銷後，不過咨部備案了事，在部必不見撥充修園之用欵，此其一。園內風景點綴，及屋內陳設則由各督撫報効，（督撫豈肯解私囊，必致攤派下屬分認，結果仍由老百姓負担，）由李鴻章領銜，其數漫無限制，因湊集需時，先由海軍經費生息項下墊付，外間不察，遂有海軍報効之說，其欵收支，亦不經由戶部，逕由北洋解交內務府應用，林所奏即此，此其二。海軍經費與報効本截然兩事，而前述諭旨，乃將林影射到海軍經費，則是樞廷執筆者巧詞架接，以欺蒙觀聽耳。光緒甲午十月，太后六旬正壽，內外諸臣望風希旨，大事舖張，由宮內經西直門至園，沿途搭經棚，陳百戲，懸燈結綵，援乾隆時皇太后萬壽慶典故事，名之曰萬壽點景，而不知其時事物力全非也，因中日開戰，敗訊迭傳，遂偃旗息鼓，落得一塲掃興，綜計慈禧失德之事甚多，尤以修復園林，挪用海軍經費爲最，奕譞、鴻章逢君之惡，其罪更無可恕。甲午大東溝海戰，中國艦隊噸數，本與日本相等，因提督丁汝昌原係淮軍陸將，總兵劉步蟾臨陣指揮錯誤致敗，丁汝昌退守威海衛，又爲日軍所乘，糜費數千萬創辦之海軍，一旦熸滅，用人不當，應由李鴻章負其全責，即使經費不被侵挪，恐亦未必能制勝海上耳。

慈禧太后對大臣用權術

太后之爲人，陰狠毒辣，余所識之近支王公，每談及猶爲色變，平日對滿漢大臣恩威不測之手段，近代以來，罕有其比。至於種族之歧視，仍承列帝傳統之舊，戊戌政變光緒帝親信皆係漢人，后黨則大多數爲滿人也。然亦往往因人而施，操縱在我，如光緒丙午，戶部尙書會辦練兵大臣鐵良，在軍機大臣上行走，又派兼督辦稅務大臣，上疏稱才力不及，事難兼顧，請收回成命，及隨慶王奕劻上去見面（此四字是軍機召見習用之術語）奏對各事畢，太后忽怒目視鐵良說：「你由筆帖式出身，在神機營當差，因看你尙勤謹，累加拔擢，本無才力，何言不及，乃亦效漢員之虛情假讓，跟我來這一套，實在不知好歹！」又面向奕劻說：「你下去擬旨，將鐵良一切差使悉予開去，」鐵聞言，趕即下墊（軍機例賞墊）摘帽，在光磚上碰頭，口稱奴才糊塗，奕劻亦說：「鐵良辜負皇太后皇上天恩，奴才們下去，趕緊說他，叫他以後小心當差，勉圖報効，」亦均摘帽碰頭，代爲乞恩。良久，不聞續有口諭，僅說你們下去罷，遂相率退出，鐵退至直房，面無人色，汗透重衣，時同直者有尙書榮慶，歸爲其子熙棟述及，且云太后嚴威，實在可怕，（吳永西狩叢譚亦述太后發怒時，目現威棱，使人震慴失次，）熙告之余，此一事也。光緒甲申以後，閻敬銘任戶部尙書，亦在軍機大臣上行走，閻在部，遇有內務府傳旨之額外開支，多持正駁回，不稍瞻徇，太后即有面諭，亦輒以庫欵備正項開支，不能挪動爲詞，太后無如之何，因修建頤和園，需用鉅欵知必閻作梗，遂謀之醇王奕譞（一說醇王先迎合太后意旨以遂其槃樂宴游之私，）串通李鴻章，始挪用海軍經費。某年，雲南報銷舞弊案發，特派惇王奕誴等查辦，覆命日，陳奏畢，太后忽問閻曰：「丹翁，你看怎麽樣？」蓋閻字丹初，自恭禮（禮親王世鐸時爲軍機大臣領班）兩王以次，談話時，皆呼閻曰丹翁，竟上澈后聽，太后平日因憾閻之不隨和，而憚其方直，無隙可以去之，此語意含嘲諷，非優禮也。閻聞言俯伏奏曰：「皇太后如此稱呼，使臣萬分驚悚，置身無地，」太后一笑而罷，此又一事也。奕訢當國，遇事仗沈桂芬

慈禧太后游頤和園昆明湖舟中所攝，右起第二人側立穿旗裝者者爲美國畫家卡爾姑娘（傳記文學出版社贈刊）

爲之謀劃，太后知之，滋不懌，沈入直軍機最久，已官兵部尙書，某日問對，適廣西巡撫出缺，廣太后說「沈桂芬從前任山西巡撫，治理很好，廣西邊疆重要，可以叫他去，」沈聞諭愕然，不知如何措詞，奕訢知必有人中傷，明是翦彼羽翼，亦未便有所陳說，幸經同列某開口奏稱「沈桂芬已是中朝一品大員，似未便降調邊省巡撫，仍請聖裁，」太后原意不過使之聞之，亦明知行不通，久之始說你們再想一個人罷，遂就此解圍，其時太后對於奕訢，已不復如前信任，光緒六年歲杪，沈病故，訢於處理內政外交，頓失臂助，諸事不免叢脞，卒致釀成甲申政變（光緒十年），全班軍機更換，而奕譞出場，此時借桂撫問題，畧爲發揮已見其端，此又一事也。以上所述，皆是表現太后用人之權術並表示外間任何舉動，均難逃我之耳目，惟對於禮部尙書延煦奏爭禮節一事，不能不爲正論所屈，慈安太后逝世，奉安善祥峪定東陵，太后於某歲謁陵時，禮部所進禮節單（原稱儀注，因與咸豐帝御名同音，改爲禮節），孝貞顯皇后陵寢，皇太后應在寶城前琉璃門內石五供南，行跪拜禮，太后閱之大怒，以爲我兩人同是皇太后，名位相等，焉能行此大禮，召見禮部尙書，厲聲詰問，將禮節單擲於地，飭另擬，漢尙書徐桐囁嚅不敢對，滿尙書延煦抗顏朗奏曰：「孝貞顯皇后咸豐間在宮內，皇太后是如何行禮，此次即應如何行。」蓋慈安於咸豐二年册封爲皇后，慈禧入宮，由貴人而嬪而妃，當然會向其跪拜，不能因後來母以子貴，詣山陵而易其禮節也，太后以其措詞嚴正，無可駁詰，嘿然照辦，猶不慊於懷，後每謁陵，不再往普祥峪行禮，延終於禮部，迄未遷調，故後亦靳不予謚，太后常說：「你叫我一時不痛快，我叫你一輩子不痛快，」事例甚多，不僅對延煦爲然。太后在日，臣下尊爲慈聖，及死後，特用帝謚，不知何以檢欽字爲謚，攷歷代僅一宋欽宗，而國亡被擄，張之洞時在樞府，何未一言及之。

太后在乾清宮接見德國親王

光緒甲辰某月，德國亨利親王（德皇威廉二世之弟）訪華，來京覲見，是日，太后升乾清宮寶座，御前大臣、御前侍衛列於左，起居注官（起居注官記帝之言動，今侍太后班，非禮也，）列於右，亨利親王依覲見遞國書禮節，賚德皇照相（親筆簽名，並書「贈大清國皇太后陛下，」）詣座前，太后欠身接，亨利退就位，致頌詞，太后致答詞，於是亨利又率隨從武官，暨駐華公使等，進至西暖閣，覲見皇帝，始退出，蓋自明至清，乾清宮寶座，向由皇帝臨御，今太后竟悍然踞之，完全按照帝見外臣禮節，開從來未有之惡例，時管理外務都為慶王奕劻會辦大臣尚書瞿鴻禨，兩人皆在樞廷，以太后僭越，奕劻庸饋不敢諍，鴻禨讀書知禮，乃亦承顏而將順之，是失職矣。太后非女主，今明明有皇帝，而使之退居西暖閣，則太后及大臣，反視帝若贅疣，非細故也。即使太后須親自接受德皇照相，自有西苑之儀鑾殿，若乾清宮則為歷代皇帝南面而朝之正殿，非母后所應坐也。亨利此次來華，對於清末軍事，影响甚大，並附記於後。

先是，光緒辛丑，醇親王載灃奉命至德國謝罪，德皇威廉二世挾殺公使之憤，必欲使按中國見皇帝禮節，行三跪九叩首禮，灃力爭不屈，始改行三鞠躬，及見面握手，接待禮仍優渥，並派皇弟亨利親王每日陪件，兩人頗有感情，亨利來華，灃特在醇邸設筵，招待話舊，言笑甚歡，灃起前在德，目睹其陸軍之强盛，皇族自陸軍小學起，與國民同受嚴格之訓練，並身入軍伍，從下級官按資勞進級，不許以優越之身分而獨異，灃羨佩已久，此次兩人會面，亨利勸其向政府建議，以德為師，灃雖韙其言，而以事權不屬，況為光緒帝之本生胞弟，尤不敢輕於發言，啓太后之疑忌，及太后殂逝，灃以攝政王監國，兼代陸海軍大元帥，遂擬實行亨利之勸告，首以其弟載濤掓練禁衛軍，並派往東西洋各國考察陸軍，歸國後秉軍諮大臣，為大元帥最高之幕僚，贊劃戎機，尅期督練各省新軍，不知人心既去，本實先撥，所最注重之陸軍，適為革命有力之響應，而清祚以覆，當亦為建議之亨利所不及料者矣。

美國卡爾姑娘為太后畫像

光緒癸卯間（一九〇三年）美國在聖路易開博覽會，中國出品參加，由駐美公使與美政府接洽，擬以慈禧太后畫像運往陳列，經外務部奏請，太后允之，而一時難覓適當畫像之人，時太后已一變其排外之思想而聯外媚外，每年夏初必於頤和園招待各外使眷屬，為園游會，乃談及此事，美國駐華公使康格之夫人，推薦美籍卡爾姑娘者，入宮担任，太后乃於頤和園特闢一室，供卡爾居住，飲食起居，力從歐化，並派宮女伺應服役，隨時任通譯者，為德齡容齡兩姊妹（註三），事竣，卡爾著有清宮畫象記並有人譯成華文一冊，不過數十頁，民國初年，曾閱及之，書中於太后起居動作，及衣服飾物之隨時更換，侍奉左右者之情狀，敘述甚詳，每日畫像，為時甚暫，且太后任意移動，不敢阻止，工作頗為困難，最後，述及與光緒帝及皇后每日必見，有一日，帝以一金懷錶示之，詢以佳否？打開外蓋，在內蓋上粘小方紙，寫一康字，問此人現在何處？卡爾知即康有為也，而謬對以不悉云云。帝於戊戌變法受制太后，中途事敗，致遭幽禁，終日盤旋一室，即駐頤和園玉瀾堂時，除問安侍膳，可至太后處見人外，並不能出外隨便瞻眺，其處境有為普通人所難堪者，乃猶對於輔助變法之舊臣，念念不忘若此。惟裕容齡之「清宮瑣記」，稱卡爾之名為柯爾，述及此事，則云帝遣內侍持錶粘紙，密詢之容，按卡爾不諳華語，更不識中國字，必須由容通譯，卡爾原書具在，事必眞實，但所問非容齡耳。（帝以康曾游美，所以詢之卡爾，）此外尚另記一瑣事，云有某貴婦，挈一男孩，不滿十歲，進見太后，先在殿外低聲教導，見老祖宗（宮中對太后晚年之稱呼，）怎樣行禮，及見太后，此子無論如何不肯跪安，其母温語軟誘無效，太后亦和顏對之說：「你向我請安，我給你好玩的東西，」此子迄不肯跪，僵持片刻，太后立時變臉，厲聲呵斥，命其母速即帶出，並諭某貴婦以後永不准進宮請安，某含淚而退，時在旁侍立之后、妃、格格等，無一人敢插言者，以上為卡爾所述。余以為太后三次臨朝，宮廷內外，惟我獨尊，有時發怒，現諸詞色，見者為之戰慄，今竟有不滿十歲之兒童，不受利誘，不為威屈，而太后莫可如何，在當時宮闈中仰承「老祖宗」顏色，其所以諂媚博寵者無不至，則此子亦所謂庸中佼佼者矣。此畫像陳列返國後，即懸之頤和園排雲殿正中，王芸生所著「六十年來中國與日本」，曾以此像攝影冠於首冊，溥儀之「我的前半生」內，附有一照相，即太后飾觀世音菩薩，李蓮英扮韋陀者，太后之親貌，與此正相似，亦可見卡爾技術之高妙矣。

（註三） 陳君詒先所譯之德齡清宮二年記（原英文）內亦敘及畫像之事，卡爾姑娘英文原名譯音，應作密斯卡特林、卡爾麗。又駐法公使裕庚妻，原係法籍，生二女，長名德齡，後適美國人槐特，次名容齡，（後冠姓裕），適廣東唐寶潮，（留法陸軍學生），唐先卒，容齡近亦逝世）。

清宮內之繆姑太太

慈禧太后為安徽道員惠徵之女，出身並非微賤，外間傳其幼年種種，及小名云何，皆委巷之談，不足據也。平日文化程度不高，垂簾以後，始留意文字，內外章奏，皆可閱覽指示，歸政後，深宮多暇，喜作花卉，並寫大壽字及一筆龍字，（皆有粉漏模子，用筆照塡而已，）以分賜大臣，儼以帝王自居，其所畫，向由南書房翰林題詩其旁，所鈐太后御璽，必壓於光緒年號之上，以示尊無二上也。所作花卉，皆由繆素筠先鈎粉本，以便照描，或逕命其代筆。素筠名嘉蕙，昆明人，其兄嘉玉，字石農，為醇邸西席，醇王奕譞臨終，託孤於石農，故對於載灃兄弟，盡心啓迪，不稍寬假，素筠在醇邸走動，呼爲繆姑太太，並不後薦入宮供奉，內監宮女亦稱之爲姑太太，並不問其夫家姓也。遇慶典日，太后之外家，暨親貴眷屬，皆入內叩賀，惟繆係纏足漢婦，未能着用會典所定之冠服，只得穿戴鳳冠霞帔、蟒袍玉帶而入，見者無不匿笑，太后亦爲之莞爾，謔者至比之爲壁上神影，蓋漢官娶婦，上轎拜堂，死後入殮傳眞，必用此冠服，與滿族婦女之裝束迥異，有淸一代，漢族官民，除公服（即袍褂俱稱爲官衣）朝服外，男女如何穿着，政府並不干涉，民間傳說，有男從女不從，生從死不從之語，殆即指此。

頤和園西苑之電燈輪船公所

太后每年交夏移駐頤和園，十月生日，即在園慶祝，（光緒丁未，因早寒，在西苑受賀，戊申因臥病，在西苑，不能升殿，旋即死去，）當時京中尙無電燈，由北洋購置鍋爐，派匠在園安裝，遂專設公所以管理之。太后平時駐西苑（今之中南海，）乃另設西苑電燈公所，其鍋爐房在今之府右街路西，即舊國務院之西門外，並由海軍衙門進奉小火輪三艘，供拖帶，太后所用曰祥雲，皇帝曰捧日，皇后曰翔鳳，僅迴旋於昆明湖中，另有日本贈送之小火輪，名曰永和，太后由宮赴園，如行水路，即在西直門外高梁橋西倚虹堂碼頭（宮廷術語謂之座落，）登御舟，太后所乘曰木蘭艦，帝曰鷗波舫，（母子向不同船，）內監、茶水、膳房等。各另乘船隨往，過紫竹林（白石橋西，現擴建爲紫竹院，）太后登岸拈香，帝即在紫竹林進膳，路經萬壽寺，（註四）太后暫憩用膳，寺於乾隆間爲崇慶太后（即孝聖憲皇后）祝釐所建，有國華堂，爲設臨時寶座之處，船進昆明湖繡漪閘，在「水木自親」碼頭登岸，園內太后坐船曰鏡春艫，帝曰水雲鄉，以上各處，皆派有委員，率領工匠，日夜輪流值班，以備臨時傳喚，太后不住園時，則園內員匠，除鍋爐房外，極爲淸閒，（留園看守之內務府員役住房及路燈，仍照舊開啓，）火輪坐船，均歸船塢，此項委員，亦間有漢員厠足其間，必夤緣鑽營，始獲與選，蓋三年列保可得優獎也。民國後，北京電燈早發達，而中南海及舊國務院，尙兼用官電，電力不足，燈光暗弱，徒滋糜費，不知何時始停用，其鍋爐房廢置已久，後亦拆去，夷爲平地矣。

（註四）萬壽寺之東，原有廣源閘，太后船至此，須登岸，乘轎至萬壽寺，用膳休憩，西來之船，亦不能過閘，即在寺前碼頭，候太后換船，泝流而西，因北京地勢，西高於東，若不設閘蓄水，必致膠淺無法行舟也。又倚虹堂碼頭對岸，及頤和園內，各有船隖，閘西坐船，歸園隖候差，閘東坐船，仍開回，入城外隖。

南府演劇

昇平署即南府，概由內監供奉，平日肄習崑曲、高腔，於節日生辰，（太后皇帝曰萬壽，皇后曰千秋，）登台演唱，余於故宮週刋內，曾見昇平署「吳越春秋」劇本，各角唱白全載，並有各種臉譜，太后以所演皆陳舊劇本，行頭亦皆老式，花樣簡單，（註五）演員僅有內監，且不能添皮黃新戲，不感興趣，後來在頤和園或西苑時，常傳外班演唱，亦照例預繕劇本呈覽，插科打諢，不准減改，里巷之俚談，猥褻之動作，無不上塵視聽。各班所供爲老郎神，南府則曰喜音娘娘，着漢裝，傳說爲嘉慶帝之生母魏氏（後追尊爲孝儀純皇后）以其妙解音律也。太后十月初十日壽辰，向在頤和園之德和園入座聽戲，是晚又在排雲殿升座，看各樣雜耍，最後爲耍龍燈，以楊小樓瑞德寶（黃月山弟子）兩人掌二龍戲珠之火球，隨兩龍之低昂宛轉，動作姿勢，與鑼鼓應節合拍，技術熟練，外間決難看到。又裕容齡之「淸宮瑣記」云：德和園之戲台凡三層，太后常令一齣戲在兩層台上同時演唱，此誤記也。據內務府人言，此台極寬大，上層降神，下層出鬼，中層演戲，且上層甚高，並有槅扇遮擋，不可能同時上演，憶其所見，以老旦戲「釣金龜」（戲班寫釣爲吊，在宮廷演唱，改爲張義進寶）爲例，同在一台，分左右，劇中之康氏，令汪桂芬、龔雲甫分扮，唱腔既截然不同，戲詞亦有相異之處，胡琴隨腔，更拉法各別，同時張嘴，極易串錯，兩人深以爲苦，太后聆之，以博一笑。

（註五）同治四年，南方軍事粗定，太后聽從內監慫慂，准許動用庫存綢緞，添置行頭，其時咸豐帝梓宮尚未安葬，經御史賈鐸奏請禁止，此事本瞞慈安太后，不使知覺，一旦被言官揭穿，（原摺措詞僅說太監，並未明指太后），面子上太說不過去，竟完全否認，明降諭旨，飭內務府大臣查究，賊喊捉賊，一時傳為笑柄。

太后皇帝同時死亡

光緒三十四年戊申，十月二十一日，頒布大行皇帝遺詔，二十二日，頒布大行太皇太后遺詔，在二十四小時之內，相繼死亡，故劉厚生之「張謇傳記」，謂爲帝后同時死亡之謎，溥儀之「我的前半生」，亦不能作確定之記載，但認爲光緒帝之猝然逝世，很有可疑。「我的前半生」附印其本生父醇親王載灃十月十九、二十兩日日記半頁，十九日云：致慶邸急函，（按是時奕劻正在東陵）二十日叙述，奉旨恭代批摺，奉皇太后諭，溥儀宮內教養，而二十日開首「上疾大漸」四字，橫列格上，似係事後添寫，一般揣測，載灃寫此四字時，光緒帝即已逝世，一日夜之間，舉凡令溥儀入宮，立爲嗣皇帝，授載灃爲攝政王、監國，尊皇太后爲太皇太后，「軍國重要事件，悉秉予之裁度施行」，（此十四字是太皇太后懿旨）等等決定，皆在帝死未發表以前，至帝之患病，由來已久，曾由載振推薦農工商部郎中力鈞（字軒舉、福建永福人）至頤和園，在仁壽殿爲太后、皇帝請脈（太醫院之術語，）太后不過積滯感冒，調理即愈，其先後爲帝診病，立案開方，著有「崇陵病案」一書，所載綦詳，帝雖被幽禁，仍隨太后召對臣工，及袁世凱入軍機，每日必跪在面前，平時視膳問安，必到太后寢宮，太監崔玉貴更日常見面，均爲素所痛恨之人，但仍絲毫不敢露於詞色，其內心之苦痛，普通人所決難忍受，亘數年之久，而無可宣洩，況起居寒燠，無后妃之照料，食前方丈，求一適口之味而不可得，處境如此，脈案指爲肝胃並鬱，無怪其然，但非不治之症也。太后十月初十壽辰，因患病，已由頤和園移駐西苑，是日應由皇帝率領王公及三品以上官行禮，晨間，各官齊集來薰風門外，有人於門罅窺見帝扶小奄肩，兩腿伸縮作勢，以備屆時跪拜，不久，即聞內傳太后口諭，因患病不能升殿，免其行禮而罷，距帝之逝世，不過十日耳。病久增劇，事或有之，何致數日之間，遂告大漸哉，此不能令人無疑者一也。帝在瀛臺，已無召見內廷王公及書房翰林之自由，終日盤旋一室，無聊時，在漆案上用指塗寫殺袁世凱四字，重叠幾滿，袁之耳目，徧於宮內，詎不聞之。當太后令珍妃自盡，帝曾爲求免，被太后怒斥，隨令崔玉貴强掖推墜井中，凶狠情狀，歷歷在目，今太后以七十四之高年，病瀉神憊，一有不測，帝苟可畧遲不死，則如袁崔二人者，豈不知平日所爲，罪難曲宥，其裏外結合，密進酖毒，亦在意中，此不能令人無疑者又一也。

咸豐帝無次子，同治光緒均無子，以近支支派論，仍應在道光位下揀擇繼位之人，屈指計之，溥倫之父載治，（承繼道光帝長子奕緯爲嗣，）係成親王永瑆之曾孫，更名過繼，已爲疏屬，惇生奕誴，早年出嗣，三子均獲罪革爵，其孫溥僎，又經廢黜，鍾王奕詥，以載濤爲嗣子（時濤子溥佳尚未週歲，）孚王奕譓，以溥伒爲嗣孫，（誴之孫，）則溥字輩有繼位之望者，不出恭醇兩府，太后既尚不料已身遽死，仍不利於爰立長君，以恭王溥偉與載灃兩相衡量，自不如付之庸謹聽命之載灃，況其子溥儀，爲光緒帝之本生胞姪，表面上又近一層，可以間執人口，袁世凱心理，亦與太后相同，而對於溥偉，尤多日後不利於己之顧慮，自然迎合太后意旨，亦即容庵弟子記（沈祖憲、吳闓生所撰，即袁世凱口述之自傳，）所謂「公（世凱）與二三老成，宮中定策，七鬯無驚」者也。

據溥伒（世傳善書之溥雪齋，）告余，太后之決立溥儀，並非臨時定策，太后見光緒帝多病，又無皇子，將來總要擇人繼承，及溥儀既生，此計乃定，遂令載灃爲軍機大臣，使其預爲練習，是看準載灃不致翻戊戌、庚子之案，（按此與利用奕譞同一手段，）竟將萬鈞重担，畀諸不克負荷之人，祖宗基業，輕輕斷送於葉赫那拉氏之手云云，溥伒係近支皇族，觀察較爲深切，立言自當如是。在太后病重之時，忽派奕劻赴東陵，「崇陵傳信錄」云：「或謂太后有意出之，」據某皇族言，太后係以某種珍飾交奕劻，令其至萬年吉地，（即已修好之陵寢，而諱言某陵，）投入地宮內金井，（金井在奉安梓宮之石牀正中，井口嵌有石古老錢，中藏破土時之黃土，太后每次親往，必投入珍珠手串之類，）或沿俗迷信，作壓禳之舉歟？但王公可派者甚多，何以必派奕劻，奕劻爲軍機大臣領班，職務重要，豈可輕使遠離，當然別有作用，據「我的前半生」說：她（指太后）先把奕劻調開，讓他去東陵查看工程，所言赴陵任務雖然不同，亦必另有眞正原因，惜無從知其底蘊矣。迨載灃專函促歸，則繼位之大局已定。當時有一種傳說，袁世凱聞太后病重，脈象不好，欲廢光緒帝而擁立載振，自爲首輔，爲太后知，故藉故遣奕劻出，以破其謀，袁計不行，遂進毒弑帝。

以上所記，皆所聞當時情況，及揣測如是，其他記載，有可供參考者，附節錄如下，並分別加以分析，參加鄙見於後。

「我的前半生」有一段記載：「聽見一個叫李長安的老太監說起，光緒在死的前一天還好好的，只因用了一劑藥，就壞了，後來纔知道這劑藥是袁世凱送來的。」又接着記「按照常例，皇帝有病，太醫開的藥方，要抄給內務府大臣，如果重病，還要抄給軍機大臣，據內務府某大臣的後人告訴我（指溥儀自己，）光緒不過一般的感冒，他還看過藥方脈案，極爲平常。前一天，還看到他（指光緒帝，）像好人一樣，站在屋裏說話。」按皇帝病危，必尚臨時召太醫清脈（見翁同龢日記，同治甲戌十二月初五晨，與太醫院判李德立問答，）並向軍機大臣等宣示，此次未聞有此等手續，更爲可疑，某大臣的後人，應是內務府大臣增崇之子存耆，至說袁世凱進藥，是違反常例的事，不可能有，況明說是袁進的，帝豈肯照服，李監之言不足信，或係太醫院藥房煎進之湯藥，而有人攙了毒藥進去，亦未可知。

「我的前半生」又說：「還有一種傳說，西太后自知病將不起，她不甘心死在光緒前面，所以下了毒手，這也是可能的。」此可與「崇陵傳信錄」所載「我不能先汝死」一語參看，蓋太后之爲人，無事不以個人利害爲前提，旁人之性命，至必要時，亦可供我之犧牲，決不願於身後聽人擺佈，於親生之子，尚不加憐恤，遑論過繼。

民國後孫殿英東陵盜寶一案，啓棺後，太后屍身並未腐爛，頤頰被刺刀劃開，撬取含珠，屍抬出，放在棺蓋上，半身裸露，僅餘一褲，歷四十九日，始由載澤等（溥儀旅津時派往）改殮，身後被人擺佈，至斯而極。

范文瀾著中國近代史上編第八章第四節云：「戊戌變法失敗，中央政權，完全被頑固派佔奪，載湉禁閉在宮中，只存皇帝空名，但對頑固派還是一個大威脅，因爲那拉氏死後，政權當然歸還載湉，頑固派按叛逆治罪，將是不可免的，要預防這個危險，除了從速謀害或廢棄載湉，另立帝位繼承人，再不能有其他生路，這在頑固派看來，確是生死存亡問題，必須求得解決辦法，」局勢擺在那裏，爲救個人的生命，和集團的關係，不管是否頑固派，都應該做如此打算，惟光緒帝孤寄宮中，身旁無一個可供策劃扶助的人，其結果只有坐待酖弑而已。

在美國看：中華京劇團演出

・龐冠青・

兩位坤角小生扮演龍套高蕙蘭（右）王陸瑤（左）

中華民國京劇團全團七十三人，在九月十三日離開台北松山機場，由楊其銑教授担任領隊，高旭東担任副領隊，出國訪問，第一站到夏威夷。

在九月三日至九月七日，再度在台北國軍文藝活動中心舉行出國訪問預演，主要劇目分爲二組，A組是「漢津口」、「小放牛」、「金山寺」、「金童玉女」、「大保國」和「美猴王」。B組戲是頭二齣「漢津口」、「小放牛」改爲「斬顏良」、「天女散花」，其餘節目照舊。另外有三齣羣戲第一齣是「紅鬃烈馬」，包括「三擊掌」、「武家坡」、「銀空山」、「大登殿」四折。第二齣是「羣英會」，前場「汾河灣」。第三齣「勾踐復國」，亦即是「西施」，前場「泗洲城」。這三齣老戲，據說爲應僑胞需求而演出，但因戲碼排定，且已先期售票，可能演出的機會不會多。所以主要的劇目，還是前邊的六個劇目，每場演出時間規定爲一百分鐘，於是許多戲碼都要濃縮，如將「二進宮」改名爲「大保國」，限時十二分鐘。一齣緊湊的唱工戲，要在十二分鐘內演完，恰非易事，愛聽唱工戲的僑胞覺得十二分鐘不過癮，而坐在我後邊的洋人，在三個人對唱得正精彩的時候已經睡着了。大約青衣在前邊唱的一段慢板就是他的催眠曲了！

就筆者在洛杉磯所見，第一天第一齣「斬顏良」最出色的是孫元坡的曹操，演顏良的不夠威風，葉復潤的關公也嫌氣派不足，倒是馬童得彩最多，因爲洋人欣賞翻跟斗，喧賓奪主，想不到馬童竟變成了此戲的主角。第二齣廖苑芬的「天女散花」，因爲不久前在此間看過瀋陽雜技團的舞綢子，這齣戲就顯着單調，而且節奏太慢，舞姿顯得很吃力。第三齣「金山寺」，姜竹華的白蛇，郭小莊的青蛇，配得很整齊，姜竹華的身材尤其好。第二天演出，郭小莊演白蛇，姜竹華的青蛇，實現了名符其實的AB制，「金山寺」演完，休息片刻。

休息以後的第一齣是「二百五」的短劇，改名「金童玉女」，其實即是老戲「蝴蝶夢、大劈棺」，由莊周上場唸「我本南海一道家」開始，到二百五會說話下場。此戲在台灣原本由教育部列爲禁戲，此次由教育部主辦的訪美國劇團的劇目中忽然列入此戲，大概此一劇目經已解除禁令了？此戲由王鳴兆演二百五，哈元章演莊周，英文劇名爲「The Paper Man」，最博得觀衆歡迎，遴選劇目諸公，垂青及於此一禁戲，可謂眼光獨到。

「二進宮」改名「大保國」馬維勝（右）嚴蘭靜（中）李金棠（左）合演

「金山寺」姜竹華演白氏（左）郭小莊演青兒（右）

第二齣「大保國」，是標準的唱工戲，中國人熱烈鼓掌，外國人反應木然。第三齣「美猴王」，結構顯得散漫，雖然張富椿的藝術很好，但整體不夠緊湊。此次最成功的是Stage Presentation，開幕後桌椅大帳，佈置整齊，文武塲安排地位也好，態度規矩，一色藍長衫，文塲有兩個三絃，一個琵琶，唱崑曲「金山寺」時，除笛子而外，加上笙、二胡、月琴、三絃等伴奏，十分幽雅動聽。

第二天，「斬顏良」改演「漢津口」，孫元坡演關公（原定有李萬春之弟李桐春參加演老爺戲，結果未能成行）。「二進宮」（此戲雖然已改名為「大保國」，但在我們戲迷心目中，還是以「二進宮」目之）的楊波，第一天是李金棠，第二天是葉復潤，李艷妃是嚴蘭靜，徐延昭是馬維勝，都很稱職。報幕的郭譽珮小姐口齒清楚，美麗大方，幫助洋人多了解不少。（最近獲得梅蘭芳當年在美演出的戲單，報幕小姐名為楊秀，她應當是這一行的祖師爺了，一笑！）

按中華民國國劇團的藝術水準，要比香港京劇團高多了，但是，整團缺乏活力，只是死板板的表演，而香港京劇團在Team Work上較好，且有Entertainment的價值，對美國人尤其適合。我們不能以成敗論英雄，香港京劇團一部份人雖被遣送回港，但一部份人仍在與主辦此事的二十世紀公司涉訟，結果如何，雖難預料，但他們的勇氣與精神是可佩的。

女小生高蕙蘭、王陸瑤來美後，迄今仍未有一顯身手機會，祗有跑龍套的份兒，若演「紅鬃烈馬」「羣英會」「勾踐復國」，她們便可以一漏高思繼、周瑜和文種了！

一般美國人的心目中，常以為月亮是大陸的好，所以他們要看中共的京劇，不要看台灣和香港去的京劇，其實大陸上的京劇藝術，早被文革埋葬掉，京劇現代戲早已變成話劇加唱，那就顯得中華民國國劇團這一次出國，準備在美國三十餘個城市的訪問期間，介紹這項傳統藝術，是具有相當意義的。

中華國劇團在夏威夷、洛杉磯、舊金山演出後，又在加州首府沙加緬度演出，繼續再到波特蘭市，預定十月五日至七日在加拿大溫哥華，八日至九日在西雅圖演出後，先行結束對美國西海岸的訪問。

一堂龍套女兵　自右至左姜竹華嚴蘭靜郭小莊高蕙蘭中立者為教師白玉薇顏生哈元章

投老江湖學捉蛇

南宮搏

歷史小說名家南宮搏先生，於描摹人物感情，最具獨到，其細膩熨貼處，令人有親切共鳴之感。本人之生活興趣，亦屬多姿多采，對於中國針灸醫學亦有心得，本期承其於百忙中爲本刊撰寫個人逸興之一——飼養蛇的研究，正是一篇標準的「弄蛇者言」。

一

人世之間常有偶遇之事，佛家稱爲「緣」，舊時作小說和看小說的人則說爲：「無巧不成書」，「巧」是造作而來，和佛家的緣法說大異其趣，但我想此亦不必去深究它，有那麽一回事便是了。

我與蛇發生關係，就是如此地不能深究，緣或者巧，自己不知道；可以說，當我的手接觸到蛇的身體之前，時距算它一分鐘吧，我從未想到過我的手會去握揑這種可怖又最可厭的動物，甚至黃鱔一類自少至長亦敬而避之，爲其像蛇之故。馬來亞有一所蛇廟，許多人會入遊，而我則連接近而望亦不願意，但人事難言，就在偶然中，我的雙手在自己的客廳上握住了一條蛇，此後，弄蛇、屠蛇、捉蛇、豢蛇，樂此不疲，幾有兩年，或者說是嗜好吧？我曾作過一篇短文，題目爲「蛇與染心」；「染心」爲佛家語，我從日本古時的久米仙人的故事中得來；這是一個很好的故事，日本兼好法師所著「徒然草」會引伸：久米仙人學仙得成，騰空而過故鄉，在雲端看到河邊有一婦人以足浣衣，其脛甚白，久米仙人看見，忽生染心，即時自雲端墜落，當然又成凡夫了。兼好法師書中說久米仙人自雲間下墜，「也是應該」。我很喜歡這一則故事，以及兼好法師的評語「也是應該」。不過，蛇與其脛甚白的浣衣婦人不可同日而語，祇是生「染心」則一。此處且把染心作爲嗜好解吧。

我的興趣比較廣雜，但都有軌跡可循的，祇有弄蛇則爲以前連發夢都不會有過的。

二

第一次接觸蛇，「因」很平常，友人們欲借我家大張蛇筵，便信口允諾，我祇知道他們會從上午開始工作，直到晚飯時才可以吃，其餘就不甚了了。

於是，在一個香港的冬天上午，大約八時至九時間，一位業餘的專家來了，他携來分裝在蔴袋中的八條活蛇（後來得知的），當我迎客，尙在握手寒喧而未曾請客人入座時，我的手上，忽然托揑了一條大約和我身體高度差不多長的蛇（我體高五英尺九吋半），那一瞬的感覺如何？自己也不知道，可能是思想停止了，到達道家所謂「絕聖棄智」的地步，但我的表現却很鎮定，因爲那一條蛇自我妻子手中傳接過來，大致是：專家在和我握手寒喧時，另一隻手從蔴袋內掏出一條蛇，往我的太太手上一送，隨即命我去接過來。

在這樣的情況之下，我怎能有迴避的餘地？我的太太是對二寸長的蜴蜥都表現害怕的，我接過那條蛇，迫於形勢，但已可以說是心靈上無思考的餘時，接受了驟來的命令。

總之，就是那樣在不自覺的情況開始了弄蛇。

不過，「魂飛魄散」式的時間很短，隨後，我取出了皮革製的手套戴了，着上一件厚絨線衫，再努力把袖子拉長到手套相接，然後弄蛇。大約過了半小時，手套便除下，因接觸而胆大了一些，可能也稍知訣巧，弄蛇時要因勢，手指和手掌對蛇體的活動感應很重要，戴上手套，那就遲鈍了，是以在戒愼恐懼中赤手而弄蛇。

八條蛇中有三條是毒蛇，初期玩的爲無毒之蛇，專家和他的一位作助手的朋友各執一條，我和未成年的小兒弄一條，稍後，多放一條任其在客廳的地板上蜿蜒，又稍後，地板上有了兩條，地板打了臘，蛇對臘的氣味似乎甚畏惡，在地板上表現生機懨懨之狀。後來把蛇放到園中，立刻轉爲生機勃然，遊行蟜疾，非握住蛇尾不可——否則會逃掉。

這一個上午大約弄蛇兩小時，懼怯之心大減，但依然害怕，弄蛇之時，必依近專家，在地板上把蛇拾捉而起，亦需專家正視始爲之，祇有手上托握的一條蛇能夠自行照顧了，那是雙目永遠注意着蛇頭，順着牠的方向移動，不使蛇口對向我的身體——後來知道，讓蛇口對着，亦是無妨，在一般情況中，大多數的蛇不會攻擊人。

是日，屠蛇八條。

參加這一屠蛇壯舉的，包括我及我妻與小兒，專家操刀，主割剝，他的朋友（一位在銀行中任職的葡萄牙人）爲第一助手，我們三人祇是次要助手。我家的人必需參加工作，祇因屠蛇在我家，無法找到任何人來協助之故。

我們殺蛇和蛇店的正式專業人員完全不同，那是要花「九牛二虎」之力的。首先，是專家弄開蛇口，助手以一根細而結實的繩縛紮住蛇的上顎，繩的一端縛緊在窗框的鐵枝上，再合力將掙扎屈曲的蛇弄直，小兒承擔拉住蛇尾的工作——這也不是一宗容易的事，用力要恰到好處。一次，我代小兒擔任此職，蛇掙扎頗劇，我心慌中用力一拉，繩子在蛇口部處折斷（或者爲極細而密的蛇齒磨斷，蛇齒如粗的針尖，很鋒利，故被咬極痛。），幸而專家及時揑住，未生意外。

屠蛇時，除拉尾者外，一人以雙手維持蛇身使定，專家以潤的剃鬚刀片在蛇頸項處割一圈，再在蛇身背腹間右側，用刀割劃直下，至蛇尾約一呎處而止（在排洩器管之上約一吋多些），然後剝皮，需要用頗大的力氣。那回以六七呎長的大蛇爲主。後來剝過一條有二十歲壽命的老眼鏡蛇，肌肉不實，皮寬，剝時無需出大力。

剝皮之後，取胆——這是一份頗爲細緻的，也要花一些時間的工作——蛇胆包裹在幾層網狀脂肪之內，胆囊外又有脂質薄膜，必需小心割開網狀脂肪層，再挑破膜，再剔出胆管，用手指輕輕將胆管中的胆汁揑擠回胆囊之內，再割斷胆管，把胆囊自牽連的線狀物體間取出，手指緊揑胆管，使之膠合，然後放入容器，待集中後，用酒洗之，再破胆取汁，和入酒中——我不解賣蛇者取胆何以能如此迅捷。

取胆之後，再取出內臟，然後，斬下蛇頭蛇尾。

——以上所記是綜合了幾次屠蛇之事，用繩縛口而剝割是方法之一，有兩次祗有專家與我，那就一刀斬下蛇頭而剝割。但是，屠蛇大約要二人合作，一個人做起來，剝皮之事，頗爲艱難。（這祗是我的看法。）

至於養蛇，此處從畧，祗因我的興趣不在於吃，可以附帶一說的是：吃蛇除蛇的本身外，配件相當奢侈，一九七〇年冬天時，供二十人食（八條蛇，其中五條長在六呎間，但有兩條較細。）除蛇之外的配件，如干貝、鮑魚、高級冬菇、雞、五斤祗爲熬湯用的魚，還有火腿等等，約需六百港元，所謂供二十人吃，只有此一味，每人可吃四五大號飯碗，還有相當多的剩餘。大約二十六七人也夠吃了。一九七一年冬，配件所需價約在千元左右。目前時值則可以推算——蛇的價值不在內。八條大蛇的大筵祗此一次，其後皆祗三四條蛇。

第一回屠蛇既畢，我把蛇頭放入一隻玻璃瓶中，驅車至一醫生處求定型液，我到醫生診所時，蛇口仍張合未已。

弄蛇圖兩幅

本文作者現身說法

——當時，自己在緊張和處於「戰鬥狀態」中，沒有想到殘忍之類。是次，我與小兒衣服上沾了蛇的排洩物，乾洗、濕洗皆不能去腥臭，祗有棄衣，蛇的腥臭極濃，有兩條蓋在箱形蛇籠上爲蛇禦寒的毛毯，並未接觸蛇身，且包有布被單，亦染腥臭而無法再供人使用。

三

第一次從事捕蛇，大約距第一次弄蛇後爲時頗久。記得在八蛇之筵的又次日，我去了東南亞，八條蛇的蛇皮，用重鹽水浸着，小兒上學，內子獨力承擔了泡製蛇皮的工作，浸了四五天，將之洗淨，釘在板上，放在園中晒乾，腥臭不堪，內子爲之嘔吐數日，我回來時，蛇皮已經晒乾了。其後，大約再弄和屠了二三次蛇，才出發捕蛇。

從九龍馬料水現在中文大學處渡過吐露港海峽，到十四鄉，深入，山邊水涯，有人打獵，我們捕蛇。

專家能找到蛇穴，知道穴中有蛇在或者蛇已他去，這項憑經驗而得的本領，我沒有，至於在地上看蛇行過的痕跡，再進一步辨別是什麼蛇，我自然更不行。但每次受教之後，似乎懂得來龍去脈，但我相信單獨進行一定不行。

在洞內捕蛇，採用烟熏之法，狡兎三窟，蛇窟的出入口，多數不止三處。

首先是找到蛇窟的各個出入口，用濕泥封起我們不需要的穴口。一口不封，取禾草等燃着，求烟而不重火，另一洞口預留給蛇遊出的，也用濕泥將之封小，再以一片樹葉附在濕泥上，遮住留下的空隙，但需稍留縫隙透光，把烟煽入穴中，大約要十五分鍾以上（看蛇窟的大小），有時會煽烟半小時以上。

洞穴內的蛇，熬受不住烟薰了，便從有樹葉那個空隙而出，由於野生動物本能的自衛，蛇被烟侵，並不立刻自穴中竄出的，蛇頭推動一下樹葉，先露出約半吋，觀察，如無異狀，蛇頭全伸出一吋、二吋，要等到牠伸出一呎至十四吋時，迅速捕捉，一把揑住，和身前撲，利用本身前撲之力使蛇身離洞，隨後，又要迅速地以另一隻手捉握住蛇身的中段，防止蛇尾反擊——蛇尾回擊，被打中了，和挨皮鞭一樣痛和份量重。（這是臆說，電影中常見皮鞭一揮，會打倒一個人，而六七呎長的蛇，尾部一擊，也使人站立不穩。）

捕蛇，以烟熏爲最容易，在郊野或田間蜒行着的蛇，很難捉。有一次，我們遇上一條在乾燥的割了禾後的田間晒太陽的蛇，我們的專家和我是並行的，他一見而躍上，我發足急追，但見那條蛇竄起，如波浪形的起伏向前，非常快速地越過三個田塍區，但蛇的弓身起伏跳躍，大約不能維持太久，最切，那條蛇逃離了約三十呎，漸漸被追近，過一處田塍間分界路，我的朋友如跳高欄地跨過，就接近了，最後將蛇擒住，他先捉住蛇尾，順勢一舞，一手沿蛇身而滑向接近蛇頭部份的前體，再一按，用穿了膠鞋的脚輕輕踏住蛇頭，再將之收入隨身所帶的一隻麵粉袋中。那次，他大約追了一百數十呎，我落後約三四十呎。

但是，在水溝附近或者石凹及陰處，能夠不驚動伏處的蛇，那也容易捉的，擒住之後，作揚鞭慷慨狀，舞一下，捏到不會被蛇頭反轉來咬你的的地方，立刻放入袋中。

捕蛇具有冒險性的刺激，我那位業餘專家朋友，雙手被蛇咬過的傷痕纍纍，我很奇怪，何以當時未曾被他雙手傷痕所嚇阻。

不過，捕蛇也使我吃了苦頭，有一次扭傷了足踝，痛極，但在荒山野地，呼救無門，祇能忍痛步行，可能再走了五六哩崎嶇的小路，最後是專家朋友弄了一條樹枝給我作杖，到了渡海峽時，我的右足已腫了，其後看了不少次醫生，足的部份大約過了半過月才轉好，但影响及胯骨（髖骨）外側稍下的肌肉，以及髖關節，急走數十步就會酸痛而不能舉步，要彎曲起右腿，用手扳拉小腿幾下，才能繼續步行，甚苦。前面說過，我的興趣很廣而雜，曾經向陸易公先生俞師，又隨丁濟萬先生領教過針灸術，自行療治，無效，再請西醫打一針在濶肌膜張肌近關節處，據說一針就有效的，結果也無功，可能有八九個月也不見眞的無事，到了今年三月十二日下午，我在紐約不知如何又扭傷足踝，忽然完全不能走了，是日值董浩雲先生招宴，我被抬入飯館，飯館的領班說唐人街有跌打醫生，但我坐着了無痛楚，等吃完飯又太遲了，打電話聯絡不上。是夜又自療，次日全日不能走，自療沒有工具，推拿術從前也學過，祇能用之，但沒有大效，準備入醫院，但據說西醫對這種扭傷，沒有甚麽辦法，我也有此經驗，幸而自療了一天，到第三天又能勉强行走，此爲捕蛇時的舊傷再觸發，足踝部份約三星期便無事，但胯骨關節下的肌肉到現在仍有問題——這是捕蛇留給我肢體的一項紀念。

四

我不會被蛇咬過——據說這很幸運，但在弄蛇期間，對被蛇咬的醫治急救，是非學不可的。

我所豢養過的毒蛇，最著的有二，一爲竹葉青，又名青竹蛇，英名：Bamboo-Snake。次爲眼鏡蛇，廣東名飯鏟頭，英名 Cobra，青竹蛇豢養之時最久，據說，被青竹蛇咬了，二至三小時可能即死，被眼鏡蛇咬了，五小時左右死亡。（有些書記載不同。）今年夏，大嶼山有人被青竹蛇咬而死。我當時却不經心，冷天，用温水爲蛇取暖，亦經常爲蛇沐浴，此條長僅一呎的小蛇，通體翠綠，腹嫩黃泛淺綠，顏色鮮麗，沐浴之後，色澤更鮮潔明艷，祇是牠那在比例上較身體特大的三角形的頭，正面多皺紋，具兇惡相，而且經常昂首伸出鮮紅細小乂形而又頗長的舌頭。有一次，友人蔡念因先生宴客，接待自越南來的阮有固將軍，我曾携蛇俱往，請蔡先生代爲攝影，因我沒有高倍數的近攝鏡頭，蔡氏則攝影名家，設備齊全。一桌客人都爲之驚異，現在回想則甚爲寒慄，我是將青竹蛇裝入玻璃瓶中携往的，倘若瓶打碎了，那就不堪設想了。至於眼鏡蛇，養過兩條，在客廳中遊蜒，最後是將之吃掉。

被眼鏡蛇咬了，是以中神經毒爲主，有劇痛，但很快就痲木，引起水腫，淋巴腺發炎，傷口附近肌肉組織壞死，兩小時後，人如大醉，呼吸困難，瞳孔縮小，看不淸物相，腹痛，心悸，漸漸全身痲木，淋巴結腫，昏迷至於死亡。被青竹蛇咬傷屬於血循毒，症狀大致如眼鏡蛇，據說較長大的青竹蛇（兩呎以上）咬了，致命的時間較眼鏡蛇爲長。

我所學到的治毒蛇咬的是中國土法，如何急救，及幾種草藥的用法；如：七葉一枝花、白花蛇舌草、垂盆草、半邊蓮、鴨跖草、鬼針草……

用法則搗爛敷傷處（傷處先要割破，吸擠出一些血，是否有蛇牙碎屑，要去除）及服食，對於草藥，我家曾採備，且亦花數月時間研究。但從來沒有用過，在此不敢介紹。被蛇咬，最好是趕快找醫生，中醫和西醫都有治療方法，西醫以注射抗蛇毒血清爲主，但要根據不同種類的蛇的毒性，不明毒性而注射混合的多作用血清，好像效力較低。至於用土方草藥，也要辨明被什麽蛇咬才能功效較著。（中西藥都有治蛇咬的成藥，但性能和對後來的治療都有關，以不亂用爲是，如病急救死，藥石亂投，我不反對。）

五

有幾個月，我家中最多時豢蛇七條，有一條蛇產後失調而死。（蛇卵很小，一次共九卵。如不大好的繭，中間癟下幾處），有兩條則難產而死，另一條玩具小蛇（無毒，捉來時眇一目，斷尾，養了一個多月，尾已再長，一目亦復明，此蛇很細小，長不足尺半，背草綠色，腹淺黃，頭金色，性極和善），似是半產中亡故。所有死因都是我擅自加上的，所謂難產者，看到蛇身纍纍隆起而生不下蛋，死了，所謂產後失調，見牠生了卵後數日，即溘然長逝。蛇的生命力極强，不食不飲，也可以延命多時。因此，我推斷死因如此。那條青竹蛇是難產而死去的，我曾以一枝小桿放入，助牠作盤纏用，亦無效，我忖測蛇要以外物相迫肢體才能產卵。

養蛇的時候，對屠蛇吃蛇已沒有興趣了，最後，蛇籠剩下一條約三尺半長的三索線蛇，我搬家，失去了小園，住在樓上，把蛇籠放在工人房厠所中，此厠則不使用，但是，地方還是太偪促，即使每日爲之冲洗，腥臭亦極重，最後，我向一位外科醫生乞得一些痲醉藥，將蛇痲醉了放入定型液中作標本。用痲醉劑，爲減少蛇的痛苦，但痲醉人的藥，對蛇的功效似乎不大——那時，我已不敢伸手入籠捉蛇——那一隻長方型的箱子式籠，入口很小，約七或八方吋，四面鐵線網又極密，那是準備關閉小蛇的，一條三尺半長的蛇在內，伸手去捉，被咬的可能很大，再者，這條「三索線」性烈，隔籠見人接近，也會不斷攻擊，每次蛇頭撞着鐵線網，仍不肯罷休。

我用一根粗鐵線，勾包了浸透痲醉劑的棉花，伸入，那蛇逃避，我另以一桿棒迫使牠的頭部接近棉花，我屏息，但也嗅到痲醉劑味道而極不舒服，蛇却猛厲逾常，最後，設法將棉花塞入蛇口，終於將牠的身體迷到不能動了，但一放入定型液，立刻遊動，終於爲之惻然。

本文作者在努力引逗老眼鏡蛇昂頭發怒

惻然之心，最初發生於屠那條前面提及的二十高齡的大眼鏡蛇時，這條蛇雖然巨大，但很懶怠，一定要設法刺激牠才肯張頸發威，牠發怒時形相極威猛，但平時捉了牠出入，示人。鄰里皆見我家的人携之「出遊」，最後要殺牠時，沒有用繩縛上顎，那位專家朋友操刀，把牠按在砧板上，我在正面，與此蛇的雙目相對，我發現這條蛇雙眸似有哀色，想到留牠一命，但這是劇毒的蛇，無可能放生或長養在家中，祇能忍心看着牠授首。爲此，心不愉長久。

這條老大眼鏡蛇的鈎形毒牙兩隻，很大而不很鋒利，另外一條年輕的眼鏡蛇毒牙較小，但看去更銳，有青春氣。

毒蛇的毒牙是可以先將之剜去的，但一經剜去毒牙的蛇，即生機懨懨了。大約，因痛，或者是牠知道本身喪失自衛的能力之故。至於取蛇牙中的毒液，稍爲有些技巧，但不難，試兩三次就會成功。

六

中國民族，在上古時以龍圖騰族爲大族團，至今，龍還代表着中國。石刻和圖畫所見的龍，是抽象了的，眞正的龍，當是蛇——不是恐龍。上古時代的中國，有那樣多和巨大的蛇，未曾深究，說不出原因，但是，從一些古書上看，中國的上古記，蛇該是食物。那位射下九個太陽的大神羿，曾以他所射殺的封豕長蛇而祭天。封豕，大野猪也，祭天，當然要用美食。

至於上古被用來作圖騰的蛇（即稱之爲龍的），相信都是巨大的蟒蛇，因此，「屠龍」被視爲了不起的技能，不料後世人視屠蛇殺狗爲業者，同爲近於乞兒的低等人物了。

其中「屠龍」技，在古代文明發展，龍已神化時，便被認爲是大而無用的技能。莊子書，列禦寇篇就講了一個故事，謂有一個叫朱萍的人，向支離益學習屠龍技，花了等於「千金家財」者三家之財產（原文：「單千金之家三」，單，作「用」或「盡」字解），技學成了，但無所用其巧，這是兩千兩百多年前的事了。

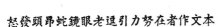

在我學習弄蛇時，既找了不少實用的技書看，也讀了一些關於蛇的其他書籍，印度古代文化，蛇的地位也很高，希臘羅馬的神話中，蛇也有其地位，但都是抽象化的蛇。當時很想著作一本書，而且定出了大綱，第一章爲龍圖騰與中國民族文化起源，最後一章則以傳說的「白蛇傳」爲結束，我以爲「白蛇傳」爲中國泛神思想對禮法宗教霸權的最後反抗。書擬出了大綱，作過筆記，但沒有寫，營營爲生，要眞正閉戶著書，太難了。

但當熱中於弄蛇時，得知其事的朋友詫而問訊，曾經即興作過幾首舊體詩，益以拍攝了若干照片，作爲一時經歷存記；那時，我回答朋友，他日落魄，如印度人那樣吹簫弄蛇，雖等於行乞，料亦可爲生，而使眼鏡蛇自黑暗的圓籠中伸出頭來舞動，並不是難事，以我目前的技藝亦優爲之。然而，這亦祇是憤言而已，不能認眞的。

我想，往後去我不可能再弄蛇了，一時的激情怪嗜，本亦不欲爲文，以前曾寫了一篇千餘字的散文，抒情而已，本文概述始末，作爲我曾經弄蛇的尾聲。

七

弄蛇時作過幾首舊體詩，曾寄若干問訊的友人，但皆附以「不可發表」，不欲爲驚世之舉也。如今，既已述事，復附圖片，詩雖不佳，也將之公開爲殿——那是當時心情。

辛亥秋盡日初習捕蛇戲作二律

偶失封侯偶失家，偶逢易代走天涯；藜牀抑恣誅王霸，蝸角何妨孵豆芽；縱古蟲沙擬小謫，於今猿鶴競浮誇；莊周漫誚屠龍技，投老江湖學捉蛇。

履涉山邊又澤邊，非關遯世與求禪；但尋隙窟循腥跡，便火乾禾扇戾煙，躍出身凌疑起陸，擒來手到似揚鞭；浮生百事經嘗遍，且列弄蛇入外篇。

辛亥爲一九七一年，開始弄蛇，則在一九七〇年冬，前面那一段時期沒有作詩，而上面的第二首詩「携來手到似揚鞭」，是誇大，實際絕無如此輕鬆以及豪情勝慨。

辛亥冬至前十日弄眼鏡蛇並居之口占三絕句

張頸怒呼勁似矛，旋蜒繞室屢昂頭，蛇王眼鏡稱兇戾，取馭吾如執馬鞦。

異癖屠蛇擬縛龍，懍其毒液沾吾躬，操刀割剝雙眸對，一念心降化育功。

人事於今轉老成，嫌他伍相動公卿，簫蛇吳市安朝夕，應悔提兵入楚京。

辛亥二度立春即事

連朝迷霧奪樓台，忽報陽春歲裡回；急景暫舒木草慮，閒情重見水仙開；殭蛇脫蛻繞遊疾，門雀忘機次第來，莫以傷朱偏惡紫，百花謝落盡塵埃。

此詩別有感慨，但記下了那時家中豢蛇，原詩後面附記：「自培隔年水仙，枯根復茁新葉，生意盎然，盆橘已黃，相映有致。舍間豢蛇，今有五條，俱蛻而蠕出，室有暖爐，乃遊行夭疾，但不爲患也。」

壬子春夜沐蛇浮想偶成三絕句

長夜無眠且沐蛇，蠕遊徐疾賞風華；忽然念及圖騰史，祖妣緣何出一家？

閟宮本是國高禖，化作巫山雲雨台，人首蛇身蝸女帝，補天而後幾懷胎？

洞神八帝妙精經，人首蛇身舊象形，要爲武梁傳石刻，二龍交合在王庭。

這三首要多些注解了，中國古代神話傳說，伏羲、女媧爲夫婦，漢以前的圖刻，兩人皆人面蛇身，亦即龍圖騰之遺意。閟宮是祀祖妣的，爲求子嗣之目的而祭，古代人思想樸實，生兒女先要性交，因而兩性交媾之事是公開和堂皇的，有些史家謂閟宮祭祀（國家大典）最後一個節目爲相悅者交媾，稍後演變成萬舞，作交媾動作而不眞的交媾。漢武梁祠石刻，伏羲女媧上身人體，有衣冠，下面是蛇身，交尾。道藏「洞神八帝妙精經」，亦載有伏羲女媧人面蛇身，且附圖。國語鄭語記載夏朝衰落時，有褒人之神化爲二龍（蛇）到王庭交合。我國神話傳說，以採石補天的女媧爲最早的祖妣，我們都是她的子孫。那末，蛇也是她的子孫了？至於傳說中的高唐神女、塗山氏之女等等，其實都是女媧。高唐雲雨說，非原始神話也。作此詩的時候，家中的蛇，尚有幾條懷孕，有一條想已生產，所以會有「補天而後幾懷胎」一問，我想，女媧大約先補好了天，再生兒育女的吧——造人。神話傳說：人爲女媧所造。

一九七二年五月二十三日夜作

待蚹期新命，恇蜒舊蟄蟲，若成貽兩患，將失忽深功，兼愛情猶切，獨行道轉窮，憤時思摽筆，仗劍擊飄風。

這首詩題寫明時日，當是對那一天或者那幾天的時事有感而發，和蛇應不相干，但起首兩句，以老蛇過冬求蛻而開始新的生命借喻，却又用了一個恇字，此字的意思是懮和怯，全詩大約譏不敢面對現實、進退失據的政治相，而本身則感到空虛，現在已記不得到底爲甚麼了。但大致能記得：那時家中僅存一條三索線蛇，在此後數日便將之浸製了標本。我想，自一九七二年六月起，就不會再弄蛇了。作此文，紀念自己一段奇行異事。

一九七三年九月十九日

吳湖帆先生與我

——并略談中國書畫的鑑定問題——

王己千

王己千先生原名季遷，為梅景書屋弟子之長。三十年來，旅居紐約，為馳譽彼邦之中國書畫鑑定家。

近三十年來，我一直旅居在紐約。平均每年總要越洋旅行一次，到日本、韓國、台灣、香港各地來走走。為的到處有緣觀摩古今畫迹，到處有朋友可以談談。尤其是香港，比較談得投契的朋友也真不少。十多年前，我一度主持過香港新亞書院藝術系，這次返港，又承邀講中國畫的鑑定問題；同時，大人雜誌應讀者要求，又選印了吳湖帆先生的佳作水墨畫「江深草閣圖」，並指定我要談談以前從學的經過，以及湖帆先生的藝術造詣與其為人，因而衍成此篇，聊抒胸臆。

吾師畫如其人

對於湖帆先生，拿「光風霽月」四個字來形容他，大概最恰當不過。本來，文章極處無奇巧，人品極處本自然。一個藝術家的品格，不在處處表示與衆不同，而是修養到家之後，能夠順從自然，保持他本來純眞的面目才好。湖帆先生出身世家，天資卓越，加以他的學博識廣，精通妙用，終成一代宗師。但他一輩子好學不倦，從不表示自滿；對於後進者又那麼懇懇切切，提掖不攜餘力。今日追懷，能毋慨然！

我出生於蘇州洞庭東山，那是孤懸太湖中的一個島嶼，面對着汪洋三萬六千頃的碧波清漣，風景也眞可人。明代做宰相的大文學家王鏊（濟之），與大畫家沈石田同時名噪士林，他就是我的遠祖。記得我十四歲那年，便對繪畫發生了興趣。最初給我啓蒙的是外舅顧鶴逸（麟士）先生。他本身既是名滿三吳的大畫家，他的老家也就是以書畫收藏著名的過雲樓，因此我從小居然就有機會窺見了若干元明清的名畫。等到進了東吳大學，研究繪畫的興趣却愈來愈高。有天，在蘇州護龍街一間裱畫肆中，偶然見到吳湖帆先生的大作，其畫面上筆墨之清潤，結構之精妙，頓時吸引了我。當世而有這樣高明的大手筆，我不禁心嚮往之。即向至友潘博山先生打聽，他當下表示夙所熟識，便欣然陪我去上海嵩山路拜見了湖帆先生。

當時湖帆先生態度極其親切，他索看了我的習作，便連連點頭，認為我的筆路和他有幾分相近，即破例的錄為弟子，其時吳先生還沒有收過學生，我是「開山門」第一個。人所共知，吾師是大澂先生的文孫，而大澂先生的畫，說來初學戴醇士，後來即從王烟客而遠追黃大痴，屬於所謂蘇州派松江派的一路。此時吾師也走的同一路線，初期固以董其昌為規模，但後來漸漸蛻變起來了。起得他常跟我表示：要以元人的筆墨，運宋人之邱壑來作畫。到了近五十歲，他幾乎以李成、郭熙為依歸，喜歡多畫雲山，樹木也多採用了蟹爪法，其雲海往往是幾度渲染而成，看來一片蒼蒼莽莽，浩盪生動之至，就此可說已確立了他自己獨特的面目。

平日，吾師不教人作畫的，只教人看畫而已。由於他已成了大名，國內各藏家收到了什麽名迹，多數會得携件來請鑒定，他每次看得非常仔細週詳，有時把它掛在壁上，向我一一指示要點，並共同斟酌。這樣我得以追隨几席，誠屬獲益非淺。當時老輩中有周湘雲（夢坡）龐萊臣（虛齋）兩位老先生，每挾畫來請吳老師鑑賞，一經指出精妙或瑕疵處，無不表示折服而去。

至於說到吾師作畫的習慣，事實上常常要磨到了夜深人靜的時候，他老人家才會意興勃發，不由自已一骨碌地起來鋪紙揮灑的，白天就根本不肯動一下筆。因此，薛慧山兄在「吳湖帆江深草閣圖」一文中，特別提起這點，但說他「獨自一人緊閉了門才能揮毫」，又說我「一直沒有見到老師當衆揮毫的場面」，那是稍有出入的。因為吾師作畫是肯給自己人看的，但向來不肯苟且，幾乎每一幀都費盡推敲，非到自己愜意後才算是完成了。有時一畫既成，往往懸在牆壁上，看上十天半月，才肯讓人取去。實在說，他畫山水尤其是青綠設色的特別來得慢，必須所謂千鎚百鍊，下了相當功夫，而決不肯粗製濫造，對人敷衍塞責。因此當時各方求畫者雖戶限為穿，但他每次繳卷遲遲，是需要花了不少日子，而很少立索可得。其實，他畫起花卉竹石來，落筆倒是十分神速，但他又往往表示，這些不過一時酬世之作而已。

吾師的性格，外表冲和溫雅，帶些外圓內方。平日總是滿面春風地微笑，意態那麼藹然，對朋友無非是全部眞摯的情感作用，而不在乎利害關係，從來沒有見到他老人家為了金錢的事，而與人作過分毫必較的爭執，好像什麽都是有話好說。大概是出身望族的他，又兼有一身極深的名士氣息，對窮朋友輒不吝作畫奉贈，並以此為樂事。當時還有位老畫師吳待秋，其作風便與湖帆先生截然不同，筆筩中有量尺，對顧客來紙大小，都要加以丈量，或多了幾寸，便要截去，不肯讓來客佔些小便宜，為世周知，成為畫壇笑料。

記得吾師為我畫過「千岩萬壑」的橫卷，是興之所至，仿元四家趙松雪、高房山、錢玉潭、盛子昭之筆。妙在他能把四家的筆路，一下子融會貫通，而形成所謂多樣的統一。其實他平日所有作品之中，雖筆筆從古人得來，却筆筆是自家寫出，說是倣古，實即創作。本來，文章做到極處，無有他奇，只是恰好。祇要文能切題，寫出自己的意思，而措辭佈局恰到好處，就是好文章；作畫亦然，如此才能保持其天眞靈氣。再說，吾師畫的「江深草閣圖」，雖在技巧上多少受郭熙或唐伯虎的影響，却也是全憑自己的想像，自己的感情，寫出自己的思想畫出來的，所以畫面儘管不同，畫意還是統一的。那不是所謂「文章本天成，妙手偶得之」嗎？

薛慧山兄文中又云：『湖帆的好處便在一個「雅」字，他之爲人，無愧爲「涵脈經史，見識高明，襟度瀟落，望之飄然」的一種風範……』誠不失爲中肯之言。尤其說到吾師的書法，評以「渾厚而雅」四字極爲恰當。本來，吾師是慣寫瘦金體的，晚年才漸變爲筆畫豐腴，在題畫之外，又喜歡替人寫對聯屏幅，其墨寶頓爲各方珍視。但恕我在此洩漏一個秘密：吳老師的書法也是屬於天才的創造，因爲他中年以後就沒有臨過什麼帖，雖信手寫來，而能自成一體，靈氣四溢。可見中國的書畫藝術，與作者本身內在精神的涵養是大有關聯的，書如其人，畫如其人，一點也不錯。

明清畫家印鑑

就在吾師湖帆先生指示之下，我開始對中國書畫的鑑定，進行了長期的研究工作。這可從我與德國孔達女士合編的「明清畫家印鑑」一段淵源說起。

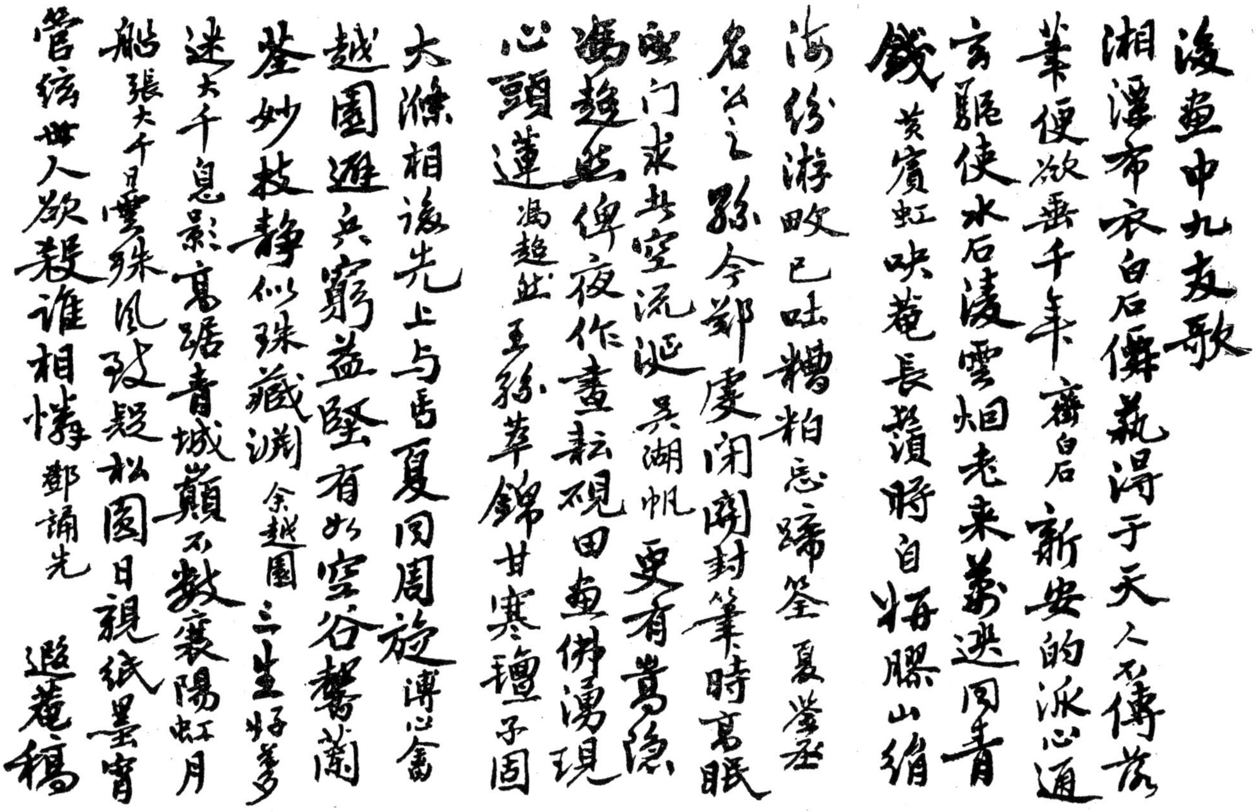

葉遐庵撰書後畫中九友歌

一九三五年，我參與在倫敦舉行的國際中國藝展的籌備工作。當時北平故宮博物院所藏的書畫南遷，在上海進行審查。初次接觸故宮豐富的藏品，不單使我眼界大開，連同參與其事的若干名畫家，目光也爲之一變。這是因爲以前的中國，沒有所謂博物院、美術館公開展覽過古畫，只能憑些人情，偶然見到若干幅，所以這次可說是一個極難得的機會。

在籌備藝展的過程中，引起我一些感想。在故宮七千餘件藏品之中，竟有五千多件書畫令人發生了問題。審查的專家們，觀點各異，不能一致。我便想到底有沒有較爲客觀正確的什麼法則呢？這便興起編集印譜的想法。剛巧有一位孔達女士，自德國來華，向湖帆先生也提出了能不能以科學方法處理中國書畫的鑑定。湖帆先生當即推荐了我，與之共同合作研究。於是我們兩人集資進行此事，不但攝製了故宮博物院審查中的書畫，更從海外所有的收藏家手中悉心加以採集起來，歷時三年，終告完成。

這部「明清畫家印鑑」的出版問世，使得中國書畫的鑑定問題，可算是已解決了十之一二。據我本人的了解，印章祇是進行鑑定工作其中的一個方法，不是唯一的也不是絕對正確的方法，但却是必須的步驟。因此，鑑定書畫的時候，既不能因印章能僞造而完全抹煞其重要性，但也不可以將印章作爲鑑定的不二法門呀！

當時這部書經過吾師寓目之後，交由商務印書館王雲五負責印行，但因戰事突然發生，又被燒燬了一部份底稿，後來又設法重新補入。這部書出版之後，全世界博物館、美術館都爭相訂購，暢銷一時。所有的收藏家也人各一冊，據爲重要的參考資料。三十年來，早已售罄絕版，幸經香港中文大學又重新予以印行，到現在還依然流行於世。

自我離開中國到了紐約後，初期美國對中國書畫的研究，根本沒有什麽人；各博物館中，也沒有專人司其責。因此，那些博物館藏品之中，有鑽石，亦有玻璃，一概不辨好壞，亂堆在一起。但時代畢竟進步了，而今的情形竟大變而特變！直到現在，美國已經有好多位中國美術史專家崛起，他們在這方面的研究，其精深之處，比之中國人有過之而無及。但面對着書畫的眞僞問題，却又是議論紛紜不一。某人說一幀畫是絕對是眞的，另一人却又說絕對是假的，這可能是各人所根據的論點不同，且標準也難於一致，令人無所適從。由此可見「鑑賞之道，談何容易！」其中複雜困難之點，仍有待於我們的努力突破。中國美術史的研究，已是範圍太廣，不能兼顧這一方面。因此，我建議應有專人負責這項專門工作，把書畫的印章、款識、紙絹，全部作廣泛的探討。這樣所得的成果，才更能作爲中國美術史研究有力的根據。

此外，我個人看畫，尚有三個原則，始終堅持着的：第一是畫中的筆墨問題，第二是畫中的格局問題，第三是畫與文學的關係。

這多少年來，在美國各地，在台灣和日本，幾乎已把公私收藏的書畫都看遍，其看法固皆不出此三原則。這次在香港，更飽覽了老友趙從衍先生所藏的古畫，定齋先生所藏的近代書畫達千件之多，像這樣難得的眼福，予我以更多的欣賞與思考。

說來有些畫家的印章，並無常理可循。例如明代的沈石田，喜自刻私章，更自創新字，因此，單憑印章鑑定便有困難。另外一位陳白陽，也是如此。但大多數畫家都有理可循，八大山人所用的印章，尤其是晚年以後的，即不出數枚。我甚至可以說：只看印章便可以一眼判定八大山人晚年作品的眞與假。

其中書畫所用的紙，亦是鑑定的線索之一，大致同一時代的畫家，其所用紙都比較接近，比較易於辨別出來。

打一個譬喻，中國書畫中的筆墨，可比喻之爲芭蕾舞。因爲芭蕾舞步法一定，只是看舞者的姿勢美妙與否。也可比喻一個人的聲音、所說的話一樣，但各人聲音有別。因此，每一位畫家，都有他的筆性，可據此而判定眞僞。筆墨愈多愈容易看，我們不能單憑一筆而鑑定此畫屬誰，正如我們不容易在電話中只憑一句「喂」而聽出對方是誰。筆墨愈好愈容易看，愈壞愈難看。我平生最佩服的是倪雲林，他的筆墨簡到無可再簡，但又極其洗煉，其變化神妙，非常耐看，別人是萬萬做效不來的，看多了自會恍然領悟。

關於鑑定書畫的問題太多了，鑑定的方法也當然不止上述這些。這次我在香港小住兩月，遇見有人從上海來，帶來了湖帆先生臨終以前的眞正消息，令我頓時感慨萬千，在此不禁回瞻前塵一下，但「人生朝露，藝術千秋」，這兩句話是不錯的。有生之年，唯有從這方面努力到底。近年我正從事於拓墨山水畫的創新，其實，還是從中國畫傳統的過程中受到哺育而長大起來的一項藝術。對於這點，今後當另文發表，再向讀者諸君請教。

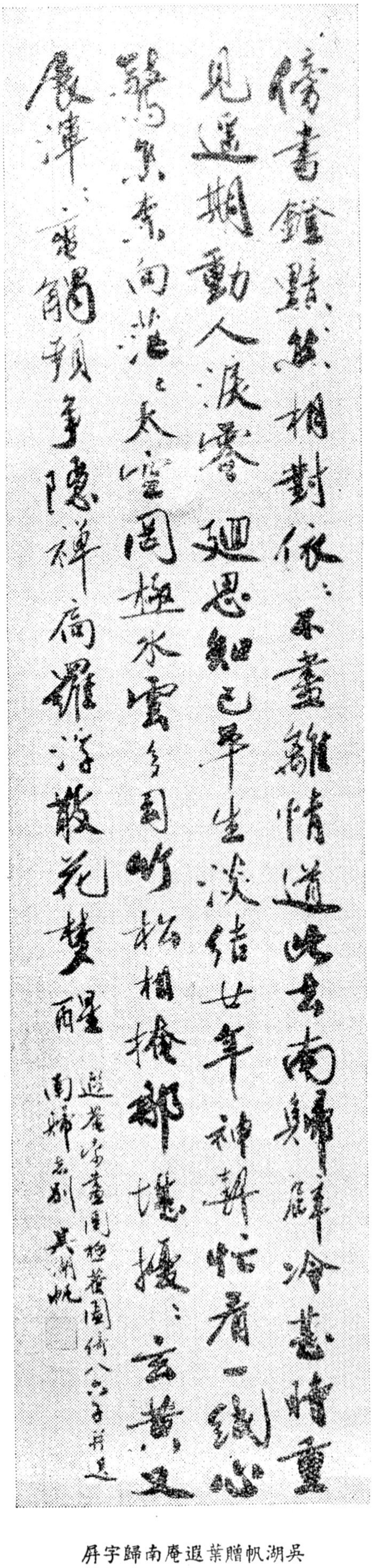

吳湖帆贈葉遐庵南歸字屏

原稿
缺頁

原稿
缺頁

原稿
缺頁

原稿
缺頁

原稿
缺頁

原稿
缺頁

原稿
缺頁

原稿
缺頁

四庫全書總編輯——紀曉嵐

·林熙·

二百年前，世界上一部最大的類書開始編纂了，它就是中外馳名的「四庫全書」。清代的第四個皇帝弘曆，俗稱「乾隆皇」，是個好大喜功、目空一切的皇帝，他很提倡文化，對詩文藝術都具有很大興趣，于是他要編一部比前代所纂修的更偉大的書，來表示他的偉大。一七七三年（乾隆三十八年）他命令編一部「四庫全書」，就是誇耀一下他登極三十八年來文治武功之盛。據他自己說：

余蒐四庫之書，非徒博右文之名，蓋如張子所云「爲天地立心，爲生民立道，爲往聖繼絕學，爲萬世開太平。」胥于是乎繫！（見御製「文淵閣記」。）

動機是何等光明正大，當時一班知識分子多數信以爲眞。不錯，這些話說得何等冠冕堂皇，其實他是要藉編書而收拾知識分子之心，消滅民族主義者的反抗運動。自康熙、雍正兩朝屢興文字獄之後，反統治的民族思想雖然不敢公然宣傳，但在詩文創作和編輯前人遺文中仍然不免有所表露。乾隆帝于是效法宋、元、明三代開國之主的辦法，下詔訪求遺書，集中起來，凡有不合己意者，就任意改竄。乾隆帝這樣「焚書」方法，比起前代做得更廣泛更徹底，可說是空前之舉，但尚不能稱爲絕後也。

今年一九七三年，正是「四庫全書」開設編輯部編書的二百周年紀念，這部書的老板和編這部書的總編輯，都是二百年來的「箭垜式的人物」，其軼事傳之不盡，本刊老編有見及此，故特屬我湊個趣兒，在二百周年紀念中談談這位老編紀曉嵐（昀）的故事，然後續談「四庫全書」。

至于它的老板乾隆皇帝的故事，則更爲「巴閉」，今日的戲劇、電影、小說，常把他老人家抬出來做主角，婦孺皆知，那就不必多費筆墨了。

紀昀（這個昀字今日很不通行，排字也不方便，因此本文以下皆尊稱其號）的故事之多，眞是講三日三夜都講不完，從何處講起，倒使我有些無所適從之感，不得已，且從我做學童時聞諸老師者先談談罷。

小時候在家鄉讀書，我家雖然請有兩位老師住在書齋日夜指導，但這兩位老師并非博學通儒，生平所讀的書數出來恐怕不會多過五十種，什麼是「四庫全書」，我想他們連名字都未聽過，不要說它的老編了。所以我對這兩位老師不感興趣。倒是我家第四房所請的一位老師謝先生我對他很崇拜，他的書案上不止有「史記」，還有新舊唐書、晉書，更有碑帖。他每見我來玩，總是拉着我的手和我講故事。某一年的端午節，我們各房的書齋都放假，老師們如不是家居很遠的多回家過節的。我因爲每日如不踏進四房的書齋就覺得好像有件什麼重要的事情未做般，它何以有此吸引力？那完全是謝老師之故。即使在假期我都不由自主地踱進去，明知見不到謝老師，但只要到一到，也足以過癮。這次端午節竟然出乎我意料之外，謝老師正在房間圈點「舊唐書」温大雅傳裏温替唐高祖李淵草擬的一篇文告，他見我到，便招我過去，搖頭擺腦的讀給我聽，教我如何欣賞（我牢記温大雅之名即在此時，一九五六年後，我經常用它做我的寫作筆名，以資紀念。）正經書讀過後，謝老師就說：「今天是五月節，我講個有趣的故事你聽吧。」我說歡迎之至。謝老師問我聽過紀曉嵐紀昀這個名字沒有？我說沒有（當然沒有，十二歲的小孩，家中又沒有飽讀詩書的長輩存在。）他說，紀曉嵐是一個神童，五六歲大就會吟詩作對，一家子都非常疼他。有一年的五月節，他的媽媽教他拿五隻粽子送去他的三嫂房間。他的三嫂見這個第五的小叔送粽子來，一手把他抱在膝頭上，戲他道：「小五叔，你這樣聰明，又會作對，我現在出一個對你對，對得好，我給你糖果吃，不會對，我就對婆婆說你沒有送過粽子來，給你偷吃了。」紀曉嵐說：「好吧，儘管說出來，我一定不會使你失望。」嫂嫂念道：

五月五日，五叔送五黍；

紀曉嵐不假思索，立刻說：

三更三點，三嫂抱三哥！

嫂嫂「哎呀」一聲道：「你這個小鬼頭這樣壞的，居然會戲弄我！」連忙在他的小頰上不斷的親了好幾個吻，然後放他下來。

我說這件事眞的嗎？謝老師說，我國的神童，從古以來就有，不足爲奇，因爲吟詩作對，并不算難事，故此這件事還可信，但如果說他會畫符捉鬼，爲人治病像鍾馗那樣，就荒唐怪誕，不可信了。

于是謝老師就大畧同我講講紀曉嵐，我知紀曉嵐的大名從此時始。過了幾天，謝老師又發興講紀曉嵐故事了。他說，紀曉嵐的才學爲乾隆皇帝賞識，教他做「四庫全書」的總纂官，因爲要讀遍大內和各省所進的書，一天到晚，忙個不亦樂乎，往往在內廷辦公辦到深夜才回家去。有次因爲皇帝催促將若干種書作成提要，進呈御覽，他只好焚膏繼晷，在紫禁城中住宿，希望按照所期時日完成任務，當然是勞苦萬分了。到工作完成後，依期進呈，乾隆帝見他能完成任務，很是高興，就召他入宮，親自賜他荷包，獎勵一番。照規矩，低級的官員見皇帝是不敢抬頭望着

「龍顏」的，所以皇帝生來是醜是俊，小臣皆瞭查查一番。但紀曉嵐是翰林官，供奉內廷，常有機會近「天顏」的，當然是可以輕輕望着皇帝答話。君臣正在一問一答之際，皇帝見他的一雙眼睛紅到好像硃砂一般，而且有些浮腫起來，就問他是不是眼痛？如果是，馬上傳太醫院差個大夫來診視。紀曉嵐說不是，只不過這幾晚因爲趕着將書編成，睡眠不足罷了，回家睡多幾個時辰就會恢復原狀，不必勞聖主掛慮。但乾隆帝是個多才多藝的君主，他日理萬幾，還留心研究醫學的，他對紀曉嵐說：「看來卿家的眼，并不是睡眠不足而現紅色的，大凡睡不夠的人，眼皮呈現疲倦無神，頻頻打呵欠，現在卿家精神奕奕，不像缺少睡眠，到底是什麽毛病，要弄清楚才好，大概你自己總知道的，你得直言無隱。」

紀曉嵐聞言心中不免吃驚，皇上眞是明見千里，連他的隱疾都瞧出來，如果不照直上陳，欺君之罪就大了。于是連忙跪下叩頭道：「請皇上恕臣荒唐大罪，微臣才敢陳詞。」皇帝說：「好罷，恕你無罪，你要老老實實說出來，不得有一句假話！」于是紀曉嵐就說：「小臣自十三四歲起，就要每日近女色，一夕不親近，終夜失眠，第二天起來，奄奄無生氣，茶飯不思。如果兩天不近，情況就嚴重了，眼睛紅脹，視物不清。微臣這次在禁中過了三夜，只是埋頭埋腦辦公，沒有心神想到家室，故有此怪病發生，萬望皇上恕其不恭，從輕治罪。」

乾隆皇帝聽了，呵呵大笑道「紀昀，你眞有福，朕不如也！現在賜你宮女二名，即帶回家中，侍候你衾枕，大概明天你的病就會好了，即日入朝趨公！」

我聽後覺得也有趣，原來世上有此種異禀的人，連萬乘之尊的皇帝也認爲不如。以前曾聽老輩人說，凡是有福做到皇帝的人，自與尋常人不同，他擁有三宮六院，宮女不可勝數。但一個人怎有能力應付這許多？別愁，造物已爲他安排好了。皇帝是眞龍轉世，他「辦公」後下了龍牀，脚板着地，馬上恢復精力，又可再接再厲，通宵達旦不已。既然有此特殊力量，何必要羨慕紀曉嵐呢？後來年紀漸大，便知道這是封建時代的胡說八道，絕不可信的事，但像紀曉嵐這種病態的，不能說沒有，只是不知紀曉嵐是否眞有此病，君臣對答的那番話是否爲事實，抑係人們造這兩個「箭垜式」人物的謠，那就不必深究，當作故事來聽好了。

「清史稿」有紀曉嵐傳，文極簡畧，讀起來當然沒有上文所說那些記事之有趣，但爲了使讀者正面認識一下這位大名鼎鼎的文人，抄些「正史」的文字倒也有必要的。「清史稿」三百二十一，紀曉嵐傳說：

紀曉嵐畫像

字曉嵐，直隸獻縣人，乾隆十九年（公元一七五四年）進士，改庶吉士，散館授編修，再遷左春坊左庶子。京察授貴州都勻府知府，高宗以昀學問優，加四品銜，留庶子，尋擢翰林院侍讀學士。前兩淮鹽運使盧見曾得罪，昀爲姻家，漏言奪職，戍烏魯木齊。釋還，上幸熱河，迎鑾密雲，試詩，以「土爾扈特全部歸順」爲題，稱旨，復授編修。三十八年，開四庫全書館，大學士劉統勳舉昀及郎中陸錫熊爲總纂。……擢侍讀。上復命輯簡明書目。坐子汝佶積逋被訟，下吏議，上寬之，旋遷翰林院侍讀學士。建文淵閣藏書，命充直閣事，累遷兵部侍郎。「四庫全書」成，表上，上曰：「表必出昀手。」命嘉賚，遷左都御史，再遷禮部尚書，復爲左都御史。……復遷禮部尚書，仍署左都御史。疏請鄉會試「春秋」罷胡安國傳，以「左傳」本事爲文，參用「公、穀」，從之。嘉慶元年，移兵部尚書，復移左都御史。二年，復遷禮部尚書，疏請婦女遇强暴，雖受汚，仍量予旌表。十年，協辦大學士，加太子少保，卒，賜白金五百治喪，謚文達。昀學問淵通，撰「四庫全書提要」，進退百家，鈎深摘隱，各得其要旨，始終條理，蔚爲鉅觀。懲明季講習之習，宋五子書，功令所重，不敢顯列異同，而于南宋以及諸儒，深文詆譏，不無門戶出入之見云。

如果從這篇「官樣文章」來看紀曉嵐，我們只能知道他怎樣升官，怎樣丢官，巴結皇帝又怎樣重做七品的編修官，以至晚年做尚書，拜相，可惜只做了不到一月的宰相就死了。至于他的爲人如何，性格如何，治學成績我們都不能在此傳中窺見一二，那就只能求諸同時諸家詩文集和筆記了。（按：紀曉嵐號春帆，又號石雲，生于雍

正二年六月十五日，卒于嘉慶十年二月十四日。一七二四——一八〇五）

紀曉嵐一生的最大挫折，大約是以遣戍烏魯木齊爲最，但他却有機會看到塞外風光，給他的「閱微草堂筆記」增加不少材料，對他寫詩也大有幫助。據「清史稿」說他得罪的原因是洩漏消息給親家翁盧見曾，怎樣走漏風聲，正史無明文，只可求于野史了。盧見曾也是乾隆朝一個風雅大官，生平輕財愛士，幕中招納文人甚多，凡有一技之長而投靠其門下者，他都解囊資助，又喜歡刻書，所以今日的「雅雨堂」所刻的書，仍爲人所重。像這樣揮金如土的官僚，如不作弊就無以爲繼了。當他做兩淮運使時，以管領鹽務，本來是一個肥缺，但他却虧空公欵，就是因爲太過慷慨之過。據某筆記說：盧見曾作弊之事，已有人向皇帝密奏，軍機大臣承皇帝之命，將下令查抄盧的家產。這時候，紀曉嵐以文學侍從之臣，常值內廷，已畧聽得消息，他想通風給親家，又怕留下痕跡，對自已的功名有礙，如果不及早通知，則親家被查抄，自已的女兒也要吃苦。于是他想到一個「聰明」的辦法，請親家猜個啞謎，派一個心腹家人帶一封信給盧親家，信裏沒有一字，只有一些茶葉，信封外用漿糊加鹽封固。內外皆無一字。親家接到這封怪函後，不勝駭詫，盧見曾是個聰明絕頂的人，了解空函之意，蓋隱寓「鹽案虧空查抄」六字也。馬上把家中所剩的財物，寄存可靠親友家中，這樣便保存了一些財產，下半世不致飢餓了。

數日後，地方政府派人來抄家，發覺盧見曾的財物有限，只得照查抄所得報上去。和珅不肯罷休，探知是紀曉嵐走漏風聲，勃然大怒，向皇帝密告。乾隆帝也認爲紀曉嵐供奉內廷，國家公務應如何保密，而竟然私心太重，實在目無君國，若在別人一定予以重譴，念他在內廷行走有年，不忍加戮，從輕發往新疆軍台效力。

有一說，乾隆帝因他暗通消息，大爲生氣，立即召見他質問此事，初時紀曉嵐推得一乾二淨，矢口不認，但後來查出他派家人出京，以書信一函送到盧家，證據已具。皇帝問他認不認罪，他無話可說，只得叩頭請求重罰，承認暗中通知信一事，乾隆帝問他怎樣通訊息的，他一五一十奏上。乾隆帝也覺得很有趣，覺得紀、盧兩人倒很聰明，「鬼馬」多端，心中不無欲赦免這一對親家之意，正在躊躇間，紀曉嵐又奏道：「皇上嚴于執法，合乎天理之大公；微臣惓惓私情，猶蹈人倫之陋習。」乾隆帝覺得他措辭得體，又因爲這個「親密的鎗手」，爲自已服務已有年所，不忍加以重罪，過了一個時期，就賜他從戍所回京了。

乾隆皇帝是個喜歡舞文弄墨的君主，聽政之餘，日以詩文書畫消遣，但他的詩文做得并不高明，如果沒有人爲他改削，時有不通之語。他的詩有很多還是沈德潛代作的（沈死後遺集出板，竟然把代作的御詩也收入其中，致遭身後大譴，亦不化之尤矣），紀曉嵐更是他的「百科全書」，作起文來要找什麽典故，往往向它請教的。有此種種關係，不忍加以重罰，亦爲人之常情。

紀曉嵐和乾隆帝有這樣的關係，其爲文學寵臣自是意中事，但皇帝只把他當作「學問優長」的大臣看待，始終不把他派往軍機處行走，執全國政權之樞鈕，終乾隆之世他的大官亦止于尚書而已。到了嘉慶十年，才得到一個協辦大學士，亦一有名無實的副揆而已。但他和乾隆帝有關的故事很多，尤其是他死後有些故事與他無涉的，都一律栽到他身上，最著名的一件就是「老頭子」的故事了。

「老頭子」故事各家筆記記的很多，歷來的筆記都說是乾隆帝與紀曉嵐的事，但又有人說是劉統勳，又一說爲何焯。大學士劉統勳雖舉薦紀曉嵐總纂「四庫全書」，可是他和何焯的大名，不如紀之大。現在畧介紹幾家筆記所載者，分錄如次：

「清朝野史大觀」（民國初年上海中華書局出版，蓋集合筆記分類編成，但無說明引自何書）云：河間紀曉嵐先生，一日在朝房待漏，坐久倦甚，戲謂同僚曰：「老頭兒胡尙遲遲其來？」語未已，履聲橐橐起于座後，則高宗微服至矣。厲聲問老頭兒三字何解？先生從容免冠頓首謝曰：「萬壽無疆之謂老，頂天立地之謂頭，父天母地之謂兒。」高宗乃悅。

這一則記事說紀曉嵐背地裏稱乾隆帝爲「老頭兒」而非「老頭子」，其事發生的地點是朝房。近人楊汝泉輯錄的「滑稽故事類編」（上海北新書局出版）也收錄這樣的故事，共二則，今錄其一。

紀曉嵐體胖而畏暑……入值南書房，每出到便殿即將衣服除去納涼，久之而後出。乾隆聞內監言，知其如此，某日故意有以戲之。時紀與閣臣數人，皆赤體談笑于某殿，忽乾隆自內出，各人倉皇穿衣，紀又短視，乾隆至其前始知之，時已穿衣不及，急伏于御座之下，喘息而不敢動。乾隆越二小時不去，亦不言。紀因酷熱不能耐，露其首以外窺，問曰：「老頭子去耶？」乾隆笑，諸人亦笑。乾隆曰：「紀昀無禮，何得出此輕薄之語？有說則可，無說則殺！」紀曰：「臣未穿衣。」乾隆乃命內監代穿之，匍匐于地曰：「此都中稱皇上之普通名詞也。夫稱曰萬歲，豈非老乎？君曰元首，得非頭乎？皇上爲天子而子萬民，此所謂子也。」乾隆竟不能難，紀老可謂善辯矣。

清末名御史胡思敬所輯的「九朝新語」，則以此事屬于大學士劉統勳。（思敬字漱唐，江西新昌人，光緒廿一年乙未庶吉士，改吏部主事，工詩，頗有著書。）文中說：

乾隆間，有人呼上爲老頭子，爲上所聞，問劉文正曰：「此何解？」對曰：「萬壽無疆曰老，首出庶物曰頭，父天母地曰子。」上大笑。

劉統勳是雍正二年翰林，官至東閣大學士，謚文正，紀曉嵐爲乾隆十九年翰林，劉是他的老前輩。外間以老頭子稱乾隆，亦如後來清宮一般人以「老佛爺」稱西太后同。但市井中徒弟稱黑社會頭子亦曰「老頭子」，入會則稱「拜老頭子」，宜乾隆之不解也，而他不恥下問，問及劉統勳，亦合理之事，然則此事屬于劉亦非不可能。

如果再找尋遠一點，則還有比劉統勳早幾十年的一個著名學者何焯（字屺瞻，號茶仙，江蘇長洲人，學者稱義門先生。他是康熙六十一年死的，年六十二歲。劉統勳死于乾隆三十八年，年七十五歲），禮親王昭槤的筆記「嘯亭雜錄」則說老頭子故事屬于何焯與康熙帝。文云：

何義門先生值南書房時，嘗夏日裸體坐，仁皇帝驟至，不及避，因匿爐坑中。久之不聞玉音，乃作吳語問人曰：「老頭子去否？」上大怒，欲置之法。先生徐曰：「先天不老之謂老，首出庶物之謂頭，父天母地之謂子，非有心誹謗也。」上大悅，乃舍之。此錢樾堂侍郎樾親告余者，以南書房侍臣相傳爲故事云。

禮親王是乾隆朝最留心典章掌故的親貴，他這部筆記的可靠性頗高，他說這個故事是聞諸錢樾，則流傳亦有來歷。錢是乾隆三十七年翰林，久值內廷，以吏部左侍郎因事復降編修，官至內閣學士（他是浙江嘉善籍，直隸清苑人，字撫棠）在乾隆四十年至嘉慶六年二十六年間，他都在內廷行走，與紀曉嵐同在朝中「伴君王」的，如果老頭子故事屬于紀氏，錢氏斷無不知之理，因爲這個故事是內廷最有趣的，那末，此事屬于何焯與康熙帝較爲可信了。

紀曉嵐一向以滑稽著名，流傳故事極多，他與乾隆帝那個老頭子故事，直到今日還不時在報紙上的副刊中見到，可說源遠流長了。但如果從考證上來說，則似乎尚有問題，因爲沒有有力的證據說明是屬于紀曉嵐的，到了一九三〇年間，上海的書商出版了一部「紀曉嵐家書」。紀曉嵐承認這件事是他的，從此鐵案如山，不能任人推翻了。「家書」中有一封「寄內子」的，寫得非常有趣，甚可欣賞，錄如左：

四年謫戍，一旦還京，在爾聞之，必然喜溢眉梢，額手相慶，我沐此天恩，愈覺報稱爲難。蓋身當言路，若壅蔽天聰，是謂溺職；若學鐵面御史，據直上聞，必爲怨府。余惟冀早日脫離此職，便可免却許多麻煩。余曾以此意語董尚書，尚書曰：「兄且少安無躁，而今否運已除，不日將爲兄道賀矣！」余訝其語言吞吐，請申其說。尚書曰：「皇上謂兄有運籌帷幄才，在烏魯木齊，贊襄伊犁將軍，平定蒙匪，殊堪嘉尚。現在軍機處人才缺乏，皇上頗屬意于兄，當賀不當賀？」余尚未之信，不料閱三日果然降旨派余入軍機處，將有官報到家，不論來人多少，祇須賞銀四兩。余本擬乞假歸里，現在只好姑作緩圖矣。

這封「家書」是他對太太報喜，說他四年充軍今已釋回，一回京就做起軍機大臣，威風之至。因做軍機大臣，所以才有機會每日見到皇帝，于是在另一封「寄內子」書中，提到老頭子一事，今摘錄于左：

哈哈！余險又赴烏魯木齊效力！蓋因近日京中酷熱，爲歷來所未有者。余素性畏熱，而日須長袍入値軍機房，苦不堪言。昨日酷熱更甚，諸大軍機皆未入值，祇有余與一朱姓章京。余便放浪形骸，除去長袍，高踞胡牀，披襟執扇，正在獨樂其樂。朱章京忽顧我低語曰：「聖駕來矣！」余如聞晴天霹靂，惶遽無措，不及穿袍接駕，一躍而下，，匿身炕後。久之不聞聲息，只道聖駕已去，探首諦視，奈余之眼鏡摘除公案上，目光模糊。但見炕上一人，面朝外而背向內，只道是朱章京，問之曰：「老頭子去幾時矣？奚不關切一言？免得余蜷伏炕下！」詎知那人怒目反顧曰：「爾在此辦公，誰教爾蜷伏炕下？」余聞口音，知是皇上，直嚇得余屁滾尿流，勢不能仍匿炕後，只得匍伏請罪。皇上曰：「爾擅敢稱朕老頭子，該當何罪？」余叩頭强辯曰：「此臣下尊敬聖上之意。老猶言天下之大老，頭即元首之意，子即子元元之意，宋儒尊稱皆曰子，如孔子、孟子皆是也。」皇上曰：「爾自仗口才敏捷，還敢强辯飾非，今有一成句曰：『此地有崇山峻嶺，茂林修竹，』隨口對來，恕爾無罪！」余應聲對曰：「若周之赤刀大訓，天球河圖。」天顏始霽，揮令起去，聖駕仍由後軒還宮。……此皆由于目光短視，素性畏熱所致，古人云，愼言寡過，洵不誣也。

這封家信，紀曉嵐自承他曾叫乾隆帝做「老頭子」，幾乎使自己有斬頭之虞，若非應付得體，又能隨口對出聯對，此番性命休矣！這封信又澄清了百多年來所傳老頭子公案，與劉統勳、何焯無涉，是「幽默大師」紀曉嵐「本店」製造，不許他人冒牌，此一妙也。更妙者是天氣炎熱之時，皇帝不放暑假，而「諸大軍機皆未入值」，自行休假，置國事于不理。其實軍機大臣每天黎明時分就入朝，親聆皇帝口頭指示一切，回到軍機處，擬好諭旨頒發下去，除非皇帝生病，否則就是正月初一也要入值，皇帝往熱河避暑，軍機大臣亦隨行，如私人秘書，不離左右也。另一妙處則是對經術頗有研究的紀文達公，居然會說出聖人孔丘、孟軻之被尊稱爲「子」，是由于宋儒之送高帽！

到底紀曉嵐做過軍機大臣沒有呢？那就要研究一下駁斥上引的第一封「家書」了。他自乾隆十九年入翰林後，一向都是做翰林官，并未在「言路」（言路類多代表御史之稱）。乾隆二十六年，他以編修得京察一等，以道府記名（京察是京官考勤，得一等的，把他的名字登記起來，可以外放道員、知府。）到乾隆三十三年二月，他得到貴州都勻府之缺，皇帝因爲他學問優長，外放做親民之官，未必能發揮他的才能，就仍留他在左右，升爲翰林院侍讀學士。這一年的六月，盧見曾案發生，紀曉嵐獲罪充軍，到乾隆三十五年釋還。他在戍所首尾不到三年，無所謂「四年謫戍」。回京後仍做他的七品編修官，和原官四品的侍讀學士低了五級，在仕途上吃虧了。過了兩年，因爲做「四庫全書」的老總，然後竄紅起來，一直升官，嘉慶十年一月，以禮部尚書協辦大學士，二月即謝世。

紀曉嵐是清代著名的滑稽之雄（今日則稱爲「幽默大師」），又以應付敏捷見稱，即如上述老頭子一事，如果不能應付得體，至低限度他的罪名也會被擬上「大不敬」而丟官的。而他却能引經據典的把皇帝拍得甚爲舒服，天大的事情被他三言兩語「搞掂」了，可見他的天才一斑。他和乾隆帝的故事，還有一些可談的，不管是否眞有其事，但故事的本身確實有趣。

據說，有一年紀曉嵐死老婆，本來像他這樣的文學侍從之臣死了太太，皇帝斷不會下道諭旨吹她幾句或給予治喪費的。但紀曉嵐是個長伴君王左右的人，又以滑稽見稱，深爲太監歡迎，這班公公閒談中被皇帝知道紀曉嵐死了老婆，下一次召見他時便問：「聽說卿家死了細君，你們伉儷之情甚篤，你一定有什麼悱惻動人悼亡之作了，念些出來我聽聽罷。」紀說：「老年夫婦，一旦分手，情何能已，本想作一文弔祭，又苦于下筆不成一字，不得已，只好摘錄王右軍蘭亭序數行，算作祭文。」說畢便念道：「夫人之相與俯仰一世，或取諸懷抱，晤言一室之內，或因寄所託，放浪形骸之外。當其欣于所遇，暫得于己，快然自足，曾不知老之將至。及其所之既倦，情隨事遷，感慨系之矣！向之所欣，俛仰之間，以爲陳跡，猶不能不以之興懷。古人云，死生亦大矣，豈不痛哉！」他念到這一句便停止了。皇帝不解其意。他說：「請皇上把那個夫字讀本音，然後一口氣讀下去，便知微臣之意。」乾隆帝照辦，讀了幾句便笑不可仰。

太監歡迎他也有原故的，「清朝野史大觀」有一則說：

紀每入朝，內監輩皆索其嘲謔。一日，有內監某遮路請紀講故事，紀辭之，內監請益固。紀作思索狀，曰：「得之矣。有一個人」，言訖默然注視內監。內監見其不復語，乃叩之曰：「這個人下邊還有何事？」紀曰：「下邊沒有了。」內監知被其揶揄，乃相與大笑而去。

紀曉嵐主編的「四庫全書」

這故事，已見明人筆記，說是永樂年間才子解縉的事，與紀曉嵐無涉，但解探花的名頭不如紀曉嵐之大，則以之屬紀，固宜。（李鴻章的名氣亦大，因此人們便說中日議和時，伊藤博文出「內無相，外無將，不得已玉帛相將」請對。李立即對云「尺難度，地難量，這才是帝王度量」云云。其實此聯亦明人故事，見祝枝山「野記」。但對此聯的明朝官員，其名不如李鴻章，以此歸李，亦無可奈何之事也。）

同紀曉嵐做朋友的人，每每被他戲弄爲樂。乾隆二十五年庚辰科的探花是王文治，紀是他的翰林前輩，又是好朋友。一日，紀退朝，匆匆到王文治家中，對家人道：「快些通知你們的太太，皇上今早封你們的太太爲光華夫人，上諭已擬好，明日即發下，我先知道，特來報個喜訊！」到下午王文治歸家，太太歡天喜地的對相公說知受封光華夫人之事。王文治聽了一聲不響，毫無表情，太太問何故？他說：「紀老頭捉弄我們！」太太還不懂，文治亦不答。（按：「天恩春浩蕩；文治日光華」，乃雍正御製賜張廷玉聯，後來京師人家皆用此二語爲門聯。「日」與「入」同音，故文治不答也。）

「清朝野史大觀」又記紀一事，甚趣。文云：

紀文達才調宏敏，尤善詼諧。一日爲某詞林太夫人壽，紀往賀，詞林以祝詞請，紀即席應之曰：「這個婆娘不是人！」一座大駭。紀乃從容續曰：「九天仙女下凡塵。」衆始莞然。及其轉句又曰：「生下兒子去做賊」，衆復駭愕，紀曰：「此子却好。」

偷得蟠桃壽母親！」一時傳爲佳話。

其實此詩乃唐伯虎的，已見「堅匏集」（康熙間蘇州人褚稼軒所輯的書），但是否屬于唐伯虎，尚不敢確定，不過見于康熙初年的書，其不屬于紀的故事則已顯然。

至于紀曉嵐以對聯諧謔戚友，也是多所流傳的，其中有些不屬于他的，後人也記在他的帳上，今擇其風趣者錄出一二。

紀曉嵐的中表兄弟牛稔文，爲其子牛坤娶婦，他親筆撰寫一聯致賀，句云：

繡閣團圝同望月；
香閨靜好對彈琴。

牛稔文收到後，大爲贊賞，懸在堂中誇耀親友。到結婚之日，紀往賀，指着此聯問他的老表道：「拙聯用尊府典故，你看貼切不貼切？」座中賓客無不爲之捧腹。（上聯紀吳牛喘月，下聯爲對牛彈琴。）

紀曉嵐以翰林出身，并且是此輩中學問淹博無頭巾氣的太史公，但他一生中只做過兩次主考官，第一次是乾隆二十四年，年已三十五，到乾隆四十九年，又做了一次，已六十四了。第一次是以編修做山西省的鄉試正考官，第二次是以兵部侍郎做鄉試大總裁（是首席的）。山西鄉試的解元馮文正下一年入京應會試，入闈前去拜謁他的座師紀曉嵐，這是禮貌上一定要的。紀曉嵐對這個門生很愛他的才學，那天馮文正一早就去拜老師，老師在大廳接見他，馮文正忙搶前叩頭，紀曉嵐忽有所觸，大叫「妙哉妙哉！成就我一副好對子了！」于是高聲念出來道：

今早門生頭着地；
昨宵師母脚朝天。

這件事是確實的，因爲他是一個瀟洒不羈的讀書人，名士氣極重，對他得意的門生，不妨倚老賣老了。他擅長聯語，不單是構思敏捷，而且對偶巧妙，出人意表，誠爲此道中的天才。乾隆五十三年（公元一七八八年）工部失火，朝命工部尚書徹底修建，限期完工。工部尚書金簡（正黃旗漢軍人，其妹爲乾隆妃）大興土木，北京好事者出一聯徵對，聯首云：

水部火災，金司空大興土木；

很久都沒人能對，因爲聯中包含有金木水火土五字，而金簡又是水部尚書（工部又稱水部，工部尚書又等于中古時代的司空，好古者喜用此等代稱也），要對通它最好用眼前之事。這時候，紀曉嵐的一個南方朋友，在內閣做中書，某次在宴會中提到這一聯很難對，紀曉嵐微笑不語，那人道：「老先生能對嗎？」紀說：「對并不難，只是有屈尊駕一下了。」那人說不要緊，紀曉嵐一口氣大聲念道：

南人北相，中書君什麽東西！

座上衆人無不大笑，紀連連道歉。此聯對得眞是巧妙，有東南西北中五字，而做中書的又是現在的人，其人南人而北相也。

作「楹聯叢話」的梁章鉅（梁鴻志的曾祖，官至江蘇巡撫）是他的門生，書中記其巧對一則，極見心思，摘錄如次：

乾隆中，每歲巡幸熱河，必于中秋後一日進哨（原注：即木蘭圍場也），重陽前後出哨。蹕路所經，有所謂萬松嶺者，滿山皆松，爲重九日駐蹕登高之所，歲以爲常。庚戌歲（乾隆五十五年），上進哨時駐此，周覽行宮，顧謂彭文勤公，令將舊懸楹帖，悉易新語，期以出哨登高時親閱。公連日構思，偶于行殿正中得句云：

八十君王，處處十八公，道旁介壽；

謂貼萬松嶺也，而難其對，因以片紙馳价，屬紀文達公成之。文達公笑曰：「芸楣又來考我乎？」即令來价立待，封紙付還。文勤公啓視，則已就餘紙，寫成對語矣，句云：

九重天子，年年重九節，塞上稱觴。

歎曰：「曉嵐眞勝我一籌矣！」回鑾日，此聯果大蒙稱賞，特賜文勤公以珍物八事，公跪辭曰：「此出句是臣所撰，而不能對，對語實紀某所撰，請移以賞紀某。」上曰：「兩邊語皆好，汝自應領賞，即另發一分賜文達公。」

這位文勤公是彭元瑞，江西南昌人，以才思敏捷見稱，也是乾隆帝的「槍手」，時時與皇帝聯句，皇帝作不出的，他就代筆。他的名氣沒有紀曉嵐那麽大，讀此亦得一證。

「四庫全書」是官方所編的一部空前鉅著，以後的政府，即使要編一部這樣的書，在册數上，也許會比「四庫全書」還要多，但一定是排字活版方法，而不會用人手逐個字寫成的，所以我很大胆的說它不止空前，還可以絕後呢。

乾隆三十八年（公元一七七三年）二月，四庫館成立，它的編輯部，規模不大，也是世界罕見的。是年七月十九日乾隆帝批准委任全體職員，計正總裁十六人，以皇六子多羅質郡王永瑢領銜，其他十五人皆皇子、大學士、尚書、而大名鼎鼎的和珅也在內。副總裁十人，書法家劉墉，吏部侍郎彭元瑞，戶部侍郎金簡在內。總閱官十五人。總纂官三人，即紀曉嵐、陸錫熊、孫士毅，這三人可說是總編輯。其屬下助理編務的還有一百六十多人，連同其它職員，總數爲三百六十八人。

爲什麽叫「四庫」呢，則自晉代以後的書皆以經、史、子、集分類，曰四部，故此名「四庫全書」。它所著錄的書，凡三千四百七十一種，共三萬六千三百零四册，四萬九千零一十八卷；存目之書（不收入「四庫」的）凡六千八百一十九種，九萬四千零三十四卷，比著錄的更多。四庫館因各書原本大小不一，如果全部刻爲木板，不但費時太多，且費用極大，不如全用手抄，這樣省時節費，又便于更改原書，而且長短闊狹，統歸劃一。于是在北京找到一批舉人、貢生、監生之善于書法者，共得四百人，派爲謄錄，負責抄寫。這批舉人、貢生、監生在北京謀官職的，，他們的科名幷不高，怎能很容易獲得一官半職？四庫館的主持人就奏准皇帝，給他們一項獎勵，辦法是他們把書帶回家中抄寫，每日規定抄一千字，每年扣去三十日爲往館領書交書時間，計每人每年可寫三十萬字。幷依照各館（如實錄館、方畧館）五年議叙之例，核算他寫字多少爲等差。如五年期滿，所寫的字能超過四分之三以上的，列爲頭等，行文吏部議叙（所謂議叙是計其勞績、資格等等，如今日的銓叙。勞績多的可以議叙更大的官）；其僅寫足三十萬字數者次之；如果寫不足字數，一定要補足才准咨部議叙。

這個方法果然有效，在短期間寫成「四庫全書」四份，分藏內廷了。舊日的讀書人最大的目的是做官，以官爲餌，他們那有不拚命幹的。所以四庫館不必支出薪水，便招到了四百名「排字工人」，什麽事都辦妥了。

「四庫全書」所收的書，有兩大來源，一是政府固有的藏書，一是各省大吏採進的書。此外又有一小部分是私人進獻的書。私人進獻的又分爲自動獻出和奉旨獻出兩種，所進的書有家藏本、家刊本、購進本之分。家藏本是借用性質，錄出後原本給還原主。如果家藏本是有問題的（例如民族思想，反滿清統治，毀謗朝廷等等），當然沒收，而書主恐怕還會招致殺身之禍呢。

乾隆帝編這部大書，初時只寫成四份，藏在大內的文淵閣，盛京（即今日的瀋陽）的文溯閣，圓明園的文源閣，熱河行宮的文津閣，只作皇家陳設之用。後來想到江浙是人文淵藪，知識分子比各省都多，又再命寫多三份，分藏揚州大觀堂內的文滙閣，鎭江金山寺的文宗閣，杭州聖因寺的文瀾閣，准許讀書人就近閱覽錄副，以發揚文化。在昔日讀書人難得讀到「異書」，有這部大書可以給他們借讀，實在是嘉惠士林的盛事。

大內四閣的建築式樣，是仿寧波天一閣的，乾隆三十九年（公元一七七四年）六月，乾隆帝曾命浙江織造某人親往天一閣調查，繪成圖樣送京，因爲乾隆帝甚欣賞天一閣純用磚瓦，不用木料，不怕火燭的好方法，甚至書架也仿效其式。七閣分藏七部「四庫全書」，確實輝煌之至，在中國可說是文化界空前一盛舉了。

「四庫全書」完成後，未及百年有一部分遇到大刧。圓明園的文源閣，被英法聯軍燒光，金山寺的文宗閣和揚州的文滙閣，在鴉片戰爭期間，爲英軍炮火毀了大部分，不久又遇太平天國戰爭，全部化爲烏有。在瀋陽故宮的文溯閣的一部，九、一八事變後，侵畧者用「國立圖書館」名義，代爲「封存」，下一步就運出國境，現在何處，無從獲知。杭州文瀾閣的一部，在太平天國戰爭時損失亦大，後來杭州人丁申、丁丙兄弟補抄，幾乎已恢復原狀，現藏浙江省立圖書館。熱河文津閣的一部，早已移交北京圖書館，故此北京圖書館于一九三一年落成時，其所在的街道就叫文津街。在紫禁城裏的文淵閣一部，亦于一九四九年前運往台灣了。所以現存的「四庫全書」尙有三部。

「四庫全書」編成後，雖然被稱爲一部卷帙浩繁的大書，但其中亦有好多缺點，任意改竄、割裂，其最著者也。人們多以爲「四庫」所根據鈔錄的，在當時是足本的書，而不知今日有儘比它更好的，即如辛文房的「唐才子傳」，「四庫全書總目提要」畧說：

> 楊士琦「東里集」曾記其書，今無傳者。欲輯自「永樂大典」，而「大典」傳字一韻適缺，因取他韻中所載者輯成，大約得十之七八。

其實後來有人刻「古逸叢書」，已從日本得到足本。一九五七年，上海古典文學出版社排印的「唐才子傳」，即依此印成。（我因已有鈔本「唐才子傳」，還是姚姬傳所藏的，所以沒買，它的「出版說明」怎樣說法，現無從根據。）

「四庫全書」中有很多秘本，所以民國初年，當政諸公即有影印廣其流傳之議，到民國十四年（一九二五年）段祺瑞執政時代，教育總長章士釗又以影印事提出國務會議，討論結果，決將文淵閣一部交商務印書館影印。這件事已着手進行，且將書裝箱將運上海了。後因政局變化，事遂中止。民國十七年（一九二八年），張學良亦發起影印東北所存的「四庫」，其後亦未成爲事實。民國二十二年，政府與商務印書館訂約，影印「四庫全書」未刋本，于民國廿四年全書印成，分裝一千九百六十冊，定價八百元。是爲「四庫全書珍本初集」。喧傳了十多年的影印，至此「千呼萬喚始出來」了。

國民政府影印「四庫」珍本，可說完了以前徐世昌總統、段祺瑞執政的部分心願，其實「四庫」成書已久，有很多書已不合時宜，故光緒年間已有人向政府建議，編個「四庫全書續編」，東莞人倫明于民國十六年（一九二七年）在北京亦有續修「四庫全書」之議，其後因內戰發生，什麽文化事業政府都暫時不談，故影印的書有了，而續修的就未見有，也恐怕永遠不會有的。

紀曉嵐是一個學問極優的人，但他一生幷沒有什麽大著作，因爲他中年以後，心力瘁于編書和寫成一部「四庫全書總目提要」二百卷。「提要」亦分四類，每類之後，又附有「存目」，那是凡經評定而以爲不足收入「四庫全書」內，而又未曾奉旨銷燬各書提要皆在其中，所以我覺得「存目」的價値很高，因爲收入「四庫」各書還容易見到，而「存目」的書就未必有了。

「總目提要」的纂修過程，是館臣每校定一種書，都在卷首寫上一篇「提要」，將各書大旨及著作源流，詳細考證，銓疏厓畧」（「辦理四庫全書檔案」上冊第九頁）。這些提要彙集起來，加上存目提要，按照四部類次，加以整齊劃一，就成爲「四庫全書總目提要」。初步完成于乾隆四十六年（一七八一年），繼經增改，到了五十五年間刻成頒行。在這一段期間，乾隆帝又認爲「總目」的卷數太多，翻閱不便，又命另行編製一個「簡目」，遂于乾隆四十七年（一八七二年）完成了「四庫簡明目錄」二十卷。除存目不錄外，這個只佔十分之一篇幅的凝縮品，事實上是具體而微的「總目」，對讀者可以節省很多的時間。

「總目」和「簡目」，雖皆由皇六子永瑢領銜纂修，但實際工作是紀曉嵐總其成的。江藩的「漢學師承記」紀曉嵐傳說：

> 四庫全書提要、簡明目錄，皆出公手，大而經史子集，以及醫卜詞曲之類，其評論抉奥闡幽，詞理明正，識力在王仲寶、阮孝緒之上，可謂通儒矣！

這可以證明總、簡二目的删定工作，實出紀曉嵐之手。又，阮元序紀氏文集有云：

> 高宗純皇帝命輯四庫全書，公總其成，凡六經傳注之得失，諸史記載之異同，子集之支分派別，罔不抉奥提綱，溯源徹委。所撰定「總目提要」，多至萬餘種。

阮元與紀曉嵐同時，他所說的尤爲可據。紀氏一生沒有著述，偶然爲人作序記碑表之屬，亦多不留稿。有人問他說爲什麽不存稿起來，編爲文集呢？

他說，他自從編輯「四庫全書」看盡古今書籍，越看得多，越覺得前人之不可及，後人雖盡其心思才力，大都不能跳出古人的範圍，其自謂突過古人者，眞蚍蜉撼大樹不知自量也。此說是某筆記所載，亦可見紀氏之虛心，但推崇古人過份，看不起今人的著作，所謂厚古薄今，這一點是不足取的。他一生盡瘁于編書，因編書而豐富了他的學識，在達官中很少見。「清朝野史大觀」引某筆記云：

> 紀文達公自言自四歲至老，未嘗一日離筆硯。乾隆壬子（五十七年，公元一七九二年）三月，偶在直廬戲謂友人云：「昔陶靖節自作挽歌，余亦自題一聯云：『浮沈宦海如鷗鳥；生死書叢似蠹魚』，百年之後，諸公書以見挽足矣。」劉文清公墉笑曰：「上句殊不類公，若以挽陸耳山乃確當耳。」越三日而陸副憲訃音至。文達記之槐西什志，以爲事有先兆云。

按下聯絕似紀曉嵐，可謂爲自己寫照，大凡愛書勤學的人都覺得這句有味的。陸耳山即總纂官三人之一的陸錫熊，他因奉命再往盛京校勘文溯閣的「四庫全書」，到奉天後，以天氣驟寒，感疾逝世，年五十九。他是上海人，字健男，號耳山，乾隆廿七年進士，并沒有入翰林，死得極爲年輕，比起他的進士前輩紀曉嵐活到八十二歲，壽算差得多了！

紀曉嵐雖是翰林出身，但他并不擅長書法，禮親王的「嘯亭雜錄」說：「近時紀曉嵐尚書、袁簡齋太史皆不以善書著名」，曉嵐本人也常言之，他的「閱微草堂筆記」屢有提及，他還承認有時爲了應酬，不得已請人代書，所以他的書法流傳下來極少。三十年前中國營造學社影印紀氏手書「欽定四庫全書簡明目錄」一冊，有「臣紀昀敬書」字樣，爲恭親王奕訢所藏，後歸郭世五，朱啓鈐借出影印的。後來經人考證，亦非紀氏親筆，雖進呈之物，紀以拙于書法，仍倩人代作也。

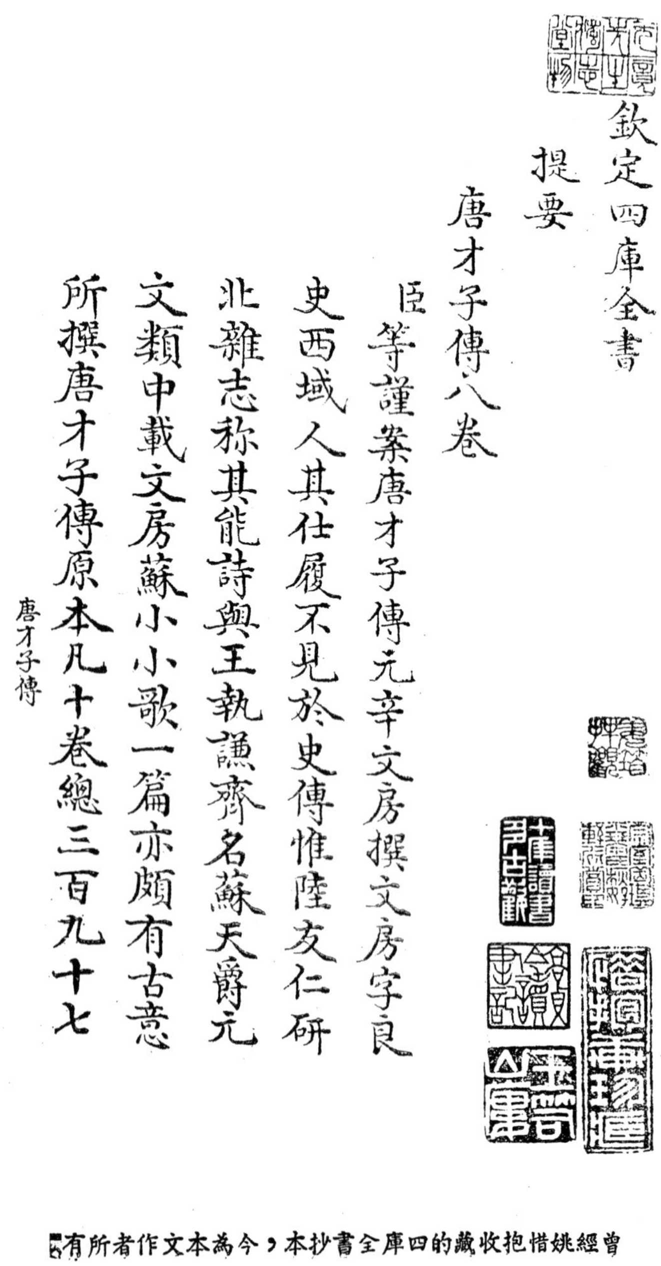
欽定四庫全書
提要
唐才子傳八卷
臣等謹案唐才子傳元辛文房撰文房字良
史西域人其仕履不見於史傳惟陸友仁研
北雜志称其能詩與王執謙齊名蘇天爵元
文類中載文房蘇小小歌一篇亦頗有古意
所撰唐才子傳原本凡十卷總三百九十七
唐才子傳

曾經姚惜抱收藏的四庫全書抄本，今為本文作者所有

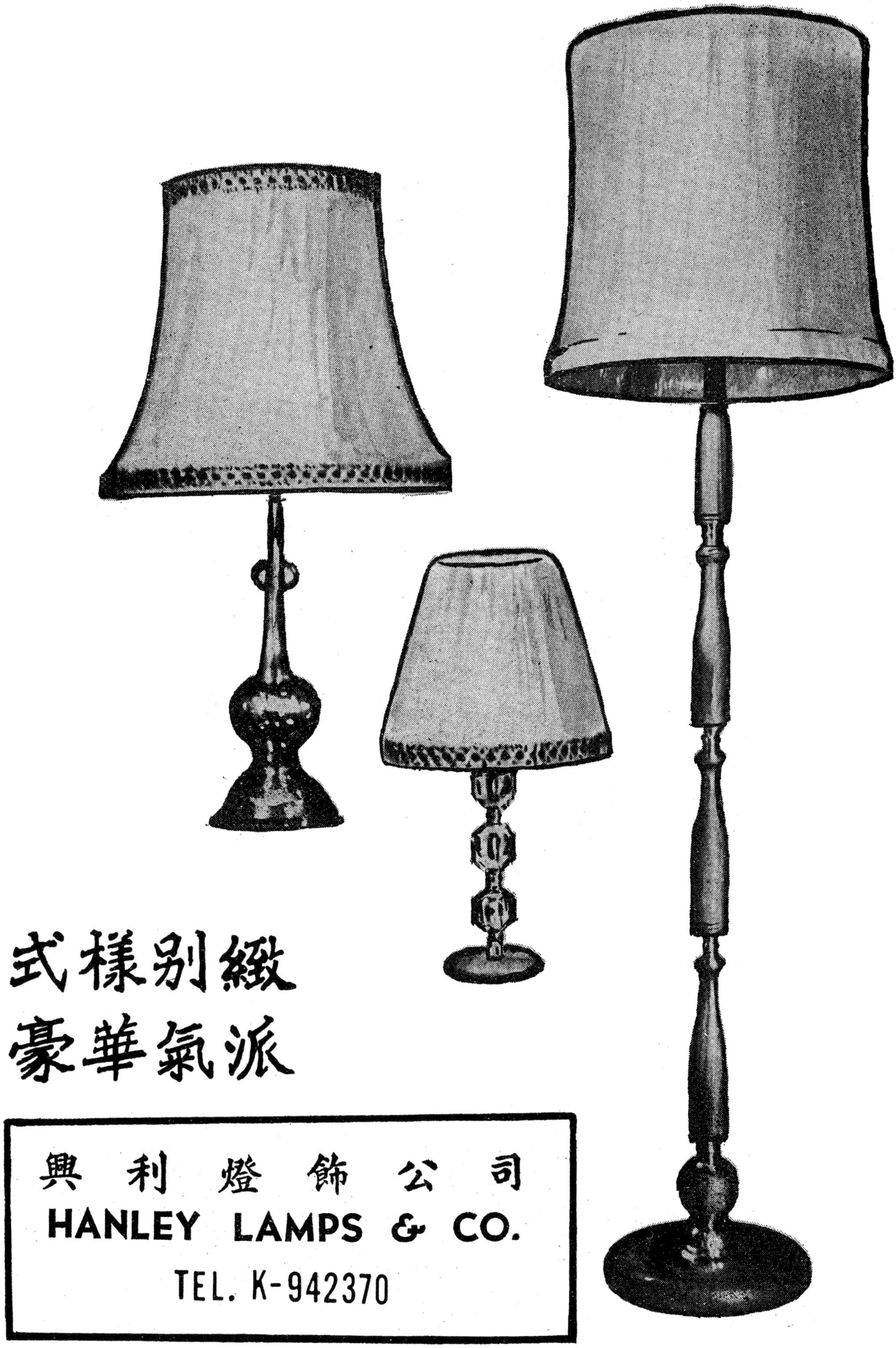
式樣別緻
豪華氣派
興 利 燈 飾 公 司
HANLEY LAMPS & CO.
TEL. K-942370

記七友畫會

劉太希

台北藝術團體很多，最早成立的，是七友畫會，七友中多爲畫竹名手，因此七友，會使人連想到竹林七賢。我與七友，都是老友，而我舊居在竹林路，所以我刻了一方圖章，文曰：「七賢之友」。其實今之七友與古之七賢，其傲睨王侯，不慕榮利，及其蒼莽之氣，才藝之美，堅貞之操，宏通之學，也大多相近，東坡有言：「君如欲作詩，工夫在詩外」，畫亦何嘗不然。七友以畫名天下數十年，各具有治平之才，經世之志，傷時疾俗，隱於畫藝而已，如果僅以畫人視七友，則不足以盡七友也。

七友中以馬木軒（壽華）翁年事最長，他是一位極謙沖的和厚君子，在此老的心中眼中，沒有不好的人，多年以來，他的風度，總是心平氣和藹然如春的。他這種風度，足以化戾氣爲祥和，心有煩愁的人，和他靜對片刻，相信會受到他沖和的感化，煩愁自然會消散於無形，他深具老子「和光同塵」的修養，因此他的康強壽考是必然的。

他的畫，山水花卉，無不精通，早年多作山水，近於雲林、香光一路，又工指畫，指畫自高其佩、李世倬以後，名家甚少，七友中亦惟有此老能作指畫，且有獨到之處，所畫牡丹，絢麗中涵淡秀之韻，至爲難得。我曾請其以「指上禪機」四字刻印以鈐指畫。我以爲中國最早的文字，即是圖畫，而最初以手指作畫的，伏羲氏是開山祖師，「當日空白地着一畫」，一畫未了，又着二畫，以至畫了八卦，那時一定沒有筆，無疑是手指畫的。其次是倉頡，畫些山水人物魚鳥，以象形文字，那些畫亦應當是用手指畫的，所以指畫，應該是最早的文化。至於能以樹枝石塊造刀造筆來代替手指，那當是後來的事了。寫到此想起印度思想家說的「上帝創造世界，是在虛空中作種種的畫，畫好了吹入生氣，便成了天地萬物」，上帝在虛空中畫出天地萬物，木老在白紙上指出山水花卉，是異曲同工的。

近年以來，木老山水指畫，已不常作，多寫竹石，以舒胸中逸氣，故畫竹名滿海宇，他多寫晴竹，少寫雨竹，葉葉茂密而怒茁，也就象徵他老當益壯的襟懷，張大千就很欣賞他這種氣韻，囑張夫人徐雯波女士師事木老，傳爲藝林佳話。木老今日無形中已成爲中國藝壇領導人物，這自然不僅是他繪事的成功，而也是他德望的因素，胡展堂詩云：「太傅沖和未易師」，木老其庶幾乎？

鄭曼青氏，生有夙慧，十歲從師習書畫，二十歲即教授北平美專，當時有人以他所畫蕉菊示吳昌碩大師，吳氏題云：「花以餐膾，葉以覆彫，淵明之菊，摩詰之蕉」，後來曼青隨詞家朱古微氏訪吳，時吳年八十矣，握曼青手指壁上曰：「吾室所懸，惟吾師任伯年與君之畫而已。」早年名輩對曼青之激賞如此。我以爲曼青之畫，是專以精神爲主，宋李之儀論書稱「楊少師度越前古，而一主於精神。」曼青之畫亦何獨不然，我初見他的畫，是一幅風竹，古今畫風竹，皆一面倒，曼青的風，眞可稱大將軍八面威風，稱之爲狂風可，稱之爲大王雄風，也無不可，但見枝枝動盪，葉葉翻飛，幾乎要連根拔去，我曾戲題云：「竹枝西出葉向東，此非畫竹實畫風，風無本質不上紙，巧借竹葉相形容，曼髯筆風有如此，眞宰應嗔被驅使。」他畫其他動植物，也莫不渾厚古淡而栩栩如生，這都因爲他的畫主於精神，所以下筆便有生命。他有一二幅畫竹只畫一枝，眞有孤芳自賞的韻味，唐代鄭虔，有三絕之譽，曼青更精於醫。精於拳，人稱五絕。他的題畫詩，有些句法，奇崛古奧，或者由精神已入道之境界，我乃下士，故聞道而大笑之耳。

連雲居士張穀年，彬彬君子也。昔人云：與公瑾交，如飲醇酒，陶然而醉，我于穀年也有此感。十餘年來，與穀年很少三日不見，見也無一事，甚至默對無言，但如淵明所云「此中有眞味，欲辯已忘言」，一個人能使朋友如此傾心，則其爲人可知。

穀年生平，文采充乎中，而溢乎外，看似弱不勝衣，而其山水寫生，動輒橫亘數丈，每一縱筆，力求創作之適性，而以雄偉出之，繪事以水最難，而他寫驚濤拍岸，眞覺奔騰澎湃，轟喧有聲，充滿激盪迴旋、鼓動、壯美的情態。與夫倒海翻江，前推後湧，一浪高出一浪的氣魄。前數年曾見其所繪之橫貫公路長屏，山水之能事極矣，他又好遊，由少至老，不斷和他夫人遊山玩水，搜徧奇峰打草稿，歸來則又成無數驚人之作，此乃文藻得江山之助，故得其風神則靈，得其泉石則秀，得其岡陵則厚，得其林壑則奇，他胸中蘊藏以發爲藝事者，其本源乃如此。

吾宗兄延濤，他的畫全是石濤的風格，名副其實地成爲石濤的延續了，張大千題他的畫蘭詩：「落紙婀娜氣亦豪，石濤而後見延濤，紉蘭結佩吾能說，敢賦新詞續楚騷。」可見他的畫近石濤，是公認的了。其畫縱橫蒼莽，如韓昌黎之爲文，陳言務去，硬語盤空，其突兀，直如絕壁倒掛乩松，夭嬌騰拏，不可方物，其特色，看似不巧而實巧，看似不奇而實奇，樸質自然，蒼渾古拙，不落窠臼，屏除色彩，大有却嫌脂粉，淡掃蛾眉，孤嘯空山，嫣然獨秀的氣韻。庸流觀之，反覺平淡，實則境界甚高，如東坡所云「豪華而妙苦而腴」，差可得其彷彿，加以他題畫的詩，每首皆內涵哲理，發人深省，爲之流連不能去。我最欣賞他的小幅墨竹，堪稱前無古人之作，縠年也與我有同感。

七友中看似最年輕的高逸鴻兄，無論爲學做人，都屬於幹勁沖天的少壯派，他對人表現出深厚的熱情，對事表現出充沛的活力，對學問表現出精進的朝氣，我以前曾有文評逸鴻象徵春風，任何場合中，有逸鴻在，便熱鬧，他的畫亦如其人，每幅都生氣蓬勃，無一不美麗，無一不繁華，無一不帶給人以喜樂，本來最高的教育是美，最理想的社會是繁華，最幸福的人生是喜樂，逸鴻的畫風，無疑是代表了此三種意志，他所祈求的，當亦不外乎美化世界，繁榮社會，喜樂人生，於是他畫出來的繽紛奇采，元氣淋漓，或揮神采於翎毛，或極穠郁於色素，無不丹青明麗，靈光閃閃，精神充實，才氣縱橫，這樣的作品，必然深入人心，這樣的作家，也必然超倫逸羣，成爲時代的耀眼旌旗。

逸鴻畫的山水，最爲可愛，與習見他畫的花卉不同，別是一番滋味，可見通於道者固無所不能也。

七友中的陳芷町、陶芸樓二兄，惜皆於數年前物故，芷町以人傑涉世途，以畫竹名海內，詩書雙妙，富貴浮雲。才調之高，不可一世，我贈他的詩，曾有「寫竹欲凌文與可，爲書署似米南宮」之句，時芷町朝夕臨米帖，自認以爲得米神髓，我詩稱其署似，很不滿意，我說：「稱署似，陳方還存在，如眞似，則陳方不見了。」回首當年，不勝人往風微之感。

芷町有寫竹篇一小冊，記述「荒齋寫竹八法」（見大人第三十期「政海人物面面觀」），多爲前人所未發之精義，八法乃濃淡、輕重、疏密、參差，信爲可傳之作。

七友中余與陶芸樓兄相交時間最短，其畫法早師麓台，上溯董巨，駸駸入古，余見其中年之畫，極濃郁而又縹緲，勝處往往似高房山，芸樓一生忠厚，純然書生本色，孰知竟不得其死，有才無命，悲夫。

以前七友作品，例於每年人日展出，以符七友之義，而今七友僅存五人，乃改於端陽展覽，記得七友最初展出，我頌以詩云：「四壁璆琳展七賢，梅開本占百花先，相攜一代扶輪手，揮洒丹青麗九天」，又悅賓樓一室徧懸七友書畫，七友會餐，多集於此，我也曾有一聯云：「上座杯盤參道味，七賢文翰發天香」，今悅賓樓改建，書畫多已無存，令人有人事無常之感！

舊塡百字令詞，即爲七友詠也：

年年人日，看畫圖展列五君二仲。破筆縱橫入蒼莽，潑墨淋漓高詠。蹴踏荆關，憑陵董巨，白眼看唐宋。髀雖生肉，依然意象豪縱。獨惜靖節元龍（陳方及陶芸樓），後先宿草，往事都成夢。好景亦知容易散，端賴歲寒珍重。憶昨諸公，惠而好我，招飲情飛動。悅賓樓上，談諧亂倒春甕。

七友之長馬壽華畫晴竹

賽金花故事編年

已故名書家鄧糞翁署耑

·瑜壽·

一八六四年（清同治三年甲子）

賽金花一歲。（是年之十月初九日，生於蘇州。）

關於賽出生地的街巷名稱，有周家巷、蕭家巷二說。經作者在蘇州了解：周家巷根本無此地名，蕭家巷在觀前街東首，是一古巷，但這裏的老年住戶，雖知道賽的名字，却都以堅實的口氣，肯定賽不是生於此地。

賽的正確姓氏，爲趙。原籍安徽休寧縣。祖父業商，賽生時，祖母尚在，祖父已死。她的父親乳名八哥，母親潘氏，吳縣人。

一說：賽的祖父曾與人合夥開過當舖，一說是業「朝奉」，非東主。賽未生時，家道已中落。賽生下來後，家裏實際已窮困不堪，她的父親有一長時期並無固定職業，有一短時期做過挑水或轎夫。

是年，洪鈞年二十六歲。在南京舉行鄉試獲捷，成了一名舉人。

關於賽的眞實年齡，據多方考證，實生於一八六四年。她自己一再虛報，有時自稱爲辛丑年生（一八七一年），有時自稱爲甲戌年生（一八七四年）。根據冒廣生「孽海花閒話」，指證賽嫁洪鈞時的確實年齡是二十四歲來推算，她應是生於本年。

同時也可以推定：賽逝世於一九三六年之時，已經是七十三歲了。當時報紙紛紛記載爲六十多歲，是不可靠的。（賽逝世後一年，其女僕顧媽，曾向作者承認：「太太成仙時，的確已過了七十。」）

一八六八年（清同治七年戊辰）

賽金花五歲，在蘇州。

她的祖母爲她取了乳名「彩雲」，此時她的家計已入於赤貧，祖母還憧憬於往日的富裕生活，每天儘和賽講些如何如何繁華的空話，在賽小小的腦子裏起了相當作用，這影響於她後來生活的發展很大，使她畢生浸潤於虛誇與幻想的精神狀態中。

賽的母親潘氏，是一個自幼寄養於戚屬的貧家女子，性格善良。在這個沒落的家庭裏，她除了担任一般家庭婦女的通常勞作外，還要做額外的工作，以支付她婆婆和她丈夫的烟酒費。賽父親此時的職業，不詳。

是年，洪鈞在北京參加會試殿試，以一甲一名進士及第，授翰林院修撰。

洪鈞，字文卿，吳縣人，原籍安徽歙縣，在本年高中後的一年（己巳、一九六九），照例回歙縣東鄉桂林掃墓，此後，他和歙縣洪氏的關係，逐漸淡化。嗣後，他除了供職北京外，即定居蘇州。

洪在蘇，住懸橋巷，即現時門牌三十四號作爲洪氏祠堂的那所房子。其地在蕭家巷北一里，安徽會館附近。賽金花說自己是生於蕭家巷，可能是她最先和洪同居的所在。

一八七一年（清同治十年辛未）

賽金花八歲，在蘇州。

賽有弟，佚名，生於是年。賽生前曾對許多人說過，她有弟死於光緒二十八年（一九零二年），她曾回蘇州去料理喪事。並說她的兄弟死時已是中年，遺一妻，無子。既然是「中年」，至少當估計他爲三十歲以上。又據顧媽向作者說：「太太有個兄弟，比她小七八歲，早就已經故世了。」

從賽弟的生卒年份上，更可以反證賽自稱爲一八七四年生是絕對不可靠的，世間斷沒有兄弟的年紀反大過姊姊之理。

是年，洪鈞在湖北學政任上。

「孽海花」作者曾孟樸生。

「孽海花」這部小說，在創造新的體式這一方面是相當成功的。魯迅的「中國小說史畧」評介歷代小說，以之爲殿軍，承認它是一部「結構精巧、文采斐然」的「譴責小說」。它的特徵是以小說體裁寫眞人眞事，已近乎後來盛極一時的「政治內幕書」。所以林紓（琴南）也有「孽海花者，歷史也，非小說也」的慨歎。

一八七三年（清同治十二年癸酉）

賽金花十歲，在蘇州。

魏斯炅生。

魏字阜甌，江西金谿人，這個人在賽金花全史中是一個重要人物，他是賽一生唯一經過正式結婚立有婚約的配偶，使賽從一九一八年一直到死，都是以「魏趙靈飛」的名號與身份，登記北京的戶口名冊。據「二南隨筆」上說，魏這個人很豪氣，他娶賽時，賽已五十多歲了。

一八八〇年（清光緒六年庚辰）

賽金花十七歲，在蘇州。

顧媽生於江蘇海門。

顧媽，母家姓蔣，名不詳，就是與賽後期的生活緊密地結合在一起，被一般人稱爲「義僕」的。她出身貧家，父母早死，只留一弟（蔣乾方），依靠她在上海巡捕房做包探的叔叔過活。一九零零年她和一個私鹽販顧某結婚，生二子。一九一二年在賽金花上海妓院中當娘姨，以後即一直跟到賽死，前後有二十五年之久。

一八八三年（清光緒九年癸未）

賽金花二十歲，在蘇州。

賽的父親趙八哥死。賽曾和作者談到：『我嫁洪先生的時候，父親已死掉四五年了，「孽海花」說洪先生討我，除付身價一千元外，又賞我父親二百元，又說我父是當轎班的，那有此事？』根據這般話推算，趙八哥可能是死於本年，或後一年。

賽金花（一八六四——一九三六）

依照賽自己的說法，她是十三歲時出條子（而且是瞞過家裏的），一出來便紅，一紅便結識了洪鈞，這在常情上是不大可能的，故我們可以如此推定，賽在結識洪鈞以前，一定已經歷了相當時間的娼妓生活，其時間必不在三四年以下。因之，可以假定本年的賽金花，已進入這一生活的煉獄了。

更綜合諸家不同的記載：賽是先由其家作價押與大郎橋巷娼家，（一說：賽家本來就在大郎橋巷），所以洪鈞給付的身價，她家裏得不到。賽自己也曾說過：『有一位吳三大人鬧標勁，把她船上的陳設東西打爛』，這些都可以證明她所過的是一種成熟期的娼妓生活，她既然不是出於「娼妓世家」，則到達這種程度，是需要一段較長時期的煎熬。

是年，洪鈞在北京，升任內閣學士，兼禮部侍郎銜，他以母老請開缺終養，南歸蘇州。

一八八六年（清光緒十二年丙戌）

賽金花二十三歲，在蘇州。

本年是賽承認正式爲妓的一年，榜名「富彩雲」，一般訛爲「傅彩雲」，是跟着「孽海花」小說錯下來的。「孽海花」處理其中人物的姓名，往往更動一二字，因爲它本來的目的，是只在影射，而不在確指。

賽此時爲妓的領家，是蘇州「妓閥」金家，據賽自述，從中說合勾串的，是她家的舊婢小阿金。（她說小阿金比她大一歲，此時却已嫁了兩次，如果依照賽金花自認的年齡，本年只有十三歲，那麼，十四歲的小阿金竟嫁了兩個丈夫，是在情理上說不通的。這也可以作爲她年齡考證的資料之一。）

賽在河舫出局，聲名很大，身價也很高。

本年，洪鈞因母喪丁憂，住在蘇州。洪母是兩年前死的（一八八四）。

洪鈞熱戀賽，開始談判嫁娶。洪鈞以少年新貴（三十歲中狀元），又做過幾任學政，揮霍的能力是足夠的。他的狎賽金花，並不稀奇，但也爲他的同階層的士大夫所不齒，則是因爲他狎賽的時間，還在他母喪的服期中。

一八八七年（清光緒十三年丁亥）

賽金花二十四歲，在蘇州、北京，赴歐洲。

正月十四日，洪鈞娶賽爲妾，因母喪服期未滿，不敢接回家中，仍住大郎橋巷。

四月，洪鈞服滿，起復，帶賽金花晉京。清政府外放他去任「出使俄、德、奧、荷四國欽差大臣」，他於是年啓程赴歐，帶賽金花同行。十一月到柏林。

是年，洪鈞五十歲，「二南隨筆」記洪鈞在娶賽後，對她說過如下一段的話：『我年倍於汝，他日倘不測，當畀汝五萬金以終老。』說是「倍於汝」，則賽本年爲二十四歲，正相合。所以賽自述的「十四歲嫁洪先生」，是完完全全不可靠的。

賽隨洪鈞到柏林後不久，小產。

賽祖母在賽留居柏林期間，病死蘇州。

洪鈞雖做了洋務官，還是老官僚的作派。他在柏林强迫他的館屬人員爲賽站班，樊增祥的「彩雲曲序」這樣寫着：「其前隨使節，儼然敵體，魚軒出入，參佐皆屏息鵠立，陸軍大臣某時爲舌人，亦在行列。」所謂陸軍大臣某，就是清末任陸軍大臣而在民國初期連任總統府侍從武官的廕昌。柏林館屬中，有人發起拒絕爲賽站班，這個發起的人後來被洪鈞擠走。

一八九零年（清光緒十六年庚寅）

賽金花二十七歲，在外國各地及北京。

賽女德官生。因生在德國，取名德官。

洪鈞被調回國，攜賽母女回北京。他這時已升爲兵部左侍郎，並派在總理各國事務衙門行走。在東城史家胡同買了房子，並埋頭研究元史，他的唯一具有學術價值的「元史譯文證補」，一直到死，沒有完篇。

洪鈞這次奉命出使四國，而主要的對象，乃是德國。一八八八年，德皇威廉二世即位，對於東方的中國，特別感覺興趣，洪鈞在柏林居留最久，僅有不多的時間到過聖彼得堡、海牙、維也納，賽金花跟着同去。賽晚年和作者談到上述各地，除去柏林和聖彼得堡，她說不出什麼印象。

賽在外國三年，以外交官家屬的身分，覲見過德俄皇室，參加過宮宴及其他宴會，在通常的形式下，接近過俾斯麥或其他外國官吏，可是從來沒有看見過瓦德西。

「孽海花」小說，對於賽最大的侮蔑，是說她在聖彼得堡和德國武官瓦德西私通，而且在小說裏把瓦德西描寫成爲「一個雄赳赳的日耳曼少年，金髮赬顏，風采奕奕，一身陸軍裝束，很是華麗。」

瓦德西是參加過普法戰爭的。他在後來「八國聯軍」之役（一九零零年），以德國侵畧軍主帥的資格，爲八國侵畧軍的總司令，時年六十餘歲。如由此推算，本年的瓦德西應已五十幾歲。

關於這一段公案，曾孟樸自己也承認是完全出於揑造，據楊圻致「靈飛集」編者的信上說：「文人至不足恃，孽海花爲余表兄（曾孟樸）所撰，初屬稿時，余曾問賽與瓦帥在柏林私通，兄何得知之？孟樸曰：彼二人實不相識，余因苦於不知其此番在北京相見之由……故虛構來迹，則事有線索，文有來龍，且可鋪叙數回也。言已大笑！」這就是作者的自供狀！

一八九二年（清光緒十八年壬辰）

賽金花二十九歲，在北京。

是年曾孟樸二十二歲，在京任內閣中書，他也常常走動洪宅。因爲洪鈞是他闈師的老師，他稱洪鈞爲「太老師」，也便稱賽爲「小太師母」。三十五年後曾有篇自述，描寫當時對於這位「小太師母」的印象，是：「彼時賽風度甚好，眼睛靈活，縱不說話，而眼睛中傳出一種像說話的神氣，譬如同桌吃飯，一桌有十人，賽可以用手、用眼、用口，使十人俱極愉快而滿意。」又說：「是時伊年約二十七八，着水脚繡花衣，梳當時流行之髻，已在洪出使歐西歸來之後。」曾樸所說的「賽年約二十七八」，與我所考證的賽本年的正確年齡爲二十九，沒有什麼出入。

賽是痛恨「孽海花」的，幾十年的積怨，使她在一九三三年左右，對申報記者說出：「曾孟樸在我嫁洪先生前曾弔過我的膀子，爲了失戀，所以寫那部書來糟塌我！」申報把這段話發表後，曾孟樸被迫以自述方式來答辯，說賽嫁洪鈞時年十六，他自己却只有十三歲，十三歲的小兒，根本就不懂什麼叫做戀愛。以年齡來反證賽那一段話是不可靠的。

關於洪宅小斯阿福和賽相戀的一節，「孽海花」曾以冗長的篇幅，出力地描寫，賽堅決否認，認爲「這是曾孟樸最沒有道理的。」據冒廣生的「孽海花閒話」，則證實阿福是有其人，從洪宅逐出後，入袁海觀家服役。

是年，北京發生帕米爾中俄爭界案，傳說帝俄的公使拿洪鈞私人所刻的界圖作爲憑證，於是御史交章彈劾。其實這件事洪鈞倒是有點寃枉，因爲洪圖將帕米爾畫在界外，是根據「內府地圖」，而內府地圖列帕米爾於線外，並不是指中俄界線。後經李鴻章出而替他剖解，得以無事。洪鈞探出御史楊宜治的參奏，有人在背後供給資料，此人即是他在柏林擠走的那個館員，還是「賽金花站班」的餘波，心中氣憤，鬱鬱致疾。

一八九三年（清光緒十九年癸巳）

賽金花三十歲。在北京、蘇州、上海。

八月二十三日洪鈞死，年五十五歲。洪正妻所出的兒子洪洛（是陸潤庠壻。冒廣生的「孽海花閒話」中作洪浴），從蘇州奔喪到北京。

賽在扶送洪鈞靈柩到蘇州後，就和洪的家屬分了手。「孽海花」描寫她是途中坐了小船逃走，賽否認，只承認是在接官廳分了手。她自囘母宅，接了她的母親兄弟一同到上海。她的四歲女兒德官，被留在洪宅，母女就此分離。

賽雖然是沒有什麼知識的女子，但是很聰明，看得清眼前的實際問題，有勇氣担承自己的命運。她在北京和洪氏家屬談判離析條件，大約分得了相當數目的錢。若干記載說：陸潤庠、孫家鼐都曾以公親資格，參加這個談判，並提出「賽氏以後不得再來北京」的條件，賽自言分得五萬存欵，被洪鈞的同族洪鑾騙去，也無足夠的資料可以證實。

賽賃居上海垃圾橋保康里，有些在上海的蘇州姊妹，勸她再作妓業，她同意了，但必須找一個名義上的「老闆」來支撑門戶，便和孫菊仙的一個族姪天津人孫少棠（即孫三），正式建立了同居關係。（孫是一個大黑麻子。）

關於孫三和賽的公案，賽並不否認，但不承認在洪鈞未死以前就發生了如一般所說的密切關係。據賽說：「孫三也不是伶人，只是一個票友，父親是經營珠寶業的，乃是天津衛的一個大流氓。」

賽自言是年在滬生一「遺腹子」，十一個月夭折。

一八九四年（清光緒二十年甲午）

賽金花三十一歲，在上海。

賽移居二馬路鼎豐里旁的彥豐里，領妓女兩名開業，她以「曹夢蘭」的化名，做領家，自由決定接客，「狀元夫人」的聲名，鬨動上海。

一八九五年（清光緒二十一年乙未）

賽金花三十二歲，在上海。

賽在彥豐里的寓所，開支浩大，營業不振，賽和孫三所過的生活窮奢極侈，她從洪家得來的財物，將近化光。這時中日戰爭正在北方劇烈進行，一千里外砲火漫天，而上海租界裏的一般生活，顯得驚人的痲痺。一切時髦的游樂場合，總可以發現賽的蹤跡。周夢莊的「雪窗閒話賽金花」，描寫他在靜安寺看「髦兒戲」，曾遇到賽，後至申園看賽蟋蟀，又遇到賽；並出力渲染地寫道：「余遙視之，光搖銀海眩生花，但聞人稱其美而已。」

洪鈞的獨子洪洛死在蘇州，因爲沒有兒子，鬧家務。賽表示要回去弔唁，被拒絕。德官是年六歲。

一八九八年（清光緒二十四年戊戌）

賽金花三十五歲，在上海、天津。

上海人好奇的風頭一過，賽妓院的營業顯見衰落，賽金花和孫三過份的密切關係，影響了她的營業，她們吵過好幾次架，也打過好幾次架，賽很想和孫三脫離，被孫三察覺，便極力慫恿賽放棄上海碼頭同回天津。

感情脆弱的賽不能完全擺脫孫三的控制，本年夏季，她們同回天津，組「金花班」於江岔胡同。她自己取名「賽金花」，這是賽金花三字問世之始。（賽母潘氏，時年五十五歲，同北上）

據曾孟樸在答辯賽的「自述」上，追記賽本年被迫離滬的原因，是由於蘇州同鄉的壓力。蘇州旅滬士紳和陸潤庠等認爲賽這樣亂來，不僅坍洪家的台，也坍蘇州人的台，羣起而攻，賽乃北走京津云。

這一時期京津的樂戶，顯得特別繁榮。再加上榮祿新任直隸總督，這個人是最愛鬧濶勁的，天津官場風氣很壞，可是賽金花班子裏的生活，却過得不錯。她時時走動北京，住楊梅竹斜街宏興店，認識到所謂上層社會中的一些官僚、名士、豪紳、大賈，其中爲賽所指明的：如當時任內務府大臣戶部尚書的立山，曾爲浙江江西等省巡撫的德馨，職業不明的盧玉舫等，（此人似只是一個票號管事。）她這時還只是「玩票」性質，不會在北京組班。

一八九九年（清光緒二十五年己亥）

賽金花三十六歲，在天津、北京。

賽去年到北京「走票」兩次的結果，認爲到北京正式組班是一條財路。全家赴京，住李鐵拐斜街，因爲房子太小，地點不合式，而那時高等的妓班已有設在內城口袋胡同的，「口袋底」成了一個另一解釋的專門名詞。（北京的口袋胡同，有好幾處，此當是指西四牌樓附近的）。賽在內城高碑胡同看了房子，住了些時，準備買下。恰值北京的步兵統領載瀾下令禁止內城設娼，賣房子的房東臨時悔約，賽無法，又全家返津。

賽這次留京的期間，成爲很活躍的新聞人物。有人保存當日舊報數則，這份報紙將賽金花在京的交際活動連載四日，包含了如下的幾段故事：（一）賽在旅店召譚鑫培不至，（二）與余玉琴相狎，（三）由余玉琴介紹，認識立山，（四）立山和御史余某因爭賽而大起波瀾，（五）立山對余某行賄。這是上海報館記者對於賽金花開始惡性描寫證例之一。這個時期，曾孟樸還不曾動筆寫「孽海花」。

賽自言：盧玉舫要和她「拜把」，盧年長幾歲，稱盧大爺，賽稱賽二爺，這在當日京朝社會中是一個風氣，並不是從賽開端。那時稍有地位的老妓，多自稱幾爺，這也可反證賽自稱本年二十幾歲是不可靠的。

又賽這次在京，她的寓所又有北溝沿磚塔胡同一說，據清末曾爲巡城御史的陳恆慶在其「諫書稀庵筆記」上說：「（賽）輾轉至京，寓西安門外磚塔胡同，地爲樂部羣妓之淵藪，於是聲名藉甚，車馬盈門矣。至吾家相府請安者數四，予因得而識面焉。初見時，目不敢逼視，以其光豔照人，恐亂吾懷也。」

一九零零年（清光緒二十六年庚子）

賽金花三十七歲，在天津、北京。

北京發生義和團事件，京津情勢危急混亂。六月，八國聯軍攻陷天津，進一步侵略北京，七月在通縣發生激戰。

賽金花全家，本年六月從天津逃到通縣，戰火燒到通縣後，又經過千難萬險，逃至北京。這時是八月（舊曆七月），已在八國聯軍攻陷北京之後了。賽躲在定王府附近舊僕杜升的家裏。

八國聯軍佔領北京後的燒殺淫擄，無惡不作，賽是親眼目睹的，但她終於爲了全家生活的關係，不得不另打主意，從杜升家裏搬到南城李鐵拐斜街，準備恢復舊業。

她本來所依存的一批北京朝貴，立山已被載漪仇殺，盧玉舫下落不明，其餘大都已逃跑了。孫三跟隨她到北京後，因爲他本人曾參加過義和團，也一度懼禍出走。

是年冬，賽又從李鐵拐斜街搬到石頭胡同，重操舊業。

賽自述：「她是在洋兵侵入北京後到京，沒幾天，就遇到德國兵來騷擾，她用德國話應付，德兵大驚奇，於是談起聯軍總司令瓦德西也是相識，德兵回去報告，第二天瓦德西便派車來接。」此時，依照賽的口述，把時間儘量放寬來算，最多不會出八月底，而這時瓦德西根本還沒有到北京。

八國聯軍雖然是在八月十五日攻陷北京城，所謂聯軍總司令的瓦德西，却遲至十月十七日才趕到（見「瓦德西拳亂筆記」），中間時間相差到一個半月以上，這可以證明賽那一段口述，其準確性是有點問題的。

范生所節錄的「章京筆記」，大致如下：

——庚子時期，賽在北京石頭胡同，一個替德軍軍法處長當翻譯的廈門海關三等幫辦葛麟德，是她的一個熟客。

——八大胡同附近的民戶和妓班，經常被紀律最惡的德軍騷擾，賽每每找葛麟德說情，有時也能發生效力，附近人家，對賽非常感激。

——漢奸丁士源，這時候活躍，他爲了掩埋衛生上的種種事情，常和當時的聯軍總部的德國軍官接洽。

——丁士源也是賽的熟客之一，她要他帶着去逛中南海（瓦德西軍部所在），因爲皇家的庭園是難得有機會去觀光的。丁答應，但要她改裝男子，冒充他的僕從。「原筆記」以下就詳細描寫了賽換穿什麼衣服，怎樣穿上男靴。又以下，就詳細描寫了他們一羣怎樣騎了馬，從石頭胡同，經觀音寺，進前門，到景山三座門。又描寫怎樣通過了美軍防地和法軍防地，最後到達中南海大門。

——結果是，丁士源碰了釘子，守門的德國兵不准他們進去，丁說要見瓦德西的參謀長，回說「出去了」，他們掃興而回。

——丁士源回寓後，將這件事告訴他同寓的兩個新聞記者，其中一個是上海新聞報記者沈藎，另一個姓鍾，名廣生，則是專替李伯元的「游戲報」寫通訊的。

——新聞報與游戲報，在當時的上海，是暢銷報，兩篇稿子一發表，謠言便震撼了南北。

范生在本文後段說：

「賽瓦事件，本來就未被歷史家所採用，其正確性並沒有成立。而且在一九零零年，八國聯軍進攻中國的那一段歷史中，中國人民所受的殺戮、傷害與淫辱，事實如鐵，罄竹難書，是中國人民受到帝國主義許多次迫害中最大一件，賽瓦公案的有無，在這個大的暴行下面，已經顯得意義很小了。」

一九零一年（清光緒二十七年辛丑）

賽金花三十八歲，在北京。

賽金花在上海所攝照片——露出了她的三寸金蓮

她仍然住在石頭胡同。

四月，中南海儀鑾殿失火，八國聯軍總司令瓦德西，倉皇從窗子裏逃出。他事後寫在給德皇的報告中，雖然說他在「倉猝着衣」之後，還帶了重要的東西，從行舍的窗上逃出來。可是在同日的日記中，卻大寫軍帽衣服靴子都是他營中的官佐借給他的，可見其當時的狼狽，一般傳說他是赤身挾了德皇頒給他的「帥笏」逃出，很有可能。在這次的大火中，德軍參謀長某甲燒斃。（以上均見「瓦德西拳亂日記」）

儀鑾殿全部燒光，西太后回京後，重行興建，就是後來的懷仁堂。

一九零三年（清光緒二十九年癸卯）

賽金花四十歲在北京、蘇州、上海。

賽這時已搬到陝西巷，因爲一位業堪輿的金某，告訴她這所房子風水好。（此處遺址，現在還可指認，後來曾一度開過醉瓊林西菜館。）

賽弟在前一年冬天死在蘇州，賽爲了料理他的喪事，單獨回蘇州去，安排了她兄弟遺屬的生活，便繞道上海，又買了兩個少女，帶回北京，要擴大她的營業。

四月，賽回北京，她的妓院生意，特別興旺，她買了一個武清縣的少女並取名鳳鈴。據賽自述：陸潤庠、孫家鼐干涉她掛牌營業，並恐嚇着要驅逐她出境，乃是這個時候的事。

五月，賽妓院裏發生鳳鈴服毒自殺案，引起官場的大鬨動。賽自從經歷過一九零零年事件，在北京官僚社會裏，仇視她的人很多。命案發生後，賽被捕。

北京官場以私情關係替賽奔走說項的也很多，使賽案表現了極錯綜複雜的情勢，於是「五城御史不敢堂訊，咸曰：此乃命案，例送刑部，乃牒送之。」（陳恒慶記）。用推屍過界的方法，賽案歸由刑部堂訊。賽在刑部獄中，算是一位名人，同時還有兩位名人，一是以中法軍火案被逮的蘇元春，一是以直載時事被捕的新聞記者沈藎。

一九零四年（清光緒三十年甲辰）

賽金花四十一歲，在北京、蘇州。

賽繼續被拘禁在刑部大獄，春間開審，冒廣

生的「孽海花閑話」上，這樣寫着：「光緒癸卯，予官刑部，彩雲以虐婢致死，入刑部獄，案結，以誤殺定徒刑，從原籍徽州計算，一千里至上海也。」

賽自述：「刑部中堂孫家鼐回來以後，當天就提我問話，我生平未作虧心事，鳳鈴服毒，又不是我逼的，當然理直氣壯，在堂上振振有辭，細述本末，經過一堂訊問，就判了三錢七分二的罰欵，釋放出來。」

經過這一場官司，賽傾家蕩產，她那個可憐的老母，拿大把銀子替她塞狗洞，寃枉錢化了無數，才能夠獲得這種輕刑的結局。

六月，賽被起解，老母和顧媽等同行。據陳恆慶記：押送她們上火車的，還是那個開頭捉她的指揮趙孝愚。這位趙指揮送她們到良德縣，縣令還特別到車站來接，願替他們洗塵，其目的不過是有如叫「打樣堂差」而已。於是「賞名花，飲佳釀，次日，趙指揮回城復命，予曰：東坡有句云：使君莫忘霅溪女，陽關一曲斷腸聲，當爲君詠之。」

賽回到蘇州後，照例報到，經過關說，恢復自由。賽將僅餘的一點錢，分給她孀居的弟婦。

賽女德官今年十五歲，仍在蘇州老宅依其嫂姪。洪洛死後，無子，過繼了徽州同族的洪濤爲嗣。這洪濤年紀比他嗣父小不了多少，入嗣後不久就中舉。賽自言「不能回洪家去看女兒，但偷偸站在街外望，肝腸寸斷，涕淚交流！」

本年曾孟樸在上海，創辦小說林書局，出版各種小說。有蘇州人金松岑，把他寫好的六回「孽海花」，寄給曾孟樸看，曾孟樸加以修改後，向金提供意見，主張「以賽金花爲經，以清末三十年朝野軼事爲緯，寫成一部長篇小說。」金松岑敬謝不敏，於是這部書從第七回起，歸曾孟樸續寫，賽金花也就在小說中登場了。

一九零五年（清光緒三十一年乙巳）

賽金花四十二歲，在蘇州、上海。

賽在蘇州閑居大約有一年光景，因爲生活的煎逼，本年全家到上海，賃居小花園，用「京都賽寓」的名字，再開妓院。這時她得到蘇州籍的妓女金小寶幫助很大，金替她設計，解除了孫三的關係。

賽金花這個人，在很多事情上是顯得與衆不同的。她這次在上海開妓院，招牌上還附綴了英文，因此後來有人考證說賽金花應屬吉普女郎的鼻祖云。

孽海花第一集（第一回至第十回）出版，暢銷。

一九零六年（清光緒三十二年丙午）

賽金花四十三歲，在上海。

孽海花第二集（第十一回至第二十回），由上海小說林書局出版。賽的妓業大盛，其鬨動程度，超過一八九八年。同時曾孟樸的這部書，因爲有賽存在的現實，也引起社會的高度注意，連出兩集，無不暢銷，使小說林書局很賺錢。（曾孟樸再出「小說林」雜誌，連載「孽海花」第二十一回至第二十四回。）

一九零八年（清光緒三十四年戊申）

賽金花四十五歲，在上海。

賽女德官在蘇州病死，年十九歲。

一九一一年（清宣統三年辛亥）

賽金花四十八歲，在上海。

賽過去幾年的豐富積蓄，在她極端任性的浪費下消失了。上海妓業中的新的人才，不斷出現，她的位置便逐漸下落。

本年賽結識曹瑞忠，撤榜同居。一般記載都說曹是滬寧鐵路的總稽查。

一九一二年（民國元壬子）

賽金花四十九歲，在上海。

曹瑞忠病死，賽第三次在上海爲妓。從一九一二年到一六年，賽所交接的人物，漸漸又換了一批人物，其中有一個金谿人魏斯炅（據賽所述：曾爲江西民政廳長，參議院議員），和賽發生密切情愛。

在此期間，曾孟樸和賽有一次晤面，據曾自述：『賽時已五十歲左右，神氣尙好，惟塗粉甚厚，細看可見其皮已皺，喜着男裝，關於「孽海花」，曾提出二點抗議』云。

據賽告作者：『民國初年，上海石路一家劇塲，曾將我的事演過文明戲。』又：『小子和也曾在天蟾舞台演過我的戲，戲名「狀元夫人」。』前者不知是否即石路新民劇塲所演的「庚子國恥記」？問賽時，她已不能正確說出。

一九一六年，上海擁百書局出版「孽海花」第三集。（第二十一回至二十四回，另外附刊了一些索引表、人物故事考證之類的東西，薄薄一冊。）

一九一六年，賽氏跟魏斯炅一同到北京，住家櫻桃斜街，準備結婚。

一九一八年（民國七年戊午）

賽金花五十五歲，在上海、北京。

本年賽和魏斯炅一同到上海結婚，在上海新旅社舉行新式婚禮，證婚人是信昌隆報關行經理朱某。魏斯炅其實早已有一妻一妾了，但仍然以夫妻名義立了婚約。賽晚年特別珍視他們所照的結婚像，懸在房中，逢人指點。在這張照片裏，魏着大禮服，甚爲肥胖，賽披紗，衣繡花服，面色蒼老。

她們婚後，同回北京，還是住在櫻桃斜街。

本年，北京軍閥所謂直皖兩系，開始暗鬥，北京順天時報載「曹錕福慧雙修」新聞一則，說曹氏私納賽金花爲妾，於是皖系的張懷芝，發電質問曹錕，罵他泥於私情，怯於「公戰」。曹錕也慌忙通電闢謠，否認此事。其實順天時報所指的賽金花，是湖南一個同名的妓女，並不是這位婆娑老矣的賽金花，但當時社會頗爲之聳動。

一九一九年，第一次世界大戰結束，北京政府將帶有庚子悔罪意味的克林德紀念坊拆卸（原在東單西總布胡同口），改在中央公園建立公理戰勝坊，那一天，特別舉行了一個典禮，由段祺瑞主持。據賽自言，她曾隨同魏斯炅去參加，場中有人提議要賽講話。因爲一般傳說，都以爲賽和克林德的妻子很好，當日用建坊來緩和克妻要挾的計劃，有賽設計成分在內。結果賽以不會演說遜謝。

一九二一年（民國十年辛酉）

賽金花五十八歲，在北京。

一月，賽母潘氏死在北京。年七十八歲。關於這老婦人，各家記載很少提到的，只有「二南隨筆」承認她是一個「性情厚道」、對於賽善良一面的性格有其相當影響的人。據賽自述：「我母性情和藹，從不發怒，我在幼年時候就常常聽到戚友們讚譽她的賢惠。」（按潘氏直至一九四七年尚停柩一個荒寺未葬，以後不詳。）

七月，魏斯炅死。在江西會館開弔時，有許多人送的輓聯，把賽罵了一頓，無非是「女人禍水」一類的濫調。賽很受刺激，和魏家爭執家務，也失敗。據賽說，她經常抽上大烟，是從這時候開始的。

賽遷居香廠居仁里十六號，以後在這裏連續住了十五年，一直到死，沒有再搬過。

從一九二一年到一九三一年，是關於賽生活史資料的中斷期間。在這十年間，已無人提起她，很少有人能說出她當時的具體生活狀況，但可以想象到，她生活過得很苦，她主要的經濟來源，是依靠別人幫助。而這些幫助，據推測，並不是完全如賽後來所說：「他們顧念我在庚子年救過人，情願拿錢給我。」而可能是因爲賽從這時起，已經採取了用仙蹟神話來歛錢的手段，吸引了南城一帶的迷信婦女，到她所設的佛堂裏來燒香、許願或治病。她有時並扮演一些仙佛上身的把戲，以加强那些佛婆們對她的信仰，顧媽是她的得力的幫手。

她這種生活方法，在一九三二年以後經作者眼見而證實，在此以前，可能已是如此了。香廠接近天橋的地區，是北京土着貧民聚居的地點。

一九二五年，顧媽的兄弟蔣乾方，從上海到北京，依靠賽生活。此時的蔣乾方，年二十九歲，賽撫爲義子。他是一個毫無生產能力，近乎半精神病狀態的人。

一九二八年，三十回「孽海花」出版，是爲「眞善美版」。

一九三三年（民國二十二年癸酉）

賽金花七十歲，在北京。

因爲此時生活太窮苦，請求北京公安局蠲免她住屋的房捐大洋八角，有人替她寫了一個呈文，羅述她在庚子八國聯軍時代怎樣怎樣救過人，以强調她有免捐的資格。這個呈文，偶然被一個報館記者拿去登報，立刻震動了北京社會，並且傳播到全國各地，賽金花再度成爲一個新聞人物了。

新聞記者訪賽金花的越來越多。北京大學教授劉復，在訪問過賽以後，決定替她寫一部自傳，答應將這本書的全部收益送給她。劉復自己因爲事忙，找他的一位喜歡弄弄文史的學生商鴻逵合作。也有一些好心的訪客，單純爲了獵奇而來，在和她談話後送她一點錢，或者水果食物，附近一帶街坊，有送她麵粉、煤球的。最奇怪的是有人送了她精印的「魏趙靈飛」名片一百張。

從這個時候起，養成了賽主僕三個對於接待來客附帶必有物質企求的一種習慣。

一九三四年（民國二十三年甲戌）

賽金花七十一歲，在北京。

六月，作者到北京，兩次訪問賽，先後和她作了六小時的談話。她的居仁里十六號住屋，雖是單院獨住，而很小，不是北京普通五合院式，而是齊眉單式。賽蓄袖珍貓四、叭兒狗二，都很俊秀華美，和她全院窮困的氣象不相稱。她的居室是左首朝裏一間，破木牀，帳被都已變色，桌上除破花瓶、火柴、茶壺、黃曆及雜報「疊外，無他物。近牀一張几上，放了一座金色雙面小自鳴鐘，是她所有陳設中最漂亮的。所着爲拷綢掛褲，已很舊，藍紬鞋子。身矮、面瘦、有煙容，頭髮白的却不很多。說話帶八成北京口音，對客謙和而不委瑣，很注意保持她的身分，顧媽旁立打扇，她完全習慣地在領受着。紙煙癮很大，統計一小時中，她吸了五枝煙或六枝煙，她自己吸一種名爲「萬寶山」的牌子，但當來客敬給她一枝較高品級的，她立刻熄滅了自己的而換上那一枝，面上並微微流出一些滿意的笑。她的鄰室是佛堂，因爲深閉，只從窗口看出裏面正燃着一盤香。

七月，劉復因爲考察西北，染疫疾歸，暴卒。所謂「賽金花本事」的完成責任，就落在他學生商鴻逵一個人的肩上。

張競生在上海替賽募捐，所得很少，悉數匯與賽。張和明星影片公司鄭正秋接洽，希望爲賽拍一部電影，鄭因爲要拍就必須拍古裝片，估計成本要十幾萬元，當時的電影界沒有一家能夠負担得起，謝絕了。張將接洽結果，函告賽金花。張信寫得極長，和賽大談雲霞的變幻、薔薇的開謝，和胡蝶的酒渦問題，被報館記者拿去發表，標題爲「張競生寫給賽金花的情書。」

本年是一九零零年以後賽金花的名字見於報紙最高潮的時期。

北京南城，有一家新開業的飯館，請賽參加典禮，作爲廣告宣傳。

北京舊刑部街哈爾飛戲院，有人藉賽名字演戲，事先在各報遍登廣告，有賽本人登台演說的節目，票價最高五元。臨時賽上台，聲明嗓痛，請他人代說，觀眾大嘩。

申報駐北京記者訪問賽後，將談話稿發表，說曾孟樸是因爲追求本人不遂，所以寫小說誹謗外，並直認和瓦德西有同居關係，曾經在儀鑾殿同居四個月。這和賽對作者或對劉復等所說，是完全不同的。賽不但從未承認和瓦同居過，而且一再辯護她對瓦關係的淸白，甚至有一次她矛盾地對作者說道：「他們都是胡說呀，我那兒會和他（指瓦）認識哪！」

這是可以求得解釋的。「賽瓦公案」是一件疑案，賽何以會有時否認而有時又承認呢？這無非是因爲賽晚年的生活在一種變態心理下，她自覺社會已全然忽視她存在，只有在誇張和瓦德西的關係的時候，社會才驚奇地注意起她來，一切物質的賙助也跟着來了。經歷過一個長時期以後，積非成是，她不得不以這種傳奇式的故事作爲商品，經常地去滿足那些購買者了。

一九三五年（民國二十四年乙亥）

賽金花七十二歲，在北京。

曾孟樸死。

劉復、商鴻逵合編的「賽金花本事」出版後，被批評界攻擊得體無完膚，這部書因爲業務經營不得法，沒有什麽利潤，賽無所得，有信向作者申訴。

南京大世界游藝場老闆顧無爲寫信給賽，請她南來表演，保證她每月五百元的酬勞，賽覆信拒絕。

報紙上發生關於顧媽評價的論戰，有人以爲顧媽很狡詐，賽金花後三十年的生活實際是受她的宰制，賽幾乎無權決定她自己的意志；所以在表面上她們是主僕，顧媽還堅持她的許多奴僕形式，而實際上她們早已發展到有如刎頸之交的「戰友」關係了。

本文作者贈予賽金花的王瑩演「賽金花」劇照

一九三六年（民國二十五年丙子）

賽金花七十三歲，死於北京。

本年是蘆溝橋戰事發生的前一年，四十年代劇社宣言要以一部分的所得接濟賽。作者本人贈賽氏以王瑩照片一紙。（王瑩在本劇中演賽金花，金山演李鴻章，夏霞演顧媽。）

次年，四十年代劇社到南京國民大戲院上演「賽金花」，被禁演。

賽因爲積欠房租幾百元，爲房東所控告，法院判令在民國二十六年舊曆端午節以前遷讓。

十月二十一日賽金花在居仁里十六號病故，關於她逝世時的情形，陳毅的「賽金花故居憑弔記」寫得很詳細，摘記如下：『時天已甚冷，無錢加煤，爐火不溫，賽擁敗絮，呼冷不已。顧媽伴賽，同居此室凡十五年，賽有臥榻，顧媽則對榻睡於一極狹之春櫈上，十五年如一日。此時惟有與賽同臥偎抱以取暖。賽氏將死之前一日，不食不言，進以鴉片煙，亦搖首弗欲，後乃示意欲食藕粉，僅哺一勺，即哇而出之。後此不發一言，氣絕時爲子夜，尙能以無光之眼瞪視兩僕。顧媽言時涕淚如雨。蔣乾方則以案上之神主剖示記者，上書「義子蔣乾方立」，賽金花折磨一生，最後剩餘之親人，惟此兩僕而已。』這篇「故居憑弔」，是賽的最後寫照。

賽死後，街坊湊錢替她辦後事。北京報紙上發出新聞，也有些「善人」出來計劃她的殯葬事宜。陶然亭的和尙情願捐贈地皮一方，爲賽建墓。和尙是有眼光的，他那裏佈滿了什麽鸚鵡塚、香塚、醉郭墓之類，是著名的「墳墓展覽所」，很樂意於再添上一個「賽金花墓」，以加强他那個地方的神秘意味。

賽葬在陶然亭，墓前本來沒有碑，一九三七年北京淪陷以後，漢奸潘毓桂替她樹了一個碑，碑上即刻潘作的那篇的誌文，恭維賽可媲美於漢之「明妃和戎」，並說「漢祚賴以延續數百年」，「其功當時不盡知，而後世有知者」，不但完全歪曲了賽當日的生活眞相，而且完全是以他自己的意識來肯定賽金花的意識，這是賽畢生所遭遇的侮辱中的最後一次。

至於顧媽姊弟，截至一九四七年爲止，他們仍在北京，生活情況大致如下：

（一）顧媽年紀過老，已不能勞動。徐悲鴻曾一度找她去，打算請她做女管家，只試工一日，就告退了。那時她住在北溝沿西觀音寺一間破房裏，繼承了賽生前的佛堂香火，靠附近的街坊接濟過活。

（二）蔣乾方本來是寄生於其姊，後來已寄無可寄，有人介紹他到西直門外一家尼庵去看門。我最後看見他的時候，他却說了一句頗有意義的話，他說：「因爲這個世道不好，所以太太（指賽）受苦受難。」

望平街憶舊

史量才死後的申報

胡憨珠

香港版申報銷數銳減，但對各地通訊仍能保持大量刊載，獲得部份讀者贊賞。其後，馬蔭良同上海進行申報復刊，掛上了美商招牌，於民國二十七年雙十節正式復版。香港申報由於馮列山、柯舞韶另有高就，轉入星島日報，陳賡雅、王顯庭負責編務，因為刊載了日軍自大鵬灣進攻廣州特稿，引起許崇智、陳廉伯對香港申報的控訴案件。

樊仲雲羅致編輯人才

香港版申報發行的銷報數額，因對承包報販頭子批報的報價，以提高折扣的起價關係。便由日銷三萬份左右之數字，突告慘跌，跌到日銷三千份的數字都不到，其跌勢猛烈，大有黃河之水的一瀉千里之概。若論港版申報之所以如此慘跌的重大因素，重點固在於起價關係，但細加考察，詳為研討，就會理解出慘跌因素的癥結所在，還在於這份報紙未曾爭取得廣大的香港人所喜愛閱覽。這並不是指說港版申報的新聞內容有欠豐富，消息報導有失翔實，以及版樣拼得有欠美化，標題擬得有失明確。其實不然，完全的不然，一切都在水準以上，且有過之而無不及。究竟孫恩霖、柯舞韶、鄺笑庵三位主編人，都是從上海老申報編輯部出身的角兒，他們三位所主編的國內要聞、國際電訊、本港新聞等三大主要部份，無不編得中規中矩，成績斐然。所不能爭取得香港人的讀者，全在於國內外政治新聞佔得篇幅太大，而大衆讀者所喜愛觀看的「副刊版」，竟付之闕如。怎為有此違背讀者心理需要的措施出現呢？

據猜想忖度，這可能出自馬蔭良的主張，因為他是極端迷信於申報元老們的言論者。嘗聽他們談論申報之所以受人愛看，其所以掙賺大錢，全在於政治新聞方面的力量。諒以申報對政治新聞的廣事採訪，詳為報導，競競業業，努力不懈，積數十年的勞績，乃得獲此果實云云。是以港版的申報出版之日，馬蔭良就遵此重視政治路線視為進行其事業軌道。又以日出一大張的紙張太少，除三大主要版的版面地位以外，無法支配不可或缺的版面地位，如教育版、體育版等類。在他衡情度理之下，覺得祇有副刊版可以摒除不用，認為中國出版的報紙不用「報屁股文章」的副刊版，並非悖例違情之事。實為對申報有一種破舊立新的實踐性行動，但其事說來，那他却是師法於上海的時報。原來時報在狄楚青主辦時代，一直以兩個半版地位，闢成「餘興」與「小時報」兩個副刊版，以吸引讀者。及黃伯惠從狄楚青手上把時報接盤過來，就改換方式。據說他是留學英國攻讀機械科的，但有志於新聞事業，是以回國以後，即由陳景韓的介紹，盤進時報。

大概外國的報紙，沒有專刊消閒文字副刊版的設置，祇有專欄作家對人對事所撰寫各項問題的內幕文章。這種專欄文章篇篇都是有內幕實質，而以生動筆觸作忠實記述，風趣幽默兼而有之。正是能報人之所不敢報，能道人之所不敢道的有血有肉、有淚有笑的大好文章。所以黃伯惠主辦時報以後，就揚棄了施行數十年的兩個副刊版的政策，每日改用了由名家執筆的兩三篇專欄文章。例如徐彬彬的「凌霄漢閣談薈」，姚鵷雛的「龍套人語」，無名氏的「西行艷異記」等，散拼在各版之中。其吸引讀者的能力强烈，正不知比之兩個副刊版，要高超勝算到多少倍數。可是馬蔭良對時報的政策，效而尤之，但所學得的只是廢除副刊版，沒有學得採用名家的專欄文章之絕妙的新辦法。推測其造成錯誤因素，不外兩點：（一）是他未曾瞭解香港為國際的商業大埠。（二）是他對於港版申報所抱的節約主義、省錢政策，執行得太於過份。

對於上述兩個問題的錯誤因素當以第一點的錯誤，犯得最為重大，是以有慘跌銷報數額的實況。須知道凡是商業大埠的商人，最不關心之事，便是堂堂正正的政治問題，所關心的却是自由自在的如何遣興問題。這觀看各報的副刊版的雜文小說，正是大衆規矩商人認為最正經的，也最安份的遣興消閒之賞心樂事。所以港地有許多報紙的銷報路線，不在於正面版上所發刊的政治新聞與言論，而在於裏邊副刊版上所登載的雜文與小說。現在港版申報既沒有副刊版的消閒文字，而接觸眼簾，所看見的一版港聞之外。其餘版裏版外所報導的只是一片政治新聞而已，試問有誰肯化錢買這份不要看的報紙，此港版申報注定其要被遭失敗之命運。但是因爲有馬蔭良的精編主張，尚能夠保留日銷三千份不滿的銷數，倒堪值得一談。原來馬蔭良在上海之日，對於申報編輯部人員的工作，極爲關切注意，故常與一切後起之秀的編輯人員有密切聯絡。並提供其精編主張，例如擬製標題必須精警扼要，控制全文，不足之處，再以支題補充襯托。稿件的內容亦必須裁汰其浮言泛詞，尤其是多刊稿件，以期每版的記載豐富，那他純然是一派老行尊的氣概和說話。

馬蔭良對於各地的特約通信員，亦恒在聯繫之中，故曾有一次，他把東北的各省及哈爾濱、華北地區的北平、天津、濟南、青島，華中地區的漢口、長沙、安慶、蕪湖，華南地區的福州、厦門、汕頭、廣州、桂林、以及雲南、貴州等處的特約通訊員遍請來滬小遊。時在抗戰的前夕，交通便利，行動自由，是以各地特約通訊員都相繼應召來滬。馬蔭良派員招待他們下榻於金門飯店，並設讌歡宴於十四層樓的國際飯店，邀同有關的編輯部人員作陪，其狀況大有「八方風雨會高樓」的豪華氣勢。兼之，當時他的年事正輕，至多不過三十歲上下，已經當上了全國年代最老的一家上海申報館的總經理職位。正使座上一班遠客們對之，說句笑話要與「前生遮莫周公瑾，合是英雄又少年」的艷羡思想。不過馬蔭良的爲人行爲，謙恭有禮，無驕矜色，是爲給予人們留得最好的印象。在酒酣耳熱之際，他於座談會中作出一番編者與通信員必須緊緊聯繫的閒話，而以厨房司務與採辦貨員爲比喻。其言畧稱：報館編者是厨司，厨司能製出頂好的榮餚應客，重點端在採辦貨員的買手，買手採辦得上好的貨品質料，以供應厨司烹調泡製，但厨司究以何等質料，方始認爲上好，又須指示買手，使買手知所適從。故所以編者與特約通訊員必須緊密聯絡，息息相通云云。一時在座的各地通訊員聽了，都爲之拍掌贊好，稱爲妙喻無倫。終因馬蔭良與各地特約通訊員有此一番美意招待，與杯酒聯歡的盛情厚誼，香火因緣，是以港版申報的出版之前夕，馬蔭良即以該報總經理的名義，拍電各地特約通訊員，要他們源源賜稿，多多益善。此時中日戰爭，雖正在熱烈的鬥戰中，但不過不論地區的淪陷與未淪陷，戰地與非戰地，對於郵電交通以事關國際之故，猶得未告中斷，暢通如常。因此各地通訊稿得藉郵政人員之助，都能逃過敵方的郵電檢查，得以安然仍交於國人之手。而港版的申報亦因得各地通訊員所踴躍從事投寄的大量稿件，於精編以後趕快發刊，自有各地來港避難的旅客所爭看與愛看。此所以報紙雖然起價，尚能保存一二千份不到的銷數，否則只怕一二百份都銷售不完呢。總而言之，港版申報就因沒有較好的副刊版，以致失去了廣大的香港人讀者，實爲該報這次失敗的最重大的致命傷。

恰巧是年秋間的八月一日，正爲香港星島日報的出版之期。當在籌備期間，該報第一任的總編輯樊仲雲，就要着手羅致新聞界的幾位編輯人才以爲輔助厥成。要知任何一家大報館的總編輯對於外勤記者的新聞採訪與內勤記者的編輯新聞，這兩門專業人才都非常重視。在組織編輯部初期的時候，無不費盡心機，對內外勤記者的人才，孜孜於惟才自求。以期配合「二難」的佳才兼併，方能編成一份「四美」俱備的上好報紙，這就是樊總編輯之所以要急亟着手羅致編輯人才的由來。據說後來由他朋友大風社的陸丹林介紹馮列山，轉業進入星島日報任當編輯。並由馮拉得柯舞韶與之結伴相偕，聯袂携手轉入星島，對陸丹林的此一介紹工作來說正有「一薦雙鵰」之喻。蓋以喻陸丹林所薦舉的馮列山和柯舞韶，都是新聞記者中的高手，也是新聞界中的戰士。其爲新聞工作努力的戰鬥力之强悍勇猛，當同塞外的鷲鵰一樣，饒有表現成績。至於陸丹林如何得識馮列山，談者失傳；好在他是德國的新聞學博士，這是最引人重視的一方牌號。

馮列山與柯舞韶在轉業要進入星島日報之前例必須要先向港版的申報館提出辭職方可，因爲他們二人此時還是該報館的在職人員，所以這兩份辭職書遞交馬蔭良的手上時他那裏肯接受，還竭力勸勉挽留，蓋當時的馬蔭良對於辦理港版申報的志趣和信念，並不因銷報數字的慘跌，而發生了動搖，極想把現狀暫時維持下去，而後力加改進良圖，挽救銷報之策。此中因素頗爲龐雜而紛繁，可是約而言之，不外乎這一焦點，就是上海人所謂「面子問題」。他爲了首先要給上海申報過去的歷史留面子，其次又要給小老闆史詠賡眼前在香港的地位留面子。更其次他何嘗不打算爲了給自己今後的做人留面子。爲了「面子問題」，惟有把香港版申報拖延下去，繼續出版。直拖到我國對日抗戰勝利，上海申報宣告光榮復版爲止，這該說是馬蔭良一片天眞的單戀自私觀念。但是馮列山、柯舞韶投依星島日報的工作之志，與脫離港版申報的求去之心，都非常堅決，自然對馬蔭良挽留和勸告的言詞，一概置諸不理。甚至追述他過去對他們二人種種愛護與援助的情事，以冀有所感動，希望他們打消辭意，結果也不得要領。

馬蔭良因此便在國民酒家特設「離筵」宴請馮列山與柯舞韶並以編輯部全體同人作陪，藉爲離人留記去思。至於孰爲悲歡，實教人毋從談起，只是馬蔭良在此離別之宴席上，還又起立講話。大大的發揮其本報同人應秉存團結合作的大義精神，切弗深留携貳二志的心念行爲。其話說的涵義意指，大有如孔老夫子「取瑟而歌，使之聞之」那種動機的觀點與角度的吧？所以馬蔭良講話到沉痛之處，竟至淚隨聲下，涕泗滂沱。當時在座諸人，無不黯然神傷，對此美酒佳餚，食前方丈，雖然高舉酒杯，亦不能飲下咽，緊執象箸，也不忍食納口。惟有馬蔭良則和淚連連舉觥狂飲，終至於醉倒座上，始由同人扶之歸去。他之所以如此悲傷，意者是他認爲馮列山與柯舞留由他着意培養成功的編輯新人才，至少含有一些血肉情意，希望一起工作相廝守，一旦離去，情何以堪。他實不知世時人事，如蒼狗白雲，變幻莫測。時至今日，試問他港版申報今何在？上海的申報今何在？即他自己申報總經理的職權今何在？據傳說馬蔭良眼前移居在蘇州地方，如果他回想此一前塵舊事，亦自將啞然失笑的了。

馬蔭良努力申報復刊

馬蔭良有感於馮列山、柯舞留的「蟬曳殘聲過別枝」事情出現以後，雖說對他百感交集，萬念俱灰。但也帶給他一件好事，就是於麻木不仁的感情神經中，給他一個重大的刺激。原來他同申報館的幾位元老重臣一樣，都是不安心於史詠賡的在香港出版申報，所以他們傾羣結伴而來港作考察。但在仔細觀察之下，大家都認爲對申報的港版發行，祇是暫局，也認爲是史詠賡的遊戲行爲。竟究中心計劃，全在上海恢復申報出版，方爲最正當的辦法。因此他們認爲新聞報並未於上海淪成孤島後宣告停版，在環境上說來，尚無聞該報遭受重大的壓迫抑制，而其營業與發行，仍可順利前進，是則申報不應放棄權益，任新聞報一枝獨秀。其次申報當上海淪陷之時，雖與大公報採同一步驟，一致宣告停刊。但大公報方面却工於逢迎政府，善於追隨政府，當在上海宣告停刊之後，於是居然遷口，遷桂林，遷香港，以至遷重慶，甘於成爲「大遷報」，而不願留在上海，與敵方作敵後鬥爭。更於是避險就夷，獲得大安，小罵大捧，邀得大功，何計之然，何謀之善，莫逾於該報了。

反顧申報於停版之後，既不能如大公報的趨向後方作逐步的遷移搬走，則不如自應在上海恢復出版。況且自申報的港版發刊後，在上海的所有申報館職工，鑒於生活問題的咄咄逼人，心緒極爲不安。上海申報職工聯合會代表不斷要求張蘊和與馬蔭良，計劃申報提前復版問題。這個問題的重心，實在總經理的馬蔭良一人身上，職工代表們天天向他纏擾不已，纏擾得他頭昏腦脹，幾無寧日，於是悄然一身作香港之行，原定以一個月的爲易地休養期。終於他把港版申報的這根烏焦「木梢」，全放在一人肩上，掮了起來毫不推辭。在港版申報出版的的時日開始，馬蔭良之身雖旅居港地，但其心仍繫念於上海申報。只因他所「掮木梢」無法卸肩，尤其是趙叔雍回歸上海以後，他掮了總經理的一根烏焦木梢之外，再掮上總編輯的另一根烏焦木梢，從此，晝夜栗落，工作紛繁。實在因辛勞煩惱的消磨損折，已把他的感情神經，蝕耗成爲麻木不仁，所以對上海申報的復版問題，忘却於無何有之鄉了。

不料這次在國民酒家狂飲成醉，縱悲揮淚，經此所受的重大刺激之後，於第二天清醒過來，竟突然憬悟昨非今是的三件事情。（一）是他對港版申報的所掮兩根烏焦木梢，應該拋棄不理，這正是毒蛇嚙腕、壯士斷臂的時候。（二）是他對馮列山與柯舞留力勸他們弗離開港版申報，這是他認爲他的觀念錯誤，尤其對申報所栽培人才要爲申報延用一點，錯誤更甚。說實話，當時港版申報的範圍局面實在太於窄小，在水向低處流，人朝高處走的自然定例之下，他們堅決求去，這個觀點是極正確的。（三）是他對於上海的申報，應該努力籌策，使之恢復出版。這是他認爲是他應盡的責任問題，也是他理應進行幹做一項的重要工作，爲要盡責和幹做，非得趕快回去上海不可。他也知道此番回去爲申報作復版運動，乃係另創一個新局面，不可能一仍舊貫，但不過俗諺說得對，道路是要人走出來的，事業是要人幹做成的。馬蔭良一經決定，便即着手作離去的準備，是他匆匆來去，原無所謂準備工作。所要準備的只是把港版申報的總經理與總編輯這兩根烏焦木梢，做個交代手續而已。

馬蔭良即於當天向史詠賡籌商大計，並說明迫急要回上海爲申報復版去闖打新局面。就將申報港版的一切有關事情全部交由史詠賡接收，親自領導主持全館事宜。只因編輯部的孫恩霖與鄭笑庵，營業部的單慶同、錢國忠、許介眉等。都要被調返上海的申報工作，故皆由馬蔭良率領乘輪船回去，以清工作人員被徵調的手續。史詠賡不再另延新人，即以編輯部交由王顯廷、陳賡雅、湯建勳、以及史之同學分工合作，共同主持，仍由陳彬龢從旁協助，營業部則由陳國章任當經理，一切都歸他策劃主理，權力甚大，蓋因其亦爲史詠賡的同學關係之故。此時港版申報的銷報數額，雖未見有若何的增加起色，但亦未見有若何的減跌情形。始終保持日銷三千份不到之數，這對發行一事可說已上軌道，只有廣告一項收入大爲退縮，當然虧本甚鉅。所以馬蔭良在臨行話別時，還殷殷勸告史詠賡，將港版趕緊停刊，以免長期虧損。大概史詠賡爲了面子問題，也顧到他一班同學生活關係，欲罷不能，只得忍受硬挺，照常出版。

上海的申報復刊，那是民國二十七年雙十節的事。原來馬蔭良回到上海，忙即與張蘊和，伍特公兩位編輯部的元老重臣，商議着手進行申報復刊的各項問題事情。爲了應付租界當局所加的壓抑與防止日本浪人的滋擾，商定第一個問題事項，厥爲懸掛洋商的國籍牌子。若話說起申報的洋商牌號一事，却令人發生可憐之至的哀感，蓋因它極像「歷盡滄桑一美人」。試想從它誕生地的中國上海說起，所經歷的那是由英商，而德商，而日商，直至中國的「五四」運動以後，方始確定它是華商的事業。眼前盱衡局勢，審別利害，其將如婦人再醮又要下嫁作美國的商人婦了。

所以張蘊和等三人商議決定，延請美國人來出面經營，其牌號所定爲「美商申報有限公司。」而公司的董事會組織，計董事長爲阿特姆司（W.A. Adams.）。董事則爲阿樂滿（N. F. Allman）、安迭生（P. M. Andersen.）。同時，申報館的職員表上所列，則爲阿特姆司董事長兼任總經理，阿樂滿董事兼任總主筆，安迭生董事兼任協理。至於華籍職工的人員方面，一切仍照籍貫，因此，有人說笑，謂申報復版成了換湯不換藥，只加三味美國產品的藥引子而已。

說到換湯不換藥的申報復刊所加新藥引的一事，於三味美國的產品以外，尚有一味中國產品的藥引，就是名報人潘公弼，他是由前上海市市長吳鐵城所介紹，是以潘氏於任當申報的協理之職以外，還兼撰寫社評文章的主筆。這是復版後的申報與重慶國民政府所建立的一條橋樑，也是對敵方敵後宣傳戰的一支得力別動隊。至於申報復版所走的這一條美國路線從何而來，在此又得做個明白交代便知，這條路是馬蔭良走出來的。據說，起初馬蔭良所認識較要好的美國朋友，祇是安迭生一人，因爲安迭生爲九江路永亨人壽保險公司的大班，他們二人相識成友，其間友誼所發展，那是爲了申報的接洽廣告之事所種因。所以這次他們三人商議申報復刊，決定採用美商牌號，於是，在張蘊和、伍特公同意之下，由馬蔭良負責與安迭生進行作洽商。旋由安迭生介紹而認識在江西路漢爾登大厦設有寫字間的美籍律師阿樂滿，再由阿律師的舉薦，以延請阿特姆司爲美商申報有限公司的出面人。

這個阿特姆司的原有名義，雖爲四川路中國營業公司的董事，但其實際却是在美國租家懸牌行業的一名紅律師。是他是否到過遠東中國的上海，恐怕還成疑問，只不過他在上海一切事業都交由阿樂滿代表負責辦理。此次任做美商申報有限公司的出面人一事，事屬一例，所以說馬蔭良所走的美國路線走得相當彎曲。據說阿樂滿的辦事能力，頗爲高强，似乎對於新聞事業尤所喜愛。因此，他對申報所幹辦之事，倒是視同己事一般無不努力幹做。是以於短短日期裏，一切部署都告完成，藉以從容不逼的應付環境。故民國二十七年的雙十節，申報得以如期復版，再與相離多月的申報讀者重行聚首。當時申報當局爲保安計，請由該管的警務處派出華捕駐守館內，一則檢查出入人員，次則防範外來襲擊。申報自復版以後，一直風平浪靜，匕鬯不驚，及至來歲民國二十八年的春間開始，從此申報便多橫逆驚險之禍事了。

上海申報於雙十節復版以後，形勢大好，發行與廣告都有起色。馬蔭良急亟馳書香港，向史詠賡報告一切情形之餘，最後還是勸告史詠賡將申報港版結束。只此，可見馬蔭良對史詠賡一片的耿耿忠心之一斑，實因該報在香港前途毫無發展，爲它虧耗大批資財而可惜。及至民國二十八年的春初，港版申報館已由雲咸街遷至砵甸乍街。這不知爲史詠賡接受馬蔭良緊縮政策的建議呢？還是陳國璋與陳彬龢相處得不好而有此遷移，使陳彬龢失去大額的租金收入。這些都不管它，總而言之，館址的一經搬遷，確使史詠賡節省一筆爲數不菲的開支經費。但不過人世間的吉凶禍福之事，就是如蒼狗白雲，變幻莫測的。蓋因該報館的採訪部主任陳賡雅就於此時，撰寫一則日軍自大鵬灣攻入廣州的新聞特稿。稿中誣指許崇智、陳廉伯、馬育航、鍾秀南等爲「帝公黨」人，這且不言，甚而指明他們這班人爲引領日軍在大鵬灣登陸，進抵廣州之嚮導人，該篇特稿即在港版的申報上刊載發表。遂被許崇智、陳廉伯二人向港地法庭控告，這一回陳賡雅所闖出禍來，可說是滔天大禍了。

陳賡雅斷送港版申報

夷考日軍在大鵬灣登陸，進攻廣東，廣州市即被淪陷，是爲「民國二十八年十月二十七日之事，本來任何一個新聞記者對這種戰事新聞，爲爭取時間，凡消息所得，無不儘先發刊競爭報導，此爲如所衆知的一般情形。何以陳賡雅竟違反常例，將該則戰事新聞延遲至二個半月以上的時日之久，方始發表披露。這不是他報導新聞而是在報導隔年的「舊聞」了，所以大家都對陳賡雅這個懷疑，恐怕幕後有人主謀，指揮其事。其次，陳賡雅在該篇特稿文中，還大談其「帝公黨」的文字，如果當時該港版的申報有洞悉各黨派的眞實情況，而又具有持重識見的主編人。勢心將其稿件經過仔細審核以後，然後再作發排或取消的抉擇，則相信決不致於會發生若何問題，那是可斷言的事情。惜乎該報就是沒有一個老成持重常識豐富的編者。尤其是馬蔭良回去上海，爲申報作復版運動，竟把編輯部的孫恩霖與鄭笑庵挈之偕行。陳賡雅認爲上級無人，障礙盡去，從此對新聞採訪所得，便是自寫自編，以及自發排字房。正如廣東人口語所謂「萬能老倌」，却不知已陷於誤了自己，又誤報館而不自知，成爲新聞記者中的罪人。想當年，馬蔭良一心一意爲申報栽培新人才，像陳賡雅這樣的人才，不知他怎樣栽培出來的啊。終因陳賡雅自知禍事闖得忒大，不久他就襆被悄然回歸雲南故里了，只不過所闖禍事的一堆大爛汚都落在史詠賡的頭上，這正是他不自殞滅，禍延老闆了！

陳賡雅是雲南的蒙自縣人，爲黃炎培的學生，因爲他負笈來滬，曾就讀於黃炎培所主辦的中華職業教育社。最初以黃炎培關係，圖入申報工作，是爲黃炎培主持申報革新運動，正與陳彬龢聯合演唱「雙簧」時代。即由陳彬龢言於張蘊和，命陳賡雅爲旅行記者，其時中央正大舉向贛湘鄂各省勦匪。張蘊和乃接納陳彬龢之議許陳賡雅以旅行贛皖湘鄂各省爲範圍撰寫通訊稿，寄來申報。陳賡雅於是在黃炎培陳彬龢指導之下，溯長江西上，當時撰寫之通訊稿，總名爲「贛皖湘鄂視察記」。稿中所述，有對地方問題肆意抨擊者，有對地方人士過份恭維者，有對贛皖湘鄂的士共以及左翼份子隱示同情者，亦有虛具議論缺乏事實者。輒被編者將之刪削，陳賡雅又每以大公報「范希天」自許。故所撰寫的通訊稿，往往在冗長之中又作考証之狀。然其所作究欠正確，亦每爲編者所割愛，而予以一筆勾消。大抵陳賡雅以通訊稿件未能全文照刊，以爲失去其所寫的用意，甚爲不懌。曾致函張蘊和，要求對於渠之通訊稿中勿予刪削，並指責編者所刪削爲不當，張蘊和看過陳之函後，擱置未覆。

陳賡雅旅行贛皖湘鄂各省爲時約近兩年的久長，當中央大軍在贛勦匪結束以後，他乃返回上海，向馬蔭良請求准許進入申報工作。馬蔭良鑒於陳賡雅旅行長江四省，耗去申報欵項不多，認爲是刻苦耐勞，忠於工作之人，似可予以栽培。乃商諸張蘊和使陳賡雅在編輯部裏學習，兼於各社團開會時，前往旁聽，紀錄新聞。如此訓練計劃所定，果獲得張蘊和同意，於是陳賡雅由是出現於申報編輯部中了。當該陳賡雅到編輯部的初期，身穿勤務兵式淡黃色的服裝與膠鞋。他的年齡，近四十歲左右，頭髮蓬鬆，眉毛甚粗。他的頭顱頗巨，兩眼有光，耳大唇厚，皮膚深黑，身軀畧矮，粗橫而健。錢華的座位與陳賡雅的座位相距密邇，錢華於驟見之餘，乃以雲南的「土夷族人」譏之。實則其人在當時，確是力作樸實無華的狀態。是他蹲在上海申報時間約爲半年，亦以他在人事方面頗爲陌生，故在工作之暇，大都在看報或默坐，極少與人談話。

其後陳賡雅轉往香港，時爲民國三十五年間事，乃是陳彬龢正在辦理「港版」，把他和王顯廷兩人招去工作。就在其時得陳彬龢直接薰陶，儼然以香港申報的要員自負，一切大爲轉變。是他好談政治，好寫文章，長時期仿效黃炎培的神氣。同時亦取法陳彬龢的那種風度，西裝革履，以新文化人自命。每每高唱義勇軍進行曲以示他的愛國之熱誠。後來陳彬龢的辦事處就在香港版申報的三樓，陳彬龢每日必到該處。陳賡雅則必趨赴三樓作種種報告，以及領受種種指示。即如香港申報的試版三天陳賡雅必將試版大樣送給陳彬龢核閱。經陳彬龢批判後，仍携回編輯部供各人共閱。並謂陳彬龢先生所批判試版的大樣，某處的缺點如何？某處的優點如何？請編輯部各人接受陳彬龢先生的指導云云。

民國廿七年雙十節，上海申報復版，在港工作的上海人員被調返滬。惟有陳賡雅與王顯廷二人，依然留港，儼然成爲港版申報的兩位大員。其所以留港者，人多疑出於陳彬龢有計劃的勸阻，陳賡雅由是在港版申報目空一切。他的自寫特稿自行發排卒至有「帝公黨」人引領日軍嚮導的錯誤事件發生。其實無論任何人，稍有留心國內各黨派的動態者，皆知並無「帝公黨」的組織。惟在美洲的僑胞曾有「致公堂」的成立，陳烱明未叛孫中山前曾加入致公堂，陳系的要員如馬育航、鍾秀南等亦屬致公堂份子。許崇智與陳廉伯未聞有加入致公堂的傳言。日軍在大鵬灣登陸粵境，自有日軍特務隊的助力，並非有所謂「帝公黨」的許崇智、陳廉伯、馬育航、鍾秀南等充作嚮導。陳賡雅所寫的特稿，既妄說有「帝公黨」的關係，又誣許、陳、馬、鍾等人爲嚮導。不獨消息極不正確，而且損毁他人名譽，此在港版申報本身是一項玷辱。許崇智與陳廉伯二人既從事法律解决，結果港版申報賠償許陳以名譽損失而銷案。

馬育航與鍾秀南二人當時因無法籌措訴訟費，不能打官司，但對港版申報及陳賡雅不肯輕予放過。是以其惠州同鄉，則迭次商議，擬以武力對付。適其時馬育航奉戴雨農密電着即赴滬，向僞維新政府致力於策反工作。馬乃囑咐惠州同鄉，可俟他返港之後再作對策，但馬育航到滬僅僅數日，便在南京路新新旅館五樓某號房內被人開鎗擊斃。於是馬鍾二人要會合惠州同鄉對付港版申報之舉，得以不了了之。從陳賡雅所撰「帝公黨」稿件而言，既妄說有「帝公黨」的黨派，又誣譭他人名譽，可謂輕率之至。由此可以追溯到陳賡雅旅行長江四省時，所謂「贛皖湘鄂視察記」的通訊稿，深信其中必不少類似「帝公黨」的謬誤記述，幸而上海申報在刋登時被編者大力將之刪削，盡量割愛，不致出醜。上海申報無形中亦消弭了不少麻煩的遭遇，當時，上海申報外埠通訊版編者即爲鄺笑庵，由此可見張蘊和對鄺笑庵的信任，决非無因的了。

對陳賡雅最難能理解與揣測的一事，就是他把所闖禍事的那篇特寫新聞，除了在港版的申報刋登以外，並打一份小樣寄到上海申報，囑爲一併登載。但是該新聞小樣不寄編輯部，而寄交馬蔭良，馬則瞧看一過即轉送編輯委員會伍特公、瞿紹伊二人審閱，再交與地方版編輯鄺笑庵。但鄺在閱過該小樣之後，認爲紀載有欠翔實不肯發排。乃簽一字條，說明不確實的四點：計爲（一）是我國各政黨中，從來無「帝公黨」的名目，（二）是許崇智爲孫中山的信徒，决不致甘做日軍攻粵的嚮導，更非「帝公黨」份子。（三）是陳廉伯曩在廣州的時候，是英國滙豐銀行買辦，曾領導商團軍進行組織商人政府。後被孫中山命令許崇智、吳鐵城、李福林及滇軍趙成樑各部隊，包圍商團軍根據地的西關，將商軍擊敗。陳廉伯乃逃到香港，其人背景純是英商，與日本人並無任何勾結。（四）是馬育航與鍾秀南二人是陳烱明的親信，因陳失敗後，從而沒落。（九）

編者小簡

本刊上期刊載「宋慶齡榜上無名」，屬於一時疏謬，承蒙熱心讀者紛紛函電指出，實屬本刊之幸，尚希愛護「大人」之讀者，今後隨時匡正，俾使此一爲廣大讀者所喜愛之綜合性雜誌，更臻完善，至祈至感。

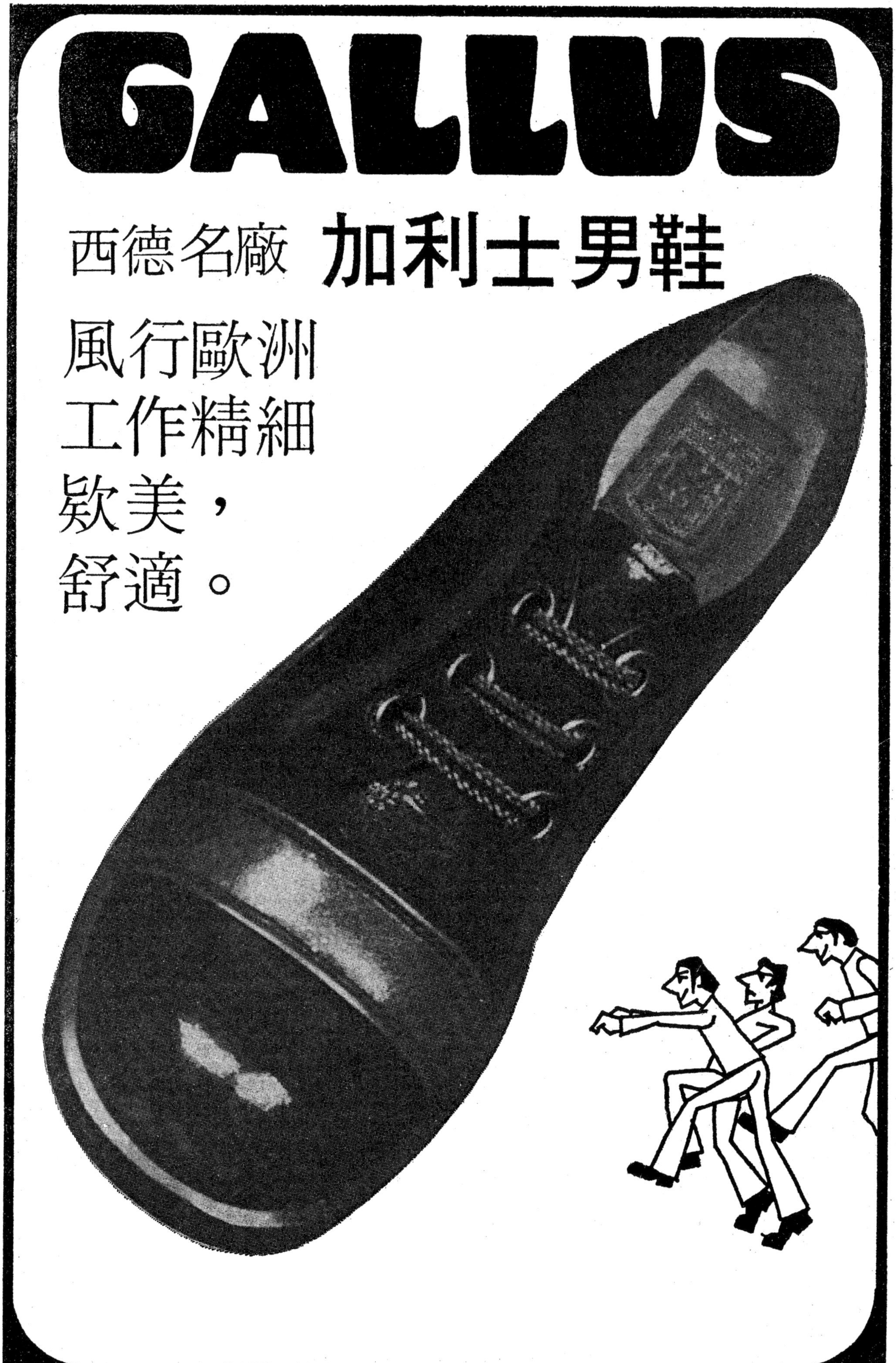
GALLUS
西德名廠 加利士男鞋
風行歐洲
工作精細
欵美，
舒適。

李萬春和李少春（下）

・燕京散人・

葉盛章挑班以後，常期出演華樂園，究因武丑為主的戲不多，遂開始排新戲，像「酒丐」、「藏珍樓」、「佛手橘」等，都很哄動一時。有次貼出預告「白泰官」，被李萬春知道了，靈機一動，武生飾白泰官，比武丑飾演更合適呀，我來排吧，他排戲很快，葉盛章的「白泰官」還沒有打好提綱，李萬春的「白泰官」已經出籠啦，這一下子，把葉老三氣得差點沒炸了肺，那時候也沒有什麽版權登記，何况，葉的劇本還沒有出來，也不能說李萬春是抄襲他的。也沒法打官司。但是他的「白泰官」已預告出來，又不能不演，於是精心編排，躲開萬春的路子，又研究把子，創了一套打單刀拐，不久之後，華樂的「白泰官」也出來了，觀衆自然都要去看一看，而且覺得精彩，賣了幾個滿堂。從此，單刀拐這套打法，也傳了下來，現在武生們演「四杰村」，余千的那套單刀拐，就肇始於「白泰官」。

葉盛章也是好勇鬬狠人物，不是省油的燈，這口氣不出，好！你把我的新戲「刨」啦，我也可以動你的戲吧！你李萬春不是以猴兒戲拿手嗎？我就貼你的猴兒戲。於是葉盛章的「安天會」「二本安天會」，也相繼出籠。而李葉之爭就明朗化了，而李萬春也就推出了「酒丐」。「酒丐」是葉盛章新戲最早最紅的一本，他飾酒丐范大杯，扮像介於武丑武生之間。李萬春則改為武生扮像，出場的唱念也都改過，從此二人競爭更趨於白熱化了，因此，後來葉盛章自動聯合李少春來打擊李萬春，就是心裏的仇恨太深了。

李少春的父親李桂春，是河北省海峽人，平劇「連環套」裏，黃天霸見彭公報門時念的：「報，鎮守海峽漕標副將虛職總兵黃天霸，告進。」。就是黃天霸鎮守的那個地方，離天津不遠。

李桂春藝名小達子，梆子班出身，工老生，他又學皮黃，宗黃派武生，「獨木關」、「風波亭」、「請宋靈」，都是他拿手好戲。老生戲他有一齣拿手的「打金磚」，就是「全本上天台」，二十八宿歸天故事，最後光武歸天那一場，連唱帶摔，吊毛、搶背，硬僵屍俱全，沒有好武功底子，好嗓子不能唱。小達子最後在舞台上演出的一齣戲就是「打金磚」，摔在台上起不來了，大概上了歲數，血壓高一點，摔成了輕微的腦震盪。從此，謝絕舞台，息影家園，以課子（少春）成名為務，而也就留下了一個頭疼的毛病。花臉戲，他能唱「連環套」的竇爾墩，眞可以算是多才多藝。

使他成名大紅的，而且賺了不少包銀的戲，就是「狸貓換太子」，他先飾陳琳，後飾包公，再連上七俠五義故事，排了二十多本，在上海連演了不少年，並且引起許多人競排「狸貓換太子」，這是大家耳熟能詳的事了，不必多叙。

小達子以「狸貓換太子」致富以後，便在天津特二區（舊奧租界）置華居，樓高五層，美輪美奐，院中亭台樓閣，小山流水，那份排場，雖達官貴人的寓邸，能與他相比擬的都不多。他有兩位太太，大皇娘生二女二子，長女名字未詳，次女名紉秋，自幼許配李萬春，因他與李永利交好甚厚，那個年頭的婚姻，都是父母之命、媒妁之言的。長女許配劉奎童之子劉五立，也是唱武生的，但劉五立後來却染上不良嗜好，每况愈下。這位李大小姐性高氣傲，見她妹婿李萬春少年英俊，奮發有為，妹妹婚姻美滿，自己却遇人不淑，但在那個時代，又無法反抗改變，於是竟在劉家迎娶以前，自尋短見而亡了。

大皇娘所生長子，名寶琛，乳名大田，對戲不感興趣，一直讀書，後來入了北平私立的中國大學，喜歡照相，常常背着照相機，到處獵取鏡頭。幼子幼春，乳名三田，又名胖三兒。他們姐弟四人，都是濃眉大眼，胖胖的福相，而以幼春為最胖，他因係幼子，備受父母寵愛，自幼嬌生慣養，就喜歡吃，所以特別胖，從小也練過武功，後來給少春配戲，當下把，在新型開打方面，倒也還乾淨俐落，文戲則從郝壽臣學花臉，郝與李桂春是盟兄弟，礙於情面，不好意思不教，一齣「草橋關」，他學了快有一年，在北平還不敢唱，在李少春組班後跑外碼頭時，他才敢在開場露一下子。有人說笑話，李幼春最拿手的好戲，是「吃炒蝦仁」，他能一口氣吃兩大盤，講究不漏出，面不改色。

李少春是二皇娘所生獨子，民國六年（一九一九年）生，乳名二田。自幼聰穎過人，且對戲有興趣，李桂春認為這是跨灶之子，唱戲的材料，就專心一意的，要好好造就這個二兒子。別看李桂春外表粗線條，他却很有頭腦，自己唱了一輩子戲，錢賺了不少，却落個「海派」二字。對兒子呢，非把他造成個京朝派大角不可，於是自少春幼年，就給他請陳秀華說老生戲，丁永利給他說武生戲，教他打把子。這二位都是北方教師名宿，而且是余（叔岩）楊（小樓）一派，路子當然非常正宗。一般演員的用功習慣，是先調嗓子，後打把子，李桂春却一反常態，命少春每天用功時，先打把子，再調嗓子，這才奠定了少春後來不但文武兼擅，而且能先武後文的唱法，為一般人所不能，這就是李桂春的早有用心了。

民國廿七年（一九三八年），李桂春在上海輟演，北返津沽以後，便全心全意，要把兒子李少春捧成京朝大角了，第一步是到北平挑班演出，由經勵科陳椿齡爲之組班。旦角先用陳麗芳，後改沈鬘華（坤伶老生筱蘭芬的丈夫。）花臉袁世海、慈永勝，以後又加入了王泉奎，小生高維廉，裏子老生李寶奎，小花臉慈瑞泉，二旦于連仙、任志秋，武花陳富康、張連廷，武旦閻世善，武丑賈松齡。

十月七日，在西長安街新新戲院打泡，貼出「兩將軍」，「羣臣宴」雙齣，而且先演「戰馬超」，演完了休息十分鐘，不墊戲，接着就演「打鼓罵曹」。這種演法，在北平尙屬初見，於是頗爲哄動，上座很好。

「兩將軍」裏李少春飾馬超，扮像英俊，身上邊式，配以張連廷的張飛，兩個人打得緊湊火熾，那時李少春二十二歲，氣力充沛，身手矯健，台下看得過癮已極。「打鼓罵曹」裏他的禰衡，扮像儒雅，嘴裏乾淨，唱腔念白，都是余家路數，打鼓也頗有深度，看出腕子的功夫來，堪稱上乘之作。一個人藝兼文武，都有這種高水準，而且先演武戲後唱文戲，嗓音毫不受前邊武打的影响，更屬難能可貴了，於是一泡而紅。

李少春年紀雖輕，却不心浮氣躁，非常虛心，他知道他父親期望他成爲京朝派名角，在演出之前，結交了兩位很懂戲的外行朋友，請他們在他每次演出時，以京朝派標準，細看他的技藝，有何不妥，他立刻改正。這頭一天的戲，「戰馬超」無疵可尋。「羣臣宴」裏，他的高方巾稍爲高了一點，而且富貴衣上補綴的零碎綢子，花樣太繁多了，竟有刀、槍、劍、戟等項，（照規矩只有元寶等簡單幾項。）接近「海」一點。演完向他提出，少春馬上照改，把富貴衣、高方巾重新做一套，下次演「擊鼓罵曹」時就改過來了。

第二期戲碼，李少春貼出「水濂洞」，他的猴戲，表情上比李萬春畧遜一籌，但在武功和動作上，却比萬春來得敏捷和俐落了。在龍宮索取武器時，龍王搬出的兵刃有乂、鞭等項。演完以後，那兩位朋友又向他建議，京朝派的「水濂洞」，只要一套刀就完了，沒有要乂、耍鞭那些花樣。你乂耍得那麽好，爲什麽不演「金錢豹」呢？少春也謹敬接受，以後「水濂洞」裏耍一套刀了，而也開始排練「金錢豹」。

李少春

筆者所以舉上項兩個例子，係表明李少春的虛心，這是很難得的一種美德，如此，別人才肯建議，他自己也才能進步。梅蘭芳之能享大名，隨時進步，就是他虛心一輩子。少壯派裏，李少春也很虛心，所以出道不久就大紅，其他名伶像他們二人這樣虛心的，就不多見了。

以次，李少春的「打金磚」、「三岔口」等戲也逐漸出籠。「打金磚」是他從父親學來的家傳好戲，他的唱與摔，又比他父親當年精彩多了，配以袁世海的馬武，後來又加入了王泉奎的姚期，陣容也非常齊整，每演必滿。不過，李少春對這一齣戲，却儘量少唱，視爲畏途。他曾對筆者說：『我不怕「安天會」，也不怕「戰太平」，就怕這齣「打金磚」，摔完了唱，唱完了摔，您可不知道那滋味有多難受啦！我就怕我像我們老爺子一樣，在這齣戲上歸了位。』但是，他以後到外埠演唱的時候，前台老板所要求的打泡戲，却必包含有這齣「打金磚」，因爲難能可貴，別人沒有。人之被盛名所累者，往往如此。

「三岔口」是李少春的拿手好戲，他自幼在南方薰陶，看蓋叫人這齣太多了，自己又加意琢磨，演來乾淨漂亮已極，最早演出，配角不理想，張連廷的焦贊，關世善的劉妻固然很好了，賈松齡的劉利華太輭，所以摸黑一場，無從發揮。後來爲演「金錢豹」，物色進滿福山來，不但「金錢豹」的猴兒得到標準人選，連「三岔口」的劉利華，也才棋逢對手，施展出全力。

滿福山，旗人，出身崑弋班，工武丑，武功造詣極爲精湛，能翻，能摔，都夠爐火純青。早年他在天津傍劉榮萱，劉以「金錢豹」和「三岔口」拿手，就全靠滿福山幫襯。李少春爲了演「金錢豹」，託人把滿福山從天津約來，重金禮聘。到了台上，二人合作，火熾已極，最精彩是接乂一塲，豹子與猴兒，互相對立在上塲門裏邊和下塲門外邊，兩張桌子上。豹子將乂往上扔起的同時，猴兒從桌上竄出，在空中把直上直下的乂接住，然後便「硬踝子」摔下來，那個高度已經超過兩張桌子了。這種硬功夫，無人能比，每演到這一塲，台下掌聲如雷，彩聲爆發。筆者看戲幾十年，論「金錢豹」的猴兒，也唯有滿福山是頭一份兒。李少春得滿福山，如虎生翼，而滿福山搭李少春的班兒，不論在北平或出外，他只應猴兒和劉利華這兩個活兒，除「金錢豹」和「三岔口」外，他不參加配演任何戲。

李桂春造就少春的第一步挑班計劃，已經有了良好開始，就進行第二步的拜師計劃了。他的用心良苦，眼光遠大，使少春藝兼文武，自以楊余爲尙，請丁永利、陳秀華教戲那是啓蒙，他的目的是要使少春拜在楊余門下，以得眞傳的。可惜楊小樓在二十七年春天逝世，拜楊無法實現，只有拜余叔岩了。他的朋友很多，社會關係很好，而且也善于利用，就請竇公穎、桂月汀、張璧這些人出頭，向余叔岩關說，收少春爲徒。這幾位都是叔岩好友，何况張璧是少春義父，又是當時北平市的公安局長，余也不好不買賬，就在民國廿七年（一九三八）十月十九日，也就是戊寅年八月廿六，在泰豐樓收李少春為徒，梨園界名人紛紛到場致賀，大擺筵宴，頗極一時之盛。（見上期封面內頁）這是余叔岩正式開山門，公開收的徒弟。（以前的楊寶忠、陳少霖，不過在家中非正式問藝，加以指點而已。）這時却急煞了孟小冬，她私淑余氏多年，造詣極為精湛，久懷拜師之心，只以叔岩較為保守，對小冬藝術深加激賞，却不願為一女徒開山門，現在已然收了李少春，孟小冬托人殷切關說，余叔岩自亦不便再拒。於是，隔了一天，在十月廿一日（八月廿八日），又收了孟小冬。在三天以內，收了兩位得意高足，余叔岩自然欣喜，也傳為梨園佳話。

李少春演「戰太平」，手中之鎗即余叔岩當年所用

李少春進了余門以後，叔岩見他有武功好根底，頭一齣給他說了「戰太平」。這齣「花雲帶箭」，有兩種唱法。如果處處「將就」呢，便是一齣開場戲，在北平各大班裏，李洪福、札金奎、錢少卿，在前兩齣裏常唱。如果處處「講究」呢，那可就是一齣很難唱的大軸戲了。因為有些固定的腔兒，有好幾個尖子，每場持槍下場的身段都不同。他如被擒後扯四門，將手銬上的鏈子往上扔，要扔出「朝天一柱香」來，唱！那考究可太多啦，一時也說不完。余叔岩這齣很拿手，論才施教，覺得少春演這一齣很合適。而李少春呢，領悟力强，又拳拳服膺，用功學習，所以，沒有兩個月，就學好，經老師驗收合格，認為可以出台了，在廿七年十二月三日，初演於西長安街新新戲院。

那天晚上，前邊的戲不用說了。大軸「戰太平」，李少春飾華雲，沈鬘華飾二夫人孫氏，袁世海的陳友諒，慈瑞泉的華安，高維廉的小王朱文信，陳富康的陳友傑。余叔岩把他自己用的槍交給愛徒使用，槍桿上的金漆都有些脫落了。而且親臨把場，遇到少春表演精彩，觀衆熱烈鼓掌，叔岩顧盼自得，極為欣悅。至於上座呢，不用說是少長咸集，衣香鬢影，滿坑滿谷，而一般唱老生的內行，幾乎也全到了。少春那晚的表現，一切循規蹈矩，恪遵師承，嗓子、唱法、武功、把子，都臻上乘，都不必說。只是稍微矜持了一點，也可以說是有點緊張吧，因為不敢出一點錯。以後陸續再演，就慢慢放開，而施展自如了。

李少春從余叔岩所學的第二齣戲是「洗浮山」。不過，却不似「戰太平」那麽百分之百的實授，前半齣趟馬，武打場子，是叔岩悉心教授的，後半齣托夢的反二黃，就沒有什麽仔細說腔了。以後「打漁殺家」經老師指點過，此外就沒有從余叔岩那兒學到什麽，而師徒逐漸疏遠了。當時的情形是：李少春拜門後，余叔岩規定，此後文戲不得到老師「下掛」（即修改）不許唱。少春遵守無誤。武戲呢，因生活關係，不能不演戲，可以唱。但是不許演猴兒戲，怕影響學老生戲的身段。李少春起先也勉强遵守，後來因為有事實困難，不能不動猴兒戲。引起余叔岩不悅，認為不聽師言，是無學戲誠意，就不繼續教了。而李少春因生活關係，有時須出外演唱，也沒有許多功夫時常學習，雙方就逐漸疏遠了。但是仍有師徒相稱，維持往來於不輟，等於像親戚一般的舊走動了。

此事的演變，在余叔岩的立場，未可厚非，因為他認為你是找我來學玩藝兒的，不按我的規定，我就不教。但社會上的看法，有為雙方惋惜的，有的還對李少春不諒解，認為他沒有誠意，不能全始全終。不似孟小冬的忠實殷勤學戲，始終如一，而得余叔岩眞傳的。對於這種論調，筆者多少年來，就預備客觀剖析當時情形，為李少春說幾句話，猶如骨骾在喉，這裏，不妨畧為一談。

要了解余叔岩李少春師徒演變成後來疏遠的結果，先要明瞭余、李、孟三位當時的環境。余叔岩因為身懷絕藝，且得來不易，所以非常孤高自賞，他多少年來不收徒弟，也是這種個性造成。他給人說戲，要有時間。情緒好，興致高，在夜半深宵，大烟抽足了以後，加以指點。並不是每天有功課表可循，有一定上課時間的。十天半個月，也許沒說一句腔。所以學的人，要長長的工夫，耐耐的性兒，以鐵杵磨針的心情，才能學得到玩藝兒，而這種方式的教學，唯有孟小冬才能適應，換另外一個人，任何人都不成。

孟小冬一來私淑叔岩多年，過去從陳秀華、孫老元、陳秀華那裏，已得到相當基礎，學來容易，一點就透。二來他生活簡單，只一個人，自有私蓄，不仗唱戲吃飯，幾年不唱，生活都不成問題，不會有李少春那時正在挑班的痲煩。三來也是最重要的原因，她渴望拜余有年，一旦實現，自然全心全力、全副精神都放在學戲上。在精神上，別無寄託和外務，她可以整天呆在余家，除了侍奉老師有如嚴親，盡弟子之禮以外；和師母、兩位師妹相處，大家都是女流，也沒有什麽不便。所以她即使不學戲，成天在余家流連，也非常自然。何況，孟小冬人情世故通達，不但在余氏夫婦面前承歡膝下，與師妹相處得情同骨肉，就連對下人、老媽和門房，也時有賞賜，人緣極好。人都是感情的動物，久而久之，自然因勢利便，盡得薪傳了。

李少春呢，在老師面前，條件比孟小冬差遠了。他挑班以後，雖然大事有「老大王」（一般熟朋友對李桂春的戲稱。）作主，小事有陳椿齡效勞。但他究竟也要交朋友，應酬、排戲，時間上絕沒有孟小冬充裕，每天不能長時間呆在老師家裏。退一步說，即使他時間多，一個大男人，整天在老師家裏，除了老師，師母、師妹三位女眷，多少也有些不便。最主要不利之點，他如果正在學戲階段，還沒挑班，那倒也沒顧慮了。他的挑班唱戲，並非李桂春完全站在望子成名的立塲，一半也是仗兒子演出來維持吃飯。李桂春一輩子揮霍成性，又好豪賭，唱戲的時候不顯，雖然左手來右手去，總有活錢可進，這一息影，一家大小，二三十口子的開支，沒有收入簡直不能維持。李少春固然以「戰馬超」，「羣臣宴」連演雙齣，在北平一泡而紅，但吃虧也在這方面，他給觀衆的先期印象，是一塲演一武一文兩齣戲。在拜余之始，聽老師話，只演武戲不演文戲了，觀衆却認為他是「減半」演出，而上座就不踴躍了。像他的「長板坡」很好，却不上座。貼「惡虎村」的時候，是在一塲義務戲演出，前邊還由李桂春特煩老友郝壽臣串演一齣「打曹豹」。結果呢，上四成座。所以後來逼得他在外埠演唱，（後來在北平也這麽唱了。）只好貼文武雙齣，先唱「挑滑車」，再演「奇寃報」。先演「三岔口」，再演「失空斬」。變成不演雙齣不上座的積重難返了。文戲要老師教過的才能動，「戰太平」固然上座滿堂，也不能每次都貼「戰太平」呀！於是，為了迎合觀衆心理，為了維持生活吃飯，只好演猴兒戲，他的猴兒戲就能滿座，但也要新戲，而也就引起二李之爭了，因此，李少春是在試了只演武戲，不演文戲，幾次上座不佳，虧累以後，才不得不演猴兒戲的，絕非故違師命，不打算繼續學余派老生。但這些苦衷，不為余叔岩所諒解，你又打算學我的玩藝，又不完全聽從我的規定，我只好不繼續往下教了。但少春呢，却還盡弟子之禮，每天「上朝」如儀。（少春私下對友人戲稱，去叩見老師為上朝。張璧那裏，他也要常去問安，有時一天兩處上朝。）遇到出外回來，必把當地土產帶些回來饋送老師，三節兩壽，當然更是禮不能缺。所以，余李的師徒以後疏遠，實因客觀條件時勢造成，絕非李少春有心之過。

李少春演「三岔口」，谷春章演劉利華

李少春到北平伊始，李萬春站在姐夫份上，自然接風洗塵，招待一番，在私情上，郎舅之間很融洽。在公事上，李萬春就靜觀李少春的戲碼如何貼法了。頭一天打泡，「戰馬超」和「羣臣宴」。萬春心裏就有點不痛快，你難道沒聽說過，「兩將軍」是我成名傑作嗎？為什麽單動這齣呢？退一步想，也許是無心之過，且觀後效吧！等到李少春「水濂洞」貼出來，李萬春愈發不快了，怎麽猴戲你也動，這不是單挑我拿手的來嗎？而李少春的「戰馬超」和「水濂洞」，如果演得平淡無奇，倒也罷了，偏偏又非常出色。平心而論，因為少春比萬春年輕幾歲，武功根底又好，如果萬春同時貼上這兩齣，身手矯健和敏捷上，恐怕要遜少春一籌。因此，萬春有點沉不住氣了，覺得有給小舅子點顏色看看的必要。於是，在李少春再度在新新戲院貼演「水濂洞」的時候，在同一天晚上，李萬春在慶樂園貼出了「全部四郎探母」和「水濂洞」雙齣。這當然哄動了戲迷。李萬春不但也貼文武雙齣，而且「水濂洞」加「探母」大戲。於是，李少春這邊，前排賣一元二角，上座半堂。李萬春那邊，臨時加價前排賣二元，上座滿堂，自然李萬春打了一次勝仗。

觀衆是為了好奇，才趨之若鶩的到了慶樂園，但聽完以後，却不無失望的感覺。因為「四郎探母」先唱，坐宮四郎由鳴春社學生扮演。自盜令出關起，李萬春才扮四郎出場，會弟見娘以後，台上豎出一塊木牌：「李藝員萬春，因化妝關係，下面由×××（鳴春社學生）接演四郎，請觀衆原諒！」於是上四夫人，哭堂、別家、回令，都又由鳴春社學生唱下去了。固然，勾猴臉要費時間，但李萬春雖貼「全部四郎探母」，却摘頭去尾，只演個中段，下面的「水濂洞」事關本身威名，自然直乎直令，全力以赴了。所以李萬春是以噱頭取勝的，而票房上却很實惠，這一點，李少春就自愧弗如了。

李少春派戲，也是恪遵京朝老路，譬如廿八年（己卯年）的陰曆正月初一白天，他在新新戲院派出「青石山」，但又怕一齣戲不夠號召，前邊又加演一齣「林冲夜奔」。中間墊一齣沈鬘華的「鴻鸞禧」，戲是很好，但上座仍舊不理想。這時候，他的派戲有內憂，（老師管的太嚴。）有外患，（李萬春在那裏虎視眈眈，抽冷子就打一下，如前邊所提的「水濂洞」加「探母」。）但如長此以往的上座不理想，就不好辦了。因為唱戲這一行，總上滿座，則名利雙收，人家認為劇藝高超，而且收入頗豐。如果經常上座不佳，不但不賺錢，而且連帶劇藝也被人看不起了，大概唱的不好吧！要不怎麽不上座呢？語云「不以成敗論英雄」，其實社會很現實，是「專以成敗論英雄」的。就在李少春有點一籌莫展之際，李寶奎獻計，這才打開了出路。

李少春演「水濂洞」

李寶奎是武淨李菊笙之子，李盛藻的侄子，他和尚小雲也沾親。工老生，嗓子高而左，正工裏子都能來，偶爾也反串老旦。為人絕頂聰明，反應快，足智多謀。他與高維廉，原來都搭李萬春的永春社，李少春組班，就到這邊來了。李寶奎不但盡知李萬春的戲路虛實，而且也明瞭戲迷心理。這時他對少春的獻策。你的猴戲能叫座，要往這方面發展，但也不能總演「水濂洞」和「安天會」，要編新戲才能號召。李少春在無計可施，就聽他的試一試吧！於是就由李寶奎編導，排了一本「智激美猴王」，場子緊湊，穿插也很新穎。李少春飾孫悟空，李寶奎反串猪八戒，高維廉飾唐僧，陳盛德飾沙和尚。有一場，下場門立個塔片的佈景，上面的窗門，是用一塊布簾擋住的空洞，李少春從上場門的靠台口這邊，跑上幾步，一個高毛兒竄進塔去。這手很新穎驚人。智激一場，李少春坐在圈椅上，有些椅子上的功夫，（仿自「通天犀」裏徐世英的身段。）後面與小妖的開打，李幼春飾小妖，站在悟空背後，雙手抱在悟空腰間，兩人一齊走虎跳。還有扔匕首的驚險鏡頭，（套自「十字坡」。）總而言之，新型開打，花樣翻新，李少春也儘管顯示了他的跌撲功夫。像「金錢豹」裏，豹子和猴兒開打一場，他有一手，是走個小翻兒，肩膀着地走烏龍攪柱，然後再摔一個叉，仍然面向前朝着觀衆，這個動作極快，乾淨俐落，攝人心弦。筆者曾問少春，這手叫什麽呢，他思索一下，說：「就叫地趟跟頭吧。」這一手和「智激美猴王」裏雙人走虎跳，北平以前都沒見過，而也就從此傳啦，被一般武生所仿效。所以，論起李少春的短打戲來，他是有許多獨到之處的。

「智激美猴王」推出以後，連演皆滿，而且口碑載道，尤其愛看猴戲的人，都有「這比李萬春的猴兒戲可精彩多啦！」的感覺！而這一下子，也就把李萬春氣壞啦！好哇！你不但動猴兒戲，居然還排猴兒的新戲，這不是成心要我好看嗎？他以前的貼「探母」加「水濂洞」，還不過是銼其銳氣，略示薄懲的意思，並沒有下打對台的決心。「智激美猴王」出現以後，李萬春可就下了決心，一心要與李少春打對台到底了，而也就在加强排演猴兒的新戲方面下功夫了。

　李少春在「智激美猴王」成功以後，爲了聲譽、票房，只好繼續走這條路線，即使引起李萬春的敵視和相鬬，也就只好在所不計了，於是不久以後，又排出了「十八羅漢鬬悟空」。從「安天會」唱起，在猴子被擒，被老君放在丹爐內煉丹時，因看爐童子不愼，被猴兒逃了出來，反倒練成了火眼金睛。老君只好到西方求救，於是佛祖派了十八羅漢收伏猴頭，先是跳羅漢，然後猴子再與十八羅漢開打，最後逃不出佛祖掌心，被壓在五行山下爲止。這等於「頭二本安天會」連演，還加上鬬羅漢，非常繁重，要演三個小時。李少春的孫悟空，其累是不用說了。李寶奎飾老君，袁世海與張連廷分飾降龍、伏虎兩羅漢，李寶奎，再與高維廉、閻世善等，都分別扮演羅漢。鬬悟空時，各有不同武器，不同打法，喜歡武戲的人，看來十分過癮，此劇又一演而紅，上座滿堂，歷久不衰，成了李少春的撒手鐧。

　李萬春這一氣又非同小可，於是排了一齣「十八羅漢收大鵬」，在羅漢的法名、兵器上加意考究。他飾大鵬金翅鳥，穿紫紅色帶黃穗子的改良靠，手使雙槍，也和十八羅漢開打無誤。自然在套子上又自出心裁，創些花樣。於是二李之爭，便直接而更尖銳了。這時兩個人在私底下也很少來往了，少春的大姐李紉秋，也在中間很爲難，但形勢所趨，她對丈夫、兄弟都影响不了，也祇能徒呼負負而已。

李少春（蕭恩）侯玉蘭（桂英）夫婦合演「打漁殺家」

　二李之爭由鬬戲開始，以後又進入了挖角階段。毛慶來是李萬春的左右手，前文已然談過，不知怎麽一來，被李寶奎給想法子挖到李少春這邊來了，也陪少春大演其「戰馬超」、「獅子樓」。李萬春則用懷柔政策，毛世來出科以後，萬春去上海把他帶去，大捧特捧。毛家弟兄，慶來居長，出身斌慶。盛榮行三，是富連成盛字輩學生，唱武花臉。世來行五，也是富社學生。萬春既對老五很好，後來這位毛大爺（慶來），總算又回了李萬春的永春社。這其間，又加上藍月春回了北平，在少春、萬春兩邊都唱過，不過時間不久，因爲他藝事已退步，非復當年了。葉盛章在上海與李少春合作一期以後，一齣「三岔口」紅遍上海灘。回到北平，也不時和少春合作，除了「三岔口」以外，加上袁世海，他們三人演「連環套」，有時加上李玉茹，演「戰宛城」和十二生肖戲，都很哄動。盛章的目的，就是幫少春打萬春，以報他舊日仇恨。不過，那時盛章的武功，也已日漸退化了，以「三岔口」而言，李少春自桌上跳下來，身輕如燕，落地無聲，而葉盛章跳下來，則咕咚一聲，已經肉大身沉了。但是，無論如何，在李葉合作這段時間裏，李萬春那邊，在聲勢上就相形見絀了。

　這二李之爭，從民國廿八年，一直鬬了三四年，從北平而上海，哄動全國。尤其有意思的，還牽扯了蓋叫天的兒子張翼鵬進去。李萬春在上海貼出「十八羅漢收大鵬」，張翼鵬多心了，莫非你打算收伏我張翼鵬嗎？好，給你點顏色看看，就排了一本「孫悟空棒打萬年春」，而在報上的廣告，把「年」字登得比較小，使讀者猛一看，簡直好像「棒打萬春」，這眞是越攪越複雜了，也成爲一時的梨園趣話。

　李寶奎在給李少春建議排「智激美猴王」，給打開出路以後，從此，他便以智多星的地位，給李少春參謀一切，不但排戲由他出主意，連追女朋友，他都當少春的參謀長。李少春到北平不久，認識了侯玉蘭，便生了仰慕之心。侯玉蘭對這位文武雙全的少年英俊，也不無心儀。但是她自幼在北平戲曲學校裏，與同學唱武生的傅德威，相處不錯，因有感情上幾年的累積，對於新知舊雨的取捨之間，倒也一時拿不定主意。李寶奎廉得其情以後，便心生一計，恰巧李少春在長安戲院，貼演余叔岩親授的「洗浮山」，寶奎出主意，請傅德威客串扮演黃天霸，並且在上場門的樓上，留了一個包廂，請侯玉蘭聽戲。這齣戲裏，李少春扮賀天保，青羅帽，箭衣，大帶，戴黑三，頭場閃披褶子趟馬，下面探山有開打，被暗算有跌撲，托兆有大段反二黃，很是繁重。侯玉蘭在包廂裏聚精會神的看，李少春雖然帶髯口，却是英俊、邊式、文武全材，傅德威雖然俊扮，却身材矮胖，扮相臃腫，與少春相形之下，大相逕庭，遜色很多。經過這次比較，才芳心專注，一心愛上李少春，而把傅德威就逐漸疏遠了，這個攻心戰術，李寶奎居一大功。

李侯雖然感情日增，但却沒等他們成熟到結合的階段，李桂春就把少春的婚事給定了。天津意租界有個銀號（上海叫做錢莊）經理的小姐，是李少春的戲迷，對少春迷得很，他父親恰巧也與李桂春認識。就在財務上對李桂春多加照應，而也用上深心了。前文談過，李桂春豪於賭，不論麻雀、牌九、沙蟹、馬場、回力球，他都有濃厚興趣，而且手筆大，下注多。俗云久賭無勝家，天長日久，欠了不少賭債，却都由這位銀號的王經理給接濟了。到了某一次，李桂春又去通融錢財，其實累積數字已經很多了，王經理稍表為難，然後把話風又轉回，談到他女兒對少春的仰慕，如果雙方關係再近一層的話呢，不要說再用，就是過去的紀錄，也無所謂了。李桂春聽到暗示，也就明白，他為了今後有賭本來源的方便，就概然談到結親，這兩老自然皆大歡喜，王小姐也宿願得償，却把李少春當成賭賬的抵押品了。李少春事父極孝，對這沒有感情基礎的婚姻，也不敢反抗，却找個機會對王小姐表示，我另有女朋友。王小姐則表示只要她成了李太太，她也不在乎李是否另有女友。李侯之戀，李桂春當然也有所聞，對這能賺錢養家的兒子，雖然孝順，也不便過於約束，也對少春有了暗示，只要明媒正娶先與王小姐結婚，與侯的事，以後再談，無形中應允了一半。於是，就在這種默契情形下，李少春與王小姐結了婚。

侯玉蘭那裏，雖與李少春有濃厚感情，但却攔不住人家父母之命的婚姻，對自己不能馬上與李結合，不免暗傷身世，日趨消極。她那時正搭奚嘯伯的班兒，也偶和別的老生合作，正以程派青衣蒸蒸日上的紅起來，在感情不如意的心緒下，就一度輟唱，青燈禮佛，而抽起大烟來，因為她的母親、舅舅都抽大烟，自然而然的就以此自遣了。當時這事傳遍梨園，大家都知道侯玉蘭消極是為了什麽？這把李少春可急壞了，他那時正在上海演出，抽個機會搯個詞兒，休息三天，坐中國航空公司的飛機，北上探望侯玉蘭，兩人當然山盟海誓一番，少春溫言撫慰，不久即可實現鴛盟。而事實上，隔了沒有多久，李侯二人也就結合了。侯玉蘭從此謝絕舞台，被金屋藏嬌在北平東城蘇州胡同。這時李少春的担子可重了，他要担負起父母、太太，和兩宮一起幾十人的生活費，連侯玉蘭母親舅舅的生活費和鴉片烟，也都由他負担，只好拚命唱戲賺錢了。北平、天津、上海、南京，甚至其他外碼頭，儘量不閒着。有一次快過年了，還要出遠門，筆者問他，不能展期嗎？他苦笑着說：「不成啊，包銀的定金，都讓老爺子使了，不去不行，這等於一半還賬，一半賺錢。」看起來，李少春確是孝子。

話說二李之爭，爭了三四年，後來怎麽結束的呢？這却很奇妙了，竟肇因在回力球上。回力球是創自意大利和拉丁美洲的一種球戲，原理和乒乓球相似，玩法却不同。球場是室內的，一面是特製牆壁，其硬度有如銅牆鐵壁，高有三丈。比賽的球員，每人右手綁上一個籐子製的像大匙羹似的球拍，球是用橡皮筋作的，小而堅實，彈性很大。玩法是甲用球拍把球打到牆上，彈回來，落地一下以後，乙用球拍把它打回牆上去，彈回來，甲再打。如果接不到，就輸一分，原理和乒乓、網球一樣，但比賽的人，却都站在一邊，同往對面的牆上打。球員也都來自意大利和中南美每人都有十五分鐘不漏接一個球的本事，但在回力球場的比賽裏，却要在十五分鐘內，六個人裏，有一個人得五分，分別輸贏，那麽，這個明是事先安排好的了，就和馬場某一次賽出誰一樣，都是事先做好了的。在民國廿四年（一九三五年）左右，遠東地區日本沒有，香港沒有，唯有中國的上海和天津，有回力球場，也就是外人投資設的賭場。上海回力球沒有去過，天津的設在舊意租界，事實上津滬兩家都是一個老板，那些球員們也定期對調。每場下去六個球員，分穿紅、白、黑、藍、黃、綠六色球衣，一至六六個號碼，每一場獨贏、位置、贏位、雙獨贏幾種票，十五分鐘一場，輸贏很快。室內設備很好，那個年頭就是中央系統的冷氣設備了，看台有散座，有包廂，屋頂花園有樂隊，可以跳舞，你如果不為賭錢，跳舞乘涼也是好去處，順便可買兩張搖彩票博個彩氣。因此，回力球場的生意特別好，一般上中階級人士，趨之若鶩，而回力球場的收益，也就大有可觀了。

李少春演唱新戲「响馬傳」

李萬春、李少春都喜歡回力球，先是看來就練習打了，好在除了那銅牆鐵壁不能仿造外，後，球拍和球，市面上都買得到。上海天津也都有回力球俱樂部，有些人業餘打着玩。這李家郎舅，常在天津、上海演出，與回力球時常接觸，癮也越來越大。在民國三十二三年吧，李萬春自上海回北平以後，沒有球場，那裏去練球呢，但是在上海每天打，一旦不打，手癢難熬。於是靈機一動，他經常演出的地點慶樂園，有個後院，平常堆些砌末佈景什麽的，他叫人把東西搬開，留出空場來，而左右兩家，就是瑞蚨祥鴻記，和二妙堂的後牆了，以瑞蚨祥的後牆較高，李萬春就以瑞蚨祥後牆爲目標，打起回力球來了。

二李之爭鬧了三四年，已然逐漸失了新聞性。況且，每人都有個人拿手的戲，也都有基本觀衆。有時互有強弱，但誰也消滅不了誰。同時，兩人都大了幾歲，覺得彼此長期鬬下去，總不是事，親戚總是親戚，何必讓人看笑話呢？因此，兩人都有悔意，都打算找機會言歸於好了。李萬春的慶樂園後面回力球練習場成立以後，同好紛至沓來，李少春也是回力球迷，表示要來參加，萬春立表歡迎，於是，郎舅二人由打回力球，而恢復了邦交。這時，一塊兒打球的，還有李慕良和王吟秋。那時，北平合作戲之風甚盛，幾個人常常打球，就研究，咱們也合作唱唱玩兒好不好呢？在一致同意後，就在慶樂園白天，鳴春社學生演出時間，臨時串演一齣戲，事先不宣佈，不登廣告，臨時在台上貼個海報出來，聽戲的觀衆自然歡迎，買一張聽科班的戲票，却饒上一齣名伶合作戲，豈不喜出望外。頭一次他們串演「大登殿」，李慕良薛平貴，他平常祇給馬連良操琴，沒有唱的機會，這可過過戲癮。王吟秋飾王寶釧，李少春反串老旦王老夫人，李萬春反串魏虎。第二次，李慕良要大過戲癮，演「四郎探母」，只好把鳴春社學生的戲，減去兩齣。王吟秋公主，李少春還是老太太佘太君，李萬春飾國舅。

萬春和少春在慶樂園合串過兩次戲以後，感情日趨融洽，這時有人建議，你們二位已經和好了，爲什麽不對外合作演出一次，公諸社會，也好使關心你們二位的人士，放心，而開開心呢！二人欣然樂從，就貼了一次「羣英會，借東風，華容道」，大軸「鐵公雞」，由二李之爭，變成二李合作了。「羣英會」是李少春飾孔明，李萬春前魯肅、後關公。「鐵公雞」裏李萬春張嘉祥，李少春向老帥。這一台戲自然非常哄動，上座滿堂，觀衆們都對二李的由爭而合，表示驚訝和欣慰，却不知如何轉變的，都不知道回力球這一節秘密。

一九五六年夏李少春（右）在香港與許姬傳（中）袁世海（左）合影

提起回力球，還有一宗韻事。話劇明星唐若青，最喜回力球，而且在上海和一位回力球員沙羅沙伯，交好甚厚。這位球員忽然被調天津，她便要求她父親唐槐秋，把中國旅行劇團，拉到天津去演，以便她和這位球員聚首。並且說，如果劇團不去天津，我自己也去，那你上海的戲也演不成，我可不管。唐槐秋一向對愛女的驕縱成性無法管束，只好依她意見，帶團到天津來。因爲，萬春喜歡回力球，便和唐若青也認識，並且很熟。有一次萬春在天津北洋戲院演出，筆者在後台看他扮戲，發見化妝台上，有一瓶很新穎精緻的化妝品，問他是作什麽用的？在那兒買的？萬春說是刮鬍膏，在天津買不到，然後，閃了閃眼睛，很神秘而得意地向筆者一笑，說「這是唐若青送我的。」那麽，他和唐若青的關係，也就不言而喻了。

民國卅四年抗戰勝利，馬連良和李萬春都有牢獄之災，萬春出來以後，李少春爲了歡迎並安慰他，就在前外華樂園辦了一場合作戲。前場李萬春（關公），李少春（黃忠），袁世海（魏延）的「戰長沙」。大軸李萬春（向帥），李少春（張嘉祥），袁世海（鐵金翅）的「鐵公雞」。筆者到了後台，少春還沒扮戲，說「我們這兒等老爺（指關公即萬春）哪！」一會兒萬春進來了，人已發胖，寒暄已畢，對筆者感嘆道：「您瞧我這身肉，我都成了棒捶啦！」這是他自謙，人雖胖了，但基本功夫還是沒有擱下的。（一九四七年，李少春李萬春曾在上海天蟾舞台合作演出義務戲，那是一個白天戲，戲碼是「戰宛城」，少春的張嘯，萬春的典韋，趙如泉演曹操，白玉薇演嬸娘，亦曾轟動一時。）

民國卅七年（一九四八年）秋，筆者舉家南遷，到天津訂船票時，住在交通旅館，恰巧李少春、葉盛章，接張君秋後隊在中國大戲院演唱，三人也都住在交通，與筆者話別，長談通宵，不知東方之既白。卅八年（一九四九年）春，筆者過上海來台，碰上武生合作在天蟾演臨別紀念戲。前場「翠屏山」，高盛麟、李仲林、李萬春、蓋叫天四演石秀。中軸高盛麟「鐵籠山」，大軸蓋叫天（任堂惠）、李萬春（反串劉利華）的「三岔口」。萬春在台上身形微胖，英氣雖存，已稍顯老態了。因爲限于時間，且對地理不熟，筆者也沒有到後台去與他話別。

今年李少春五十七歲了，李萬春已經六十三歲。在梨園史武生地界，他們二位都可稱得起是劃時代的人物！（全文完）

Wearing Levi's is better than wearing pants!
Levi's ®

影城八年（下）

陳蝶衣

員工福利・兼籌並顧

我在「邵氏影城」，度過了八年的漫長歲月；關於我的編劇失敗史，以及所見所聞的可駭可愕之事，已撮其大要，畧作敘述。此外還有不少可歡可喜的情況，當然更應縷舉一二，以資談助；並使徘徊在「影城」門外的影迷們，獲得較多的瞭解。

「影城」的所有員工，包括辦公大樓及片廠同人在內，爲數達一千數百之衆，眞可以說是「食指浩繁」。除了寄居於宿舍的工作人員暨家屬，自有個別的家庭厨房之外，其餘員工便非謀食於餐廳不可。「影城」原已設有第一、第二兩個相當寬敞的食堂，但每到午膳時份，即使分班進食，還是擠得水洩不通。因之兩年以前，又在三樓宣傳部上面接連天台的部份，增闢了一個「行政食堂」，專供辦公大樓的職員進膳。於是即使遇上打風下雨，也可以不必在雨絲風片中來往了！（因爲第一、第二食堂，一在片廠之旁，一在南國實驗劇團舊址，都要走一段路纔能抵達。）這是值得稱道的德政之一。

對於員工的福利，「邵氏」當局素極重視。除了食堂的分佈之外，還會關懷到員工健康問題，而舉行過一次「集體照肺」的運動。

其時，我已從編劇部調入宣傳部任職，有一天接得了「照肺」的通知，乃與幾位同人跑上片廠，排班輪候。政府派來的X光專車一輛，停在片廠門口，面積十分龐大。輪候者一一在表格上塡就姓名、年齡，然後進入車廂，一脫再脫，裸露着上身作「耶穌釘在十字架上」之狀，以供攝影，大有「風月奇譚」演員試鏡的光景。

一次「照肺」，還嫌不夠仔細。隔了幾天，通知又來，要到衛生局機構去再照一次；於是一行十餘衆，同乘廠車出發，消磨了一個下午，我又作了第二次「暴露」。

影城東南角的「彩色冲印中心」

結果，這一項措施雖是毫無下文，但不問可知，一定是肺葉還經得起考驗，並沒有什麽不良症狀，因亦爲之私心竊喜焉！

還有一件大事，則是每一個員工之領得牌照了！

每次去往啓德機場，總會看到空中小姐或機場員工，襟上都掛有牌照一塊，作爲標誌，以資識別。從前年開始，「影城」也實施了這一項新政，每一員工都奉命至照相部「上鏡」；不久牌照製就頒發，繳納十元代價即領得一個；於是綴在胸前，謔者乃以「持牌小販」自况。

當時有部份工友，對於十元代價的徵收嘖有煩言。實則拍照、製牌，成本也不在少數；而且員工一旦退職，交還牌照，十元代價即照數發還，誰都可以領回這一筆錢的。還有一個主要原因是：所以要收費十元，就是希望員工予以重視，庶不致因疏忽而遺失。

我所領到的牌照，註明「僱員編號」是一一五——〇〇七〇；如果不是多了一圈，我就無異是占士邦了！對於這一個牌照我十分珍視，離職之時並未交還，決定留作永久紀念。

高樓大厦・眼看興建

「影城」創建於一九五七年，位於九龍清水灣道二二〇號地段，歷時前後七載，纔完成了龐大的開山闢石工程，建立了辦公大樓、片廠及兩座宿舍。我初入「影城」之時，攝影棚還只有六座。及至第二階段的擴充計劃展開，新建築就更多了！我所目覩的是：

其一：後山崗巒逐步削平，增闢了二萬平方尺的廠地，添蓋了同時可以拍攝六組戲的攝影棚。這是擴充計劃的一部份，歷時三年始告落成。目下整個「影城」，廣達八十五萬平方尺，全部攝影棚同時可以拍十二組戲。

其二：「彩色冲印中心」創建於一九六八年，坐落於「影城」的東南角，樓高四層，分爲冲片、印片、檢定及藥水調配等幾個部門，並有洗片用水溫度的控制設備。「影城」自進入「彩色世紀」以後，初期要把拷貝寄到日本去冲印，不但運費、保險費、冲印費所耗甚鉅，而且時間不能控制，彩色的濃淡及剪接方面，也存在着許多問題。「彩色冲印中心」建立後，不再假手於外人，一切困難都迎刃而解了。

港督戴麟趾主持敦厚樓奠基典禮

其三：除了原有的兩座宿舍之外，又在「彩色冲印中心」建立的同時期，添造了另一座美奐美輪的明星大厦，定名爲「敦厚樓」，於一九六八年五月十八日舉行奠基典禮，曾邀請港督戴麟趾爵士蒞臨主持，港督在典禮中「舉鏟動土」之前，並發表了簡短的祝賀之詞，大意謂：『一個「影城」的概念，是富於幻想和超時代的。我衷心希望，電影也能像本港的所有工業一樣，務必盡一切努力，在觀念及技術方面都趕上時代。』措詞可說十分得體。現在，許多「邵氏」的大牌明星，包括李菁及未作新嫁娘之時的何莉莉在內，都是住在這一座「敦厚樓」，一切水電，俱由公司供應，房租也不取分文，全部豁免。這，自然也是可歡可喜的又一項德政。

選美活動・多采多姿

「影城」聳立於清水灣道，路雖遙遠，但上班下班都有專車接送；一路上風景如畫，可供瀏覽；尤其是經過白沙灣一段的時候，盆地人家，俱在眼底；遇上了大霧瀰漫的天氣，則遙望下界，房舍即隱約難辨；身在車廂，不禁有天上人間的感覺。我曾有小詩一首，記述此一情況，茲附錄於下：

清水灣道中遇霧

迷空步障阻行車，最怕經過狹路斜；
山下若教聞轉轂，定疑天際泛星槎。

在「影城」工作，不僅親身經歷極饒情趣，此外所看到的各種有關活動，也都是多采多姿，難以盡述。單是在宣傳方面，便有類似「選美」的項目，經常舉行。例如虞慧、舒佩佩的當選「精工小姐」，即是多采多姿的項目之一。

我藏有一幀「香港玉女」冠軍鄭文芳加冕後所攝的照片，也是「邵氏」的另一項宣傳活動。

「邵氏」接連於一九六六、六七兩年，由「影友俱樂部」出面，會同廠商舉行「香港玉女」選舉，第一屆當選者是馬海倫、陳依齡，後來都成了「邵氏」基本演員。第二屆與「香港青年」及「香港之鶯」選舉同時舉行，於一九六七年十二月六日至九日在「影友俱樂部」辦理初選，同月十五日假座大會堂舉行複選；複選結果，每項選出十餘名，參加十二月十二日在漢宮夜總會舉行的複賽。

決賽之夜，由「邵氏」影星丁紅、方盈、秦萍、邢慧，以及數位音樂家，會同各報總編輯担任評判工作，于倩負責司儀，到場參觀之仕女甚衆，我也曾目覩當時的熱鬧情況。

參加「玉女」決賽的小姐們共計十七位，分別穿着游泳裝與晚禮服出場兩次。評選結果，由鄭文芳奪得冠軍，成爲第二屆的「香港玉女」。

「香港之鶯」的當選者是冠軍黃煒君，亞軍譚妮妮，季軍邢詩韻。其中邢詩韻另有個「白天鵝公主」雅號，目下仍是歌壇上的紅歌星之一。

四時八節・光景常新

「影城」的拍片工作，經常十分緊張，並且也眞是不惜工本。畫棟雕樑的建築，不時見到在攝影棚內出現。甚至即使是小城市裏的茶館佈景，規模之大也往往非一般的獨立製片力所能及。至於爲了攝製「新獨臂刀」而搭起的後山長橋，以及每一部武俠片中的萬馬奔騰情況，則銀幕上見之已熟，觀衆們必然也記憶猶新。

「影城」設有馬房，豢養着不少馬匹，有專人負責管理。演員無論男女，愛好策騎者常在「影城」內外溜馬。逢到拍戲之時馬匹不敷應用，甚至還向駐港英軍借用。岳楓導演的「怪俠」，就曾「外借」駿馬數十匹，拍出了在原野上奔騰馳逐的壯濶場面。

鄭文芳當選「香港玉女」留影

在「影城」中，另有一些使我留戀的是花木。許多作爲裝飾品的盆栽，固然是四時八節，光景常新；更有舊宿舍前所植的三株桃樹，以及門房旁邊的單獨一棵，每到農曆新春花開時節，也往往會吸引着我的視線，而使我爲之悠然神往。「影城」春色，固在在足以動人遐思也。

另有一點與花木有關的事，也值得一記。「影城」僱有花王，專司花卉的培植工作，我在前文亦曾提及。此外，還有附近大埔村的許多農家婦女，受僱於「影城」，或供使喚如傳遞文件之類，或則担承剪草的任務。「影城」中甚多坡陀，都長滿了綠草，時不時需要修剪；她們往往頭戴遮陽笠，佝僂着身子在坡陀上辛勤芟薙，以免茁長過高。大埔村一帶的居民，有些且是全家男婦，都在「影城」服務。是以「影城」的創建，不但開拓了國語電影的市場，取得了名聞遐邇的成果，並且還溥利在民，活人無算。此一功德，實不在「邵氏」星加坡總機構每年冬季的濟貧運動之下。

女中幹才・工作繁重

本文刊出以後，好多相識者都向我問起方逸華在「影城」的工作地位，尤其是關於「權力」方面的問題。

我發覺，外界人士對方逸華小姐彷彿都有一種類似的印象，認爲方小姐是「影城」中一位嚴峻的執法者。這一種錯覺據我猜想，大抵是一九七〇年的一次人事變動所引起。

事實上，方小姐是一位對人非常謙和的女性。我和她相識較早，遠在十餘年前，香港「音樂城」（Music City）唱片公司邀請她錄灌唱片之時，我就同時應邀，爲她寫過歌詞。她進入「影城」以後，有時爲了商討錄音工作與我通電話，每一次最後她總要用滬語說一聲「謝謝儂！」簡直客氣非凡。

有一次，她親自到我辦公室找我，恰巧我不在，她在案頭留下了一張字條，不僅文筆流暢，而且鋼筆字也寫得非常秀整。因此使我知道：方小姐不止歌唱得好，筆下其實也十分來得。

方小姐在「影城」所担承的工作，確是除了邵總裁之外，比任何人都繁重，但她也只是秉承公司的既定方針行事。「邵氏」一切組織逐漸走上軌道，即是得力於方小姐的不憚繁瑣，任勞任怨。關於她在「影城」的工作情況，若要詳加剖析，實非本文所能容納，最好還是節錄一段專訪文字，藉供參考；原文如下：

『邵氏公司自從請了方逸華担任「不管部大臣」之後，力求整頓，有十分顯著的功勞；據統計：每個月可以爲邵氏公司節省港幣三十萬元之多。方逸華凡事親力親爲，任何小道具或佈景，她都調查與估價，做到了別人所不能做的事，換了別人都難以達成任務。

邵氏公司經過這次大變動，即有一個新的局面，不但人事、製作、組織，都將煥然一新，這是痛定思痛的結果，有了腐肉，切去之後，即可生出新的肌肉來。』

以上一段文字，發表於一九七〇年三月號的「銀色世界」。文中稱方逸華爲「不管部大臣」，確是一個非常適合的比擬。

方逸華在影片中客串演出的一個鏡頭

從本年度七月一日起，方小姐又兼任了袁秋楓辭去的「製片部經理」一職，工作當然更是忙上加忙了。以一女性而幹練如此，即使是吾輩鬚眉，亦難免相形見拙，自歎勿逮也。

外在因素·促成退志

袁秋楓是於一九七○年進入「影城」，主持製片部大計。他在「影城」工作了三年，至本年度六月底去職，與我的告退正是同一天。

有一件事，是我在退職之後纔知道的。

據說：由於「邵氏」編劇部門乏人主持，袁秋楓先生曾在一次會議中推舉我暫時頂替，當時邵總裁也同意了此一建議，卒因另一位重臣之反對而作罷。

對於袁秋楓先生的好意，我自應銘感在心。事實上，我的個性較爲恬淡，最怕招惹是非；作爲編劇部門的一個主持人，就非於工作安排之外再涉及口舌之爭不可。像我這樣的駑馬鉛刀之才，豈能勝任愉快？即使閣議全體通過，反對黨並不阻撓，我也沒有毅然承諾的勇氣。

我猜想：另一位重臣之所以表示異議，當是素稔我的「不求聞達」個性之故，實在也是我的生平知己。

棧豆之戀，歷時八年；忠無可効，徒增汗顏。論工作，上下班時間對我特別寬假，可以來去自如，不用「打卡」，已無異是官場中的「特達之知」；論待遇，則薪給亦甚優厚。一個打工的白領階級，有此大廟庇護，更復何求？是以我在「影城」留戀又留戀，實在不忍遽去。

至於我之既留戀而又忽萌退志，大部份倒是由於外在因素所促成，說來却也大可一噱。

六月下旬有一天，在咖啡座上與一位新交的朋友偶共杯盤，這位朋友突然問我：『足下在「邵氏」，何故甘於打雜，迄無去意？』我說：『「影城」有三大優點，爲他處所無。』朋友一聲長吁，說道：『「邵氏」出品，前一時期盡是「土匪」「海盜」「亡命徒」之類的片名，足下掉鞅於術藝之場，看到這些製作，寧不氣沮？』我亟亟申辯曰：『此外也曾把文學名著搬上銀幕，古裝的有「紅樓夢」「水滸傳」「西遊記」，時裝的有「藍與黑」「船」「寒烟翠」「江湖行」，等等。至於「海盜」，上面已加了個「大」字，講的是張保仔生平事蹟；此種民間故事，當與「梁山伯與祝英台」「陳三五娘」等量齊觀，足下萬不可「倒翻香油撿芝麻」，舉少數而概括其餘。』朋友聞語，猝然問道：『然則足下處身其間，有何貢獻？』

徐訏名著「江湖行」搬上銀幕

就是這麽一句話，有如「驀然間冷水澆背」。退而自思，我確是尸位素餐，毫無建樹。慚惶之餘，倒又想稍自奮竦，試一下是否還有寫作能力？身在「影城」，編劇已非份內之事；譬如經紀山川，實在措手良難。於是倉卒作了決定，一封辭職書寫就後，拜託「策劃經理」易文兄代爲轉交；就此收拾叢殘，離開了八年伏處的工作崗位。

我在進入「影城」受職之初，曾有詩爲記。離開「影城」之後，也寫了一首五言律，以誌服務之告一段落，詩曰：

別影城

脫棄三千牘，身心頓自便。藉言星貨罄，免詑日躔遷。人盡詒飛脚，我終昧脅肩。寧從癡黠外，寫意樂孤騫。

自別「影城」，退居「花窠」，長日多暇，又復抽筆騁思，作了恢復寫劇的嘗試。僥倖的是：星貨堆中，不乏剩餘物資，依然可供發掘。第一個劇本費了一週的時間，脫稿之後立即被富國影業公司要索而去，並還催我趕寫第二個。輦金以求的情況，忽然又重現眼前；撫膺自思，莫非身在夢中乎？於是復賦詩寄慨曰：

生計渾如鑿紙錢，毛錐故誼尚難捐；
重燃已滅篝中火，再起曾消指上胼。
幻寄銀燈情未斷，聲傳膠帶語仍圓；
天涯歲月長須遣，且復強挨酒肉鞭。

附帶在此一提：我恢復寫作的第一個劇本，乃是以三個古靈精怪的故事，編成折子戲，湊作一整套。酒肉之鞭撻，本要强挨；風月之範疇，何妨試闖？正是：

鉛刀雖鈍猶能割，彩筆將枯尚可描。

（全文完）

銀色漫談

李小龍案大結局！

·馬行空·

本篇一連寫了兩期的李小龍，可謂費足了功夫。但就這樣寫法，還難免有空中樓閣、虛無飄渺之感，因爲就算我們把一枝原子筆給寫得開了花，而李小龍的眞正死因，還是要聽法庭上的秉公裁判，我們在過去的引証臆測，推敲吟哦，嚴格說來都等於是「隔靴搔癢」，實在未能使讀者們與影迷們感覺滿意。

查李小龍案剛剛開始之時，大家誤以爲是驚天動地，千古第一奇案，所以那個轟動遐邇的程度，也就實在無法用筆墨來形容之了。自從七月二十日晚上，李小龍在女人家中被抬出來之後，一直到九月二十四日上午，死因法庭作出裁定爲止，在那整整的兩個月零四天的時期以內，李小龍、丁珮、李蓮達、鄒文懷，以及受到株連的金霏、貝蒂等的名字，一直掛在香港居民的嘴邊，傳說之衆多，討論之熱烈，實爲香港開埠百年以來所僅見！過去十年之中，本港也曾發生過大明星暴斃的事件，例如林黛、樂蒂等的香消玉殞，然而死了也就死了，一了百了，絕無拖泥帶水，祇有李小龍，纔有這種巨大的吸引力量，能使人們反覆研討，奔走相告，無怪西報上每次提起「布魯士李」這個名字，總要在前面加上一個「超級明星」的頭銜，因爲他的確可以稱得上是「與衆不同」的也。

但是，在熱鬧過兩個多月之後，大家都在伸長了頸等候李小龍的確實死因之時，突然出現了一個「死於非命」的，似有搔不到癢處的裁定，於是響起了一片失望與掃興之聲。像保險公司的代表律師就當場指出：此一裁定，過於含糊，仍舊無法確定李小龍的死因。九月二十日，「今夜報」的頭條新聞中，早已就透露了輿論界的普遍不滿情緒：「李小龍死因研究，一次比一次令人失望，一次比一次令人矇查查，因爲某些証人的供詞，不但前言不對後語，不但互有矛盾，不但有作假供，而且律師之盤問，在許多關鍵性的問題上，却不再追問下去，使旁聽記者，有到喉唔到肺之感覺……尤其是李小龍的屍體，爲何不將全身照片呈堂？（請注意：記者們希望看到的是「一柱擎天」的現象）爲何不解釋——甚至提都不提——心肺充血水腫，身體腫脹和大頸泡的醫學原因？又爲何不提及死前二十四小時內，有無性行爲之迹象？醫學上是可以驗到性器官有無精液殘滓的……化驗師的証供，只有使人更不明白李小龍到底是怎樣死的。化驗師既已証明李小龍體內，並無發現任何毒葯，又証明大麻與止痛丸，絕對不會致命，那麼，以李小龍如此健壯大隻，怎麼會好好的死去，而且死後又腫得五顏六色呢？……」新聞界既然發生了這麼許多疑問，當然「死於非命」之裁定，也會被認爲是模稜兩可的了。

雷聲鉅大 雨點稀少

根據一路下來的觀察，一般人所希望的裁定，在心理上是相當「殘酷」的，（西報稱之爲「醜惡的」）。很多人希望聽到，李小龍死於比較香艷刺激，可以滿足一般好奇的心理。死因研究法庭很早就宣佈：李小龍胃中並無催情劑存留。此一事實，使好多人大感掃興，認爲此案已經並不值得投以太多的注意了。所以等到「死於非命」的裁定發表之後，立刻引起衆口之譁然，那乃是失望之中所產生的激憤，祇因大家都堅決的認爲李小龍不會死得那樣「平淡」，都一口咬定了其中定有曲折離奇，引人入勝的蹊蹺原因，這種心理的形成，使李小龍案發生了「雷聲大、雨點小」的現象。

普通一般的看法：「非命」一詞是十分籠統的。例如因撞車、墮崖、水溺、火燒、刀砍、劍劈、鎗擊、砲轟等等而致死者，都可以稱之爲「死於非命」。李小龍安安靜靜的死於伊莉沙白醫院的病牀之上，（有說是他在丁珮家中已經斷氣了的），也被歸納於「非命」之例，範圍就好像過於廣泛了一點。總而言之：按照中國文字的習慣解釋，則「非命」者，「橫死」也，而且多少帶點「人爲」的性質在內。李小龍的死因，據醫師及專家們作証，是受了葯物的過敏而引起腦水腫的，可以說一半「死於自然」，另一半則「死於意外」，介於二者之間，就彷彿不應該完全歸罪於「非命」了似的；假使李小龍的死亡，眞個如外界所傳，是與性行爲有關的，那倒不妨稱之爲「非命」，因爲俗語說得好，「色字頭上一把刀」也。

「非命」的這個名詞，我們在西報上查出來的原文，庭上所判的死因是Misadventure，源自英語。此字的含義，大概在中文裏找不到什麼完全貼切的譯名，所以祇好以「非命」來代表之，還好像比較接近一點。「香港時報」曾譯之爲「冒險失敗」，是直接就字面翻譯，當然沒有錯，但是與李小龍的死亡情形又不符，因爲當他吞下丁珮的那粒 Equagesic 之時，純粹是爲了治療他的頭痛之症，其中並無絲毫「冒險」的成份在內，所以也就談不到什麼「失敗」了。假如李小龍之死亡，眞個如外界所傳是服了春葯而與過度刺激有關的，那倒不妨稱之爲「冒險」，因爲俗語說得好：「明知山有虎，偏向虎山行」也。

最使人不解的是：死因研究法庭初審時裁定的七種可能致死原因之中，並無「非命」之一種，爲何到得最後，捨七種現成的死因而不用，反要另外提出這麼一個若即若離，莫可捉摸的名詞來呢？根據法律界人士的觀察：此中作用，大概可以分爲兩方面的。

第一方面：律師與醫師們，都要盡力把李小龍的死因給証明了不是「死於自然」的。因爲所謂「死於自然」者，也就是說他「患病而亡」，換言之：他是死於腦部的舊疾的（李小龍在過去經常受到頭痛的困擾）。如此一來，既然有損於李小龍的威名，而且也推翻了「健康一如十八歲青年」之說，則豈不是使這名千萬人所景仰的「大英雄」，一旦化爲「紙老虎」乎？另外還有一個原因，本篇在上期裏已經詳細報道過了，就是李小龍萬萬不可死於他的腦病，否則的話，保險公司就有了不負賠償責任的藉口了。

第二方面：律師與醫師等要盡力把李小龍的死因給証明了不是完全「死於意外」的。因爲經過剖驗的結果，曾經指出他的致命原因是腦水腫，如果現在硬性裁定他的腦部原來十分健康，祇不過服下一粒類似阿司匹靈的葯片，就會產生足以致人於死的敏感作用，到底好像難以交代。因此，在這種複雜微妙的情況之下，李小龍的死因就變成了：絕對不是「死於自然」，而又不是完全「死於意外」，無以名之，祇可拿「非命」二字來裁定之！

專家証明大蔴無毒

不管怎麼說吧，反正李小龍的死因總算是「眞相大白」了。外界的不滿情緒，也祇不過亂喊亂叫一陣子，過了一兩天也就平靜下來，不過在檢討此次「研究」的經過之下，發現一個爲以前所不曉得的事實，就是醫學界証明了——大蔴絕對無毒。

大蔴之爲物，一般人都目之爲與鴉片或嗎啡同類的毒品，而且在香港法例裏，也是被列爲禁品的。李小龍服食大蔴，鐵証如山，他死後仍舊留有大蔴餘滓在胃裏，可見癮頭不小。但此次醫學界人士爲了要証明他的死因與大蔴無關，所以聯合了英美專家們提出了「大蔴無毒」的結論，又大大的出乎了一般人的意料以外。

九月二十一日「星夜報」載：「首先，蓮達再上証人台，她將一封信呈堂作証。她說：她返洛杉磯後，收到李小龍的剖驗報告，她拿給美國一位賴斯頓醫生看，並問可否推薦一位對大蔴有研究的人給她。對方便介紹一位加州大學教授法蘭克醫生，事後，法蘭克醫生將一份報告以信的形式寄給蓮達與鄒文懷……」事後曉得，那份報告裏是說明了吸食大蔴不會中毒的。李蓮達一下子提出了兩名美國醫生，顯見十分隆重其事，而她急於要澄清她丈夫並非因大蔴中毒而致死的心情，也就昭然若揭了。

九月二十二日「新燈日報」載：「下午二時三十分，繼續開庭聆訊，由倫敦專程來港之毒葯學家兼法醫官迪雅出庭作証稱：彼於三十五年來，曾經先後剖驗九萬具屍體（每年剖驗二千五百七十一具，每天剖驗七具有餘，端的十分辛苦），出庭作証一萬八千次，每年剖驗因食葯物而死之屍體，平均有二百五十具，但直至目前爲止，並未發現過有因食大蔴中毒而死者！」此一証明，更爲有力，所以「大蔴無毒」的說法，應該是絲毫都沒有疑問的了。

但是，湊巧的事情發生了：就在李小龍死因裁定後的第三天，香港各報上刋出台灣當局嚴禁大蔴的消息，並且很肯定的指出了「大蔴有毒」，危害吸食者生命的論調。此一消息，頓使香港市民感覺十分迷惘；是不是台灣的醫師與專家們弄錯了？他們爲什麼不向美國或英國的專家們請教呢？

更能使人驚異的是：過了沒有幾天，連美國的專家們也起了「內鬨」；一名哥倫比亞大學的教授，發表了「大蔴有毒」的報告。十月一日「南華晚報」載：「大蔴對人體是否有害，在李小龍的死因研究案中，得到的結論模稜兩可，但紐約哥倫比亞大學研究人員，最近已發現大蔴對人體的新陳代謝系統有不能挽回的破壞能力，（想起來了，李小龍生前曾承認他的體重減了三十磅，不知是否與他的新陳代謝系統有關）。由該大學拿哈斯教授草擬的報告指出：吸食大蔴會有副作用！」

「拿哈斯教授去週在日內瓦的第二屆國際治療會議席上提出了他的研究報告（計算時間與英國專家在香港証明大蔴無毒之時差不多）。他最近透露有關大蔴的資料，已由哥倫比亞大學一組研究人員加以分析，他們指出：大蔴以四氫大蔴酸活躍，可以滲入人體內部的細胞組織。」

「該報告又說：大蔴與DNA接觸後，會使人體內決定每個細胞的性格與器官受到無可挽救的破壞！」

「據說：拿哈斯教授已向大會報告，如果一個人在一星期內吸食三次大蔴，而連續兩年，將會產生此種無可挽救的器官破壞危險（李小龍的大蔴服量不知多少，但以死後胃中仍留有大蔴的跡象看來，則恐怕一星期內還不止三次吧？）」

「拿哈斯教授對記者表示：吸大蔴者的細胞，似乎再不能根據正常的新陳代謝作用活動。他形容這種後果是『實驗遺傳學轉跡線』與暴露和放射性的現象差不多。」

「在評論該問題的日內瓦聯合國毒品組（請注意「毒」品組）主任史丹麥頓博士說：如研究得以証實，這是一項十分重要的發現，這是第一次發現它對人體器官有害的報告。」

想聯合國毒品組的人員，應該是「專家裏的專家」，所發表的報告，也應該是絕對確實可靠的了。但這麼一來，香港市民更墮入五里霧中，不知道聽哪一方面的好了。但不論英國專家怎麼講法，美國專家怎麼証明，而香港的警方則一概不理，仍舊認爲大蔴是「非法葯品」，有毒亦好，無毒亦好，但李小龍的大蔴來源是非追究到底而不可的！

十月五日，本港英文的「中國郵報」刋載；

「警探們目前正在查詢李小龍的朋友與接近人士之中，希望找出他的大蔴來源。這名逝世『超級明星』的朋友們被詢問：他們是否看見過李小龍吸食大蔴？他們是否曉得李小龍的大蔴是從什麽地方買來的？他的美籍妻子蓮達曾被查詢，同時還有製片家鄒文懷與女星『貝蒂』丁珮。郵報記者獲得消息：丁珮供稱她從來沒有見過李小龍吸食大蔴（倒也乾脆）！李蓮達與鄒文懷則供稱他們都不曉得李小龍從何處買得來的大蔴（可謂神出鬼沒）。當李小龍被發現是一名大蔴服用者之外，警方馬上就開始了該項調查工作，警探們形容此一行動爲『例行公事』，因爲大蔴是一種犯例的禁品。警探們又說：此一調查，仍將繼續展開，所有與李小龍一起工作，或關係密切的人等，都會受到盤問。警方的調查結果，將會被送入反毒機構（請注意反「毒」機構），對於此案作出深入的研究。」於是又有人「在鷄蛋裏挑骨頭」了：既然大蔴在法庭上被証明無毒，爲何事後又發生了這一片「毒，毒」之聲？

總而言之：「大蔴無毒之說」，爲一般缺乏高深醫學常識的大衆所未能接受，於是鬧出許多希奇古怪的言論。某報（記不記是哪一張了）用大字標題寫道，「大蔴無害，食多多不會死人！」這就好像有點諷嘲的味道在內了。本港著名作家三蘇先生，也會在他的專欄之中發表過一些意見，雖屬遊戲文章，但寫來頗有趣，使筆者甘冒「文抄公」之嫌，摘錄如下：

「提倡吸食大蔴論：在李小龍的死因研究法庭上，一連兩日，都由化學師及醫學專家出庭作供，當堂把旁聽之人全部趕清。此案在日內大抵可以了結（執筆之時爲九月二十一日，仍然在聆訊中），但前兩日之作供枯燥無味，不但使庭內之人，改行去飲早茶，而且使讀報之人，亦冇晒癮頭，好多老友求求其其睇下題目就算數。因爲一套戲，男主角死了唔緊要，女主角洗埋粉落咗台，連男配角都去了消夜，剩番的老旦武生來做戲，重有乜戲味？」

「不過，三蘇却略有不同，對於這兩日的報上供詞，睇得特别有興趣，因爲我當教科書來研究，雖然有好多名詞，三蘇唔懂，只係估估下，然而開卷有益，可以學到好多嘢。尤其是今日報上所講有關大蔴的那份報告書，三蘇更睇得津津有味。何解？唔怕坦白講你知，三蘇近來覺得食烟仔已經食到冇癮，準備轉行學食大蔴，又怕大蔴會食死人，唔多敢，但現在睇過這一份報告書，則三蘇成個抬油咁定，爲之雀躍不已矣。」

「根據由美國加州大學法蘭克醫生寄回來的一份的有關大蔴的報告書所講，這一位醫生根據一份最新和最權威的有關大蔴影響研究報告，再歸納這一位專門研究大蔴的專家所得的經驗的結果，証明服食大蔴，决不致命，食大蔴而死者，史無前例，最近有個青年意圖自殺，服食大量大蔴，死唔去，後來完全醫番好。據說如果連續吸食九至十次滿載大蔴烟葉的烟斗，只會大覺索，一連瞓四天而已。」（附註：電影明星多數患上失眠之症，似可試服大蔴，看來比安眠葯安全得多矣。）

「又據加拿大政府所設立的研究委員會所作出的研究結果，不但沒有紀錄証明吸食大蔴會直接造成死亡，而且大蔴的長期性生理後果並不會致命及損害人體器官組織（與聯合國毒品研究小組恰成南轅北轍之勢），短期性效果只會引起脉搏速率及喉部乾燥。同時又說：一九六八年英國毒品諮詢委員會稱：長期吸食温和性的大蔴是不會有害的！得咗！三蘇現在希望法庭接納這一份報告書的意見，則三蘇可以設法搵大蔴來食。不但此也，三蘇更建議港府實行『公賣大蔴』，好似以前公賣鴉片烟一樣，一方面賺錢兼抽稅，一方面等市民過癮。此外還有一種好處，可以勸白粉友改行食大蔴，戒毒會不用美痧痌來代替白粉，可以用大蔴，道友歡迎，療法簡單，功效顯著，全港人士，不再吸烟，一律食大蔴，則連肺癌亦可以避免，豈非造福社會不淺乎？有心人士，組織一個提倡食大蔴會，此其時矣！」

當然，這不過是一篇笑談而已，但英美專家們把大蔴給証明得過於「温和」了，也的確能使許多人難以信服。普通的說法都是一樣的：「既然大蔴是一點害處都沒有的，何必禁之？」

警方追查毒品來源

有些人認爲：醫師與專家們可以証明李小龍不是吸食大蔴而死，但也祇限於七月的那次，因爲他曾經在五月裏昏迷過一次，而那次並沒有服食過什麽 Fquagesic，當然絕不是葯性過敏所引起的腦水腫了。

說起李小龍在五月裏險赴鬼門關的經過，倒好像與大蔴有着很密切的關係。記者們曾紀錄下腦科專家鄔顯庭的作供：鄔醫生於五月十日第一次見到李小龍，當時他是被請到浸信會醫院去協助梁福醫生救治李小龍的。茲將鄔醫生與法官的問答，摘出幾段來，亦可以証明這位腦科專家的意見，與英美專家們似有不同之處。

「問：病者當時的情形怎樣？答：我曾經替他檢驗，發現他的瞳孔收縮，眼後的血管亦收縮，呼吸緊張，反應受壓。問：根據你的診斷，達到什麽結論？答：我認爲李小龍大腦水腫，便替他注射尿素，使腦部水份減少，變爲尿排出，同時使腦部受到的壓力降低。問：注射尿素後情形如何？答：不足半小時即復甦。問：有沒有進一步爲病人檢查？答：有，發現他的眼珠顫抖，其後又爲他驗血，找出是否有細菌，結果是否定的，後來又將他的血液成份檢驗，找不出不正常的組合，但是尿血素不正常，此表示李小龍的腎臟有毛病。」根據這幾段問答看來，李小龍非但腦部有病，而且腎臟亦有不妥，像這樣一名病者之死亡，竟被裁定爲「死於意外」（死於非命與死於意外極爲接近），實在不是普通一般所能想像得到的了。

關於大蔴部份，鄔醫生在庭上的作供亦頗能

引人注意：「問：你有與他（指李小龍）討論其他問題？答：有，我問他在昏倒前，有無服過毒品。問：爲什麽？答：我要斷定葯物中毒是否做成大腦水腫。問：他如何答覆？答：他承認在五月十日昏倒前食過一塊大蔴葉。問：你有沒有向他提出忠告？（看來法官也認爲大蔴是有害的）答：有，我叫他不應再食大蔴，因爲十分危險。問：他在十三日出院？答：是的。問：你是否認爲這件事已結束？答：不是，仍需研究。問：你根據五月十日至十三日的診斷獲得什麽結論？答：症狀是大腦水腫，和懷疑是中大蔴毒！」在腦科專家鄔醫生的這一段供詞裏，可以清清楚楚的證明幾點：一、李小龍確有大蔴癖。二、大蔴對於人體健康有害。三、大蔴也可能是造成大腦水腫的原因！

但鄔醫生祇是腦科專家而已，所以他的診斷不能算數，一定要等美國的報告寄到，英國的教授飛到，然後一聲「非命」，李小龍去也。至於鄔醫生所供，五月十日至十三日，李小龍並未服食止痛丸，而是吃了一塊大蔴葉而引起腦水腫的那一檔子，到底是怎麽一回事呢？有人作出如此的解釋：五月是五月，七月是七月，二者不能混爲一談。法庭祇研究七月裏發生的那件事，無法從李小龍養出來一直研究到現在，就算五月裏那次他是大蔴中毒的話，也不在此次開庭審查的範圍以內，所以可以擱在一邊，又何況過去的到底是過去了呢？

由此觀之：一個人的生與死，冥冥中自有註定，而李小龍的八字，也實在生得奇怪，在他的一輩子裏，祇交了兩年半的鴻運（在「唐山大兄」之前，他的銀行戶口裏祇有美金五十元）就此突然死亡，而且「死非其時」，結果鬧出許多事故來，連死後亦不得安寧！在我國的命相學裏，李小龍的天干地支，五行陰陽，不知是屬於何種的格局？

假如李小龍於五月十日死於浸信會醫院，那個身後的情形便與今日大不相同了。他的「死於自然」，不消說得，而且是積勞成疾，爲藝術而犧牲，既可保持美譽，而且絲毫無損於他的「英雄形象」，眞正差不多可以做到「萬人景仰，千古垂名」的程度。可惜的是：他偏偏要到了七月二十日，這纔昏迷於丁珮的家中，時間與地點都有問題，於是什麽大蔴也，腦水腫也，敏感症也，甚至於催情劑也，「馬上風」也……來了一次全體「大亮相」，熱鬧則熱鬧矣，怎奈沒有什麽好聽的說得出來。李蓮達曾經向報界呼籲，希望不要把李小龍事件給「醜化」了，此一行動確能引起多數人的同情，但李夫人沒有想到，像這樣的「命運安排」，是雖有生花之妙筆也無法可以「美化」者也。

香港的法例：吸食大蔴是有罪的。李小龍已死，罪名不能成立：但他生前所服用的大蔴，則不是九龍塘私家花園裏種出來的，亦不是他從美國携帶來港的，所以這個貨品來源，就大有追究之必要。警方爲了貫澈本港的禁毒政策起見，對於該項調查工作，是無論如何不肯放鬆的。

但是，困難來了：與李小龍最爲接近的兩個人——李蓮達與鄒文懷——都不曉得他是如何獲得大蔴供應的。這也難怪，因爲吸食大蔴畢竟不是什麽光鮮體面之事，李小龍也不好意思公然委託妻子或好友去替他購買（或者他另有可以信任的「毒品經紀」，那就不得而知了），所以此事屬於他個人的一大秘密，旁人確是很難插手過問的。

據「老於此道者」談：如要購買禁品（包括鴉片、嗎啡、大蔴、迷幻藥等在內），最好是服食者親自出馬，如此則成交容易，風險絕無。所以普通一般的「癮君子」，逢上需要「進貨」之時，絕不假手外人，至於李小龍是不是也走的這條道路？那就祇有他一個人肚裏明白了。

據說：凡是服用毒品的人，臉上一定帶有一種與尋常人不同的氣色，等於是一塊「招牌」，使暗中販毒者一望便知，庶不致誤。所以吸毒者祇消親自到那些藏垢納污的橫街僻巷裏去走上一轉，也用不着開口，自有人會得自動上前兜售的也。相反的說來：假使你氣色開朗，滿面紅光，就算你踏進了毒窟，也會被列爲不受歡迎人物，而沒有人上前招待的。

有這麽一個笑話：假使把一名香港白粉道友給送到遙遠的三藩市去，而那名道友又是不會講英語，不認識任何海外朋友的一名陌生客。他下得飛機之後，連東南西北都辨不清楚，連吃、飯睡覺都沒有着落，但他能夠在最短的時間以內，獲得了嗎啡的供應，簡直的唾手可得，易如反掌，這又是什麽緣故呢？原來道友們就使着他那個「面色青白、容顏憔悴」的外型，走遍天下不發愁；儘管言語不通，但道友們可以很快的聽到一聲鬼鬼祟祟的「哈囉」，然後彼此作會心的微笑，三兩下手勢，交易成功，毒販滿意而退，道友大過其癮，豈不快哉？

四月間，李小龍爲了一篇文章，在鄒文懷家中險對該文作者動武，詳情已經見諸於「大人」前兩期裏了。事後，據那名作者談：「李小龍的面色，與鄒府花園裏的草地顏色相同，其中恐怕有些古怪！」由此可見，雖然那時還沒有爆出大蔴的新聞，但外界已經有人開始懷疑了。最近，某影評人在評述「龍爭虎鬥」一文中，提了一句「李小龍面有病容」，還算是十分客氣的。從這些跡象看來，李小龍生前獲得大蔴之供應，似乎並沒有太大的困難，不過警局要在他死後追查這條線索，就好像不怎麽容易了。

（編者按：在本刊連續發表了兩篇李小龍的報導以後，本外埠讀者來信不少，他們最關心的就是那位被李小龍要向他動武的「秀才」，究竟是誰？此人「仙風道骨」，何以李小龍不能動他一根毫毛，却輕易的讓他「鬆人」，我們借此一角地來揭露一項秘密，原來這位「秀才」，就是本文作者馬行空先生。）

紀錄影片殊不理想

撇下大蔴問題不談，且說李小龍身後的最近發展。

衆所週知：李小龍身後還留下一部片子——一部「龍爭虎鬥」，半部「死亡遊戲」，前者據說在美大叫其座，可能列爲本年度「十大賣座影片」之一，後者則因爲主角兼導演猝然死去，補拍工作，甚難着手，恐怕終會不了了之。所以「龍爭虎鬥」一片，可以算是李小龍的最後遺作！而使聯合出品人「嘉禾」，爲了該片的香港公映而緊張萬分了。

不知是哪一位想出來的高招？李小龍舉殯的那天，既然能夠造成了萬人空巷的盛況，那麽推出一部紀錄式的「李小龍的生與死」，豈非能大叫其座乎？於是「嘉禾」就把手中所有的有關李小龍的資料，給併湊成爲一部紀錄片，搶先在「龍爭虎鬥」之前推出，希望在李小龍的遺產總數裏再加多一個圈圈。

「李小龍的生與死」是十月四日正式公映的，頭一天的十三家影院總收祇有十一萬九千元，票房紀錄之低落，簡直的出乎所有人的意料以外！要曉得那是重陽節的佳期，收入竟然不夠同期的，已經映過十三天的一部「七十二家房客」之半數，大概可以算得是「慘敗」了吧？（說起來：「七十二家房客」能夠賣到四百多萬，連邵逸夫自己也大嘆跌落眼鏡。）

這部紀錄片，越映越糟：第二天六萬三千元，第三天五萬三千元……十三家影院，每家祇收四千元，這是李小龍主演影片的從來未有最低紀錄，看樣子，「嘉禾」這一次是註定蝕本的了。（「嘉禾線」的「皇后」與「麗聲」，條件甚高，規定從第一天開始就要「包底」分帳的，所以「嘉禾」這部片子非但沒有收入，還要倒貼若干給這兩家戲院）。

「生與死」失敗的原因很多，請看各報的影評吧。

「新星日報」：「觀諸李小龍生前，『龍迷』無數，然而，『生與死』並不叫座，奈何？我想：大部份影迷，莫非祇欣賞李小龍的拳脚及表情，而對其沒有一份感情……」絃外之音，就是指出他私底下的人緣欠佳也。

「新星」另一篇影評：「本片因爲長度不夠，於是一再使用大批李小龍生前的照片，定型、造型和劇照，許多相類似的照片連接放來，眼都看花，其餘更是大部份使用李小龍兒時舊片，以及新聞紀錄片剪接而成，看來就不太過癮了……」此篇似乎責備「嘉禾」在製作上過於馬虎，以致影迷們爲之裹足不前。

「明報」上的影評也寫得很不客氣：「每當一位明星死去後，製片家照例推出他的舊作重映，以示紀念，刻薄點說，要多賺一筆意外的錢！在商言商，重映舊作，無可厚非，不過把已死去的明星的生活照片，與出殯時『盛況』，輯成一部影片來賺觀衆的錢，似乎前所未有，而嘉禾公司的這部『李小龍的生與死』就是這樣的一部電影。很明顯，這是一部投機的製作。但以『傳記』的姿態出現，便難免有名不符實之嫌。綜觀全片，拿它與別人的名人傳記比較一下，此片顯得太小兒科！嚴格說來，作爲傳記片看，該片的資料很貧乏，觀衆對李小龍的思想、人格亦印象模糊。再說：此片裏面的舊照片，本港的報章已經刊登過了，坊間所售的李小龍畫刊，滿眼都是，正因爲如此，『李』片中的鏡頭，已無珍貴可言……最後，我得一提，此片的旁白，不知所謂，有幾句旁白，强調狹溢的民族主義，實在不合時代潮流。」這位影評人的看法，可以四個字包括之，叫做「無一是處」！

那麽就有人要問了：「嘉禾」的製片態度，向來認眞，爲何此次一反常態了呢？明眼人笑道：「嘉禾志不在此，此乃抛磚引玉之策也！」

換一句話說：「嘉禾」的主力是「龍爭虎鬥」，這部「李小龍的生與死」，祇不過是一名開路先鋒而已。據說：「嘉禾」的目的是：先用紀錄片來提高影迷們的注意力，然後以正式的劇情片來「大舉進攻」，所以「李小龍的生與死」祇負起烘托的作用，到「龍爭虎鬥」上映之時，那纔是「嘉禾」全力搜括影迷們的荷包的大好機會！此說倒也頗有理由，姑妄聽之可也。

「嘉禾」對於「龍爭虎鬥」抱有多大的希望呢？據傳：他們的目標是總收港幣八百萬元！此一數目，能把香港有史以來最叫座的影片，例如西片中的「海神遇險記」，「邵氏」出品的「七十二家房客」，與李小龍自己的「猛龍過江」等，都給遠遠的抛在後頭。是不是希望太高了一點？倒也未必盡然，因爲「嘉禾」的發行向來是最有成績的，像「唐山大兄」的三百多萬，「精武門」的四百多萬，與「猛龍過江」的五百多萬等，都是在事先曾經使觀察家們發生疑問的，但事後証明：他們居然能夠一一的都做到了，這就很不簡單。希望這次「嘉禾」也如願以償，那麽假如李小龍地下有知，似乎也應該含笑瞑目了吧？

還有一件令李小龍含笑瞑目的事，那就是李蓮達回港以後，對丁珮不但不加仇視，反而時有過從，不是丁珮請李蓮達飲茶，就是李蓮達請丁珮吃飯，同車出入，情同姊妹，何以李蓮達大度雍容，能夠化敵爲友，說起來又是鄒文懷的大功一件，因爲蓮達、丁珮都是最聽鄒文懷的話的。

最後，又要提起李小龍的那筆保險費。不多幾天以前傳來的消息：「友邦」高層人士已經開過會議，認爲死因法庭的裁定可以接受，李小龍既然「死於意外」（也就是「死於非命」），照章應該得到賠償。又據說「友邦」已將該項數十萬（有說五十萬，有說七十萬者）賠欵撥出，準備隨時付給李小龍的壽險受益人。目前報載：李蓮達的代表律師已經發出函件給保險公司，看來李蓮達可以在飛返美國之前收到此數。李小龍事件發展到目前爲止，纔算是眞正的「大結局」，但願不要再旁生枝節，因爲不要說讀者們看得厭氣，就是筆者也寫得發膩了。

亞米茄防水表
是你的忠實良伴

參加吉納斯演習之潛水員於阿加西奧海灣之海床工作時都配備了亞米茄海霸600型專業性潛水表，並且在海床逗留了八天。高斯多司令於試驗人類在海底一千五百呎工作能力時亦佩戴亞米茄海霸600型潛水表。目前，亞米茄爲各專業人士而創製不同欵型手表，並非始於今日，就以亞米茄速霸型表而言，從一九六五年起美國太空總署指定爲太空人正式計時裝備，隨同人類登陸月球之唯一手表。

亞米茄所產之防水表，欵式齊備，不論係潛水表或普通之防水表，均須經過廠方專門技師，嚴格試驗後，証明合乎標準，始供之於世。亞米茄廠設置有一種特別之壓力器，以供試驗，藉此可將手表所受之壓力由水深八百呎至水平線上五萬五千呎之間，在短時間內不停變動而連續試驗達十多小時之久。亞米茄海霸600型表之潛水性能優越，潛水深度達二千呎，能達到此深度而正常運行之手表，非特別設計，不能臻此。亞米茄海霸600型潛水表之表殼係由整件精煉之鋼塊鑿嵌而成，旋鈕部份附有雙重防水設備並嵌有礦石玻璃，在一個氦氣之試驗中，証明如果在海霸600型潛水表內造成眞空狀態，要經過一千年始會被空氣侵入，因爲其保密度較之太陽神太空船還要高出一百倍，擁有如此可靠之性能及超時代之特殊用途，足可滿足閣下之需求。

ST166.077欵式 亞米茄海霸600型專業性潛水表保証防水深度達2,000呎，不銹鋼整體表殼、自動、日曆、加鎖旋轉圈、配不銹鋼帶或軟膠表帶。
港幣1,185元

亞米茄另備有多欵防水表，請到港九各亞米茄特約零售商參觀選購。

Ω OMEGA

抗戰時代生活史

——論陷時期生活紀錄——

陳存仁

日方戰事，已經由高峯轉入逆境，短波廣播報告：麥克阿瑟指揮成功，日軍逐島的殲滅。上海不時有重慶飛機來偵察，日本人下令全市要舉行防空措施，要家家戶戶在玻璃窗上黏紙條，夜間不許有燈光透出，還要每家門前掘六尺深的防空洞一個。因爲重慶飛機常來偵察的關係，時時有警報，响徹雲霄，警報分兩種：一種是戒備警報，一種是緊急警報，聲音凄切，有似『嗚嗚……呼！』我們都認爲這是日本將敗的喪鐘，大家盼望不久就要天亮了。

日本軍人發出來的命令，從前都是令出必行，惟有掘防空壕的命令，大家揚揪不睬，軍方大怒，召集各保保長訓話，有的保長說家家沒有鐵鏟，又不懂得怎樣去掘。有一個保長說：『我們不要掘防空壕，我們寧願炸死，這是汪政府所說的同甘共苦，同生共死。』日本人也奈何他們不得。因爲那時上海的日軍，逐漸調赴前方，留下來的不多，所以這個命令，始終未見實行。

民間三老　活躍一時

上海成爲孤島之後，所謂上海市市長陳公博，沉迷聲色，而且還吸上了鴉片，烟癮極大，對民間的事情，很少露面擔任什麽典禮或演講等事，一般老百姓也不以人民領導目之。

這時上海出現了三位聞人，人稱『三老』，所謂三老，就是聞蘭亭、袁履登、林康侯。這三老在當時上海社會中，活躍得很，他們唯一的工作，就是爲人家証婚剪綵。聞蘭亭從前是紗布交易所理事長，聲譽很好；袁履登是一位好好先生，向任上海工部局華董，日本人進租界之後，由日本人當總董，袁履登被推爲副總董，這時工部局很少開董事會，一切任由日本人處理，有時開會，他總不出一言，簽個名就走。林康侯本來避在香港，後來日本人圍捕之後，和顏惠慶等數十人一同回到上海，這批人一部分參加汪派組織，惟有林康侯並未參加，聞蘭亭、袁履登也沒有參加這個組織，不過擔任些紗布商品統制的職務，但勝利之後，都被捕入獄。這一點，上海人頗不以爲然，後來都釋放了，聞蘭亭因高年患病而死，袁履登在獄中獲釋放之後，離開上海到香港來。

袁履登在上海時，有時他營救別人，或是爲人証婚，是不要錢的，所以窮得很，他的吃不成問題，天天午餐晚餐皆有人請客，但是爲了撑場面關係，不能不坐私家汽車，其實他那輛汽車的眞正車主，倒是他的司機，汽油費修理費都由司機負責，因爲一天他要爲人証婚七八處，每處對他的司機都有一筆較大的賞金，所以司機一天的收入，很是可觀，他爲了酬答他的主人，總是在總數中分出一半給袁履老的家人。

這三老，都很風趣，酒量也很好，在酒後大家談笑風生。某次，一位說我『生平不二色』，一位說：『我生平五顏六色』，一位不出聲，大家聽了三老的話，不禁哈哈大笑。

林康侯，上海人對他相當敬重，尊爲康老，即使他受到過勝利後的委曲，但是到了香港，蘇浙同鄉會會長徐季良還是恭恭敬敬的請他當同鄉會的顧問，按月致送他車馬費五百大元。他做過一次壽，到賀者千人，禮金收入，全數捐獻給同鄉會，作爲興學之用。住在九龍德成街，由老友虞兆興供奉甚周，以至病逝。

袁履登從獄中釋放出來時，形神消瘦，呆若木鷄，有時一天不出一聲，本來一個很樂觀的人，完全變了樣子。到香港來時，身無分文，由華成烟草公司戴耕莘陪他來的，住在吳淞街一間舊樓的地下，熟人去訪問他，他往往會不認識，談起往事，都不能追憶，每天有一個老嫗陪他到加連威老道戴家進午餐，午餐後回來包了一包餘餚作爲晚餐。他步履困難，走這一段路，差不多要花一個鐘頭。不久，後來戴回大陸，他也跟着回去，沒多久就死亡了。

憲兵追踪　間諜累我

自日本軍進入租界之後，槍殺案件減少到幾乎絕跡，尤其是七十六號這班人，因爲日軍認爲英法兩租界是他們的佔領區，再也不許他們橫行不法，一般市民多數認爲日本人控制之下，倒也相當安逸。

有一天晚上，我約對面木行中的保長，到我家陽台上小酌，他說出汪派特務在租界上已不敢胡作非爲，惟有那些日本翻譯，領着一個憲兵來辦案，那是最可怕的，等於生病患上了絕症，拘捕到憲兵隊去，就很少有生還的希望。不僅如此，在初進入憲兵隊時，還要受到不少折磨，至少吃『三套頭』的苦，所謂三套頭，是鼻孔中灌水，坐老虎櫈，以及拔指甲。嚴重一些的就要吃『五套頭』的苦，那名目我已記不清楚，祇記得有一種叫作踢麻球，就是將人裝在麻袋中，由四五個憲兵，把它踢來踢去，等他們踢到不高興踢的時候，麻袋中的人，一條性命也差不多了。

還有『七套頭』，更是慘無人道，所以一進入憲兵隊，總是活的進去死的出來，我聽了他說的種種情況，眞是不寒而慄，每次想到就覺得猶有餘悸。

日本人辦的新申報，對重慶的特務份子，都稱作『藍衣社』，常常提到藍衣社人物被捕的新聞，市民看報，就會想到他們的悲慘的遭遇。

那時我祇是行醫，任何不相識的人，都不敢接近，所謂明哲保身，深恐無端端發生麻煩，幸虧我對政治不感興趣，所以心中也很坦然。

不料有一天，忽然有一個翻譯帶了一個日本憲兵到我診所來，我一看見憲兵的軍帽，兩腿已經發軟，心想不知道出了什麼事情，翻譯問我：『陳先生，你認識我嗎？』我說：『想不起來，』他說：『你不認識我，我却認識你好久了，對你的行動，瞭如指掌。現在有一件事，我們要訪問一位中醫，他姓關名國珍，你認不認識？』我說：『上海的中醫，大多數我都認識，可是從來沒有聽到醫生中有關國珍其人。』翻譯把我這番話傳譯給憲兵聽，憲兵當時面色不大好看，說了一大篇日本話，翻譯傳給我聽，說我是中醫公會會長，沒有理由不知道的。他要我拿出會員名冊給他看，我說：『我並不是中醫公會會長，僅是中醫師公會常務委員，戰事發生之後，這個中醫師公會已經等於解散。』那個翻譯說：『不行！一定要看會員名冊及志願書照片等等。』我說：『好』。立刻打電話給一個朋友，他是保存着這些舊案卷的，一會兒，名冊志願書都送來了，翻閱很久，果然發現有一份是貼有關國珍的照片的志願書，他們看到了，如獲至寶，才欣欣然的離開我診所。我心上也放下了一塊石頭，認爲這件事可以告一段落了。

豈知到了次日，我正在診病，那個翻譯和憲兵又來，要我到貝當路憲兵隊去一次，他說完這話，拉了我就坐上憲兵車。當時祇有一個學生在診所中，聽說要我去『貝當路憲兵隊』，他心想這件事非同小可。

在憲兵車中，那個翻譯對我說：這件事牽涉到你，能大能小，這個姓關的中醫現在還沒有捉到，因爲他是藍衣社份子，私設電台，昨天已去捉過，但撲了一個空，我們對這件事，可以說你有份，也可以說你沒有份，我因爲對你相識甚久，可以幫你忙向憲兵解釋，但是憲兵也是要錢的，你肯出些錢，就太平無事，否則，說你通風報信，使藍衣社份子得以逃走。那末事情就大了。於是我就當機立斷，答應給錢，講到結果，斟定送他們一千元美金，在當時一元美金，幾乎值到幾百萬儲備票，我說：『我一次拿不出，祇能按月付一百美金。』那日本憲兵也答應了，竟然向我握手作爲口頭協定，好像小孩子勾手指拍手掌爲定一樣。

我雖然允許給他們一些錢，但是我又怕他們作不了主，而且日本人有一個習慣，逢有人踏進這種地方去，必然有一個下馬威，就是對來人『拍拍』的打兩下耳光，不管你怎樣的健壯，也要被打得天昏地黑，如果是瘦弱的人，必然會被打到口中出血，要是再來上三套頭、五套頭的酷刑，我更是受不了，想到這裏，渾身無力，神情迷矇。一會兒，已進入貝當路憲兵司令部，祇見裏面陳設很簡單，一個司令官模樣的人，坐在正中，兩旁排了許許多多被審問的人，有些一望而知已被打過。地上正跪着一個人，問答時，這人好像已被打得奄奄一息。我一看這個情形，心想不知要到什麼時候才能輪得到我。

我在極端惶恐之中，想這一關眞是不易逃過，又不知道姓關的捉到了沒有？如果已經捉到，他咬上我一口，那末連我的性命都難保。

正在審問跪在地上的那人之時，忽然那個司令官模樣案上的電話鈴响，提起話筒來聽，我觀察他的神情，推測打電話對方是這個司令官模樣的上級，所以他態度很嚴肅，一方面覺得他的語氣，似乎很和緩，祇聽他連聲的說：『陳樣，陳樣』，日本語的『樣』字，讀爲『生』，也即是中國語『先生』兩字，這時一位翻譯，就急急忙忙的翻案卷，等到那個跪在地上的犯人審問完畢，法官旁邊的翻譯就高呼陳存仁到了沒有？這時我才明白，剛才那個電話，是有人爲了我的事打來的，但是我總不會想到會有高級的日本人會打電話來營救我。

當時那個司令官模樣的人就問我的姓名籍貫，又問我：『你究竟認不認識姓關的中醫？』我回答：『不認識。』這人問了這兩句話，就揮手叫我離去。

這時，一個翻譯也莫名其妙，那個陪我去的憲兵就問我：『你怎麼會認識我們的高級長官？』我說：『我根本不認識，』於是就上車，在車中那個翻譯和憲兵兩人用日本話說了好久，我不懂他們所說的是什麼。最後，那個翻譯重提一千元美金的事情，我說：『一千美元我付不出，何況打電話來的人與你們無關。』那憲兵馬上面色一變說：『你決不能賴掉這筆錢，否則，我們還會來逮捕你的，』我想這是很有可能的，不給錢，麻煩的事是會接二連三的枝節橫生，但那時一千美金，不是一筆小數，我說：『你們每月一號來拿一百美金，我分十次付清。』他們兩人怕我有什麼背景，對我也無可奈何，祇好答應了我的要求。不一會兒，我已安然返抵家中，我想何以這件事開始時這樣嚴重，後來這般輕鬆，眞是想來想去想不出，當天也無心繼續診病，就叫姓張的學生代診。

診務完畢時，姓張的學生走上二樓我的臥室

來告訴我：『老師，你被日本憲兵逮捕，我想這件事一定很大，我沒有聲張，恐怕嚇壞了師母和老太太。我同三樓一個房客商量，這個房客姓譚是廣東人，經常有日本人來看他，所以我就把今天的事告訴他，姓譚的就提起電話來，打給一個日本人，因此你才能安然無事的囘來。』我說：『當時確有一個電話，但我想姓譚的未必有這麼大的力量。』後來我一想，姓譚的人一向飽坐終日，無所事事，來來往往不過三五個日本人，在日本軍初佔租界的時候，警察當局發給各戶一張通告，凡是有藏械的人，都要塡一張紙，而姓譚的曾經塡過三張紙，原來他有三枝槍，後來這槍繳囘了沒有，我們也不得而知，所以他的身份成爲一個啞謎。直到戰事將近結束，我們才知道他是日本黑龍會駐蘇、浙、皖三省的首長。

黑龍會等於戰爭中的一個黨部，帶有黑社會性質，系統很廣，所以他的發言很有力量。這個人沉默寡言，斯文有禮，任何人看不出他是何等人物，勝利之後，他遷出我家，不知所終。介紹他到我家來租屋的是新新百貨公司董事姓林的，我隨隨便便的接受下來，議定房租二百元，後來因爲幣制狂跌，二百元還不夠買一包香烟，所以我也不收他的房租，原來他對我已暗中察看了好久，所以一經我的學生一說，他就自動的打了這個電話。

勝利後幾年，姓林的人傳出消息，譚某已被槍決。

經此一役，我雖有驚無險，但在憲兵的車中坐了二十分鐘，對我神經上的刺激，永遠難以忘懷，後來看電影看到鞭打囚犯，或是用烙鐵燙囚犯，總好像身受一樣，隨後我在家不看病，靜臥休養，並且知照我的學生，以後切勿再提起此事。連我的妻子老母都不告訴她們，但我常做惡夢，令到神經衰弱，不要說在路上看見一頂軍帽就手軟脚軟，連看到路上一些工人頭戴灰色帽子都會心跳怔忡。

次月一日，那個翻譯又陪同憲兵來了，這時我才知道翻譯姓劉，憲兵叫什麼松下什麼的，來意就要收取一百美元，雖然我可以賴掉這筆錢，但是心裏實在害怕，不如付了，也就安樂了。那時節儲備票購買美鈔，昂貴異常，是由紅線袋裝滿一大包儲備票拿去的，我覺得憤激，又覺得肉痛，祇是爲了求息事寧人，也就勉强付了。

又隔了一個月的一號，這兩人又來收取美鈔一百元，這個無恥的劉翻譯，等着我中午休息的時候，硬要我請一次客，他說：「這位日本先生曾在湖南打過仗，喜歡吃湖南菜。」我說：「我不知道湖南菜館在那裏？」我的意思是陪日本人去吃飯，被人見了，不大方便。劉翻譯說：「我們大家做個朋友，你有什麼寃家或是仇人，我們可以爲你報復，或是拿到什麼把柄，還可以爲你出一口氣。」我聽到這話，勃然大怒，我說：「仗勢欺人，不是我這種人，要我請客，在目前的情況下也實在不便。」說時聲色俱厲，那日本憲兵看到我這種神氣，知道無法勉强我，日本人有一種脾氣，見軟欺，見硬怕，反而和我含笑相向，我這時細細看他的面孔，深深的認出了他的面目，他反而作了一個九十度的鞠躬而去。

第三個月一號，我買不到美鈔，祇能預備好大批儲備票，但是他們却不來收，過了一天，儲備票又跌了下去，我又補充了一些，如是者一連補充了四次，他們竟然不來拿取，我覺得這一筆閻王債，倒有些麻煩。正在思索，一個頭上帶着白花的婦人，到我診所來，一望而知是一個新寡孀婦，他拿着一張劉翻譯的照片，說是『劉某已被日軍槍斃，臨死時知照我每月來拿一百美元。』我就把這事經過畧畧說了一下，我說：『爲什麼那個日本憲兵不來呢？』她說『那位日本憲兵也被控告，剝奪了憲兵原職，改爲作戰大兵，開赴前方。』我聽到了這話，便說：『你丈夫生平以敲詐爲業，中國人受累的已不知其數，眞是死有餘辜，現在他已死，還要想這筆錢，我是不付的，』那個孀婦很可憐，照平常的情況，我也許會給她一些錢，但因爲這件事實在氣憤，我就叫診所中藥材店的人，把這婦人揮之出門外，這件事才算告一段落。

我對這種日本人的隨從漢奸，認爲是眞正賣國賊，但是在勝利之後，這一類的人在上海至少有三五百人，他們一聽見日本投降，都鷄飛狗走，跑得不知去向。

政府當局對這批漢奸，沒有留意，都被他們逍遙法外，這是我感到最痛心的一件事。

因果不爽　親眼目覩

姓劉的翻譯給日本皇軍槍斃了，我已經覺得種什麼因，結什麼果，他難免逃出這個因果律。至於日本憲兵以後的結果又如何，我當然不會知道。

但是：事情有極湊巧的，一九五〇年我到香港，聽說日本人在戰後相當窮困，窮鄉僻壞的世家名醫，都把家藏的漢醫書變錢度日，我歷年以來尋求日本一部書，就是木刻彩色水印的本草圖譜，（按即從前榮寶齋曾經印過木刻水印的圖畫一般）這時由香港到日本容易得很，所以我在聖誕節左右飛到日本。

那時節已經是日本戰敗後的第四年，人民衣着樸素，銀座最繁盛的大馬路上，還有被炸未建的荒地，我到神田區去購書，覺得價錢實在便宜，稀見的本草圖譜，也給我買到了一部，計有九十三冊，是祖、父、子三代督印而成的。

那時旅遊事業是沒有的，市民往來交通都靠脚踏的三輪車，名勝之區，在入口處都站着四個傷兵，每人面前有一個捐欵箱，意思要有錢的人捐一些錢，據說：前兩年還要多，到處都是傷兵要錢，而捐欵者對這種侵畧行爲的軍人厭惡得很，很少人肯出錢，國內鬧得太厲害，所以後來限制傷兵，每一處最多站四名，站得很齊整，肯捐與否，悉聽老百姓之便。

有一天，我到某一神社之前，看到這種傷兵的慘象，正在好奇，提起照相機來就照相，誰知道在旁邊有一塊小木板，上面用日本文大約寫着『禁止攝影』字樣。我沒有看到，即使看到，對日文的意義也不明白，我一本正經的搭起三脚架，正想攝影時，有三個日本憲兵咆哮如雷，但是他們都因受傷，行動不便，所以並未打到我身上來，其中有一個人吆喝着他們的同伴，意思隨便我照像。我回轉頭去看這一個受傷兵士，却用一張厚紙遮住了面目，另外一隻手臂已被炸掉，我聽見這人的吆喝聲音，一則好像有些熟，二則有些好奇，特地走到他面前去看，他却回過頭去迴避，但是我從側面細細一看，正是從前到過我家診所來收取一百美元的那個憲兵松下什麽，我心想他一定早已看到我，所以特地用一張厚紙，遮住自己的臉。

我對這個人，爽性擺出以德報怨的姿態，給了他一些錢，他又慚愧又感激，竟然淚如雨下，但是他右手已廢，不能和我拉手，祇得用左手和我握手，表示感謝之意。後來我爽性大拍特拍，拍了好幾張照片。（附圖爲一個傷兵在彈琴，一個傷兵用紙遮住面目。是用三脚架自動鏡攝得的，這個箱子上寫着『傷痍者更生資金集募』字樣，內有一人正在捐欵入箱者即是我。

我看到這種慘象，就想到因果定律始終是不爽的，否則這個人怎會在異地重逢呢。

痛飲洩憤　深自悔恨

我自從這一次憲兵的滋擾，一則因驚惶過甚，二則極爲憤恨，因此，晚間常不易入睡，即使入睡，也常有惡夢，半夜裏會無端端叫喊而驚醒，足見這一次的刺激，對我的身心，有極大的傷害。

從前上海有一種熱酒店，著名的如高長興、言茂源、王寶和等，這種熱酒店，祇供給紹興酒和幾樣簡單的送酒菜，爲發芽豆、豆付干、香烏筍、海蜇皮等，是不賣熱菜的，其中客人最齊整，比認上要算高長興了。如果客人要吃各菜館的拿手菜，他們可以代客叫來。

我自從這件事發生之後，對家中連母親都不給她知道，對外也不許學生張揚，所以知道的人很少。但是從此刺激太甚，夜間睡眠不安，於是六時之後，晚晚約三五知己到高長興去飲酒，本來酒是米做的，當局因爲恐怕耗費糧食，曾經下過命令不許賣酒，所以酒店裏常把酒裝在茶壺裏供應客人，後來政令鬆懈，賣酒的對這種命令一意不理，高長興等仍然有酒公開供應。

上海人飲酒，都喜飲紹興酒（即黃酒），當時的紹興酒，味道好得很，現在市上供應的紹興酒，遠遠不及。飲酒時每半斤裝一個錫壺，每人先叫一壺，以後照各人面前的錫壺計算。我最初不過飲兩壺，後來漸漸加到四壺五壺，這個數量，已近二斤至二斤半，總是飲到爛醉如泥，由朋友送我回家。

這樣的生活過了兩三個月，不但有害身體，而且仍不能消除我心頭的愁慮。

有一天，立下决心每晚改飲啤酒一瓶，那時上海的啤酒，以『上海啤酒』爲最普遍，烟台啤酒是很少人飲的。然而，這一瓶啤酒實在不過癮，還要想一個方法來作爲消遣。（七）

本文作者游日在傷兵捐欵箱前

舊相識憲兵以厚紙遮臉求助

狗仔嘜皮鞋

BOBY®

Casual Shoes

（註册商標）

猄皮男鞋
軟皮男鞋
童庄皮鞋
軟皮涼鞋
對對保証
好着耐用

大人公司　平價市塲　人人百貨　大方公司　來路鞋公司有售

本刊已向香港政府登記

定價每冊港幣弍元

大人總目錄

第一期（一九七〇年五月十五日）：

記章太炎老師　陳存仁　2
十年來的香港製造工業　本社資料室　8
怎樣使股市納入正軌？（市場漫話）　陳大計　10
申報與史量才（望平街懷舊）　胡憨珠　13
海報的開場與收場　朱子家　17
張澹如及其四大將　勻廬　24
圍棋界的南張北段　伏眼　25
黃飛鴻、關德興、李小龍　吉人　26
袁崇煥督遼鑑別圖（廣東文物掌故）　林熙　22
張大千的兩位老師：李梅盦與曾農髯　曾克耑　29
賞心樂事話當年　省齋　31
北平的飯館子　齊如山　33
屯鈔記　齊璜　34
強詞奪理（相聲）　侯寶林　郭全寶　35
全有毛病（小相聲）　前人　36
時代曲與電影歌　鳳三　38
「影戲大王」張善琨（銀海滄桑錄）　蝶衣　40
我為什麼叫蓋叫天　蓋叫天　44
回憶蓋叫天（葦窗談藝錄）　葦窗　45
封面：葉淺予「大畫案」
封面內頁：董源谿山行旅圖
封底內頁：張善子大千兄地何做「章太炎石刻」

第二期（一九七〇年六月十五日）：

「我的朋友」胡適之　陳存仁　2
母親的訂婚　胡適　9
我的回憶　新馬師曾　14
翁同龢一家人　林熙　18
委員長代表蔣伯誠　朱子家　23
杜麗雲小記　莊亦諧　26
申報與史量才（望平街懷舊）（續）　胡憨珠　27
舊王孫溥心畬　宋訓倫　31
溥心畬二三事　省齋　34

徐悲鴻、齊白石、泥人張　曉翁　36
馬場三十年　老吉　39
假定我開菜館　阿筱　42
中東——新恨舊愁何時了　夏維　44
李祖永造「塔」記（銀海滄桑錄）　蝶衣　47
內行人看麒麟童　袁世海　51
書到用時方嫌少　周信芳　52
麒老牌周信芳（葦窗談藝錄）　葦窗　53
封面：溥心畬尚有童心圖（鈕植滋先生藏）
封面內頁：翁同龢端陽虎戲（定齋藏）
封底：翁同龢五言聯（定齋藏）

第三期（一九七〇年七月十五日）：

杜月笙之所以為杜月笙　陳存仁　2
大千居士遊臺小記　張目寒　11
大人小事　11
抵抗一切敵人（特稿）　宋訓倫譯　14
我的回憶（二）　新馬師曾　20
吳清卿吳湖帆祖孫　葦窗　24
憶吳湖帆　省齋　27
梁鴻志死前兩恨事　朱子家　33
父母子女如何相處　楊達　37
申報與史量才（望平街懷舊）（續）　胡憨珠　39
風流人物蘇加諾　夏維　42
世界盃、巴西、比利及其他　賈波士　45
馬場三十年（二）　老吉　48
譚鑫培一席話　李北濤　52
金少山怪人怪事　江南燕　54
李祖永造「塔」記（銀海滄桑錄）（續）　蝶衣　58
封面：周鍊霞畫讀書樂
封面內頁：南宋辛棄疾到官帖
插頁：精印吳湖帆名畫四幅

第四期（一九七〇年八月十五日）：

吳稚暉妙人妙事　陳存仁　2
鍵子考　吳稚暉　9
憶吳稚老　蔣經國　10
梅蘭芳在香港　許源來　13
我的回憶（三）　新馬師曾　17
申報與史量才（望平街懷舊）（續）　胡憨珠　21
天下第一聯　震齋　26
訂正大千居士年譜　本社資料室　28
青城山上一大千　易君左　37
慈禧太后回鑾記趣　林熙　40
女鐵人紀政　夏維　42
啼笑因緣電影雙包案　龐貫青　45
三北虞洽卿　李孤帆　48
馬場三十年（三）　老吉　51
本港消費數量巨大　本社資料室　54
李士羣的相和李士羣之死　大風　56

周作人遺作風波　文承襄　60
歌廳——上海、臺灣、香港　大方　62
李祖永造「塔」記（銀海滄桑錄）（續完）　蝶衣　66
封面：張正宇畫蕭長華戲裝
封面內頁：張大千畫敦煌莫高窟供養人像（定齋藏）
插頁：精印張大千造像及其名畫三幅

第五期（一九七〇年九月十五日）：

于右老的詩本事及標準草書　張目寒　2
于右任一生不愛錢　陳存仁　4
中秋敦煌即事　于右任　11
記旅港人士公祭于右老　易君左　12
我的回憶（四）　新馬師曾　15
歷盡滄桑一美人　陳定山　18
回憶辜鴻銘先生　羅家倫　24
大人小事　文雷　24
辜鴻銘遊戲人間　震齋　26
沈石田其人其畫　周士心　28
沈石田文徵明雙松圖卷　道載文　30
沈石田故事　范煙橋　37
申報與史量才（望平街回憶）（續）　胡憨珠　39
「入地獄」的陳彬龢　朱子家　44
出家做和尚（佛國獵奇）　素攀　46
美國「撲殺警察」事件　夏維譯　49
癌症的警號　陳淦旋　51
勝利初期在南京　大風　53
馬場三十年（四）　老吉　57
「四屆影后」林黛（銀海滄桑錄）　蝶衣　61
譚小培與譚富英（葦窗談藝錄）　葦窗　65
封面：關良畫武家坡
封面內頁：于右任師稿印拓
插頁：沈石田文徵明雙松圖卷、沈石田文徵明山水

第六期（一九七〇年十月十五日）：

香港二十四任總督（香港之古）　范正儒　2
褚民誼糊塗一世　陳存仁　7
虎牢探監記　易君左　14
大人小語　上官大夫　17
左舜生師周年祭　陳鳳翔　18
回憶我父　周士心　22
申報與史量才（望平街回憶）（續）　胡憨珠　27
齊白石與釋瑞光　省齋　32
白石老人軼事　張次溪　37
我的父親齊白石　齊良憐　38
納薩之死震動世界　夏維　40
陳公博周佛海南京交惡　大風　43
我的回憶（五）　新馬師曾　46
大世界新世界小世界　大方　50
馬場三十年（五）　老吉　54
麻將縱橫談　司馬我　58

麻將牌的故事　問津　60
「銀壇霸王」王元龍（銀海滄桑錄）　蝶衣　63
劉喜奎與捧角家（葦窗談藝錄）　葦窗　67
封面：齊白石畫蟹
封面內頁：齊白石晚年作畫圖
插頁：齊白石名畫三幅（定齋藏）
　又一幅（上海市博物館藏）

第七期（一九七〇年十一月十五日）：

袁子才福慧雙修　大方　2
隨園老人逸話　道載文　5
羅兩峰畫寒山像　省齋　8
大人小語　上官大夫　10
加拿大與杜魯道　夏維　11
戴高樂的「高論」　伍之師　13
星馬制訂證券法例（星馬通訊）　信然　15
「閒話揚州」閒話　易君左　16
宋王臺今昔（香港之古）　范正儒　19
申報與史量才（望平街回憶）（續）　胡憨珠　23
溥心畬在香港　賈訥夫　29
溥心畬珍聞軼事　張目寒　31
憶舊王孫　王壯為　37
抗戰爆發在上海（淪陷八年回憶錄）　陳存仁　41
我的回憶（續完）　新馬師曾　50
周鎬的下場　大風　53
神秘女作家十三妹　蕭郎　58
未來香港狂想曲　文：司馬嵐・圖：嚴以敬　60
馬場三十年（六）　老吉　62
陳厚的一生（銀海滄桑錄）　蝶衣　65
封面：羅兩峰畫寒山像
封面內頁：袁子才像　張南山畫
彩色插頁：溥心畬畫四幅（良駿、女佛菩薩、鍾馗、雙駿）

第八期（一九七〇年十二月十五日）：

香港之戰回憶錄　范基平　2
寒山詩社學詩鐘　易君左　12
詩人大會與敲鐘之會　大方　13
大人小語　上官大夫　17
王秋湄其人及其書法　賈訥夫　18
申報與史量才（望平街回憶）（續）　胡憨珠　21
哈同花園形形色色　龐貫青　27
神秘人物候活曉士　夏維　34
從皇帝的相貌談起　道載文　35
沈萬三與聚寶盆　范正儒　41
撒火彩　馬連良　45
馬連良在香港（葦窗談藝錄）　葦窗　48
陳公博逃亡日本真相　大風　52
工展展望　萬念健　56
黃黑蠻畫人物（封面說明）　省齋　56
馬場三十年（七）　老吉　59

上海人過聖誕　鳳三　62
烽火三月話上海（專載）　陳存仁　62
滿江紅（詞）　陳定山　71
陳厚的一生（銀海滄桑錄）（續）　蝶衣　73
封面：黃黑蠻人物
封面內頁：溥心畬學歷自述原稿（張目寒藏）
彩色插頁：唐太宗、宋太祖、元太祖、明太祖圖象

第九期（一九七一年一月十五日）：

十里洋場成孤島（淪陷八年回憶錄）　陳存仁　2
張治中怒殺周神仙　易君左　10
大人小語　上官大夫　14
沈寐叟章草書訣　賈訥夫　16
吳公儀生前死後　呂大呂　18
申報與史量才（望平街回憶）（續）　胡憨珠　23
迎新歲談春聯　龍城逋客　29
十二生肖代表什麼？　朱迎新　31
版畫與年畫　林風言　34
送灶與迷信（相聲）　侯寶林　45
歲晚年尾吉利菜單　司馬小　49
當（古今中外當舖縱橫談）　萬念健　50
上等之人金少山　常富齋　55
四分之一世紀的聯合國　辛國維　57
李鄭屋村古墓（香港之古）　范正儒　59
「政治和尚」太虛法師　大風　63
馬場三十年（八）　老吉　67
閒話評彈　大方　71
評彈掌故　海客　72
歲暮憶會書（葦窗談藝錄）　葦窗　73
陳厚的一生（銀海滄桑錄）（續）　蝶衣　77
封面：增福財神
封面內頁：迎春對聯
彩色插頁：「一團和氣」「五穀豐春」等年畫八幅

第十期（一九七一年二月十五日）：

老覺梅花是故人（扉頁說明）　葦窗　4
我與郁達夫　易君左　6
傅筱庵熱中作市長（淪陷八年回憶錄）　陳存仁　12
大人小語　上官大夫　21
倚病榻，悼亡友　朱子家　22
申報與史量才（望平街憶舊）（續）　胡憨珠　27
餛飩麵之王　呂大呂　35
任伯年畫吳昌碩像　仰之　38
吳昌碩畫梅　省齋　43
吳昌碩、梅蘭芳、荀慧生　墨緣　45
紡織業前輩黃道婆　錢鐘士　47
香港棉紡業最新統計　本社資料室　48
百萬太空人薛覇　金和岡　50
古代的電影　狄薏　52
太虛法師歸太虛　大風　54

黃大仙香火鼎盛（香港之古） 范正儒 59
扶乩之談 大方 62
新年頭好意頭迎春食譜 羊城客 66
馬場三十年（九） 老吉 67
武生王李春來 江南燕 71
陳厚的一生（銀海滄桑錄）（續完） 蝶衣 75
大人一笑 下官 78
封面：梅蘭芳畫梅
扉頁：汪士慎梅花冊十二幅
彩色插頁：吳昌碩名畫三幅（定齋藏）

第十一期（一九七一年三月十五日）：

梁鴻志獄中遺書與遺詩 朱子家 2
大人小語 上官大夫 11
羅復堪生平及其書法 賈訥夫 12
董顯光・劉峙・翁文灝 蓋冠庭 14
中報與史量才（望平街回憶）（續） 胡憨珠 17
我所知道的張競生 范基平 23
葉德輝刊行素女經 屈補之 28
郁達夫王映霞協議書王映霞的一封親筆信 春水 30
談鬼說怪 易君左 32
大人一笑 下官 35
元代的山水畫派 陳定山 36
徐幼文畫蓮花峰圖卷 道載文 45
廣州報界八大仙 呂大呂 46
桂河橋巡禮（佛國攬勝） 素攀 52
桂河橋電影資料 何龍 53
廁國春秋 萬念健文王澤圖
馬場三十年（十） 老吉 58
越吹越有（相聲） 倪匡 64
舞台生活四十年——第三集外篇 梅蘭芳述 許姬傳記 66
案目——上海京戲館的特殊產物 大方 73
老牌「影后」胡蝶（銀海滄桑錄） 蝶衣 76
封面：齊白石畫偷閒圖
封面內頁：梁鴻志遺詩遺書原稿
插頁：徐賁畫蓮花峰圖卷 吳興清圖卷 山居圖 秋林草亭圖

第十二期（一九七一年四月十五日）：

題大千畫展 張羣 2
大千居士近作題記 張目寒 3
張大千的湖海豪情 劉太希 6
懷張大千 于非闇 7
大人小語 上官大夫 9
陳東塾先生論書法 賈訥夫 10
維新政府的一台戲（專載） 陳存仁 15
二次競選總統失敗的杜威 蓋冠倫 24
張大千魚樂圖（封面說明） 李順華 25
中報與史量才（望平街回憶）（續） 胡憨珠 26
鑽石山頭小士多 易君左 32
揚州畫派與華新羅 道載文 36

新羅山人華喦　奇石　41
英國的爵位勛銜和獎章　司馬我　43
怕死的夏勞哀　何龍　48
洪深與「不怕死」　浩然　49
魯迅筆下的密斯王　春水　55
廣州四大酒家　呂大呂　56
馬場三十年（十一）　老吉　61
調查戶口（滑稽獨幕劇）　江笑笑文・王澤圖
綠牡丹黃玉麟　大方　69
老牌「影后」胡蝶（銀海滄桑錄）（續）　蝶衣　72
封面：張大千畫魚樂圖
封面內頁：高山神木圖（張岳軍先生藏）
彩色插頁：新羅山人山水精品八幅（定齋藏）

第十三期（一九七一年五月十五日）：

懷念張大千兄　李璜　2
張大千先生畫展觀後書感　吳俊升　4
大千畫展後記　編者　4
大人小事　陳存仁　6
王貫之哀辭　錢穆　9
隱痛——追念生養我的父母　王道　10
大人小語　上官大夫　19
今日的星加坡　前人　21
宋子文小故事　談天說　28
四個國民政府　馬五先生　30
太太在屋頂上　易君左　32
杜瓊的詩與畫　道載文　36
「中國醫生」密勒　范基平　45
鄭孝胥其人其字　曾克耑　52
不可思議的夢與籤　劉太希　54
申報與史量才（望平街回憶）（續）　胡憨珠　55
唯有「乒乓」高（滑稽相聲）　賈波士文　嚴以競圖　62
廣州十大茶室　呂大呂　68
馬場三十年（十二）　老吉　70
常春恆與「狸貓換太子」　跑龍套　74
「老牌影后」胡蝶（銀海滄桑錄）（續）　蝶衣　77
封面：張大千畫觀河圖
封面內頁：張大千畫仙掌雲生圖
鉅幅插頁：明杜瓊畫萬松山圖（定齋藏）

第十四期（一九七一年六月十五日）：

西安事變與宋子文　馬五先生　3
左宗棠趣聞軼事　王覺初　6
「銀元時代」生活史（六十年物價追想）　陳存仁　10
南張北溥與黃庭經　賈訥夫　20
大人小語　上官大夫　22
馬來西亞走馬看花記　前人　24
記香港幾次文酒之會　易君左　34
金拱北仿古山水　道載文　40
金拱北與王夢白　梅蘭芳述・許姬傳記

「父親節」與我的父親　范基平　47
申報與史量才（望平街回憶）（續）　胡憨珠　49
陳儀其人其事（有不為齋談薈）　野鶴　56
閒話世界小姐　余不惑　58
長頭髮狂想曲（漫畫）　嚴以敬　60
馬場三十年（十三）　老吉　63
老千世界　大方　66
白頭飲課說塘西　呂大呂　69
「老牌影后」胡蝶（銀海滄桑錄）（續完）　蝶衣　74
關於「馬寡婦開店」（葦窗談藝錄）　葦窗　80
封面：齊白石畫何妨醉倒圖
封面內頁：史量才親筆手稿
彩色插頁：金拱北仿古山水八幅（定齋藏）

第十五期（一九七一年七月十五日）：

西安事變中宋子文所扮演的角色　彬彬　2
在大動亂的時代中來去　馬五先生　5
紅樓夢的新觀點和新材料　潘重規　16
齊白石談紅樓夢　張次溪　22
沈燕謀小傳（附胡適親筆手札）　張凝文　25
大人小語　上官大夫　27
泰京曼谷遊　前人　29
再記幾次香港詩酒之會　易君左　36
黃君璧題邊壽民圖卷　震齋　40
邊壽民畫雁　道載文　49
西南采風錄　呂大呂　50
申報與史量才（望平街回憶）（續）　胡憨珠　53
大人一笑　下官　59
馬場三十年（十四）　老吉　61
謹防小手　大方　65
君臣鬥（單口相聲）　劉寶瑞　68
「人言可畏」阮玲玉（銀海滄桑錄）　蝶衣　72
「銀元時代」生活史（專載）（二）　陳存仁　77
封面：關良畫坐宮
封面內頁：老舍題關良畫鳳姐圖
插頁：邊壽民畫花卉魚鳥圖卷（定齋藏）

第十六期（一九七一年八月十五日）：

少年遊　李璜　2
「神秘大使」基辛格　牛歇爾　8
大人小語　上官大夫　11
巴蜀心影　馬五先生　12
陳散原其人其詩其子　曾克耑　19
勝利之初在香港　范基平　23
五十年前的上海交易所　過來漢　26
乾坤雙洞奇父奇女　易君左　28
永念梅詩　言慧珠　36
在梅家住了十年　盧燕　38
梅蘭芳憶語（葦窗談藝錄）　葦窗　40
蒙道士奚岡　道載文　43

申報與史量才（望平街回憶）（續）　胡憨珠　53
「我的同事」張恨水　司馬小　60
啼笑因緣自序　張恨水　63
棋壇風雲錄　呂大呂　65
馬場三十年（十五）　老吉　71
記「江南第一枝筆」唐大郎　大方　76
「人言可畏」阮玲玉（銀海滄桑錄）（續完）　蝶衣　80
「銀元時代」生活史（專載）（三）　陳存仁　85
封面：梅蘭芳刺虎圖
封面內頁：梅蘭芳紀念照
插頁：奚岡仿宋人山水八幅（定齋藏）

第十七期（一九七一年九月十五日）：

悼秋詞　張大千　2
大人小語　上官大夫　4
勝利初期東北行——位「九一八」四十周年作　范基平　6
鍼灸經穴解剖層次圖導言　李璜　賈介藩　16
先父朱南山公百年紀念　朱鶴皋　22
容閎傳——中國第一個留學生之一生　黎晉偉　24
漫談美國——我的美國學生（美國通訊）　林慰君　28
艱難險阻的旅行記　馬五先生　29
香港大風災今昔（香港之古）　范正儒　35
日皇伉儷西歐之行　司馬我　38
申報與史量才（望平街回憶）（續）　胡憨珠　42
吳伯滔吳待秋父子　陳定山　47
三下南洋學鄭和（星馬通訊）　易君左　57
武林名人黃飛鴻　呂大呂　62
記「聯聖」方地山　大方　67
馬場三十年（十六）　老吉　71
富連成科班生活　艾世菊　75
百丑圖（葦窗談藝錄）　葦窗　80
我為「韓青天」站堂（相聲小說）　郝履仁　86
「長春樹」李麗華（銀海滄桑錄）　蝶衣　92
「銀元時代」生活史（專載）（四）　陳存仁　97
封面：溥心畬畫長耳驢
封面內頁：大千居士手書原稿
彩色插頁：吳伯滔山水畫八幅（定齋藏）

第十八期（一九七一年十月十五日）：

辛亥革命在成都　李璜　2
辛亥革命的遺文軼事　馬五先生　8
從桂林到重慶（湘桂大撤退親歷記）　范基平　13
小記赫魯曉夫　史如棋　24
訪問香港的安妮公主　萬念健　26
大人小語　上官大夫　28
南遊散記——我們姓易的　易君左　30
六十年前舊辛亥　林熙　33
戲劇界參加辛亥革命的幾件事　梅蘭芳述　許姬傳記　40
記余叔岩與丹山玉虎圖　張大千　51
關良畫戲　張汀　57

何子貞書法傳千古　張目寒　58
申報與史量才（望平街憶舊）（續）　胡憨珠　61
馬場三十年（十七）　老吉　67
朋友的三個兒子（漫談美國之二）　林慰君　70
打詩謎　大方
我所見到的堂會好戲　李北濤　76
廣東手托木偶戲　呂大呂　82
「韓青天」坐堂審案（相聲小說）　郝履仁文　嚴以競圖
「長春樹」李麗華（銀海滄桑錄）（續）　蝶衣　93
「銀元時代生活史」（專載）（五）　陳存仁　97
大人合訂本第一集第二集總目錄　105
封面：張善子畫泥虎
封面內頁：張善子畫怒吼罷中國
彩色插頁：張善子張大千合作丹山玉虎圖（定齋藏）
何子貞論石濤畫關良畫戲（定齋藏）

第十九期（一九七一年十一月十五日）：

紀念先師余叔岩先生　孟令輝　2
宦海浮沈話當年　馬五先生　4
徐志摩與「新月」（徐志摩逝世四十週年）　梁實秋　15
戴笠其人其事　彬彬　22
張競生之死及其遺作（特訊）　王鴻升　27
洹上釣徒袁世凱（六十年前舊辛亥之二）　林熙　33
走馬看花遊日本　李北濤　41
遠客情懷與南天風韻　易君左　44
劉石庵書名滿天下　張隆延　52
劉石庵軼事　道載文　61
名律師江一平　大方　62
童言無忌（漫話故事）　莫以名文嚴以敬圖　大人小語　上官大夫　69
港幣軍票滄桑錄　范基平　70
申報與史量才（望平街憶舊）（續）　胡憨珠　72
留臺劇話　陳定山　77
美國人看京戲（美國通訊之三）　林慰君　81
香港節會景巡遊（香港之古）　范正儒　83
記神眼溫永琛　呂大呂　85
三十年目覩怪現象（這一回）　江之南　90
馬場三十年（十八）　老吉　92
浙東敵後心理戰（實事間諜小說）　圓慧　96
「長春樹」李麗華（銀海滄桑錄）（續）　蝶衣　101
「銀元時代生活史」（專載）　陳存仁　106
封面：齊白石畫耳食圖
封面內頁：劉石庵造像
彩色插頁：劉石庵書法橫披屏條對聯中堂　共八頁（定齋藏）

第二十期（一九七一年十二月十五日）：

雲南起義的史實解剖　黃天石　3
唐繼堯軼事　趙旅生　4
小記峨眉之遊　李璜　14
大人小語　上官大夫　22
溫莎公爵之戀　萬念健　23

惜陰堂革命策源記（六十年前舊辛亥之三） 林熙 32
防止心臟病的發生和急救方法（美國通訊） 林慰君 39
故人周佛海 馬五先生 41
張善琨屯溪被捕內幕（東戰場回憶錄） 圓慧 45
檳城山海莽蒼蒼 易君左 50
芥子園畫傳作者王安節 道載文 56
天下清官第一 下官 65
宦遊記慨（新浮生六記之一） 大方 67
「唐山大兄」之父 藕翁 72
「唐山大兄」的台前幕後 馬行空 73
申報與史量才（望平街憶舊）（續） 胡憨珠 80
談鐵板數悼董慕節 韋千里 86
三十年目睹怪現象（其二）「人潮與屈蛇」 江之南 87
佛山秋色甲天下 呂大呂 91
馬場三十年（十九） 老吉 98
在美國演京戲（美國來鴻） 陶鵬飛 102
馬連良與楊寶森（葦窗談藝錄） 葦窗 104
「長春樹」李麗華（銀海滄桑錄）（續完） 蝶衣 106
「銀元時代」生活史（專載） 陳存仁 112
封面：關良畫烏龍院
封面內頁：唐繼堯親筆手蹟
彩色插頁：王槩畫于老夫子功德圖八幅（定齋藏）

第二十一期（一九七二年一月十五日）：

從核桃雞丁說起 陳香梅 2
過江赴宴（滑稽相聲） 曾天真文・嚴以敬圖 3
一九七二年中外預言綜合報導 萬念健 6
大人小語 上官大夫 9
「我的朋友」劉大怪 宋郁文 10
香港逃難到桂林 范基平 14
我所目擊的一幕政治悲劇 馬五先生 23
宦遊記慨（新浮生六記之一）（夏） 大方 26
六十年前一篇舊帳（六十年前舊辛亥之四） 林熙 31
大畫家與小動物（美國通訊） 林慰君 39
「唐山大兄」影響所及（銀色圈漫談） 馬行空 42
南國敦煌霹靂洞 易君左 50
淮上高士邊壽民 道載文 56
翎毛畫法 青在堂 69
槍斃了三次的紹興專員（東戰場回憶錄） 圓慧 70
申報與史量才（望平街憶舊）（續） 胡憨珠 73
憶小糊塗（閒話測字） 韋千里 80
天橋八大怪 張次溪 82
回憶「晶報」 鄭逸梅 88
三十年目睹怪現象（其三）「江湖兒女」 江之南 93
一把扇子的故事（中國歷史文物趣談） 高貞白 96
談鼻煙 范正儒 98
聽戲雜記 尤飛公 100
「食在廣州」時代 呂大呂 103
馬場三十年（二十） 老吉 107
「悲劇人物」周璇（銀海滄桑錄） 蝶衣 111

「銀元時代」生活史（專載）（續） 陳存仁 116
封面：齊白石畫老當益壯
封面內頁：六十年前一張舊報紙
彩色插頁：邊壽民畫蘆雁十二幅（定齋藏）

第二十二期（一九七二年二月十五日）：

八大山人瓜鼠圖 王紀千 2
翁同龢張蔭桓之間 高伯雨 3
尼克遜訪問中共大陸秘辛 萬念健 10
大人小語 上官大夫 13
袁世凱段祺瑞曹汝霖 李北濤 14
百年好合大展鴻圖早生貴子 韋千里 21
非常時期非常事件 馬五先生 31
曾琦與左舜生（文壇懷舊） 易君左 39
新歲憶童年 宋郁文 48
環華禽訪張大千 周士心 52
潘畫王題大地春回圖 道載文 65
農曆新年憶廣州 呂大呂 67
中國人在美國過舊曆年（美國通訊） 林慰君 72
「通勝」與「百科全書」 司馬小 74
申報與史量才（望平街憶舊）（續） 胡憨珠 76
一身去國八千里 陳蝶衣 83
馬場三十年（廿一） 老吉 87
三十年目睹怪現象（其四）「洋媳婦」 江之南 90
大軍閥（相聲小說） 郝履仁文・嚴以敬圖 93
李翰祥歸「邵」內幕（銀色圈漫談） 馬行空 97
從跳加官說起 范正儒 104
留臺劇話 陳定山 106
新年談戲（葦窗談藝錄） 葦窗 108
「銀元時代」生活史（專載）（續） 陳存仁 111
封面：八大山人瓜鼠圖
封面內頁：大千居士畫睡貓圖
彩色巨幅插頁：潘恭壽畫王文治題大地春回途（定齋藏）

第二十三期（一九七二年三月十五日）：

新聞人物唐聞生（尼克遜訪問大陸花絮） 賈波士 2
周恩來的廚子 邵滄銘 4
余廚子（大人一笑） 黃遠生 5
美東秋色 李璜 7
段祺瑞及其同時人物 李北濤 12
大人小語 上官大夫 21
詞人盧冀野（文壇懷舊） 易君左 22
一身去國八千里（續完） 陳蝶衣 33
明末詩妓張二喬畫像及詩稿 高貞白 37
政海人物面面觀 馬五先生 41
張大千法古變今 薛慧山 51
大風堂詩冊 張大千 55
現代中國繪畫三大師近作 王方宇 61
九廣鐵路經緯 司馬我 64
青錢萬選 韋千里 66

申報與史量才（望平街憶舊）（續）　胡憨珠　69
浪遊記險（新浮生六記之二）　大方　74
連升三級（單口相聲）　劉寶瑞文・嚴以敬圖　78
馬場三十年（廿二）　老吉　81
浙東戰役中引出的故事（東戰場回憶錄）　圓慧　84
天橋藝人數不盡　張次溪　89
旅美名票劉瑛（美國通訊）　林慰君　100
「馬永貞」雙包案內幕（銀色圈漫談）　馬行空　103
「銀元時代」生活史（專載）（續）　陳存仁　110
封面：黃賓虹畫春江水暖
封面內頁：黃賓虹題大千畫像
彩色插頁：張大千畫澗浦遙山圖　百尺梧桐圖　山居圖（定齋藏）

第二十四期（一九七二年四月十五日）：

周恩來在馬歇爾所主持之國共和談最後一幕　李璜　2
「銀元時代」生活史（十一）　陳存仁　6
盧冀野二三事　吳俊升　18
田漢和郭沫若（遺作）　易君左　20
易君左先生哀思錄　羅香林等　25
哀舅氏　程京蓀　26
張謇中狀元　林熙　28
大人小語　上官大夫　35
卓別靈與金像獎　前人　36
康澤的得意與失意　馬五先生　40
舉家四遷記　陳蝶衣　42
溥心畬畫百松圖長卷（畫苑春秋）　薛慧山　48
陸廉夫巨幅山水屏　陳定山　56
題大千居士七十自畫像　張羣等　65
天橋之吃　張次溪　67
三請諸葛亮（對口相聲）　侯寶林　74
申報與史量才（望平街憶舊）（續）　胡憨珠　76
史量才的八字（來鴻去雁）　韋千里　80
通勝專家蔡伯勵　呂大呂　81
從杭徽路到仙霞嶺（東戰場回憶錄）　圓慧　85
馬永貞真實故事　跑龍套文・嚴以敬圖　90
馬場三十年（二十三）　老吉　100
「法國香妃」九月來港（銀色圈漫談）　馬行空　103
國劇教育在台灣　李浮生　110
記稚青女士（葦窗談藝錄）　葦窗　114
談嗓音　稚青女士　116
大人合訂本第三集總目錄　119
封面：吳作人畫熊貓
封面內頁：國共和談一頁歷史性圖片
特大插頁：陸廉夫仿董北苑范華源山水屏幅

第二十五期（一九七二年五月十五日）：

清末五狀元　林熙　2
五屆國大花絮（臺灣通訊）　郭大猷　12
大人小語　上官大夫　15
「銀元時代」生活史（十二）　陳存仁　17

吳鼎昌由商而政　李北濤　30
大風堂近詩　張大千　40
美國特務機構與調查統計局　萬念健　42
楊永泰與政學系（政海人物面面觀之二）　馬五先生　44
易君左先生悼辭　李璜　54
陸廉夫仿古山水述評　薛慧山　56
古玉虹樓日記　費子彬　65
中國書法展覽（紐約藝壇通訊）　王方宇　66
黑奴籲天錄作者　謝冰瀅　68
抗戰花木蘭唐桂林（東戰場回憶錄）　圓慧　69
面部十二宮（來鴻去雁）　韋千里　74
申報與史量才（望平街憶舊）（續）　胡憨珠　75
浪遊記險（新浮生六記之二）　大方　80
馬場三十年（二十四）　老吉　84
五姐・六姐・八姐（香港三位傑出女廚師）　呂大呂　87
我的編劇史（上）　陳蝶衣　93
打牌笑史（對口相聲）　郭榮啟　98
我殺死張宗昌之經過　鄭繼成　101
他就是張宗昌　外史氏　104
「大軍閥」如何產生？（銀色圈漫談）　馬行空　106
留臺劇話　陳定山　112
百戲雜陳話天橋　張次溪　115
封面：吳昌碩畫壽長久圖
封面內頁：光緒三十年皇榜
特大插頁：陸廉夫仿趙鷗波黃鶴山樵設色山水屏幅

第二十六期（一九七二年六月十五日）：

萬古不朽之情　萬念健　2
「銀元時代」生活史（十三）　陳存仁　4
客窗隨筆　吳子深　16
談連中三元　林熙　18
大人小語　上官大夫　28
政海人物面面觀（黃郛、唐生智、白崇禧）　馬五先生　29
申報與史量才（望平街憶舊）（續）　胡憨珠　40
安那罕兩日記（美國通訊）　林慰君　43
蘇曼殊畫如其人（畫苑春秋）　薛慧山　47
畫裡鍾馗　道載文　56
鍾馗在舞台上（葦窗談藝錄）　葦窗　61
林庚白知命死於命　滄海客　65
青年人不可頹廢（來鴻去雁）　韋千里　68
五十年前的通俗話劇　跑龍套　70
財神爺晉京（舊聞趣事）　外史氏　81
關公大戰秦瓊（對口相聲）　侯寶林　84
臥遊記著（新浮生六記之三）　大方　86
半開玫瑰花落時　呂大呂　91
我的編劇史（中）　陳蝶衣　96
馬場三十年（二十五）　老吉　102
「獨臂刀」官司到倫敦（銀色圈漫談）　馬行空　105
京劇場面及其派別　張恭　112
封面：吳子深畫蘭
封面內頁：葉淺予畫鍾馗嫁妹

彩色插頁：關良畫鍾馗出巡圖

第二十七期（一九七二年七月十五日）：

新的美國革命已經開始　李璜　2
胡筆江徐新六飛渝殉難經過　李北濤　6
大人小語　上官大夫　12
年羹堯者大特務也　林熙　14
世界各國間諜秘聞　萬念健　24
我訪問了川島芳子　謝冰瑩　30
男扮女裝的兩個警察（美國通訊）　林慰君　32
政海人物面面觀（左舜生、楊杰、蕭振瀛）　馬五先生　33
申報與史量才（望平街回憶）（續）　胡憨珠　42
藝術大師吳昌碩（畫苑春秋）　薛慧山　49
齊白石作畫的特點　李可染　65
齊白石的刻印與繪畫　李默存　65
題吳子深畫譜　陳定山　66
吳子深的命造（來鴻去雁）　韋千里　67
我的丈夫高逸鴻（太太的文章）　龔書綿　70
魯班的故事　金受申　72
成家與毀家（東戰場回憶錄）　圓慧　77
奇人劉髯公　呂大呂　82
馬場三十年（二十六）　老吉　87
我的編劇史（下）　陳蝶衣　90
白景瑞一時成奇貨（銀色圈漫談）　馬行空　97
戲外之戲　翁偶虹　103
上海京戲院滄桑（上）　文翼公　104
「銀元時代」生活史　陳存仁　110
封面：黃君壁畫松鶴圖
封面內頁：大千居士刻印
巨幅彩色插頁：吳昌碩、齊白石、張大千三大家畫荷（定齋藏）

第二十八期（一九七二年八月十五日）：

八月紀事　上官大夫　2
大人小語　前人　9
啞行者與香港游記（封面說明）　賈訥夫　10
歐陸旅遊憶語　馬五先生　13
一九七二年世運會前奏　萬年健　21
世運花絮　余不惑　25
川菜三名廚（美國通訊）　林慰君　26
梁鼎芬與文廷式　林熙　29
臥遊記窘（新浮生六記之三）（下）　大方　35
三百年來兩藝人（遺作）　曹聚仁　40
申報與史量才（望平街憶舊）（續）　胡憨珠　42
怎樣鑑別書畫　張蕙玉　50
談對聯　王壯為　56
曾國藩與對聯文學　張目寒　65
紗廠大王的故事　滄海客　66
胡筆江命犯衝擊（來鴻去雁）　韋千里　68
成家與毀家（東戰場回憶錄）（下）　圓慧　71
馬場三十年（二十七）　老吉　75

麻將家庭（對口相聲） 賽寶林 78
梅蘭芳生前死後（葦窗談藝錄） 葦窗 79
上海京戲院滄桑（下） 文翼公 85
花窠素描 陳蝶衣 91
「洋」門女將蓮黛 呂大呂 97
王羽一年拍戲廿部（銀色圈漫談） 馬行空 101
「銀元時代」生活史（專載）（十五） 陳存仁 107
大人合訂本第四集總目錄 119
封面：蔣彝畫賈訥夫題側目而視
封面內頁：大千居士來函
彩色插頁：清王文治何紹基曾國藩趙之謙對聯（定齋藏）

第二十九期（一九七二年九月十五日）：

吳可讀先生罔極編拜觀記 賈訥夫 2
大人小語 上官大夫 5
貂裘換酒（詞） 陳定山 6
大風堂近作詩 張大千 6
大千居士治療目疾經過 陶鵬飛 7
太炎先生是吾師（遺作） 曹聚仁 9
我與曹聚仁（東戰場回憶錄） 圓慧 12
四百年來的澳門 司馬小 19
怪力亂神的經驗之談 馬五先生 25
張競生的晚年及其遺作 唐寧 32
多子大王王曉籟 裘澤人 38
瑞麟與潮州魚翅 林熙 40
譚畏公的書法與書學 王壯為 44
與君細說齊白石（畫苑春秋） 薛慧山 49
譚延闓先生教我寫字 雷嘯岑 75
雪夜燈光格（來鴻去雁） 韋千里 77
名人婚變說蔣徐 弼士 79
申報與史量才（望平街回憶）（續） 胡憨珠 83
薄遊記趣（新浮生六記之四） 大方 89
穗港澳鬥狗史 呂大呂 94
馬場三十年（二十八） 老吉 99
六十年前看戲之憶 馬壽華 102
向癌症挑戰 蔣桂琴 104
「大軍閥」的幕後新聞（銀色圈漫談） 馬行空 112
書壇見聞錄 張鴻聲 115
「銀元時代」生活史（專載）（十六） 陳存仁 121
封面：齊白石畫雞雛
封面內頁：譚嗣同名片譚延闓題識
插頁：精印譚組庵先生臨晉唐人書法冊頁

第三十期（一九七二年十月十五日）：

美國大選台前幕後 萬念健 2
蟹肥菊綻憶王孫 賈訥夫 14
政海人物面面觀 胡漢民、陳調元、賀耀祖、易培基 馬五先生 17
蔣桂琴死了！ 白玉薇 26
曾國藩的幼女崇德老人 林熙 28
趙烈文與龔孝拱 劉太希 38

悼念吳子深師　周士心　44
訪問希治閣　林慰君　50
譚延闓澤闓昆仲　王壯為　53
譚家菜與譚廚　耐安　67
四大名旦命造（來鴻去雁）　韋千里　68
大人小語　上官大夫　70
負販記勞（新浮生六記之五）　大方　72
張大千題詩惹禍　劉厂　76
申報與史量才（望平街回憶）　胡憨珠　77
梨園老成畫蕭姜（葦窗談藝錄）　葦窗　85
業精於勤荒於嬉　蕭長華　88
憶陳德霖老夫子　姜妙香　90
狗在香港　呂大呂　93
馬場三十年（二十九）　老吉　97
鄭佩佩復出之秘密（銀色圈漫談）　馬行空　100
歌壇十二金釵　陳蝶衣　106
「銀元時代」生活史　陳存仁　111
封面：溥心畬畫仕女
封面內頁：譚延闓遺墨譚澤闓題識
插頁：精印譚澤闓手蹟（定齋藏）

第三十一期（一九七二年十一月十五日）：

讀大千居士長江萬里圖感賦四律　李璜　2
四十年回顧展自序　張大千　4
大人小語　上官大夫　5
乾隆慈禧陵墓被盜紀實　高伯雨　7
林則徐與左宗棠　嘯公　15
記吳蘊齋予達父子　李北濤　18
壬子談往　林熙　23
政海人物面面觀　陳獨秀、張國燾、陳銘樞　馬五先生　30
孫中山先生和香港　司馬我　38
血淚當年話報壇（一）　張志韓　43
張大千先生作品前瞻　王方宇　51
記張大千四十年回顧展　陶鵬飛　53
張善子大千昆仲　陸丹林　65
大千長壽（來鴻去雁）　韋千里　68
上海八市長　李復康　71
翁照垣少年時期　舊史　76
藍煙囪與太古洋行（老上海閒話）　胡憨珠　77
放風箏與鬥蟋蟀　呂大呂　84
秋風起三蛇肥　范正儒　88
馬場三十年（三十）　老吉　91
歌壇十二金釵（下）　陳蝶衣　95
「大軍閥」臺灣觸礁（銀色圈漫談）　馬行空　99
金少山在北平　燕京散人　105
惜哉裘盛戎（葦窗談藝錄）　葦窗　112
「銀元時代」生活史　陳存仁　115
封面：大千居士自畫像
封面內頁：大千居士手書自序原稿
巨幅插頁：大千居士目疾大愈後畫河山縱橫圖

第三十二期（一九七二年十二月十五日）：

萬家歡騰話聖誕　司馬我　2
泰游小記（詩）　陳定山　6
政海人物面面觀　邵力子、黃紹竑、繆斌、褚民誼　馬五先生　9
港九水陸交通新面貌　余不惑　17
我與中南銀行　章叔淳　21
抗戰奇人馬彬和　焦毅夫　28
大人小語　上官大夫　31
徐志摩與陸小曼（我的義父母）　何靈琰　33
記冒鶴亭　高伯雨　39
齊白石與黃賓虹（畫苑春秋）　薛慧山　45
壬子談往（下）　林熙　57
曾國藩國荃昆季（來鴻去雁）　韋千里　64
血淚當年話報壇（二）　張志韓　66
太極拳淺談　何小孟　73
特出劇種英語粵劇　呂大呂　76
馬場三十年（三十一）　老吉　80
釘巴（上海滑稽）　文：笑嘻嘻・圖：王澤　83
連臺彩頭戲　萬寶全　88
「天下第一名票」　燕京散人　89
余叔岩演王平　孫養農　93
歌壇十二金釵新冊（上）　陳蝶衣　95
「潮州怒漢」大吼一聲！（銀色圈漫談）　馬行空　100
封面：黃賓虹人物畫稿
封面內頁：張大千一月兩畫展
彩色插頁：齊白石草虫　黃賓虹山水手卷小品

第三十三期（一九七三年一月十五日）：

杜魯門總統初任之美國天驕時代　李璜　2
一九七三年預言　司馬我　6
一九七二年之最　余不惑　7
環華庵詩冊　張大千　9
李慈銘及其日記　宋訓倫　10
大人小語　上官大夫　23
政海人物面面觀　李濟琛、龍雲、盧漢、范紹增　馬五先生　24
宣統皇帝和莊士敦　高伯雨　31
百年好合　五世其昌　萬里長風　千秋大業　韋千里　40
硯邊點滴　錢松嵒　54
記錢松嵒（畫苑春秋）　薛慧山　65
周伯年周魯伯父子（黨國軼聞）　胡憨珠　72
血淚當年話報壇（三）　張志韓　86
七十二家房客（諷刺喜劇）　姚慕雙、周柏春　93
薛覺先與馬師曾　呂大呂　99
馬場三十年（三十二）　老吉　104
楊小樓空前絕後　燕京散人　107
歌壇十二金釵新冊（下）　陳蝶衣　112
「宣統皇帝」即將登場（銀色圈漫談）　馬行空　117
封面：李可染話春牛圖
封面內頁：李慈銘及其日記
巨幅插頁：錢松嵒畫歲朝平安圖（定齋藏）

第三十四期（一九七三年二月十五日）：

尼克遜與基辛格　萬念健　2
詹森生前死後　司馬我　4
憶悲鴻　蔣彝　6
牛年閒話　蕭遙天　15
政海人物面面觀　朱家驊、何成濬、衛立煌、王纘緒　馬五先生　19
大人小語　上官大夫　27
宣統「帝師」陳寶琛　高伯雨　28
曾國藩談書道　黎正甫　34
白雲觀和高道士　林熙　36
清道人傳世兩封信　舊史　40
史量才死後的申報（望平街回憶）　胡憨珠　41
傅抱石研究（畫苑春秋）　薛慧山　49
天佑歌　曾克耑　56
章太炎之名言（來鴻去雁）　韋千里　65
初試雲雨情・藍布長衫的故事（遺作）　曹聚仁　68
美國小事　林慰君　73
血淚當年話報壇（四）　張志韓　74
我的學藝生活　小翠花　81
薛覺先與馬師曾（續完）　呂大呂　88
馬場三十年（三十二）　老吉　95
歌壇十二小金釵（上）　陳蝶衣　98
對春聯（對口相聲）　侯寶林　102
楊小樓空前絕後（續）　燕京散人　106
「江湖行」大功告成（銀色圈漫談）　馬行空　114
大人雜誌第五集合訂本總目錄　119
封面：徐悲鴻畫日長如小年
封面內頁：徐悲鴻長鬚留影及其手蹟
巨幅插頁：傅抱石畫古梅圖（定齋藏）

第三十五期（一九七三年三月十五日）：

政海人物面面觀　梁啟超、宋子文、朱紹良、張厲生　馬五先生　2
越南之戰一筆清賬　萬念健　12
畫壇感舊・聯語偶錄（詩、對聯）　陳定山　14
南北議和見聞錄（遺作）　張競生　17
從王羲之蘭亭雅集談起　高伯雨　29
過年記趣　陶鵬飛　36
史量才死後的申報（望平街回憶）　胡憨珠　38
楊小樓空前絕後（續完）　燕京散人　44
齊白石與李可染（畫苑春秋）　薛慧山　52
意象慘澹經營中　李可染　65
閒話題畫　劉太希　68
大人小語　上官大夫　71
一世之雄吳佩孚（來鴻去雁）　韋千里　72
血淚當年話報壇（五）　張志韓　75
馬場三十年（三十四）　老吉　87
薛覺先馬師曾兩大事　呂大呂　91
歌壇十二小金釵（續完）　陳蝶衣　97
火燒豆腐店（滑稽趣劇）　江笑笑　102
「冷面虎」扭轉形勢（銀色圈漫談）　馬行空　106

「抗戰時代」生活史（專載）　陳存仁　113
封面：齊白石畫爭王圖
封面內頁：梁啟超致康有為書札
巨幅插頁：李可染畫暮韻圖（定齋藏）

第三十六期（一九七三年四月十五日）：

陳公博垂死之言（附「八年來的回憶」全文）　朱子家　2
政海人物面面觀　陸榮廷、劉存厚、唐式遵、何浩若　馬五先生　21
新世說　陳定山　29
國父的異相（附「來鴻去雁」）　齊東野　31
大人小語　上官大夫　35
香港舊事錄　上海移民　37
史量才死後的申報（望平街回憶）（續）　胡憨珠　41
也談徐悲鴻（畫苑春秋）　薛慧山　46
任伯年評傳（遺作）　徐悲鴻　54
鄧石如繼往開來　容天圻　56
南棲記困（新浮生六記之六）　大方　69
蔡哲夫「名士風流」　高伯雨　75
血淚當年話報壇（六）　張志韓　84
良祝哀史考證　陳蝶衣　89
「八大拿」的時代背景　周志輔　94
馬場三十年（三十五）　老吉　97
雪豔琴與陸素娟　燕京散人　100
新「七十二家房客」　文：楊華生・圖：張樂平　106
「抗戰時代」生活史（專載）　陳存仁　117
封面：黃君璧畫山水
封面內頁：「八年來的回憶」手抄本
精印插頁：鄧石如篆書冊（定齋藏）

第三十七期（一九七三年五月十五日）：

張大千談畢加索（美國通訊）　林慰君　2
政海人物面面觀　陳毅、張治中、何鍵　馬五先生　7
大人小語　上官大夫　15
商務印書館與中華書局　樊仲雲　16
張大千近人近事　周士心　21
思親篇　沈雲龍　28
馬君武・謝無量・馬一浮　林熙　31
香港舊事錄　上海移民　41
血淚當年話報壇（七）　張志韓　45
藝文雅集圖記　葦窗　52
新人物畫家黃冑（畫苑春秋）　薛慧山　54
琉璃廠和榮寶齋　鄧拓　65
來鴻去雁　韋千里　68
史量才死後的申報（望平街回憶）（續）　胡憨珠　72
一代藝人小明星　呂大呂　76
馬場三十年（三十六）　老吉　84
南棲記困（新浮生六記之六）（下）　大方　87
川劇的譚梅　白周　93
潘金蓮新塑象　陳蝶衣　96
我學戲的經過　白玉薇　103

「天下第一拳」打進歐美！（銀色圈漫談）　馬行空　106
「抗戰時代」生活史（專載）（三）　陳存仁　113
封面：馬壽華畫竹石
封面內頁：張大千談畢加索函札
精印插頁：黃胄畫三驢圖、四驢圖、五驢圖（定齋藏）

第三十八期（一九七三年六月十五日）：

章士釗及其南遊吟草　豐千饒　2
大人小語　上官大夫　7
記前輩銀行家陳光甫　李北濤　9
李義山錦瑟詩新解　陳定山　15
政海人物面面觀　陳濟棠、王陵基、陳方、韓復榘　馬五先生　20
記曾胡左李　高伯雨　29
悼念張雪門先生　徐訏　38
史量才死後的申報（望平街回憶）（續）　胡憨珠　40
香港舊事錄　上海移民　47
吳湖帆江深草閣圖（畫苑春秋）　薛慧山　51
徐鋆及其「辛丑日記」　沈雲龍　65
徐悲鴻・蔣碧微・廖靜文　滄海客　70
「名人」林海峰家世　大方　76
血淚當年話報壇（八）　張志韓　78
林清霓的山水畫　傅抱石　85
嚴獨鶴與周瘦鵑　陳蝶衣　86
國劇大師齊如山（遺作）　趙叔雍　94
芳豔芬成功史　呂大呂　100
丁濟萬逝世十週年　陳存仁　109
馬場三十年（續完）　老吉　111
張徹自組「長弓」內幕（銀色圈漫談）　馬行空　116
封面：齊白石贈徐悲鴻畫
封面內頁：章士釗贈孟小冬詩
精印插頁：吳湖帆畫江深草閣圖（定齋藏）

第三十九期（一九七三年七月十五日）：

四十年前胡適之給我的一段友情　李璜　2
黎明暉與梁熙若　池春水　4
老殘遊記作者劉鶚　林語堂　6
劉鐵雲先生軼事　劉大杰　7
大人小語　上官大夫　9
政海人物面面觀　楊庶堪、趙恆惕、陳璧君、羅家倫　馬五先生　10
談曾胡左李（中）　高伯雨　19
動物世界（美國通訊）　林慰君　27
血淚當年話報壇（九）　張志韓　29
「小道士」繆斌　何冠群　36
香港舊事錄　上海移民　39
大千藝術特徵（畫苑春秋）　薛慧山　43
京話　姚穎　57
楊小樓新劇「康郎山」　周志輔　58
史量才死後的申報（望平街憶舊）（續）　胡憨珠　60
脂硯出現仍是謎　陳蝶衣　65
「金瓶梅」與「續金瓶梅」　周越然文・張光宇圖　69

一代名票趙培鑫　大方　73
趙培鑫在台灣　韓仕貽　76
曲王吳一嘯　呂大呂　84
陳萍一脫成名（銀色圈漫談）　馬行空　90
「抗戰時代」生活史　陳存仁　97
封面：張大千畫西瓜
封面內頁：孟小冬趙培鑫師生合演戲單劇照
精印插頁：張大千畫明月荷花圖（定齋藏）

第四十期（一九七三年八月十五日）：

章士釗與杜月笙　李北濤　2
大人小語　上官大夫　7
政海人物面面觀　章士釗、吳鐵城、陳明仁　馬五先生　8
出國演戲不可兒戲　勞澤言　16
談曾胡左李（續完）　高伯雨　24
名丑劉趕三　周志輔　36
血淚當年話報壇（十）　張志韓　42
盧古花卉寫生冊　陳定山　48
盧谷墨趣（畫苑春秋）　薛慧山　53
翰墨因緣　張佛千　55
哀培鑫（趙培鑫在美國）　侯北人　58
悼念嚴師獨鶴　劉嘉猷　63
啼笑因緣序　嚴獨鶴　66
史量才死後的申報（望平街憶舊）（續）　胡憨珠　68
影城八年（上）　陳蝶衣　74
乞巧節與盂蘭節　呂大呂　79
兩次見面　倪匡　85
李小龍暴斃內幕之內幕（銀色圈漫談）　馬行空　86
「抗戰時代」生活史（專載）　陳存仁　95
封面：陳定山畫山水
封面內頁：盧谷小傳印鑑
精印插頁：盧谷花卉寫生冊（定齋藏）

第四十一期（一九七三年九月十五日）：

何香凝老人軼事　李燄生　2
我學會燒飯的時候　何香凝　10
活在我心中　呂媞　13
大人小語　上官大夫　19
髮與鬚　蔣彝　20
政海人物面面觀　譚延闓、許崇智、盧作孚、楊虎　馬五先生　24
安妮公主和她的駙馬　林慰君　31
高梧軒圖卷題詠　高伯雨　35
香港舊事錄　上海移民　40
血淚當年話報壇（續完）　張志韓　44
花卉畫及沒骨法　張大千　48
大人一笑　諸葛文　57
影城八年（中）　陳蝶衣　58
史量才死後的申報（望平街憶舊）（續）　胡憨珠　64
晚清梨園雜憶　無聞老人　71
全體會（滑稽相聲）　朱翔飛　76

李萬春與李少春　燕京散人　79
李小龍身後糾紛多（銀色圈漫談）　馬行空　86
「抗戰時代」生活史（專載）　陳存仁　95
「大人」合訂本第六集總目錄　103
封面：張大千畫鬥草圖
封面內頁：李少春拜師盛會
精印巨幅插頁：張大千工篆畫翠珮紅粧圖（定齋藏）

第四十二期（一九七三年十月十五日）：

北上與侍疾（遺作）　孫科　2
重遊巴黎　李璜　4
錢新之外圓內方　李北濤　10
大人小語　上官大夫　19
章士釗禍延三教授　尊聞　20
政海人物面面觀　許世英、徐樹錚、曾毓雋、林長民、梁鴻志
馬五先生　22
關於慈禧太后　無聞老人　31
在美國看中華國劇團（美國通訊）　龐冠青　38
投老江湖學捉蛇　南宮搏　41
吳湖帆先生與我　王己千　46
四庫全書總編輯——紀曉嵐　林熙　57
記七友畫會　劉太希　66
賽金花故事編年　瑜壽　68
史量才死後的申報（望平街憶舊）（續）　胡憨珠　76
李萬春與李少春（續完）　燕京散人　82
影城八年（下）　陳蝶衣　91
李小龍案大結局（銀色圈漫談）　馬行空　95
「抗戰時代」生活史（專載）　陳存仁　101
封面：黃君璧畫秋獲圖
封面內頁：吳湖帆撰書明清畫家印鑑序
精印巨幅插頁：吳湖帆水墨畫江深草閣圖（定齋藏）

大人（十二）

數位重製・印刷　秀威資訊科技股份有限公司
http://www.showwe.com.tw
114 台北市內湖區瑞光路 76 巷 65 號 1 樓
電話：+886-2-2796-3638
傳真：+886-2-2796-1377
劃　撥　帳　號　19563868　戶名：秀威資訊科技股份有限公司
讀者服務信箱：service@showwe.com.tw
網　路　訂　購　秀威網路書店：https://store.showwe.tw
網路訂購：order@showwe.com.tw

2017 年
全套精裝印製工本費：新台幣 30,000 元（不分售）

Printed in Taiwan　ISBN: 978-986-326-369-2　CIP: 078

本期刊僅收精裝印製工本費，僅供學術研究參考使用

ISBN 978-986-326-369-2
9 789863 263692　30000

讀者回函卡

感謝您購買本書，為提升服務品質，請填妥以下資料，將讀者回函卡直接寄回或傳真本公司，收到您的寶貴意見後，我們會收藏記錄及檢討，謝謝！

如您需要了解本公司最新出版書目、購書優惠或企劃活動，歡迎您上網查詢或下載相關資料：http:// www.showwe.com.tw

您購買的書名：________________________________

出生日期：________年________月________日

學歷：□高中（含）以下　□大專　□研究所（含）以上

職業：□製造業　□金融業　□資訊業　□軍警　□傳播業　□自由業

□服務業　□公務員　□教職　□學生　□家管　□其它____

購書地點：□網路書店　□實體書店　□書展　□郵購　□贈閱　□其他

您從何得知本書的消息？

□網路書店　□實體書店　□網路搜尋　□電子報　□書訊　□雜誌

□傳播媒體　□親友推薦　□網站推薦　□部落格　□其他________

您對本書的評價：（請填代號　1.非常滿意　2.滿意　3.尚可　4.再改進）

封面設計____　版面編排____　內容____　文／譯筆____　價格____

讀完書後您覺得：

□很有收穫　□有收穫　□收穫不多　□沒收穫

對我們的建議：________________________________

____

____

____

請貼
郵票

11466
台北市內湖區瑞光路 76 巷 65 號 1 樓

秀威資訊科技股份有限公司 收

BOD 數位出版事業部

（請沿線對折寄回，謝謝！）

姓　　名：＿＿＿＿＿＿＿＿　年齡：＿＿＿＿　性別：□女　□男

郵遞區號：□□□□□

地　　址：＿＿＿＿＿＿＿＿＿＿＿＿＿＿＿＿

聯絡電話：(日)＿＿＿＿＿＿＿＿　(夜)＿＿＿＿＿＿＿＿

E-mail：＿＿＿＿＿＿＿＿＿＿＿＿＿＿＿＿